Acting in Concert

Schriften zum Unternehmensrecht

Herausgegeben von Katja Langenbucher

Band 4

PETER LANG

Frankfurt am Main · Berlin · Bern · Bruxelles · New York · Oxford · Wien

Holger Düchting

Acting in Concert

Stimmrechtszurechnung im Übernahmerecht –
eine juristische und ökonomische Analyse

PETER LANG
Internationaler Verlag der Wissenschaften

Bibliografische Information der Deutschen Nationalbibliothek
Die Deutsche Nationalbibliothek verzeichnet diese Publikation in der Deutschen Nationalbibliografie; detaillierte bibliografische Daten sind im Internet über <http://www.d-nb.de> abrufbar.

Zugl.: Frankfurt (Main), Univ., Diss., 2009

Gedruckt auf alterungsbeständigem,
säurefreiem Papier.

D 30
ISSN 1861-325X
ISBN 978-3-631-59484-1

www.peterlang.de

Vorwort

Das Kapitalmarktrecht hat sich in den vergangenen Jahren – nicht zuletzt aufgrund der aktuellen Finanzkrise – zu einem der dynamischten und schnelllebigsten Rechtsgebiete entwickelt. Mit der zunehmenden Regelungsdichte einher geht dabei eine Flut von neuen Problemkreisen. Um die Praxis bei der Bewältigung dieser Herausforderungen nicht allein zu lassen, bedarf es gerade hier einer intensiven rechtswissenschaftlichen, aber auch rechtspolitischen Diskussion.

Mit der übernahmerechtlichen Stimmrechtszurechnung des „Acting in Concert“ hat die vorliegende Arbeit ein Thema aufgegriffen, das in Wissenschaft und Praxis gleichermaßen für Aufsehen gesorgt hat. Auch deshalb verfolgt sie ein doppeltes Anliegen: Einerseits setzt sich die Arbeit zum Ziel, tragfähige Lösungsansätze für die zentralen Anwendungsfragen der Regelung aufzuzeigen. Andererseits ist sie bewusst interdisziplinär angelegt und will durch die Einbeziehung ökonomischer Analysemodelle auch einen Beitrag zur modernen Methodenlehre leisten. Der Untersuchung liegt die gesetzliche Fassung nach Inkrafttreten des sog. Risikobegrenzungsgesetzes zugrunde. Rechtsprechung und Literatur wurden bis Ende Mai 2009 berücksichtigt.

Die Arbeit wurde im Sommer 2008 von der Johann Wolfgang Goethe-Universität Frankfurt a.M. als Dissertation angenommen. Die Disputation fand am 17. April 2009 statt. Mein besonderer Dank gilt in diesem Zusammenhang Frau Professor Dr. *Katja Langenbucher*, die mir als Betreuerin der Arbeit stets ein hohes Maß an wissenschaftlicher Freiheit eingeräumt hat und mir bei Bedarf gleichwohl jederzeit tatkräftig zur Seite stand. Herrn Professor Dr. Dr. h.c. *Theodor Baums* danke ich für die zügige Erstellung des Zweitgutachtens.

Im Verlauf der Bearbeitung meiner Dissertation habe ich von verschiedener Seite wertvolle Unterstützung erfahren. Besonders hervorheben möchte ich aber zum einen meine Eltern *Hildegard* und *Ulrich Düchting*. Sie haben mich nicht nur in diesem Zeitraum, sondern während meiner gesamten Ausbildung ideell und materiell in jeder Hinsicht gefördert und in der strapazöisen Schlussphase der Arbeit auch die Mühen des Korrekturlesens nicht gescheut. Zum anderen ist meine Lebensgefährtin *Eva Schulte* zu nennen, die mir Kraft und Rückhalt gegeben hat, auch und gerade die schwierigen Momente des Vorhabens zu meistern. Ohne eine solche Hilfe wäre die Verwirklichung des vorliegenden Werkes nicht möglich gewesen. Ihnen widme ich daher diese Arbeit.

Düsseldorf, im Juni 2009 *Holger Düchting*

„Die ich rief, die Geister, werd ich nun nicht los“
(Johann Wolfgang Goethe – Der Zauberlehrling)

Inhaltsverzeichnis

1. Kapitel Einführung

A. **Problemstellung**

Der Gesetzgeber hat Neuland betreten, als er mit dem „Wertpapiererwerbs- und Übernahmegesetz“ (WpÜG)[1] am 1. Januar 2002 erstmals eine Rechtsgrundlage für Unternehmensübernahmen in Deutschland einführte[2]. Für diesen Schritt gab es verschiedene Motive. Zum einen wurde beabsichtigt, der weltweit zunehmenden Anzahl von Übernahmen durch die Schaffung eines verlässlichen Regelungsrahmens Rechnung zu tragen[3]. Dabei sah sich der Gesetzgeber offenbar veranlasst, im Interesse des Wirtschaftsstandorts Deutschland an international etablierte Standards anzuknüpfen[4]. Zum anderen war sein Tätigwerden aber auch eine Reaktion auf einzelne Ereignisse, die am heimischen Kapitalmarkt für Aufsehen gesorgt hatten. Als Schlüsselerlebnis gilt insoweit vor allem die Übernahme der Mannesmann AG durch Vodafone Airtouch Plc. zur Jahreswende 1999/2000[5].

Vor diesem Hintergrund entstand hierzulande ein Gesetz, das in mehrfacher Hinsicht einschneidende Neuerungen mit sich brachte. Neben zahlreichen Transparenz- und Verhaltenspflichten im Übernahmeverfahren wurde insbesondere ein sog. Pflichtangebot eingefügt. Seither hat der Erwerb der Kontrolle über eine Zielgesellschaft i.S.d. § 1 WpÜG[6] zur Folge, dass ein obligatorisches Übernahmeangebot abzugeben ist. Ein solcher Eingriff war dem deutschen Recht bislang

---

[1] Wertpapiererwerbs- und Übernahmegesetz v. 01.01.2002, BGBl. I 2001, S. 3822 ff.

[2] Zuvor existierte mit dem sog. Übernahmekodex lediglich ein freiweiliges Regulierungsmodell.

[3] Die weltweite Entwicklung von Unternehmensübernahmen und damit verbundenen Transaktionsvolumina befindet sich seit Jahrzehnten in einem wellenförmigen, aber stetigen Aufwärtstrend, vgl. dazu nur *Martynova/Renneboog*, ECGI Working paper 2005/97.

[4] Vgl. RegE, BT-Drucks. 14/7034, S. 27.

[5] Vgl. zur rechtspolitischen Bedeutung etwa *Harbarth*, ZIP 2002, S. 321 („Meilenstein“); *Diregger/Winner*, WM 2002, S. 1583 („spektakuläre[r] Anlassfall“); *Krause*, NJW 2002, S. 705.

[6] Das WpÜG findet nach § 1 WpÜG Anwendung auf Angebote zum Erwerb von Anteilen an Aktiengesellschaften (oder KG aA), die ihren Sitz in Deutschland haben und deren Aktien in Deutschland zu einem organisierten Markt zugelassen sind. Unter Einschränkungen ist das WpÜG darüber hinaus anwendbar, wenn jedenfalls eines der beiden Merkmale vorliegt, vgl. dazu – nach Umsetzung der EU-Übernahmerichtlinie – *Diekmann*, NJW 2007, S. 17, (18 f.).

unbekannt. Es ist diese ebenso schwerwiegende wie kontroverse Angebotspflicht[7], in deren Kontext der Gegenstand der vorliegenden Untersuchung begegnet: die Zurechnungsvorschrift des Acting in Concert[8] (abgestimmten Verhaltens).

Die Stimmrechtszurechnung kraft Acting in Concert hat seit Inkrafttreten des Gesetzes besondere Aufmerksamkeit auf sich gezogen. Schon bald erwarb sie sich ihren Ruf als eine „der umstrittensten Tatbestände [...] des WpÜG“[9]. Dabei hat die äußerlich fast unscheinbare Regelung in § 30 Abs. 2 WpÜG nicht nur in der Rechtswissenschaft, sondern auch in der Praxis eine Flut von Stellungnahmen ausgelöst. Während ihre dogmatischen Schwierigkeiten der wissenschaftlichen Literatur nicht lange verborgen blieben[10], wurde sie von anderer Seite schnell als eine der „unschärfsten und gefährlichsten Rechtsfiguren im Übernahmerecht“[11] oder schlicht als „Schreckgespenst“[12] gebrandmarkt. Diese Ausgangslage hat sich zwischenzeitlich kaum verändert. Und das trotz verschiedener Entwicklungen: Nachdem sich die Verwaltungpraxis der Bundesanstalt für Finanzdienstleistungsaufsicht (BaFin) allmählich eingespielt hatte[13], erging Ende 2006 mit dem sog. „WMF“-Urteil des BGH auch die – lang ersehnte – erste höchstrichterliche Entscheidung[14]. Obwohl der BGH sichtlich um eine Entschärfung der Problematik bemüht war, erfüllten sich die Hoffnungen auf eine Klärung der zentralen An-

---

[7] Bezeichnend *Fleischer*, NZG 2002, S. 545, (546) (Mit der Angebotspflicht „einher gehen [...] tiefe Einbrüche in das aktienrechtliche Dogmengebäude“) oder *Letzel*, BKR 2002, S. 293, (294) („in Deutschland bislang beispiellose Beeinträchtingung des Grundsatzes der Privatautonomie“).

[8] Die Bezeichnung „Acting in Concert“ – die ursprünglich dem angloamerikanischen Rechtskreis entstammt – ist für Verhaltensabstimmungen im Übernahmerecht international gebräuchlich, vgl. nur *Böhmer*, Übernahmen in Europa, S. 115; *Wymeersch*, in: Hopt/Wymeersch, European Takeovers, S. 351, (359); *Diekmann*, in: VGR 2005, S. 69. Da sich der Ausdruck inzwischen auch hierzulande eingebürgert hat, wird er im Rahmen dieser Arbeit zugrunde gelegt.

[9] So statt vieler etwa *Diekmann*, DStR 2007, S. 445, (445); *Schüppen/Walz*, in: FrankfurterKomm/WpÜG, § 30 Rn. 58.

[10] Vgl. *Casper*, ZIP 2003, S. 1469, 1470 (Aneinanderreihung „mehrere[r] unbestimmte[r] Rechtsbegriffe von generalklauselartiger Weite“); ähnlich *Saenger/Kessler*, ZIP 2006, S. 837, (838 f.).

[11] *Kocher*, BB 2006, S. 2432; vergleichbar schon der Befund von *Liebscher*, ZIP 2002, S. 1005 ff.; *Pentz*, ZIP 2003, S. 1478 ff.; *Lange*, ZBB 2004, S. 22 ff.

[12] So der pointierteTitel eines Beitrags von *Borges*, ZIP 2007, S. 357 ff.

[13] Vgl. dazu *Lenz/Linke*, AG 2002, S. 361 ff.; *Lenz/Behnke*, BKR 2003, S. 43; *Weiler/Meyer*, NZG 2003, S. 909 ff.; *Strunk/Linke*, in: Veil/Drinkuth, Reformbedarf, S. 3 ff.

[14] Vgl. BGH, Urt. v. 18.09.2006, Aktz. II ZR 137/05 (WMF) = BGHZ 169, S. 98 ff; abgedruckt u.a. auch in BB 2006, S. 2432 ff.; vgl. dazu die Besprechungen von *Kocher*, BB 2006, S. 2436 ff.; *Uhlendorf*, DB 2006, S. 2455; *v. Bülow/Bücker*, in: Börsen-Zeitung Nr. 215 v. 08.11.2006, S. 2; *Diekmann*, DStR 2007, S. 445 ff.; *Borges*, ZIP 2007, S. 357 ff.; *Schneider*, ZGR 2007, S. 440 ff.; *Löhdefink*, Acting in Concert, S. 278 ff.

wendungsfragen des Acting in Concert jedoch nicht. Im Gegenteil, spätestens seit dem Inkrafttreten des sog. Risikobegrenzungsgesetzes[15] im Spätsommer 2008 muss davon ausgegangen werden, dass die rechtspolitische Diskussion um die Reichweite der Regelung in eine neue Runde geht. Daran ist der Gesetzgeber freilich nicht unschuldig. Durch sein Maßnahmenpaket, das auf Erfahrungen aus der jüngsten Finanzmarktkrise beruht[16], wollte er aktuellen Tendenzen in der Praxis bewusst gegensteuern. So ist es eines seiner ausdrücklichen Ziele, den Anwendungsbereich des Acting in Concert gegenüber der „restriktive[n] Rechtsprechung des Bundesgerichtshofs" zu erweitern[17]. Von einer gesicherten Rechtslage kann deshalb gegenwärtig keine Rede sein. Dass auch die Folgen der seit Mitte 2006 verbindlichen EU-Übernahmerichtlinie[18] für das Zurechnungsmodell des WpÜG noch nicht abschließend geklärt sind[19], tritt erschwerend hinzu.

Wie ist der andauernde Streit um die Stimmrechtszurechnung nach § 30 Abs. 2 WpÜG zu erklären? Auf den ersten Blick findet sich darauf eine nahe liegende Antwort. Die praktischen Schwierigkeiten bei der Handhabung der Regelung lassen sich vordergründig vor allem auf das problematische Zusammenspiel von Tatbestand und Rechtsfolgen zurückführen. Dem offenen Wortlaut des § 30 Abs. 2 S. 1 WpÜG ist nicht zu entnehmen, welche Verhaltensabstimmungen eine Stimmrechtszurechnung begründen und damit ein Pflichtangebot nach § 35 WpÜG auslösen können. Gleichwohl drohen im Falle einer Angebotspflicht gravierende Konsequenzen. Erreichen die Beteiligten einer Absprache die maßgebliche Kontrollschwelle von 30% der Stimmrechte an einer Zielgesellschaft, sind sie zunächst zu einer entsprechenden Veröffentlichung verpflichtet (§ 35 Abs. 1 WpÜG). Im Anschluss daran müssen sie allen Aktionären der Gesellschaft ein besonders konditioniertes Angebot zum Erwerb ihrer Wertpapiere unterbreiten (§ 35 Abs. 2 WpÜG)[20]. Unterlassen sie dies, greift eine Reihe von Sanktionen ein: Bis zur Erfüllung der gebotenen Handlungen sind Stimmrechte der Parteien nach § 59 WpÜG gesperrt. Gleichzeitig ist die Gegenleistung, die den betroffenen Aktionären formal zu gewähren wäre, gemäß § 38 WpÜG zu

---

[15] Gesetz zur Begrenzung der mit Finanzinvestitionen verbundenen Risiken, BGBl. I 2008, S. 1666 ff.; in Kraft getreten zum 19.08.2008.

[16] Zur Kritik am Regelungsanlass insoweit nur *Süßmann*, FAZ v. 10.10.2007, S. 3; *Diekmann/Merkner*, NZG 2007, S. 921, (923); *Schmidtbleicher*, AG 2008, S. 73, (77); *Schockenhoff/Wagner*, NZG 2008, S. 60, (61).

[17] Vgl. die – insoweit unverändert – maßgebliche Begr. RegE, BT-Drucks. 16/7438, S. 6 f., 11.

[18] Richtlinie 2004/25/EG v. 24.04.2004 betreffend Übernahmeangebote, umgesetzt durch das „Übernahmerichtlinie-Umsetzungsgesetz" v. 08.07.2006, BGBl. I 2006, S. 1426 ff.

[19] Vgl. dazu nur jüngst *Fleischer*, ZGR 2008, S. 185, (198 f.).

[20] Der Angebotspflicht unterfallen also sämtliche Wertpapiere der Zielgesellschaft – unabhängig davon, ob es sich um Stamm- oder Vorzugsaktien handelt.

verzinsen. Schließlich haben säumige Angebotspflichtige nach § 60 Abs. 1 Nr. 1a, Abs. 3 WpÜG auch ein individuelles Bußgeld zu erwarten.

Bereits die rechtstechnische Ausgestaltung des § 30 Abs. 2 WpÜG ist demnach *ein* Grund für die vielfältigen Probleme, die im Umgang mit der übernahmerechtlichen Stimmrechtszurechnung auftreten. Eine solche Erklärung allein würde jedoch zu kurz greifen. Wer sich näher mit der Regelung des § 30 Abs. 2 WpÜG auseinandersetzt, wird schnell feststellen, dass die tatsächlichen Wurzeln ihrer Anwendungsprobleme tiefer liegen. Sie sind insbesondere darin zu sehen, dass die Pflichtangebotsregeln an einer Schnittstelle zwischen Gesellschafts- und Kapitalmarktrecht ansetzen. Diese hybride Rechtsstellung der Vorschriften beeinträchtigt ihre dogmatische Behandlung erheblich. Darüber hinaus ist nicht zu übersehen, dass gerade die Zurechnungsregelung des § 30 Abs. 2 WpÜG – wie die aktuelle Debatte um die Regulierung von Finanzinvestoren eindringlich vor Augen führt – ein Spielball rechtspolitischer Fragen ist[21]. Noch schwerer wiegt jedoch ein letzter Punkt: die Konkretisierung des Umfangs der Stimmrechtszurechnung hat freilich auch große Bedeutung für die generelle Entwicklung der *Corporate Governance*[22] in Deutschland. Je nachdem, wie weit man ihren Anwendungsbereich ziehen will, offenbart man ein ganz unterschiedliches Vorverständnis der institutionellen Kontrollmechanismen, denen börsennotierte Gesellschaften hierzulande unterliegen. All diese Gründe machen eine Untersuchung der Regelung des Acting in Concert letztlich zu einer ebenso reizvollen wie herausfordernden Aufgabe (rechts-)wissenschaftlicher Forschung.

B. Regelungsfunktion im Rahmen des WpÜG

Eine erste Annäherung an den Gegenstand der vorliegenden Arbeit gelingt am Besten, wenn man zunächst kurz die Regelungsfunktion des Acting in Concert im Rahmen des WpÜG in den Blick nimmt. Dabei zeigt sich, dass die Stimmrechtszurechnung in § 30 Abs. 2 WpÜG allein für Pflichtangebote nach § 35 WpÜG i.V.m. § 29 Abs. 2 WpÜG eine Rolle spielt. Umgekehrt hat sie keine (unmittelbare) Bedeutung für die beiden übrigen Angebotsarten, die im Rahmen des WpÜG geregelt worden sind, nämlich für kontrollneutrale Erwerbsangebote

---

[21] Vgl. nur *Noack*, LMK 204721, der in der Reichweite von § 30 Abs. 2 WpÜG „eine Frage [sieht], deren wirtschaftliche und durchaus auch „politische" Dimension für die deutsche Unternehmenslandschaft auf der Hand liegt".

[22] Einführend zum Begriff und Konzept der Corporate Governance in Deutschland *Hopt*, ZGR 2000, S. 779 ff.; *Teichmann*, ZGR 2001, S. 645, (646 ff.); *Wackerbarth*, ZGR 2005, S. 686 ff.

auf Aktien der Zielgesellschaft[23] bzw. öffentliche Übernahmeangebote[24]. Ihre Funktion liegt somit in erster Linie darin, die Kontrollschwelle des § 29 Abs. 2 WpÜG zu flankieren. Unter welchen Voraussetzungen von einem Kontrollerwerb über eine Zielgesellschaft auszugehen ist, bestimmt der Tatbestand des § 29 Abs. 2 WpÜG nur für den idealtypischen Fall eines einzelnen „Bieters". Das Zurechnungsmodell des Acting in Concert, aber auch die Vorschriften in § 30 Abs. 1 S. 1 WpÜG leisten daher Umgehungsschutz in Fällen, in denen auf Erwerberseite mehrere Parteien auftreten.

Findet eine Zurechnung von Stimmrechten nach § 30 WpÜG statt, werden dabei – wie auch sonst bei § 29 Abs. 2 WpÜG – lediglich Stammaktien der jeweiligen Beteiligten berücksichtigt. Ausnahmefälle sind nur in engen Grenzen denkbar[25]. Führt die Stimmrechtszurechnung insoweit zum Erreichen der maßgeblichen Kontrollschwelle, ist ein Übernahmeangebot nach den allgemeinen Vorschriften des Gesetzes abzugeben. Dies bedeutet vor allem, dass gemäß § 14 Abs. 2 WpÜG eine Angebotsunterlage i.S.d. § 11 WpÜG veröffentlicht werden muss. Wesentliche Charakteristika dieses Angebots sind einerseits die Vollangebotspflicht nach § 32 i.V.m. § 39 WpÜG, andererseits die zwingenden Mindestpreisvorschriften in § 31 WpÜG, §§ 3 ff. WpÜG-AV. Speziell auf Pflichtangebotsfälle zugeschnitten sind schließlich die Ausnahmetatbestände in §§ 36 f. WpÜG.

Aufsichtsbehörde über das gesamte Angebotsverfahren ist gemäß § 4 Abs. 1 WpÜG die BaFin. Sie kann, neben zahlreichen weiteren Maßnahmen, aufgrund des bereits angesprochenen Ordnungswidrigkeitstatbestands in § 60 WpÜG auch Bußgelder verhängen, soweit bestimmte Regelungen von Verfahrensbeteiligten verletzt werden. Daraus ergibt sich u.a., dass für die maßgeblichen Vorschriften – was letztlich auch auf die Zurechnungsregelung des § 30 Abs. 2

---

[23] Derartige Angebote, die zu keinem Kontrollerwerb i.S.d. § 29 Abs. 2 WpÜG führen, richten sich allein nach dem dritten Abschnitt des WpÜG (§§ 10-28).

[24] Öffentliche Übernahmeangebote zielen nach der Legaldefinition des § 29 Abs. 1 WpÜG auf den Kontrollerwerb über die Zielgesellschaft ab, sind also – im Gegensatz zum Pflichtangebot in § 35 WpÜG – freiwilliger Natur. Für Übernahmeangebote gelten neben den Vorschriften des dritten Abschnitts ergänzend die Vorschriften des vierten Abschnitts des WpÜG (§§ 29-34).

[25] In der Literatur diskutiert wird insoweit insbesondere der Fall, dass Vorzugsaktien aufgrund von § 140 Abs. 2 WpÜG ausnahmsweise ein Stimmrecht gewähren, vgl. *Pentz*, ZIP 2003, S. 1478, (1482) m.w.N. Im Anschluss an den Fall Schaeffler/Continental wird zudem in jüngster Zeit eine intensive Debatte darüber geführt, inwieweit die Zurechnungsregeln (*de lege ferenda*) auch auf sog. „Cash-Settled Equity Swaps" auszuweiten sind, näher dazu unten, 4. Kap., B., VI., 2., c).

WpÜG zutrifft – wegen Art. 103 Abs. 2 GG ein verfassungsrechtliches Analogieverbot gilt[26].

C. Zielsetzung und Gang der Untersuchung

Die vorliegende Arbeit verfolgt ein doppeltes Ziel. Zunächst geht es ihr darum, tragfähige Lösungsansätze für die zentralen Auslegungsfragen des Acting in Concert zu entwickeln, die sich in der Praxis abzeichnen. Zu diesem Zweck sollen nicht nur dem abstrakten Anwendungsbereich der Regelung klare Konturen verliehen, sondern auch besonders praxisrelevante Einzelfälle – etwa abgestimmte Strukturmaßnahmen oder Aufsichtsratsbesetzungen – näher beleuchtet werden. Das Anliegen der Untersuchung geht jedoch über diese Zielsetzung hinaus. Wie die Diskussion um die Handhabung von § 30 Abs. 2 WpÜG mustergültig lehrt, stößt die Erforschung von Rechtsnormen, soweit sie allein auf den klassischen Auslegungsmethoden der Rechtswissenschaft beruht, mitunter an ihre Grenzen. Die vorliegende Untersuchung beschreitet deshalb einen anderen Weg. Sie ist interdisziplinär angelegt und will beispielhaft aufzeigen, welche Erkenntnisse vor allem die Ökonomie, die in der juristischen Methodenlehre zunehmende Aufmerksamkeit genießt[27], zur Lösung konkreter rechtlicher Fragen beitragen kann.

Das *zweite Kapitel* der Arbeit enthält daher eine knappe Einführung in die Methodik der ökonomischen Rechtstheorie. Diese dient vor allem dazu, dem juristischen Leser, der bislang noch nicht oder nur wenig mit ökonomischen Analysemethoden des Rechts in Berührung gekommen ist, das erforderliche Rüstzeug an die Hand zu geben. Nach einem kurzen Streifzug durch die historische Entwicklung des interdisziplinären Forschungsansatzes werden deshalb diejenigen Modelle vorgestellt, die im Zuge der Untersuchung von maßgeblicher Bedeutung sein werden.

Im Rahmen des *dritten Kapitels* werden sodann die dogmatischen und inhaltlichen Grundlagen für die anschließende Betrachtung des Acting in Concert gelegt. Dabei stehen zunächst die gemeinschaftsrechtlichen Bezüge der Regelung des § 30 Abs. 2 WpÜG im Vordergrund (*A.*). Ein erster Blick auf die EU-Übernahmerichtlinie 2004/25 wird die europarechtlichen Vorgaben aufzeigen, die bei ihrer Auslegung zu beachten sind. Im Anschluss daran widmet sich die

---

[26] So die ganz h.M., vgl. nur *Hirte*, in: KK/WpÜG, Einl. Rn. 98; *Pentz*, ZIP 2003, S. 1478, (1480); Liebscher, ZIP 2002, S. 1005, (1009); a.A. freilich *Cahn*, ZHR 162 (1998), S. 1 (7 ff.) zur vergleichbaren Problematik im WpHG a.F.

[27] Vgl. nur jüngst die Beiträge von *Fleischer*, ZGR 2007, S. 500 ff. und *Eidenmüller*, JZ 2007, S. 487 ff., die ökonomische Analysemethoden übereinstimmend zu den zukunftsträchtigsten Ansätzen der gesellschafts- und kapitalmarktrechtlichen Forschung zählen.

Arbeit einer für den weiteren Verlauf richtungsweisenden Frage, nämlich derjenigen nach der Rechtsnatur der Pflichtangebotsvorschriften (*B.*). Zuletzt wird das Regelungssystem des Pflichtangebots im WpÜG näher beleuchtet, soweit es für das Verständnis der Stimmrechtszurechnung von Interesse ist (*C.*). Insoweit ist insbesondere zu klären, wie die einzelnen Elemente des Gesetzes mit der Regelung in § 30 Abs. 2 WpÜG funktionell zusammenspielen.

Das umfangreiche *vierte Kapitel* bildet daraufhin das Herzstück der Untersuchung. Hier werden die offenen Fragen der Stimmrechtszurechnung kraft Acting in Concert nacheinander behandelt und einer systematischen Lösung zugeführt. Schwerpunkte liegen dabei auf der Erörterung der nach § 30 Abs. 2 WpÜG notwendigen Abstimmungsgrundlage (*A.*), des inhaltlichen Anwendungsbereichs der Regelung (*B.*) und dessen Grenzen (*C.*) sowie ihrer personellen Reichweite (*D.*). Abschließend wird auf einige ausgewählte Sonderfälle eingegangen (*E.*). Innerhalb jedes Abschnitts sollen dabei nicht nur die klassischen juristischen Auslegungsmethoden angewandt, sondern auch die EU-Übernahmerichtlinie und – soweit dies hilfreich erscheint – wirtschaftswissenschaftliche Modelle nach weiterführenden Lösungsansätzen befragt werden. Breiten Raum werden in diesem Zusammenhang insbesondere zwei Gesichtspunkte einnehmen: Zum einen die ökonomische Analyse von Kontrolltransaktionen, die maßgeblich zur Konkretisierung des § 30 Abs. 2 WpÜG beitragen kann, und zum anderen die Auseinandersetzung mit der Rechtsprechung des BGH in seiner „WMF"-Entscheidung.

Die Arbeit endet schließlich im *fünften Kapitel* mit einer Zusammenfassung der wesentlichen Ergebnisse. In diesem Rahmen wird auch ein Ausblick auf mögliche Regelungsvorschläge *de lege ferenda* gegeben.

2. Kapitel Methodik der ökonomischen Theorie des Rechts

Um die zentralen Fragestellungen des § 30 Abs. 2 WpÜG zu beleuchten, bedient sich die vorliegende Arbeit auch und gerade der ökonomischen Theorie des Rechts. Jeder Jurist, der einen solchen Versuch unternimmt, sollte sich freilich darüber im Klaren sein, welche methodologischen Prämissen, Ansätze aber auch Grenzen er seiner Untersuchung insoweit zugrunde legt. Das ökonomische Forschungsprogramm ist für die Rechtswissenschaft bis zum heutigen Tage keineswegs selbstverständlich. Obwohl sie auch hierzulande eine rasante Entwicklung erfahren hat[28], ist die interdisziplinäre Öffnung für derartige Modelle noch immer nicht unumstritten[29]. Dennoch bilden ökonomische Analysemodelle eine wertvolle Erkenntnisquelle, die für die Lösung einzelner Rechtsfragen – wie im Rahmen dieser Arbeit gezeigt werden soll – von entscheidender Bedeutung sein kann.

Eine sachgerechte Einführung steht daher in erster Linie vor der Aufgabe, ein allgemeines Verständnis ihrer methodischen Grundlagen zu vermitteln. Insbesondere ist sogleich dem Missverständnis vorzubeugen, dass es sich bei der ökonomischen Theorie des Rechts um ein klar abgestecktes Forschungsfeld handelt, das durch einen einheitlichen methodischen Ansatz gekennzeichnet ist. Das Gegenteil ist der Fall. Neben ihrer wohl bekanntesten Ausprägung, der sog. ökonomischen Analyse des Rechts (Economic Analysis of Law), existiert vielmehr eine Reihe von weiteren, teilweise näher untergliederten interdisziplinären Forschungsrichtungen[30]. Die Gemeinsamkeit aller Spielarten liegt jedoch darin, dass sie ihren Ursprung in der neoklassischen Wirtschaftstheorie finden. Dieser Ausgangspunkt bietet sich deshalb an, um die konzeptionellen Grundzüge der öko-

---

[28] Ihren Ausgang nahm dieser Forschungszweig freilich in den Vereinigten Staaten, wo er bereits seit Jahrzehnten zum wissenschaftlichen Standardrepertoire gehört, vgl. nur das grundlegende Werk von *Posner*, Economic Analysis of Law (1972).

[29] Zu den grundlegenden Kritikpunkten an der ökonomischen Rechtstheorie – insbesondere an der ökonomischen Analyse des Rechts – etwa *Eidenmüller*, Effizienz, S. 7 ff.; *Schäfer/Ott*, Ökonomische Analyse des Rechts, S. 63 ff. m.w.N.; eine lesenswerte Einführung zu den interdisziplinären Verständigungsschwierigkeiten zwischen Ökonomen und Juristen bietet *Reul*, Gleichbehandlung, S. 123 ff.

[30] Vgl. etwa den Überblick bei *Eidenmüller*, Effizienz, S. 5. In der Literatur werden die einzelnen theoretischen Ansätze aber nicht immer deutlich voneinander getrennt. Teils wird ein Oberbegriff für die gesamte moderne Neoklassik gewählt („Transaktionskostenansatz"), teils findet sich eine detaillierte Einstufung; vgl. insbesondere *Fleischer*, ZGR 2001, S. 3 ff.

nomischen Theorie des Rechts im Allgemeinen und ihre Ausstrahlungswirkung auf das Gesellschafts- und Übernahmerecht im Speziellen kurz vorzustellen. Sind ihre methodischen Wurzeln erst einmal geklärt, lassen sich daraus die Analysemodelle entnehmen, die für den vorliegenden Untersuchungsgegenstand – die übernahmerechtliche Stimmrechtszurechnung nach § 30 Abs. 2 WpÜG – von besonderem Interesse sind.

A. Die neoklassischen Vorstellungen

Bis weit in die Mitte des 20. Jahrhunderts hinein ist das ökonomische Denken gemeinhin von neoklassischen Modellen geprägt worden. Im Mittelpunkt der neoklassischen Modellwelt stand der Markt- und Preismechanismus der klassischen Wirtschaftstheorie, wonach allein das Gleichgewicht von Angebot und Nachfrage die Verteilung von Gütern und Produktionsfaktoren (Ressourcen) steuert. Unter derartigen Annahmen sorgten bereits die Kräfte des Marktes für wirtschaftliche Effizienz, das heißt die Zuführung der Ressourcen zu demjenigen Verwender, der sie möglichst nutzenbringend verwenden kann[31].

Die Schwächen eines solchen Modells lagen allerdings auf der Hand. Unberücksichtigt blieben nämlich die Auswirkungen institutioneller Rahmenbedingungen, wie insbesondere bestehender politischer, moralischer und nicht zuletzt rechtlicher Einflüsse. Die Aussagen der neoklassischen Theorie beruhten auf der Fiktion vollkommener Märkte, die eine generelle Kostenlosigkeit ihrer Nutzung, Transparenz, vollständigen Wettbewerb und die Teilnahme rational agierender Wirtschaftssubjekte voraussetzen. Je komplexer aber die real ablaufenden Wirtschaftsprozesse wurden und je schneller gleichzeitig das Maß an rechtlichen Regulierungen und staatlicher Eingriffen zunahm, umso deutlicher zeichneten sich unterschiedliche Fälle des Marktversagens ab, die auf dem Boden des neoklassischen Modells unerklärlich waren. Das Bedürfnis, die restriktiven Annahmen der klassischen Wirtschaftstheorie aufzugeben bzw. durch ergänzende Faktoren zu verfeinern, spitzte sich immer weiter zu.

B. Der Transaktionskostenansatz

Wegbereitend für die Einbeziehung rechtlicher Rahmenbedingungen in ökonomische Verhaltensmodelle war vor diesem Hintergrund *Ronald Coase* mit seiner

---

[31] Vgl. dazu *Behrens*, Ökonomische Grundlagen, S. 83. *Ruffner*, Ökonomische Grundlagen, S. 38.

bahnbrechenden Abhandlung über das „Problem of Social Cost"[32]. Das „Coase-Theorem", als welches die Ergebnisse seiner Untersuchung berühmt geworden sind, hob erstmals die Bedeutung der Entstehung und jeweiligen Höhe von sog. Transaktionskosten[33] im realen Wirtschaftssystem hervor. Seine Aussagen lassen sich in zwei Kernthesen zusammenfassen: Zum einen soll auf einem Markt, der keine Transaktionskosten kennt, stets eine effiziente Allokation von Ressourcen erfolgen. Zum anderen sei das Zustandekommen solcher allokationseffizienter Marktlösungen grundsätzlich unabhängig von der ursprünglichen Zuordnung der Rechte an den jeweiligen Ressourcen durch die Rechtsordnung[34].

Die Beobachtungen von *Coase* ließen den Stellenwert der Ausgestaltung des Rechtssystems für eine effiziente Ressourcenverteilung schon erahnen: In einer idealtypischen Welt ohne Transaktionskosten wäre die Rechtsordnung (Rechtszuweisung) zwar allokationsneutral[35]. Zumal tatsächlich aber erhebliche Transaktionskosten auftreten, so dass regelmäßig auch effizienzsteigernde Austauschvorgänge unterbleiben[36], kommt rechtlichen Rahmenbedingungen in der Realität eine entscheidende Rolle zu. Unter diesem Blickwinkel hat die Rechtsordnung vielfältige Aufgaben zu erfüllen, um zu einer optimalen Ressourcenallokation beizutragen. Ganz allgemein obliegt es ihr, effizienzerhöhende Tauschakte zu fördern, indem sie Abwicklungshindernisse abbaut. Ihre zentrale Aufgabe be-

---

[32] *Coase*, 3 Journal of Law and Economics, S. 1 ff. (1960); eine vollständige Übersetzung findet sich bei Assmann/Kirchner/Schanze, Ökonomische Analyse des Rechts, S. 129 ff.; Vorarbeiten dazu hatte *Coase* freilich bereits 1937 geleistet, vgl. *Coase*, 4 Economia, S. 386 ff. (1937).

[33] Der Begriff der „Transaktionskosten" ist vielschichtig und hat bislang noch keine abschließende Definition erfahren. Im allgemeinen Sinne lassen sich darunter alle Kosten fassen, die durch die Einrichtung, Benutzung, Erhaltung und Veränderung von Institutionen verursacht werden, vgl. *Richter/Furubotn*, Neue Institutionenökonomik, S. 54. Häufig werden drei Kategorien näher unterschieden: Kosten der Vertragsanbahnung (Informations- und Suchkosten), des Vertragsabschlusses (Verhandlungs- und Entscheidungskosten) sowie Kosten der Durchsetzung und Überwachung von Leistungspflichten (Kontrollkosten), vgl. *Behrens*, Ökonomische Grundlagen, S. 107 ff.

[34] Vgl. *Coase*, 3 Journal of Law and Economics, S. 1, (9) (1960): „[T]he ultimative result (which maximizes the value of production) is independent of the legal position if the pricing system is assumed to work without cost". In der Literatur wird dabei vielfach zwischen der sog. „Effizienzthese" einerseits und der „Invarianzthese" andererseits differenziert, vgl. überblicksartig *Behrens*, Ökonomische Grundlagen, S. 118, 120.

[35] Vgl. *Erlei/Leschke/Sauerland*, Neue Institutionenökonomik, S. 282.

[36] „This is, of course, a very unrealistic assumption [...] These operations are often extremely costly, sufficiently costly at any rate to prevent many transactions that would be carried out in a world in which the pricing system worked without costs", *Coase*, 3 Journal of Law and Economics, S. 1, (10) (1960).

steht also darin, Transaktionskosten jeglicher Art zu reduzieren[37]. Darüber hinaus bedarf es rechtlicher Vorkehrungen, um eine freie und reibungslose Übertragbarkeit verschiedener Güter gewährleisten zu können. Zu diesem Zweck müssen die entsprechenden Handlungs- und Nutzungsrechte klar zugeordnet und hinreichend spezifiziert werden[38]. Aufgrund der Tatsache, dass sich prohibitive Transaktionskosten niemals vollkommen ausschließen lassen, ist außerdem dafür zu sorgen, dass von vornherein eine möglichst effiziente Rechtszuweisung stattfindet.

Aus dem Coase-Theorem ergibt sich schließlich eine letzte – im Verlauf der Arbeit noch richtungsweisende[39] – Aufgabenstellung des Rechts: Da *Coase* bei der Herleitung seiner Effizienzthese unterstellt, dass *sämtliche* betroffene Individuen die jeweiligen Transaktionen bewerten und zu ihren Gunsten beeinflussen (können), hat die rechtliche Ausgestaltung auch auf diese Voraussetzung hinzuwirken. Effiziente Lösungen sind nämlich nur dann zu erwarten, wenn alle Nutzenerwägungen aber auch alle Kosten des Gebrauchs einer bestimmten Ressource auf die konkrete Transaktionsentscheidung Einfluss nehmen[40]. Lassen sich die Kosten bestimmter Handlungen eines Wirtschaftssubjekts hingegen kompensationslos auf unbeteiligte Dritte abwälzen, versagt die originäre Allokationsleistung des Markt-Preis-Systems. In diesem Fall müssen marktgerechte Lösungen simuliert werden. Daher besteht die Notwendigkeit sicherzustellen, dass sich derartige Ausstrahlungswirkungen auf Dritte, sog. externe Effekte, im Preis der jeweiligen Ressource niederschlagen. Der Rechtsordnung obliegt mit anderen Worten auch eine möglichst weitgehende „Internalisierung von Externalitäten“[41].

C. Die ökonomische Analyse des Rechts

Angestoßen durch die Erkenntnisse des Transaktionskostenansatzes breitete sich in Form der Ökonomischen Analyse des Rechts (Economic Analysis of Law) eine Forschungsrichtung aus, die sich aus ökonomischer Sicht in systematischer

[37] *Assmann*, in: Assmann/Kirchner/Schanze, Ökonomische Analyse des Rechts, S. 17, (43); *Behrens*, Ökonomische Grundlagen, S. 107; *Eidenmüller*, Effizienz als Rechtsprinzip, S. 64; vgl. zur Kritik an dieser Maxime jedoch *Richter/Furubotn*, Neue Institutionenökonomik, S. 70.

[38] Diesem Problemkreis widmet sich die sog. Verfügungsrechtsanalyse (Property-Rights-Theory), grundlegend *Demsetz*, 57 American Economic Review (1967), S. 347 ff.; vgl. für einen Überblick *Richter/Furubotn*, Neue Institutionenökonomik, S. 3 ff.

[39] Vgl. dazu unten, 4. Kap., B., V., 4. und 5.

[40] Vgl. *Behrens*, Ökonomische Grundlagen, S. 85 f.

[41] *Behrens*, Ökonomische Grundlagen, S. 87, 105; *Assmann*, in: Assmann/Kirchner/Schanze, Ökonomische Analyse des Rechts, S. 17, (42); *Ott/Schäfer*, Ökonomische Analyse des Zivilrechts, S. 109 ff.

Weise mit rechtlichen Fragestellungen auseinandersetzt. Dabei beruht ihre Methodik nur auf wenigen Grundannahmen. Um die in der Realität durch Rechtsnormen ausgelösten Wirkungen prognostizieren zu können, greift sie zunächst auf das ökonomische Verhaltensmodell des sog. homo oeconomicus zurück. Unterstellt wird also, dass die betrachteten Individuen stets rational und nutzenmaximierend handeln ohne ihren Entscheidungen anomale Präferenzen zugrunde zu legen[42]. Dass neuere Erkenntnisse aus der Kognitions- und Sozialpsychologie in den letzten Jahren zu einer teilweisen Erweiterung bzw. Korrektur des Modells geführt haben (Behavioural Economics)[43], ändert an seiner grundsätzlichen Fortgeltung nichts.

Daneben bedient sich die ökonomische Analyse des Bewertungsmaßstabs der Wohlfahrtsökonomik, indem sie das Kriterium der Effizienz heranzieht. Eine bestimmte rechtliche Lösung ist demzufolge vorzugswürdig, wenn sie gegenüber anderen Regelungsansätzen einen höheren gesamtwirtschaftlichen Nutzen verspricht. Freilich liegt darin zugleich auch eine der zentralen konzeptionellen Schwachstellen – die mangelnde Konsensfähigkeit ihres Entscheidungskriteriums. Nach wie vor stehen sich insoweit zwei konkurrierende Modelle gegenüber. Einen ersten Ansatz hat *Vilfredo Pareto* bereits vor rund einem Jahrhundert formuliert[44]. Als Pareto-Effizienz wird ein sozialer Zustand bezeichnet, sobald von diesem aus die Besserstellung (irgend-)eines Individuums nur noch dadurch gelingen kann, dass jedenfalls ein anderes Individuum gleichzeitig einen Nachteil erleidet. Anders ausgedrückt liegt nach dem Pareto-Kriterium eine Wohlfahrtssteigerung vor, wenn sich durch eine Transaktion der Nutzen zumindest eines Wirtschaftssubjekts erhöht, ohne dass infolgedessen der Nutzen eines anderen Wirtschaftssubjekts sinkt[45]. Das konkurrierende Modell – das sog. Kaldor/Hicks-Kriterium – greift dagegen auf den Gedanken der hypothetischen Generalkompensation zurück[46]. Demzufolge ist von einer effizienten Zustandsveränderung auszugehen, wenn die daraus folgenden Wohlfahrtsgewinne die entstehenden Wohlfahrtsverluste insgesamt überwiegen. Effizienzsteigerungen sind also unabhängig davon anzunehmen, wie sich Nutzengewinne und -einbußen im Einzelfall verteilen[47].

---

[42] Vgl. *Schäfer/Ott*, Ökonomische Analyse des Zivilrechts, S. 58 ff.; *Ruffner*, Ökonomische Grundlagen, S. 60 ff.

[43] Zur Entwicklung *Fleischer*, ZGR 2007, S. 500, (503 f.); *Eidenmüller*, JZ 2007, S. 487, (491).

[44] Dazu eingehend *Eidenmüller*, Effizienz als Rechtsprinzip, S. 48 ff.

[45] Vgl. *Schäfer/Ott*, Ökonomische Analyse des Zivilrechts, S. 26; *Behrens*, Ökonomische Grundlagen, S. 84 f.; *Erlei/Leschke/Sauerland*, Neue Institutionenökonomik, S. 17 f.

[46] Vgl. *Behrens*, Ökonomische Grundlagen, S. 93.

[47] Vgl. *Erlei/Leschke/Sauerland*, Neue Institutionenökonomik, S. 19; *Eidenmüller*, Effizienz als Rechtsprinzip, S. 51.

Eine Auseinandersetzung mit den Vorzügen und Defiziten beider Effizienz-Kriterien kann an dieser Stelle natürlich nicht erfolgen[48]. Soweit im Rahmen der vorliegenden Arbeit eine ökonomische Analyse rechtlicher Regelungen stattfindet, wird im Anschluss an die übliche Praxis[49] vielmehr auf das Kaldor/Hicks-Kriterium Bezug genommen. Wie sich im Einzelnen zeigen wird[50], ermöglicht es seine Anwendung, verlässliche Aussagen über die Wohlfahrtseffekte der Regulierung von Unternehmensübernahmen zu gewinnen. Lassen sich durch die ökonomische Analyse des Rechts aber erst einmal konkrete Verhaltensprognosen bestimmen, kommt ihr wohl bedeutendstes Verdienst zum Tragen: die Überprüfbarkeit ihrer Prognosen anhand empirischer Daten. Ökonomische Argumente, die auf einer solchen Methodik aufbauen, können – jedenfalls im Ausgangspunkt – verifiziert oder umgekehrt widerlegt werden[51]. Dies ist einer der wesentlichen Gründe, weshalb im Rahmen der vorliegenden Untersuchung in großem Maße auf sie zurückgegriffen werden wird.

D. Die Neue Institutionenökonomik

Rechtsnormen unter ökonomischen Gesichtspunkten zu beurteilen heißt aber nicht nur, *marktliche* Austauschprozesse auf etwaige Funktionsstörungen zu untersuchen. Ein Hauptforschungsfeld der ökonomischen Rechtstheorie ist vielmehr auch die Analyse organisatorischer Rahmenbedingungen der Wirtschaft. Dieser Zweig der neoklassischen Theorie, der ebenfalls aus dem Transaktionskostenansatz hervorgegangen ist, wird als „Neue Institutionenökonomik" bezeichnet[52]. Hier gilt das Augenmerk der Untersuchung von Funktionsweise und Wohlfahrtswirkungen der im Wirtschaftssystem anzutreffenden Institutionen[53].

---

[48] Zu verweisen ist insoweit auf die eingehende Diskussion bei *Erlei/Leschke/Sauerland*, Neue Institutionenökonomik, S. 20, und insbesondere *Eidenmüller*, Effizienz als Rechtsprinzip, S. 47 ff.

[49] Vgl. *Schäfer/Ott*, Ökonomische Analyse des Zivilrechts, S. 38; *Erlei/Leschke/Sauerland*, Neue Institutionenökonomik, S. 20; *Ruffner*, Ökonomische Grundlagen, S. 42.

[50] Vgl. dazu unten, 4. Kap., B., V., 1.

[51] Dies betont auch *Eidenmüller*, Effizienz als Rechtsprinzip, S. 6.

[52] Grundlegend *Williamson*, Markets and Hierarchies, S. 19 ff.; vgl. aus der deutschen Literatur vor allem *Richter/Furubotn*, Neue Institutionenökonomik; *Erlei/Leschke/Sauerland*, Neue Institutionenökonomik; für eine Einführung aus juristischer Sicht *Fleischer*, ZGR 2001, S. 1, (3 ff.).

[53] Dabei hat sich bislang keine abschließende Definition des Zentralbegriffs „Institution" herausgebildet. Allgemein werden darunter Ordnungssysteme verstanden, die durch formgebundene (formale) und formungebundene (informelle) Regeln sowie entsprechende

Mit Hilfe eines solchen Ansatzes sollen die spezifischen Motivations- und Koordinationsprobleme, die im Rahmen von institutionellen Einrichtungen bestehen, offen gelegt und einer geeigneten Lösung zugeführt werden.

Ein wichtiges, wenn nicht sogar das zentrale analytische Konzept der neuen Institutionenökonomik ist das sog. Prinizipal-Agent-Modell. Was sich hinter diesem Begriff verbirgt, ist nichts anderes als ein ganz alltägliches Phänomen. Paradebeispiele dafür sind etwa das Verhältnis zwischen Arzt und Patient, Mieter und Vermieter oder zwischen Versicherungsnehmer und Versicherungsgeber[54]. Als (Mit-)Begründer der neoinstitutionalistischen Lehre haben *Jensen* und *Meckling* die Wesensmerkmale einer solchen Beziehung folgendermaßen umschrieben: „We define an agency relationship as a contract under which one or more persons (the principle(s)) engage another person (the agent) to perform some service on their behalf which involves delegation of some decision making authority to the agent“[55]. Konsequenz einer solchen Ausgangslage ist es, dass sowohl bei Vertragsschluss als auch in der Folgezeit beachtliche Informationsassymetrien zwischen den Parteien auftreten können[56]. So mag der Prinzipal entscheidungserhebliche Eigenschaften des Agenten vor Vertragsschluss nicht kennen, dessen spätere Tätigkeit nicht hinreichend überwachen (können) oder der Agent sich im Laufe der Zeit Sonderwissen über Vermögensangelegenheiten des Prinzipals aneignen[57]. Da jede Partei eigene Interessen verfolgt, nutzt der Agent diesen Informationsvorsprung zu opportunistischem Verhalten. Die Zielsetzung seines Auftrags wird mithin beeinträchtigt. Aus der arbeitsteiligen Konstellation und dem zugrunde liegenden Interessengegensatz resultieren daher Vertretungskosten (agency costs[58]), die eine besondere Art von Transaktionskosten darstellen[59].

Wenn man sich die Typologie des Prinzipal-Agent-Modells näher vor Augen führt, fällt es freilich nicht schwer, von diesem Konzept eine Brücke zum Kapi-

---

Durchsetzungsinstrumente den Zweck verfolgen, das Verhalten von Individuen in eine bestimmte Richtung zu steuern, vgl. *Richter/Furubotn*, Neue Institutionenökonomik, S. 7 f.

[54] So das ursprüngliche Thema eines viel beachteten Aufsatzes von *Akerlof*, 84 Quarterly Journal of Economics, S. 488 ff. (1970). Näheres dazu noch unten, 4. Kap., B., V., 4., d).

[55] *Jensen/Meckling*, 3 Journal of Financial Economics, S. 305, (308) (1976); ein instruktiver Überblick findet sich etwa bei *Breid*, ZfbF 47 (1995), S. 821, (822 ff.).

[56] Vgl. *Williamson*, Markets and Hierachies, S. 20; *Hansmann/Kraakman*, in: Anatomy of Corporate Law, S. 21 ff.; aus interdisziplinärer Perspektive *Fleischer*, Informationsassymetrie, S. 138 ff.

[57] Vgl. etwa *Richter/Furubotn*, Neue Institutionenökonomik, S. 174.

[58] *Erlei/Leschke/Sauerland*, Neue Institutionenökonomik, S. 74.

[59] Vgl. *Jensen/Meckling*, 3 Journal of Financial Economics, S. 305, (308 f.) (1976), die derartige Kosten wiederum in Überwachungskosten („monotoring costs“), Kosten, die den Agenten zur Signalisierung pflichtgemäßen Verhaltens dienen („bonding costs“) und sonstigen Residualverlust („residual loss“) untergliedern.

talgesellschaftsrecht zu schlagen. Auch dort sind entsprechende Beziehungsgeflechte geradezu charakteristisch. Diese Einsicht nahm eine berühmte Arbeit von *Adolf Augustus Berle* und *Gardiner C. Means* schon im Jahre 1932[60] vorweg. Lange bevor es Vertreter des Neoinstitutionalismus in ein abstraktes analytisches Modell einbetten sollten, zeigten sie anhand einer empirischen Studie der Aktionärsstrukturen US-amerikanischer Unternehmen das grundlegende Problem moderner Publikumsgesellschaften auf: die Trennung von Eigentum und Kontrolle. *Berle* und *Means* wiesen seinerzeit nach, dass die Mehrheit der betrachteten Gesellschaften aufgrund ihres hohen Streubesitzes faktisch nicht unter der Kontrolle der Anteilseigner, sondern der des Managements stand[61]. Damit identifizierten sie erstmals eine wesentliche Quelle von Effizienzverlusten in der Organisationsstruktur von Unternehmen. Heute besteht allgemeines Einvernehmen darüber, dass es ein zentrales Ziel der ökonomischen Bemühungen um das Kapitalgesellschaftsrechts ist, derartige Kosten zu minimieren: „A basic purpose of corporate law is to reduce agency costs“[62].

E. **Schlussfolgerungen für die Methodik der vorliegenden Arbeit**

Nach dem kurzen Streifzug durch einzelne Ansätze der ökonomischen Rechtstheorie sollte ein erster Eindruck davon entstanden sein, wie vielfältig ihre methodischen Möglichkeiten für die Erforschung rechtlicher Probleme sind[63]. Welche Analysemodelle lassen sich aber konkret für die Untersuchung der Zurechnungsvorschrift des Acting in Concert in § 30 Abs. 2 WpÜG fruchtbar machen?

Im Wesentlichen kommen zwei methodische Vorgehensweisen in Betracht. Da es sich bei § 30 Abs. 2 WpÜG formal um eine „übernahmerechtliche“ Vorschrift[64] handelt, gerät intuitiv zunächst ihr enger Bezug zum Kapitalmarkt ins

---

[60] Vgl. *Berle/Means*, The modern corporation and private property (1932).

[61] Vgl. aus jüngerer Zeit etwa die Rezeption bei *Bott*, Aktionärsstruktur, S. 1 ff.; *Mühle*, WpÜG, S. 55 ff.; *Ruffner*, Ökonomische Grundlagen, S. 127 ff.

[62] So *Coffee*, 89 Columbia Law Review, S. 1618, (1685) (1989); ähnlich *Eidenmüller*, Effizienz als Rechtsprinzip, S. 64; *ders.*, JZ 2001, S. 1041, (1047); *Herkenroth*, Konzernierungsprozesse, S. 308; *Ruffner*, Ökonomische Grundlagen, S. 177.

[63] *Eidenmüller* nannte die von ihm untersuchte Methodik der ökonomischen Analyse des Rechts hierzulande schon vor einigen Jahren „[den] mit Abstand fruchtbarste[n] neue[n] Ansatz zur Erforschung und Bewertung der Folgen von Rechtsnormen in der Rechtswirklichkeit“, vgl. *Eidenmüller*, Effizienz als Rechtsprinzip, S. 14.

[64] Zuzugeben ist freilich, dass sich das „Übernahmerecht“ hierzulande erst allmählich zu einem eigenständigen Rechtsgebiet emanzipiert. Ursprünglich handelt es sich dabei – wie die Pflichtangebotsvorschriften mustergültig zeigen – um ein Regelungssystem, das im Schnittfeld zwischen klassischem Gesellschafts- und Kapitalmarktrecht angesiedelt ist.

Blickfeld. Ein erster Ansatzpunkt dieser Arbeit liegt deshalb darin, Kontrollwechsel in (Ziel-)Gesellschaften – an die letztlich auch die Regelung des Acting in Concert anknüpft – als *marktlichen* Steuerungsprozess zu verstehen[65]. Aus dieser Sicht bietet es sich an, die Wohlfahrtseffekte eines solchen Mechanismus mit Hilfe der ökonomischen Analyse des Rechts näher zu beleuchten. Steht fest, welche möglichen gesamtwirtschaftlichen Folgen Kontrollveränderungen in Unternehmen nach sich ziehen, lassen sich daraus gegebenenfalls konkrete Maßstäbe für die Handhabung der Stimmrechtszurechnung in § 30 Abs. 2 WpÜG entwickeln.

Nicht weniger aussichtsreich als dieser Ansatz erscheint aber auch eine institutionenökonomische Betrachtung der Realwirkungen, die von der Zurechnungsregelung ausgehen. Vor allem das soeben vorgestellte Prinzipal-Agent-Modell kann dabei wertvolle Dienste leisten. Beurteilt man moderne Kapitalgesellschaften nach neoinstitutionalistischem Verständnis als ein umfassendes Netzwerk von Verträgen („nexus of contracts")[66], so lassen sich drei grundlegende Arten des Modells unterscheiden[67]: Der „klassische" gesellschaftsinterne Konflikt wird im Anschluss an *Bearle* und *Means* in dem Verhältnis zwischen den Anteilseignern der Gesellschaft und dessen Management gesehen. Von maßgeblicher Bedeutung für die Effizienz rechtlicher Rahmenbedingungen ist jedoch auch die Berücksichtigung der anderen beiden Erscheinungsformen: einerseits des Interessengegensatzes zwischen den Kontroll- und Minderheitsaktionären einer Gesellschaft und andererseits des Verhältnisses zwischen der Gesellschaft selbst und außenstehenden Parteien[68]. Wie sich im Verlauf dieser Arbeit zeigen wird, beeinflusst die Stimmrechtszurechnung kraft Acting in Concert zumindest die beiden erstgenannten Prinzipal-Agent-Beziehungen in erheblichem Maße. Ihnen wird daher – soweit dies erforderlich ist – im Einzelnen nachzugehen sein. Unmöglich ist es an dieser Stelle freilich, die Implikationen der Regelung auf außenstehende Interessengruppen – also etwa Arbeitnehmer, Gesellschaftsgläubiger oder Verbraucher – in die Untersuchung miteinzubeziehen. Ein solcher Versuch würde nicht nur den vorhandenen Rahmen der Arbeit sprengen. Es wäre vielmehr auch

---

[65] Zum gedanklichen Ausgangspunkt dieses Verständnisses, dem „Markt für Unternehmenskontrolle" nach Art der Chicago School noch ausführlich unten, 4. Kap., B., V., 1., a), (1).

[66] Den Grundstein für dieses analytische Modell haben die Vertreter der sog. „Theorie der Firma" gelegt, vgl. *Alchian/Demsetz*, 62 American Economic Review, S. 777, (783) (1972); *Jensen/Meckling*, 3 Journal of Financial Economics, S. 305, (310 ff.) (1976); vgl auch *Posner*, in: Assmann/Kirchner/Schanze, Ökonomische Analyse des Rechts, S. 221, (229).

[67] Vgl. nur *Hansmann/Kraakman*, in: Kraakman/Davies, Anatomy of Corporate Law, S. 21 f.

[68] *Hansmann/Kraakman*, in: Kraakman/Davies, Anatomy of Corporate Law, S. 22.

zweifelhaft, ob er überhaupt zu weitergehenden Erkenntnissen über die Anwendungsfragen des Acting in Concert führen würde[69].

Letztlich laufen alle methodischen Ansätze dieser Untersuchung auf ein Ziel hinaus. Es geht darum, den Beitrag der übernahmerechtlichen Stimmrechtszurechnung zur Corporate Governance aufzuzeigen, deren Entwicklung das Unternehmensrecht heutzutage entscheidend prägt. Die vielschichtige Diskussion um entsprechende Mechanismen wird mittlerweile sowohl in der Rechts- als auch in den Wirtschaftswissenschaften intensiv geführt. Sie macht vor dogmatischen Disziplingrenzen nicht halt. Schon aus diesem Grund ist es geboten, eine interdisziplinäre Herangehensweise an das vorliegende Thema zu wählen. *Shleifer* und *Vishny*, zwei prominente Vertreter des ökonomischen Flügels der Unternehmensrechtsforschung, haben das Anliegen der Corporate Governance-Diskussion einmal prägnant formuliert: „Corporate Governance deals with the ways in which suppliers of finance to corporations assure themselves of getting a return on their investment“[70]. Dem ist im Hinblick auf die funktionale Betrachtung der Regelung in § 30 Abs. 2 WpÜG, die im Folgenden angestrebt wird, nichts hinzuzufügen.

---

[69] Die ökonomische Analyse des Übernahmerechts, die in den Vereinigten Staaten ihren Ursprung gefunden hat, beschränkt sich klassischerweise ebenfalls auf einen solchen „Shareholder-Ansatz“. Die Berücksichtigung weiterer Interessengruppen im Rahmen des sog. „Stakeholder-Ansatzes“ ist dagegen weniger verbreitet. Zum Ganzen ausführlich unten, 4. Kap., B., V., 1.

[70] *Shleifer/Vishny*, 52 Journal of Finance, S. 737 (1997).

3. Kapitel Grundlagen und Bezugspunkte der Regelung

A. Die EU-Übernahmerichtlinie 2004/25

Eine Untersuchung übernahmerechtlicher Vorschriften hat bei ihren gemeinschaftsrechtlichen Grundlagen anzusetzen. Als in Deutschland erste Diskussionen über die Notwendigkeit einer gesetzlichen Regulierung von Unternehmensübernahmen laut wurden, waren andere Mitgliedsstaaten dieser Entwicklung mitunter bereits Jahrzehnte voraus. In ihrer inhaltlichen Ausgestaltung wichen die damaligen nationalen Regelungen allerdings zum Teil erheblich voneinander ab[71]. Umso bemerkenswerter ist es, dass eine europäische „Richtlinie betreffend Übernahmeangebote“ erst in jüngerer Vergangenheit endgültig Konturen angenommen hat. Dies lässt sich auf eine Reihe von Ursachen zurückführen. Geht man den Hintergründen der EU-Übernahmerichtline aus dem Jahre 2004 auf die Spur, zeigt sich nicht nur, welche Vorgaben für eine richtlinienkonforme Auslegung der Regelungen des WpÜG nunmehr zu beachten sind. Es tritt vielmehr auch ein grundlegendes Problem zu Tage, das für die Behandlung der Pflichtangebotsvorschriften im Rahmen dieser Arbeit noch von entscheidender Bedeutung sein wird: die rechtsdogmatische Einordnung des Regelungssystems.

I. Entstehungsgeschichte

Die heutige Existenz eines gemeinschaftsrechtlichen Regelungsrahmens für Unternehmensübernahmen erscheint im Rückblick auf die Entwicklung in Europa alles andere als selbstverständlich. Bevor das Europäische Parlament die Übernahmerichtlinie 2004/25 im Dezember 2003 annehmen und diese daraufhin im April 2004 verabschiedet werden konnte, war ein äußerst langwieriger und wechselvoller Weg zurückzulegen[72].

---

[71] *Meyer*, EU-Übernahmerichtlinie, S. 20; vgl. zur Ausgangslage des damaligen mitgliedsstaatlichen Übernahmerechts *Behrens*, ZGR 1975, S. 433, (434 ff.); *Assmann/Bozenhardt*, in: Assmann/Basaldua/Bozenhardt/Peltzer, Übernahmeangebote, S. 22 ff.; *Böhmer*, Übernahmen in Europa, S. 26 ff., 46 ff.; zum Ganzen auch Hopt/Wymeersch, European Takeovers.

[72] Ausführlich zur Entstehungsgeschichte etwa *Meyer*, EU-Übernahmerichtlinie, S. 20 ff.; *Hilmer*, Die Übernahmerichtlinie, S. 3 ff.; *Herkenroth*, Konzernierungsprozesse, S. 280 ff.;

Die ersten Harmonisierungsbestrebungen im europäischen Raum standen unter dem Eindruck der wachsenden Bedeutung von Übernahmen in einzelnen Mitgliedsstaaten. Nachdem in Großbritannien aus diesem Grund bereits 1968 ein entsprechender Verhaltenskodex, der City Code on Takeovers and Mergers[73], ins Leben gerufen worden war, zog Frankreich im Jahre 1973 mit gesetzlichen Sonderregelungen nach[74]. Die Entwicklung des Gemeinschaftsrechts nahm ihren Ausgangspunkt daraufhin 1974, als der Brite *Robert R. Pennington* im Auftrag der EG-Kommission ein Gutachten über „Unternehmensangebote und andere Angebote" nebst Richtlinienvorschlag erarbeitete[75]. *Penningtons* Modell war entscheidend durch die Charakteristik und den damaligen Entwicklungsstand des britischen City Code geprägt. Obwohl dieser erste Entwurf in den folgenden Jahrzehnten noch häufig modifiziert werden sollte, enthielt er bereits die drei tragenden Säulen des späteren europäischen Regelungskonzepts: Erstens, umfangreiche Transparenzpflichten für Bieter bzw. potentielle Kontrollerwerber; zweitens das Gleichbehandlungsgebot zugunsten von (Minderheits-)Aktionären, welches insbesondere eine Pflichtangebotsregelung[76] beinhaltete; und drittens Verhaltenspflichten für die Verwaltungsorgane der Zielgesellschaften im laufenden Übernahmeverfahren.

Nach überwiegend negativen Reaktionen dauerte es gleichwohl bis 1987, ehe die Bemühungen auf Gemeinschaftsebene intensiviert wurden. Die damalige Initiative mündete 1989 in einem ersten formellen[77], im Jahr darauf nachgebesserten Richtlinienentwurf. Erklärtes Regelungsziel war es zunächst, auf dem Gebiet von Unternehmensübernahmen und Kontrollwechseln eine Vollharmonisierung im Sinne der Vereinheitlichung des mitgliedsstaatlichen Rechts herbeizuführen[78]. Dieser Versuch scheiterte indes am Widerstand mehrerer Staaten. Während von

---

Maul/Muffat-Jeandet, AG 2004, S. 221, (223 f.); *Assmann/Bozenhardt*, in: Assmann/Basaldua/Bozenhardt/Peltzer, Übernahmeangebote, S. 32 ff., 157 ff., 179 ff.; instruktiv zu ihren rechtspolitischen Hintergründen *Wiesner*, ZIP 2004, S. 343 ff.

[73] Vgl. *Johnston*, City Code, S. 19 ff.; zum (ursprünglichen) Selbstregulierungsansatz noch sogleich, 3. Kap., A., III.

[74] Vgl. zu der Entwicklung von Kontrolltransaktionen in Frankreich *D.Schmidt*, AG 1994, S. 12, (12 f.); *Reul*, Gleichbehandlung, S. 81 ff.; *Schindler*, Austrittsrecht, S. 277; sowie umfassend *v. Rüden*, Französisches Übernahmerecht.

[75] „Report on Takeover and other Bids", EG-Komm.-Dok. XI/56/74; abgedruckt bei *Fleischer/Kalss*, WpÜG, S. 827 ff.

[76] *Penningtons* Vorschlag für ein Pflichtangebot in Art. 7 seines Entwurfs entsprach der damaligen Ausgestaltung des City Code: zentraler Anknüpfungspunkt war der Erwerb von 40% des stimmberechtigten Kapitals der Zielgesellschaft. Eine mit dem Acting in Concert vergleichbare Zurechnungsregelung war hingegen noch nicht vorgesehen.

[77] ABl. EG Nr. C 64, v. 14.03.1989, S. 8.

[78] Vgl. dazu *Baums*, ZIP 1989, S. 1376 ff.; *Wiesner*, ZIP 2004, S. 343, (344).

verschiedener Seite die allgemein hohe Regelungsdichte der Richtlinie beanstandet wurde[79], stieß das in Art. 4 ÜRL-Entw. vorgesehene Pflichtangebotsmodell[80] gerade bei den Interessenvertretern Deutschlands auf heftige Kritik. Die vorgetragenen Bedenken gründeten vor allem darauf, dass ein Pflichtangebot als „Fremdkörper" im System des deutschen Konzernrechts empfunden wurde[81]. Da auf dieser Grundlage kein Konsens zu erzielen war, kam es erst 1996 – nunmehr in Gestalt einer bloßen „Rahmenrichtlinie"[82] – zu einem weiteren Anlauf. Die rechtspolitischen Annäherungsversuche begannen dabei von vorn. Der Inhalt des neuen Entwurfs war gegenüber seinen Vorgängern freilich deutlich reduziert worden. Er schien Deutschland in einem zentralen Punkt entgegen zu kommen: Der Schutz der Minderheitsaktionäre war fortan nicht mehr zwingend durch eine Pflichtangebotsnorm zu gewährleisten, sondern konnte alternativ mittels gleichwertiger Regelungsinstrumente sichergestellt werden. Diese „Gleichwertigkeitsklausel" in Art. 3 Abs. 1 ÜRL-Entw. wurde anfangs als ausdrücklicher Hinweis auf den konzernrechtlichen Minderheitenschutz deutscher Herkunft verstanden[83]. Schon bald setzte sich aber die Ansicht durch, dass die vorhandenen Regelungen keinen ebenbürtigen Schutz böten[84]. Der im Jahre 2000 verabschiedete Gemeinsame Standpunkt rückte von der Gleichwertigkeitsklausel schließlich wieder ab[85]. Alle Bemühungen erwiesen sich abermals als vergeblich. Trotz der Kompromissbereitschaft vieler Beteiligter fiel auch dieser Ansatz nach jahrelangen Verhandlungen einer Abstimmung des Europäischen Parlaments im Juli 2001 zum Opfer[86]. Als Anfang 2002 mit dem WpÜG erstmals gesetzliche Regelungen

---

[79] Vor allem aus Großbritannien, das sich national für ein Modell der Selbstregulierung entschieden hatte, wurde zudem der vorgesehene zwingende Rechtscharakter der Regelungen kritisiert, vgl. *Hilmer*, Die Übernahmerichtlinie, S. 5.

[80] Vgl. dazu insbesondere *Peltzer*, in: Assmann/Basaldua/Bozenhardt/Peltzer, Übernahmeangebote, S. 179, (191 ff.).

[81] Vgl. z.B. *Hommelhoff*, in: FS Semler, S. 455, (462 ff.); *Mertens*, AG 1990, S. 252, (256); *Kleindiek*, ZGR 2002, S. 546, (547 ff.): „[...] *der* Stein des Anstoßes."; zusammenfassend *Meyer*, EU-Übernahmerichtlinie, S. 24 m.w.N.

[82] Vorschlag für eine 13. Richtlinie des Europäischen Parlaments und des Rates auf dem Gebiet des Gesellschaftsrechts über Übernahmeangebote, ABl. EG Nr. C 162 v. 06.06.1996, S. 5; vgl. dazu *Hopt*, ZHR 161 (1997), S. 368, (381).

[83] So z.B. *Kallmeyer*, ZHR 161 (1997), S. 435, (444 f.); vgl. auch *Schindler*, Austrittsrecht, S. 375 ff.; zusammenfassend *Fleischer*, NZG 2002, S. 545, (548).

[84] Zum problematischen Verhältnis beider Regelungssysteme sogleich, 3. Kap., B., III. und IV.

[85] Vgl. *Kleindiek*, ZGR 2002, S. 546, (550); *Meyer*, EU-Übernahmerichtlinie, S. 31.

[86] Nach Abschluss eines vermeintlich erfolgreichen Vermittlungsverfahrens scheiterte die Abstimmung über den Gemeinsamen Entwurf am 4. Juli 2001 im Europäischen Parlament – völlig überraschend – mit dem denkbar engsten Ergebnis von 273 zu 273 Stimmen, vgl. *Meyer*, EU-Übernahmerichtlinie, S. 35.

für Unternehmensübernahmen in Deutschland eingeführt wurden, existierte daher noch keine wirksame Europarichtlinie.

Ein endgültiger Durchbruch gelang erst im Jahr 2004, nachdem zwischenzeitlich von der Kommission zu Sondierungszwecken eine eigenständige Expertengruppe eingesetzt worden war[87]. Die am 30. April 2004 verkündete und drei Wochen später in Kraft getretene Richtlinie beinhaltet letztlich 23 Artikel. Ihre Vorgaben waren von den Mitgliedsstaaten gemäß Art. 21 Abs. 1 S. 1 ÜRL bis zum 20. Mai 2006 in nationales Recht umzusetzen.

II. Grundzüge des Regelungsinhalts

Die inhaltliche Struktur der EU-Übernahmerichtlinie 25/2004 erinnert nach wie vor auffallend an den *Pennington*-Entwurf aus dem Jahre 1974. Ihr Aufbau lässt sich grob in drei Teile untergliedern. Der erste Teil der Richtlinie stellt neben einer Eingrenzung ihres Anwendungsbereichs (Art. 1 ÜRL), diversen Begriffsbestimmungen (Art. 2 ÜRL) und verfahrensrechtlichen Vorgaben (Art. 4 ÜRL) insbesondere in Art. 3 ÜRL allgemeine Grundsätze für Unternehmensübernahmen auf. Diese Vorschriften, zu denen nicht zuletzt das prinzipielle Gleichbehandlungsgebot aller Wertpapierinhaber (Art. 3 Abs. 1 lit. a ÜRL) zählt, sind augenscheinlich den Regelungen des britischen City Code nachgebildet. Beabsichtigt wurde insoweit, ein europäisches Leitbild für den Ablauf von Übernahmen zu vermitteln, welches in den nachfolgenden Bestimmungen konkretisiert wird.

Die materiellen Kernelemente der Richtlinie befinden sich sodann im zweiten Abschnitt, der die Art. 5 bis 17 ÜRL umfasst. Ganz in Anlehnung an die Überlegungen *Penningtons* ragen dabei vor allem das Pflichtangebot in Art. 5 ÜRL, umfangreiche Transparenzschutzvorschriften (Art. 10 ÜRL) sowie Regelungen über die Zulässigkeit von Abwehrmaßnahmen gegenüber Übernahmeangeboten (Art. 9, 11, 12 ÜRL) heraus[88]. Besondere Aufmerksamkeit hat die Richtlinie offensichtlich der Handhabung mitgliedsstaatlicher Übernahmehindernisse geschenkt, die sich in den Verhandlungen bis zum Schluss als Stolperstein für eine erfolgreiche Verabschiedung erwiesen hatte[89]. Da insofern am Ende ein zweistufiges Modell gewählt wurde, das die Entscheidungskompetenzen weitgehend auf die Mitgliedsstaaten und die betroffenen Unternehmen verlagert, muss dieser

---

[87] Vgl. *Meyer*, EU-Übernahmerichtlinie, S. 36; von deutscher Seite war Klaus J. Hopt vertreten.

[88] Der Vollständigkeit halber sind darüber hinaus die „Squeeze out" (Art. 15 ÜRL) und „Sell out" (Art. 16 ÜRL) Regelungen zu nennen, vgl. hierzu etwa *Maul*, NZG 2005, S. 151, (156 f.).

[89] Vgl. *Wiesner*, ZIP 2004, S. 343, (345 f.).

Bereich jedoch als Kompromisslösung bezeichnet werden[90]. Der dritte und letzte Teil der Übernahmerichtlinie behandelt schließlich technische Fragen zu ihrer Umsetzung, wobei insbesondere die Revisionsklausel in Art. 20 ÜRL hervorzuheben ist. Danach ist fünf Jahre nach Ablauf der Umsetzungsfrist – mithin zum 20. Mai 2011 – eine Evaluierung ihres Inhalts durch die Europäische Kommission vorgesehen. Aus heutiger Sicht ist es durchaus denkbar, dass dies zum Anlass genommen werden könnte, die Richtlinie entsprechend zwischenzeitlicher Erfahrungen erneut umzugestalten. Die Entwicklung des Übernahmerechts auf europäischer Ebene muss also noch immer nicht als abgeschlossen angesehen werden.

Beurteilt man die gegenwärtigen Richtlinienbestimmungen in der Gesamtschau, so verfolgen sie in der Tradition früherer Entwürfe ein doppeltes Ziel: Zum einen soll ein einheitlicher Rechtsrahmen – ein „level playing field"[91] – für Übernahmeangebote in Europa geschaffen werden. Dass dieser Harmonisierungsgedanke nur teilweise verwirklicht werden konnte, belegt freilich das in Art. 12 ÜRL eingeführte Optionsmodell. Zum anderen ist die Richtlinie darum bemüht, im Falle von Kontrollwechseln ein Mindestschutzniveau für außenstehende Aktionäre zu gewährleisten. In dieser Hinsicht bilden die Pflichtangebotsregeln zweifellos das Herzstück des europarechtlichen Regelungsprogramms.

III. Auswirkungen auf die Pflichtangebotsregeln im WpÜG

Für das Anliegen dieser Arbeit – die Untersuchung des Acting in Concert nach dem WpÜG – steht die Ausstrahlungswirkung des Gemeinschaftsrechts auf die Pflichtangebotsregeln des WpÜG im Mittelpunkt des Interesses. Dabei fragt sich insbesondere, ob und inwieweit die EU-Übernahmerichtlinie verbindliche Vorgaben für die Auslegung der Regelung des § 30 Abs. 2 WpÜG bereitstellt.

Typischerweise ergibt sich das Zusammenspiel von Richtlinien und innerstaatlichem Recht bekanntlich aus Art. 249 Abs. 3 EG. Danach ist der Gesetzgeber eines Mitgliedsstaates verpflichtet, Richtlinieninhalte fristgemäß in innerstaatliches Recht zu transformieren. Alternativ sind betroffene nationale Regelungen jedenfalls richtlinienkonform zu interpretieren[92]. Die Ausgangslage bei Inkrafttreten des WpÜG Anfang 2002 war indessen eine andere. Wie bereits dargelegt, bestand zu diesem Zeitpunkt kein verbindlicher Regelungsrahmen auf europäischer

[90] Eingehend zu diesem „opt-out/opt-in"-Modell etwa *Maul*, NZG 2005, S. 151 ff.; *Meyer*, EU-Übernahmerichtlinie, S. 42.

[91] Näher zum Begriff *Hopt*, ZHR 161 (1997), S. 368, (375).

[92] Vgl. zum Ganzen, insbesondere zum (umstrittenen) Vorrang der richtlinienkonformen Auslegung vor anderen Auslegungskriterien *Langenbucher*, in: Langenbucher, Europarechtliche Bezüge, S. 25, (52 ff.); *Canaris*, in: FS Bydlinski, S. 47, (64 ff.).

Ebene. Der geplante Richtlinienentwurf der Kommission war vielmehr erst kurz zuvor, im Juli 2001, vorläufig gescheitert. Daraus resultierte zunächst ein erhebliches Maß an Rechtsunsicherheit. Der Gesetzgeber des WpÜG stellte im Rahmen der Materialien zwar ausdrücklich fest, dass europäische Vorgaben für das deutsche Recht nicht vorhanden seien[93]. Gleichwohl war sich die Literatur jedoch darin einig, dass zur Auslegung verschiedener Vorschriften, darunter auch der Regelung des Acting in Concert, auf gemeinschaftsrechtliche Grundlagen zurückzugreifen war. Die hierzu vertretenen Ansätze unterschieden sich im Ergebnis freilich erheblich voneinander. Einige Stimmen im Schrifttum stützten sich auf den Umstand, dass die Zurechnungsnorm des § 30 WpÜG während des gesamten Gesetzgebungsverfahrens inhaltlich unverändert geblieben war[94]. Da die Regelung ursprünglich zu einem Zeitpunkt formuliert worden war, in dem der deutsche Gesetzgeber noch von der bevorstehenden Verabschiedung des damaligen Richtlinienentwurfs ausgehen durfte, sollte dieser Entwicklungsstand der Auslegung zugrunde zu legen sein. Damit wurde die Vorschrift des Acting in Concert in § 30 Abs. 2 WpÜG letztlich als ein Fall freiwilliger Rechtsanpassung an die EU-Übernahmerichtlinie angesehen[95].

Dieser Standpunkt war allerdings keineswegs herrschend. Die überwiegende Ansicht in der Literatur stellte vielmehr jegliche weitere Bedeutung der gescheiterten Übernahmerichtlinie in Abrede[96]. Sie verwies dabei auf den engen Zusammenhang zwischen § 30 WpÜG und der ähnlich lautenden Regelung des § 22 WpHG. Letztere Norm geht ihrerseits auf die EU-Transparenzrichtlinie aus dem Jahr 1988 zurück[97]. Deshalb wurde angenommen, dass der Gesetzgeber des WpÜG, indem er sich für eine einheitliche Handhabung von § 30 WpÜG und § 22 WpHG ausgesprochen hatte[98], mittelbar auf deren gemeinschaftsrechtliche Vorgaben Bezug nehmen wollte. Nach dieser Auffassung sollte es sich bei der Regelung des Acting in Concert demzufolge um einen Fall der sog. „überschießenden Richtlinienumsetzung“[99] der EU-Transparenzrichtlinie handeln[100]. Beide Lösun-

---

[93] Vgl. Begr. RegE, BT-Drucks. 14/7034, S. 28.
[94] In diese Richtung vor allem *Berger/Filgut*, AG 2004, S. 592, (595).
[95] Vgl. *Berger/Filgut*, AG 2004, S. 592, (595); ähnlich auch *Letzel*, BKR 2002, S. 293, (295).
[96] Vgl. etwa *Franck*, BKR 2002, S. 709, (713); ebenso *Oechsler*, in: Ehricke/Ekkenga/Oechsler, WpÜG, § 30 Rn. 1.
[97] Vgl. Richtlinie 88/627/EWG v. 12.12.1988, ABl. EG Nr. L 348, S. 62, in: ZIP 1989, S. 65.
[98] So nämlich Begr. RegE, BT-Drucks. 14/7034, S. 53. Näher zum systematischen Verhältnis zwischen beiden Regelungen noch unten, 4. Kap., B., II., 2., a).
[99] Zum Begriff etwa *Schulze*, in: Schulze, Auslegung des europäischen Privatrechts, S. 9, (17 f.).

gen waren jedoch in ihrer rechtsdogmatischen Begründung wenig überzeugend. Welcher Alternative man auch folgen wollte, es blieb bei dem Bedenken, dass der Gesetzgeber des WpÜG einen entsprechenden Willen weder in die eine noch in die andere Richtung artikuliert hatte[101].

Diese Problematik hat sich mittlerweile erübrigt. Seit Ablauf der Umsetzungsfrist der EU-Übernahmerichtlinie am 20. Mai 2006 ist zu unterstellen, dass § 30 Abs. 2 WpÜG – ebenso wie andere einschlägige Vorschriften des nationalen Rechts – die Regelungsgedanken der Richtlinie widerspiegelt. Dies belegt das eigens erlassene „Übernahmerichtlinie-Umsetzungsgesetz“[102] vom 8. Juli 2006, welches unter anderem Ergänzungen in den §§ 30 f. WpÜG vorgenommen hat. Obwohl die Regelung des Acting in Concert bei dieser Gelegenheit nicht überarbeitet worden ist, lassen sich die Grundsätze der richtlinienkonformen Auslegung inzwischen darauf erstrecken[103]. Für das methodische Herangehen der vorliegenden Untersuchung folgt daraus, dass etwaige Vorgaben der Übernahmerichtlinie nunmehr zwingend zu berücksichtigen sind[104]. Soweit Anwendungsprobleme des § 30 Abs. 2 WpÜG im Verlauf der Arbeit behandelt werden, ist daher grundsätzlich auch nach der jeweiligen Regelungsabsicht des Richtliniengebers zu fragen.

Gleichzeitig hat der Abriss der gemeinschaftsrechtlichen Historie einen zweiten Grundpfeiler des europäischen Übernahmerechts zum Vorschein kommen lassen: den City Code on Takeovers and Mergers. Dem britischen Regelwerk für Unternehmensübernahmen wird seit jeher eine Vorbildfunktion für die Entwicklung des Rechtsgebiets zugeschrieben. Als Pioniermodell in Europa inspirierte es nicht nur die Ausgestaltung der EU-Übernahmerichtlinie[105], sondern auch viele nationale Regelungsansätze in entscheidender Weise[106]. Dabei handelte es sich beim City Code seit seiner Einführung im Jahre 1968 lange Zeit nicht einmal um

---

[100] In diesem Sinne ausdrücklich *Franck*, BKR 2002, S. 709, (713); *Oechsler*, in: Ehricke/Ekkenga/Oechsler, WpÜG, § 30 Rn. 1; vorsichtiger *Seibt*, ZIP 2004, S. 1829, (1831 Fn. 23).

[101] Vgl. zur dogmatischen Bedeutung nur *Schulze*, in: Schulze, Auslegung des europäischen Privatrechts, S. 9, (18).

[102] Vgl. dazu zunächst nur *Diekmann*, NJW 2007, S. 17 ff.; *Nelle*, ZIP 2006, S. 2057 ff.

[103] Allgemein zur richtlinienkonformen Auslegung von Normen, die sich außerhalb des maßgeblichen Transformationsgesetzes befinden, etwa *Langenbucher*, in: Langenbucher, Europarechtliche Bezüge, S. 25, (52 f.) m.w.N.

[104] Zu diesem dogmatischen Verständnis EuGH, Rs. C-334/92, Slg. 1993, I-6911, Rn. 20 („Wagner Miret“); Rs. 397/01 u.a., Slg. 2004, I-8835, Rn. 112 („Pfeiffer“).

[105] Vgl. dazu soeben, 3. Kap., A., I. und II.

[106] Vgl. etwa *Hopt*, ZHR 161 (1997), *Zinser*, RIW 2001, S. 481, (482); S. 368, (373); *Baum*, RIW 2003, S. 421, (423); *Nelle*, ZIP 2006, S. 2057, (2060); besonders deutlich *Berger/Filgut*, AG 2004, S. 592, (601), die im Hinblick auf den City Code meinen, man könne „schon fast von gemeineuropäischen Grundsätzen des Übernahmerechts sprechen.“

zwingende Rechtsvorschriften. Gesetzeskraft haben die Regelungen vielmehr erst im Rahmen der Umsetzung der EU-Übernahmerichtlinie zum 20. Mai 2006 erlangt. Zuvor bildeten sie einen freiwilligen Verhaltenskodex, den sich die Marktteilnehmer der Londoner Börse selbst auferlegt und der Aufsicht des sog. Takeover Panel – eines pluralistisch besetzten Gremiums mit Vertretern aus Politik, Wirtschaft und Anwaltschaft[107] – unterstellt hatten. Die Stärken dieses Selbstregulierungsmodells lagen in seiner großen Flexibilität, der verbreiteten Akzeptanz und nicht zuletzt in seiner hohen Regelungsdichte[108]. So wurde eine Pflichtangebotsregel, die das heutige Modell der EU-Übernahmerichtlinie schon in weiten Teilen vorweg nahm, bereits im Zuge der zweiten Revision Anfang 1972 in den Katalog eingefügt[109].

Auf den reichen Erfahrungsschatz, den der City Code im Umgang mit den Pflichtangebotsvorschriften zwischenzeitlich gesammelt hat, kann daher auch im Rahmen dieser Arbeit nicht verzichtet werden. Die britischen Regelungen entfalten für das Verständnis des deutschen Rechts zwar keine unmittelbare Wirkung[110]. Es sollte aber dem Umstand Rechnung getragen werden, dass sie jedenfalls für den europäischen Richtliniengeber Pate gestanden haben. Soweit Bestimmungen der EU-Übernahmerichtlinie im Einzelfall keine eindeutigen Schlussfolgerungen erlauben, bietet es sich daher an, aus rechtsvergleichender Perspektive – gleichsam hilfsweise – auf die Lösungen des britischen Regelungsmodells zurückzugreifen. Wie sich zeigen wird, ergeben sich daraus viele Anhaltspunkte für eine interessengerechte Auslegung der Zurechnungsvorschrift des § 30 Abs. 2 WpÜG.

B. **Rechtsdogmatische Einordnung der Pflichtangebotsregeln**

Wer den Anwendungsbereich der übernahmerechtlichen Stimmrechtszurechnung untersuchen will, sollte sich – worauf die Unsicherheiten bei den Beratungen der Übernahmerichtlinie schon hingedeutet haben – zunächst Klarheit über die Rechtsnatur des Pflichtangebots verschaffen. Von vielen kaum beachtet, kommt dieser Frage auch für die Regelung des § 30 Abs. 2 WpÜG maßgebliche Bedeutung zu. Da Zurechnungsvorschriften nicht isoliert, sondern nur in ihrem jeweiligen systematischen Kontext interpretiert werden können, sollte bereits die dogmatische

---

[107] Weiterführend *Johnston*, City Code, S. 37, 40 f.; *Krause*, Übernahmeangebot, 44 f.
[108] Diese Charakteristika hebt insbesondere *Baum* hervor, vgl. RIW, 2003, S. 421, (423 f.).
[109] Ausführlich zur Einführung der Rule 29b CC, die sich inzwischen – leicht modifiziert – in Rule 9.1 der aktuellen Fassung des City Codes findet: *Krause*, Übernahmeangebote, S. 67 f.
[110] Vgl. aber zur Intention des Gesetzgebers, durch § 30 Abs. 2 WpÜG „international" übliche Sachverhalte eines „acting in concert" zu erfassen, unten, 4. Kap., B., II., 3., b).

Einordnung des Regelungssystems wesentliche Erkenntnisse für das Verständnis der Vorschrift liefern.

I. Ausgangsfrage: Gesellschafts- oder kapitalmarktrechtlicher Charakter?

Die Beurteilung der Rechtsnatur des Pflichtangebots ist freilich keineswegs unumstritten. Im Gegenteil, sie ist seit jeher Gegenstand einer heftigen Kontroverse in der Literatur, deren Verlauf eng mit unterschiedlichen Entwicklungen auf europäischer Bühne verbunden ist[111]. Ihren inneren Ursprung mag man in einer geschichtlichen Duplizität der Ereignisse sehen[112]: Etwa zu derselben Zeit, als ein erhöhtes Aufkommen von Unternehmensübernahmen im europäischen Ausland zu ersten Regulierungsansätzen geführt hat, setzten bekanntlich auch in Deutschland verstärkte Bemühungen um eine Regelung der Gefahren einer Unternehmenskonzentration ein[113]. Dieser Prozess mündete in der Kodifizierung des Rechts der „Verbundenen Unternehmen" im AktG 1965. Es entstand das heutige, zweistufige Modell aus den Regeln des faktischen Konzerns in §§ 311 ff. AktG einerseits und denen des Vertragskonzerns nach §§ 291 ff. AktG andererseits[114]. Während viele ausländische Regelungskonzepte marktbezogene Ansätze wählten, schlug der deutsche Gesetzgeber – mit der systematischen Anbindung an das geltende Aktienrecht – also von Anfang an einen gesellschaftsrechtlichen Weg ein. Diesem historischen Blickwinkel dürfte es geschuldet sein, dass Regelungen, die in die Binnenstruktur der Gesellschaft eingreifen, hierzulande traditionell aus der Perspektive des Konzernrechts betrachtet werden.

Es verwundert daher nicht, dass auch das Pflichtangebot von einer verbreiteten Meinung als konzern- bzw. gesellschaftsrechtliches Instrument qualifiziert wird[115].

---

[111] Vgl. nur die ausführliche Aufbereitung bei *Heiser*, Zwangsangebot, S. 41 ff. sowie den Überblick bei *Fleischer*, NZG 2002, S. 545, (548) zu den europäischen Implikationen der Diskussion.

[112] Vgl. *Baum*, RIW 2003, S. 421, (432 f.).

[113] Bis zur Gesetzesnovellierung kannte das damalige AktG 1937 nur einige wenige, weit verstreute Regelungen mit konzernrechtlichem Bezug, vgl. *Habersack*, in: Emmerich/Habersack, Aktienkonzernrecht, Einl. Rn. 16 ff.

[114] Vgl. zur Konzeption und Regelungsabsicht des historischen Gesetzgebers einstweilen die Begr. RegE, bei *Kropff*, S. 374 f.

[115] Vgl. *Hommelhoff*, FS Semler, S. 455, (461); *Grunewald*, WM 1991, S. 1361, (1362); *Assmann*, AG 1995, S. 563, (570); aus jüngerer Zeit *Altmeppen*, ZIP 2001, S. 1073, (1080 f.); *Mülbert*, ZIP 2001, S. 1221, (1222); *Ekkenga/Hofschroer*, DStR 2002, S. 768, (771); *Letzel*, BKR 2002, S. 293, (299); *Harbarth*, ZIP 2002, S. 321, (322); unentschieden *Fleischer*, NZG 2002, S. 545, (546).

Aus ihrer Sicht erschöpft sich die Funktion der Regelung in einem vorgelagerten Konzerneingangsschutz. Die Gegenauffassung in der Literatur, die sich spätestens seit Inkrafttreten des WpÜG im Vordringen befindet, stuft das Pflichtangebot demgegenüber als kapitalmarktrechtlichen Mechanismus ein[116]. Die Meinungsverschiedenheiten über die Rechtsnatur der Vorschrift laufen somit im Ergebnis auf eine grundlegende Frage hinaus: Im Kern geht es darum, ob die Pflichtangebotsregeln Aktionäre der Zielgesellschaft als Mitglieder des korporativen Verbandes ansehen oder als Anleger am Kapitalmarkt behandeln.

Welche Konsequenzen die Beantwortung dieser Frage für den vorliegenden Untersuchungsgegenstand hat, liegt auf der Hand: Ließe sich festhalten, dass die Pflichtangebotsregelung dem Konzernrecht zuzuordnen ist, läge darin auch eine klare Weichenstellung für das Verständnis der Zurechnungsvorschrift. Die Regelung des Acting in Concert wäre in diesem Fall vornehmlich als ein Instrument des *internen* verbandsrechtlichen Interessenausgleichs zu begreifen. Im Mittelpunkt stünde mit anderen Worten der gesellschafts- bzw. konzernrechtliche Minderheitenschutz. Wäre dagegen aufzuzeigen, dass sich das Pflichtangebot nicht in das System des Konzernrechts, sondern in das dogmatische Gefüge des Kapitalmarktrechts eingliedern lässt, würde sich der Bewertungsmaßstab entscheidend verändern. In diesem Fall wären Anwendungsfragen des § 30 Abs. 2 WpÜG nicht (allein) aus dem Blickwinkel der Binnenorganisation der Aktiengesellschaft heraus zu entscheiden. Die Beurteilung müsste vielmehr von den übergeordneten Regelungszielen des Kapitalmarktrechts ausgehen. Ein solcher Paradigmenwechsel hätte insoweit einschneidende Bedeutung, als das Kapitalmarktrecht neben dem individuellen Schutz des Aktionärs (Anlegerschutz) jedenfalls auch der Förderung der institutionellen Funktionsfähigkeit des Marktes selbst dient (Institutionenschutz)[117]. Daher müsste begleitend zur Betrachtung des konkreten Anwendungsfalls stets eine abstrakte Folgenanalyse der Auswirkungen auf den Kapitalmarkt angestellt werden. Es entstünde folglich ein *gesamtwirtschaftlicher* Bezug.

---

[116] *Schlitt*, in: MünchKomm/AktG, § 35 WpÜG Rn. 8; *Habersack*, in: Emmerich/Habersack, Aktienkonzernrecht, Vor § 311 Rn. 25; *Heiser*, Zwangsangebot, S. 62 f.; *Houben*, WM 2000, S. 1873, (1877); *Kleindiek*, ZGR 2002, S. 546, (558); *Heinbach*, Kontrollerlangung, S. 42; *Birke*, Neutralitätspflicht, S. 58 f.; *Seibt/Heiser*, ZGR 2005, S. 201, (215).

[117] Grundlegend zur dualistischen Funktionskonzeption des Kapitalmarktrechts *Hopt*, Kapitalanlegerschutz, S. 51 f., 334 f.; ähnlich etwa *Merkt*, Unternehmenspublizität, S. 296 ff.; *Schwark*, in: FS Stimpel, S. 1087, (1091 f.).

II. Das Verständnis des Gesetz- bzw. Richtliniengebers

Bei der Klärung der Rechtsnatur des Pflichtangebots vermögen entstehungsgeschichtliche Hinweise kaum weiterzuhelfen. Zieht man die Äußerungen des Gesetzgebers bei der Schaffung des WpÜG heran, erhält man ein widersprüchliches Bild. Ohne das notwendige Gespür für die Problematik, scheint die Regierungsbegründung des Gesetzes beide Begründungslinien aufzugreifen: Auf der einen Seite deutet der Gesetzgeber ein kapitalmarktrechtliches Regelungsverständnis an, indem er einleitend darauf hinweist, dass die Pflichtangebotsregel im Interesse der Wettbewerbsfähigkeit des „Finanzplatzes Deutschland" und dessen Attraktivität für ausländische „Anleger" liege[118]. Andererseits spricht er im selben Zusammenhang jedoch auch von einem „besonderen Schutzbedürfnis des *Minderheitsaktionärs*, der sich nach einem Kontrollwechsel einem neuen kontrollierenden Aktionär gegenüber sieht"[119]. Wie zu Recht hervorgehoben wird[120], legt eine solche Formulierung den Eindruck nahe, dass der Aktionär in seinem Status als Gesellschafter geschützt werden soll. Belastbare Aussagen zur Rechtsnatur des Pflichtangebots lassen sich den Materialien des WpÜG daher nicht entnehmen.

Frühere Regulierungsvorschläge auf gemeinschaftsrechtlicher Ebene, die eine Pflichtangebotsregelung enthielten[121], waren in dieser Hinsicht deutlich aussagekräftiger. Sowohl der erste Richtlinienentwurf aus dem Jahre 1989 als auch das Nachfolgemodell 1996 bezogen sich bereits nach ihrem Titel auf Bestimmungen über Unternehmensübernahmen bzw. -angebote „auf dem Gebiet des Gesellschaftsrechts". Interessanterweise ist diese ausdrückliche Stellungnahme jedoch zwischenzeitlich aufgegeben worden. Nachdem schon der Kommissionsvorschlag im Jahre 2002 auf eine solche Festlegung verzichtet hat, fehlt ein entsprechender Verweis auf das Gesellschaftsrecht nunmehr auch der verabschiedeten EU-Übernahmerichtlinie 2004/25. Dies könnte als Indiz dafür zu werten sein, dass sich auf europäischer Bühne mittlerweile ein Sinneswandel hin zu einem kapitalmarktrechtlichen Verständnis des Pflichtangebots vollzogen hat. In diese Richtung dürfte auch die allmähliche Zuspitzung des Anwendungsbereichs der Richtlinie weisen: Unterfielen dem Entwurf aus dem Jahre 1989 noch sämtliche mitgliedsstaatliche Aktiengesellschaften[122], gilt die EU-Übernahmerichtlinie in ihrer heutigen Fassung nur für börsennotierte Gesellschaften. Allein auf diese

---

118 Vgl. Begr. RegE, BT-Drucks. 14/7034, Allg. Teil, S. 27 f.

119 So Begr. RegE, BT-Drucks. 14/7034, S. 60 [Hervorhebung hinzugefügt].

120 Vgl. etwa *Mülbert*, ZIP 2001, S. 1221, (1226).

121 Vgl. dazu schon oben, 3. Kap., A., I.

122 Freilich betraf das Pflichtangebot nach Art. 5 des Richtlinienentwurfs schon damals keine börsenfernen Gesellschaften; vgl. zur Kritik daran nur *Baums*, ZIP 1989, S. 1376, (1381).

vagen Anhaltspunkte sollte die Beurteilung des Pflichtangebots aber nicht gestützt werden. Da ihre Entstehungsgeschichte jedenfalls keine eindeutigen Schlüsse zulässt[123], kann letztendlich nur die gesetzliche Umsetzung der Regelung Aufschluss über ihre rechtsdogmatische Ausrichtung geben.

III. Regelungsrahmen des Pflichtangebots

Nimmt man die Ausgestaltung des Pflichtangebots in Deutschland näher unter die Lupe, zeigen sich schon in formaler Hinsicht weiterführende Anhaltspunkte. Bereits bei oberflächlicher Betrachtung fällt ins Auge, dass die Pflichtangebotsvorschriften im WpÜG nicht mit den Strukturmerkmalen des deutschen Konzernrechts abgestimmt worden sind[124]. Der leitende Gedanke des Konzernrechts nach dem AktG 1965 besteht darin, den Gefahren einer Beherrschung zu begegnen, die abhängigen Gesellschaften in Konzernsachverhalten droht[125]. Zu diesem Zweck sind die Kernvorschriften des Regelungssystems, die §§ 15 ff. AktG, grundsätzlich rechtsformneutral ausgestaltet[126]. Anders verhält es sich dagegen mit der Pflichtangebotsnorm in § 35 WpÜG. Ihr Anwendungsbereich beschränkt sich ausweislich von § 1 WpÜG auf Unternehmen, deren Anteile zum Handel an einem organisierten Markt zugelassen sind, also auf börsennotierte Aktiengesellschaften und Kommanditgesellschaften auf Aktien. Schon im Ausgangspunkt wird also sichtbar, dass das Pflichtangebot einen wesentlich engeren Bezugsrahmen aufweist als die konzernrechtlichen Bestimmungen des AktG.

Charakteristisch für das Konzernrecht ist darüber hinaus seine konzeptionelle Ausrichtung an der Unternehmenseigenschaft in § 17 Abs. 1 AktG. Hintergrund dieses Ansatzes ist bekanntlich die Besorgnis, dass gerade Aktionäre, die einer anderweitigen wirtschaftlichen Interessenbindung unterliegen, in besonderem Maße befürchten lassen, ihren mitgliedsschaftlichen Einfluss zum Nachteil der beherrschten Gesellschaft auszuüben[127]. Eine solche funktionsspezifische Ein-

---

[123] Gegen ein kapitalmarktrechtliches Verständnis könnte wiederum sprechen, dass die Richtlinie auf der Ermächtigungsgrundlage des Art. 44 Abs. 2 lit. g) EG beruht, der eindeutig gesellschaftsrechtlicher Natur ist; vgl. *Hilmer*, Die Übernahmerichtlinie, S. 82.

[124] *Habersack*, in: Emmerich/Habersack, Aktienkonzernrecht, Vor § 311 Rn. 24 f.

[125] Vgl. nur Begr. RegE, *Kropff*, S. 373 f.; *Hüffer*, AktG, § 15 Rn. 3.

[126] Vgl. die st. Rspr., etwa BGHZ 80, S. 69, (72) (Süssen); 95, S. 330, (337) (Autokran); 107, S. 7, (15) (Tiefbau).

[127] Zu diesem „teleologischen" Unternehmensbegriff BGHZ 69, S. 334, 337 f. (Veba/Gelsenberg); 80, S. 69, 72 (Süssen); zuletzt BGH, DB 2001, S. 1768, (1769) (MLP); *Emmerich*, in: Emmerich/Habersack, Aktienkonzernrecht, §15 AktG Rn. 9 f.; wobei sich die Auslegung freilich nur auf das „herrschende", nicht aber auch auf das „abhängige" Unternehmen bezieht.

grenzung ist wiederum der Pflichtangebotsregelung unbekannt. Indem sich § 35 Abs. 2 S. 1 WpÜG bei der Begründung der Angebotspflicht auf „Bieter“ bezieht, legt er die Legaldefinition des § 2 Abs. 4 WpÜG zugrunde. Adressaten der Verpflichtung können daher sowohl natürliche als auch juristische Personen oder Personengesellschaften sein. Im gesetzessystematischen Zusammenhang gesehen[128], betrifft das Pflichtangebot – im Gegensatz zum konzernrechtlichen Normgefüge – damit jeden beliebigen Rechtsträger, soweit nur die näheren Tatbestandsvoraussetzungen der §§ 29 ff. WpÜG vorliegen. Diese tatbestandlichen Voraussetzungen sind es freilich, an denen sich ein weiterer markanter Regelungsunterschied abzeichnet. So weichen die Anknüpfungspunkte für das System des faktischen Konzerns einerseits und die Pflichtangebotsbestimmung andererseits auch rechtstechnisch erheblich voneinander ab. Während ersteres auf dem Abhängigkeitsbegriff in § 17 Abs. 1 AktG aufbaut und sich dabei an der tatsächlichen Einflussnahmemöglichkeit des herrschenden Unternehmens orientiert, wird die Angebotspflicht des § 35 WpÜG nach § 29 Abs. 2 WpÜG offenbar durch die Überschreitung einer formalen Kontrollschwelle ausgelöst. Von einem konzeptionellen Gleichlauf beider Regelungen kann folglich nicht die Rede sein[129].

Kaum anders liegen die Dinge schließlich, wenn man das Augenmerk auf die verschiedenen Rechtsschutzsysteme legt. Um den vorgesehenen Schutz der Minderheitsaktionäre zu effektuieren, verleiht das Konzernrecht den betroffenen Anteilseignern eine Reihe von Individualrechten gegen das herrschende Unternehmen. Dies gilt gemäß § 317 Abs. 1 S. 2, Abs. 4 i.V.m. § 309 Abs. 4 AktG jedenfalls für bestimmte Schadensersatzansprüche im faktischen Konzern. Überwiegend wird jedoch auch im Rahmen des Vertragskonzerns angenommen, dass den Aktionären im Hinblick auf den Verlustausgleichsanspruch nach § 302 AktG ein eigenes Klagerecht im Wege der actio pro socio zusteht[130]. Ob und inwieweit das WpÜG betroffenen Anteilseignern im Falle einer Kontrollerlangung an der Zielgesellschaft ebenfalls selbständige Rechte gewährt, ist demgegenüber hoch umstritten[131]. Weitgehend ungeklärt erscheint insbesondere die Frage, welche Handlungsmöglichkeiten außenstehende Aktionäre bei einer Verletzung der Angebotspflichten in § 35 Abs. 1 und 2 bzw. § 31 Abs. 1 WpÜG durch den

---

[128] Eingehend zum personellen Anwendungsbereich der Regelungen unten, 4. Kap., D.

[129] Zur Kritik an der fehlenden Harmonisierung insofern *Mülbert*, ZIP 2001, S. 1221, (1225 f.); *Habersack*, ZHR 166 (2002), S. 619, (622 ff.); *Harbarth*, ZIP 2002, S. 321, (323); *Schneider*, ZGR 2007, S. 440, (452).

[130] Vgl. etwa *Emmerich/Habersack*, Aktienkonzernrecht, § 302 AktG Rn. 44 m.w.N.; a.A. beispielsweise *Hüffer*, AktG, § 302 Rn. 20.

[131] Vgl. für einen Überblick zum Meinungsstand *Pohlmann*, ZGR 2007, S. 1 ff. sowie *Simon*, Rechtsschutz, S. 206 ff.

Kontrollerwerber haben[132]. Das Meinungsspektrum ist insoweit breit gefächert[133]. Unabhängig von dieser Frage ist aber festzuhalten, dass die Verpflichtung zur Abgabe eines Angebots nach § 35 WpÜG in erster Linie auf einem öffentlich-rechtlichen Rechtsverhältnis zwischen „Bieter“ und Staat beruht. Abzuleiten ist dies vor allem aus zwei Gesichtspunkten. Zum einen stellt § 4 Abs. 2 i.V.m. Abs. 1 S. 1 WpÜG ausdrücklich klar, dass die BaFin ihre aufsichtsrechtlichen Aufgaben im Rahmen eines Angebotsverfahrens nach dem WpÜG ausschließlich im öffentlichen Interesse wahrnimmt[134]. Eine solche Rechtsstellung des Aufsichtsorgans ist eine geradezu typische Konstellation für das Öffentliche Recht[135]. Zum anderen hätte ein gegenteiliges Verständnis von § 35 WpÜG erhebliche Wertungswidersprüche zur Folge. Würde man das Pflichtenverhältnis zivilrechtlich beurteilen, wäre nämlich nicht einzusehen, weshalb es die Vorschrift des § 37 WpÜG i.V.m. § 9 WpÜG-AV in bestimmten Fällen gerade in das Ermessen der BaFin stellt, einen Dispens von der Angebotspflicht des § 35 WpÜG zu erteilen[136]. Die weit reichenden Entscheidungskompetenzen der Behörde im Angebotsverfahren sprechen eindeutig gegen parallele Rechtsschutzmöglichkeiten der Aktionäre über den Zivilrechtsweg. Kann das durch § 35 WpÜG begründete Rechtsverhältnis damit eindeutig dem Öffentlichen Recht zugeordnet werden, ist dies aber ein starkes Indiz für den kapitalmarktrechtlichen Charakter des Pflichtangebots.

Der Regelungsrahmen des Pflichtangebots als solcher deutet nach alledem eindringlich auf eine kapitalmarktrechtliche Ausrichtung der Vorschrift hin. Gleichwohl wird von einigen Stimmen in der Literatur bestritten, dass formale Anhaltspunkte bereits von entscheidender Bedeutung seien. So wendet *Mülbert* etwa dagegen ein, dass die rechtstechnische Ausgestaltung der Regelung für sich genommen kaum etwas über ihren Funktionszusammenhang besage. Zur Begründung führt er die allgemein zu beobachtende Zunahme von Sonderregeln für börsennotierte Gesellschaften an, die sich inzwischen in der eigenen Definitionsnorm des § 3 Abs. 2 AktG manifestiere[137]. Zurückhaltend gegenüber dem formalen

---

[132] Dazu *Zschocke/Berresheim*, BKR 2004, S. 301, (306 ff.); *Pohlmann*, ZGR 2007, S. 1, (9 ff.).

[133] Vgl. überblicksartig *Simon*, Rechtsschutz, S. 211 ff. *Pohlmann*, ZGR 2007, S. 1, (11 ff.).

[134] So auch die Rspr., vgl. OLG Frankfurt, ZIP 2003, S. 1251, (1252) (Wella); NZG 2003, S. 729 (ProSieben Sat1); kritisch freilich *Cahn*, ZHR 167 (2003), S. 262, (284 ff.); *Steinmeyer/Häger*, WpÜG, § 4 Rn. 15 ff.

[135] So zu Recht auch *Krause/Pötzsch*, in: Assmann/Pötzsch/Schneider, WpÜG, § 35 Rn. 33.

[136] Ähnlich *Adolff/Tieves*, BB 2003, S. 797, (803 Fn. 103); *Simon,* Rechtsschutz, S. 213; näher zu den Ausnahme- und Befreiungsvorschriften in §§ 36 f. WpÜG noch unten, 3. Kap., C., III.

[137] *Mülbert*, ZIP 2001, S. 1221, (1226 Fn. 38).

Befund der Vorschriften des WpÜG scheint aber auch *Fleischer* zu sein. Er verweist im Hinblick auf die Pflichtangebotsregelung auf einen vermeintlichen „verbandsrechtlichen Kern“ hinter der „kapitalmarktrechtlichen Fassade“[138]. Es führt deshalb kein Weg daran vorbei, auch die funktionale Zielsetzung der Pflichtangebotsvorschrift in ihre dogmatische Beurteilung einzubeziehen.

IV. Materiellrechtliche Konzeption des Pflichtangebots

Legen formale Aspekte die Unvereinbarkeit des Pflichtangebots mit einem gesellschafts- bzw. konzernrechtlichen Erklärungsansatz schon nahe, so gibt die Wirkungsweise der Regelung indessen den Ausschlag für ein kapitalmarktrechtliches Verständnis. Auf den ersten Blick drängen sich hier freilich Berührungspunkte mit dem konzernrechtlichen Schutzsystem auf. Dies gilt insbesondere für die Regelungen bei Abschluss eines Unternehmensvertrags nach §§ 291 ff. AktG. Eine Parallele zum Pflichtangebotsmechanismus findet sich insofern in dem Abfindungsrecht der außenstehenden Aktionäre gemäß § 305 AktG. In beiden Fällen wird den Minderheitsaktionären das Recht eingeräumt, die Gesellschaft zu verlassen, sobald sich die Kontrollverhältnisse innerhalb der Gesellschaft gravierend verändern[139]. Sowohl das Abfindungsrecht im Vertragskonzern als auch das Pflichtangebot des WpÜG wirken damit *faktisch* als Korrektiv verbandsrechtlicher Mehrheitsmacht[140]. Aus diesem Grund allein lässt sich letzteres aber noch längst nicht in die Kategorie gesellschaftsrechtlicher Austrittsrechte einordnen. Die in § 305 AktG gewählte, verbandsrechtliche Konzeption verdeutlicht vielmehr gerade, worin die entscheidenden Unterschiede zum Wertungsgedanken des Pflichtangebots liegen: Austrittsrechte im Verbandsrecht können typischerweise mit Hilfe der dogmatischen Figur des „Wegfalls der gesellschaftsvertraglichen Geschäftsgrundlage“ erklärt werden[141]. Da sich das Kapitalgesellschaftsrecht zur Sicherung der Handlungsfähigkeit der Gesellschaft anstelle des Einstimmigkeits- für das Mehrheitsprinzip entschieden hat, bedarf es im Gegenzug eines wirksamen Minderheitenschutzes[142]. Einen solchen Schutz bieten Austrittsrechte, indem sie das Ausscheiden der Minderheitsaktionäre ermöglichen, wenn wesentliche Grundla-

---

[138] So *Fleischer*, NZG 2002, S. 545, (546).

[139] *Heiser*, Zwangsangebot, S. 54; *Birke*, Neutralitätspflicht, S. 50; *Ekkenga/Hofschroer*, DStR 2002, S. 768, (771); *Harbarth*, ZIP 2002, S. 321, (322).

[140] So zu Recht schon *Heiser*, Zwangsangebot, S. 54, freilich vor Inkrafttreten des WpÜG.

[141] So im Anschluss an *Wiedemann*, Gesellschaftsrecht I, S. 469, insbesondere *Schindler*, Austrittsrecht, S. 163 ff., der zu diesem Kreis weiterhin umwandlungsrechtliche Austrittsrechte und das Austrittsrecht bei Eingliederung gemäß § 320b Abs. 1 AktG zählt.

[142] Vgl. dazu nur *K.Schmidt*, Gesellschaftsrecht, S. 450 ff.; *Raiser/Veil*, Recht der Kapitalgesellschaften, § 12 Rn. 62.

gen ihrer Mitgliedschaft durch die Mehrheitsmacht beeinträchtigt werden[143]. Genau dies ist auch im Rahmen des Vertragskonzerns der Fall: Die maßgebliche Geschäftsgrundlage bildet hier die ursprünglich gemeinsame Zweckverfolgung im wirtschaftlichen Eigeninteresse der Gesellschaft, von der alle verbundenen Gesellschafter profitieren[144]. Wird nunmehr ein Beherrschungsvertrag i.S.d. § 291 AktG abgeschlossen, ändert sich diese Ausgangssituation entscheidend. Die rechtliche Unabhängigkeit des Vorstands und dessen strikte Bindung an das Unternehmensinteresse nach § 76 Abs. 1 AktG treten dann gemäß § 308 Abs. 1 S. 2 AktG hinter die Weisungsbefugnisse des herrschenden Unternehmens zurück[145]. Der Sache nach legitimiert also – worauf *Schindler* zu Recht aufmerksam gemacht hat[146] – die qualitative Veränderung der Leitungsmacht das Austrittsrecht in § 305 AktG als „ultima ratio" gesellschaftsrechtlicher Schutzmechanismen. Eine solche Anknüpfung ist für das Konzernrecht systembildend. Auch die zentralen Minderheitsrechte im faktischen Konzern – die Schadensersatzansprüche nach § 311 i.V.m. § 317 AktG – setzen bei einer Beeinträchtigung der wirtschaftlichen Eigenständigkeit der Gesellschaft an.

Ein Lösungsrecht der Aktionäre nach Art des § 35 WpÜG widerspricht diesem Grundmuster indes in mehrfacher Hinsicht. Das Pflichtangebot wird gemäß § 29 Abs. 2 i.V.m. § 35 WpÜG durch einen formalen Tatbestand ausgelöst, der sich lediglich an einer starren Beteiligungsschwelle orientiert. Anders als im Rahmen des Konzernrechts vorgesehen, handelt es sich dabei um einen weit reichenden Schutz, der nicht erst im Falle einer bestimmten Wahrnehmung der unternehmerischen Leitungsmacht, sondern bereits bei einer abstrakten Gefährdungslage eingreift. Auf einen vermeintlichen Wegfall der gesellschaftsrechtlichen Geschäftsgrundlage lässt sich dieses Recht nicht ohne weiteres stützen. Der Erwerb einer gewissen Stimmrechtsmacht stellt für sich genommen noch keine Abkehr von der gemeinschaftlichen Zweckverfolgung der verbundenen Gesellschafter dar[147]. Insoweit tritt vielmehr die kapitalmarktrechtliche Perspektive der Regelung deutlich hervor: Maßgebliches Kriterium für die Gewährung einer Austrittsmöglichkeit ist das Erreichen einer bestimmten Beteiligungshöhe, mit anderen Worten eine Information, die dem Investmentanleger *am Markt* zugänglich ist[148], ohne dass es eines näheren Blickes in den verbandsinternen Bereich des Unter-

---

143 Auf den klassischen Gegenpart dieser „exit"-Option, die Widerspruchsrechte („voice") der Verbandsmitglieder, wird noch ausführlich einzugehen sein, vgl. unten, 4. Kap., C., V., 4.
144 Vgl. *Schindler*, Austrittsrecht, S. 393.
145 Vgl. statt aller *Hüffer*, AktG, § 308 Rn. 15 ff.
146 *Schindler*, Austrittsrecht, S. 392 f.
147 Vgl. *Schindler*, Austrittsrecht, S. 393.
148 Dies gewährleisten in erster Linie die kapitalmarktrechtlichen Mitteilungspflichten der §§ 21 f. WpHG sowie – gegebenenfalls ergänzend – die Veröffentlichungspflicht in § 35 Abs. 1 WpÜG.

nehmens bedarf. Die Funktionszusammenhänge des Konzernrechts einerseits und des Pflichtangebots andererseits sind also vollkommen unterschiedlich.

Eng verzahnt mit diesem Gesichtspunkt ist eine weitere Ungereimtheit, die ein gesellschaftsrechtlicher Erklärungsversuch des Pflichtangebots mit sich bringt. Wie *Heiser*[149] überzeugend herausgearbeitet hat, bildet das Konzernrecht „personenungebundenes Verbandsrecht", innerhalb dessen sich die beteiligten Mitglieder prinzipiell beliebig austauschen lassen. Da es jeden Kontrollinhaber – wenn auch nur durch spezifische Kompensationsregelungen – gleichermaßen auf das Verbandsinteresse verpflichtet, sind personelle Wechsel nämlich grundsätzlich irrelevant[150]. Gesetzliche Sanktionen lösen bestimmte Konstellationen – sei es die Begründung des Abhängigkeitsverhältnisses nach § 17 Abs. 1 AktG oder der Abschluss eines Unternehmensvertrags i.S.d. § 291 AktG – nur aus, soweit sie erstmals auftreten[151]. Ganz anders verhält es sich demgegenüber mit dem Pflichtangebot gemäß § 35 WpÜG. Dass dieser Regelungsmechanismus auch im Falle eines bloßen Wechsels des Kontrollinhabers eingreift, ist nunmehr (nahezu) einhellig anerkannt[152]. Überträgt Aktionär *A* ein Paket von 30% der Stimmrechtsanteile an der Zielgesellschaft auf den Erwerber *B*, so hat letzterer ein Pflichtangebot zu unterbreiten. Dieses Ergebnis folgt bereits aus dem klaren Wortlaut des § 35 Abs. 1 S. 1 WpÜG, der unabhängig von der früheren Kontrollsituation lediglich auf die Erlangung der Kontrolle abstellt[153]. Der Schutz, den das Pflichtangebot außenstehenden Aktionären bietet, geht damit abermals über die konzernrechtliche Dimension hinaus. Eine solche tatbestandliche Anknüpfung kann man als „Erwartungsschutz" in die Kontinuität vorhandener Mehrheitsverhältnisse bezeichnen[154] oder vertragstheoretisch als Sicherung der „Investitionsgrundlage des Anlegers"[155]

---

[149] *Heiser*, Zwangsangebot, S. 54 ff.; zustimmend auch *Houben*, WM 2000, S. 1873, (1877); *Kleindiek*, ZGR 2002, S. 546, (559); *Birke*, Neutralitätspflicht, S. 52 f.

[150] *Kleindiek*, ZGR 2002, S. 546, (559).

[151] Vgl. zu einer vermeintlichen Ausnahme im Falle des Beitritts eines herrschenden Unternehmens zum Beherrschungsvertrag BGHZ 119, S. 1 ff. (ASEA/BBC I) und *Hommelhoff*, FS Semler, S. 455, (461); zutreffend gegen eine systematische Verallgemeinerung aber *Heiser*, Zwangsangebot, S. 59 ff.; *Schindler*, Austrittsrecht, S. 394.

[152] So die ganz h.M., vgl. nur *v. Bülow*, in: KK/WpÜG, § 35 Rn. 87; *Heinbach*, Kontrollerlangung, S. 79 ff. m.w.N.; differenzierend *Noack*, in: Schwark, Kapitalmarktrecht, § 35 WpÜG Rn. 13 (nur bei Wechsel auf Unternehmen i.S.d. §§ 15 ff. AktG); a.A. allein *Ekkenga/Hofschroer*, DStR 2002, S. 768, (774).

[153] Auch nach der Begründung des Regierungsentwurfs ist es „unerheblich, auf welche Weise die Kontrolle erlangt wurde", vgl. BT-Drucks. 14/7034, S. 59.

[154] *Fleischer*, NZG 2002, S. 545 (550); *Krause/Pötzsch*, in: Assmann/Pötzsch/Schneider, WpÜG, § 35 Rn. 32.

[155] In diese Richtung *Reul*, Gleichbehandlung, S. 265 in Anlehnung an das vertragstheoretische Verständnis der Gesellschaft als „nexus of contracts", vgl. schon oben, 2. Kap., E.

einstufen. Entscheidend ist weniger die begriffliche Einordnung, sondern vielmehr die Tatsache, dass die Pflichtangebotsnorm einen vom Konzernrecht zu trennenden, kapitalmarktrechtlichen Ansatz wählt. Allein vor diesem Hintergrund wird schließlich auch verständlich, dass sich die Regelung zur Bemessung der anzubietenden Gegenleistung vornehmlich an einem Börsenpreiskriterium bzw. dem Prinzip der Gleichbehandlung[156] orientiert. Bei einer gesellschaftsrechtlichen Fundierung des Pflichtangebots wäre stattdessen zu erwarten gewesen, die Bewertung der Unternehmensanteile – wie im Rahmen von § 305 AktG üblich[157] – primär an der Ertragswertmethode auszurichten.

Die materielle Wirkungsweise der Pflichtangebotsregelung in § 35 WpÜG stimmt folglich mit ihrem äußeren Erscheinungsbild überein. So wie es ihre rechtssystematische Einkleidung nahe legt, dient die Vorschrift dem abstrakten Anleger- und Funktionenschutz des Kapitalmarkts. Andersherum sind die aufgezeigten Unterschiede zu der Konzeption des Konzernrechts zu schwerwiegend, um darüber hinwegsehen zu können. Den gravierenden Wertungswidersprüchen kann man auch nicht entgegenhalten, dass der gesellschaftsrechtliche Blickwinkel des Pflichtangebots gerade darin zum Ausdruck komme, dass es das zweistufige System des Konzernrechts zielgerichtet um einen notwendigen Präventivschutz ergänze[158]. Wer sich auf einen solchen Standpunkt beruft, unterliegt einem logischen Fehlschluss: Wäre das Pflichtangebot tatsächlich in Ansehung möglicher Schutzlücken des Konzernrechts entworfen worden und sollte es dessen Unzulänglichkeiten vorbeugen, würde von seiner Einführung eine Art Zwangswirkung zum Gesellschaftsaustritt ausgehen. Dadurch würde aber einerseits das Leitbild des Konzernrechts nach dem AktG 1965, die dezentrale Führung von Konzernunternehmen auf Beteiligungsgrundlage, konterkariert. Andererseits würde auch dem Pflichtangebot als solchem kein guter Dienst erweisen. Die Funktion des Regelungsmechanismus liegt nämlich keineswegs darin, Minderheitsaktionäre zu einem (voreiligen) Austritt aus der Gesellschaft zu verleiten. Sie besteht vielmehr in der Aufgabe, außenstehenden Aktionären im Falle von Kontrollveränderungen in der Gesellschaft eine ausgewogene Entscheidung über ihren weiteren Verbleib zu ermöglichen. Das Pflichtangebot ist daher ein vom geltenden Konzernrecht unabhängiges, kapitalmarktrechtliches Regelungsinstitut.

---

[156] Dazu noch überblicksartig unten, 3. Kap., C., IV.

[157] Vgl. statt aller etwa *Hüffer*, AktG, § 305 Rn. 19 ff.; *Raiser/Veil*, Recht der Kapitalgesellschaften, § 54 Rn. 82 m.w.N.

[158] Vgl. zu diesbezüglichen Argumentationsansätzen *Hopt*, ZHR 161 (1997), S. 383, (387) m.w.N.

C. Rechtssystematische Umsetzung der Regelungen

Neben der dogmatischen Fundierung der Pflichtangebotsregelungen ist ihre rechtstechnische Umsetzung im WpÜG eine weitere Säule für ein sachgerechtes Verständnis der Stimmrechtszurechnung in § 30 Abs. 2 WpÜG. Schon eingangs wurde darauf hingewiesen, dass die praktischen Schwierigkeiten bei der Handhabung der Zurechnungsvorschrift in erster Linie auf der generalklauselartigen Weite ihres Anwendungsbereichs beruhen. Wirft man einen flüchtigen Blick auf den Regelungszusammenhang von § 30 Abs. 2 WpÜG, zeigt sich freilich, dass die Vorschrift insoweit aus dem Rahmen der §§ 29 Abs. 2 f. WpÜG herausfällt. Gerade deshalb stellt sich in ihrem gesetzessystematischen Kontext eine Reihe von Abstimmungsfragen, die für den weiteren Verlauf der Untersuchung von wesentlicher Bedeutung sind. Die Klärung dieser Fragen verspricht, in zweierlei Hinsicht zu einer Konturierung der Regelung des Acting in Concert beizutragen: Zum einen werden auf diesem Wege die regulationspolitischen Probleme sichtbar, vor denen der Gesetzgeber bei der Einführung der Pflichtangebotsregeln in das deutsche Recht gestanden hat. Zum anderen macht ein Blick auf das Regelungssystem der §§ 29 ff. WpÜG auf Schutzlücken aufmerksam, deren Behebung die zentrale Aufgabe von § 30 Abs. 2 WpÜG ist.

Wenn von dem Regelungssystem die Rede ist, das dem Pflichtangebot im WpÜG zugrunde liegt, sind damit im Wesentlichen vier Normkomplexe angesprochen: Erstens der Kontrollbegriff in § 29 Abs. 2 WpÜG, zweitens die Zurechnungsvorschriften des § 30 WpÜG, drittens die Ausnahmetatbestände in § 20 WpÜG, § 36 WpÜG und § 37 WpÜG i.V.m. § 9 WpÜG-AV sowie viertens die Mindestpreisregeln in § 31 WpÜG i.V.m. §§ 3 ff. WpÜG-AV. Im Folgenden sind diese Bestimmungen im Hinblick auf ihr systematisches Zusammenspiel mit dem Acting in Concert in § 30 Abs. 2 WpÜG näher zu beleuchten.

I. Der Kontrollbegriff des § 29 Abs. 2 WpÜG als Anknüpfungspunkt

Zentraler Anknüpfungspunkt für die Pflichtangebotsregelungen in §§ 29 Abs. 2 f., 35 ff. WpÜG ist der Kontrollbegriff im vierten Abschnitt des Gesetzes, der über § 39 WpÜG Anwendung findet. Nach § 35 Abs. 1 WpÜG unterliegt einer speziellen Veröffentlichungspflicht[159], wer unmittelbar oder mittelbar die „Kontrolle“ über eine Zielgesellschaft erlangt. Kontrollerwerber sind darüber hinaus gemäß § 35 Abs. 2 WpÜG verpflichtet, nach näherer Maßgabe des dritten

[159] Diese Veröffentlichungspflicht tritt im Falle der Durchbrechung der Kontrollschwelle von 30% der Stimmrechte neben die Mitteilungspflicht aus § 21 Abs. 1 S. 1, 7. Var. WpHG.

und vierten Abschnitts des Gesetzes ein Angebot zum Erwerb sämtlicher Wertpapiere (§ 32 WpÜG) der Zielgesellschaft herauszulegen. Was genau unter dem Merkmal der „Kontrolle“ zu verstehen ist, ergibt sich aus § 29 Abs. 2 WpÜG, wo diese als das „Halten von mindestens 30 Prozent der Stimmrechte an der Zielgesellschaft“ beschrieben wird. Dabei ist es nach § 30 WpÜG gleichgültig, ob der Angebotspflichtige selbst Stimmrechte in entsprechender Höhe hält[160] oder ihm solche über einen bzw. mehrere der aufgeführten Zurechnungstatbestände zugeordnet werden. Ebenso wenig kommt es im Rahmen von § 35 WpÜG darauf an, wie die „Kontrolle“ i.S.d. § 29 Abs. 2 WpÜG konkret erlangt worden ist[161]. Dies kann sowohl rechtsgeschäftlich an der Börse als auch außerbörslich – etwa im Wege eines (freiwilligen) Übernahmeangebots nach § 29 Abs. 1 WpÜG oder über einen privaten Paketerwerb – geschehen sein.

Denkbar sind daneben noch diverse andere Möglichkeiten, beispielsweise ein Erwerb durch Erbgang, über eine Kapitalerhöhung mit Bezugsrechtsausschluss oder im Zuge einer umwandlungsrechtlichen Maßnahme der Zielgesellschaft[162]. Unbeachtlich ist nach § 35 Abs. 1 S. 1 WpÜG schließlich auch, ob eine derartige Kontrollerlangung unmittelbar oder nur mittelbar erfolgt. Letzteres ist – vereinfacht gesagt – immer dann der Fall, wenn die maßgebliche Kontrollschwelle (jedenfalls zum Teil) mittels einer Stimmrechtszurechnung aus § 30 WpÜG erreicht wird. Typischerweise handelt es sich dabei um Konzernsachverhalte: sei es, dass der „Bieter“ die Zielgesellschaft über ein zwischengeschaltetes Tochterunternehmen i.S.d. § 30 Abs. 1 Nr. 1 i.V.m. § 2 Abs. 6 WpÜG erwirbt, oder dass er sich umgekehrt eine Gesellschaft als Tochterunternehmen einverleibt, die ihrerseits bereits eine Kontrollbeteiligung an der betreffenden Zielgesellschaft hält[163]. Entscheidend für einen Kontrollerwerb ist somit letztendlich allein die Erlangung potentieller Verfügungsgewalt über Stimmrechtsanteile einer Gesellschaft in Höhe von mindestens 30%.

---

[160] Der Begriff des „Halten(s)“ erfasst nach einhelliger Meinung nur das dingliche Eigentum an Aktien, die entsprechende Stimmrechte verkörpern, vgl. nur *v. Bülow*, in: KK/WpÜG, § 29 Rn. 90 ff.; *Heinbach*, Kontrollerlangung, S. 65 f.; *Letzel*, BKR 2002, S. 293, (299) jeweils m.w.N.

[161] Vgl. statt aller etwa *Schlitt*, in: MünchKomm/AktG, § 35 WpÜG Rn. 68; *Hommelhoff/Witt*, in: FrankfurterKomm, § 35 Rn. 17; *Harbarth*, in: ZIP 2002, S. 321, (323).

[162] Zu weiteren Sonderfällen *v. Bülow*, in: KK/WpÜG, § 35 Rn. 52 ff.; *Löhdefink*, Acting in Concert, S. 138 ff.; *Krause/Pötzsch*, in: Assmann//Pötzsch/Schneider, WpÜG, § 35 Rn. 78 ff. m.w.N.

[163] Vgl. umfassend zu diesen Konstellationen insbesondere *Heinbach*, Kontrollerlangung, S. 89 ff.

1. Rechtsnatur der Regelung

Wenngleich der übernahmerechtliche Kontrollbegriff in § 29 Abs. 2 WpÜG auf den ersten Blick unmissverständlich erscheint, ist seine Beurteilung in der rechtswissenschaftlichen Literatur anfangs kontrovers geblieben. Das neuartige Kontrollkonzept, das von dem hierzulande vertrauten Abhängigkeitsbegriff des Konzernrechts erheblich abweicht, hat eine Reihe von Fragestellungen hervorgerufen[164]. Viele von ihnen sind inzwischen beantwortet worden. Grundlegend und für das Zusammenspiel mit den Zurechnungsnormen in § 30 WpÜG nach wie vor unerlässlich ist aber die Frage nach der Rechtsnatur der Bestimmung des § 29 Abs. 2 WpÜG. Diesbezüglich werden verschiedene Standpunkte vertreten.

Während einige die Norm für eine Legaldefinition der im WpÜG maßgeblichen (Unternehmens-)„Kontrolle" halten[165], nimmt die überwiegende Auffassung an, im Rahmen der Regelung werde das Vorliegen von Kontrolle bei einem Schwellenwert von 30% der Stimmrechte unwiderleglich vermutet[166]. Die praktischen Konsequenzen sind insoweit freilich dieselben. In beiden Fällen würde man beim Erreichen der Stimmrechtsschwelle zu einer Kontrollerlangung i.S.d. § 35 WpÜG gelangen, ohne dass ein Gegenbeweis geführt werden könnte[167]. Vereinzelt findet sich jedoch auch die Ansicht, § 29 Abs. 2 WpÜG enthalte „eine Art Vermutung für den Regelfall"[168]. Im Einzelfall könne die Vermutungswirkung der Norm, so wird behauptet, durchaus widerlegt werden[169].

Eine solche Interpretation ist indessen äußerst zweifelhaft, da sie ein materielles Verständnis des Kontrollbegriffs des WpÜG nahe legt. Soweit diese Ansicht § 29 Abs. 2 WpÜG tatsächlich dahingehend verstehen sollte, dass die Annahme der Kontrollerlangung durch einen Gegenbeweis entkräftet werden kann, begegnet sie durchgreifenden Bedenken. Zwar hat der Gesetzgeber des WpÜG den Schwel-

---

[164] Vgl. zu Detailfragen etwa *Harbarth*, ZIP 2002, S. 321 ff.; *Ekkenga/Hofschroer*, DStR 2002, S. 768 ff.; *Heinbach*, Kontrollerlangung, S. 59 ff.; *Löhdefink*, Acting in Concert, S. 138 ff.

[165] *v. Bülow*, in: KK/WpÜG, § 29 Rn. 1; *Noack*, in: Schwark, Kapitalmarktrecht, § 29 WpÜG Rn. 12; *Krause*, NJW 2002, S. 705, (713); im Ergebnis auch *Löhdefink*, Acting in Concert, S. 135 f.

[166] *Steinmeyer/Häger*, WpÜG, § 29 Rn. 13; *Geibel/Süßmann*, WpÜG, § 29 Rn. 13; *Ekkenga/Hofschroer*, DStR 2002, S. 768, (772); *Berger/Filgut*, AG 2004, S. 592, (599); *Pittroff*, Zurechnung, S. 59; *Hopt/Mülbert/Kumpan*, AG 2005, S. 109, (111).

[167] So zu Recht *Heinbach*, Kontrollerlangung, S. 61; a.A. offenbar *Löhdefink*, Acting in Concert, S. 130, der jedoch in dem von ihm gebildeten Beispiel gerade keine unterschiedlichen Ergebnisse aufzeigen kann.

[168] So *Letzel*, BKR 2002, S. 293, (300); im Ergebnis auch *Oechsler*, in: NZG 2001, S. 817, (825).

[169] Vgl. *Letzel*, BKR 2002, S. 293, (300).

lenwert der Regelung bewusst mit Blick auf durchschnittliche Präsenzzahlen in Hauptversammlungen gewählt: Er ging davon aus, dass mit einer derartigen Beteiligung „in den meisten Fällen" eine Hauptversammlungsmehrheit bestehe[170]. Dass die Konzeption des § 29 Abs. 2 WpÜG insoweit auf eine gesetzgeberische Prognoseentscheidung zurückgeht, darf jedoch nicht als Fingerzeig auf den Rechtscharakter der Norm missverstanden werden. Einmal abgesehen von gemeinschaftsrechtlichen Vorgaben, die aufgrund des zwischenzeitlichen Inkrafttretens der EU-Übernahmerichtlinie zu beachten sind[171], bringt der Gesetzgeber einen anderweitigen Willen deutlich zum Ausdruck. Obwohl an etwas versteckter Stelle, bekennt er sich nämlich im Rahmen der Begründung zu § 35 WpÜG zu seinem Normverständnis als Legaldefinition, indem er das Halten von 30% der Stimmrechte mit der „Kontrolle" über die Zielgesellschaft gleichsetzt[172].

Für eine derartige Auslegung spricht zudem der Wortlaut von § 29 Abs. 2 WpÜG. Würde es sich dabei um eine Vermutungsregel handeln, wäre eine anders lautende Formulierung wesentlich nahe liegender gewesen. Gesetzliche Vermutungen, wie etwa § 17 Abs. 2 AktG, geben sich üblicherweise schon ihrer Wortwahl nach als solche zu erkennen. Von ausschlaggebender Bedeutung für die Einordnung der Norm ist letztlich aber die Systematik der Regelungen. Im systematischen Zusammenhang betrachtet, bildet der Kontrolltatbestand in § 29 Abs. 2 i.V.m. § 30 WpÜG lediglich *eine* Stufe für die Beurteilung einer möglichen Angebotspflicht gemäß § 35 WpÜG: Erreicht jemand die maßgebliche Kontrollschwelle von 30% der Stimmrechte an der Zielgesellschaft, ist er Kontrollerwerber. Die zweite, ergänzende Wertungsebene stellen sodann spezifische Ausnahmeregelungen, insbesondere § 37 WpÜG i.V.m. § 9 WpÜG-AV dar. Hat der Betroffene demnach trotz Erfüllung des Kontrolltatbestands im Einzelfall nicht die Möglichkeit zur Kontrollausübung, kann ihn die BaFin auf Antrag von der Angebotspflicht nach § 35 Abs. 2 WpÜG befreien. Dieses zweistufige System ist in sich abgeschlossen. Es spiegelt das Anliegen des Gesetzgebers wider, den Teilnehmern am Kapitalmarkt – jedenfalls in erster Linie – einen klaren und transparenten Anknüpfungspunkt zu bieten[173]. Für eine weitergehende Berufung des Normadressaten auf entlastende Umstände bleibt insofern kein Raum. Man mag diese begriffliche Differenzierung des Gesetzes zwischen „Kontrolle" einerseits und der

---

[170] Vgl. Begr. RegE, BT-Drucks. 14/7034, S. 53; diese Entscheidung war angesichts der Hauptversammlungspräsenzen in Deutschland auch legitim, vgl. DSW-Info, S. 1.
[171] Dazu noch unten, 4. Kap., B., III. bzw. C., IV. und D., II., 1.
[172] Vgl. Begr. RegE, BT-Drucks. 14/7034, S. 59.
[173] Vgl. dazu Begr. RegE, BT-Drucks. 14/7034, S. 53: „Diese Betrachtungsweise hat den Vorteil klarer, für den Markt erkennbarer Vorgaben und erleichtert die Ermittlung der Beteiligungsverhältnisse".

Möglichkeit der Kontrollausübung andererseits als unglücklich empfinden oder sogar als irreführend kritisieren, *de lege lata* ist sie jedenfalls hinzunehmen.

2. Schwachstellen des Konzepts

Die Konsequenzen der gesetzlichen Konzeption werden offenkundig, wenn man sich Situationen vergegenwärtigt, in denen der Kontrolltatbestand des § 29 Abs. 2 WpÜG den tatsächlichen Gegebenheiten nicht entspricht. Denkbar ist etwa, dass ein Aktionär weniger als 30% der Stimmrechte an einer Gesellschaft hält, diese aber aufgrund außergewöhnlich niedriger Hauptversammlungspräsenzen dennoch „beherrschen" kann. Der Schutzzweck der Regelung, außenstehenden Aktionären im Falle der Erlangung faktischer Kontrolle eines Anteilseigners eine Austrittsmöglichkeit zu eröffnen, ist in diesem Fall ohne weiteres berührt. Gleichwohl kommt ein Pflichtangebot nach § 35 i.V.m. §§ 29 f. WpÜG hier nicht in Betracht. Die Begründung einer Angebotspflicht nach § 35 WpÜG wäre allenfalls dann möglich gewesen, wenn der Kontrollbegriff in § 29 Abs. 2 WpÜG – parallel zu § 17 Abs. 2 AktG – nur eine widerlegliche Vermutungswirkung beinhalten würde, darüber hinaus aber die tatsächlichen Einflussmöglichkeiten entscheiden ließe. Da ein solches Verständnis angesichts der soeben erörterten Regelungsstruktur jedoch gerade ausscheidet, ist eine Angebotspflicht insofern grundsätzlich zu verneinen. In dieser Hinsicht offenbart das übernahmerechtliche Kontrollkonzept in §§ 29 Abs. 2 f. WpÜG demnach erste Schutzlücken[174].

Unzulänglichkeiten können aber auch in der umgekehrten Fallgestaltung auftreten. Nicht selten werden in der Praxis rechtliche oder tatsächliche Rahmenbedingungen vorherrschen, unter denen Aktionäre, die über eine Stimmrechtsmacht von mindestens 30% verfügen, gerade nicht zur „Kontrolle" der Zielgesellschaft imstande sind. Beispielsweise ist daran zu denken, dass entgegen der typisierenden Betrachtung in § 29 Abs. 2 WpÜG Anteilseigner mit noch größerer Stimmrechtsmacht vorhanden sind, außenstehende Aktionäre ihre Stimmrechte in Pools gebündelt haben oder ein sog. „Entherrschungsvertrag"[175] zwischen dem Kontrollerwerber und der Zielgesellschaft geschlossen worden ist. In all diesen Sachverhalten dürfte die formale Kontrollerlangung nach §§ 29 Abs. 2 f. WpÜG von der tatsächlichen Kontrollsituation hinsichtlich der Zielgesellschaft abweichen. Um mögliche Wertungswidersprüche zu vermeiden, hatte deshalb vor allem *Oechsler*[176]

---

[174] Vgl. zur Kritik daran etwa *Mülbert*, ZIP 2001, S. 1221, (1225 f.); *Harbarth*, ZIP 2002, S. 321, (323); *Habersack*, in: ZHR 166 (2002), S. 619, (622 ff.).

[175] Zum Begriff etwa *Emmerich/Habersack*, Aktienkonzernrecht, § 17 AktG Rn. 42 ff.; *Hüffer*, AktG, § 17 Rn. 22.

[176] *Oechsler*, NZG 2001, S. 817, (825) unter Berufung auf eine (frühere) Position von *Peltzer*, in: Assmann/Basaldua/Bozenhardt/Peltzer, Übernahmeangebote, S. 179.

angeregt, eine Angebotspflicht in solchen Fällen mit Hilfe einer teleologischen Reduktion des § 29 Abs. 2 WpÜG abzulehnen. Nach den vorstehenden Ausführungen war aber abzusehen gewesen, dass *Oechslers* Vorschlag keine Gefolgschaft finden würde[177]. Die methodische Herleitung einer teleologischen Reduktion hätte jedenfalls das Vorliegen einer „verdeckten" Regelungslücke des Gesetzgebers vorausgesetzt[178]. Genau daran fehlt es jedoch aufgrund der Regelungen in §§ 36 f. WpÜG, anhand derer der Gesetzgeber entsprechende Konstellationen bewusst einer aufsichtsrechtlichen Einzelfallprüfung zugewiesen hat[179].

3. Alternative Regelungsmodelle

Dem übernahmerechtlichen Kontrollbegriff in § 29 Abs. 2 WpÜG liegt nach diesem Befund eine rein formale Ausgestaltung zugrunde. Dass ein solcher konzeptioneller Ansatz – jedenfalls zum Zeitpunkt der Ausarbeitung des WpÜG – aber keineswegs das einzig denkbare Regelungsmodell der Kontrollproblematik gewesen wäre, zeigt neben einem Blick auf die Lösungen vergleichbarer Rechtsgebiete gerade auch die historische Entwicklung des Regelungsinstituts selbst.

a) Vorgängerregelungen in Deutschland

Vor dem Inkrafttreten des WpÜG zum 1. Januar 2002 bestanden hierzulande zwar keine gesetzlichen Vorschriften, einschlägige Bestimmungen waren – wenn auch im Rahmen freiwilliger Selbstregulierung – jedoch vorhanden. Schon im Jahre 1979 verabschiedete die Börsensachverständigenkommission in Gestalt der „Leitsätze für Unternehmensübernahmen"[180] erstmalig entsprechende Verhaltensvorgaben. Eine Regelung, die einen Bieter zur Abgabe eines Angebots im Falle der Kontrollerlangung verpflichtete, war darin freilich noch nicht vorgesehen.

Dies änderte sich erst 1995 mit der Einführung des sog. Übernahmekodex (ÜbK)[181], der zum 1. Oktober 1998 nochmals grundlegend überarbeitet wurde. Nach Art. 16 dieses Regelwerks war nunmehr von jedem Rechtsträger, der durch

[177] Vgl. nur *Thoma*, NZG 2002, S. 105, (111); *Ekkenga/Hofschroer*, DStR 2002, S. 768, (772); *v. Bülow*, in: KK/WpÜG, § 29 Rn. 68; *Süßmann*, in: Geibel/Süßmann, WpÜG, § 29 Rn. 13.

[178] *Larenz/Canaris*, Methodenlehre, S. 210 f.

[179] Vgl. insbesondere Begr. RegE, BT-Drucks. 14/7034, S. 61 (zu § 37 WpÜG).

[180] Leitsätze für öffentliche freiwillige Kauf- und Umtauschangebote bzw. Aufforderungen zur Abgabe derartiger Angebote im amtlich notierten oder im Freiverkehr gehandelten Aktien bzw. Erwerbsrechten, abgedruckt bei: *Fleischer/Kalss*, WpÜG, S. 197 ff.

[181] Übernahmekodex vom 14. Juli 1995, später abgedruckt z.B. in: NZG 2000, S. 390 ff.; vgl. zur Kritik an diesem Modell: *Mühle*, WpÜG, S. 36 ff.; *Heinbach*, Kontrollerlangung, S. 10 f.; *Assmann*, AG 1995, S. 563, (569 ff.); *Kallmeyer*, ZHR 161 (1997), S. 421 ff.

börslichen oder außerbörslichen Erwerb eine Schwelle von 50% der Stimmrechte an einer börsennotierten Zielgesellschaft erreichte bzw. überschritt, ein Pflichtangebot auf den Erwerb aller Aktien der Zielgesellschaft abzugeben. Diesen Anknüpfungspunkt ergänzten seit der Neufassung 1998 verschiedene weitere Kontrolltatbestände, darunter erstmals auch eine Reihe von Zurechnungsvorschriften. Demzufolge war gemäß Art. 16 S. 2 ÜbK ebenfalls als Kontrollerwerber anzusehen, (i) wer eine solche Stimmrechtsschwelle unter Hinzurechnung der ihm in analoger Anwendung des § 22 Abs. 1 Nr. 1 bis Nr. 7 WpHG a.F. zugeordneten Stimmrechte erreichte, (ii) wem dieses Stimmrechtsquorum aufgrund von Aktionärsvereinbarungen zustand, (iii) wer über das Recht verfügte, die Verwaltungsorgane der Zielgesellschaft zu bestellen und schließlich, (iv) wer einen Stimmrechtsanteil erlangt hatte, der bei der Beschlussfassung der drei vorangegangenen ordentlichen Hauptversammlungen zu einer qualifizierten Mehrheit von drei Vierteln des repräsentierten stimmberechtigten Grundkapitals geführt hatte[182]. Der maßgebliche Kontrollbegriff war damit grundsätzlich differenzierter ausgestaltet als sein gegenwärtiges Pendant in § 29 Abs. 2 WpÜG. Darüber hinaus wies er eine Vielzahl von Ausnahmeregelungen auf, die sich im heutigen Modell nicht mehr wieder finden. Die Angebotspflicht sollte nach Art. 16 S. 3 ÜbK insbesondere dann entfallen, wenn der Kontrollerwerber beabsichtigte, innerhalb der darauf folgenden 18 Monate umwandlungs- oder konzernrechtliche Maßnahmen herbeizuführen[183]. Eine Befreiung war zudem dadurch möglich, dass die Hauptversammlung im selben Zeitraum – unter Ausschluss des Kontrollerwerbers – einen entsprechenden Beschluss fasste[184].

b) Lösungen benachbarter Rechtsgebiete

Neben der Möglichkeit, an Vorgängerregelungen anzuknüpfen, hätte sich der Gesetzgeber des WpÜG auch an den konzeptionellen Lösungen benachbarter Rechtsgebiete orientieren können. Eine Harmonisierung mit dem altbekannten System des Aktienkonzernrechts, allen voran dem Abhängigkeitstatbestand in § 17 AktG, wäre jedenfalls nahe liegend gewesen. Letztlich dürfte eine Anpassung jedoch aus einer Reihe von Gründen – insbesondere aufgrund des kapitalmarktrechtlichen Verständnisses der Pflichtangebotsnorm und der bevorstehenden Verabschiedung der EU-Übernahmerichtlinie – unterblieben sein. Diese gesetzgeberische Entscheidung wurde teilweise scharf kritisiert[185]. Nicht so schwer wiegt

---

[182] Vgl. statt vieler die Darstellung bei *Schlitt*, in: MünchKomm/AktG, § 35 WpÜG Rn. 19.
[183] Näher dazu *Riehmer/Schröder*, BB 2001, Beilage Nr. 5, S. 1, (10).
[184] Vgl. *Schlitt*, in: MünchKomm/AktG, § 35 WpÜG Rn. 21.
[185] Vgl. insbesondere *Mülbert*, ZIP 2001, S. 1221, (1225 ff.); *Habersack*, in: ZHR 166 (2002), S. 619, (622 ff.).

dagegen die Tatsache, dass der Kontrollbegriff des WpÜG ebenso wenig an das bestehende kartellrechtliche Regelungssystem im GWB angepasst worden ist[186]. Freilich begegnet dort, im Rahmen der Bestimmungen des Fusionskontrollverfahrens in § 37 GWB, zwar ein eigenständiges „Kontroll"-Konzept. Im Gegensatz zu § 29 Abs. 2 WpÜG handelt es sich dabei jedoch um eine weitreichende Generalklausel[187]. Dies kommt in § 37 Abs. 1 Nr. 2 S. 2 GWB besonders deutlich zum Ausdruck, wonach Kontrolle durch Rechte, Verträge oder andere Mittel begründet wird, die einzeln oder zusammen unter Berücksichtigung aller tatsächlichen und rechtlichen Umstände die Möglichkeit gewähren, einen bestimmenden Einfluss auf die Tätigkeit eines Unternehmens auszuüben. Während das WpÜG über einen formalen Kontrollbegriff verfügt, wendet das GWB damit eine materielle Betrachtungsweise an, die jegliche Formen der Kontrollerlangung aufzugreifen versucht. Hinter den zunächst gleich lautenden Tatbeständen beider Gesetze verbergen sich daher im Ergebnis ganz unterschiedliche Konzeptionen.

c) Zwischenbilanz

Der Blick auf alternative Regelungsmöglichkeiten zeigt, dass die Ausgestaltung der Pflichtangebotsregel im Jahre 2002 einen tiefen Einschnitt dargestellt hat. Indem der Gesetzgeber eine starre Kontrollschwelle als einzigen Anknüpfungspunkt der Angebotspflicht verankert hat, wurde ein hierzulande bislang unbekanntes rechtstechnisches Konzept gewählt. Für die Auslegung der Zurechnungsvorschrift in § 30 Abs. 2 WpÜG, die den Kontrolltatbestand des WpÜG flankiert, ist dies in zweierlei Hinsicht von Bedeutung: Einerseits verbietet eine solche Ausgangslage im Zweifelsfall einen unbesehenen Rückgriff auf die Anwendungsgrundsätze der besagten Regelungsmodelle. Anleihen bei der Handhabung des ehemaligen Übernahmekodex scheiden daher ebenso aus wie die Übertragung konzern- oder kartellrechtlicher Maßstäbe auf die Auslegung der Pflichtangebotsregelungen. Andererseits deutet die Gegenüberstellung des Kontrollbegriffs in § 29 Abs. 2 WpÜG mit den weitgehend materiell angelegten Modellen bereits auf die Folgeprobleme für die Interpretation des Acting in Concert hin. Würde der Kontrollbegriff z.B. – wie noch in Art. 16 S. 2 ÜbK – bei der Möglichkeit zur Bestellung der Verwaltungsorgane der Zielgesellschaft ansetzen, wäre eine Herleitung des Regelungsinhalts von § 30 Abs. 2 WpÜG ungleich einfacher. In diesem Fall könnten Abstimmungen über das Stimmverhalten bei der Wahl des Aufsichtsrats ohne weiteres als zurechnungsbegründend eingestuft werden. Da

[186] Nach der Begr. RegE, BT-Drucks. 14/7034, S. 53, sollte insbesondere der Kontrollbegriff des GWB vom Tatbestand des § 29 Abs. 2 WpÜG „unberührt" bleiben.

[187] Vgl. nur *Bechtold*, GWB, § 37 Rn. 1, sowie – im vorliegenden Zusammenhang – den systematischen Vergleich von *Fleischer*, NZG 2002, S. 545, (550 f.).

der Tatbestand in § 29 Abs. 2 WpÜG aber abstrakter Natur ist, ergeben sich für die Stimmrechtszurechnung in § 30 Abs. 2 WpÜG zwangsläufig erhebliche Auslegungsprobleme.

II. Zurechnungstatbestände in § 30 WpÜG

Die Tragweite der Zurechnung kraft Acting in Concert in § 30 Abs. 2 WpÜG ist indes nicht nur vor dem Hintergrund des Kontrolltatbestands zu beurteilen, sondern auch im Zusammenhang mit den Vorschriften in § 30 Abs. 1 WpÜG zu sehen. Dieser Absatz enthält eine Reihe von weiteren „Zurechnungstatbeständen“[188]. Allerdings steht die hohe Regelungsdichte der Bestimmungen in § 30 Abs. 1 WpÜG in Kontrast zu der geringen Aufmerksamkeit, die ihnen in der wissenschaftlichen Diskussion bislang entgegen gebracht worden ist[189]. Es erscheint deshalb angebracht, die Normstruktur innerhalb von § 30 WpÜG genauer zu betrachten. Da der Gesetzgeber zur Frage der Abgrenzung beider Absätze schweigt, geben die Materialien des WpÜG dabei keine brauchbare Hilfestellung. Im Ausgangspunkt lässt sich lediglich festhalten, dass sämtliche Zurechnungsvorschriften in § 30 WpÜG denselben Regelungszweck verfolgen[190]. Ihnen gemeinsam ist der Umgehungsschutzgedanke im Hinblick auf den Kontrolltatbestand in § 29 Abs. 2 WpÜG. Jener betrifft unmittelbar nur den idealtypischen Fall eines einzelnen Kontrollerwerbers, diese tragen daher dem Umstand Rechnung, dass in der Praxis regelmäßig Mehrpersonenverhältnisse auftreten können, in denen Beteiligte neben eigenen Stimmrechten auch rechtliche oder faktische Einflussmöglichkeiten auf die Stimmrechte Dritter besitzen. Über das systematische Verhältnis der beiden Absätze des § 30 WpÜG ist damit freilich noch nichts gesagt. Wie ein Blick auf den diesbezüglichen Meinungsstand verrät, ist diese Frage für die weitere Auslegung der Zurechnungsnorm des Acting in Concert jedoch von großer Bedeutung.

---

[188] Dem Bieter werden nach § 30 Abs. 1 S. 1 WpÜG Stimmrechte zugerechnet, die einem seiner Tochterunternehmen i.S.d. § 2 Abs. 6 WpÜG gehören (Nr. 1), die für seine Rechnung gehalten werden (Nr. 2), die er einem Dritten zur Sicherheit übertragen hat (Nr. 3), an denen zu seinen Gunsten ein Nießbrauch bestellt ist (Nr. 4), die er durch Willenserklärung erwerben kann (Nr. 5) und die ihm anvertraut worden sind, sofern er sie nach eigenem Ermessen ausüben kann (Nr. 6).

[189] Ausführlich zu diesen weitaus weniger beachteten Bestimmungen des § 30 WpÜG neben der einschlägigen Kommentarliteratur insbesondere *Pittroff*, Zurechnung, S. 95 ff. und *Franck*, BKR 2002, S. 709 ff.

[190] Vgl. Begr. RegE, BT-Drucks. 14/7034, S. 53 f.

1. Die Regelungen in § 30 Abs. 1 WpÜG als Spezialtatbestände

Einer weit verbreiteten Ansicht zufolge handelt es sich bei den Bestimmungen in § 30 Abs. 1 S. 1 WpÜG um leges speciales gegenüber der Regelung des § 30 Abs. 2 WpÜG. Der Sache nach wird damit angenommen, dass die Tatbestandsvarianten des ersten Absatzes im Rahmen ihrer Voraussetzungen eine norminterne „Sperrwirkung“ entfalten können[191]. Zur Verdeutlichung kann vor allem das viel diskutierte Beispiel des § 30 Abs. 1 S. 1 Nr. 1 WpÜG dienen: Ist der Bieter sowohl selbst als auch über eine weitere Gesellschaft an der Zielgesellschaft beteiligt, soll dies nur dann zu einer Zurechnung der beiden Stimmrechtsanteile führen, wenn die zwischengeschaltete Gesellschaft auch als „Tochterunternehmen“ des Bieters i.S.d. § 2 Abs. 6 WpÜG qualifiziert werden könne. Anderenfalls komme eine derartige Stimmrechtszurechnung nicht in Betracht; und zwar ganz unabhängig davon, ob ein abgestimmtes Verhalten nach § 30 Abs. 2 WpÜG im Übrigen vorliege[192]. Wäre dieser Sichtweise zu folgen, ergäben sich daraus freilich einschneidende Konsequenzen für die Reichweite des Acting in Concert. Wie noch im Einzelnen darzulegen sein wird[193], würden in diesem Fall insbesondere die Varianten in § 30 Abs. 1 S. 1 Nr. 1 und Nr. 5 WpÜG der Zurechnung nach § 30 Abs. 2 WpÜG häufig vorgreifen. Der Anwendungsbereich des Acting in Concert wäre somit erheblich verkürzt.

Dieser Auffassung ist zu Recht *Löhdefink* entgegen getreten[194]. Bei näherem Hinsehen scheint es in der Tat, als sei eine solche Argumentation nicht konsequent zu Ende gedacht worden. Das Verständnis der herrschenden Meinung würde nämlich implizieren, dass der Gesetzgeber die Frage der Stimmrechtszurechnung in den entsprechenden Fallgruppen abschließend habe entscheiden wollen. Dass dies nicht richtig sein kann, liegt aber auf der Hand: Verständigungen über die Ausübung von Stimmrechten sind das Wesensmerkmal verschiedener Tatbestände des § 30 Abs.1 S. 1 WpÜG. Auch im Falle von § 30 Abs. 1 S. 1 Nr. 6 WpÜG etwa vereinbaren die Beteiligten einen bestimmten Umgang mit den betreffenden Stimmrechten. Hier legt typischerweise der Inhalt eines Vermögensverwaltungsvertrags fest, inwieweit der „Bieter“ diese nach eigenem Ermessen ausüben

---

[191] Vgl. insbesondere *Pittroff*, Zurechnung, S. 296; *Pentz*, ZIP 2003, S. 1478, (1485); *Liebscher*, ZIP 2002, S. 1005, (1012); *v. Bülow*, in: KK/WpÜG, § 30 Rn. 83, 120; *Diekmann*, in: Baums/Thoma, WpÜG, § 30 Rn. 74 und 86 (jeweils zu § 30 Abs. 1 S. 1 Nr. 1 bzw. Nr. 5 WpÜG).

[192] *Pittroff*, Zurechnung, S. 296; *v. Bülow*, in: KK/WpÜG, § 30 Rn. 120 a.E.

[193] Vgl. dazu einerseits 4. Kap., B., II., 2., c), andererseits 4. Kap., E., III.

[194] Vgl. *Löhdefink*, Acting in Concert, S. 375 ff.; so nunmehr auch *Steinmeyer*, in: Steinmeyer/Häger, WpÜG, § 30 Rn. 62.

kann[195]. Das bedeutet indes nicht, dass eine Zurechnung zwischen den Parteien unterbleiben muss, wenn ein Weisungsrecht zugunsten des „Bieters" begründet wird, ohne dass ihm die betreffenden Aktien über ein solches Vertragsverhältnis gemäß § 30 Abs. 1 S. 1 Nr. 6 WpÜG „anvertraut" werden. Eine Stimmrechtszurechnung kraft Acting in Concert bleibt vielmehr auch in diesem Fall möglich. Wollte man anders entscheiden, entfielen letztlich alle Stimmrechtsabsprachen, die Weisungen eines der Beteiligten gegenüber den übrigen Parteien auf andere Art ermöglichen, aus dem Anwendungsbereich der Regelung. Diese Konsequenz ziehen allerdings nicht einmal jene Autoren, die eine Sperrwirkung von § 30 Abs. 1 WpÜG generell befürworten[196]. Darüber hinaus wäre die Annahme eines verdrängenden Vorrangverhältnisses des ersten Absatzes gegenüber § 30 Abs. 2 WpÜG auch unter methodischen Gesichtspunkten unhaltbar. Nach dem Grundsatz „lex specialis derogat legi generali" können die Rechtsfolgen eines allgemeineren Gesetzes nur insoweit durch eine Spezialvorschrift suspendiert werden, als die Tatbestandsvoraussetzungen derselben im konkreten Fall vorliegen[197]. Die fraglichen Sachverhalte beruhen jedoch ausschließlich auf Fallgestaltungen, in denen der Anwendungsbereich des § 30 Abs. 1 S. 1 WpÜG gerade nicht eröffnet ist. Jenseits ihrer tatbestandsmäßigen Grenzen können die Vorschriften demzufolge keine Ausschlusswirkung entfalten. Das Motiv des Gesetzgebers, die Fallgruppen in § 30 Abs. 1 S. 1 WpÜG eigenständig zu regeln, war daher offenbar ein anderes.

2. § 30 Abs. 1 S. 1 Nr.1 bis Nr. 6 WpÜG als Vermutungsregeln

Wenn die Vorschriften des ersten Absatzes schlechterdings keine Spezialtatbestände enthalten können, drängt sich ein alternatives Verständnis der Regelungssystematik in § 30 WpÜG geradezu auf. Weiterführend ist die Überlegung, dass hier nur Konstellationen hervorgehoben werden, in denen die Möglichkeit einer Umgehung der Kontrollschwelle des § 29 Abs. 2 WpÜG besonders nahe liegt. So verstanden handelt es sich bei den Bestimmungen in § 30 Abs. 1 S. 1 WpÜG um (unwiderlegliche) Vermutungsregeln[198]. Dabei findet eine Vermutung in doppelter

---

[195] *Wackerbarth*, in: MünchKomm/AktG, § 30 WpÜG Rn. 13; *Diekmann*, in: Baums/Thoma, WpÜG, § 30 Rn. 63.

[196] Vgl. insoweit die Diskussion der Fallgruppe eines weisungsbefugten Beteiligten i.R.d. § 30 Abs. 2 WpÜG, die von den zitierten Autoren geführt wird, z.B. *Pentz*, ZIP 2003, S. 1478, (1487 f.); *v. Bülow*, in: KK/WpÜG, § 30 Rn. 141.

[197] Vgl. statt vieler nur *Larenz*, Methodenlehre, S. 267.

[198] So schon *Löhdefink*, Acting in Concert, S. 251, der insoweit von einem „institutionalisierten abgestimmten Verhalten" spricht; ähnlich auch *v. Bülow/Bücker*, ZGR 2004, S. 669, (677); *Borges*, ZIP 2007, S. 357, (362).

Hinsicht statt. In einem ersten Schritt wird vermutet, dass sich die Beteiligten in den entsprechenden Konstellationen über ihr Stimmrechtsverhalten in Bezug auf die Zielgesellschaft abstimmen. Die zweite, widerlegliche Vermutung geht dahin, dass diese Abstimmung einseitig zugunsten des Bieters erfolgt[199]. Unberührt bleibt aber grundsätzlich die Möglichkeit, dass die Koordination im Einzelfall dennoch in beiderseitigem Interesse stattfindet und daher eine wechselseitige Zurechnung über § 30 Abs. 2 S. 1 WpÜG gebietet[200].

Erkennt man diese Regelungstechnik des § 30 Abs. 1 S. 1 WpÜG, wird auch deutlich, warum die dort aufgeführten Bestimmungen keineswegs leer laufen[201], wenn man § 30 Abs. 2 WpÜG als Auffangtatbestand einstuft: Die im ersten Absatz enthaltenen Vorschriften ersparen jedenfalls schwierige Beweisfragen, die der Nachweis eines Acting in Concert aufwerfen würde[202]. Sind die Voraussetzungen einer Tatbestandsvariante in § 30 Abs. 1 S. 1 WpÜG erfüllt – lässt sich ein beteiligter Rechtsträger beispielsweise als Tochterunternehmen des Bieters (Nr. 1) qualifizieren oder kann ein Nießbrauch i.S.v. Nr. 4 angenommen werden –, findet eine Stimmrechtszurechnung ohne weiteres statt. Stellt sich dagegen die Frage nach einem Acting in Concert gemäß § 30 Abs. 2 WpÜG, müssen sämtliche Tatbestandsmerkmale der Norm durch die BaFin[203] vollumfänglich nachgewiesen werden. Auf etwaige Beweiserleichterungen kann dabei nicht (mehr) zurückgegriffen werden[204]. Dieses Verständnis der Systematik zwischen beiden Absätzen ist überzeugend. Während § 30 Abs. 1 S. 1 WpÜG rein formale Tatbestände beinhaltet, bei deren Erfüllung ein zurechnungsbegründender Sachverhalt unwiderleglich vermutet wird, hält § 30 Abs. 2 S. 1 WpÜG demzufolge einen materiellen Auffangtatbestand bereit. Die weitere Untersuchung wird noch aufzeigen, dass die deutsche Regelung damit nahtlos an entsprechende internationale Zurechnungsmodelle anknüpft. Insbesondere der City Code im Vereinigten Königreich bedient sich einer vergleichbaren Lösung. Aus der norminternen Struktur des § 30 WpÜG ergeben sich daher nach richtiger Auffassung keine Einschränkungen der Reichweite des Acting in Concert.

---

[199] Vgl. *Löhdefink*, Acting in Concert, S. 251 und 377.

[200] Ausführlich zur personellen Reichweite der Zurechnung noch unten, 4. Kap., D.

[201] So aber *Pentz*, ZIP 2003, S. 1478, (1485); *Pittroff*, Zurechnung, S. 296; *v. Bülow*, in: KK/WpÜG, § 30 Rn. 120; implizit auch *Diekmann*, in: Baums/Thoma, WpÜG, § 30 Rn. 74.

[202] Dazu noch eingehend unten, 4. Kap., A., IV.

[203] Inwieweit das Vorliegen eines Acting in Concert auch in einem zivilrechtlichen Verfahren eine Rolle spielen kann, ist – wie bereits gesagt, 3. Kap., B., III. – noch nicht abschließend geklärt.

[204] Näher zu diesem Problemkreis noch unten, 4. Kap. A., IV.

III. Ausnahmeregelungen von der Angebotspflicht

Wie bereits angesprochen, entscheidet nicht zwangsläufig schon der Kontrollerwerb nach § 29 Abs. 2 i.V.m. § 30 WpÜG darüber, ob eine Veröffentlichungs- und Angebotspflicht gemäß § 35 WpÜG im Einzelfall ausgelöst wird. Ausnahmen von diesem Grundsatz können vielmehr aus § 20 WpÜG, § 36 WpÜG oder § 37 WpÜG i.V.m. §§ 9 WpÜG-AV[205] resultieren. Sie greifen allerdings nicht bereits *ipso iure* ein, sondern werden ausschließlich auf Antrag durch die BaFin gewährt. Diese zweite Stufe der Beurteilung von Kontrollveränderungen ist schon aus verfassungsrechtlichen Gründen erforderlich, um angesichts der gravierenden Rechtsfolgen, die eine Angebotspflicht nach § 35 Abs. 2 WpÜG auslöst, gegebenenfalls über eine konkrete Interessenabwägung des Einzelfalls zu einer Korrektur des formellen Kontrollbegriffs zu gelangen[206]. Im Hinblick auf die Auslegung des Acting in Concert gemäß § 30 Abs. 2 WpÜG könnten derartigen Ausnahmetatbeständen deshalb wertvolle Rückschlüsse zu entnehmen sein. Interessant ist vor allem die Frage, inwieweit der Gesetzgeber abgestimmten Verhaltensformen i.S.d. § 30 Abs. 2 WpÜG in diesem Rahmen möglicherweise eine Sonderbehandlung zuteil werden lässt: Sieht das Gesetz in Anbetracht der tatbestandsmäßigen Weite des Acting in Concert besondere Privilegierungen für kollektives Aktionärshandeln vor? Oder bieten die vorhandenen Ausnahmevorschriften zumindest geeignete Möglichkeiten, die Stimmrechtszurechnung der Regelung auf diesem Wege sachgerecht zu begrenzen?

Im Gesamtzusammenhang betrachtet, lassen sich die verschiedenen Bestimmungen in den §§ 20, 36 f. WpÜG und § 9 WpÜG-AV in zwei Kategorien einteilen[207]. Einerseits sind Konstellationen geregelt, in denen es trotz des Erreichens der Kontrollschwelle an einer tatsächlichen Veränderung der Kontrollverhältnisse hinsichtlich der Zielgesellschaft fehlt. Hier dürfte eine Angebotspflicht der Beteiligten nach § 35 Abs. 2 WpÜG regelmäßig ausscheiden[208]. Zu der zweiten Kategorie zählen Fälle, im Rahmen derer zwar eine relevante Kontrollveränderung erfolgt, diese jedoch im überwiegenden Allgemeininteresse liegen kann. Beide

---

[205] Vgl. zum Problem der analogen Anwendnung der Ausnahmeregelungen auf (freiwillige) Übernahmeangebote i.S.d. § 29 Abs. 1 WpÜG etwa *Noack*, in: Schwark, Kapitalmarktrecht, § 29 WpÜG Rn. 11.

[206] Näher zu den verfassungsrechtlichen Vorgaben an die Pflichtangebotsregelung insbesondere *Krause*, Übernahmeangebot, S. 166 ff.; *Heinbach*, Kontrollerlangung, S. 50 ff.; insofern kritisch etwa *Kallmeyer*, ZHR 161 (1997), S. 435, (436); monographisch zum Ganzen *Heuber*, Befreiung von Pflichtangebot, S. 85 ff.

[207] Mit einer ähnlichen Differenzierung *Löhdefink*, Acting in Concert, S. 108 f.

[208] Vgl. *Versteegen*, in: KK/WpÜG, § 37 Rn. 61, der eine Ermessensreduktion auf Null annimmt.

Kategorien könnten in Sachverhalten, bei denen ein Acting in Concert in Betracht kommt, grundsätzlich eine wichtige Rolle spielen: Einschränkungen der Stimmrechtszurechnung sind nämlich zum einen mit dem Argument denkbar, dass bestimmte Verhaltensabstimmungen gar keine tatsächlichen Kontrollveränderungen bewirken[209]. Zum anderen wäre der Standpunkt vertretbar, dass gewisse Aktionärskoalitionen bereits im Interesse der Zielgesellschaft von den Verpflichtungen in § 35 WpÜG verschont werden sollten[210]. Damit besteht genügend Anlass, um sich einen kurzen Überblick über die einzelnen Ausnahmevorschriften zu verschaffen und ihre Ausstrahlung auf § 30 Abs. 2 WpÜG zu beleuchten.

Außer Acht gelassen werden kann dabei zunächst die Sonderregelung in § 20 WpÜG. Diese Vorschrift sieht spezielle Gestattungsmöglichkeiten in Bezug auf Stimmrechte aus solchen Aktien vor, die sich im Handelsbestand befinden. Sie dient damit vornehmlich Finanzdienstleistungsunternehmen, indem sie den ungestörten Handel und die Spekulation mit Wertpapieren gewährleistet[211]. Bleiben Stimmrechte im Hinblick auf die Verpflichtungen in § 35 WpÜG danach unberücksichtigt, ergibt sich aus § 20 Abs. 3 WpÜG konsequenterweise ein entsprechender Stimmrechtsverlust. Gerade dies widerspricht typischerweise aber den Interessen der Beteiligten in Fallgestaltungen i.S.d. § 30 Abs. 2 WpÜG, die durch ihr Abstimmungsverhalten letztlich auf eine binnenorganisatorische Einwirkung auf die Gesellschaft abzielen werden. Eine wertungsmäßige Korrektur der Regelung des Acting in Concert über § 20 WpÜG dürfte daher regelmäßig ausscheiden[212]. Von praktischer Bedeutung für den Zurechnungstatbestand können somit lediglich die Ausnahmebestimmungen in § 36 bzw. § 37 WpÜG i.V.m. § 9 WpÜG-AV sein.

1. Nichtberücksichtigung von Stimmrechten nach § 36 WpÜG

Eine erste Gruppe von Ausnahmeregelungen enthält § 36 WpÜG, wonach bestimmte Stimmrechte in abschließend aufgezählten Fällen bei der Berechnung des Stimmrechtsanteils nach §§ 29 f. WpÜG unberücksichtigt bleiben. Dass der Gesetzgeber diesen Sachverhalten eine besondere Bedeutung beigemessen hat, zeigt sich darin, dass Entscheidungen der BaFin insofern gebunden sind[213]. In

---

[209] Vgl. dazu noch eingehend unten, 4. Kap., B., IV. und VI., 1.

[210] Zu dem Nutzenpotential von bestimmten Stimmrechtsbündelungen und „Aktionärsaktivimus“ im Allgemeinen vgl. unten, 4. Kap., C., V. 2. und 4.

[211] Vgl. Begr. RegE, BT-Drucks. 14/7034, S. 48 f.; *Hirte*, in: KK/WpÜG, § 20 Rn. 16.

[212] Vgl. aber zur möglichen Bedeutung der Regelung bei Anteilserwerben 4. Kap., B., VI., 2., b).

[213] *Noack*, in: Schwark, Kapitalmarktrecht, § 36 WpÜG Rn. 1; *v. Bülow*, in: KK/WpÜG, § 36 Rn. 1; eingehend zu den Einzelheiten der Vorschriften *Heuber*, Befreiung, S. 124 ff.

allen Varianten von § 36 WpÜG bewertet er das Interesse des Bieters an dem sanktionslosen Erwerb einer Kontrollposition grundsätzlich höher als das Interesse außenstehender Aktionäre und des Kapitalmarkts als solchem auf Abgabe eines Pflichtangebots. Allerdings unterscheidet sich der Regelungshintergrund des § 36 Nr. 1 WpÜG in seiner Zielsetzung von demjenigen der Nr. 2 und Nr. 3.

Die Privilegierung des § 36 Nr. 1 WpÜG dient in erster Linie der Förderung börsennotierter Familienunternehmen. Da der Gesetzgeber unterstellt, dass die finanzielle Belastung eines Pflichtangebots die Fortführung von kleinen und mittelgroßen Familienunternehmen häufig wirtschaftlich gefährden würde, werden bestimmte Formen der Stimmenrechtsübertragung in Verwandtschaftsverhältnissen begünstigt[214]. Diese Wertentscheidung zugunsten eines ungestörten Ablaufs der Unternehmensnachfolge setzt sich an anderer Stelle fort. Entsprechende Vorgänge können auch außerhalb von familiären Beziehungen über § 9 S. 1 Nr. 1 und Nr. 2 i.V.m. § 37 WpÜG von den Pflichten des § 35 WpÜG befreit werden. Jedenfalls in § 36 WpÜG handelt es sich dabei aber um eine Besonderheit: Betroffene Stimmrechte bleiben bei der Beurteilung eines Kontrollerwerbs nach § 29 Abs. 2 WpÜG außer Betracht, obwohl eine Veränderung der Kontrollverhältnisse tatsächlich stattgefunden hat. Die Ausgangssituation in § 36 Nr. 2 und Nr. 3 WpÜG ist dagegen gerade umgekehrt. Hier wird auf die Erfassung der betroffenen Stimmrechte verzichtet, weil in materieller Hinsicht überhaupt kein Kontrollwechsel erfolgt. Außenstehende Aktionäre sind dann nach Sinn und Zweck der Pflichtangebotsregelung auch nicht schutzwürdig. Dies gilt ohne weiteres für den Fall eines Rechtsformwechsels des Kontrollinhabers nach § 36 Nr. 2 WpÜG: Ändert sich lediglich die Rechtsform des entsprechenden Gesellschafters, erlangt zwar formaljuristisch womöglich[215] ein anderer Rechtsträger gemäß § 35 Abs. 1 i.V.m. §§ 29 f. WpÜG die Kontrolle an der Zielgesellschaft, allein deswegen sind aber noch keine kontrollrelevanten Auswirkungen zu befürchten. Kaum anders verhält es sich auch im Rahmen von § 36 Nr. 3 WpÜG, wo Umstrukturierungen innerhalb eines (aktienrechtlichen) Konzerns privilegiert werden[216]. Hier beruht die Ausnahmeregelung auf der Überlegung, dass die faktische Kontrolle über eine Gesellschaft, die in einen Konzernverbund eingegliedert ist, ohnehin von der Obergesellschaft ausgeht[217]. Solange die Zielgesellschaft in einer solchen Kon-

---

[214] Vgl. Begr. RegE, BT-Drucks. 14/7034, S. 60.

[215] Vgl. zu dem äußerst schmalen Anwendungsbereich dieser Norm, da sie (mangels Identitätsänderung) gerade keine „Rechtsformwechsel" i.S.d. Fünften Buches des UmwG erfasst, etwa *v. Bülow*, in: KK/WpÜG, § 36 Rn. 33 ff.; *Harbarth*, ZIP 2002, S. 321, (329 f.); *Steinmeyer/Häger*, WpÜG, § 36 Rn. 19.

[216] Zur Anwendung eines solchen Konzernbegriffs Begr. RegE, BT-Drucks. 14/7034, S. 60.

[217] *Noack*, in: Schwark, Kapitalmarktrecht, § 36 WpÜG Rn. 10; näher *Heuber*, Befreiung, S. 136 f.

trollsituation verbleibt, berühren konzerninterne Transaktionen, also Anteilsübertragungen oder Umwandlungen, nicht den Schutzzweck des Gesetzes[218].

Betrachtet man die Tatbestandsvarianten des § 36 WpÜG vor dem Hintergrund des Anwendungsbereichs des Acting in Concert, so ergibt sich daraus nur ein geringer Erkenntnisgewinn. Die Ausnahmeregelungen zeigen im Umkehrschluss lediglich, dass ein Kontrollerwerb, der durch das Abstimmungsverhalten verschiedener Parteien nach § 30 Abs. 2 WpÜG zustande kommt, gesetzlich nicht gesondert berücksichtigt wird. Der Gesetzgeber hat es offensichtlich unterlassen, dem weiten Zurechnungstatbestand korrigierende Privilegierungsregeln entgegen zu setzen. Zumindest auf der Ebene des § 36 WpÜG stehen solche Konstellationen vielmehr jeder beliebigen anderen Kontrollerlangung i.S.d. § 35 Abs. 1 S. 1 WpÜG gleich.

2. Befreiungen nach § 37 WpÜG i.V.m. § 9 WpÜG-AV

Die Ausnahmevorschrift des § 36 WpÜG wird indessen durch § 37 WpÜG i.V.m. § 9 WpÜG-AV in mehrfacher Hinsicht ergänzt. Im Gegensatz zu den abschließenden Tatbeständen des § 36 WpÜG handelt es sich dabei um „offene" Regelungen, die es erlauben, besonderen Motiven, Modalitäten oder Rahmenbedingungen des Kontrollerwerbs Rechnung zu tragen[219]. § 37 Abs. 1 WpÜG nennt als potentielle Befreiungsgründe die Art der Erlangung der Kontrolle, die beabsichtigte Zielsetzung, eine spätere Unterschreitung der Kontrollschwelle, die Beteiligungsverhältnisse an der Zielgesellschaft oder die (fehlende) tatsächliche Möglichkeit zur Kontrollausübung. Insoweit bilden die konkretisierenden Tatbestände, die in § 9 S. 1 und S. 2 WpÜG-AV i.V.m. § 37 Abs. 2 WpÜG vorgesehen sind, ausweislich ihres klaren Wortlauts nur Regelbeispiele[220]. Dementsprechend vielschichtig sind die möglichen Anwendungsbeispiele der Norm[221]. Kehrseite dieser tatbestandsmäßigen Flexibilität ist jedoch der Umstand, dass die jeweiligen Entscheidungen anders als in § 36 WpÜG nicht gebunden sind, sondern grundsätzlich im Ermessen der BaFin liegen. Darin kommt

---

[218] Bei näherer Betrachtung werden nach § 36 Nr. 3 WpÜG freilich nur konzerninterne „Umhängungen nach unten" erfasst, vgl. *Hommelhoff/Witt*, in: FrankfurterKomm/WpÜG, § 35 Rn. 23. Findet demgegenüber eine Anteilsverschiebung „nach oben" statt, liegt regelmäßig schon keine (neue) „Kontrollerlangung" vor, da die Stimmrechte dem Erwerber bereits zuvor nach § 30 Abs. 1 Nr. 1 WpÜG zugerechnet worden sein dürften.

[219] Vgl. Begr. RegE, BT-Drucks. 14/7034, S. 61.

[220] Ebenso *Schlitt*, in: MünchKomm/AktG, Anh. § 37 WpÜG Rn. 3; für die Rechtsauffassung der BaFin *Strunk/Linke*, in: Veil/Drinkuth, Reformbedarf, S. 3, (35).

[221] Vgl. den Überblick und das Zahlenmaterial bei *Strunk/Linke*, in: Veil/Drinkuth, Reformbedarf, S. 3, (36 ff.), die aufzeigen, dass nach den ersten Erfahrungen in der Praxis Befreiungen in Sanierungsfällen dominieren.

das Rangverhältnis zum Ausdruck, welches zwischen § 36 WpÜG auf der einen und § 37 WpÜG i.V.m. § 9 WpÜG-AV auf der anderen Seite besteht: § 36 WpÜG behandelt enumerative Fälle, in denen bereits das Gesetz die Privilegierung des Bieters anordnet. Im Rahmen von § 37 WpÜG obliegt es dagegen allein der BaFin, die Notwendigkeit einer Veröffentlichungs- und Angebotspflicht nach § 35 WpÜG durch eine Interessenabwägung der Gesamtumstände des Einzelfalls zu ermitteln[222].

a) Korrektiv für Unschärfen bei der Stimmrechtszurechnung?

Im Gegensatz zur Ausnahmeregelung in § 36 WpÜG könnte dem Befreiungstatbestand des § 37 Abs. 1 WpÜG auf den ersten Blick eine zentrale Bedeutung für den Anwendungsbereich des Acting in Concert zukommen. Ein enges systematisches Zusammenspiel liegt jedenfalls nahe, wenn man sich die Eigenarten beider Bestimmungen näher vor Augen führt. Während das grundlegende Problem des Zurechnungstatbestands in § 30 Abs. 2 S. 1 WpÜG in seiner generalklauselartigen Weite besteht, zeichnet sich die Regelung des § 37 WpÜG gerade durch ihre flexible Handhabung aus. Bei unbefangener Betrachtung könnte man daher annehmen, dass unbillige Zurechnungsergebnisse des Acting in Concert regelmäßig im Wege einer genauen Einzelfallprüfung seitens der BaFin nach § 37 WpÜG zu korrigieren seien[223]. Zu diesem Zweck käme insbesondere die Fallgruppe in § 37 Abs. 1, 5. Var. WpÜG in Betracht, wonach Befreiungen zugelassen werden können, soweit einem Bieter trotz eines formalen Kontrollerwerbs die Möglichkeit fehlt, Kontrolle tatsächlich auszuüben. Überträgt man diesen Regelungsgedanken auf die Zurechnungsvorschrift, ließe sich letztlich auch § 30 Abs. 2 S. 1 WpÜG in einem rein formellen Sinne verstehen. Man könnte nämlich argumentieren, dass streng nach dem Wortlaut der Norm dem Grunde nach jegliche Formen der Verhaltensabstimmung in Bezug auf die Zielgesellschaft zurechnungsbegründend seien. Aktionärsverständigungen, die in inhaltlicher Hinsicht keine hinreichende Intensität aufweisen, könnten dann in einem zweiten Schritt über § 37 Abs. 1, 5. Var. WpÜG durch die BaFin von einem Pflichtangebot befreit werden. Vordergründig hätte ein solcher Lösungsansatz im Ergebnis also zwei Vorzüge: Einerseits würde es

---

[222] Eingehend zu den Besonderheiten des Aufsichtsverfahrens *Heuber*, Befreiung, S. 231 ff.

[223] In diese Richtung *Borges*, ZIP 2007, S. 357, (362), der meint, „die Befreiungsmöglichkeit nach § 37 WpÜG [erfülle] die Funktion, eine unzutreffende Indizwirkung des § 30 WpÜG auszugleichen". Vgl. zu einem ähnlichen Ansatz – freilich bei der Frage nach dem Adressaten der Angebotspflicht – *Löhdefink*, Acting in Concert, S. 327, 329; *Noack*, in: Schwark, Kapitalmarktrecht, § 30 WpÜG Rn. 12 sowie *de lege ferenda Braun*, NZG 2008, S. 928, (932).

sich dabei um eine wortlautgetreue Auslegung des Gesetzes handeln, andererseits wäre durch die Einschaltung der BaFin ein hohes Maß an Einzelfallgerechtigkeit gewährleistet.

b) Stellungnahme

So elegant dieser Ansatz auch erscheinen mag, so wenig überzeugend ist er jedoch im Hinblick auf die Regelungsstruktur des WpÜG. Gegen ein solches Verständnis wäre bereits einzuwenden, dass die Anwendungsproblematik des Acting in Concert insoweit nicht gelöst, sondern allenfalls verlagert werden würde. Anstatt auf der Tatbestandsebene des § 30 Abs. 2 S. 1 WpÜG, würde sich die zentrale Frage nach der Reichweite der Stimmrechtszurechnung dann im Rahmen eines aufsichtsrechtlichen Befreiungsverfahrens stellen. Dass eine kompetenzielle Verschiebung in dieser Form aus verfassungsrechtlicher Perspektive höchst bedenklich wäre[224], kann hier auf sich beruhen. Ebenso wenig muss auf die beträchtlichen Transaktionskosten verwiesen werden, die eine solche Verfahrensweise verursachen würde. Derartige Argumente sind nicht erforderlich: Schon die einschlägigen Vorschriften selbst lassen nämlich erkennen, dass eine solche Sichtweise mit der Systematik der Pflichtangebotsregelungen im WpÜG unvereinbar ist. Zwar erweckt die Zurechnungsnorm des Acting in Concert zunächst den Eindruck einer (nahezu) uferlosen Generalklausel, zumindest § 30 Abs. 2 S. 1, 2. Hs. WpÜG enthält jedoch eine Ausnahmeregelung[225]. Unabhängig von der Auslegung dieser Klausel deutet ihre Existenz bereits darauf hin, dass jedenfalls primär auf der Ebene des materiellen Rechts zu klären ist, welche Verhaltensabstimmungen nach § 30 Abs. 2 WpÜG zurechnungsbegründend sind. Ein Rückgriff auf die Einzelfallprüfung nach § 37 WpÜG i.V.m. § 9 WpÜG-AV dürfte insoweit Ausnahmecharakter haben. Ohnehin ist die Einleitung eines solchen Befreiungsverfahrens kein Selbstzweck. Sie ist nach der Konzeption des Gesetzes nur dann geboten, wenn und soweit die typisierende Betrachtung in §§ 29 f. WpÜG ausnahmsweise zu Unzulänglichkeiten führt. Dabei dürfte es sich jedoch keineswegs um den Regelfall handeln. Wäre dies anders, würde mit dem Ermessenspielraum der

---

[224] Verfassungsrechtliche Zweifel wären insbesondere im Hinblick auf die sog. „Wesentlichkeitstheorie" angezeigt, die das Bundesverfassungsgericht aus dem Grundsatz des Vorbehalts des Gesetzes ableitet. Danach ist der Gesetzgeber in grundrechtsrelevanten Bereichen verpflichtet, wesentliche Entscheidungen selbst zu treffen, zur st. Rspr. etwa BVerfGE 49, S. 89, (126) (Kalkar I). Diese Maxime dürfte einer umfassenden Abwälzung der Beurteilungshoheit über die grundrechtsintensive (Art. 14 GG) Angebotspflicht auf die BaFin letztlich entgegenstehen.

[225] Ausführlich dazu unten, 4. Kap., C.

BaFin im Rahmen des § 37 WpÜG ein für das Kapitalmarktrecht unerträgliches Maß an Rechtsunsicherheit einhergehen[226].

Aus diesem Grund bieten die Befreiungsvorschriften letztlich keine befriedigende Korrekturmöglichkeit der Reichweite des § 30 Abs. 2 WpÜG. Bei näherem Hinsehen zeigt sich denn auch, dass das Befreiungskriterium in § 37 Abs. 1, 5. Var. WpÜG auf Fälle der fraglichen Art gar nicht zugeschnitten ist. Dies wird deutlich, wenn man die Regelbeispiele in § 9 WpÜG-AV analysiert, die auf dieser Tatbestandsvariante beruhen: Nach § 9 S. 2 Nr. 1 WpÜG-AV ist eine Befreiung demnach möglich, falls ein vom Bieter unabhängiger Dritter über einen höheren Stimmrechtsanteil verfügt. Gleiches gilt gemäß § 9 S. 2 Nr. 2 WpÜG-AV, wenn aufgrund des stimmberechtigten Kapitals, das in den letzten drei ordentlichen Hauptversammlungen der Zielgesellschaft vertreten war, nicht zu erwarten ist, dass der Kontrollerwerber mit Hilfe seiner Stimmrechtsmacht zukünftig Mehrheitsentscheidungen wird treffen können. Der Tatbestand des § 37 Abs. 1, 5. Var. WpÜG geht demzufolge von dem Fall aus, dass die vom Gesetzgeber in § 29 Abs. 2 WpÜG aufgestellte Hypothese, die Verfügungsgewalt über 30% der Stimmrechte werde die materielle Kontrolle der Zielgesellschaft ermöglichen, ausnahmsweise fehlschlägt[227]. Er bezieht sich also – einfacher ausgedrückt – allein auf das Auseinanderfallen der Kontrolle über eine gebündelte Stimmrechtsmacht von (mindestens) 30% und der tatsächlichen Kontrolle über die Gesellschaft. Diese Konstellation unterscheidet sich aber grundlegend von der in § 30 Abs. 2 WpÜG behandelten Frage. Dort kommt es darauf an, ob ein Beteiligter überhaupt in einer Art und Weise mit den betroffenen Stimmrechten verfahren könnte, die eine Gleichstellung mit eigenen Stimmrechten rechtfertigt. Ist dies nicht der Fall, verfügt er bereits nicht über die relevante Stimmrechtsmacht. Dann fehlt es vielmehr schon an einem formalen Kontrollerwerb, den § 37 WpÜG als Ausgangspunkt seiner Einzelfallbetrachtung gerade voraussetzt.

IV. Mindestpreisregeln nach §§ 31 WpÜG, 3 ff. WpÜG-AV

Steht endgültig fest, dass im Einzelfall ein Pflichtangebot nach §§ 29 Abs. 2 f., 35 WpÜG abzugeben ist, stellt sich abschließend die Frage, welche Gegenleistung den Minderheitsaktionären der Zielgesellschaft im Zuge dessen zu gewähren ist. Diese Frage beantworten die Mindestpreisregelungen in §§ 31 WpÜG, 3 ff.

---

[226] Darauf hat schon das OLG Frankfurt, NZG 2004, S. 865, (867) (Pixelpark) eindringlich aufmerksam gemacht.

[227] Vgl. *Versteegen*, in: KK/WpÜG, § 37 Rn. 50 f.; *Löhdefink*, Acting in Concert, S. 329.

WpÜG-AV[228]. Gemäß § 31 Abs. 2 S. 1 WpÜG kann eine Gegenleistung grundsätzlich[229] entweder in einer Geldleistung oder in liquiden Aktien bestehen. Für ihre Bemessung gilt dabei eine doppelte Untergrenze. Eine erste Schwelle bildet das Börsenpreiskriterium: Der angebotene Preis muss nach § 31 Abs. 7 WpÜG i.V.m. § 5 Abs. 1 WpÜG-AV mindestens dem durchschnittlichen gewichteten Börsenkurs der Aktien während der letzten drei Monate vor Veröffentlichung des Angebots entsprechen. In dieser Hinsicht wird abermals der kapitalmarktrechtliche Bezug der Regelungen deutlich.

Von wesentlich größerer (rechtspolitischer) Bedeutung ist aber das sog. Vor- bzw. Nacherwerbskriterium in § 31 Abs. 4 und 5 WpÜG und § 31 Abs. 7 WpÜG i.V.m. § 4 WpÜG-AV. Nach diesen Vorschriften darf die Gegenleistung auch nicht den Höchstpreis unterschreiten, den ein Kontrollerwerber – an oder außerhalb der Börse – in einem Zeitfenster von sechs Monaten vor bis zu einem Jahr nach dem Angebotsverfahren für entsprechende Aktien der Zielgesellschaft gezahlt hat. Insoweit greift das Gesetz auf den Gleichbehandlungsgrundsatz in § 3 Abs. 1 WpÜG zurück. Durch diese Entscheidung hat der Gesetzgeber *en passant* eine Kontroverse beendet, die jahrzehntelang im rechtswissenschaftlichen Schriftum schwelte: die Auseinandersetzung um die Verteilung sog. Kontrollprämien beim Pakethandel. Zuvor war unter gesellschafts-[230] wie auch kapitalmarktrechtlichen[231] Gesichtspunkten heftig umstritten gewesen, ob außenstehende Aktionäre beim Transfer kontrollrelevanter Aktienpakete an einem etwaigen Aufschlag beteiligt werden mussten, den der Paketerwerber an den Veräußerer über den Börsenkurs hinaus entrichtet hatte. Nunmehr herrscht dank § 31 WpÜG Klarheit: Im Rahmen eines Pflichtangebots müssen Kontrollerwerber die Minderheitsaktionäre der Zielgesellschaft in den Genuss etwaiger Kontrollprämien kommen lassen, soweit diese im genannten Zeitraum angefallen sind. Im Hinblick auf die Stimmrechtszurechnung kraft Acting in Concert bedeutet dies, dass ihre Reichweite letztlich auch auf die Ermittlung der Angebotshöhe Einfluss hat. Je

---

[228] Monographisch zum Ganzen insbesondere *Körner*, Gegenleistung. Eingehend zur Bedeutung im Rahmen der vorliegenden Untersuchung noch unten, 4. Kap., B.,V., 4., c), (2) und 5., b), (2).

[229] Ausnahmen von der Möglichkeit, die Gegenleistung in liquiden Aktien zu erbringen, finden sich z.B. in § 31 Abs. 3 und Abs. 4 WpÜG. In der Praxis wird von dieser Alternative freilich so gut wie nie Gebrauch gemacht, vgl. *Strunk/Linke*, in: Veil/Drinkuth, Reformbedarf, S. 3 ff.

[230] Zusammenfassend zur Diskussion, die auf die US-amerikanische Lehre der „Corporate Assets" zurückging, etwa *Heiser*, Zwangsangebot, S. 64 ff.; *Birke*, Neutralitätspflicht, S. 71 ff.; *Mülbert*, Aktiengesellschaft, S. 467; vgl. auch BGHZ 103, S. 184, (194) (Linotype) und BVerfGE 100, S. 289, (306) (DAT/Altana).

[231] Aus dieser Perspektive insbesondere *Reul*, Gleichbehandlung, S. 242; *Mülbert*, Aktiengesellschaft, S. 80; *Kleindiek*, ZGR 2002, S. 546, (560).

nachdem, welche Beteiligte der Regelung des § 30 Abs. 2 WpÜG im jeweiligen Fall unterliegen, bestimmt sich nämlich der Personenkreis für relevante Vor- bzw. Nacherwerbe.

V. Schlussfolgerungen für die Behandlung von § 30 Abs. 2 WpÜG

Der Blick auf den rechtssystematischen Rahmen, in den die Zurechnungsregelung des Acting in Concert eingebettet ist, hat wesentliche Erkenntnisse für den weiteren Verlauf der Untersuchung ans Licht gebracht. In erster Linie konnte das Problembewusstsein für die bevorstehende Auslegung der Regelung geschärft werden. Wie die Analyse des im WpÜG verankerten Kontrollkonzepts zeigt, fügt sich die Vorschrift des § 30 Abs. 2 WpÜG nicht bruchlos darin ein. Der streng formale und abschließende Kontrollbegriff in § 29 Abs. 2 WpÜG steht vielmehr in einem augenfälligen Kontrast zu der generalklauselartigen Weite des Tatbestand des Acting in Concert. Ein ähnliches Bild ergibt die Gegenüberstellung von § 30 Abs. 2 WpÜG mit den verschiedenen Regelungen in § 30 Abs. 1 S. 1 WpÜG. Da letztere lediglich besondere Vermutungstatbestände eines abgestimmten Verhaltens bilden, entfalten sie entgegen einer verbreiteten Meinung keine Sperrwirkung gegenüber einer Zurechnung kraft Acting in Concert. Freilich wird man Sachverhalte, in denen sich der Anwendungsbereich des § 30 Abs. 2 WpÜG mit einer Vermutungsregel des § 30 Abs. 1 S. 1 WpÜG überschneiden kann, einer besonders gründlichen Betrachtung unterziehen müssen. Erwartungsgemäß haben sich entsprechende Fallgestaltungen in der Literatur denn auch inzwischen als problembeladen herauskristallisiert[232].

Auch die verschiedenen Ausnahmeregelungen von der Angebotspflicht, insbesondere § 37 WpÜG i.V.m. § 9 WpÜG-AV, geben für die Handhabung der Stimmrechtszurechnung in § 30 Abs. 2 WpÜG keine wesentliche Hilfestellung. Obwohl sie gerade darauf ausgerichtet sind, Fallgestaltungen ohne (beachtliche) Kontrollrelevanz herauszufiltern, eignen sie sich in aller Regel nicht für die nachträgliche Korrektur unerwünschter Zurechnungsergebnisse im Rahmen von § 30 Abs. 2 WpÜG. Sie stellen vielmehr nur ein letztes Mittel dar, um die Auslösung eines Pflichtangebots in besonders gelagerten Ausnahmefällen zu verhindern.

Als Fazit dieses Abschnitts lässt sich daher festhalten, dass die Zurechnungsnorm des § 30 Abs. 2 WpÜG aus rechtstechnischer Sicht einen Sonderfall bildet. Im Gegensatz zu den anderen Pflichtangebotsvorschriften, insbesondere dem Kontrolltatbestand des § 29 Abs. 2 WpÜG, unterliegt ihr Tatbestand keinen

---

[232] Ausführlich zu diesen Streitpunkten – der Zurechnungswürdigkeit von Abstimmungen über eine Zwischengesellschaft bzw. über den (Parallel-)Erwerb von Gesellschaftsanteilen – unten, 4. Kap., E., III. bzw. 4. Kap., B., II., 2., c).

systematischen Einschränkungen. Dies ist zum einen ein entscheidender Auslöser für die praktischen Anwendungsprobleme der Regelung, bietet zum anderen jedoch auch die Möglichkeit, in der Praxis zu flexiblen und einzelfallgerechten Zurechnungsergebnissen zu gelangen. Inwieweit eine solche Gratwanderung zwischen einer Konkretisierung der einzelnen Tatbestandsvoraussetzungen einerseits und der Beibehaltung eines hinreichenden Umgehungsschutzes andererseits auf dem Boden des § 30 Abs. 2 WpÜG gelingen kann, wird das folgende Kapitel zeigen.

4. Kapitel Offene Fragen des Acting in Concert

Die Vielzahl an praktischen Problemen, die sich im Umgang mit der Regelung des Acting in Concert mittlerweile abgezeichnet hat, ist kaum mehr zu überschauen. Sinnvoll kann man sich ihr nur dadurch annähern, indem man versucht, den Anwendungsbereich der Zurechnungsregelung systematisch zu entwickeln, um allmählich zu den besonders virulenten Einzelfragen vorzudringen.

Aus diesem Grund ist zunächst die sachliche Reichweite der Stimmrechtszurechnung in § 30 Abs. 2 WpÜG zu erarbeiten (*A.-C.*), bevor das Augenmerk im Anschluss daran auf die Lösung konkreter Sachverhalte gelegt werden kann (*C.,VI.*). Danach erst widmet sich die Arbeit dem personellen Anwendungsbereich der Vorschrift, das heißt der Frage, welche Parteien im Falle eines Acting in Concert gegebenenfalls konkret verpflichtet sind, ein Pflichtangebot zu unterbreiten (*D.*). Abschließend werden einige ausgewählte Sonderfälle näher beleuchtet (*E.*).

A. **Abstimmungsgrundlage des Acting in Concert**

Jede Stimmrechtszurechnung kraft Acting in Concert setzt nach § 30 Abs. 2 S. 1 WpÜG naturgemäß voraus, dass zwei oder mehrere Beteiligte auf eine bestimmte Weise in Kontakt zueinander treten. Das Gesetz spricht insofern von einer Abstimmung aufgrund einer „Vereinbarung" oder „in sonstiger Weise". Eine solche gegenseitige Verständigung der Beteiligten ist notwendige Grundlage für ein zurechnungswürdiges Verhalten i.S.d. § 30 Abs. 2 WpÜG. Findet kein auch noch so rudimentärer Kontakt zwischen den Parteien statt, fehlt es schon grundsätzlich an der erforderlichen Stimmrechts*bündelung*. Liegt aber gar keine Stimmrechtsbündelung vor, erübrigt sich auch eine Stimmrechtszurechnung und das daran anknüpfende Pflichtangebot zum Schutze der Minderheitsaktionäre.

I. Ausgangslage und Meinungsstand in der Literatur

Die ersten Stellungnahmen, die nach Inkrafttreten des Gesetzes zum Erfordernis der Abstimmungsgrundlage in § 30 Abs. 2 S.1 WpÜG erfolgt sind, zeigten ein zweigeteiltes Echo. Wenig Mühe bereitete von vornherein die Einordnung des Merkmals der „Vereinbarung". Dieser Rechtsbegriff – zumal schon aus einer

Reihe von verwandten Vorschriften bekannt[233] – war vergleichsweise klar umrissen. Weitaus schwieriger gestaltete sich jedoch die Konkretisierung der Tatbestandsalternative der Abstimmung „in sonstiger Weise“. An entsprechenden Regelungsvorbildern fehlte es bis dahin völlig. Zudem schien die generalklauselartige Weite dieser Formulierung auf den ersten Blick kaum nähere Eingrenzungen zuzulassen: Seinem Wortsinn nach verlangt der Begriff des „Abstimmens“ lediglich eine Absprache, mithin einen irgendwie gearteten kommunikativen Vorgang zwischen den Beteiligten[234]. Selbst diese Voraussetzung war anfangs indes nicht unumstritten. Für Irritationen hatte eine Äußerung des Gesetzgebers in der Begründung zu § 30 Abs. 2 WpÜG gesorgt. Dort heißt es zur Erläuterung des Tatbestands, dass „[e]in abgestimmtes Verhalten in sonstiger Weise [...] beispielsweise auch durch ein gleichgerichtetes Abstimmungsverhalten in der Hauptversammlung geschehen [kann]. Einer ausdrücklichen Absprache bedarf es hierfür nicht“[235].

Dieser Bemerkung wurde teilweise entnommen, dass der Gesetzgeber insoweit bereits gleichförmige Verhaltensweisen mehrerer Parteien ohne vorherige Verständigung als zurechnungsbegründend ansehen wolle[236]. Da das Aktienrecht nach § 133 Abs. 1 AktG auf dem Mehrheitsprinzip beruht, wäre ein solches Verständnis aber unsinnig gewesen: Die Funktionsfähigkeit der Hauptversammlung setzt gerade voraus, dass sich dort, wo per se keine Mehrheitsaktionäre existieren, Anteilseigner zusammen finden, um anstehende Beschlussfragen durch ein gleichgerichtetes Stimmverhalten zu entscheiden. Nähme man den Gesetzgeber also streng beim Wort, gäbe es – insbesondere aufgrund der häufig anzutreffenden „Absegnung“ von Verwaltungsvorschlägen durch die Aktionäre – in der Praxis keine einzige Gesellschaft mit Streubesitz, in der ein abgestimmtes Verhalten i.S.d. § 30 Abs. 2 WpÜG ausbliebe[237]. Ein derartiges Ergebnis würde sich auch unter methodischen Gesichtspunkten verbieten. Da der Wortsinn des Tatbestands die äußerste Grenze jeder Auslegung bildet[238], wäre eine Auslegung des Begriffs „Abstimmung“, die auf ein kommunikatives Element verzichtet, schlicht unzu-

---

[233] Zu denken ist insofern insbesondere an die wortgleichen Entsprechungen in der Vorgängerregelung des Acting in Concert in § 22 Abs. 1 Nr. 3 WpHG a.F. sowie in § 1 GWB, der abgestimmte Verhaltensweisen im Kartellrecht behandelt.

[234] Vgl. *Casper*, ZIP 2003, S. 1469, (1474); a.A. und in der Sache enger freilich *Hamann*, ZIP 2007, S. 1088, (1092).

[235] Begr. RegE, BT-Drucks. 14/7034, S. 34, zu § 2 Abs. 5 WpÜG, auf den bei der Begründung zu § 30 Abs. 2 WpÜG verwiesen wird; klarstellend nunmehr Begr. RegE, BT-Drucks. 16/7438, S. 11.

[236] In diese Richtung etwa *Witt*, AG 2001, S. 233, (238); vgl. auch *Liebscher*, ZIP 2002, S. 1005, (1007); *Angerer*, in: Geibel/Süßmann, WpÜG, § 2 Rn. 25.

[237] So zu Recht schon *Liebscher*, ZIP 2002, S. 1005, (1007); *Löhdefink*, Acting in Concert, S. 256.

[238] Vgl. statt aller *Larenz/Canaris*, Methodenlehre, S. 143 f.

lässig. Die Äußerung des Gesetzgebers war deshalb jedenfalls unglücklich. Offenbar wollte er etwas anderes zum Ausdruck bringen: Alternativ kann man die Gesetzesbegründung auch dahingehend verstehen, dass der Gesetzgeber lediglich klarzustellen versuchte, dass im Rahmen des § 30 Abs. 2 S. 1 WpÜG keine *ausdrückliche* Absprache erforderlich ist, sondern bereits jeder stillschweigende interaktive Kontakt genügt. Trotz der irreführenden Aussagen des Gesetzgebers hat die Literatur denn auch bald ein einheitliches Grundverständnis des Merkmals der Abstimmung „in sonstiger Weise" entwickelt. Betrachtet man die verschiedenen Begriffsbestimmungen im Schrifttum, so unterscheiden sie sich nur in ihrer Terminologie, nicht aber im Ergebnis: Nach der wohl gebräuchlichsten, auf *Liebscher*[239] zurück gehenden Definition ist insofern ein „bewusst und gewollt hergestellte[r] geistige[r] Kontakt" erforderlich. Ganz ähnlich wird an anderer Stelle von einem „interaktive[n] kommunikative[n] Prozess"[240], einer gegenseitigen Verständigung, bei der die Beteiligten ihr „Verhalten in Gleichklang bringen"[241], oder einer „Vereinheitlichung der Entscheidungsmaßstäbe"[242] gesprochen.

In der Gesamtschau zeigen sich damit anerkannte Auslegungsmaßstäbe, anhand derer sich wesentliche Abgrenzungsfragen lösen lassen sollten. Eines bleibt dabei jedoch zu bedenken: Die praktischen Probleme, die sich im Zusammenhang mit dem Erfordernis einer Abstimmungsgrundlage i.S.d. § 30 Abs. 2 S. 1 WpÜG stellen, liegen nicht nur im materiellen Recht. Bisweilen dürften materiellrechtliche Fragen sogar in den Hintergrund treten: Dass die unter Großaktionären „per Handschlag" getroffene Absprache, zukünftig nur noch im besten beiderseitigen Einvernehmen gegenüber der Zielgesellschaft zu agieren, als zurechnungsbegründendes Acting in Concert einzustufen ist, leuchtet sofort ein. Findet eine solche Übereinkunft indes „ohne Zeugen hinter verschlossenen Türen in einem englischen Club, auf einem Golfplatz in Florida oder auf der Kamelrennbahn von Abu Dhabi"[243] statt, ist es die entscheidende, ungleich schwierigere Aufgabe, diese auch nachzuweisen. Die Trennschärfe des materiellen Rechts steht also unter dem Vorbehalt der Erkenntnismöglichkeiten des Verfahrensrechts. Diese Einsicht ist für das Verständnis der Anwendungsprobleme der übernahmerechtlichen Stimmrechtszurechnung von entscheidender Bedeutung. Daher erscheint es im Folgenden sinnvoll, an die nähere Erörterung der beiden Tatbestandsalternativen des § 30 Abs. 2 S. 1

---

239 *Liebscher*, ZIP 2002, S. 1005, (1016).

240 *Casper*, ZIP 2003, S. 1469, (1475); ähnlich *Versteegen*, in: KK/WpÜG, § 2 Rn. 162 f.

241 *Diekmann*, in: Baums/Thoma, § 30 WpÜG Rn. 70.

242 *Oechsler*, in: Ehricke/Ekkenga/Oechsler, WpÜG, § 30 Rn. 23.

243 So die äußerst überspitzte, aber sicherlich nicht völlig fehlgehende Bemerkung von *Schneider*, WM 2006, S. 1321, (1326 f.).

WpÜG einen kurzen Überblick über die prozessualen Grundsätze anzuschließen, die auf die Regelung des Acting in Concert Anwendung finden.

II. Vereinbarungen i.S.d. § 30 Abs. 2 WpÜG

Abstimmungsgrundlage für ein Acting in Concert kann nach § 30 Abs. 2 S. 1, 1. Alt. WpÜG zunächst eine „Vereinbarung" sein. Unter diesen Begriff fallen nach allgemeiner Auffassung alle Arten von zivilrechtlichen Verträgen zwischen zwei oder mehreren Rechtssubjekten[244]. Unerheblich ist, ob die zugrunde liegende Willenseinigung förmlich oder formlos, ausdrücklich oder nur stillschweigend erfolgt[245]. Ebenso wenig kommt es darauf an, dass der entsprechende Vertrag wirksam geschlossen worden ist[246]. Entscheidend ist allein, dass eine hinreichend sichere Basis für die fragliche Verhaltenskoordination besteht. Geht es um den üblichen Fall von Abstimmungen in der Hauptversammlung, wird es sich dabei typischerweise um Stimmbindungs-, Schutzgemeischafts-, Konsortial- oder Poolverträge zwischen den Parteien handeln[247]. Die Unterschiede liegen hier freilich mehr in den Begrifflichkeiten als in den tatsächlichen Gegebenheiten. So verpflichten Stimmbindungsverträge die Anteilseigner gewöhnlich dazu, ihr Stimmrecht nicht frei, sondern in einer bestimmten Form, das heißt entweder nach der vertraglichen Festlegung, nach vorheriger Weisung oder auf sonstige, später noch zu konkretisierende Weise auszuüben[248].

Ihrer Wirkung nach ähnlich sind Pool- bzw. Konsortialverträge durch die Vereinbarung der Gesellschafter gekennzeichnet, von den betreffenden Stimmrechten fortan immer oder jedenfalls in bestimmten Angelegenheiten einheitlich Gebrauch zu machen[249]. Da die Anteile der Aktionäre in der Praxis regelmäßig nicht eingebracht werden sollen, entsteht insoweit zumeist eine BGB-Innenge-

---

[244] *Casper*, ZIP 2003, S. 1469, (1475); *Schneider*, in: Assmann/Pötzsch/Schneider, WpÜG, § 30 Rn. 99; *v. Bülow/Bücker*, ZGR 2004, S. 669, (690); *Schüppen/ Walz*, FrankfurterKomm/WpÜG, § 30 Rn. 62; *Löhdefink*, Acting in Concert, S. 259; *Hamann*, ZIP 2007, S. 1088, (1091).

[245] Vgl. statt aller *Angerer*, in: Geibel/Süßmann, WpÜG, § 2 Rn. 22.

[246] Vgl. *Schüppen/Walz*, in: FrankfurterKomm/WpÜG, § 30 Rn. 62; *Versteegen*, in: KK/WpÜG, § 2 Rn. 160; *v. Bülow/Bücker*, ZGR 2004, S. 669, (690); *Pittroff*, Zurechnung, S. 269.

[247] Diese Begriffe werden in der Literatur häufig auch nebeneinander verwendet, vgl. etwa *Ripka*, Poolverträge, S. 15 m.w.N.; *Raiser/Veil*, Recht der Kapitalgesellschaften, § 16 Rn. 91.

[248] So die viel zitierte Definition von *Zöllner*, ZHR 155 (1991), S. 168, (168 Fn. 1); vgl. auch *Noack*, Gesellschaftervereinbarungen, S. 66 ff.

[249] Vgl. *Habersack*, ZHR 164 (2000), S. 1, (2).

sellschaft[250]. Denkbar ist darüber hinaus aber auch eine Poolung der Stimmrechte in einer Vorschaltgesellschaft, wobei überwiegend auf die Rechtsform der GmbH zurückgegriffen wird. Ist dies der Fall, kann die maßgebliche Abstimmungsgrundlage i.S.d. § 30 Abs. 2 S. 1 WpÜG gegebenenfalls in Nebenabreden des Gesellschaftsvertrags der Vorschaltgesellschaft enthalten sein[251].

Bereits diese erste Annäherung an das Tatbestandsmerkmal der Vereinbarung i.S.d. § 30 Abs. 2 S. 1, 1. Alt. WpÜG zeigt also die Vielgestaltigkeit des Begriffs. Nähere Typisierungen erscheinen insoweit kaum möglich. Sie wären für die praktische Handhabung der Regelung indes auch weder sinnvoll noch erforderlich. Interessanter als eine abschließende Kategorisierung aller denkbaren Erscheinungsformen ist die Frage nach ihrer funktionalen Reichweite. Die Literatur ist sich zwar generell darin einig, dass der Begriff ein erhöhtes Maß an (rechtsgeschäftlicher) Bindung zwischen den Beteiligten der Abstimmung voraussetzt[252]. Grauzonen bestehen allerdings noch hinsichtlich der Festlegung, welche Intensität eine solche Bindung konkret aufweisen muss.

1. Bindungen mit Durchstimmrecht oder Öffnungsklausel

Die verbliebenen Zweifel verdeutlicht insbesondere der häufig diskutierte Fall, dass in einer Stimmbindungsvereinbarung sog. Durchstimmrechte bzw. Öffnungsklauseln enthalten sind[253]. In diesen Konstellationen können die Beteiligten die beabsichtigte Stimmbindung jedenfalls nicht auf rechtlichem Wege erzwingen. Kommt durch das Abstimmungsverfahren keine Einigung zustande, steht es jedem Einzelnen vielmehr vereinbarungsgemäß offen, seine Stimmrechte nach freiem Belieben auszuüben. Eine Ansicht in der Literatur lehnt das Vorliegen einer Abstimmung i.S.d. § 30 Abs. 2 S. 1 WpÜG in einem solchen Fall daher grundsätzlich ab[254]. Finde eine Öffnungsklausel Anwendung, so wird eingewandt, erschöpfe sich der Abstimmungsprozess in einer bloßen Verfahrenspflicht[255]. Hier bestehe gerade

---

[250] *Habersack*, ZHR 164 (2000), S. 1, (2); zu den steuer- und gesellschaftsrechtlichen Hintergründen *Ulmer*, in: MünchKomm/BGB, Vor § 705, Rn. 48 ff.

[251] *Pittroff*, Zurechnung, S. 269; *Löhdefink*, Acting in Concert, S. 259.

[252] Vgl. insoweit nur *Steinmeyer*, in: Steinmeyer/Häger, WpÜG, § 30 Rn. 58.

[253] Zum Begriff sowie zum Streitstand (hinsichtlich der insofern vergleichbaren Regelung des § 22 WpHG a.F.) etwa *Schneider*, in: Assmann/Pötzsch/Schneider, WpÜG, § 30 Rn. 113 m.w.N.

[254] So insbesondere *Pittroff*, Zurechnung, S. 281 ff.; *v. Bülow/Bücker*, ZGR 2004, S. 669, (688 f.); im Ergebnis auch *Lange*, ZBB 2004, S. 22, (26), der das Vorliegen einer Abstimmung – unzutreffender Weise – von der ex-post-Betrachtung abhängig machen will, ob letztlich tatsächlich eine Einigung stattgefunden hat.

[255] So etwa *v. Bülow/Bücker*, ZGR 2004, S. 669, (689).

nicht die typische Ausgangssituation, dass eine Abweichung vom einvernehmlichen Stimmverhalten ohne einen Verstoß gegen die Vereinbarung unmöglich sei[256].

Eine solche Ansicht erscheint allerdings aus mehreren Gründen bedenklich[257]. Bezeichnend ist zunächst, welcher Bezugspunkt diesen Überlegungen zugrunde liegt. Indem die Autoren erklären, dass ein Abstimmungsprozess zwar gegeben sei, die Tatbestandsmäßigkeit jedoch an dem fehlenden rechtlichen Einigungszwang scheitere, setzen sie für eine Stimmrechtszurechnung der Sache nach einen Abstimmungs*erfolg* voraus. Dies ist aber weder im Wortlaut des § 30 Abs. 2 S. 1 WpÜG angelegt noch seinem Schutzzweck nach geboten. Im Gegenteil, es genügt nach beiden Kriterien schon ein Abstimmungs*vorgang* als solcher[258]. Die ratio legis verlangt eine Stimmrechtszurechnung mit der möglichen Folge eines Pflichtangebots bereits dann, wenn sich Aktionärsgruppen der Willensbildung in der Hauptversammlung entziehen und bestimmte Abstimmungsfragen in einen engeren Kreis verlagern. Der Anlegerschutz des § 30 Abs. 2 WpÜG ist anders ausgedrückt – wie derjenige des § 29 Abs. 2 WpÜG – abstrakter Natur[259].

Dieses Ergebnis wird gestützt, wenn man Wertungsgesichtspunkte in die Betrachtung miteinbezieht. Dass die Anforderungen an den maßgeblichen Bindungsgrad der Parteien nicht überspannt werden sollten, zeigt bereits eine Gegenüberstellung mit der Tatbestandsalternative der Abstimmung „in sonstiger Weise". Dort ist offensichtlich schon eine rein faktische Bindungswirkung ausreichend. Einen vergleichbaren faktischen Zwang für die Beteiligten, sich zumindest im Regelfall abstimmungskonform zu verhalten, dürften Vereinbarungen mit Durchstimmrecht oder Öffnungsklausel jedenfalls entfalten. Ihre Existenz belegt schließlich gerade, dass zwischen den Parteien grundsätzlich mehr als nur ein rein informeller Informationsaustausch gewünscht wird. Würde man solche Vereinbarungen tatsächlich von der Zurechnung nach § 30 Abs. 2 WpÜG ausnehmen, läge der gravierendste Wertungswiderspruch freilich in der insoweit abweichenden Behandlung von nichtigen Stimmbindungsverträgen: Obwohl auch sie definitionsgemäß nicht mit rechtlichen Mitteln durchgesetzt werden können, sind diese nach allgemeiner Auffassung als „Vereinbarung" i.S.d. § 30 Abs. 2 WpÜG

---

[256] Vgl. *Pittroff*, Zurechnung, S. 282.

[257] Ebenso, d.h. für die Tatbestandsmäßigkeit von Stimmbindungsvereinbarungen mit Öffnungsklauseln *Schneider*, in: Assmann/Pötzsch/Schneider, WpÜG, § 30 Rn. 113; *Löhdefink*, Acting in Concert, S. 262 f.

[258] *Noack*, in: Schwark, Kapitalmarktrecht, § 30 WpÜG Rn. 13; *Pentz*, ZIP 2003, S. 1478, (1481).

[259] Prägnant *Hamann*, ZIP 2007, S. 1088, (1092): „[...] § 30 Abs. 2 WpÜG [ist] – in Deliktskategorien gedacht – ein *Gefährdungstatbestand* gegenüber den außenstehenden Aktionären." [Hervorhebung hinzugefügt].

anzusehen[260]. Angesichts dessen kann für Vereinbarungen mit Öffnungsklauseln oder Durchstimmrecht kaum etwas anderes gelten. Jedenfalls dann, wenn die Parteien von der Unwirksamkeit der Vereinbarung im Einzelfall wissen, ist die Interessenlage vielmehr dieselbe. Beide Fallgruppen – sowohl nichtige Verträge als auch solche mit einer Befugnis zu alternativem (Stimm-)Verhalten – sollten zudem auch unter dem Gesichtspunkt der Rechtssicherheit einheitlich behandelt werden. Anderenfalls wäre es für die Beteiligten nur allzu leicht, sich einer möglichen Verpflichtung aus § 35 WpÜG unter Berufung auf das Vorliegen entsprechender Umstände zu entziehen[261]. Die Aufnahme derartiger Klauseln könnte also zu einem willkommenen Präventivschutz gegen eine unliebsame Stimmrechtszurechnung denaturiert werden. Diese Überlegung zeigt, dass die Anwendung von § 30 Abs. 2 S. 1 WpÜG nicht an Einzelfallumständen scheitern darf. Um mögliche Ungereimtheiten auszuschließen, sind vielmehr auch Stimmbindungen mit Öffnungsklausel oder Durchstimmrecht als taugliche Abstimmungsgrundlage zu qualifizieren.

Kehrt man zu der oben aufgeworfenen Ausgangsfrage zurück, so lassen sich damit zugleich auch die zentralen Abgrenzungskriterien bestimmen, die den Maßstab für § 30 Abs. 2 WpÜG bilden. Ob Aktionärsverständigungen eine Intensität aufweisen, die eine Stimmrechtszurechnung kraft Acting in Concert rechtfertigt, ist demnach anhand zweier Gesichtspunkte zu beurteilen: Zum einen – dies ist die notwendige Bedingung – muss feststehen, dass die Parteien in einen bewussten und zielgerichteten Abstimmungsprozess eintreten. Das Ziel muss es dabei sein, sich *potentiell* auf ein gemeinsames Verhalten gegenüber der Zielgesellschaft zu einigen. Dies ist auch bei den geschilderten Stimmbindungen mit Öffnungsklausel unproblematisch der Fall. Keine Rolle spielt dabei, inwieweit diese Abstimmung letztlich auch zu einer konkreten Verhaltenskoordination führt. Nicht erst der vertragliche Zwang zu einem einheitlichen Verhalten ist es, der eine Zurechnung nach § 30 Abs. 2 S. 1, 1. Alt. WpÜG nahe legt, sondern bereits die vertragliche Absicherung, sich überhaupt darüber abzustimmen. Hinzukommen muss freilich noch ein weiteres Kriterium. Damit eine Stimmrechtszurechnung letztendlich gerechtfertigt ist, bedarf es einer zusätzlichen gruppendynamischen Wirkung. Wenn auch nicht im rechtlichen Sinne, so muss die Abweichung Einzelner von dem Ergebnis der Abstimmung doch in gewisser Weise sanktionsbewehrt sein. Dazu dürfte im Hinblick auf den abstrakten Schutzcharakter der Regelungen in §§ 29 Abs. 2 f. WpÜG

---

260 Vgl. schon die oben in Fn. 246 Genannten; widersprüchlich daher *Pittroff*, Zurechnung, der einerseits nichtige Verträge als Abstimmungsgrundlage akzeptiert (S. 269), andererseits solche mit Öffnungsklausel jedoch aus § 30 Abs. 2 WpÜG ausschließen will (S. 282).

261 Insoweit zu Recht schon der Hinweis von *Pittroff*, Zurechnung, S. 273.

jedoch jeder materielle oder immaterielle Nachteil genügen[262], den Beteiligte im Falle eines abstimmungswidrigen Verhaltens zu befürchten haben. Hinreichend sind daher insbesondere auch solche Stimmbindungsvereinbarungen, die ein Durchstimmrecht oder eine Öffnungsklausel beinhalten.

2. Gentlemen's agreements?

Eine zweite Fallgruppe, deren Einordnung im Rahmen von § 30 Abs. 2 S. 1 WpÜG lebhaft diskutiert worden ist, betrifft sog. gentlemen's agreements. Unter diesem Begriff versteht man gewöhnlich Absprachen, die zwar grundsätzlich keine rechtlichen Wirkungen haben, bei deren Nichteinhaltung jedoch wirtschaftliche, gesellschaftliche oder moralische Sanktionen drohen[263]. Legt man hier die soeben entwickelten Beurteilungskriterien an, wird schnell deutlich, dass derartige Abreden ohne weiteres eine tatbestandsmäßige Abstimmungsgrundlage i.S.d. § 30 Abs. 2 S. 1 WpÜG darstellen können: Gentlemen's agreements führen zu einem Abstimmungsprozess zwischen den Parteien, darüber hinaus sind sie schon definitionsgemäß – in welcher Form auch immer – sanktionsbewehrt. Im Ergebnis ist daher auch nicht ernsthaft umstritten, dass solche Absprachen eine Stimmrechtszurechnung begründen[264], sondern lediglich, ob sie dem Begriff der „Vereinbarung" in § 30 Abs. 2 S. 1, 1. Alt. WpÜG unterfallen oder als Abstimmung „in sonstiger Weise" zu verstehen sind[265]. Diese Frage ist aufgrund der Modalitätenäquivalenz der Regelung eigentlich ohne Belang. Weshalb sie gleichwohl erörtert wird, lässt sich nur mit den Parallelen zum kartellrechtlichen Tatbestand der „aufeinander abgestimmten Verhaltensweisen" in § 1 GWB erklären, der ebenfalls auf das Merkmal der „Vereinbarung" zurückgreift. Dort werden nach allgemeiner Ansicht auch gentlemen's agreements als Vereinbarung qualifiziert[266].

Wie *Casper*[267] klargestellt hat, beruht diese Einordnung jedoch in erster Linie auf der Tatsache, dass aufgrund des Kartellverbots nach § 1 GWB i.V.m. § 134 BGB ohnehin keine rechtlich bindenden Wettbewerbsabsprachen getroffen werden

---

262 Enger in dieser Hinsicht *Noack*, in: Schwark, Kapitalmarktrecht, § 30 WpÜG Rn. 19, der einen nur „ideelen Druck" nicht ausreichen lässt.

263 Zum Begriff und seinem kartellrechtlichen Ursprung etwa *Burgard*, BB 1995, S. 2069, (2075).

264 Vgl. statt aller nur *v. Bülow*, in: KK/WpÜG, § 30 Rn. 112 m.w.N.

265 Dafür etwa *Riehmer*, in: Haarmann/Riehmer/Schüppen, Öffentliche Übernahmeangebote, § 30 WpÜG Rn. 62; *Schüppen/Walz*, in: FrankfurterKomm/WpÜG, § 30 Rn. 62; dagegen die h.M., vgl. *Casper*, ZIP 2003, S. 1469, (1475); *Löhdefink*, Acting in Concert, S. 260; *Diekmann*, in: Baums/Thoma, WpÜG, § 30 Rn. 68 m.w.N.

266 Vgl. insofern nur *Bechtold*, GWB, § 1 Rn. 14.

267 *Casper*, ZIP 2003, S. 1469, (1475).

können. Unterschiede zwischen der kartell- und kapitalmarktrechtlichen Beurteilung des Begriffs sind daher selbstverständlich möglich. Nach dem hier vertretenen Verständnis spricht allerdings nichts dagegen, bloße gentlemen's agreements bereits als „Vereinbarung" i.S.d. § 30 Abs. 2 S. 1, 1. Alt.WpÜG einzustufen. Die überwiegende Ansicht in der Literatur unterscheidet zwar danach, ob im Rahmen einer Verständigung rechtliche Sanktionen für den Fall bestehen, dass Beteiligte nachträglich von dem erzielten Abstimmungsergebnis abweichen[268]. Da es für ein Acting in Concert jedoch nicht entscheidend auf das Abstimmungsergebnis, sondern nur auf den Prozess als solchen ankommt, kann man auch anders differenzieren: Ist nach rechtsgeschäftlichen Grundsätzen gewährleistet, dass sich die Parteien über ihr Verhalten abstimmen werden, lässt sich von einer Vereinbarung reden. Fehlt es an diesen Voraussetzungen, kommt allein eine Abstimmung „in sonstiger Weise" in Betracht[269]. Demzufolge wären neben rechtlich bindenden Verträgen auch gentlemen's agreements als Vereinbarung zu qualifizieren, da in beiden Fällen ein gleichsam institutionalisierter Abstimmungsprozess erfolgt.

Unabhängig davon, welcher Einordnung man folgen will, zeigt diese Fallgruppe aber das breite Spektrum auf, in dem Stimmrechtszurechnungen kraft Acting in Concert denkbar erscheinen. Beispiele dafür sind vor allem Verständigungen unter Familienmitgliedern bzw. anderweitig privat oder geschäftlich miteinander verbundenen Aktionären[270]. Überall dort, wo verfestigte soziale Strukturen bestehen, die im Falle eines abstimmungswidrigen Verhaltens nachhaltige Sanktionen erwarten lassen, kann von einer tatbestandsmäßigen Abstimmungsgrundlage ausgegangen werden. Erforderlich ist insofern allein, dass sich die Parteien bewusst und gewollt untereinander abstimmen.

III. Abstimmungen „in sonstiger Weise" i.S.d. § 30 Abs. 2 WpÜG

Nach der voranstehenden Einordnung dient das Merkmal der Abstimmung „in sonstiger Weise" in § 30 Abs. 2 S. 1, 2. Alt. WpÜG lediglich als Auffangtatbestand. Das heißt indes keineswegs, dass dieser Variante kein nennenswerter Anwendungsbereich verbleiben dürfte. Ihre wesentliche Funktion liegt vielmehr darin, konkludente Abstimmungen von solchen Fallgestaltungen abzugrenzen, in

[268] Vgl. *Casper*, ZIP 2003, S. 1469, (1475); *Schneider*, in: Assmann/Pötzsch/Schneider, WpÜG, § 30 Rn. 99; *ders.*, WM 2006, S. 1321, (1323); *v. Bülow/Bücker*, ZGR 2004, S. 669, (690).
[269] In der Sache ähnlich *Schüppen/Walz*, in: FrankfurterKomm/WpÜG, § 30 Rn. 62.
[270] Vgl. auch *Pittroff*, Zurechnung, S. 278 f.; *Löhdefink*, Acting in Concert, S. 266 ff.

denen ein reiner Informationsaustausch zwischen den Beteiligten stattfindet[271]. Nehmen Aktionäre der Zielgesellschaft – z.B. im Vorfeld der ordentlichen Hauptversammlung – bloß Kontakt zueinander auf, um sich ein möglichst umfassendes Bild über die Unternehmenslage zu verschaffen oder Stellungnahmen anderer Anteilseigner einzuholen, ist eine Stimmrechtszurechnung nicht erforderlich. Es mangelt schlicht an einer Bündelung der Einflussmacht. Dennoch kann die konkrete Beurteilung mitunter schwierig sein. Wenngleich ein institutionalisiertes Abstimmungsverfahren – wie im Falle einer Vereinbarung i.S.d. § 30 Abs. 2 S. 1, 1. Alt. WpÜG – insoweit gerade nicht vorliegt, sind im Einzelfall durchaus ähnliche praktische Konsequenzen denkbar. So können einzelne Aktionäre diese Form der kollektiven Meinungsbildung etwa dazu nutzen, um die Unterstützung der Übrigen für ein bestimmtes unternehmenspolitisches Konzept zu gewinnen.

Ein *Beispiel*: *A*, *B* und *C*, Anteilseigner von jeweils 20% der stimmberechtigten Aktien der in Deutschland börsennotierten *X-AG*, sind darin übereingekommen, sich vor jeder Hauptversammlung unverbindlich zu konsultieren. In ihrem Kreis gilt *A* als ausgewiesener Kenner des asiatischen Markts. Im Vorfeld einer Hauptversammlung berichtet *A* nunmehr von den ausgezeichneten Wachstumschancen der *X-AG*, sollte diese ihr operatives Geschäft zeitnah in den chinesischen Raum ausdehnen. Bei dieser Gelegenheit erläutert er zugleich eine Reihe von Kapitalmaßnahmen, die bei der *X-AG* zu diesem Zweck durchgeführt werden müssten.

Ausgangsfall: B und *C* geben *A* zu verstehen, dass sie sich aufgrund seiner Expertise an dem jeweiligen Stimmverhalten des *A* in der Hauptversammlung orientieren werden.

Abwandlung: *A* geht – ohne ein entsprechendes Bekenntnis von *B* und *C* – lediglich davon aus, dass diese sich aufgrund seiner Spezialkenntnisse und dem gemeinsamen Interesse an Ertragssteigerungen auf der Hauptversammlung der *X-AG* nach ihm richten werden. Handelt es sich hierbei um Fälle einer Abstimmung „in sonstiger Weise" nach § 30 Abs. 2 S. 1, 2. Alt. WpÜG?

Bei derartigen Abgrenzungsfragen führen die anerkannten Bewertungsmaßstäbe verwandter Rechtsgebiete kaum weiter: Parallelen zum kartellrechtlichen Tatbestand der „aufeinander abgestimmten Verhaltensweisen" in § 1 GWB scheiden schon grundsätzlich aus[272]. Denn anders als im Kapitalmarktrecht kann im Rahmen des Kartellverbots bereits der Austausch relevanter Informationen

---

[271] Ähnlich *Schockenhoff/Schumann*, ZGR 2005, S. 568, (585 f.); *Löhdefink*, Acting in Concert, S. 270 f.; a.A. und für eine Streichung dieser Tatbestandsalternative bei der Gesetzesrevision des WpÜG im Rahmen der Umsetzung der EG-Übernahmerichtlinie *Seibt/Heiser*, ZGR 2005, S. 200, (216); *dies.*, AG 2006, S. 301, (308).

[272] *Casper*, ZIP 2003, S. 1469, (1471); *Hamann*, ZIP 2007, S. 1088, (1094).

ein abgestimmtes Verhalten begründen[273]. Zweifelhaft erscheint ebenfalls, ob die Übertragung konzernrechtlicher Wertungen auf die Regelung des § 30 Abs. 2 WpÜG hilfreich ist. Manche Autoren wollen zur inhaltlichen Ausfüllung von Abstimmungen „in sonstiger Weise" zwar auf die Grundsätze der Mehrmütterherrschaft zu § 17 AktG zurückgreifen[274]. Es fragt sich jedoch, welche näheren Erkenntnisse daraus zu ziehen sein sollen. Die Konkretisierung dieser Grundsätze, die im Wege richterrechtlicher Rechtsfortbildung entwickelt worden sind, ist über punktuelle Ansätze bislang nicht hinaus gekommen. Überwiegend findet sich lediglich die formelhafte Feststellung, dass neben vertraglichen Vereinbarungen auch tatsächliche Umstände sonstiger Art genügen sollen, die eine bewusste, gewollte und zielgerichtete Zusammenarbeit mit einer hinreichenden Kontinuität und Stabilität gewährleisten[275]. Im Einzelnen ist allerdings auch hier vieles umstritten[276].

Im Hinblick auf eine übernahmerechtliche Verhaltensabstimmung nach § 30 Abs. 2 S. 1, 2. Alt. WpÜG können daher letztlich nur aus dem Wortlaut und Schutzzweck der Regelung selbst verlässliche Kriterien abgeleitet werden. Die oben zum Begriff der Vereinbarung genannten Voraussetzungen gelten insofern aber sinngemäß. Zutreffend erscheint eine subjektiv-objektive Betrachtung, die sowohl in der Rechtsprechung als auch in der Literatur teilweise schon herangezogen worden ist. Für eine Abstimmung in sonstiger Weise ist demnach erforderlich aber auch ausreichend, dass Beteiligte subjektiv erwarten und objektiv auch *erwarten dürfen*, dass die jeweils anderen Parteien in Kenntnis und mit Rücksicht auf die jedenfalls stillschweigend kommunizierten Absichten handeln werden[277]. Liegen diese beiden Voraussetzungen vor, lässt sich noch von einer zurechnungswürdigen Abstimmung sprechen. Anderenfalls wäre es ungerechtfertigt, eine Stimmrechtszurechnung kraft Acting in Concert anzunehmen. Zuzugeben ist freilich, dass in diesem Bereich häufig fließende Übergänge auftreten werden.

---

[273] Grundlegend EuGH, Urt. v. 14.07.1972, Slg. 1972, S. 619, 713, 745, 787, 851, 887, 933 (Farbstoffentscheidungen), der das sog. Verbot der Fühlungnahme entwickelte.

[274] Vgl. *Noack*, in: Schwark, Kapitalmarktrecht, § 30 WpÜG Rn. 21; *Diekmann*, in: VGR, Gesellschaftsrecht 2005, S. 69, (79); *Löhdefink*, Acting in Concert, S. 266; kritisch zu Recht *Casper*, ZIP 2003, S. 1469, (1472).

[275] So im Anschluss an BGHZ 62, S. 193, (199) (Seitz) die st. Rspr.; vgl. etwa BGHZ 74, S. 359, (367) (WAZ); 80, S. 69, (73) (Süssen); 95, S. 330, (349) (Autokran); aus der Literatur etwa *Hüffer*, AktG, § 17 Rn. 16; *Emmerich*, in: Emmerich/Habersack, Aktienkonzernrecht, § 17 Rn. 30 ff.

[276] Vgl. nur *Emmerich*, in Emmerich/Habersack, Aktienkonzernrecht, § 17 Rn. 30, der euphemistisch davon spricht, dass „die Anforderungen schwanken"; vgl. dazu auch *Noack*, Gesellschaftervereinbarungen, jeweils m.w.N.

[277] In diese Richtung schon *Schockenhoff/Schumann*, ZGR 2005, S. 568, (586) sowie davor bereits OLG Frankfurt, NZG 2004, S. 865, (867) (Pixelpark).

Die Entscheidung darüber, welche Vorgänge noch als Abstimmung „in sonstiger Weise" qualifiziert werden können, ist dann am Ende eine Frage des Einzelfalls.

So verhält es sich auch in dem oben gebildeten *Beispiel*: Durfte *A* im Rahmen der gegebenen Begleitumstände davon ausgehen, dass *B* und *C* seinen Vorschlägen im Nachhinein folgen würden, greift eine Stimmrechtszurechnung nach § 30 Abs. 2 S. 1 WpÜG ein. Dies ist im *Ausgangsfall* aufgrund der klaren Äußerung von *B* und *C* im Vorfeld der Hauptversammlung ohne weiteres anzunehmen. Weniger eindeutig liegen die Dinge demgegenüber in der *Abwandlung*. Auch hier ist die Annahme einer zurechnungswürdigen Verständigung jedoch nicht grundsätzlich ausgeschlossen. Anhaltspunkte dafür lägen etwa vor, wenn die Parteien im Anschluss an ihre Konsultation auch in der Vergangenheit regelmäßig – gerade im Falle von komplexen Verhaltensalternativen[278] – gleichförmig gehandelt hätten. Denn insoweit wäre bereits eine hinreichend verfestigte Verhaltensbindung entstanden – mit der Folge, dass Abweichungen davon rechtfertigungsbedürftig erschienen. Beschränkten sich die Kontakte der Beteiligten dagegen tatsächlich nur auf einen reinen Meinungsaustausch, der für das spätere Verhalten gegenüber der Zielgesellschaft gar keine oder zumindest keine absehbaren Konsequenzen hatte, scheidet eine Zurechnung aus. Jenseits dieser beiden Extreme erscheint eine präzise Grenzziehung kaum möglich. Um in der Praxis zu interessengerechten Ergebnissen zu gelangen, wird es in solchen Zweifelsfällen ohnehin entscheidend auf die Möglichkeiten der Sachverhaltsermittlung ankommen. Dies ist allerdings nicht mehr Frage des materiellen Rechts, sondern leitet über zu den verfahrensrechtlichen Problemen, die sich im Zusammenhang mit einem Acting in Concert stellen.

IV. Verfahrensrechtliche Aspekte des Acting in Concert

Während Auslegungsschwierigkeiten *einen* Grund für die rechtspolitische Brisanz des Acting in Concert nach § 30 Abs. 2 WpÜG darstellen, sind beweisrechtliche Probleme die andere wesentliche Ursache. Diese grundlegende Einsicht war aufgrund von Erfahrungen aus benachbarten Rechtsgebieten freilich nicht unbekannt[279]. In das allgemeine Bewusstsein gerufen wurde sie aber erst durch die spektakulären Vorgänge um die Deutsche Börse AG im Jahre 2005.

---

[278] Vgl. den zutreffenden Hinweis auf die Indizwirkung des Komplexitätsgrads der Verhaltenskoordination schon bei *Löhdefink*, Acting in Concert, S. 268, der sich insofern auf die Erfahrungen des Kartellrechts beruft.

[279] Vgl. nur *Wackerbarth*, in: MünchKomm/AktG, § 30 WpÜG Rn. 9 ff., der Parallelen zum Kartell-, Wertpapierhandels- und Insiderrecht zieht. Problematisch (und umstritten)

1. Der Präzedenzfall: Deutsche Börse AG

Der Fall Deutsche Börse besitzt inzwischen in doppelter Hinsicht Symbolkraft. Schließlich hat er nicht nur die praktischen Unzulänglichkeiten der Zurechnungsregelung des § 30 Abs. 2 WpÜG in aller Deutlichkeit aufgezeigt, sondern auch Zeugnis abgelegt für eine (vermeintlich) „neuartige" Bedrohungslage der deutschen Unternehmenslandschaft[280]: den Aktivismus von Finanzinvestoren.

Ausgangspunkt der Geschehnisse war der Versuch der Deutschen Börse AG, die London Stock Exchange zu übernehmen. Am 14. Dezember 2004 unterbreitete der Vorstand der Deutschen Börse AG den Anteilseignern der britischen Gesellschaft aus diesem Grund ein Barangebot in Höhe von 5,30 £ pro Aktie. Kurze Zeit später, zum Jahresbeginn 2005, wurden der BaFin daraufhin von mehreren Finanzinvestoren, darunter insbesondere dem britischen Hedgefond TCI, der (nahezu parallele) Erwerb maßgeblicher Teile am Grundkapital der Deutschen Börse gemeldet. Die Investoren machten in der Folgezeit wiederholt geltend, dass das angekündigte Barangebot ihrer Ansicht nach überhöht war. Allem Anschein nach drängten sie – aus verschiedenen Gründen[281] – auf das Scheitern der Übernahme. Dieses Ziel wurde im März 2005 erreicht, als die Deutsche Börse ihr Angebot endgültig zurückziehen musste. Weitere Konsequenzen blieben nicht aus. Aufsehen erregender Höhepunkt der Ereignisse war wenig später der Sturz des Vorstandsvorsitzenden Werner Seifert, dem kurz darauf auch noch der Abschied des Aufsichtsratsvorsitzenden Rolf Breuer folgte. Die tatsächlichen Hintergründe des Geschehens konnten von der BaFin jedoch nie restlos aufgeklärt werden. Obwohl sie in diesem Fall schon früh von Hinweisen auf ein mögliches Acting in Concert ausgegangen war[282], gelang es ihr letztendlich nicht, den Nachweis eines abgestimmten Verhaltens zu erbringen[283]. Kaum überraschend ist deshalb, dass der Fall Deutsche Börse/TCI schon bald eine heftige Diskussion über die Regu-

---

sind freilich auch die im Recht des faktischen Konzerns anwendbaren Darlegungs- und Beweislastgrundsätze, vgl. nur *Habersack*, in Emmerich/Habersack, § 311 Rn. 32 ff. m.w.N.

[280] Vgl. zum Folgenden *Engert*, ZIP 2006, S. 2105, (2107) („Lehrstück für eine neue Form des Aktionärsaktivismus"); *Schneider*, AG 2006, S. 577, (578 f.); *Schmolke*, ZGR 2007, S. 701, (711); kritisch zum Nutzen derartiger Fallstudien *Fleischer*, ZGR 2008, S. 185, (187); SZ v. 05./06.05.2007, S. 32 („Die Macht der Aktivisten"); zum aktuellen Beispiel des Einstiegs mehrerer Investoren bei der Münchener Rück AG, SZ Nr. 283 v. 08./09.12.2007, S. 29.

[281] Zu den Hintergründen *Engert*, ZIP 2006, S. 2105, (2107 f.). Danach war den beteiligten Fonds aufgrund vorheriger Leerkäufe von Aktien der LSE nicht nur an Kurssprüngen der Deutschen Börse, sondern gleichzeitig auch an Kursverlusten der LSE gelegen.

[282] Vgl. dazu *Jahn*, AG 2005, S. R507.

[283] Vgl. dazu BaFin, Pressemitteilung v. 19.10.2005.

lierung von Finanzinvestoren in Gang gesetzt hat[284]. Im Hinblick auf die Regelung des § 30 Abs. 2 WpÜG wurde der Ruf immer lauter, die diesbezüglichen Ermittlungsbefugnisse der BaFin auszuweiten[285].

2. Problemstellung

Das zentrale Dilemma von Beweisfragen im Kontext des Acting in Concert liegt auf der Hand. Auf der einen Seite ist den meisten Verhaltensweisen, die eine Stimmrechtszurechnung begründen können, ein gewisser Verdeckungscharakter wesensimmanent: Während sich die Anzahl der vom Kontrollerwerber i.S.d. § 29 Abs. 2 WpÜG selbst gehaltenen Stimmrechte regelmäßig ebenso wenig verschleiern lassen wird wie das Vorliegen der Tatbestandsmerkmale einer Variante in § 30 Abs. 1 S. 1 WpÜG[286], liegen die Dinge im Rahmen des § 30 Abs. 2 WpÜG anders. Hier werden die Beteiligten darauf bedacht sein, ihre Abstimmung soweit als möglich zu verheimlichen, um den schwerwiegenden Rechtsfolgen einer Stimmrechtszurechnung zu entgehen. Die Voraussetzungen dazu sind günstig: Absprachen können ohne rechtliche Bindung, mündlich und im Stillen erfolgen. Verhalten sich die Parteien geschickt, kann die Tatsache, dass eine Verständigung überhaupt stattgefunden hat, ein reines Internum bleiben, das einem Nachweis kaum zugänglich ist. Auf der anderen Seite erscheinen auch die Folgen eines Acting in Concert in der Außenwelt, mithin die (abgestimmten) Verhaltensweisen selbst, naturgemäß unverfänglich. Gleichgerichtetes Stimmverhalten in einer Hauptversammlung ist wegen des Mehrheitsprinzips in § 133 Abs. 1 AktG in der Praxis der Regelfall. Auch der zeitnahe Erwerb großer Stimmrechtsanteile an einer Zielgesellschaft durch mehrere Anleger muss nicht zwangsläufig Verdachtsmomente erwecken. Geht einem solchen Vorgang beispielsweise die Veröffentlichung positiver Unternehmensnachrichten der Zielgesellschaft voraus, handelt es sich dabei gerade um ein markttypisches Verhalten. Das Zusammentreffen dieser beiden Umstände lässt die gravierenden verfahrensrechtlichen Schwierigkeiten im Umgang mit der Regelung erahnen. Es fragt sich deshalb, anhand welcher prozessualen Regeln ein Acting in Concert nachzuweisen ist und insbesondere, ob etwaige Beweiserleichterungen denkbar erscheinen.

Diese Frage gewinnt dadurch weiter an Bedeutung, dass sich die Regelung des § 30 Abs. 2 WpÜG im Schnittfeld verschiedener prozessualer Konstellationen befindet. Da sich die Stimmrechtszurechnung kraft Acting in Concert mittelbar

---

[284] Vgl. dazu noch unten, 4. Kap., C., V., 4., c).

[285] Diesen Forderungen wurde zwischenzeitlich durch das Übernahmerichtlinie-Umsetzungsgesetz entsprochen, indem der Befugniskatalog des § 40 WpÜG deutlich erweitert wurde, vgl. etwa *Seibt/Heiser*, AG 2006, S. 301, (310).

[286] So auch die Einschätzung von *Löhdefink*, Acting in Concert, S. 184 f.

auf eine mögliche Veröffentlichungs- und Angebotspflicht nach § 35 WpÜG auswirkt, kann der Nachweis ihrer Tatbestandsvoraussetzungen Gegenstand unterschiedlicher Verfahrensordnungen sein. Aufgrund der öffentlich-rechtlichen Natur des Pflichtenverhältnisses in § 35 WpÜG[287] werden sich in erster Linie verwaltungsrechtliche Streitigkeiten ergeben. Unterlassen die Beteiligten einer Verhaltensabstimmung die erforderliche Anzeige des Kontrollerwerbs bzw. die Herauslegung eines Pflichtangebots, treten jedoch möglicherweise auch ordnungswidrigkeits- oder zivilrechtliche Sanktionen hinzu. Klärungsbedürftig ist daher, welche Auswirkungen das Nebeneinander verschiedener verfahrensrechtlicher Systeme haben kann. Der nachfolgende kurze Überblick[288] über die verfahrensrechtliche Ausgangslage dient vor diesem Hintergrund der Sensibilisierung für die materiellrechtlichen Auslegungsprobleme der Vorschrift, die im weiteren Verlauf der Untersuchung begegnen werden.

3. Ordnungswidrigkeitenverfahren

Verletzen Kontrollerwerber ihre Pflichten aus § 35 Abs. 1 und Abs. 2 WpÜG in (zumindest) leichtfertiger Weise, handeln sie nach § 60 Abs. 1 Nr. 1 WpÜG ordnungswidrig[289]. In einem Ordnungswidrigkeitsverfahren finden nach § 71 Abs. 1 OwiG die Regelungen der StPO, darunter auch der Grundsatz der freien Beweiswürdigung in § 261 StPO Anwendung. Dies bedeutet im Hinblick auf den erforderlichen Nachweis eines Acting in Concert, dass der BaFin als ermittelnder Behörde bzw. dem zuständigen Gericht keine wesentlichen Erleichterungen zur Verfügung stehen. Für eine etwaige Beweislastumkehr, Vermutungsregeln tatsächlicher Art[290] oder den Beweis des ersten Anscheins bleibt insofern kein Raum[291]. Allenfalls ein Indizienbeweis wäre in diesem Zusammenhang denkbar[292]. In der Literatur wird indes zu Recht darauf hingewiesen, dass sich dieses Instrument in der Praxis als stumpfes Schwert erweisen dürfte. Tatsächliche Umstände, die mit hinreichender Sicherheit für ein abgestimmtes Verhalten zwischen potentiellen

---

[287] Eingehend dazu schon oben 3. Kap., B., III.

[288] Ausführlich dazu insbesondere *Schockenhoff/Schumann*, ZGR 2005, S. 568, (594 ff.).

[289] Bußgelder können nach § 60 Abs. 3 WpÜG durch die BaFin bis zu einer Höhe von einer Million Euro festgesetzt werden.

[290] Demgegenüber wären mögliche gesetzliche Vermutungen zwar zu beachten, sie würden jedoch nicht den Grundsatz der freien Beweiswürdigung beeinträchtigen; a.A. wohl *Liebscher*, ZIP 2002, S. 1005, (1011).

[291] Vgl. statt aller *Meyer-Goßner*, StPO, § 261 Rn. 23; im vorliegenden Zusammenhang etwa *Pentz*, ZIP 2003, S. 1478, (1481); *v. Bülow/Bücker*, ZGR 2004, S. 669, (702).

[292] *Meyer-Goßner*, StPO, § 261 Rn. 25; konkret zu § 30 Abs. 2 WpÜG *Pentz*, ZIP 2003, S. 1478, (1481); *Löhdefink*, Acting in Concert, S. 187.

Beteiligten sprechen, werden kaum zweifelsfrei zu definieren sein[293]. Wie soeben schon gesagt, lässt sich ein solcher Schluss im Falle von vielen fraglichen Verhaltensmustern – dem gleichförmigen Stimmverhalten oder Parallelerwerben von Gesellschaftsanteilen – regelmäßig gerade nicht ziehen. Gleiches dürfte auch für möglicherweise feststellbare Kontakte mehrerer Aktionäre außerhalb der Hauptversammlung gelten. Da § 127a AktG die Kommunikation zwischen Aktionären neuerdings ausdrücklich fördert, verbietet es sich kategorisch, derartige Vorgänge als belastbare Grundlage anzusehen[294]. Jedenfalls im Rahmen des Ordnungswidrigkeitenverfahrens nach § 60 WpÜG trägt die BaFin daher die vollumfängliche Beweislast eines Acting in Concert. Die verfahrensrechtlichen Schwierigkeiten stellen sich hier also unvermindert.

4. Verwaltungsverfahren

Das aufsichtsrechtliche Pflichtenverhältnis, das § 35 WpÜG infolge eines möglichen Acting in Concert gegenüber den potentiellen Kontrollerwerbern begründen kann, richtet sich demgegenüber nach verwaltungsverfahrens- bzw. gegebenenfalls verwaltungsgerichtlichen Maßstäben[295]. Parallel zum Ordnungswidrigkeitenrecht kommt damit gemäß § 108 Abs. 1 S. 1 VwGO grundsätzlich das Prinzip der freien Beweiswürdigung zum Tragen. Die entscheidungserheblichen Tatsachen müssen zur vollen Überzeugung des Gerichts vorliegen. Im Falle eines möglichen Beschwerdeverfahrens hat die BaFin sämtliche Tatbestandsvoraussetzungen darzulegen und zu beweisen, auf denen die von ihr erlassenen Anordnungen beruhen[296]. Im Gegensatz zum Ordnungswidrigkeitenverfahren können insofern jedoch Vermutungsregeln, eine spezielle Beweislastverteilung und der Beweis des ersten Anscheins berücksichtigt werden[297]. Freilich bleibt auch in dieser Hinsicht abzuwarten, welche praktischen Konsequenzen damit einhergehen. Der Rückgriff auf einen Anscheinsbeweis setzt einen nach Sätzen der allgemeinen Lebenserfahrung typischen Geschehensablauf voraus[298]. Dass sich entsprechende Erfahrungswerte in Bezug auf Verhaltensabstimmungen i.S.d. § 30 Abs. 2 WpÜG entwickeln lassen, wird sehr zurückhaltend beurteilt[299]. Gegenwärtig sind

---

[293] Eingehend *Schockenhoff/Schumann*, ZGR 2005, S. 568, (601 ff., 610).

[294] Zur Bedeutung der Wertung des § 127a AktG noch unten, 4. Kap., C. I.

[295] Vgl. zur verunglückten Verweisungstechnik des § 58 WpÜG statt vieler nur *Pohlmann*, in: KK/WpÜG, § 58 Rn. 3 f.

[296] *Seibt*, ZIP 2004, S. 1829, (1834); *v.Bülow/Bücker*, ZGR 2004, S. 669, (702 f.).

[297] Vgl. statt aller *Kopp/Schenke*, VwGO, § 108 Rn. 18.

[298] Vgl. nur *Prütting*, in: MünchKomm/ZPO, § 286 Rn. 50; *Kopp/Schenke*, VwGO, § 108 Rn. 18.

[299] *Schockenhoff/Schumann*, ZGR 2005, S. 568, (604) („kaum denkbar“); ähnlich *Pentz*, ZIP 2003, S. 1478, (1481); *Löhdefink*, Acting in Concert, S. 189.

solche Erkenntnisse nicht ersichtlich. Wohl aus diesem Grund vertritt *Schneider* die Auffassung, bei bestimmten Nähebeziehungen sei zumindest auf die widerlegliche (tatsächliche) Vermutung eines Acting in Concert zurückzugreifen. Als Beispiel führt er dabei insbesondere verwandtschaftliche Verhältnisse zwischen den betroffenen Aktionären an[300]. Auch dieser Ansatz ist jedoch zu Recht auf einhellige Ablehnung gestoßen[301]. Dahinter mag ein rechtspolitisch billigenswertes Interesse stehen, *de lege lata* ist eine solche Handhabung allerdings unzulässig. Zeigen sich in der Praxis unüberwindbare beweisrechtliche Probleme, wäre vornehmlich der Gesetzgeber dazu aufgerufen, durch die Einführung spezifischer Vermutungsregeln Abhilfe zu schaffen[302]. Gerade bei familiären Näheverhältnissen dürften dabei jedoch durch das verfassungsrechtliche Diskriminierungsverbot aus Art. 6 Abs. 1 GG enge Grenzen gezogen sein[303].

Weiter führen könnte allerdings ein Blick auf die verfahrensrechtlich relevante Beweislast*verteilung*. Diesbezüglich findet sich in der Literatur der Vorschlag, die Regelung des § 30 Abs. 2 S. 1 WpÜG im verwaltungs- und zivilrechtlichen Verfahren differenziert zu behandeln[304]. Nach allgemeinen prozessualen Grundsätzen hat bekanntlich jede Partei die Tatbestandsmerkmale zu beweisen, die für sie günstig sind[305]. Der Nachweis der Voraussetzungen des § 30 Abs. 2 S. 1, 1. Hs. WpÜG, wonach abgestimmtes Verhalten grundsätzlich zurechnungsbegründend ist, obliegt daher jedenfalls demjenigen, der sich auf ein Acting in Concert beruft. Anders könnte man jedoch die Beweislast im Hinblick auf § 30 Abs. 2 S. 1, 2. Hs. WpÜG einstufen. Eine gesetzliche Beweislastumkehr kommt immer dann in Betracht, wenn Satzbau und Formulierung einer Bestimmung auf ein Regel-Ausnahme-Verhältnis hindeuten[306]. Eine solche Tatbestandsausnahme wird in § 30 Abs. 2 S. 1, 2. Hs. WpÜG gerade gewährt. Daher erscheint es durchaus

---

[300] *Schneider*, in: Assmann/Pötzsch/Schneider, WpÜG, § 30 Rn. 110; nochmals bekräftigend *ders.*, in: WM 2006, S. 1321, (1327).

[301] Vgl. etwa *Diekmann*, in: VGR, Gesellschaftsrecht 2005, S. 69, (86).

[302] *De lege ferenda* vorsichtig in diese Richtung etwa *Fleischer*, ZGR 2008, S. 185, (203).

[303] Vgl. zur Ausstrahlung dieses Verbots auf ähnliche Vermutungstatbestände insbesondere BVerfGE 69, S. 188, (205); eingehend *Schockenhoff/Schumann*, ZGR 2005, S. 568, (591 ff.).

[304] Vgl. *Löhdefink*, Acting in Concert, S. 189; *Schockenhoff/Schumann*, ZGR 2005, S. 568, (599), die indessen nur auf die zivilprozessuale Situation eingehen; undifferenziert dagegen der überwiegende Teil des Schrifttums, vgl. *Liebscher*, ZIP 2002, S. 1005, (1008); *Pittroff*, Zurechnung, S. 316; *Pentz*, ZIP 2003, S. 1478, (1481); *Seibt*, ZIP 2004, S. 1829, (1834).

[305] Für den Zivilprozess nur *Prütting*, in: MünchKomm/ZPO, § 286 Rn. 109; zur Übertragbarkeit auf das Verwaltungsverfahrensrecht *Kopp/Schenke*, VwGO, § 108 Rn. 13, jeweils m.w.N.

[306] Näher zu den sprachlichen Anforderungen *Prütting*, in: MünchKomm/ZPO, § 286 Rn. 112.

vertretbar, potentiellen Kontrollerwerbern die Beweislast dafür aufzuerlegen, dass entsprechende Privilegierungsumstände zu ihren Gunsten vorliegen[307]. Zu dieser Sichtweise hat sich bislang weder die BaFin noch die Rechtsprechung ausdrücklich geäußert. Der Ansatz ist jedoch für die weitere Untersuchung im Auge zu behalten. Inwieweit eine solche Modifizierung der Beweislastverteilung letztlich sinnvoll erscheint, kann aber erst nach der Betrachtung des materiellrechtlichen Anwendungsbereichs der Regelung beantwortet werden.

5. Zivilprozess

Die Frage nach einem möglichen Acting in Concert kann sich schließlich – wenn auch nur in inzidenter Form – in einem Zivilprozess stellen. Den prototypischen Fall dürften dabei aktienrechtliche Anfechtungsklagen nach § 243 AktG bilden. Beteiligen sich die Parteien eines Acting in Concert i.S.d. § 30 Abs. 2 WpÜG an Abstimmungen in der Hauptversammlung, ohne etwaige Pflichten aus § 35 WpÜG erfüllt zu haben, so können die jeweiligen Beschlüsse unter Berufung auf einen Verstoß gegen den Rechtsverlust aus § 59 WpÜG[308] angegriffen werden. Daneben kann ein solcher Nachweis erforderlich werden, wenn im Zuge eines Pflichtangebots ein Zinsanspruch nach § 38 WpÜG[309] geltend gemacht wird. Schließlich kommen insoweit auch Rechtsstreitigkeiten der Gesellschaft selbst gegen ihre Aktionäre aus § 62 Abs. 1 AktG in Betracht[310]. Ungeklärt ist dagegen weiterhin, ob den außenstehenden Aktionären darüber hinaus aus § 35 Abs. 2 WpÜG unmittelbare Ansprüche auf Abgabe eines Pflichtangebots zustehen können[311]. Unabhängig von dieser Frage gelten in allen möglichen Konstellationen aber die allgemeinen zivilverfahrensrechtlichen Maßstäbe. Anders als im Ordnungswidrigkeiten- und Verwaltungsverfahren ist damit der Beibringungsgrundsatz maßgeb-

---

[307] So zu Recht *Schockenhoff/Schumann*, ZGR 2005, S. 568, (599); a.A. indessen *Schneider*, WM 2006, S. 1321, (1327).

[308] Wie *Pittroff*, Zurechnung, S. 316 Fn. 1248, zu Recht anmerkt, ist der Anwendungsbereich des § 59 S. 1 WpÜG indes insoweit zu eng, als dieser den Rechtsverlust seinem Wortlaut nach nur auf „gemeinsam handelnde Personen“ i.S.d. § 2 Abs. 5 WpÜG, nicht aber auf die Beteiligten in § 30 Abs. 2 WpÜG erstreckt. Da beide Vorschriften jedenfalls nicht deckungsgleich sind, ist die Regelung des § 59 WpÜG in dieser Hinsicht missglückt.

[309] Vgl. zur Kontroverse um die Rechtsnatur des Zinsanspruchs in § 38 WpÜG *Simon*, Rechtsschutz, S. 218 ff. m.w.N.; *Pohlmann*, ZGR 2007, S. 1, (18 f.); offen gelassen wurde die Frage von BGH, BB 2006, S. 2432, (2433) (WMF).

[310] Dies wäre der Fall, wenn die Beteiligten entgegen § 59 WpÜG einen bestimmten Gewinnverwendungsbeschluss durchsetzen würden, der im Nachhinein für nichtig erklärt wird, vgl. *Schockenhoff/Schumann*, ZGR 2005, S. 568, (597).

[311] Vgl. für Nachweise zum Meinungsstand bereits oben, 3. Kap., B., III.

lich, wonach die Parteien die für sie günstigen Tatsachen darzulegen und zu beweisen haben[312]. Sowohl die Regeln über die Beweislastverteilung als auch mögliche Beweiserleichterungen entsprechen im Wesentlichen denen im Verwaltungsverfahren. Erwägenswert erscheint also wiederum eine partielle Beweislastumkehr: Wendet sich etwa die Zielgesellschaft nach § 62 Abs. 1 AktG an potentielle Beteiligte eines Acting in Concert, die entgegen § 59 WpÜG zu Unrecht Dividendenzahlungen empfangen haben, würde dies virulent. Vorstellbar wäre dann, den Nachweis eines abgestimmten Verhaltens i.S.d. § 30 Abs. 2 S. 1, 1. Hs. WpÜG im Prozess von der Gesellschaft zu verlangen, die Beweislast für das Eingreifen des Ausnahmetatbestands im zweiten Halbsatz dagegen den beklagten Aktionären aufzuerlegen[313].

6. Vereinheitlichung der verfahrensrechtlichen Maßstäbe?

Obwohl über die voranstehenden verfahrensrechtlichen Fragen im Schrifttum weitgehend Einvernehmen besteht, wird häufig die Ansicht vertreten, dass die restriktiven Grundsätze des Ordnungswidrigkeitenrechts auch auf zivil- bzw. verwaltungsrechtliche Verfahren im Kontext des § 35 WpÜG zu übertragen seien[314]. Folgte man dieser Sichtweise, blieben die soeben aufgezeigten Beweiserleichterungen, darunter auch eine mögliche Beweislastumkehr, bei der verfahrensrechtlichen Würdigung eines Acting in Concert im Ergebnis grundsätzlich außer Betracht. Dies würde die erheblichen Unzulänglichkeiten, die nach ersten Erfahrungen bereits zutage getreten sind, indes weiter verschärfen. Es verwundert daher schon, dass diese Frage trotz ihrer zentralen Bedeutung – soweit ersichtlich – bisher weder in der Rechtsprechung noch von Seiten der BaFin ausdrücklich angesprochen worden ist[315]. Anscheinend kam es in der Praxis auf die Möglichkeit derartiger Beweisermäßigungen bislang nicht entscheidend an. Will man für die Stimmrechtszurechnung in § 30 Abs. 2 S. 1 WpÜG einen praktikablen Anwendungsbereich erschließen, gilt es jedoch auch zu klären, anhand welcher verfahrensrechtlicher Mittel der Inhalt der Regelung letztlich durchsetzbar ist.

---

312 *Prütting*, in: MünchKomm/ZPO, § 286 Rn. 109.

313 Näher zu einem solchen Fall *Schockenhoff/Schumann*, ZGR 2005, S. 568, (601 ff.).

314 So zuerst *Liebscher*, ZIP 2002, S. 1005, (1008 f.); zustimmend *Pittroff*, Zurechnung, S. 316 f.; *v. Bülow/Bücker*, ZGR 2004, S. 669, (703); *Pentz*, ZIP 2003, S. 1478, (1481), wobei jedoch teilweise nicht zwischen zivil- und verwaltungsrechtlichem Verfahren unterschieden wird.

315 Die Rechtsprechung lässt indes durchblicken, dass sie hohe Anforderungen an den Nachweis eines Acting in Concert stellt, vgl. etwa OLG Frankfurt, NZG 2004, S. 865, (867 f.) (Pixelpark).

Diejenigen Stimmen in der Literatur, die eine Ausdehnung der Restriktionen des Ordnungswidrigkeitenrechts befürworten, schenken den praktischen Konsequenzen ihrer Ansicht offenbar weniger Beachtung[316]. Ihr Augenmerk liegt vielmehr auf einem anderen Aspekt: Zur Begründung des Standpunkts verweisen die Autoren darauf, dass die Sanktionsvorschriften der §§ 35 ff. WpÜG als Normgefüge „aus einem Guss" zu behandeln seien[317]. So ist namentlich *Liebscher* der Meinung, dass ein und dasselbe Verhalten nicht zivilrechtlich sanktioniert werden, ordnungswidrigkeitsrechtlich dagegen unbeanstandet bleiben könne. Beide Verfahrenssysteme bildeten vielmehr „zwei Seiten derselben Medaille"[318].

Die Äußerungen *Liebschers* sind anscheinend dahingehend zu verstehen, dass sie auf den (vermeintlichen) Willen des Gesetzgebers Bezug nehmen, einen Gleichlauf zwischen den verschiedenen Verfahrensrechten zu erzielen. Wäre dies der Fall, ließe sich an der Zulässigkeit von Beweiserleichterungen im Zivil- oder Verwaltungsverfahren in der Tat zweifeln. Eine solche Sichtweise geht allerdings sowohl in ihrer Argumentation als auch im Ergebnis fehl. Worin ihre grundlegenden Schwächen liegen, hat *Löhdefink*[319] bereits überzeugend dargelegt: Erstens fehlt es schon an belastbaren Hinweisen auf einen entsprechenden Gesetzgeberwillen. Weder der Wortlaut der Regelungen noch etwaige Bemerkungen in den Gesetzesmaterialien zum WpÜG lassen dahingehende Rückschlüsse zu[320]. Zudem existiert das mehrfach behauptete „einheitliche [...] Sanktionssystem zur Durchsetzung der Gebote"[321] des § 35 WpÜG in dieser Form gar nicht. Bei näherem Hinsehen zeigen sich vielmehr bereits in den jeweiligen Vorschriften des WpÜG fein nuancierte Tatbestandsunterschiede. Während ein Rechtsverlust gemäß § 59 i.V.m. § 35 Abs. 1 WpÜG[322] etwa schon im Falle einer fahrlässigen Pflichtverletzung der Kontrollerwerber eintreten kann, setzt der Ordnungswidrigkeitentatbestand in § 60 Abs. 1 Nr. 1 WpÜG zumindest leichtfertiges Verhalten voraus[323]. Wäre vom Gesetzgeber im Rahmen der Pflichtangebotsregeln

---

[316] Vgl. dazu die Kritik von *Wackerbarth*, in: MünchKomm/AktG, § 30 WpÜG Rn. 13, der im Hinblick auf die Tatsache, dass sich diese Ansicht gerade unter Praktikern großer Beliebtheit erfreut, anprangert, dass „von Seiten der Anwaltschaft bereits ein Bollwerk gegen eine funktionale Auslegung" der Regelung aufgebaut werde.

[317] So *Liebscher*, ZIP 2002, S. 1005, (1009); ähnlich *Pentz*, ZIP 2003, S. 1478, (1481).

[318] *Liebscher*, ZIP 2002, S. 1005, (1009); zustimmend *Pittroff*, Zurechnung, S. 316 f.

[319] Vgl. *Löhdefink*, Acting in Concert, S. 191 ff.

[320] *Löhdefink*, Acting in Concert, S. 192.

[321] So ausdrücklich *Liebscher*, ZIP 2002, S. 1005, (1009).

[322] Diese Verknüpfung ergibt sich durch die Bezugnahme von § 59 WpÜG auf § 35 Abs. 1 S. 2 WpÜG, wo vorausgesetzt wird, dass der Bieter die Angebotspflicht kannte oder kennen musste.

[323] So auch der zutreffende Hinweis von *Löhdefink*, Acting in Concert, S. 193.

aber tatsächlich ein einheitliches Sanktionssystem angestrebt worden, hätte sich eine Angleichung dieser tatbestandsmäßigen Voraussetzungen aufgedrängt.

Zweitens lässt sich gegen die vorgetragene Sichtweise einwenden, dass ihre Überlegungen ohnehin mehr von einem Ausnahmefall ausgehen als von der Regel. Bewertungsunterschiede eines einheitlichen Lebenssachverhalts, je nachdem, welches materiell- und verfahrensrechtliche System zugrunde gelegt wird, sind keineswegs ungewöhnlich[324]. Auch im Bereich des Kartellrechts, wo straf-, zivil- und verwaltungsverfahrensrechtliche Sachverhaltswürdigung ebenfalls häufig zusammenfallen können, sind abweichende Ergebnisse denkbar. So ist etwa im Hinblick auf abgestimmte Verhaltensweisen i.S.d. § 1 GWB anerkannt, dass die Beweisgrundsätze des jeweils einschlägigen Verfahrensrechts uneingeschränkt zur Anwendung gelangen[325]. Um zu veranschaulichen, dass es sich dabei um eine reine Selbstverständlichkeit handelt, genügt ein ganz banales *Beispiel*[326]: Ereignet sich zwischen *A* und *B* ein Verkehrsunfall, ist die grundsätzliche Ausgangslage nicht anders. Hier ist es gleichermaßen möglich, dass die Behörde dem *A* ein ordnungswidriges Verhalten nicht nachzuweisen vermag, dieser nach den Beweislastmaßstäben im Zivilprozess jedoch verpflichtet wird, *B* aufgrund desselben Sachverhalts Schadensersatz zu leisten. Ein plausibler Grund, weshalb für eine solche Unterscheidung ausgerechnet im verfahrensrechtlichen Umgang mit dem Pflichtangebot nach § 35 i.V.m. §§ 29 Abs. 2 f. WpÜG kein Raum bleiben sollte, ist jedenfalls nicht ersichtlich.

Durchgreifende Bedenken gegen eine Verallgemeinerung der strengen Regeln des Ordnungswidrigkeitenverfahrens ergeben sich drittens auch bei einem Blick auf die Funktionalität des Sanktionssystems. All jene Normen, die in dieser Hinsicht an § 35 WpÜG anknüpfen, dienen freilich der effektiven Durchsetzung der Regelung. Gemeinsames Ziel ist es, Kontrollerwerber zu einem pflichtgemäßen Handeln anzuhalten. Dieser Zweck würde aber gerade in sein Gegenteil verkehrt, falls mit § 60 Abs. 1 Nr. 1 WpÜG die – zumal schwächste[327] – Sanktionsnorm zu einer Einschränkung der Funktionsfähigkeit der übrigen Rechtswirkungen führen

---

[324] Darauf macht zu Recht auch *Löhdefink*, Acting in Concert, S. 192, aufmerksam.
[325] Vgl. statt aller nur *Bechtold*, GWB, § 1 Rn. 18.
[326] In Anlehnung an *Wackerbarth*, ZIP 2005, S. 1217, (1221 Fn. 40).
[327] Vgl. schon den Kommentar von *Ulmer* im Rahmen einer Podiumsdikussion zum vorliegenden Thema; wiedergegeben bei *Markwardt*, ZIP 2003, S. 1492. Danach müsse § 60 WpÜG vom Gesetzgeber gestrichen werden, soweit gerade diese Vorschrift, die nur geringfügige Belastungen für den Bieter enthalte, in der Praxis – freilich im Hinblick auf das materiell-rechtliche Analogieverbot im WpÜG – zu Durchsetzungsproblemen führe.

könnte[328]. Nichts anderes wäre der Fall, wenn man die Beweisrestriktionen des Ordnungswidrigkeitenrechts auf entsprechende zivil- und verwaltungsrechtliche Verfahren erstrecken wollte. Damit würde eine flankierende Regelung der Durchsetzung der materiell-rechtlichen Pflichten des § 35 WpÜG letztlich selbst im Wege stehen. Eine solche Auffassung kann angesichts der gravierenden Beweisprobleme, die sich in der Praxis stellen, kaum überzeugen. All diese Gründe sprechen vielmehr dafür, der zutreffenden Gegenansicht zu folgen. Danach bleibt es hinsichtlich verfahrensrechtlicher Fragen der Angebotspflicht nach § 35 i.V.m. §§ 29 Abs. 2 f. WpÜG bei dem allgemeinen Grundsatz, dass jedes verfahrensrechtliche System seinen eigenen Regeln folgt[329]. Nur auf diesem Wege lassen sich die Beweisschwierigkeiten der Norm effektiv entschärfen.

V. Zusammenfassung

Die Frage nach der Abstimmungsgrundlage, die denknotwendige Voraussetzung für jedes zurechnungsbegründende Verhalten i.S.d. § 30 Abs. 2 S. 1 WpÜG ist, wirft einige Abgrenzungsschwierigkeiten auf. Insbesondere das offene Merkmal der Abstimmung „in sonstiger Weise" erschwert eine verlässliche Handhabung in erheblichem Maße. Anhaltspunkte für eine tatbestandsmäßige Interessenverständigung bieten aber zwei Kriterien, die sich aus dem Regelungszweck von § 30 Abs. 2 WpÜG herleiten lassen: Einerseits muss ein (zumindest) stillschweigender Abstimmungsvorgang vorliegen, andererseits bedarf es eines Mindestmaßes an Sanktionspotential zwischen den Parteien. Unerheblich ist dabei hingegen, ob eine Abweichung vom Abstimmungsergebnis im Einzelfall sanktionsbewehrt ist oder die Parteien von einer Befolgung lediglich objektiv ausgehen durften.

Unabhängig davon sind die generellen Beweisprobleme von Aktionärsabsprachen kaum zu übersehen. Praxiserfahrungen in diesem Bereich haben indes schon auf mögliches Verbesserungspotential hingewiesen. Einige Ansätze, die eine effektivere Durchsetzung der Regelung gewährleisten könnten, sind bereits *de lege lata* realisierbar. Dazu zählt etwa die Überlegung, im Rahmen des § 30 Abs. 2 S. 1 WpÜG von einer differenzierten Beweislastverteilung zwischen den Verfahrensbeteiligten auszugehen. Daneben sollte Einigkeit darüber erzielt werden, dass eine Vereinheitlichung der verfahrensrechtlichen Grundsätze – insbesondere die Übertragung der Beweisrestriktionen des Ordnungswidrigkeitenrechts – im

[328] So bereits die Argumentation von *Cahn*, ZHR 162 (1998), S. 1, (10); freilich zur Behandlung der Regelungen des WpHG a.F.; ähnlich nunmehr *Löhdefink*, Acting in Concert, S. 193.

[329] Ebenso *Steinmeyer*, in: Steinmeyer/Häger, WpÜG, § 30 Rn. 61; *Schockenhoff/Schumann*, ZGR 2005, S. 568, (594 ff.); *Schüppen/Walz*, in: FrankfurterKomm/WpÜG, § 30 Rn. 60.

Hinblick auf ein mögliches Acting in Concert weder geboten noch wünschenswert ist. Sollten die beweisrechtlichen Probleme im Umgang mit § 30 Abs. 2 S. 1 WpÜG in der Praxis langfristig fortbestehen, läge ein erfolgversprechender Ausweg lediglich in der Schaffung von gesetzlichen Vermutungstatbeständen.

B. Abstimmungsverhalten des Acting in Concert

Wenngleich die Bestimmung des erforderlichen Bindungsgrades bei Abstimmungen i.R.d. § 30 Abs. 2 S. 1 WpÜG Mühe bereitet, liegt das zentrale Problem der Regelung freilich an anderer Stelle. Die inhaltlichen Unsicherheiten, die Normadressaten in der Praxis zu schaffen machen, gipfeln vielmehr in der Frage, welche Formen von Verhaltensabstimmungen eine Stimmrechtszurechnung kraft Acting in Concert auslösen können. Genügt insoweit jeder beliebige Kontakt – etwa im Rahmen eines Aktionärsforums anlässlich der Hauptversammlung? Setzt eine solche Zurechnung überhaupt voraus, dass ein gemeinsames Vorgehen auf einer Hauptversammlung beabsichtigt wird? Welche Rolle spielen dabei Absprachen über den Erwerb von Gesellschaftsanteilen? Die Diskussion derart grundlegender Fragestellungen dürfte durch das Inkrafttreten des Risikobegrenzungsgesetzes[330] keineswegs beendet, sondern umgekehrt noch weiter angeheizt worden sein. Sie bildet daher den Kern der vorliegenden Untersuchung und wird uns im Folgenden mit all ihren dogmatischen, gemeinschaftsrechtlichen und insbesondere rechtsökonomischen Facetten beschäftigen.

I. Meinungsstand

Trotz der vielschichtigen Auseinandersetzung um die Reichweite der Zurechnung in § 30 Abs. 2 S. 1 WpÜG lassen sich im Grundsatz drei Standpunkte voneinander unterscheiden, die in der Literatur eingenommen werden. Diese Positionen haben sich im Laufe der Zeit – vor allem bedingt durch das Inkrafttreten der EU-Übernahmerichtlinie und die Rechtsprechung des BGH – zwar verschoben, in ihren inhaltlichen Grundaussagen sind sie jedoch unverändert geblieben. Welche Auswirkungen die jüngsten Veränderungen durch das Risikobegrenzungsgesetz insofern haben werden, bleibt zunächst einmal abzuwarten.

---

[330] Vgl. zu den Hintergründen der entsprechenden Überarbeitung von § 30 Abs. 2 WpÜG den RegE, BT-Drucks. 16/9778 sowie BR-Drucks. 449/08.

1. Generalklauselartiger Anwendungsbereich

Der extensivste Ansatz in der Literatur hebt den Auffangcharakter der Vorschrift im Regelungsgefüge der §§ 29 f. WpÜG hervor. Demnach soll im Rahmen des § 30 Abs. 2 S. 1 WpÜG grundsätzlich jedes Verhalten berücksichtigt werden, dass in irgendeiner Form zum Zwecke der Erlangung oder Konsolidierung der Unternehmenskontrolle geeignet ist[331]. So ist *Schneider*, der die Auffassung federführend begründet hat, der Meinung, dass es die Vorschrift ohne weiteres ermögliche, „das Zusammenwirken zum Zwecke des Erwerbs, das Zusammenwirken zum Zwecke des Haltens und Verwaltens der Beteiligung, [...] das Zusammenwirken um auf die Geschäftspolitik Einfluss zu nehmen und das Zusammenwirken, um das Unternehmen der Gesellschaft zu zerschlagen oder in sonstiger Weise aufzuteilen [einzufangen]“ [332]. Freilich teilen eine solche Extremposition nicht alle Vertreter dieses Ansatzes. Ihre Stellungnahmen stimmen jedoch darin überein, dass sie zumindest Abstimmungen über eine faktische Einflussnahme auf die Verwaltungsorgane der Zielgesellschaften als zurechnungsbegründend einstufen.

2. Abstimmungen über Mitgliedschafts- bzw. Stimmrechte

Die – zumindest bis zum Inkrafttreten des Risikobegrenzungsgesetzes[333] – herrschende Meinung vertritt unterdessen eine gegenteilige Sichtweise. Nach ihrer Ansicht, der sich im Grundsatz auch die Rechtsprechung angeschlossen hat[334], ist die Vorschrift restriktiv dahingehend zu interpretieren, dass sie jedenfalls nur Verständigungen über die Ausübung von Mitgliedschaftsrechten erfasst[335]. Teils

---

[331] *Schneider*, in: Assmann/Pötzsch/Schneider, WpÜG, § 30 Rn. 104 ff.; *ders.*, WM 2006, S. 1321, (1326); *ders.*, ZGR 2007, S. 440, (452 f.); *Oechsler*, in: Ehrike/Ekkenga/Oechsler, WpÜG, § 30 Rn. 23; *Holzborn*, in: Holzborn/Zschocke, Bad Homburger Hdb. Übernahmerecht, Abs. C Rn. 26; ähnlich *Thaeter* in: Thaeter/Brandi, Öffentliche Übernahmen, Rn. 579; *Engert*, JZ 2007, S. 314, (316); zur Rechtsauffassung der BaFin *Strunk/Linke*, in: Veil/Drinkuth, Reformbedarf, S. 3, (23).

[332] *Schneider*, in: Assmann/Pötzsch/Schneider, WpÜG, § 30 Rn. 105.

[333] Erste Stellungnahmen zu § 30 Abs. 2 WpÜG n.F. deuten an, dass der Anwendungsbereich der Regelung nunmehr verbreitet über Abstimmungen von Mitgliedschaftsrechten hinaus ausgedehnt wird; so etwa *v. Bülow/Stephanblome*, ZIP 2008, S. 1797, (1798 f.); *Gätsch/Schäfer*, NZG 2008, S. 846, (850 f.); *Pluskat*, DB 2009, S. 383, (385); *Süßmann*, in: Geibel/Süßmann, WpÜG, § 30 Abs. 2 Rn. 13.

[334] Vgl. BGH, BB 2006, S. 2432 ff. (WMF); ansatzweise zuvor schon OLG Frankfurt, NZG 2004, S. 865 ff. (Pixelpark); OLG München, BB 2005, S. 1411 ff., jeweils zu § 30 Abs. 2 WpÜG a.F.

[335] *v. Bülow*, KK/WpÜG, § 30 Rn. 114; *Diekmann*, in: Baums/Thoma, WpÜG, § 30 Rn. 72; *ders.*, in: VGR, Gesellschaftsrecht 2005, S. 69, (78); *Schüppen/Walz*, Frankfurter-

wird der Anwendungsbereich des § 30 Abs. 2 S. 1 WpÜG auf dieser Linie weitergehend auf die Abstimmung von Verwaltungsrechten beschränkt[336], teils – und zwar vor allem im Anschluss an die Entscheidung des BGH – allein auf die Koordinierung von Stimmrechten bezogen[337]. Folgt man dieser Weichenstellung, zielt die Vorschrift im Kern auf Verständigungen ab, die sich auf das Verhalten der Aktionäre in der Hauptversammlung richten. Möglicher Gegenstand einer Abstimmung wären daher in erster Linie die Zuständigkeitsfragen der Hauptversammlung inner- und außerhalb des Kompetenzkatalogs von § 119 Abs. 1 AktG.

3. Abstimmungen über den Erwerb von Gesellschaftsanteilen

Eine dritte Ansicht nimmt schließlich einen vermittelnden Standpunkt ein, indem sie versucht, die Reichweite der Zurechnungsregelung primär anhand (vermeintlicher) gemeinschaftsrechtlicher Vorgaben zu bestimmen. Danach beinhalte der sachliche Anwendungsbereich des Acting in Concert weder sämtliche denkbare Formen eines gemeinschaftlichen „Kontrollerwerbs", noch sei er auf Absprachen über die Ausübung von Mitgliedschaftsrechten begrenzt. Neben der Koordination von Stimmrechten unterliege vielmehr gerade der abgestimmte (Parallel-)Erwerb von Anteilen der Zielgesellschaft dem Tatbestand des § 30 Abs. 2 S. 1 WpÜG[338]. Abstimmungen über den Erwerb von Gesellschaftsanteilen seien insbesondere auch dann zurechnungsbegründend, wenn sie ohne eine darüber hinaus gehende Interessenbündelung der Beteiligten stattfinden sollten. Obwohl eine solche

---

Komm/WpÜG, § 30 Rn. 59, 64; *Noack*, in: Schwark Kapitalmarktrecht, § 30 WpÜG Rn. 13; *Casper*, ZIP 2003, S. 1469, (1476); *v. Bülow/Bücker*, ZGR 2004, S. 669, (699); *Pentz*, ZIP 2003, S. 1478, (1481); *Seibt*, ZIP 2004, S. 1829, (1832); *ders.*, ZIP 2005, S. 729, (739); *ders./Heiser*, ZGR 2005, S. 201, (216 f.); *Schockenhoff/Schumann*, ZGR 2005, S. 568, (574); *Louven*, BB 2005, S. 1414, (1415); *Kuthe/Brockhausen*, DB 2005, S. 1266, (1267); *Goette*, DStR 2006, S. 2132, (2139); *Drinkuth*, ZIP 2008, S. 767, (769), jeweils zu § 30 Abs. 2 WpÜG a.F.

336 So etwa *v. Bülow*, KK/WpÜG, § 30 Rn. 114; *Krause*, NJW 2004, S. 3681, (3685) *Saenger/Kessler*, ZIP 2006, S. 837, (839); *Diekmann*, in: Baums/Thoma, WpÜG, § 30 Rn. 72.

337 So *Goette*, DStR 2006, S. 2132, (2139); *Halász/Kloster*, WM 2006. S. 2152, (2154); *Noack*, LMK 2006, 204721; *Steinmeyer*, in: Steinmeyer/Häger, WpÜG, § 30 Rn. 56.

338 Eingehend *Berger/Filgut*, AG 2004, S. 592, (593ff.); *Steinmeyer/Häger*, WpÜG 1. Aufl., § 30 Rn. 44; *Geibel/Süßmann*, WpÜG, § 30 Rn. 26; *Riehmer*, in: Haarmann/Riehmer/Schüppen, WpÜG 1. Aufl., § 30 Rn. 58ff.; *Mühle*, WpÜG, S. 175; *Kalss*, Hdb. Unternehmensübernahmen Bd. 2, § 51 Rn. 77; *Hopt*, ZHR 166 (2002), S. 383, (396); *Mülbert*, NZG 2004, S. 633, (637); *Hopt/Mülbert/Kumpan*, AG 2005, S. 109, (111); *Engert*, ZIP 2006, S. 2105, (2111); *Borges*, ZIP 2007, S. 357, (364); wohl auch *Fleischer*, ZGR 2008, S. 185, (196 f.); *Berding*, Anlegerschutz, S. 80 f.; *v. Rüden*, Französisches Übernahmerecht, S. 142; *Hommelhoff/Witt*, in.: FrankfurterKomm/WpÜG, § 35 Rn. 23; *Adolff/Meister/Randell/Stephan*, Takeovers, S. 102; jeweils zu § 30 Abs. 2 WpÜG a.F.

Auslegung der Norm schon unmittelbar nach dem Inkrafttreten des WpÜG vertreten wurde, befindet sie sich erst seit Ablauf der Umsetzungsfrist der EU-Übernahmerichtlinie im Vordringen[339]. Seit der Überarbeitung durch das Risikobegrenzungsgesetz mehren sich nunmehr allerdings Stimmen, die eine Einbeziehung des abgestimmten Anteilserwerbs mit Blick auf die Entstehungsgeschichte des Gesetzes für ausgeschlossen halten[340].

4. Bestandsaufnahme

In Anbetracht dieses Meinungsstands verwundert es kaum, dass der Umgang mit der Zurechnungsvorschrift des § 30 Abs. 2 WpÜG in der Praxis erhebliche Unsicherheit stiftet. Augenscheinlich teilt sich das Meinungsspektrum im Schrifttum gegenwärtig in diametral entgegengesetzte Lager. Bedenklich ist daran nicht einmal so sehr die Tatsache, dass die vertretenen Ansätze den Anwendungsbereich der Norm bisweilen in vollkommen unterschiedliche Richtungen interpretieren. Das schwerwiegendere Problem für die Rechtsanwendung ist ganz offensichtlich ein anderes. Selbst wenn man sich der (bislang) herrschenden Meinung anschließen und der Zurechnungsvorschrift – was angesichts des neuen Gesetzeswortlauts in § 30 Abs. 2 S. 2 WpÜG freilich problematisch ist[341] – nur Abstimmungen über die Stimmrechtsausübung unterwerfen möchte, bleiben die entscheidenden Fragen vorerst im Dunkeln: Ob dies bedeutet, dass generell jegliche Stimmrechtsabsprachen zurechnungsbegründend sind oder ob einzelne Abstimmungsgegenstände – und gegebenenfalls welche – aus dem Tatbestand des Acting in Concert entfallen, erscheint insofern nämlich völlig ungeklärt.

Diese Ausgangslage ist höchst unbefriedigend. Gleichwohl sind Versuche, die Reichweite der Stimmrechtszurechnung auf dieser Grundlage näher zu konturieren, selten. In aller Regel lässt man es bei dem pauschalen Hinweis auf die Zurechnungswirkung von Stimmrechtsabstimmungen bewenden. Werden ausnahmsweise einmal weitere Erläuterungen zum Inhalt der Regelung gegeben, findet sich häufig die ergänzende Bemerkung, entsprechende Verständigungen müssten sich auf die „Herrschaftsstrukturen“ der Zielgesellschaft beziehen[342].

---

[339] Ausdrücklich unter Berufung auf den Gesichtspunkt der Richtlinienkonformität etwa *Mülbert*, NZG 2004, S. 633, (637); *Hopt/Mülbert/Kumpan*, AG 2005, S. 109, (111); *Engert*, ZIP 2006, S. 2105, (2111); *Borges*, ZIP 2007, S. 357, (364); *Berding*, Anlegerschutz, S. 80 f.

[340] So etwa *Gätsch/Schäfer*, NZG 2008, S. 846, (848 f.); *Pluskat*, DB 2009, S. 383, (385); vgl. dazu unten, 4. Kap., B., II., 3., c).

[341] Vgl. dazu sogleich, 4. Kap., B., II., 1.

[342] So etwa *Schüppen/Walz*, in: FrankfurterKomm/WpÜG, § 30, Rn. 59, 64; *Noack*, in: Schwark, Kapitalmarktrecht, § 30 WpÜG Rn. 13; *Diekmann*, in: VGR, Gesellschaftsrecht

Was darunter zu verstehen sein soll, bleibt dann wiederum offen. Verbindliche Aussagen zur konkreten Reichweite der Zurechnungsvorschrift im Hinblick auf Stimmrechtsabsprachen werden jedenfalls nur vereinzelt getroffen. Sieht man von der Diskussion weniger Fallgruppen ab[343], beschränken sich solche Stellungnahmen auf eine vorsichtige Negativabgrenzung des Tatbestands. Zu lesen ist dann etwa, dass Stimmrechtsabstimmungen in Fragen von „untergeordneter Bedeutung“ wie der Festlegung der Aufsichtsratsvergütung oder der Bestellung des Abschlussprüfers keine Zurechnung nach § 30 Abs. 2 S. 1 WpÜG begründeten[344].

Eine praktisch verwertbare Untersuchung, die dem Tatbestand des Acting in Concert klare Konturen verleihen will, muss vor diesem Hintergrund weiter ausgreifen. Rechtssicherheit bei der Handhabung der Zurechnungsvorschrift kann nur dann erreicht werden, wenn es gelingt, ihren systematischen Funktionszusammenhang präzise herauszuarbeiten. Die Entwicklung des Anwendungsbereichs der Norm vollzieht sich dabei sinnvollerweise von einer abstrakt-generellen Betrachtung hin zur Lösung des konkreten Falles – nicht umgekehrt. Insoweit dürfen selbstverständlich auch diejenigen Literaturansätze, die eine Anwendung des § 30 Abs. 2 WpÜG über abgestimmtes Stimmverhalten hinaus befürworten, nicht voreilig aus den Augen verloren werden.

II. Auslegung der Vorschrift

Will man den Anwendungsbereich des § 30 Abs. 2 S. 1 WpÜG präzise herausarbeiten, muss man bei der herkömmlichen Auslegungsmethodik ansetzen. Dies gilt umso mehr, als eingangs dargelegt wurde[345], dass infolge des Analogieverbots im WpÜG solche Auslegungsvarianten der Regelung grundsätzlich ausscheiden, die sich jenseits des Gesetzeswortlauts bewegen. Ausgehend von der grammatischen Interpretation der Vorschrift soll daher zunächst geklärt werden, welche Ergebnisse die klassischen juristischen Auslegungskanones zur Konturierung des Zurechnungstatbestands beizutragen haben. Im Anschluss daran kann das Augenmerk auf die gemeinschaftsrechtlichen Vorgaben der Regelung gelegt werden. Abschließend wird der aufwendige Versuch unternommen, Erkenntnisse

---

2005, S. 69, (77); *ders.*, DStR 2007, S. 445, (446 f.); ähnlich *Löhdefink*, Acting in Concert, S. 287; *Borges*, ZIP 2007, S. 357, (362).

[343] Zu diesen Fallgruppen, vor allem zu Stimmrechtsabstimmungen bei der Besetzung des Aufsichtsrats der Zielgesellschaft, ausführlich unten, 4. Kap., C., VI.

[344] So beispielsweise *Liebscher*, ZIP 2002, S. 1005, (1008); *Casper*, ZIP 2003, S. 1459, (1476); *Schockenhoff/Schumann*, ZGR 2005, S. 568, (590).

[345] Vgl. bereits oben, 1. Kap., B.

aus der ökonomischen Analyse von Pflichtangebotsregeln im Kontext von Unternehmensübernahmen herzuleiten.

1. Grammatische Auslegung

Bis zum Inkrafttreten des Risikobegrenzungsgesetzes enthielt der Wortlaut des § 30 Abs. 2 WpÜG kaum Anhaltspunkte für die Frage, welche Verhaltensweisen eine Stimmrechtszurechnung begründen können. Der Grundtatbestand des Acting in Concert beschränkte sich vielmehr auf § 30 Abs. 2 S. 1, 1. Hs. WpÜG, der von der Gesetzesänderung unberührt geblieben ist. Ganz im Sinne einer typischen Generalklausel, ist dort pauschal von Vereinbarungen oder sonstigen Abstimmungen über das „Verhalten in Bezug auf die Zielgesellschaft" die Rede. Diese Formulierung lässt nahezu jede Interpretationsmöglichkeit zu. Ein „Verhalten" kann nach allgemeinem Sprachgebrauch sowohl in einem aktiven Handeln als auch in einem Unterlassen liegen. Es kann darüber hinaus ebenso rechtserheblicher wie auch nur faktischer Natur sein. Auf die Regelung des § 30 Abs. 2 S.1 WpÜG gewendet, käme demnach jeder beliebige Abstimmungsgegenstand als Grundlage einer Stimmrechtszurechnung in Betracht. Selbst spontane Verabredungen zweier Großaktionäre zum gemeinsamen Besuch der Hauptversammlung ihrer Gesellschaft wären bei unbefangenem Verständnis des § 30 Abs. 2 S. 1, 1. Hs. WpÜG als tatbestandsmäßiges Acting in Concert anzusehen gewesen.

Nunmehr ist durch das Risikobegrenzungsgesetz zu Konkretisierungszwecken freilich § 30 Abs. 2 S. 2 WpÜG n.F. eingefügt worden, wonach ein abgestimmtes Verhalten voraussetzt, dass sich die Beteiligten „über die Ausübung von Stimmrechten verständigen oder mit dem Ziel einer dauerhaften und erheblichen Änderung der unternehmerischen Ausrichtung der Zielgesellschaft in sonstiger Weise zusammenwirken". Daraus lassen sich in zweifacher Hinsicht Schlussfolgerungen ziehen. Erstens ist festzuhalten, dass jedenfalls Stimmrechtsabsprachen zum Kernbestand eines Acting in Concert i.S.d. § 30 Abs. 2 WpÜG zählen. Insoweit hat § 30 Abs. 2 S. 2 WpÜG n.F. indes nur klarstellende Funktion. Wesentlich aussagekräftiger ist der Befund, dass sich der Anwendungsbereich der Regelung offenbar nicht in Abstimmungen über die Stimmrechtsausübung erschöpft. Diese Weichenstellung lässt sich nicht ohne weiteres mit der bislang herrschenden Meinung, geschweige denn mit der Ansicht des BGH in seiner „WMF"-Entscheidung in Einklang bringen[346]. Man könnte sich allenfalls auf den Standpunkt stellen, dass es sich bei dem „sonstigen Zusammenwirken" i.S.d. § 30

---

[346] Vgl. BGH, BB 2006, S. 2432, (2434) (WMF): „[D]ie Zurechnungsnorm [erfasst] nur solche Vereinbarungen, die sich auf die Ausübung von Stimmrechten aus Aktien der Zielgesellschaft, d.h. nur die Stimmrechtsausübung in der Hauptversammlung, beziehen", dazu unten, 4. Kap., B., VI., 2., a).

Abs. 2 S. 2 WpÜG n.F. um eine Bezugnahme auf Absprachen über die Ausübung qualifizierter Mitgliedschafts- bzw. Verwaltungsrechte handele. Zwingend ist ein solches Verständnis allerdings nicht[347]. Im Gegenteil, da derartige Verhaltensweisen auf eine „dauerhafte und erhebliche Änderung der unternehmerischen Ausrichtung der Zielgesellschaft" abzielen müssen, liegt eine andere Deutung weitaus näher. In Betracht kommt vielmehr, dies als Hinweis auf Abstimmungen über faktische Einwirkungen auf die Organe der Zielgesellschaft zu verstehen. Insoweit sind verschiedene unternehmenspolitisch relevante Fallgestaltungen denkbar, die sowohl in inhaltlicher Hinsicht als auch in Bezug auf die Dauerhaftigkeit ihrer Folgen von großem Gewicht sind. Als Paradebeispiel dafür ist nur die gemeinschaftliche Einflussnahme von Aktionären auf den Aufsichtsrat der Gesellschaft zu nennen, die im Hinblick auf die Bestellung „willfähriger" Vorstandsmitglieder erfolgt[348].

Nach wie vor wirft der Wortlaut der Regelung also wesentlich mehr Fragen auf als er beantwortet. Welche Stimmrechtsabsprachen dem Tatbestand des § 30 Abs. 2 S. 1 WpÜG unterfallen ist ebenso wenig geklärt worden wie seine darüber hinaus gehende Reichweite. Offen bleibt vor allem, ob gegebenenfalls auch Abstimmungen über den Erwerb von Gesellschaftsanteilen zurechnungsbegründend sind[349]. Freilich müssten Erwerbsabsprachen in diesem Fall zumindest als *Ausgangspunkt* einer „Änderung der unternehmerischen Ausrichtung der Zielgesellschaft" aufzufassen sein. Eine solche Interpretation liegt sicherlich nicht gerade nahe, schlechthin ausgeschlossen ist sie durch die sprachliche Fassung der Norm jedoch ebenso wenig[350]. Für sich genommen belässt diese gerade einen weiten Auslegungsspielraum und ist damit für die Präzisierung tatbestandsmäßiger Verhaltensweisen eines Acting in Concert unergiebig.

2. Systematische Auslegung

Unter systematischen Gesichtspunkten kommen verschiedene Aspekte für die Auslegung des Acting in Concert in § 30 Abs. 2 WpÜG in Frage. Die Zurechnungsregelung ist insofern nicht nur als elementarer Bestandteil der Pflichtangebotsregeln, sondern darüber hinaus auch als Baustein im System des WpÜG und letztlich des gesamten kapitalmarktrechtlichen Normgefüges anzusehen.

---

347 Zur Bedeutung von Abstimmungen über Mitgliedschaftsrechte noch unten, 4. Kap. B., IV.

348 Näher dazu noch unten, 4. Kap., B., II., 4., a) bzw. V., 5., (4).

349 Dies wird im Hinblick auf die Gesetzgebungsmaterialien des Risikobegrenzungsgestzes nunmehr allerdings oftmals bezweifelt, vgl. unten, 4. Kap. B., II., 3., c).

350 A.A. *Pluskat*, DB 2009, S. 383, (385), die eine dahingehende Auslegung als nicht mehr vom Wortlaut gedeckt ansieht.

a) Parallelen zu § 22 Abs. 2 WpHG

Außerhalb des WpÜG drängt sich zumindest ein Vergleich der Regelung des § 30 WpÜG mit denjenigen in § 22 WpHG auf. Wie die übernahmerechtlichen Zurechnungsvorschriften dem Umgehungsschutz der Angebotspflicht in § 35 i.V.m. § 29 Abs. 2 WpÜG dienen, so flankieren jene § 21 WpHG, der bei Erreichen bestimmter Stimmrechtsschwellen eine kapitalmarktrechtliche Mitteilungspflicht statuiert. Beide Regelungskomplexe sind vor allem entstehungsgeschichtlich eng miteinander verwurzelt. Als der Gesetzgeber im Jahre 2002 die übernahmerechtlichen Zurechnungstatbestände des WpÜG geschaffen hat, nahm er dies zum Anlass, zugleich auch die bereits vorhandenen Bestimmungen in § 22 WpHG[351] zu überarbeiten. Sein erklärtes Ziel war es dabei, einen inhaltlichen Gleichlauf zwischen den Vorschriften herbeizuführen, um „Irritationen am Kapitalmarkt" zu vermeiden[352]. Im Regierungsentwurf des Risikobegrenzungsgesetzes wurde dieses Anliegen jüngst noch einmal ausdrücklich bekräftigt[353]. Blickt man auf den Wortlaut beider Regelungen, so wurde dieses Versprechen auch eingelöst: Die Voraussetzungen der Tatbestandsvarianten des § 22 WpHG entsprechen – von zwangsläufigen begrifflichen Unterschieden einmal abgesehen – nunmehr denen des § 30 WpÜG. In der Konsequenz findet sich mit § 22 Abs. 2 WpHG daher auch eine dem Acting in Concert in § 30 Abs. 2 WpÜG vergleichbare Regelung.

Dieser Versuch einer einheitlichen kapitalmarktrechtlichen Systembildung ist von Anfang an weitgehend begrüßt worden[354]. Gleichwohl wurde schon bald die Frage laut, ob daraus auch *zwingend* das Gebot folgen müsse, beide Normen identisch auszulegen. Entgegen ersten Einschätzungen[355], wird dies von der mittlerweile herrschenden Ansicht zutreffend verneint[356]. Zu Recht wird darauf

---

[351] Diese waren durch Art. 20 des Zweiten Finanzmarktförderungsgesetzes (BGBl. I, S. 1749), das der Umsetzung der EU-Transparenzrichtlinie 88/627 diente, zum 01.01.1995 eingeführt worden.

[352] Vgl. Begr. RegE, BT-Drucks. 14/7034, S. 53.

[353] Vgl. insoweit Begr. RegE, BT-Drucks. 16/7438, S. 11.

[354] Vgl. statt vieler nur *Liebscher*, ZIP 2002, S. 1005, (1009): „kapitalmarktrechtliches Normsystem „aus einem Guss".

[355] Für einen Gleichlauf *Liebscher*, ZIP 2002, S. 1005, (1009); *Hopt*, ZHR 166 (2002), S. 383, (410); *Pittroff*, Zurechnung, S. 348 ff.; *Stille*, Abstimmungsvereinbarungen, S. 156 ff.; *Schüppen/Walz*, in: FrankfurterKomm/WpÜG, § 30 Rn. 71; *Casper* bei Markwardt, ZIP 2003, S. 1492.

[356] Vgl. nunmehr *Casper*, ZIP 2003, S. 1469, (1472 f.); *Seibt*, ZIP 2004, S. 1829, (1831); *Schneider*, WM 2006, S. 1321, (1322 f.); *Löhdefink*, Acting in Concert, S. 180 f.; *Oechsler*, in: Ehricke/Ekkenga/Oechsler, WpÜG, § 30 Rn. 1; *Eidenmüller*, DStR 2007, S. 2116, (2120); *Drinkuth*, ZIP 2008, S. 676, (677 f.); *Fleischer*, ZGR 2008, S. 185, (197); zu § 30 Abs. 2 WpÜG n.F. weiterhin *v. Bülow/Stephanblome*, ZIP 2008, S. 1797 f.; *Gätsch/Schäfer*, NZG 2008, S. 846, (848); *Pluskat*, DB 2009, S. 383, (386).

hingewiesen, dass die jeweiligen Zwecksetzungen der Regelungssysteme im Einzelfall durchaus unterschiedliche Anwendungsmaßstäbe rechtfertigen können. Geht es – wie in den §§ 21 ff. WpHG der Fall – lediglich um eine möglichst realitätsnahe Abbildung von (potentiellen) Beteiligungsverhältnissen, ist eine tendenziell weite Auslegung angezeigt. Hier spricht nichts dagegen, etwa auch „standstill agreements" zwischen den Parteien unter die Stimmrechtszurechnung des § 22 Abs. 2 WpHG zu fassen[357]. Zielt die Zurechnung hingegen vor dem Hintergrund der §§ 29 Abs. 2, 35 WpÜG auf die Erfassung der tatsächlichen Einflussmacht auf die Gesellschaft ab, wäre eine solche Praxis jedoch unangebracht. Dass Aktionärsgruppen die vorhandenen Mehrheitsverhältnisse in der Zielgesellschaft – wie im Falle von „standstill agreements" – bloß absichern, ist gerade keine geeignete Grundlage für die Auslösung eines Pflichtangebots. Anwendungsfragen des § 22 Abs. 2 WpHG können daher nicht unbesehen auf die Handhabung von § 30 Abs. 2 WpÜG übertragen werden. Eine Hilfestellung für die Konkretisierung des übernahmerechtlichen Konzepts des Acting in Concert scheidet deswegen jedenfalls (noch) solange aus, wie beide Zurechnungsmodelle auf unterschiedlich definierten Richtlinienbestimmungen beruhen[358].

Selbst wenn man eine einheitliche Auslegung zudem annehmen wollte, dürfte sich die Auslegung des § 30 WpÜG ohnehin nicht an derjenigen von § 22 WpHG orientieren. Eine Ausrichtung könnte allenfalls in umgekehrter Richtung erfolgen[359]. Da § 30 Abs. 2 WpÜG eine wesentlich höhere Eingriffsintensität in die Interessen der Normadressaten aufweist als § 22 Abs. 2 WpHG, wären insofern allein dessen teleologische Maßstäbe von entscheidender Bedeutung. Ansonsten könnten – wie das Beispiel des „standstill agreements" veranschaulicht – nur allzu leicht Fälle auftreten, in denen die Anwendung von § 30 Abs. 2 WpÜG zu verfassungsrechtlich unverhältnismäßigen Härten führen würde. Der Gesetzgeber hat dies (intuitiv) richtig gesehen. Er formulierte in der Gesetzesbegründung des WpÜG[360], dass „die in § 22 WpHG enthaltenen Tatbestände [...] den in § 30 WpÜG enthaltenen Zurechnungstatbeständen angepasst" worden seien – nicht andersherum. Systematische Erkenntnisse für die Reichweite des Acting in Concert in § 30 Abs. 2 WpÜG können sich deshalb nur aus dem WpÜG selbst ergeben.

---

[357] So auch *Eidenmüller*, DStR 2007, S. 2116, (2120); *Fleischer*, ZGR 2008, S. 185, (198); zum Begriff des standstill agreements *Diekmann*, in: VGR, Gesellschaftsrecht 2005, S. 69, (93).

[358] Dazu schon eingangs, 3. Kap., A., III. Vgl. zu jüngsten Bemühungen zur Vereinheitlichung der Auslegung von Transparenz- und Übernahmerichtlinie *Fischer zu Cramburg*, NZG 2009, S. 100.

[359] Ebenso etwa *Hamann*, ZIP 2007, S. 1088, (1093); *Gätsch/Schäfer*, NZG 2008, S. 846, (848).

[360] Vgl. Begr. RegE, BT-Drucks. 14/7034, S. 53.

b) Systematisches Verhältnis zu § 2 Abs. 5 WpÜG

Wendet man sich den Vorschriften des WpÜG zu, wird schnell ersichtlich, dass sich das Gesetz jenseits von § 30 Abs. 2 WpÜG an verschiedenen anderen Stellen mit der Problematik des kollektiven Handelns mehrerer Beteiligter befasst. Entsprechende Regelungen finden sich beispielsweise im Rahmen der Berechnung der im Angebotsfall maßgeblichen Gegenleistung nach § 31 Abs. 1, 3, 4 und 5 WpÜG oder bei der Anordnung des Rechtsverlusts in § 59 WpÜG[361]. Das Gesetz sieht in diesen Fällen anders als beim Acting in Concert jedoch keine separate Zurechnungsnorm vor, sondern bezieht sich auf den Begriff der „gemeinsam handelnden Personen". Dabei handelt es sich nach der Legaldefinition in § 2 Abs. 5 WpÜG um „natürliche oder juristische Personen, die ihr Verhalten im Hinblick auf ihren Erwerb von Wertpapieren der Zielgesellschaft oder ihre Ausübung von Stimmrechten aus Aktien der Zielgesellschaft mit dem Bieter auf Grund einer Vereinbarung oder in sonstiger Weise abstimmen". Angesichts dieser begrifflichen Nähe zu § 30 Abs. 2 S. 1 WpÜG ist bisweilen versucht worden, den Anwendungsbereich des Acting in Concert aus seinem systematischen Verhältnis zu § 2 Abs. 5 WpÜG näher zu erschließen. Dabei findet sich gelegentlich der Standpunkt, der sprachlich weiter gefasste Tatbestand des § 30 Abs. 2 WpÜG müsse jedenfalls alle Fälle des § 2 Abs. 5 WpÜG beinhalten[362]. Somit wäre neben der Abstimmung der Stimmrechtsausübung zumindest auch der für die „gemeinsam handelnden Personen" konstitutive abgestimmte Parallelerwerb von Gesellschaftsanteilen als Fall des Acting in Concert zu qualifizieren. Eine solche Deutung scheint auch durch die Materialien des Gesetzesentwurfs zu § 30 Abs. 2 WpÜG bestätigt zu werden, in denen „ergänzend" auf die Begründung zu § 2 Abs. 5 WpÜG verwiesen wird[363]. Beschränkt man sich auf diese Punkte, käme eine Gesetzesspezialität des § 2 Abs. 5 WpÜG also durchaus in Betracht.

---

[361] Darüber hinaus in den §§ 18 Abs. 1, 20 Abs. 2, 23 Abs. 1 und 2 sowie 33 Abs. 3 WpÜG.

[362] So *Riehmer*, in: Haarmann/Riehmer/Schüppen, WpÜG 1. Aufl., § 30 Rn. 58; *Steinmeyer*, in: Steinmeyer/Häger, WpÜG, § 30 Rn. 44; *Berger/Filgut*, AG 2004, S. 592, (597); *Berding*, Anlegerschutz, S. 62; *Süßmann*, in: Geibel/Süßmann, WpÜG, § 30 Rn. 26 f.

[363] Vgl. Begr. RegE, BT-Drucks. 14, 7034, S. 34, 54; anders freilich die Interpretation der Verweisungstechnik bei *Pötzsch/Möller*, WM 2000, Beil. 2, S. 18 und *Liebscher*, ZIP 2002, S. 1005, (1007), wonach nur klargestellt werden sollte, dass *auch* § 2 Abs. 5 WpÜG bestimmte Verhaltensweisen erfasse, die international bisweilen als ein „Acting in Concert" bezeichnet werden.

Mehrheitlich geht die Literatur indessen davon aus, dass § 2 Abs. 5 WpÜG keinen Einfluss auf die Auslegung des Acting in Concert haben kann[364]. In der Tat sprechen verschiedene Aspekte gegen eine solche Sichtweise. Sucht man im Gesetzeskontext nach den vermeintlichen Schnittmengen beider Vorschriften, entsteht zwangsläufig der Eindruck, dass die Regelungsabsicht des Gesetzgebers insoweit widersprüchlich war. Dies lässt etwa die Lektüre der §§ 2 Nr. 5 und 9 S. 2 Nr. 1 WpÜG-AV erkennen: Beiden Regelungen liegt offenbar die Auffassung des Gesetzgebers zugrunde, der „Dritte" i.S.d. § 30 Abs. 2 WpÜG und die „gemeinsam handelnde Person" i.S.d. § 2 Abs. 5 WpÜG seien identisch[365]. In diesem Fall wäre das Nebeneinander zweier Kategorien abgestimmten Aktionärsverhaltens im WpÜG aber vollkommen überflüssig. Das kann vom Gesetzgeber nicht beabsichtigt worden sein. Entstehungsgeschichtliche Erwägungen tragen somit eher zur Verwirrung als zu einer Lösung der Frage bei. Ergiebiger sind demgegenüber systematische und teleologische Überlegungen. Die Annahme, § 2 Abs. 5 WpÜG sei gegenüber der Regelung des Acting in Concert als lex specialis anzusehen, widerspricht offensichtlich bereits der systematischen Stellung der Norm unter dem Titel „Allgemeine Vorschriften" im ersten Abschnitt des Gesetzes. Hinzu tritt, dass die Figur der „gemeinsam handelnden Personen" nach § 2 Abs. 5 WpÜG einen vollkommen anderen Schutzzweck verfolgt als § 30 Abs. 2 WpÜG. Erstere dient vornehmlich der Förderung eines transparenten Übernahmeverfahrens im WpÜG[366], letztere Regelung zielt dagegen (auch) auf den Individualschutz der Minderheitsaktionäre ab. Zwischen beiden Kategorien abgestimmten Aktionärsverhaltens besteht daher in ihrer geltenden Fassung ein gesetzlicher Dualismus[367]. Rückschlüsse auf den Anwendungsbereich von § 30 Abs. 2 WpÜG lassen sich der Vorschrift des § 2 Abs. 5 WpÜG nicht entnehmen.

c) Innere Struktur von § 30 WpÜG

Weichenstellungen für die Auslegung des Acting in Concert könnten aber die Regelungen in § 30 Abs. 1 S. 1 WpÜG enthalten, auf die schon im Rahmen des

---

[364] Vgl. nur *v. Bülow*, KK/WpÜG, § 30 Rn. 135; *Pittroff*, Zurechnung, S. 266; *Casper*, ZIP 2003, S. 1469, (1474); *Seibt/Heiser*, AG 2006, S. 301, (308), die § 30 Abs. 2 WpÜG als das speziellere Gesetz ansehen; unentschieden *Schockenhoff/Schumann*, ZGR 2005, S. 568, (573).

[365] So zu Recht *Versteegen*, in: KK/WpÜG, § 2 Rn. 155; *Berger/Filgut*, AG 2004, S. 592, (597).

[366] Zu den Schutzzwecken des § 2 Abs. 5 WpÜG *v .Bülow/Bücker*, ZGR 2004, S. 669, (689).

[367] Vgl. zu Anpassungsvorschlägen *de lege ferenda* etwa *Hopt/Mülbert/Kumpan*, AG 2005, S. 109, (110 f.); a.A. indes *Seibt/Heiser*, AG 2006, S. 301, (307), die aus funktionalen Gründen an dieser Differenzierung festhalten wollen.

systematischen Überblicks eingegangen worden ist. Tatsächlich soll nach verbreiteter Meinung insbesondere § 30 Abs. 1 S. 1 Nr. 5 WpÜG zu Einschränkungen des Anwendungsbereichs von § 30 Abs. 2 S. 1, 1. Hs. WpÜG führen. Nach der Bestimmung in Nr. 5 werden dem Bieter sämtliche Stimmrechte aus Aktien zugerechnet, die er durch eine Willenserklärung erwerben kann. Dieser Tatbestandswortlaut wird ganz überwiegend dahingehend verstanden, dass er die Stimmrechtszurechnung von einer dinglichen Erwerbsposition des Bieters in Bezug auf die entsprechenden Aktien abhängig macht. Rein schuldrechtliche Erwerbsansprüche sollen insofern, jedenfalls seit der Neufassung der Regelung im WpÜG, nicht mehr genügen[368]. Aus diesem Umstand wird vielfach geschlossen, dass auch die Regelung des Acting in Concert in § 30 Abs. 2 WpÜG zumindest keine Verständigungen über den bloßen Parallelerwerb von Gesellschaftsanteilen erfassen könne[369]. Die Argumentation ist dabei folgende: Finde eine Zurechnung im Falle des Erwerbs von Aktien durch einen Käufer gemäß § 30 Abs. 1 S. 1 Nr. 5 WpÜG erst bei Begründung einer dinglichen Option statt, könne für Abstimmungen zwischen mehreren Beteiligten in dieser Hinsicht nichts anderes gelten[370]. Die gesetzliche Wertung des Tatbestands würde vielmehr unterlaufen, so heißt es weiter, wenn bereits Absprachen über den (schuldrechtlichen) Erwerb von Anteilen gemäß § 30 Abs. 2 S. 1 WpÜG zurechnungsbegründend wären[371].

Diese Auffassung beruht letztlich wiederum auf der Annahme eines Spezialitätsverhältnisses von § 30 Abs. 1 S. 1 WpÜG gegenüber § 30 Abs. 2 WpÜG. Es kann daher auf die obige Diskussion des systematischen Zusammenhangs der Zurechnungstatbestände verwiesen werden[372]. Wie dort aufgezeigt wurde, ist eine solche Sichtweise grundsätzlich abzulehnen. Bei den Tatbestandsvarianten in § 30 Abs. 1 S. 1 WpÜG handelt es sich nämlich nicht um vorrangige Bestimmungen, sondern lediglich um gesetzliche Vermutungsregeln. Eine Ausstrahlungswirkung auf die Zurechnungsvorschrift des Acting in Concert ist damit nicht verbunden. Dies verdeutlicht gerade auch die vorliegende Konstellation: Dass ein Rechtsträger

---

[368] Vgl. Begr. RegE, BT-Drucks. 14/7034, S. 54; näher *v. Bülow*, in: KK/WpÜG, § 30 Rn. 83; *Franck*, BKR 2002, S. 705, (710) m.w.N. auch zum früheren Streit zu der Vorgängerregelung in § 22 Abs. 1 Nr. 6 WpHG a.F.

[369] So *v. Bülow*, in: KK/WpÜG, § 30 Rn. 122; *Diekmann*, in: Baums/Thoma, WpÜG, § 30 Rn. 86; stellvertretend für die BaFin *Strunk/Linke*, in: Veil/Drinkuth, Reformbedarf, S. 3, (22 f.); *Pittroff*, Zurechnung, S. 272; aber auch *Löhdefink*, Acting in Concert, S. 283, der damit freilich seiner an anderer Stelle (S. 375 ff.) vertretenen – zutreffenden – Ansicht widerspricht, bei den Bestimmungen in § 30 Abs. 1 S. 1 WpÜG handele es sich nicht um Spezial-, sondern um Vermutungsregeln.

[370] Vgl. etwa *Strunk/Linke*, in: Veil/Drinkuth, Reformbedarf, S. 3, (22); *v. Bülow*, in: KK/WpÜG, § 30 Rn. 122.

[371] Vgl. *Diekmann*, in: Baums/Thoma, WpÜG, § 30 Rn. 86.

[372] Vgl. oben, 3. Kap., C., II.

gegebenenfalls schon einen (zurechnungswürdigen) faktischen Einfluss auf Stimmrechte aus solchen Aktien ausübt, die er durch eine Willenserklärung erwerben kann, ist eine – wenn auch nicht vollkommen unumstrittene[373] – so doch legitime Hypothese des Gesetzgebers. Diese Vermutung sagt aber nicht das Geringste über die Anwendbarkeit von § 30 Abs. 2 WpÜG in den fraglichen Fällen aus. Sie widerspricht keineswegs der möglichen Annahme, dass Parteien, die sich über den parallelen Zuerwerb von Stimmrechten verbindlich verständigen, alsbald die gemeinsame Kontrolle über die Zielgesellschaft erlangen könnten[374]. Im Rahmen des § 30 Abs. 2 WpÜG geht es schließlich in erster Linie[375] gerade nicht um die separate Zurechnung der zu erwerbenden Stimmrechte an den jeweiligen Erwerber. Die zentrale Frage ist hier vielmehr, ob eine Stimmrechtszurechnung zwischen den beteiligten Erwerbern *untereinander* stattfindet. Da das Acting in Concert ein Gefährdungstatbestand ist, könnte bereits eine solche Verhaltensabstimmung eine Zurechnung nach § 30 Abs. 2 WpÜG rechtfertigen. Darauf wird an anderer Stelle noch ausführlich zurückzukommen sein[376].

Zunächst bleibt jedenfalls festzuhalten, dass auch die Tatbestände in § 30 Abs. 1 S. 1 WpÜG keine Eingrenzung der Reichweite von § 30 Abs. 2 WpÜG zur Folge haben. Die systematische Auslegung der Vorschrift ist daher ebenso wie ihre grammatische Interpretation wenig ertragreich.

3. Historische Auslegung

Legt man das Augenmerk daher auf die historische Auslegung des Acting in Concert, kommen drei mögliche Ansatzpunkte in Betracht. Nähere Auskunft darüber, welche Reichweite der Gesetzgeber der Zurechnung in § 30 Abs. 2 WpÜG verleihen wollte, geben sowohl seine Äußerungen im Jahre 2002, die sich auf den Anlass der Regelungsnovellierung und deren beabsichtigte Ausrichtung bezogen haben, als auch seine Stellungnahme zu den Hintergründen der jüngsten Überarbeitung der Norm im Rahmen des Risikobegrenzungsgesetzes.

---

[373] Vgl. *Schneider*, in: Assmann/Schneider, WpHG, § 22 Rn. 103; *v. Bülow*, in: KK/WpÜG, § 30 Rn. 81, die beanstanden, dass diese Vorschrift im systematischen Kontext einen „Fremdkörper“ darstelle, da anders als im Falle der übrigen Tatbestandsvarianten gerade kein praktischer Erfahrungssatz diesen Inhalts bestehe.

[374] Vgl. zur Begründung einer solchen Indizwirkung zunächst nur *Borges*, ZIP 2007, S. 357, (364).

[375] Zur Problematik des Zurechnungsumfangs im Falle eines möglichen abgestimmten Parallelerwerbs im Rahmen von § 30 Abs. 2 WpÜG unten, 4. Kap., B., VI., 2., b).

[376] Vgl. dazu noch unten, 4. Kap., B., V., 5., b).

a) Gesetzgeberischer Wille bei Inkrafttreten des WpÜG

Aussagekräftig ist zunächst ein Vergleich der Neufassung des Zurechnungstatbestands aus dem Jahr 2002 mit seiner Vorgängerregelung. Der seinerzeit maßgebliche Kontrollbegriff des Pflichtangebots im Übernahmekodex wurde im Jahre 1998 in Art. 16 S. 2 ÜbK um eine Verweisung auf die Zurechnungstatbestände des § 22 Abs. 1 Nr. 1 bis Nr. 7 WpHG a.F. erweitert. Dabei bildete § 22 Abs. 1 Nr. 3 WpHG a.F. das damalige Äquivalent zur heutigen Regelung des Acting in Concert in § 30 Abs. 2 WpÜG. Nach dieser Vorschrift wurden Stimmrechte aus einem Dritten gehörenden Aktien zugerechnet, hinsichtlich derer der Mitteilungspflichtige oder ein von ihm kontrolliertes Unternehmen mit dem Dritten eine Vereinbarung getroffen hatte, die beide verpflichtete, langfristig gemeinschaftliche Ziele bezüglich der Geschäftsführung der Gesellschaft zu verfolgen, indem sie ihre Stimmrechte einvernehmlich ausübten. Dieser Tatbestand stand dem Gesetzgeber des WpÜG vor Augen, als er die Regelung des § 30 Abs. 2 S. 1 WpÜG entworfen hat. Da sich im praktischen Umgang mit § 22 Abs. 1 Nr. 3 WpHG a.F. zwischenzeitlich mehrere konzeptionelle Schwachstellen abgezeichnet hatten[377], war es jedoch sein ausdrückliches Anliegen, die Norm „in mehrfacher Hinsicht zu modifizieren“[378]. Eine solche „Modifikation“ des Tatbestands erfolgte offenbar dadurch, dass eine Reihe von restriktiven Merkmale gestrichen wurde. Neben dem Verzicht auf die einschränkenden Tatbestandselemente „langfristig“ und „Ziele bezüglich der Geschäftsführung“ enthält § 30 Abs. 2 S. 1 WpÜG seither insbesondere auch keinen eingrenzenden Verweis auf eine „Ausübung der Stimmrechte“ mehr. Darin kann man ohne weiteres eine Bestätigung des Ergebnisses der grammatischen Auslegung des Acting in Concert erblicken. Wenn der Gesetzgeber einerseits anregt, Änderungen bei der Anwendungspraxis der Norm vorzunehmen und andererseits gerade das Erfordernis einer einvernehmlichen Stimmrechtsausübung aufgibt, liegt der Verdacht einer tatbestandlichen Ausdehnung nahe[379]. Dieser Umstand spricht dafür, dass über reine Stimmrechtsabstimmungen hinaus schon seit der Einführung der Norm im Jahre 2002 weitere Verhaltensweisen dem Zurechnungstatbestand des § 30 Abs. 2 S. 1 WpÜG unterfallen sollten.

---

[377] Vgl. zur damaligen Kritik an der Regelung *Burgard*, BB 1995, S. 2069, (2075).
[378] So Begr. RegE, BT-Drucks. 14/7034, S. 53; vgl. auch *Berger/Filgut*, AG 2004, S. 592, (594); *Oechsler*, in: Ehricke/Ekkenga/Oechsler, WpÜG, § 30 Rn. 22.
[379] Im Ergebnis ebenso bereits *Berger/Filgut*, AG 2004, S. 592, (594).

b) „Internationale“ Anlehnung der Regelung

Eine zweite Äußerung des Gesetzgebers in den Materialien zum WpÜG ist ebenfalls von Interesse. Obwohl die Gesetzesbegründung zu § 30 Abs. 2 WpÜG ansonsten eher knapp ausgefällt, legt sie doch Wert auf den Hinweis, dass die Norm „auch Verhaltensweisen erfasst, die international unter dem Begriff des „acting in concert“ zusammengefasst werden“[380]. Sie scheint insoweit den einleitenden Gedanken der Förderung der Wettbewerbsfähigkeit des „Finanzplatzes Deutschland“ wieder aufgreifen zu wollen[381]. Welche „international gebräuchlichen“ Verhaltensmuster dem Gesetzgeber konkret vorgeschwebt haben, bleibt freilich offen. Eine Antwort darauf zu geben, dürfte gleichwohl nicht schwer fallen. Zwar wird diese Anmerkung von vielen Literaturstimmen als unergiebig abgetan, da es einen international einheitlich verstandenen Begriff des Acting in Concert gerade nicht gebe[382]. Angesichts seines langjährigen Erfahrungsschatzes, seines hohen Entwicklungsstands und nicht zuletzt angesichts seines Vorbildcharakters für die meisten europäischen Regelwerke einschließlich der Übernahmerichtlinie, kann sich ein solcher Hinweis jedoch nur auf den britischen City Code beziehen[383]. Die prägende Rolle des City Code in Europa wird in der Literatur nicht ernsthaft in Frage gestellt[384]. Es ist daher keineswegs vermessen, die gesetzgeberische Anmerkung als Fingerzeig auf die Regelung in Rule 9.1 CC anzusehen. Was daraus im Einzelnen für das Regelungsverständnis folgt, wird noch zu erörtern sein[385].

c) Gesetzgeberischer Wille bei Erlass des Risikobegrenzungsgesetzes

Kürzlich hat sich der Gesetzgeber im Rahmen der Neufassung des § 30 Abs. 2 WpÜG durch das Risikobegrenzungsgesetz noch einmal ausdrücklich zur Reichweite der Vorschrift geäußert. Dabei hat er deutliche Worte gefunden: Die jüngste Überarbeitung soll seiner Vorstellung nach nicht nur zu einer Konkretisierung der Norm beitragen, sondern auch der Erweiterung ihrer Anwendung gegenüber der bisherigen Praxis dienen. Das gesetzgeberische Eingreifen versteht sich damit

---

380 Vgl. Begr. RegE, BT-Drucks. 14/7034, S. 54.

381 Vgl. Begr. RegE, BT-Drucks. 14/7034, Allg. Teil, S. 27 f.

382 So *v. Bülow*, in: KK/WpÜG, § 30 Rn. 106; *ders./Bücker*, ZGR 2004, S. 669, (674); *Schüppen/Walz*, in: FrankfurterKomm/WpÜG, § 30 Rn. 57; *Hamann*, ZIP 2007, S. 1088, (1093) m.w.N.

383 Ebenso *Berger/Filgut*, AG 2004, S. 592, (601) unter Hinweis auf die Begr. RegE, BT-Drucks. 14/7034, S. 27; *Engert*, JZ 2007, S. 314, (315) („in erster Linie auf den City Code gemünzt“).

384 Vgl. statt aller *Baum*, RIW 2003, S. 421, (423).

385 Vgl. unten, 4. Kap., B., III., 1., a) und C., IV., 2.

insbesondere als Reaktion auf die „restriktive Rechtsprechung des Bundesgerichtshofs“[386]. Es ist eine klare Absage an dessen Standpunkt, die Zurechnung kraft Acting in Concert auf Stimmrechtsabsprachen zu begrenzen.

Hintergrund des Risikobegrenzungsgesetzes war freilich die Absicht des Gesetzgebers, die am deutschen Kapitalmarkt zunehmend zu beobachtenden Aktivitäten von Finanzinvestoren zu regulieren[387]. Den Impuls für die Novellierung des Acting in Concert haben insofern einige spektakuläre Ereignisse, allen voran der Fall Deutsche Börse/TCI[388] gegeben. Führt man sich derartige Sachverhalte vor Augen, fällt es nicht schwer, die gesetzgeberische Stoßrichtung der Ausdehung der Stimmrechtszurechnung in § 30 Abs. 2 WpÜG zu erkennen: sie gilt in erster Linie Absprachen über faktische Einwirkungen auf die Organe der Zielgesellschaft. Dies lässt sich schon daraus ersehen, dass in der Ausnahmeklausel des § 30 Abs. 2 S. 1, 2. Hs. WpÜG n.F. der frühere Hinweis auf Abstimmungen der „Stimmrechte“[389] gerade deshalb gestrichen wurde, um der engen Auslegung des BGH den Boden zu entziehen[390]. Noch deutlicher werden die Gesetzgebungsmaterialien schließlich mit der Bemerkung, dass auch „Abstimmung[en] im Vorfeld der Hauptversammlung [...] künftig ein relevantes Zusammenwirken darstellen“ können. Der Wille des Gesetzgebers ist daher unmissverständlich: der Anwendungsbereich des § 30 Abs. 2 WpÜG soll nunmehr jedenfalls solche Abstimmungen umfassen, die auf eine Einflussnahme außerhalb von Hauptversammlungen abzielen. Auch die historische Auslegung stützt folglich den bisherigen Befund und widerspricht somit der Sichtweise der bislang herrschenden Meinung.

Zweifelhaft ist dagegen die Frage, inwieweit die Entstehungsgeschichte des Risikobegrenzungsgesetzes nunmehr Rückschlüsse auf die (fehlende) Tatbestandsmäßigkeit des abgestimmten Anteilserwerbs zulässt. Insoweit muss man zwar grundsätzlich von einem „beredten“ Schweigen des Gesetzgebers in § 30 Abs. 2 S. 2 WpÜG n.F. ausgehen. Denn obwohl eine solche Tatbestandsalternative im Regierungsentwurf des Gesetzes noch ausdrücklich enthalten war[391], wurde darauf in der endgültigen Fassung – auf Empfehlung des Finanzausschusses[392] –

---

386 So explizit Begr. RegE, BT-Drucks. 16/7438, S. 6 f., 11.

387 Vgl. Begr. RegE, BT-Drucks. 16/7438, S. 8; zur Diskussion auch *Eidenmüller*, DStR 2007, S. 2116 ff.; *Fleischer*, ZGR 2008, S. 185 ff. sowie noch unten, 4. Kap., C. V., 4., c).

388 Dazu bereits oben, 4. Kap., A., IV., 1.

389 Vor Inkrafttreten des Risikobegrenzungsgesetzes lautete § 30 Abs. 2 S. 1, 2. Hs. WpÜG: „[...] ausgenommen sind Vereinbarungen über die *Ausübung von Stimmrechten* in Einzelfällen“.

390 Vgl. insoweit Begr. RegE, BT-Drucks. 16/7438, S. 11.

391 Vgl. Begr. RegE, BT-Drucks. 16/7438, S. 6, 11.

392 Vgl. dazu den Bericht und die Beschlussempfehlungen des Finanzausschusses, BT-Drucks. 16/9821, S. 12 bzw. 16/9778, S. 11.

gerade verzichtet[393]. Nicht übersehen werden darf dabei jedoch, dass die Entscheidung über die Anwendbarkeit der Vorschrift in diesen Fällen (auch) von der Reichweite der entsprechenden Vorgaben der EU-Übernahmerichtlinie abhängt. Sollte die Einbeziehung des abgestimmten Anteilserwerbs – wie teilweise angenommen wird[394] – aufgrund des Gemeinschaftsrechts tatsächlich geboten sein, müsste der entgegenstehende Wille des Gesetzesgebers ggf. im Wege einer richtlinienkonformen Auslegung der Regelung zurücktreten. Zumindest der Wortlaut des § 30 Abs. 2 S. 2, 2. Alt. WpÜG n.F. dürfte dabei kein unüberwindbares Hindernis darstellen: Absprachen über den Erwerb von Gesellschaftsanteilen in der Größenordnung der Kontrollschwelle des § 29 Abs. 2 WpÜG lassen sich nämlich erfahrungsgemäß[395] durchaus als Abstimmungen (in sonstiger Weise) verstehen, die *subjektiv* (bereits) „mit dem Ziel einer dauerhaften und erheblichen Änderung der unternehmerischen Ausrichtung der Zielgesellschaft" erfolgen. Eine abschließende Klärung dieser Frage muss daher der späteren Untersuchung der europäischen Rechtsgrundlagen vorbehalten bleiben[396].

4. Teleologische Auslegung

Über den Schutzzweck von § 30 Abs. 2 WpÜG besteht dagegen im Grundsatz Einvernehmen. Rechtsprechung und Literatur sehen ihn übereinstimmend darin, Minderheitsaktionären der Zielgesellschaft im Falle von Veränderungen der materiellen Kontrollverhältnisse ein Austrittsrecht einzuräumen[397]. Allerdings ist mit dieser Aussage für die Konkretisierung der Regelung noch nicht viel gewonnen. Die entscheidende Frage lautet gerade, welche Verhaltensweisen die Annahme einer solchen gemeinschaftlichen Kontrollerlangung rechtfertigen.

a) Umgehungsschutz als Kern der ratio legis

Zentraler Anknüpfungspunkt der Auslegung ist der Umgehungsschutzcharakter der Vorschrift. Vielfach wird betont, dass die Zurechnung des Acting in Concert

---

[393] Zur vorangegangenen Kritik am RegE etwa *Schmidtbleicher*, AG 2008, S. 73, (74 ff.) m.w.N.

[394] Vgl. insoweit schon oben, 4. Kap., B., I., 3.

[395] Dazu noch ausführlich die empirische Betrachtung unten, 4. Kap., B., V. 5., b).

[396] Vgl. unten, 4. Kap., B., III.

[397] Vgl. statt vieler BGH, BB 2006, S. 2432, (2434) (WMF); *Seibt*, ZIP 2004, S. 1829, (1832); *Diekmann*, DStR 2007, S. 445, (446); *Noack*, in: Schwark, Kapitalmarktrecht, § 30 WpÜG Rn. 13.

primär der Schließung möglicher Lücken der Pflichtangebotsregelung diene[398]. Dieser Schutzzweck leuchtet aus systematischer Sicht unmittelbar ein. Da die Pflichtangebotsregel nach §§ 29 Abs. 2 i.V.m. 35 WpÜG vom Prototyp des einzelnen Kontrollerwerbers ausgeht, bedarf sie einer Flankierung für Fälle, in denen eine Koalition aus mehreren selbstständigen Rechtsträgern auftritt. Man könnte daher versucht sein, den Anwendungsbereich des Acting in Concert aus dem Grundtatbestand in § 29 Abs. 2 WpÜG ableiten zu wollen. Dass ein solches Vorgehen im Hinblick auf die Rechtstechnik des Gesetzes gerade nicht weiter führt, wurde indes schon eingangs verdeutlicht: Der schlichte Verweis von der materiellen Zurechnungsvorschrift auf die formelle Regelung des § 29 Abs. 2 WpÜG ist trügerisch[399]. Die Definition der „Kontrolle" im WpÜG beschränkt sich gerade auf die Angabe eines abstrakten Schwellenwerts. Wollte man daher zur Bestimmung tatbestandsmäßiger Verhaltensweisen des Acting in Concert an den Kontrollbegriff anknüpfen, so liefe diese Bemühung ins Leere. Zumal die Regelung des § 29 Abs. 2 WpÜG ihrerseits auf die Zurechnung nach § 30 Abs. 2 WpÜG zurückgreift, droht vielmehr ein Zirkelschluss: Eine Zurechnung zwischen den Parteien wäre anzunehmen, wenn sie gemeinsam Stimmrechte in Höhe der Kontrollschwelle hielten, was wiederum voraussetzen würde, dass eine Zurechnung nach § 30 Abs. 2 WpÜG stattgefunden hätte. Der formelle Grundtatbestand in § 29 Abs. 2 WpÜG, der anders als sein Vorläufer in Art. 16 ÜbK auf die Erfassung tatsächlicher Einflussmöglichkeiten vollständig verzichtet, ist somit für sich genommen keine Hilfe bei der Konkretisierung des Acting in Concert.

Denkbar wäre allerdings, das Merkmal „Kontrolle" i.S.v. § 29 Abs. 2 WpÜG dem synonymen Begriff der Herrschaftsmacht gleichzusetzen. Diesem Gedanken folgt offenbar eine verbreitete Ansicht, indem sie verlangt, dass sich Abstimmungen nach § 30 Abs. 2 WpÜG auf die „Herrschaftsstrukturen" der Gesellschaft beziehen müssten[400]. Die Frage dabei ist nur, was mit einer solchen Umschreibung erreicht wird. Augenscheinlich besteht die Gefahr, einen ausfüllungsbedürftigen Begriff durch einen anderen zu ersetzen. Der Ausdruck „Herr-

---

[398] Vgl. etwa *Casper*, ZIP 2003, S. 1469, (1472); *Halász/Kloster*, WM 2006, S. 2152, (2156); *Berding*, Anlegerschutz, S. 62; *Krause*, NJW 2004, S. 3681, (3685 Fn. 49); *Schockenhoff/Schumann*, ZGR 2005, S. 569, (575).

[399] Irreführend daher *Krause*, NJW 2004, S. 3681, (3685 Fn. 49): „Der Regelungszweck ist darin zu sehen, eine Mehrzahl von Aktionären zur Abgabe eines Pflichtangebots zu verpflichten, wenn sie wie ein einziger auftreten". Ein einzelner Aktionär muss gerade nicht „auftreten", um ein Pflichtangebot nach § 35 WpÜG auszulösen.

[400] Vgl. *Schüppen/Walz*, in: FrankfurterKomm/WpÜG, § 30 Rn. 59, 64; *Noack*, in: Schwark, Kapitalmarktrecht, § 30 WpÜG Rn. 13; *Diekmann*, in: VGR, Gesellschaftsrecht 2005, S. 69, (77); *ders.*, DStR 2007, S. 445, (446 f.); ähnlich *Löhdefink*, Acting in Concert, S. 287; *Borges*, ZIP 2007, S. 357, (362).

schaftsstruktur" mag durchaus plastisch sein, er findet im Gesetz indes keine Entsprechung. Allzu formalistisch wäre es wohl, diesen Hinweis als pauschale Bezugnahme auf Abstimmungen über „Herrschaftsrechte" – wie Verwaltungsrechte teilweise bezeichnet werden[401] – zu verstehen. Wie noch aufzuzeigen sein wird[402], eignet sich das Spektrum der Verwaltungsrechte in seiner Allgemeinheit kaum als Indikator für mögliches Kontrollpotential. Die Literatur bietet bisweilen auch eine präzisere Deutung an: Alternativ findet sich insoweit die Bemerkung, dass im Rahmen eines Acting in Concert vor allem die „Personal-, Unternehmens- oder Geschäftspolitik der Gesellschaft" zum Gegenstand der Abstimmung gemacht werden müsse[403]. Aus dieser Überlegung lassen sich konkrete Rückschlüsse auf verschiedene tatbestandsmäßige Verhaltensweisen i.S.d. § 30 Abs. 2 S. 1 WpÜG ziehen. Wählt man einen solchen Ansatz, kommen insbesondere Abstimmungen des Stimmverhaltens bei der Bestellung oder Abberufung des Aufsichtsrats nach § 119 Abs. 1 Nr. 1 i.V.m. § 101 AktG bzw. § 103 Abs. 1 AktG in Betracht. Diese Personalkompetenz der Hauptversammlung ist gerade deshalb von wesentlicher Bedeutung, weil sie zugleich eine – jedenfalls – mittelbare Einflussnahme auf die Besetzung des Vorstands ermöglicht. Bestellen die von einer Aktionärskoalition ausgesuchten Aufsichtsratsmitglieder nach § 84 AktG den Vorstand, können sie dabei absprachegemäß Vertrauenspersonen ihrer „Auftraggeber" berücksichtigen. Finden die Abstimmungsparteien mit ihrem Willen aber letztlich auch beim Vorstand Gehör (und Beachtung), lässt sich ein relevantes Kontrollpotential im Hinblick auf die Zielgesellschaft kaum leugnen. Die Personalentscheidungsgewalt durch § 119 Abs. 1 Nr. 1 AktG ist deshalb ein zentraler Bezugspunkt des § 30 Abs. 2 WpÜG. Eine andere, noch zu vertiefende Frage ist lediglich, ob diese Befugnis im Einzelfall überhaupt ausgeübt werden muss oder nicht schon als abstraktes Disziplinierungsinstrument Kontrollrelevanz entfaltet[404].

Neben personalpolitischen rücken zugleich unternehmenspolitische Grundlagenentscheidungen der Hauptversammlung ins Blickfeld der Stimmrechtszurechnung[405]. Hier ist vornehmlich an Abstimmungen über die Ausübung der Stimmrechte im Rahmen von Satzungsänderungen nach §§ 119 Abs. 1 Nr. 5 i.V.m. 179 AktG, Kapitalmaßnahmen gemäß § 119 Abs. 1 Nr. 6 AktG oder auch

---

401 *Kraft*, in: KK/AktG, § 11 Rn. 11; *Raiser/Veil*, Recht der Kapitalgesellschaften, § 12 Rn. 15.

402 Vgl. unten, 4. Kap., B., IV.

403 So *Oechsler*, in: Ehricke/Ekkenga/Oechsler, WpÜG, § 30 Rn. 23; ähnlich *Schockenhoff/Schumann*, ZGR 2005, S. 569, (571); *Thaeter*, in: Thaeter/Brandi, Öffentliche Übernahmen, Rn. 579.

404 Vgl. dazu noch eingehend unten, 4. Kap. B., VI., 2., a), (2).

405 Vgl. für einen Überblick nur *Raiser/Veil*, Recht der Kapitalgesellschaften, § 16 Rn. 9.

Abstimmungen über eine etwaige Auflösung der Gesellschaft nach § 119 Abs. 1 Nr. 8 AktG zu denken[406]. Es bereitet kaum Mühe, sich eine Vielzahl von Hauptversammlungsbeschlüssen vorzustellen, die für Unternehmen von erheblicher Tragweite sind. So können sich die Beteiligten zum Beispiel auf eine Sitzverlegung der Zielgesellschaft verständigen oder Beschlüsse über Kapitalerhöhungen fassen, die für bevorstehende Übernahmeaktivitäten der Gesellschaft erforderlich sind. Außerhalb des Zuständigkeitskatalogs des § 119 Abs. 1 AktG kommen konzern- oder umwandlungsrechtliche Maßnahmen in Frage[407]. Insgesamt erscheint es also in zahlreichen Fällen einer abgestimmten Stimmrechtsausübung gerechtfertigt, von einem kontrollrelevanten Verhalten zu sprechen.

Dennoch dürfte sich der Anwendungsbereich des § 30 Abs. 2 WpÜG aber nicht darauf beschränken, soweit man auf seinen Schutzzweck abhebt. Nach der aktienrechtlichen Organisationsverfassung fehlt der Hauptversammlung bekanntlich gerade die Kompetenz, Geschäftsführungsangelegenheiten der Gesellschaft zu entscheiden. Im Allgemeinen ist ihre Zuständigkeit über die gesetzlich festgelegten Zuweisungen hinaus nur in sehr engen Grenzen denkbar. Mögliche Fallgestaltungen haben nicht zuletzt aufgrund der jüngsten Rechtsprechung des BGH[408] zu seinen berühmten „Holzmüller-Grundsätzen“ absoluten Ausnahmecharakter. Wenn Kontrollaktionäre auf die Geschäftspolitik der Gesellschaft Einfluss nehmen wollen, kann dies also nur auf anderem, nämlich faktischem Wege geschehen: Ob die Gesellschaft in einen gewinnträchtigen, aber risikobehafteten neuen Absatzmarkt einsteigt; ob sie Konkurrenzunternehmen ein Übernahmeangebot unterbreitet; oder wie sie ihre Forschungs- und Entwicklungsabteilung budgetiert – all das sind richtungsweisende Fragen, die nach § 76 Abs. 1 AktG der originären Zuständigkeit des Vorstands unterliegen. Wer einen lückenlosen Umgehungsschutz des Kontrolltatbestands in § 29 Abs. 2 WpÜG gewährleisten will, muss sich daher über den erforderlichen Umfang der Stimmrechtszurechnung im Klaren sein. Verständigen sich mehrere Aktionäre darauf, bei der

---

[406] In diese Richtung ebenfalls *Schockenhoff/Schumann*, ZGR 2005, S. 568, (589); *Diekmann*, in: VGR, Gesellschaftsrecht 2005, S. 69, (77).

[407] Auf der Hand liegen etwa die gravierenden Folgen bei Abstimmungen über den Abschluss von Beherrschungsverträgen i.S.d. § 291 AktG, die das organisatorische Gefüge und die finanzielle Struktur der beherrschten Gesellschaft durchbrechen, vgl. dazu noch 4. Kap. C., VI., 2., a). Auch umwandlungsrechtliche Maßnahmen können jedoch breitflächige unternehmenspolitische Auswirkungen haben. Als Beispiel sei die (Rück-)Verschmelzung der T-Online AG auf die Deutsche Telekom AG im Jahre 2005 genannt, dazu *Goette*, DStR 2006, S. 2132, (2134).

[408] Vgl. BGHZ 159, S. 30 ff. (Gelatine I), wo das Gericht seine „Holzmüller-Grundsätze“ zur Annahme ungeschriebener Hauptversammlungskompetenzen aus der Leitentscheidung BGHZ 83, S. 122 ff. (Holzmüller) präzisiert und deren Ausnahmecharakter abermals betont.

Entscheidung derartiger Fragen auf den Vorstand einzuwirken, spricht der Schutzzweck der Norm eindeutig für eine Anwendung von § 30 Abs. 2 S. 1 WpÜG.

Die teleologische Auslegung ermöglicht somit eine erste Präzisierung der Reichweite der Zurechnungsvorschrift. Sieht man ihren Schutzzweck darin, abgestimmte Verhaltensweisen zu sanktionieren, die besonders schwerwiegende Eingriffe in die Zielgesellschaft erlauben, bilden sich einzelne Kategorien heraus. Als kontrollrelevant lassen sich demnach vor allem Abstimmungen über die Besetzung des Aufsichtsrats der Gesellschaft qualifizieren. Daneben kommen Stimmrechtsabsprachen über Strukturmaßnahmen – sei es aktien-, konzern- oder umwandlungsrechtlicher Art – in Betracht. Entgegen der herrschenden Ansicht tritt schließlich noch eine weitere Fallgruppe hinzu: Zumindest unter teleologischen Aspekten scheidet eine Stimmrechtszurechnung nach § 30 Abs. 2 WpÜG auch dann nicht aus, wenn Aktionärsvereinbarungen auf eine faktische Einflussnahme auf die Verwaltungsorgane der Gesellschaft gerichtet sind.

b) Ergänzende Gesichtspunkte

Wenngleich von zentraler Bedeutung, sollte man die Vorschrift des § 30 Abs. 2 WpÜG freilich nicht auf ihren Umgehungsschutz hinsichtlich der Angebotspflicht in § 35 i.V.m. § 29 Abs. 2 WpÜG reduzieren. Bei der Konkretisierung des Anwendungsbereichs spielen vielmehr auch andere Gesichtspunkte eine wesentliche Rolle. Da die Pflichtangebotsregeln einen intensiven Eingriff in die Grundrechte der beteiligten Parteien darstellen[409], lohnt sich jedenfalls ein Blick auf die verfassungsrechtlichen Vorgaben, die für den Schutzumfang der Norm zu beachten sind. Darüber hinaus ist die Frage von Interesse, welche Auswirkungen die kapitalmarktrechtliche Natur der Regelung hat. Wie schon eingangs gezeigt werden konnte, ist insoweit nicht nur der Individualschutz der Aktionäre, sondern auch der Funktionenschutz des Kapitalmarkts zu beachten.

(1) Verfassungsrechtliche Implikationen

Ein maßgebliches Ziel der Pflichtangebotsregelungen in § 35 i.V.m. § 29 Abs. 2 WpÜG liegt zweifellos darin, die Rechtsposition von Minderheitsaktionären abzusichern. Anknüpfungspunkt ihres Schutzsystems ist damit die rechtliche Teilhabe durch Aktien, mithin durch „gesellschaftsrechtlich vermitteltes Eigentum"[410] i.S.d. Art. 14 GG. Aus diesem Grund könnte aufschlussreich sein, inwieweit

---

[409] Vgl. zur Grundrechtsrelevanz der Pflichtangebotsregeln schon oben, 3. Kap., C., III., 2., b).

[410] So das BVerfG in st. Rspr., vgl. etwa BVerfGE 14, S. 263, (276) (Feldmühle); 25, S. 371, (407) (Rheinstahl); 50, S. 290, (342) (Mitbestimmung).

verfassungsrechtliche Vorgaben im Hinblick auf den Schutz bestehen, den das einfache Recht den Anteilseignern einer Gesellschaft gegenüber zu gewährleisten hat.

Das BVerfG hat sich in einer Reihe von Entscheidungen mit dem Stellenwert des Aktieneigentums im Lichte des Art. 14 GG auseinandergesetzt[411]. Zumeist waren konzernrechtliche Sachverhalte Gegenstand seiner Ausführungen. Dabei hat das Gericht bereits frühzeitig erkennen lassen, dass es von einer Doppelfunktion der Aktie ausgeht: Einerseits sieht es Aktien als einen disponiblen Vermögensgegenstand am Markt, andererseits als verbandsrechtliches Instrument der Teilhabe an der Gesellschaft an[412]. Die Betonung dieser hybriden Natur der Aktie zieht sich wie ein roter Faden durch die gesamte Rechtsprechung des BVerfG. Interessant ist dabei jedoch insbesondere, auf welche Weise die verfassungsrechtliche Gewichtung zwischen beiden Kategorien allmählich konkretisiert wurde. Deutliche Aussagen finden sich in dieser Hinsicht vor allem im Nichtannahmebeschluss im Fall „Moto Meter“ aus dem Jahre 2000. Auch diesem Fall lag ein konzernrechtlicher Sachverhalt zugrunde: Im Ausgangsverfahren hatte der Minderheitsaktionär einer beherrschten Aktiengesellschaft die Festsetzung einer angemessenen Abfindung beantragt, nachdem die Gesellschaft im Anschluss an eine Vermögensübertragung aufgelöst worden war[413]. Bei dieser Gelegenheit sah sich das Gericht dazu veranlasst, zu dem Rangverhältnis zwischen der Herrschafts- und Vermögenskomponente der Beteiligung von Minderheitsaktionären Stellung zu nehmen. Es gelangt zu einem klaren Ergebnis: „Die herrschaftsrechtliche Seite des Aktieneigentums“ sei „für Kleinaktionäre ohnehin begrenzt, da sie auf die Unternehmenspolitik regelmäßig keinen relevanten Einfluss nehmen können [...]. Im Vordergrund [stehe] die Vermögenskomponente der Anlage“[414]. Diesen Äußerungen lässt sich ein spezifisches Vorstellungsbild entnehmen, welches das BVerfG von der Rechtsstellung außenstehender Aktionäre zeichnet. Offenbar steht das Gericht – wenigstens im Bereich des Konzernrechts – auf dem Standpunkt, dass ein etwaiger Bedeutungsverlust der Stimmrechte von Minderheitsaktionären bis zu einem gewissen Maße verfassungsrechtlich hingenommen werden kann. Aus dieser Beurteilung leitet es im konkreten Fall ab, dass die Schutzrechte der Aktionäre

---

[411] Als grundlegend gelten in dieser Hinsicht insbesondere BVerfGE 14, S. 263 ff. (Feldmühle); BVerfGE 100, S. 289 ff. (DAT/Altana) und BVerfG, ZIP 2000, S. 1670 ff. (Moto Meter), vgl. für einen instruktiven Überblick nur *Adolff*, Unternehmensbewertung, S. 294 ff.

[412] Vgl. BVerfGE 14, S. 263, (278) (Feldmühle); dazu *Adolff*, Unternehmensbewertung, S. 297.

[413] Vgl. BVerfG, ZIP 2000, S. 1670, (1671) (Moto Meter).

[414] BVerfG, ZIP 2000, S. 1670, (1671 f.) (Moto Meter).

jedenfalls bei einer „übertragenden Auflösung" auf die „Vermögenskomponente der Beteiligung konzentriert werden"[415] dürfen.

Abstrahiert man von den konzernrechtlichen Besonderheiten der Entscheidung, verbleibt – bei aller Vorsicht – die verallgemeinerungsfähige Aussage des Gerichts, dass der Vermögensschutz von Kleinaktionären grundsätzlich höher zu bewerten ist als derjenige ihrer Mitwirkungsrechte[416]. Diesen Gedanken kann man auch für das Verständnis des Acting in Concert in § 30 Abs. 2 WpÜG fruchtbar machen. Eine solche Einschätzung widerspricht zwar nicht der Annahme, dass die Pflichtangebotsregeln Minderheitsaktionären einen zusätzlichen unternehmenspolitischen „Erwartungsschutz"[417] gewähren können: Dass ein solcher Schutz verfassungsrechtlich nicht geboten ist, besagt natürlich nichts über mögliche Zielsetzungen des einfachen Rechts. Das Gericht gibt jedoch klar zu verstehen, dass Minderheitsaktionäre im Hinblick auf ihr Aktieneigentum in erster Linie vor Vermögensbeeinträchtigungen zu schützen sind. Überträgt man dies auf den erforderlichen Umfang der Stimmrechtszurechnung nach § 30 Abs. 2 WpÜG, so erhält man eine verfassungsrechtliche Richtschnur: Verhaltensabstimmungen mehrerer Parteien erscheinen vor dem Hintergrund des Art. 14 GG umso eher zurechnungswürdig, je größer die potentiellen Gefahren sind, die sie für die Vermögensbindung der Aktionäre bergen. Umgekehrt kann von der Annahme eines Acting in Concert aus verfassungsrechtlicher Sicht umso eher abgesehen werden, je stärker ausschließlich Mitverwaltungsrechte aus ihrer Beteiligung beeinträchtigt zu werden drohen. Auf den Punkt gebracht, bilden Vermögensschädigungen also den Kernbereich aktionärsschützender Regelungen des Gesellschaftsrechts.

(2) Kapitalmarktrechtliche Schutzziele

Das verfassungsrechtliche Leitbild wird weiter untermauert, wenn man sich die kapitalmarktrechtliche Rechtsnatur des Regelungssystems in Erinnerung ruft. Bereits eingangs wurde dargelegt, dass das Pflichtangebot primär aus dem Blickwinkel eines Anlegers konzipiert ist. Die Vorschrift hat mit anderen Worten einen Aktionär vor Augen, der dem Unternehmen Kapital zur Verfügung stellt, um an dessen Erträgen zu partizipieren[418]. Im Mittelpunkt steht deshalb der Individualschutz von Anlegern am Kapitalmarkt, weniger derjenige von Verbandsmitgliedern in der Hauptversammlung der Gesellschaft. Diese kapitalmarktrecht-

---

[415] BVerfG, ZIP 2000, S. 1670, (1671) (Moto Meter).
[416] Vgl. zur Interpretation der Entscheidung auch *Adolff*, Unternehmensbewertung, S. 303 m.w.N.
[417] So *Fleischer*, NZG 2002, S. 545, (548); *Krause/Pötzsch*, in: Assmann/Pötzsch/Schneider, WpÜG, § 35 Rn. 32; kritisch demgegenüber *Letzel*, BKR 2002, S. 293, (296).
[418] *Kleindiek*, ZGR 2002, S. 546, (558).

liche Ausrichtung der Regelungen wird häufig übersehen. Nur vereinzelt findet sich die – eigentlich nahe liegende – Überlegung, dass die §§ 29 ff. WpÜG vornehmlich dem Schutz der Investitionsentscheidung des Anlegers dienen. Von diesem Standpunkt aus erschiene es insbesondere geboten, Aktionäre vor kontrollbedingten negativen Kursentwicklungen der Zielgesellschaft oder Änderungen der Dividendenpolitik abzusichern[419]. Die meisten Stellungnahmen in der Literatur blenden die kapitalmarktrechtliche Dimension der Zurechnungsvorschrift jedoch aus. Sie verstehen die Regelung des Acting in Concert – freilich ohne dies ausdrücklich zuzugestehen – vielmehr als ein Instrument der Konzernbildungskontrolle[420].

Ein solches Verständnis verkürzt die gebotene Sichtweise allerdings erheblich. Es ist nach der dogmatischen Einordnung des Pflichtangebots nicht nur inkonsequent, sondern verstellt auch den Blick auf die Regelungszwecke der Zurechnung. Ordnet man die Pflichtangebotsregeln richtigerweise als originäres Kapitalmarktrecht ein, so muss man dessen Schutzzielen auch umfassend Rechnung tragen. Dazu gehört einerseits sicherlich der Individualschutz, auf den sich die Überlegungen im Schrifttum konzentrieren. Die zweite – jedenfalls gleichbedeutende[421] – Säule des Kapitalmarktrechts bildet aber der Institutionenschutz, mithin die Förderung der Funktionsfähigkeit des Kapitalmarkts selbst. Das zentrale Anliegen dieses Institutionenschutzes ist wiederum die Sicherung der Allokationseffizienz des Marktes. Da die Pflichtangebotsregeln kapitalmarktrechtlichen Charakter haben, teilt folglich auch die Vorschrift des § 30 Abs. 2 WpÜG das Regelungsziel der ökonomischen Effizienz. Vereinfacht gesprochen ist bei der Auslegung der Regelung daher zu berücksichtigen, welche gesamtwirtschaftlichen Wohlfahrtseffekte sich daraus ergeben können. Obwohl dieser Gedanke durch das klare Bekenntnis des Gesetzgebers im Rahmen der Begründung des Risikobegrenzungsgesetzes jüngst noch einmal untermauert wurde[422], ist er in der rechtswis-

---

[419] So zu Recht etwa *Schlitt*, in: MünchKomm/AktG, § 35 WpÜG Rn. 42.

[420] Dies zeigt sich vor allem daran, dass häufig ohne nähere Reflexion eine pauschale Übertragung der konzernrechtlichen Grundsätze der Mehrmütterherrschaft auf § 30 Abs. 2 WpÜG befürwortet wird, vgl. etwa *Noack*, in: Schwark, Kapitalmarktrecht, § 30 WpÜG Rn. 21.

[421] Teilweise wird der Funktionsschutz sogar als übergeordnetes Ziel, der Individualschutz dagegen lediglich als reflexartige Folgeerscheinung angesehen, vgl. z.B. *Assmann*, ZBB 1989, S. 49, (61); *Schwark*, in: FS Stimpel, S. 1087, (1091 f.); überblicksartig zur Bewertung des dualistischen Schutzzwecks etwa *Merkt*, Unternehmenspublizität, S. 301 ff.

[422] Vgl. Begr. RegE, BT-Drucks. 16/7438, S. 8: „Es geht [...] darum, [...] dass gesamtwirtschaftlich unerwünschte Aktivitäten von Finanzinvestoren erschwert oder möglicherweise sogar verhindert werden, ohne zugleich Finanz- und Unternehmenstransaktionen, die *effizienz*fördernd wirken, zu beeinträchtigen.“ [Hervorhebung hinzugefügt]

senschaftlichen Diskussion der Regelung bislang weitgehend vernachlässigt worden[423]. Bisher hat lediglich *Engert*[424] wohlfahrtökonomische Argumente aufgegriffen. *Engert* plädiert insofern für die Ausweitung des Acting in Concert auf Formen faktischer Einflussnahme gegenüber den Organen der Zielgesellschaft. Welche Überlegungen diesem Gedanken im Einzelnen zugrunde liegen, gilt es später im Rahmen der ökonomischen Analyse des Regelungssystems ausführlich zu erörtern. Bevor ein solcher Versuch unternommen wird, sollen jedoch zunächst die einschlägigen europarechtlichen Vorgaben näher beleuchtet werden.

III. Vorgaben der EU-Übernahmerichtlinie

Seit dem Ablauf der Umsetzungsfrist der Übernahmerichtlinie EG 2004/25 am 20. Mai 2006 beruhen die meisten Vorschriften des WpÜG, darunter nicht zuletzt die Regelungen des Pflichtangebots, auf einer gemeinschaftsrechtlichen Grundlage. Auch das Zurechnungskonzept des Acting in Concert in § 30 Abs. 2 WpÜG muss daher möglichen Vorgaben des Gemeinschaftsrechts entsprechen und gegebenenfalls richtlinienkonform ausgelegt werden. Um die Anforderungen, die an etwaige Zurechnungsregelungen des einzelstaatlichen Rechts gestellt werden, besser einordnen zu können, sollte man sich jedoch zunächst das zugrunde liegende Pflichtangebotsmodell der Richtlinie vor Augen führen.

1. Die Pflichtangebotsregeln in Art. 5 ÜRL

Der Gedanke, dass Inhaber von Wertpapieren einer Zielgesellschaft im Falle von Kontrollveränderungen zu schützen sind, genießt in der Übernahmerichtlinie einen hohen Stellenwert. In einem Atemzug mit dem Gleichbehandlungsgebot der Aktionäre, wird er unter den „allgemeinen Grundsätzen“ unmittelbar in Art. 3 Abs. 1 lit. a ÜRL genannt. Die inhaltlichen Voraussetzungen, unter denen die Mitgliedsstaaten einen solchen Schutz zu gewährleisten haben, werden in Art. 5 ÜRL näher konkretisiert. Dabei legt die Bestimmung nicht nur verschiedene Umsetzungsstandards fest, sondern enthält in ihrem ersten Absatz auch einen eigenen Pflichtangebotstatbestand.

---

[423] Anders aber schon *Assmann/Bozenhardt*, in: Assmann/Basaldua/Bozenhardt/Peltzer, Übernahmeangebote, S. 1, (48), die schon vor der Einführung des WpÜG betont haben, dass „die Einräumung individualschützender Positionen [durch das Übernahmerecht] nicht lediglich den Interessen der einzelnen Beteiligten geschuldet [ist], sondern [...] zugleich dem gesamtwirtschaftlichen Ziel [dient], nur solche konzentrationsfördernden Konzernierungsmaßnahmen [...] zuzulassen, die zugleich zu einer Verbesserung des effizienten Einsatzes der Unternehmensressourcen führen“.

[424] Vgl. *Engert*, JZ 2007, S. 314, (316).

a) Das Pflichtangebotsmodell in Art. 5 Abs. 1 ÜRL

Nach Art. 5 Abs. 1 ÜRL soll ein Pflichtangebot grundsätzlich ausgelöst werden, sobald eine Person infolge des alleinigen Erwerbs oder infolge des Erwerbs durch gemeinsam mit ihr handelnde Personen Wertpapiere an einer börsennotierten Gesellschaft hält, die ihr eine Kontrollbeteiligung verschaffen. Diese Formulierung schafft einerseits Klarheit über die Reichweite der Regelung: Während bei früheren Richtlinienvorschlägen zum Teil umstritten war, ob sie im Anschluss an den *Pennington*-Entwurf einen transaktionsspezifischen – und zwar auf öffentliche Übernahmeangebote begrenzten – Ansatz verfolgten[425], ist eine solche Einschränkung nunmehr offenbar aufgegeben worden. Andererseits lässt die Bestimmung jedoch wesentliche Fragen offen. Der gewählte Regelungsansatz weist jedenfalls kaum Gemeinsamkeiten mit der Ausgestaltung des Pflichtangebots auf, die es in § 35 WpÜG erfahren hat. Indem sich die Richtlinienbestimmung ausschließlich auf reine *Erwerbs*vorgänge bezieht, scheint sie vielmehr von einem wesentlich engeren Verständnis auszugehen als das deutsche Konzept, dessen Anwendungsbereich unabhängig von der Modalität der Kontrollerlangung eingreift.

Vorbildfunktion für die Übernahmerichtlinie hatte in dieser Hinsicht augenscheinlich die Regelung des britischen City Code. Nach der mandatory bid rule in 9.1 CC besteht die Pflicht zur Abgabe eines Vollangebots vornehmlich[426] in dem Fall, dass „any person *acquires*, whether by a series of transactions over a period of time or not, an interest in shares which [...] carry 30% or more of the voting rights of a company“. Freilich ist dieses Modell lediglich auf Fälle des Kontrollerwerbs zugeschnitten, die auf dem rechtsgeschäftlichen Erwerb einer entsprechenden Anzahl von Aktien beruhen. Dass alternative Formen der Kontrollerlangung in aller Regel nicht den Tatbestand des Pflichtangebots erfüllen, ist unter der langjährigen Geltung der britischen Regelung einhellig anerkannt[427]. Wie nicht anders zu erwarten war, wurde vor diesem Hintergrund schon frühzeitig angenommen, der Richtliniengeber habe durch Art. 5 Abs. 1 ÜRL einen inhaltlichen Gleichlauf mit dem Regelungsansatz des City Code herbeiführen wollen. So

---

[425] Dazu *Herkenroth*, Konzernierungsprozesse, S. 289 f. m.w.N.; vgl. etwa zum Streit über den Anwendungsbereich des Pflichtangebots nach dem Richtlinienvorschlag 1989 einerseits *Assmann/Bozenhardt*, in: Assmann/Basaldua/Bozenhardt/Peltzer, Übernahmeangebote, S. 55; andererseits *Baums*, ZIP 1989, S. 1376, (1377).

[426] Daneben besteht eine Angebotspflicht auch dann, wenn eine oder mehrere Personen über Stimmrechte von mindestens 30%, höchstens aber 50% der Zielgesellschaft verfügen und weitere Anteile hinzuerwerben, vgl. Rule 9.1 (b) CC; zum Regelungszweck *Pearson/Adams*, in: Button, Practitioner's Guide, S. 124.

[427] Vgl. Notes on Rule 9.1, Ziff. 1a CC; vgl. auch *Davies*, Company Law, S. 730; *Johnston*, City Code, S. 274; *Pearson/Adams*, in: Button, Practitioner's Guide, S. 128: „[...] what triggers the obligation to make an offer is an acquisition of shares which transfers control“.

geht die weit überwiegende Ansicht mittlerweile davon aus, dass auch das gemeinschaftsrechtliche Modell ein Pflichtangebot nur dann verlange, wenn mit der Kontrollerlangung ein *Hinzu*erwerb von Aktien verbunden ist[428].

Zwingend erscheint eine solche Annahme indessen nur auf den ersten Blick. Ob die Richtlinie dem Pflichtangebot in Anlehnung an den City Code tatsächlich ein derart strenges Erwerbsprinzip zugrunde legt, ist keineswegs zweifelsfrei. Nimmt man allein den englischen Richtlinientext zum Maßstab, wird ein solcher Eindruck zwar erweckt. In den betreffenden Bestimmungen ist insofern durchgehend von einer „*acquisition* of voting rights [...], giving [...] control“ oder der „control [that] has been *acquired*“ die Rede[429]. Der Wortlaut dieser Passagen erscheint jedoch weniger eindeutig, wenn man seine Übersetzungen in andere Amtssprachen berücksichtigt[430]. Die deutsche Fassung des Richtlinientextes bezieht sich in Art. 5 Abs. 1 ÜRL zwar ebenfalls auf den „Erwerb“ einer kontrollvermittelnden Anzahl von Wertpapieren, sie stellt daneben jedoch an zwei weiteren Stellen – in Erwägungsgrund 9 S. 2 sowie in Art. 5 Abs. 2 ÜRL – darauf ab, dass Kontrolle „erlangt“ worden sei. Dieser Begriff entspricht wiederum der bekannten Terminologie des § 35 Abs.1 S. 1 WpÜG. Dabei könnte es sich freilich um eine sprachliche Ungenauigkeit handeln, der von Seiten des Richtliniengebers keine eigenständige Aussagekraft beigemessen wurde. Es wäre allerdings auch denkbar, dass umgekehrt mit der Formulierung von Art. 5 Abs. 1 ÜRL gar keine Beschränkung des Anwendungsbereichs auf bloße Aktienkäufe beabsichtigt war. In diesem Fall käme ein ähnlich weites Verständnis wie im Falle des deutschen Modells in Betracht. Zumindest Art. 3 Abs. 1 lit. a ÜRL, um dessen Konkretisierung es in Art. 5 ÜRL gerade geht, stünde einer solchen Interpretation nicht entgegen. Dort wird lediglich auf den Schutz von Wertpapierinhabern im Falle des *Kontroll*erwerbs verwiesen, wovon der Erwerb von Aktien zu Kontrollzwecken grundsätzlich zu unterscheiden ist[431].

Insgesamt bietet die deutsche Ausfertigung aufgrund ihrer mehrdeutigen Ausdrucksweise allerdings keine verlässliche Auslegungshilfe. Auch die französische Übersetzung der Richtlinienregelungen bleibt eine endgültige Klärung dieser Frage schuldig: Sie bedient sich zwar einerseits mehrfach der Formulierung „le cóntrole a été *acquis*“, greift anderenorts jedoch ihrerseits auf die ex-

---

[428] Vgl. etwa *Seibt*, ZIP 2004, S. 1829, (1831); *Nelle*, ZIP 2006, S. 2057, (2061); *Borges*, ZIP 2007, S. 357, (360); a.A. wohl *Mülbert*, NZG 2004, S. 633, (641).

[429] Vgl. etwa Erwägungsgrund 9 oder Art. 5 Abs. 1, Abs. 2 ÜRL (engl. Fassung).

[430] Zum Stellenwert des Wortlauts verschiedensprachiger Richtlinientexte im Rahmen der grammatikalischen Auslegung *Langenbucher*, in: Langenbucher, Europarechtliche Bezüge, § 1 Rn. 6.

[431] So zu Recht *Meyer*, EU-Übernahmerichtlinie, S. 131.

tensivere Umschreibung des „l'aquéreur qui *pris* le côntrole“ zurück[432]. Letztlich fehlt es also auch hier an einem eindeutigen Bekenntnis des Richtliniengebers. Welche Reichweite dem gemeinschaftsrechtlichen Modell des Pflichtangebots verliehen werden sollte, lässt sich daher nicht abschließend beantworten.

Selbst wenn die Übernahmerichtlinie dem britischen Konzept in dessen engem Ansatz gefolgt wäre, bestünde freilich kein zwingendes Bedürfnis für den deutschen Gesetzgeber, entsprechende Anpassungen im WpÜG vorzunehmen. Das gemeinschaftsrechtliche Modell wäre nur dann von ausschlaggebender Bedeutung gewesen, wenn es sich dabei um einen verbindlichen Standard handeln würde. Wie die Entstehungsgeschichte der Richtlinie bereits veranschaulicht hat[433], wurde das ursprünglich angestrebte Ziel, das europäische Übernahmerecht vollständig zu harmonisieren, aber schon frühzeitig aus den Augen verloren. Nach dem rechtspolitischen Richtungswechsel im Jahre 1996 ging es nur noch darum, ein gemeinsames „level playing field“ für Unternehmensübernahmen zu schaffen. Dies zeigt die endgültige Fassung des Regelwerks auch sehr deutlich. Sowohl den Erwägungsgründen 25 und 26 als auch Art. 3 Abs. 2 lit. a ÜRL lässt sich entnehmen, dass die Richtlinie allgemein nur darauf abzielt, bestimmte Mindeststandards in den mitgliedsstaatlichen Rechtsordnungen sicherzustellen. Ein Umkehrschluss aus Art. 5 Abs. 6 ÜRL belegt zudem, dass im Hinblick auf die Pflichtangebotsregelung nichts anderes gilt[434]: Soweit die Übernahmerichtlinie ausnahmsweise Höchststandards vorsieht, deren Grenzen durch einzelstaatliche Vorschriften nicht überschritten werden sollen, gibt sie dies ausdrücklich zu erkennen[435].

b) Regelungsrahmen des mitgliedsstaatlichen Rechts

Abgesehen von dem wenig aussagekräftigen Pflichtangebotstatbestand, enthält Art. 5 ÜRL indes weitere Rahmenbedingungen, die von den Mitgliedsstaaten bei der Umsetzung der Angebotspflicht zu beachten sind. Die Regelungsdichte variiert dabei jedoch erheblich. Da im Zuge der Verhandlungen gerade keine Einigung auf eine einheitliche Kontrollschwelle erzielt werden konnte[436], legt Art. 5 Abs. 3 ÜRL die konkrete Festsetzung des maßgeblichen Stimmrechtsanteils wie auch die

---

[432] Vgl. dazu einerseits Art. 5 Abs. 1 und Abs. 2 ÜRL, andererseits Erwägungsgrund 9 S. 1 und S. 2 (frz. Fassung).

[433] Vgl. dazu bereits oben, 3. Kap., A., I.

[434] Ebenso *Mülbert*, NZG 2004, S. 633, (637); *Nelle*, ZIP 2006, S. 2057, (2060).

[435] Vgl. zu den zwingenden Vorgaben der Übernahmerichtlinie nur *Hilmer*, Die Übernahmerichtlinie, S. 20 ff., 83.

[436] Vgl. zu den rechtspolitischen Hintergründen etwa *Wiesner*, ZIP 2004, S. 343, (347). Die Bandbreite der mitgliedsstaatlichen Kontrollschwellen differiert zur Zeit zwischen 20% (in Portugal) und 33% (z.B. Frankreich), vgl. *Maul/Muffat-Jeandet*, AG 2004, S. 221, (230).

Entscheidung über die Art seiner Berechnung in die Hand der Mitgliedsstaaten. Die Bestimmung stellt insofern lediglich klar, dass überhaupt ein formales Kriterium anstelle eines materiellen Tatbestands einzuführen ist. Wesentlich enger und differenzierter fallen dagegen die Vorgaben hinsichtlich der erforderlichen Gegenleistungsvorschriften aus. Art. 5 Abs. 5 ÜRL nennt als zulässige Akquisitionswährungen grundsätzlich Geldleistungen, Wertpapiere oder eine Kombination aus beiden Alternativen. Darüber hinaus regelt er bestimmte Sonderfälle, in denen eine Geldleistung von Seiten des Kontrollerwerbers obligatorisch ist. Besondere Aufmerksamkeit widmet die Richtlinie schließlich der Frage, nach welchen Kriterien die anzubietende Gegenleistung nach mitgliedschaftlichem Recht ermittelt werden soll. Dies ist insofern bemerkenswert, als auf entsprechende Detailvorschriften in früheren Richtlinienvorschlägen ganz verzichtet worden war[437]. Nunmehr bestimmt Art. 5 Abs. 4 Unterabs. 1 ÜRL, dass sich die erforderliche „Angemessenheit" der Gegenleistung nach dem Prinzip der Gleichbehandlung richtet. Demzufolge soll das mitgliedsstaatliche Recht Kontrollerwerber dazu verpflichten, im Falle eines Pflichtangebots den höchsten Preis anzubieten, der von ihm oder einer mit ihm gemeinsam handelnden Person in einem näher konkretisierten Referenzzeitraum[438] für entsprechende Wertpapiere gezahlt worden ist. Ein ergänzendes Börsenpreiskriterium – wie es in § 31 Abs. 7 WpÜG i.V.m. § 5 WpÜG-AV vorgesehen ist – existiert dagegen nicht. In diesem Punkt deutet sich wiederum an, dass die Richtlinie den Erwerb von Gesellschaftsanteilen, wenn nicht gar als das einzige, so doch als das maßgebliche Mittel der Kontrollerlangung ansieht.

Insgesamt gesehen beinhaltet Art. 5 ÜRL demzufolge umfangreiche Vorgaben für die Umsetzung der nationalen Pflichtangebotsvorschriften. Gleichwohl kann die Bestimmung nicht darüber hinwegtäuschen, dass sie einen zentralen Bereich des Regelungssystems gerade ausspart. Art. 5 Abs. 1 ÜRL spricht zwar ausdrücklich von „gemeinsam mit [den Kontrollerwerbern] handelnde[n] Personen", ein weiterführender Hinweis auf etwaige Zurechnungsregeln findet sich jedoch nicht. Für derartige Vorschriften scheint der Richtliniengeber – ganz im Gegensatz zum deutschen Gesetzgeber – kein hinreichendes Bedürfnis gesehen zu haben. Dieser Befund mag zunächst verwundern, erklärt sich bei näherer Betrachtung aber aus der Regelungstechnik der Übernahmerichtlinie.

---

437 Vgl. *Meyer*, EU-Übernahmerichtlinie, S. 142 f.

438 Nach Art. 5 Abs. 4 Unterabs. 1 ÜRL gilt dies für einen von den Mitgliedsstaaten festzulegenden Zeitraum von mindestens 6 und höchstens 12 Monaten vor der Angebotsabgabe (S.1) sowie für die Zeit während des Angebotsverfahrens (S.2). Vgl. zur Anpassung des Vorerwerbskriteriums in § 31 Abs. 1 S. 2 WpÜG i.V.m. § 4 S. 1 WpÜG-AV nur *Diekmann*, NJW 2007, S. 17, (20).

2. Acting in Concert nach der EU-Übernahmerichtlinie

Sucht man in der Übernahmerichtlinie nach der Regelung des Acting in Concert, so stößt man schnell auf die grundlegenden konzeptionellen Unterschiede, die gegenüber dem Zurechnungsmodell in § 30 Abs. 2 WpÜG bestehen. Dies gilt nicht einmal ausschließlich für ihre inhaltliche Ausgestaltung. Ein erstes Indiz dafür bietet schon ihre systematische Stellung im Gesamtgefüge der Richtlinie. Zumal die Regelung der „persons acting in concert" in Art. 2 Abs. 1 lit. d ÜRL unter den allgemeinen „Begriffsbestimmungen" angeordnet ist, erinnert sie kaum an die Vorschrift des § 30 Abs. 2 WpÜG, die sich ihrerseits an den Kontrolltatbestand anschließt. Wie *Mülbert*[439] zu Recht hervorgehoben hat, handelt es sich bei dem gemeinschaftsrechtlichen Konzept auch gar nicht um einen Zurechnungstatbestand im rechtstechnischen Sinne: Die Angebotspflicht folgt in diesen Fällen bereits aus Art. 5 Abs. 1 ÜRL, der sich nicht nur auf einen einzelnen Kontrollerwerber, sondern darüber hinaus auf „gemeinsam handelnde Personen" bezieht. Art. 2 Abs. 1 lit. d ÜRL stellt daneben lediglich eine Legaldefiniton des Gruppenbegriffs dar. Weitgehende Ähnlichkeit besteht deswegen zu der Rechtsfigur der „gemeinsam handelnden Personen" in § 2 Abs. 5 S. 1 WpÜG. Beide Regelungen stimmen nicht nur in ihrer wortlautidentischen Bezeichnung, sondern auch in ihrem vergleichbaren systematischen Standort überein. Diese Parallele weist eindringlich auf den Sonderweg hin, den der deutsche Gesetzgeber bei der Schaffung des WpÜG gegangen ist. Während sich das WpÜG bewusst für ein zweigliedriges System entschieden hat, verwendet die Richtlinie eine einheitliche Regelung für das kollektive Verhalten mehrerer Beteiligter im Übernahmeverfahren. Einen gesetzlichen Dualismus – wie zwischen § 2 Abs. 5 WpÜG und § 30 Abs. 2 WpÜG – kennt das Gemeinschaftsrecht also nicht.

In inhaltlicher Hinsicht finden sich freilich weder mit der einen noch mit der anderen Regelung des WpÜG greifbare Gemeinsamkeiten. Die Begriffsbestimmung des Art. 2 Abs. 1 lit. d ÜRL lautet vielmehr, dass „gemeinsam handelnde Personen natürliche oder juristische Personen [sind], die mit dem Bieter oder der Zielgesellschaft auf der Grundlage einer ausdrücklichen oder stillschweigenden, mündlich oder schriftlich getroffenen Vereinbarung zusammenarbeiten, um die Kontrolle über die Zielgesellschaft zu erhalten bzw. den Erfolg des Übernahmeangebots zu vereiteln". Über den erforderlichen Gegenstand dieser „Zusammenarbeit" ist somit nichts Näheres gesagt. Ein wesentlicher Unterschied zu den §§ 2 Abs. 5 S. 1 und 30 Abs. 2 S. 1 WpÜG liegt zudem darin, dass die gemeinschaftsrechtliche Regelung

[439] Vgl. *Mülbert*, NZG 2004, S. 633, (636).

offenbar ein subjektiv-finales Element voraussetzt[440]. Rückschlüsse auf die damit verbundenen Vorgaben für die Umsetzung in nationales Recht lassen sich nur mit Vorsicht ziehen. Liest man Art. 2 Abs. 1 lit. d ÜRL im Kontext des Pflichtangebotstatbestands in Art. 5 Abs. 1 ÜRL, so wird deutlich, dass das Verständnis der Regelung an der Unsicherheit über dessen Reichweite leidet. Je nachdem, wie weit man den Anwendungsbereich des Art. 5 Abs. 1 ÜRL erstrecken will, ließe sich auch das Merkmal der „Zusammenarbeit" in Art. 2 Abs. 1 lit. d ÜRL verstehen. Fest steht damit nur soviel: Da das gemeinschaftsrechtliche Modell jedenfalls solche Kontrollveränderungen erfasst, die durch den Erwerb von Aktien der Zielgesellschaft herbeigeführt werden, hat Art. 2 Abs. 1 lit. d ÜRL primär die Zusammenarbeit der Parteien beim Anteilserwerb im Auge.

Über diese Maßgabe hinaus beinhaltet die gemeinschaftsrechtliche Regelung keine weiteren Vorgaben, die für § 30 Abs. 2 WpÜG eine Rolle spielen könnten. Soweit sich Art. 2 Abs. 1 lit. d ÜRL alternativ auf eine Kooperation bezieht, um „den Erfolg des Übernahmeangebots zu vereiteln", ist dies unmittelbar einsichtig. Diese Voraussetzung betrifft verständlicherweise nicht zurechnungsbegründende Abstimmungen zwischen einzelnen Aktionären. Insoweit vermengt die Legaldefinition vielmehr nur das aktionärsseitige Acting in Concert – um das es in § 30 Abs. 2 WpÜG geht – mit dem Zusammenwirken auf Seiten der Zielgesellschaft[441], das etwa in Art. 6 Abs. 3 lit. m ÜRL und nunmehr auch in § 2 Abs. 5 S. 2 WpÜG n.F. angesprochen wird[442]. Aber auch Art. 2 Abs. 2 ÜRL, der Art. 2 Abs. 1 lit. d ÜRL ausdrücklich ergänzt, hat keine nähere Bewandtnis für § 30 Abs. 2 WpÜG. Die Regelung beinhaltet lediglich die Fiktion, dass Kontrollerwerber als mit ihren Mutter- und Tochtergesellschaften „gemeinsam handelnde Personen" anzusehen sind. Für die Umsetzung dieser Vorgabe in das nationale Recht ist daher die konzernrechtlich ausgerichtete Vermutungsvorschrift in § 30 Abs. 1 Nr. 1 WpÜG – die eine solche Erweiterung zwischenzeitlich auch schon enthielt[443] – der systematisch zutreffende Ort.

---

[440] In diese Richtung auch *Seibt/Heiser*, ZGR 2005, S. 200, (216); *dies.*, AG 2006, S. 301, (307 f.); *Schüppen*, BB 2006, S. 165, (170).

[441] Vgl. zu diesem gesetzestechnischen Missgriff nur *Mülbert*, NZG 2004, S. 633, (637 Fn. 24).

[442] An diesen Unzulänglichkeiten zeigen sich freilich zugleich die Vorzüge, die eine strikte Trennung zwischen zwei separaten Regelungen – einerseits § 2 Abs. 5, andererseits § 30 Abs. 2 – im WpÜG bietet. Die Entscheidung des Gesetzgebers, an dieser Differenzierung festzuhalten, ist daher schon aus Gründen der Rechtsklarheit zu begrüßen.

[443] Vgl. zu den Hintergründen der Rückgängigmachung dieses Zusatzes – den Schwierigkeiten im praktischen Umgang mit § 30 Abs. 1 Nr. 1 WpÜG a.F. nur *Arnold*, AG 2006, S. 567, (569 ff.). Freilich plädiert *Nelle*, ZIP 2006, S. 2057, (2062) demgegenüber für eine entsprechende Erweiterung des § 30 Abs. 2 WpÜG. *Nelle* verkennt jedoch, dass die Ein-

3. Konsequenzen für die Auslegung von § 30 Abs. 2 WpÜG

Nach den vorangegangenen Überlegungen wirft das Konzept der Art. 2 Abs. 1 lit. d, Art. 5 Abs. 1 ÜRL im Hinblick auf die Auslegung des Acting in Concert in § 30 Abs. 2 WpÜG zwei Fragen auf. Erstens erscheint klärungsbedürftig, ob die gemeinschaftsrechtliche Regelung umfangreicheren Zurechnungsvorschriften auf nationaler Ebene entgegensteht. Dieser Aspekt ist für den Tatbestand des § 30 Abs. 2 WpÜG deshalb von besonderer Bedeutung, weil er ganz offensichtlich in mehrfacher Weise über die Reichweite des Gemeinschaftsrechts hinausgeht. Die Richtlinie zeigt diesbezüglich ein klares Bild: Ihre allgemeine Zielsetzung, ein Mindestschutzniveau für Aktionäre zu garantieren, erstreckt sich offenbar auch auf Gestaltungsfragen des Pflichtangebots. Ein deutlicher Beleg dafür ist vor allem Art. 5 Abs. 6 ÜRL, der feststellt, dass „die Mitgliedsstaaten weitere Instrumente zum Schutz der Interessen der Wertpapierinhaber vorsehen [können], sofern diese Instrumente den normalen Gang des Angebots nicht behindern“. Einschlägige Ausnahmen von diesem Grundsatz sind nicht ersichtlich. Würde gerade hinsichtlich der Zurechnungsvorschriften Gegenteiliges gelten, wäre schließlich zu erwarten gewesen, dass die Richtlinie dies – wie in Art. 5 Abs. 4 ÜRL für die Preisregeln geschehen – ausdrücklich klargestellt hätte. Daher sind Ausweitungen des gemeinschaftsrechtlichen Konzepts, die – wie bei einer teleologischen Auslegung von § 30 Abs. 2 WpÜG der Fall – dem (umfassenderen) Anlegerschutz dienen, durch die Übernahmerichtlinie keineswegs gesperrt[444].

Die zweite und ungleich schwieriger zu beantwortende Frage lautet dagegen, inwieweit Art. 2 Abs. 1 lit. d ÜRL i.V.m. Art. 5 Abs. 1 ÜRL verbindliche Mindestanforderungen an die Auslegung von § 30 Abs. 2 WpÜG stellt. In diesem Punkt gehen die Meinungen im Schrifttum erheblich auseinander. Festzuhalten ist zunächst lediglich, dass aufgrund des Gemeinschaftsrechts überhaupt Umgehungsregeln zum Schutze des Pflichtangebotstatbestands erforderlich sind. Auf eine solche Notwendigkeit weist die Existenz der Rechtsfigur der „persons acting in concert“ unzweifelhaft hin. In welchem Umfang dieser Umgehungsschutz indes gewährleistet werden soll, ist lebhaft umstritten. Wie bereits angedeutet, entnimmt eine vordringende Literaturansicht der Richtlinie das Gebot, die Vorschrift des § 30 Abs. 2 WpÜG auf den (bloßen) abgestimmten Erwerb von Gesellschaftsanteilen auszudehnen. Ihrer Meinung nach ist die Annahme, dass eine Zu-

---

fügung eines *Vermutungs*tatbestands in § 30 Abs. 2 WpÜG der Systematik der Regelung gerade zuwider laufen würde.

[444] Ebenso *Hilmer*, Die Übernahmerichtlinie, S. 90; *Hopt/Mülbert/Kumpan*, AG 2005, S. 109, (111); *Schmidtbleicher*, AG 2008, S. 73, (75).

rechnung kraft Acting in Concert über den Erwerb hinaus gehende Stimmrechtsabsprachen voraussetze, mit den Richtlinienbestimmungen nicht vereinbar[445].

Für einen solchen Standpunkt spricht in der Tat eine Reihe von Erwägungen. Zugunsten dieser Ansicht lässt sich vor allem der Wortlaut von Art. 2 Abs. 1 lit. d ÜRL anführen. Die Bestimmung setzt eine Zusammenarbeit zwischen den Beteiligten voraus, „um die Kontrolle über die Zielgesellschaft zu *erhalten*". Sie verlangt damit gerade keine Kooperation im Hinblick auf eine weitergehende *Ausübung* der Kontrolle – wie es alternativ hätte vorgesehen werden können. Das finale Element „um Kontrolle zu erhalten" deutet vielmehr auf ein formales Verständnis hin, ähnlich wie es beispielsweise auch § 29 Abs. 2 WpÜG zugrunde liegt. Dieser Eindruck wird durch eine systematische Überlegung weiter bekräftigt: Denn da das Merkmal der „Kontrolle" gemäß Art. 5 Abs. 3 ÜRL einen formalen Schwellenwert an Stimmrechten bezeichnet, müsste eine Zusammenarbeit zum Zwecke des *Kontroll*erwerbs nach der Regelungslogik darin bestehen, gemeinsamen Anteilsbesitz in entsprechender Höhe aufzubauen[446]. Ergänzende Anforderungen gehen aus der Verknüpfung von Art. 5 Abs. 1 ÜRL und Art. 2 Abs. 1 lit. d ÜRL jedenfalls nicht hervor.

In dieselbe Richtung weist schließlich auch die entstehungsgeschichtliche Auslegung der Richtlinienbestimmung, soweit die Leitbildfunktion des City Code berücksichtigt wird. Zwar hat der britische Gesetzgeber die Regelung des Acting in Concert in Art. 2 Abs. 1 lit. d ÜRL inzwischen nahezu wortlautidentisch übernommen[447]. Vor der Umsetzung verfügte der City Code jedoch über eine durchaus aussagekräftige Definition des Begriffs. Danach lag ein zurechnungsbegründendes Verhalten vor, wenn „persons who, pursuant to an agreement or understanding (whether formal or informal), actively co-operate, through the acquisition by any of them of shares in a company, to obtain or consolidate control of that company"[448]. Diese Regelung – die durch die richtlinienbedingte Novellierung nur sprachlich angepasst, nicht aber inhaltlich verändert werden sollte – war unmissverständlich. Sie führt im Zusammenspiel mit den Vermutungstatbeständen[449],

---

[445] In diesem Sinne etwa *Mülbert*, NZG 2004, S. 633, (637); *Hopt/Mülbert/Kumpan*, AG 2005, S. 109, (111); *Engert*, ZIP 2006, S. 2105, (2111); *Borges*, ZIP 2007, S. 357, (362); *Hommelhoff/Witt*, in: FrankfurterKomm/WpÜG, § 35 Rn. 23; *Nobel/Drenckhan*, WM 2006, S. 1129, (1132); *Berding*, Anlegerschutz, S. 80 f.; jüngst *Fleischer*, ZGR 2008, S. 185, (198).

[446] So wohl auch das Verständnis von *Borges*, ZIP 2007, S. 357, (364) und *Engert*, ZIP 2006, S. 2105, (2111).

[447] Vgl. Sec. C1 definitions, Acting in Concert im City Code vom 20.05.2006, S. 48.

[448] So noch die vorherige Fassung in der siebten Auflage des City Code; ausschnittsweise abgedruckt bei *Schneider*, in: Assmann/Pötzsch/Schneider, WpÜG, § 30 Rn. 91.

[449] Nach dem City Code wird ein Acting in Concert u.a. widerleglich vermutet zwischen: (1.) einer Gesellschaft und ihren Mutter-, Tochter-, Schwestergesellschaften und verbunde-

die der City Code zur Flankierung aufstellt, zu eindeutigen Ergebnissen: Verständigen sich beispielsweise eine Mutter- und ihre Tochtergesellschaft auf den Erwerb von Aktien einer Zielgesellschaft, so dass es zu einer Durchbrechung der Kontrollschwelle von 30% der Stimmrechte kommt, wird ein Pflichtangebot ausgelöst. Weiterer Voraussetzungen bedarf es dafür nicht. Im britischen Recht bildet der abgestimmte Erwerb von Gesellschaftsanteilen somit den zentralen Anwendungsfall des Acting in Concert[450]. Das Paradebeispiel der deutschen Regelung, die Abstimmung der Stimmrechtsausübung, spielt hier dagegen erstaunlicherweise[451] kaum eine Rolle[452]. Daher spricht auch das Zurechnungsmuster des City Code – soweit es für die Konzeption der Richtlinie Pate gestanden hat – für die im Schrifttum vordringende Auffassung.

Solange man sich an Wortlaut, Systematik und historischen Wurzeln der Regelung des Art. 2 Abs. 1 lit. d ÜRL orientiert, erscheint die Forderung nach einer Ausweitung der Zurechnung im WpÜG mithin plausibel. Die Auslegung der Richtlinienbestimmungen sollte allerdings nicht bei diesen Kriterien stehen bleiben. Ihr formales Verständnis ist natürlich kein Selbstzweck. Hilfreich ist es vielmehr, sich auf die grundlegende Zielsetzung der Regelungen in Art. 5 Abs. 1 und Art. 2 Abs. 1 lit. d ÜRL zu besinnen. Diese geht insbesondere aus Erwägungsgrund 9, aber auch aus Art. 3 Abs. 1 lit. a ÜRL klar hervor: Dort heißt es, dass Minderheitsaktionäre einer Zielgesellschaft im Falle eines Kontrollwechsels effektiv geschützt werden sollen. Hintergedanke dieser Bestimmung ist aber nicht, jeglichen

---

nen Unternehmen; (2.) zwischen einer Gesellschaft und ihren Geschäftsführern und (3.) zwischen einer Gesellschaft und ihren Pensionsfonds, vgl. für eine vollständige Aufzählung Sec. C1 definitions, Acting in Concert im City Code vom 20.05.2006, S. 48.

[450] Vgl. *Pearson/Adams*, in: Button, Practitioner's Guide, S. 128 ff.; vgl. auch *Seibt*, ZIP 2005, S. 729, (735) sowie *Böhmer*, Übernahmen in Europa, S. 124.

[451] Eingehend zur Kritik *Wymeersch*, in: Hopt/Wymeersch, European Takeovers, S. 351, (359 ff.). Die strikte Einschränkung des englischen Acting in Concert auf Erwerbsvorgänge, die alle übrigen Formen kontrollrelevanter Aktionärsverbindungen grundsätzlich vernachlässigt, lässt sich wohl nur mit der (Über-)Betonung des formellen Gleichheitsgrundsatzes zu erklären: „The philosophy underlying this Rule is that, if control of a company is obtained by the aquisition of shares, the principle of equality of treatment for shareholders requires that all shareholders should have the opportunity to obtain the price per share paid for that control […]"; so das Panel im Annual Report 1991 (zit. nach *Pearson/Adams*, in: Button, Practitioner's Guide, S. 125).

[452] Gegenteiliges kann ausnahmsweise im Falle eines koordinierten Abstimmungsverhaltens („collective shareholder action") bei der Besetzung des *board* („board-seeking-proposal") gelten; vgl. Note 2 on Rule 9.1 CC. Ein Pflichtangebot wird allerdings auch dann erst durch den nachfolgenden Erwerb von Aktien durch ein Abstimmungsmitglied ausgelöst: „[...] with the result that subsequent aquisitions of shares by any member of the group could give rise to an offer obligation".

Handel mit Aktienpaketen einer bestimmten Größe zu sanktionieren[453]. Gemeint sein kann damit nur der Aktionärsschutz vor Veränderungen der Beherrschungsverhältnisse, die auf die Binnenstruktur oder den Wert der Gesellschaft durchschlagen. Für eine solche Kontrollveränderung können Abstimmungen über den Erwerb von Gesellschaftsanteilen jedoch nur Indizcharakter haben[454]. Eine tatsächliche kollektive Beeinflussung findet erst dann statt, wenn Abstimmungen über die gemeinsame Stimmrechtsausübung oder faktische Einwirkungen erfolgen. Genau diese Fälle werden von der Zurechnungsregelung in § 30 Abs. 2 WpÜG dem Grunde nach aber schon erfasst. Deshalb erscheint eine Ausdehnung der Vorschrift aus teleologischer Sicht überflüssig. Für den Regelungszweck des Gemeinschaftsrecht ist ihre gegenwärtige Handhabung in jedem Fall ausreichend. Der EU-Übernahmerichtlinie kommt es offensichtlich allein auf das Ziel des Aktionärsschutzes an, nicht aber auf die Art und Weise seiner Verwirklichung. Sie bezieht sich in Art. 2 Abs. 1 lit. d, Art. 5 Abs. 1 ÜRL nur deshalb auf den abgestimmten Erwerb von Gesellschaftsanteilen, weil sie sich für eine Rezeption des Modells der „gemeinsam handelnden Personen" des City Code entschieden hat. Geht eine Regelung – wie § 30 Abs. 2 WpÜG – jedoch über das Schutzniveau des britischen Rechts hinaus, ist kein gesetzgeberischer Handlungsbedarf ersichtlich. Ganz ähnlich argumentiert eine verbreitete Ansicht in der Literatur. Sie liest Art. 2 Abs. 1 lit. d ÜRL dahingehend, dass nur solche Abstimmungen erfasst werden sollen, die subjektiv auf die Erlangung materieller Kontrolle gerichtet sind[455]. Eine Stimmrechtszurechnung bei Absprachen über den bloßen Erwerb von Gesellschaftsanteilen wäre auch unter diesem Blickwinkel entbehrlich. Welcher Begründung man auch folgen möchte, es sollte daher jedenfalls über das Ergebnis Einigkeit bestehen: Zumindest unter dem Gesichtspunkt der Richtlinienkonformität ist eine Übertragung des gemeinschaftsrechtlichen Modells, dem „Erwerbsprinzip" nach Art. 2 Abs. 1 lit. d, Art. 5 Abs. 1 ÜRL, auf die Zurechnungsregelung des deutschen Rechts nicht erforderlich.

Zusammenfassend betrachtet, enthält die EU-Übernahmerichtlinie in Art. 2 Abs. 1 lit. d, 5 Abs. 1 ÜRL damit keine zwingenden Vorgaben für die Auslegung des Acting in Concert in dessen gegenwärtiger Fassung. Sie verlangt lediglich, dass Aktionäre vor Kontrollveränderungen in der Gesellschaft geschützt werden, die auf der Interessenbündelung mehrerer Aktionäre beruhen. Dies ist durch eine

---

[453] Ein solches Verständnis der Richtlinie wäre auch mit der Kapitalverkehrsfreiheit nach Art. 56 Abs. 1 EG kaum vereinbar, eingehend zur Problematik der Regelung vor diesem Hintergrund *Schmidtbleicher*, AG 2008, S. 73, (75 ff.).

[454] Dies verkennen auch die Befürworter der Gegenauffassung nicht; vgl. nur *Borges*, ZIP 2007, S. 357, (364): „Es [erscheint] richtig, dass die Abstimmung über den Erwerb von Anteilen [...] schon für sich genommen die Möglichkeit beherrschenden Einflusses indiziert".

[455] Vgl. *Seibt/Heiser*, ZGR 2005, S. 200, (216); *dies.*, AG 2006, S. 301, (307 f.),

teleologische Auslegung von § 30 Abs. 2 WpÜG möglich, ohne dass die Fallgruppe des abgestimmten Erwerbs von Anteilen herangezogen werden muss.

IV. Zwischenbilanz der Auslegung

Nachdem die klassischen juristischen Auslegungsmethoden nunmehr ausgeschöpft sind, lässt sich eine erste Zwischenbilanz ziehen. Wie sich bislang gezeigt hat, ist die Konkretisierung des sachlichen Anwendungsbereichs von § 30 Abs. 2 S. 1 WpÜG erwartungsgemäß schwierig. Die zentrale Frage, welche Verhaltensabstimmungen von Aktionären im Einzelfall eine Stimmrechtszurechnung kraft Acting in Concert begründen, liegt nach wie vor weitgehend im Dunkeln. Offenbar lässt sich die generalklauselartige Weite des Wortlauts der Regelung weder durch die systematische noch durch die historische Interpretation entscheidend eingrenzen[456]. Ebenso wenig führt das soeben vorgestellte Zurechnungskonzept der EU-Übernahmerichtlinie weiter. Indem sie das Modell des britischen City Code übernimmt, beschreitet die Richtlinie vielmehr einen Weg, der sich von dem Ansatz des WpÜG grundlegend unterscheidet. Ein solches Zurechnungskonzept ist konsequent, solange man es vor dem Hintergrund des gemeinschaftsrechtlichen Pflichtangebotstatbestands sieht[457]. Für die wesentlich umfassendere Stimmrechtszurechnung im deutschen Recht hat es jedoch keine Bedeutung.

Einen sachgerechten Anhaltspunkt für die Auslegung des § 30 Abs. 2 WpÜG bietet nur die teleologische Betrachtung. Unter diesem Blickwinkel beschränkt sich der Anwendungsbereich des Acting in Concert jedenfalls auf kontrollrelevante Verhaltensabsprachen der Aktionäre[458]. Eine undifferenzierte Einbeziehung jeglicher Abstimmungen über Mitgliedschafts- bzw. Stimmrechte, wie sie in der Literatur bisher nicht selten anzutreffen war[459], harmoniert dagegen nicht mit dem Schutzzweck der Regelung. Sie ist in doppelter Hinsicht ungenau: Einerseits ist sie zu eng, da sie koordinierte faktische Einflussnahmen auf die Verwaltungsorgane der Gesellschaft vernachlässigt. Andererseits geht sie jedoch zu weit, wenn Abstimmungen erfasst werden, die von vornherein keinen Kontrollbezug aufweisen. Symptomatisch für die mangelnde Plausibilität der bislang herrschenden Meinung ist auch die klare Tendenz der Rechtsprechung, die Reichweite der Regelung kontinuierlich zu präzisieren: Sollte es nach Ansicht des OLG Frankfurt für ein Acting in Concert noch genügen, *„Mitgliedschafts-*

---

[456] Vgl. 4. Kap., B., II., 2. bzw. 4. Kap., B., II., 3.
[457] Vgl. dazu schon 4. Kap., B., III., 1., a).
[458] Vgl. oben, 4. Kap., B., II., 4., a).
[459] Vgl. die Mehrzahl der Nachweise in Fn. 335.

rechte koordiniert [...] auszuüben“[460], korrigierte das OLG München diese Sichtweise schon insoweit, als eine solche Abstimmung „die Ausübung von *Verwaltungsrechten* aus Aktien der Zielgesellschaft“ betreffen müsse[461]. Der BGH schließlich spricht in seinem WMF-Urteil nur noch von Vereinbarungen, die sich „auf die Ausübung von *Stimmrechten* aus Aktien der Zielgesellschaft“ beziehen[462].

Obwohl die Klarstellungen durch die Rechtsprechung allenfalls ein erster Schritt bei der Konkretisierung der Regelung sind, ist diese Entwicklung insoweit zu begrüßen. Der anfangs von der Literatur gewählte Bezugspunkt für die Stimmrechtszurechnung war ganz offensichtlich wenig überzeugend. Dass Abstimmungen über die Ausübung von Mitgliedsschaftsrechten in dieser Allgemeinheit nicht zurechnungsbegründend sein können, sollte unmittelbar einleuchten. Unterteilt man mitgliedsschaftliche Aktionärsrechte dogmatisch in Verwaltungs- und Vermögensrechte[463], so fallen Absprachen über Vermögensrechte schon bei einem flüchtigen Blick aus dem Anwendungsbereich der Norm. Vermögensrechte dienen nicht der Einflussnahme auf die Willensbildung der Gesellschaft, sondern begründen lediglich Ansprüche auf eine finanzielle Beteiligung[464]. Das zentrale Vermögensrecht der Aktionäre, der Dividendenanspruch nach § 58 Abs. 4 AktG, bedarf zudem gar keiner Geltendmachung, sondern entsteht bereits durch den Verwendungsbeschluss der Hauptversammlung. Mangels Disponibilität fehlt es insoweit also schon an einer Abstimmungsmöglichkeit der Aktionäre.

Auch Verwaltungsrechte bilden jedoch keinen Abstimmungsgegenstand, der notwendigerweise auf ein Acting in Concert i.S.d. § 30 Abs. 2 WpÜG schließen lässt. Das Spektrum der Verwaltungsrechte im AktG ist vielschichtig. In diese Kategorie fällt neben dem Stimmrecht eine Reihe von weiteren Teilhabe- und Schutzrechten der Aktionäre[465]. Es wäre aber geradezu widersinnig, die Rechtsfolgen eines Kontrollerwerbs in § 35 WpÜG etwa an die gemeinschaftliche Ausübung originärer Individual- oder Minderheitsrechte – wie z.B. des Auskunftsrechts (§ 131 AktG), des Klagerechts (§§ 245 Nr. 1, 249 AktG), des Einberufungsrechts (§ 122 AktG) oder der Ersatzansprüche (§§ 147 f. AktG) – zu knüpfen. Eine solche Handhabung würde die rechtliche Stellung von außenstehenden

---

460 OLG Frankfurt, NZG 2004, S. 865, (867) (Pixelpark).

461 OLG München, BB 2005, S. 1411, 1412 (WMF).

462 BGH, BB 2006, S. 2432, (2434) (WMF).

463 So die hergebrachte Unterscheidung, vgl. etwa *Hirte*, Kapitalgesellschaftsrecht, § 4, 4.21; *K.Schmidt*, Gesellschaftsrecht, S. 557 f.; *Raiser/Veil*, Recht der Kapitalgesellschaft, § 12 Rn. 10 ff.

464 Einen Überblick über sämtliche Vermögensrechte geben z.B. *Raiser/Veil*, Recht der Kapitalgesellschaften, § 12 Rn. 12.

465 Vgl. die etwa Systematisierung bei *K.Schmidt*, Gesellschaftsrecht, § 19 III, S. 558.

Aktionären nachhaltig schwächen anstatt sie zu stärken. Die Notwendigkeit für eine Stimmrechtszurechnung nach § 30 Abs. 2 S. 1 WpÜG besteht nur dort, wo Verständigungen zwischen Aktionären auch zu einer Bündelung ihres Einflusspotentials führen können. Aus dem Kreis der Verwaltungsrechte im Aktienrecht betrifft dies von vornherein ausschließlich das Stimmrecht der Aktionäre.

Bei zutreffendem Verständnis beschränkt sich die Zurechnungsregel des Acting in Concert also auf *kontrollrelevante* Aktionärsabsprachen. Die große Frage bleibt jedoch, in welchen Fällen von einer solchen Kontrollrelevanz auszugehen ist. An dieser Stelle stößt eine Untersuchung, die sich lediglich auf formaljuristische Erwägungen stützt, offenbar an ihre Grenzen. Das zeigt sich an einigen Stellungnahmen der Literatur sehr deutlich. So haben *v. Bülow/Bücker* etwa ausgeführt, dass „eine Zurechnung [...] nur dann zu rechtfertigen [sei], wenn das abgestimmte Verhalten auch tatsächlich geeignet ist, die Verhältnisse bei der Zielgesellschaft maßgeblich zu beeinflussen“[466]. Ähnlich hat *Löhdefink* vorgeschlagen, eine kontrollrelevante Verhaltensabstimmung anzunehmen, „wenn ein Mehrheitsaktionär die Gesellschaft auch dann beherrschen könnte, wenn er ausschließlich über die Kompetenzen hinsichtlich der Stimmrechtsausübung verfügt, die Gegenstand der Verhaltensabstimmung sind“[467]. Beiden Ansätzen ist ohne Zweifel zuzustimmen. Wie leicht zu erkennen ist, handelt es sich dabei jedoch genau genommen lediglich um Tautologien: Wann von einer „maßgeblichen Beeinflussung“ oder „Beherrschung“ ausgegangen werden kann, lassen sie letztlich unbeantwortet. Dieser Befund ist für den Rechtsanwender, erst Recht aber für den Adressaten des Zurechnungstatbestands äußerst unbefriedigend.

Aus diesem Grund wird im Anschluss der Versuch unternommen, die Stimmrechtszurechnung kraft Acting in Concert in § 30 Abs. 2 WpÜG aus ökonomischer Perspektive zu analysieren. Wie sich im Einzelnen zeigen wird, ist eine nähere Konkretisierung des Tatbestands unter diesem Blickwinkel durchaus möglich. Die ökonomische Analyse des Rechts verfügt mit dem Regelungsziel der Allokationseffizienz nämlich über einen Bewertungsmaßstab, der in der Lage ist, die Zweckmäßigkeit verschiedener Auslegungsvarianten zuverlässig zu prognostizieren[468].

V. Ökonomische Analyse des Acting in Concert

Die ökonomische Analyse rechtlicher Regeln hat gerade im Übernahmerecht eine lange Tradition. Spätestens seit Beginn der 80er Jahre des vergangenen

---

[466] *v.Bülow/Bücker*, ZGR 2004, S. 669, (699).
[467] *Löhdefink*, Acting in Concert, S. 295.
[468] Vgl. *Eidenmüller*, Effizienz als Rechtsprinzip, S. 6 f.; *ders.* JZ 2001, S. 1041; zu den Erkenntniszielen der ökonomischen Analyse des Rechts bereits eingangs, 2. Kap., C.

Jahrhunderts sind Unternehmensübernahmen[469] vor allem in den Vereinigten Staaten ein beliebtes Betätigungsfeld interdisziplinärer Forschung: „[R]esearch on mergers and acquisitions has revealed a great deal about their trends and characteristics over the last century[...]. Economic theory has provided many possible reasons for why mergers might occur“[470]. Diese in Rechts- und Wirtschaftswissenschaften breit gefächerte Diskussion wurde teilweise auch in Deutschland rezipiert[471], hat sich hierzulande jedoch bislang nicht (entscheidend) durchsetzen können. Um die die ökonomischen Gesichtspunkte des Acting in Concert in § 30 Abs. 2 WpÜG zu beleuchten, soll sie im Folgenden wieder aufgegriffen und vertieft werden. Dabei geht die Untersuchung in drei Schritten vor: Zunächst stellt sich die Frage nach den Wohlfahrtseffekten von Unternehmensübernahmen im Allgemeinen und dem daraus folgenden Regulierungsbedarf (*1.-3.*). In einem zweiten Schritt ist dann zu klären, welche ökonomische Funktion ein Pflichtangebotsmodell in diesem Zusammenhang erfüllen kann (*4.*). Anschließend können gegebenenfalls Kriterien entwickelt werden, die für die Auslegung der Zurechnungsvorschrift des § 30 Abs. 2 WpÜG von maßgeblicher Bedeutung sind (*5.*).

Bevor man auf US-amerikanische Studien zurückgreift und daraus Schlussfolgerungen für die Übernahmeregulierung in Deutschland zieht, sollte man sich indes einen wesentlichen Aspekt vor Augen führen: den klassischen Dualismus zwischen den *Corporate Governance*-Strukturen beider Länder. Während die Vereinigten Staaten das angloamerikanische Modell verkörpern, ist Deutschland insoweit ein Paradebeispiel für kontinentaleuropäische Länder. Zwei Charakteristika bringen den Unterschied der beiden Systeme besonders deutlich zum Ausdruck: einerseits die Aktionärsstrukturen ansässiger Gesellschaften, andererseits die inländische Marktkapitalisierung. Börsennotierte Unternehmen in den Vereinigten Staaten zeichnen sich idealtypisch durch breit gestreuten Anteilsbesitz aus. Daher finden sich nur selten Gesellschaften, an denen nennenswerte Stimmrechtsblöcke gehalten werden. Mehrheitsaktionäre sind die absolute Ausnahme[472]. Die Unter-

[469] Unter einer „Unternehmensübernahme“ wird im folgenden Abschnitt – begrifflich vergröbernd, aber aus Gründen der Vereinfachung zweckmäßig – jede Transaktion verstanden, die zu einem Kontrollwechsel in der jeweiligen Zielgesellschaft führt. Dabei ist gleichgültig, ob es sich insofern um den Kauf eines entsprechenden Aktienpakets, eine Fusion oder ein öffentliches Übernahmeangebot handelt. Die Begriffe „Unternehmensübernahme“ und „Kontrolltransaktion“ werden daher bisweilen synonym nebeneinander verwendet.

[470] *Andrade/Mitchell/Stafford*, 15 Journal of Economic Perspectives, S. 103 (2001).

[471] Vgl. insoweit nur die interdisziplinär angelegten Arbeiten von *Reul*, Gleichbehandlung; *Herkenroth*, Konzernierungsprozesse; *Krause*, Übernahmeangebot, oder *Mühle*, WpÜG.

[472] Vgl. etwa *Barca/Becht*, The Control of Corporate Europe, S. 319. Demnach weisen lediglich 5% der an der NYSE notierten Unternehmen Aktionäre mit Stimmrechtspaketen

nehmenslandschaft in Deutschland ist dagegen eine grundlegend andere: Hierzulande dominieren börsennotierte Gesellschaften mit Aktionären, die zumindest über eine Sperrminorität verfügen. Der überwiegende Teil von ihnen steht sogar in Mehrheitsbesitz[473]. Spiegelbildlich dazu verhält es sich mit der Marktkapitalisierung. Der US-amerikanische Kapitalmarkt ist um ein Vielfaches breiter als der deutsche. Dies zeigt nicht nur die Summe des an amerikanischen Börsen investierten Kapitals, sondern auch das Ausmaß der dortigen Handelsvolumina und Börseneinführungen (IPOs)[474]. Derart unterschiedliche Rahmenbedingungen und ihre jeweiligen Konsequenzen sind daher sorgfältig im Auge zu behalten, soweit Untersuchungsergebnisse aus den Vereinigten Staaten im Folgenden auf den deutschen Markt übertragen werden.

1. Erklärungsansätze zu den Wohlfahrtseffekten von Übernahmen

Zunächst soll ein bündiger Überblick über die bedeutendsten Theorien zu Ursachen und wohlfahrtstheoretischen Folgen von Unternehmensübernahmen gegeben werden. Im Vordergrund stehen dabei Modelle, die über ihren Stellenwert in der ökonomischen Diskussion hinaus auch nachhaltigen Einfluss auf die Institutionenbildung im Übernahmerecht genommen haben. Die Betrachtung muss dabei allerdings auf die unmittelbaren Beteiligten einer Unternehmenstransaktion beschränkt bleiben. Das Augenmerk liegt also auf denjenigen Effizienzeffekten, welche Bieter- und Zielgesellschaft sowie deren Anteilseigner betreffen. Eine mögliche mittelbare Ausstrahlung von Übernahmen auf weitere Interessengruppen[475], wie etwa auf Anleihegläubiger der Gesellschaften, deren Arbeitnehmer, Konsumenten oder den Fiskus wird vorliegend ausgeklammert.

Nach ihrem wohlfahrtsökonomischen Grundverständnis lassen sich wirtschaftswissenschaftliche Erklärungsansätze für Unternehmensübernahmen grob in drei Kategorien einteilen. Die wohl verbreitetste Strömung bilden in dieser Hinsicht die sog. Werterhöhungstheorien. Daneben findet sich eine Reihe von wertneutralen

---

in Höhe von 25% auf, über einen Mehrheitsaktionär verfügen sogar nur rund 2%; vgl. dazu auch *Wackerbarth*, ZGR 2005, S. 686, (691 f.).

[473] *Becht/Boehmer*, 23 International Review of Law and Economics (2003); S. 1, (26), haben bei einer Stichprobe von 430 Gesellschaften in 82% der Fälle einen Mehrheitsaktionär und in 65% der Fälle jedenfalls einen Aktionär mit Sperrminorität ermitteln können; ganz ähnlich *Franks/Mayer*, 14 Review of Financial Studies (2001), S. 943, (947).

[474] Vgl. nur den Überblick bei *Helmis*, Ökonomische Analyse, S. 100 ff., der dokumentiert, dass die Markttiefe in den USA diejenige in Deutschland um mehr als das Zehnfache übersteigt.

[475] Vgl. für einen umfassenden Überblick *Romano*, in: Hopt/Wymeersch, European Takeovers, S. 3, (4 ff.); aus der deutschen Literatur insbesondere die eindrucksvolle Aufbereitung von *Reul*, Gleichbehandlung, S. 151 ff.

Modellen, die teilweise auch als Managertheorien bezeichnet werden. Die dritte und letzte Gruppe stellen schließlich die sog. Umverteilungstheorien dar.

a) Werterhöhungstheorien

(1) Das Konzept des Marktes für Unternehmenskontrolle

Unter denjenigen Erklärungsansätzen, die Unternehmensübernahmen gesamtwirtschaftliche Effizienzsteigerungen zuschreiben, ragt das von der Chicago School[476] begründete Modell des Marktes für Unternehmenskontrolle („market for corporate control") heraus. Es hat bis heute vor allem in den Vereinigten Staaten beachtlichen rechtspolitischen Einfluss auf das vorherrschende Verständnis von Übernahmen[477]. Das namentlich auf *Henry Manne*[478] zurückgehende und insbesondere von *Easterbrook* und *Fischel*[479] weiter geführte Konzept basiert auf der Annahme, dass die Auswechselung der Unternehmensführung börsennotierter Publikumsgesellschaften das tragende Motiv für Kontrollübernahmen sei. Wird ein solches Unternehmen durch sein Management ineffizient verwaltet, so spiegele der Kapitalmarkt dieses Defizit in Form eines im Markt- und Branchenvergleich niedrigeren Börsenkurses der Gesellschaft wider[480]. Da ein potentieller Bieter das jeweilige Unternehmen insofern identifizieren und zu günstigen Konditionen erwerben könne, komme es zu einer Kontrollübernahme. Ziel des Erwerbers sei

---

[476] Als „Chicago School" bezeichnet man einen (interdisziplinären) Forschungszweig, der sich ab der frühen Mitte des 20. Jahrhunderts an den Fakultäten der Universität von Chicago entfaltet hat. Zu ihren bekanntesten Vertretern zählen die Ökonomen und früheren Nobelpreisträger Milton Friedmann und George Stigler; aus den Reihen der Juristen ist Richard Posner als Autor des Standardwerks zur Ökonomischen Analyse des Rechts hervorzuheben, vgl. für einen lesenswerten Überblick über ihre Entstehungsgeschichte *Reul*, Gleichbehandlung, S. 111 ff.

[477] Es ist wohl nicht übertrieben, die Tatsache, dass sich die Einführung einer Pflichtangebotsregel in den USA bis zum heutigen Tage nicht durchsetzen konnte, (auch) auf die Vorherrschaft der Chicago School zurückzuführen; vgl. etwa die Stellungnahme der SEC, referiert bei *Meier-Schatz*, ZHR 149 (1985), S. 76, (86).

[478] Grundlegend *Manne*, 73 Journal of Political Economy, S. 110 ff. (1965).

[479] *Easterbrook/Fischel*, 94 Harvard Law Review, S. 1161 ff. (1981); *dies.*, 91 Yale Law Journal, S. 698 ff. (1982); *dies.*, 35 Stanford Law Review, S. 1 ff. (1982); *dies.*, Economic Structure of Corporate Law, S. 111 ff.; zur Rezeption in der rechtswissenschaftlichen Literatur etwa *Meier-Schatz*, ZHR 149 (1985), S. 76, (93 ff.); *Assmann/Bozenhardt*, in: Assmann/Basaldua/Bozenhardt/Peltzer, Übernahmeangebote, S. 1, (42 ff.); monographisch insbesondere *Reul*, Gleichbehandlung, S. 128 ff.; *Krause*, Übernahmeangebot, S. 94 ff.; *Herkenroth*, Konzernierungsprozesse, S. 338 ff.

[480] Der zentrale wirtschaftstheoretische Baustein des Kontrollmarktkonzepts ist somit die sog. Efficient Capital Market Hypothesis (EMH), grundlegend dazu *Fama*, 25 Journal of Finance, S. 383 ff. (1970); näher insoweit noch unten, 4. Kap., B., V., 2., a), (1).

es dabei, den Marktwert der Zielgesellschaft durch die Einsetzung eines leistungsfähigeren Leitungsorgans zu steigern und daran zu partizipieren[481].

Nach dieser Deutung sind (Kontroll-)Übernahmen von Unternehmen als maßgebliches Instrument zur Steigerung der Effizienz des Unternehmensmanagements und damit letztendlich zur Maximierung der gesamtwirtschaftlichen Wohlfahrt zu verstehen: „Corporate control transactions can reduce agency costs if better managers obtain control of the firm's assets or if they alter the incentive structure facing existing managers. Corporate takeovers, and subsequent changes in management, increase the wealth of investors“[482]. Die behauptete Existenz eines funktionsfähigen Marktes für Unternehmenskontrolle soll also in zweifacher Hinsicht zu Effizienzsteigerungen beitragen. Einerseits fördert er nach Ansicht der Chicago School die gesamtwirtschaftliche Wohlfahrt im Falle von real stattfindenden Kontrollwechseln. Insoweit sollen Gesellschaftsressourcen durch den Führungswechsel einer besseren Nutzung zugeführt werden. Andererseits wirke für sämtliche Unternehmensleitungen bereits die latente Gefahr, jederzeit selbst Opfer dieses Sanktionsmechanismus zu werden, disziplinierend. Das amtierende Management sei dadurch gehalten, seine Tätigkeit noch stärker am Maßstab des Unternehmensinteresses auszurichten, woraus letztlich eine wohlfahrtsökonomisch vorteilhafte Senkung von agency costs resultiere. Quintessenz dieses Modells ist für die Vertreter der Chicago School das Postulat, Unternehmensübernahmen von jeglicher Form von Regulierung fern zu halten und dem freien Spiel der Marktkräfte zu überlassen[483].

(2) Synergieeffekte

Eine weitere Werterhöhungstheorie, die sich insbesondere in der Praxis großer Beliebtheit erfreut, besteht darin, Unternehmensübernahmen mit potentiellen Synergieeffekten zu erklären[484]. Nach diesem Ansatz liegt der Anreiz zur Durch-

---

[481] So schon *Manne*, 73 Journal of Political Economy, S. 110, (113) (1965): „The lower the stock price, relative to what it could be with more efficient management, the more attractive the take-over becomes to those who believe that they can manage the company more efficiently“.

[482] *Easterbrook/Fischel*, Yale Law Journal 1982, S. 698, (705); ähnlich *Jensen*, in: Coffee/ Loewenstein/Rose-Ackerman, Knights, Raiders and Targets, S. 314, (315): „The market for corporate control is creating large benefits for shareholders and for the economy as a whole“.

[483] Vgl. *Easterbrook/Fischel*, 35 Stanford Law Review, S. 1, (17) (1982): „The optimal level of regulation of tender offers[...] is zero“.

[484] Vgl. dazu aus der amerikanischen Literatur etwa *Gilson*, Corporate Acquisitions, S. 441, 444; weiterführend im rechtswissenschaftlichen Schrifttum hierzulande *Reul*, Gleichbehandlung, S. 168 ff.; *Mühle*, WpÜG, S. 70 ff.

führung von Transaktionen regelmäßig in der Erwartung des Erwerbers, durch die Verbindung der Zielgesellschaft mit eigenen Unternehmenseinheiten erhebliche Kostenersparnisse zu realisieren. In der betriebswirtschaftlichen Theorie sind die möglichen Nutzenvorteile von Zusammenschlüssen hinlänglich analysiert worden. Unterschieden wird gewöhnlich zwischen operativen und finanziellen Verbundeffekten, die von den Beteiligten erzielt werden können[485]. So häufig (und freimütig) wie Unternehmensübernahmen in der Praxis mit etwaigen Synergieeffekten begründet werden[486], so weit verbreitet ist allerdings auch die Einsicht, dass sich die im Vorfeld erhofften Gewinne im Nachhinein oftmals als trügerisch erweisen[487]. Daher ist zwar allgemein anerkannt, dass ein solcher Beweggrund zahlreichen Übernahmen zugrunde liegen dürfte. Weniger einheitlich wird jedoch beurteilt, ob daraus im Regelfall tatsächlich auf positive wohlfahrtstheoretische Wirkungen geschlossen werden kann. Jedenfalls aus der Perspektive der Modelltheorie handelt es sich freilich um einen allokationseffizienten Mechanismus. Unter der Prämisse, dass beide an der Transaktion beteiligten Parteien von den angestrebten Ertragssteigerungen profitieren können, erfüllen derartig motivierte Unternehmensübernahmen das Effizenz-Kriterium nach *Pareto*[488].

b) Wertunabhängige Managertheorien

Anders als die beiden voranstehenden Modelle treffen die sog. Managertheorien keine einheitlichen Aussagen über die gesamtwirtschaftlichen Effizienzwirkungen von Unternehmensübernahmen. Gleichwohl ist nicht zu übersehen, dass sie der Annahme transaktionsbedingter Wertzuwächse tendenziell skeptisch gegenüber-

---

[485] Unter operativen Synergieeffekten fasst man das Potential des Erwerbers zusammen, infolge einer Vergrößerung des Produktionsvolumens Fixkosten einzusparen oder komplementäre Unternehmensressourcen miteinander zu kombinieren. Finanzielle Synergieeffekte zeichnen sich dagegen durch eine Senkung der Kapitalkosten – etwa aufgrund einer Verringerung des Insolvenzrisikos oder günstigerer Möglichkeiten zur Fremd- und Eigenkapitalaufnahme – aus, vgl. nur *Coenenberg/Sauter*, DBW 48 (1988), S. 691, (692 ff.); *Semler*, in: Semler/Volhard, Hdb. Unternehmensübernahmen, § 1 Rn. 69 ff., 106 ff.

[486] Auch in jüngster Zeit gibt es eine Reihe von namhaften Transaktionen, die unter ausdrücklicher Berufung auf synergetische Effekte angekündigt worden sind: so der Übernahmeversuch von Barclays bei ABN Amro (SZ v. 04.05.2007, S. 32), wo das Potential auf 3,5 Mrd. € beziffert wurde; der Übernahmeversuch von Alcoa bei Alcan (SZ v. 08.05.2007, S. 25) oder auch die Beteiligungserhöhung an der VW AG durch Porsche (Handelsblatt Nr. 174 v. 10.09.2007, S. 16).

[487] Vgl. zur Kritik an der häufig leichtfertigen Prognose vermeintlicher Synergieeffekte *Kürsten*, DBW 63 (2003), S. 239 ff. Für spektakuläre Fehlschläge derartiger Übernahmen aus jüngerer Zeit ist etwa an die Fälle AOL/Time Warner und Daimler/Chrysler zu erinnern, vgl. dazu WirtschaftsWoche Nr. 22 v. 26.05.2007, S. 124 f.

[488] Vgl. zum Effizienzmaßstab bereits eingangs 2. Kap., C.

stehen. Gemeinsamer Ausgangspunkt dieser Erklärungsansätze ist die Prinzipal-Agent-Problematik auf Seiten des erwerbenden Unternehmens, also das Konfliktpotential zwischen dessen Aktionären und Leitungsorganen. Damit unterscheidet sich ihr Standpunkt wesentlich vom Konzept des Marktes für Unternehmenskontrolle. Während Übernahmen nach dem Kontrollmarktkonzept als Lösungsmechanismus von Prinzipal-Agent-Konflikten angesehen werden, gelten sie nach den Managertheorien umgekehrt als Teil des Problems[489].

(1) Hybris-Hypothese

Auf dieser Grundlage wurde von *Roll*[490] die sog. Hybris-Hypothese entwickelt. *Roll* geht zwar ebenfalls von der Überlegung aus, dass Unternehmensübernahmen regelmäßig durch den Anreiz von Synergiegewinnen motiviert sind. Im Gegensatz zu den Werterhöhungstheorien nimmt er indes an, dass das Management der Übernehmerin im Hinblick auf das Nutzenpotential der Transaktionen häufig Fehlbewertungen unterliege. Die Unternehmensführung überschätze entweder den Wert der Zielgesellschaft oder aber ihre eigene Fähigkeit, deren Zukunftserträge durch die Erzielung von Synergieeffekten bzw. die Durchführung von Restrukturierungsmaßnahmen zu steigern[491]. Neuere Erkenntnisse der kognitiven Verhaltenspsychologie, die allmählich Eingang in die Wirtschaftswissenschaften finden, stützen seine Thesen im Kern[492]. Demnach gilt inzwischen als gesichert, dass die menschliche Entscheidungsfindung vom Vorstellungsbild des rationalen homo oeconomicus *systematisch* abweichen kann. Insbesondere solche Urteilsverzerrungen, die auf einer übersteigerten Selbstsicherheit des Entscheidungsträgers beruhen („overconfidence bias"), lassen sich empirisch einwandfrei nachweisen[493]. Genau dieses Phänomen greift die Hybris-Hypothese auf. Nach ihrem Modell

---

[489] So zu Recht *Liekefett*, RIW 2004, S. 824, (826); *Mühle*, WpÜG, S. 66.

[490] Grundlegend *Roll*, 59 Journal of Business, S. 197 ff. (1986); *ders.*, in: Coffee/Loewenstein/ Rose-Ackerman, Kights, Raiders & Targets, S. 241.

[491] *Roll*, 59 Journal of Business, S. 197, (200) (1986); näher dazu *Schmidt/Prigge*, DBW 62 (2002), S. 225, (227); *Mülbert/Birke*, WM 2001, S. 705, (707).

[492] Das verhaltensbezogene Modell der „begrenzten Rationalität" (bounded rationality) bricht sich freilich nicht nur in den Wirtschaftswissenschaften Bahn, sondern ist mittlerweile auch in der Rechtswissenschaft angekommen, vgl. dazu aus methodologischer Sicht etwa schon *Eidenmüller*, JZ 2005, S. 216, (218).

[493] Vgl. für eine Zusammenstellung des Forschungsstands zu verhaltenspsychologischen Defiziten des Managements von Unternehmen *Malmendier/Tate*, 55 Journal of Finance, S. 2661 ff. (2005).

finden im Ergebnis nicht ökonomisch effiziente, sondern aus Sicht der übernehmenden Gesellschaft regelmäßig überteuerte Transaktionen statt[494].

(2) Empire Building-Hypothese

Eine weitere Managertheorie ist die sog. Empire-Building-Hypothese. Dieser Ansatz betont vor allem den Umstand, dass die Unternehmensführung der Erwerbergesellschaft bisweilen persönliche Interessen verfolgt. Da Eigentum und Kontrolle in Publikumsgesellschaften auseinander fallen können, fehle es auch bei Transaktionen häufig an einem Gleichlauf der Interessen zwischen Management und Aktionären[495]. Für die Frage, ob eine bestimmte Unternehmensübernahme durchgeführt werde, sei das erwartete Wertsteigerungspotential daher kein maßgebendes Entscheidungskriterium des Managements. Aus dessen Sicht erscheine es vielmehr rational, eine reine „Politik der Größenmaximierung" zu betreiben und ein möglichst umfangreiches „corporate empire" zu errichten[496]. Das Empire Building-Modell kann dabei auf eine Reihe von Gründen verweisen, die in der Tat nahe legen, weshalb die Unternehmensleitung von Kapitalgesellschaften an externem Wachstum interessiert sein dürfte: Kaum einer Erwähnung bedarf, dass ihre Vergütung weniger mit der Profitabilität des geleiteten Unternehmens korreliert als mit dessen Umsatz[497]. Ihr monetäres Einkommen erhöht sich deshalb mit der Abwicklung jeder weiteren Unternehmensübernahme. Daneben verringert das transaktionsbedingte Wachstum des eigenen Unternehmens tendenziell das Risiko des Managements, selbst Ziel einer Übernahme zu werden. Diversifizierte Unternehmen laufen darüber hinaus auch seltener Gefahr, in die Insolvenz zu fallen[498]. Einen wesentlichen Aspekt steuert schließlich die Verhaltenspsychologie bei: Manager streben nicht zuletzt nach „psychischem Einkommen". Unternehmensübernahmen können insofern ein willkommenes Mittel sein, um ihr Bedürfnis nach Macht, Ansehen und Selbstverwirklichung zu befriedigen[499].

Aus dieser spezifischen Interessenlage folgt nach der Empire-Building-Hypothese, dass das Management seinen Handlungsspielraum (§ 76 Abs. 1 AktG) mitunter dazu missbraucht, Übernahmen aus opportunistischen Motiven durchzufüh-

---

494 *Roll*, 59 Journal of Business, S. 197, (213) (1986): „Hubris predicts that, around a takeover, (a) the combined value of the target and bidder firms should fall slightly, (b) the value of the bidding firm should decrease and (c) the value of the target should increase".

495 Vgl: *Shleifer/Vishny*, 2 Journal of Economic Perspectives, S. 7, (14) (1988).

496 So die Bezeichnung bei *Reul*, Gleichbehandlung, S. 193.

497 Dazu nur *Mühle*, WpÜG, S. 57; *Krause*, Übernahmeangebot, S. 103, jeweils m.w.N.

498 Vgl. *Krause*, Übernahmeangebot, S. 103, wiederum m.w.N. zur Empirie.

499 Vgl. *Coffee*, 84 Columbia Law Review, S. 1145, (1205) (1984) („power, prestige, perquisites").

ren. In der Konsequenz seien (auch) wohlfahrtstheoretisch ineffiziente – da nicht mehr durch Wertsteigerungspotential veranlasste – Transaktionen zu erwarten[500].

(3) Free-Cash-Flow-Hypothese

Eng mit der Empire-Building-Hypothese verbunden ist das sog. „free-cash-flow"-Modell. Diese von *Jensen*[501] begründete Theorie teilt deren Prämisse, dass die Leitungsorgane von Unternehmen zu ineffizienten Übernahmeaktivitäten neigen, um ihre eigene Machtfülle zu vergrößern. Die maßgebliche Triebfeder für Unternehmensübernahmen erblickt sie jedoch in der Höhe des frei verfügbaren Gesellschaftskapitals: Manager hätten sowohl den Anreiz als auch die Möglichkeiten, Kapitalrücklagen aus überschüssigem Gesellschaftsvermögen zu bilden. Daher könnten unternehmerische Ressourcen für Unternehmensübernahmen verschwendet werden, die unter Effizienzgesichtspunkten an die Aktionäre der Gesellschaft hätten ausgeschüttet werden müssen. Im Ergebnis komme es somit zu wertvernichtenden Transaktionen. Freilich erschöpft sich die Free-Cash-Flow-Hypothese nicht in dieser Aussage. Sie zeigt vielmehr auf, dass Übernahmen umgekehrt auch ein Lösungsmechanismus dieser Problematik sein können: „it shows how take-overs are both, evidence to conflicts to the interest of shareholders and managers, and a solution to the problem"[502]. Da hohe Eigenkapitalkonzentrationen aus ihrer Sicht auf suboptimale Investitionszwecke schließen lassen, seien sie nämlich zugleich das entscheidende Motiv, um die betreffenden Unternehmen zu übernehmen. Der Kontrollerwerber habe im Anschluss daran die Möglichkeit, das überschüssige Vermögen abzuziehen und durch Fremdkapital zu ersetzen. Auf diesem Wege werde einerseits das Management der Zielgesellschaft diszipliniert. Denn die Vornahme weiterer Investitionen würde in der Zukunft die Aufnahme frischen Kapitals am Markt voraussetzen. Andererseits finde eine Senkung der Agency-Kosten statt, da die angesammelten Finanzmittel nunmehr einer rentableren Verwendung zugeführt werden können.

Vom Standpunkt der Free-Cash-Flow-Hypothese fällt die wohlfahrtstheoretische Gesamtbewertung von Unternehmensübernahmen demzufolge mehrdeutig aus. Einerseits vermag sie mögliche Hintergründe ineffizienter Übernahmen zu

---

[500] Pointiert etwa *Adams*, AG 1990, S. 63, (64): „[D]er Aufbau unproduktiver Wirtschaftsimperien wird zum kostspieligen Mittel des Wichtigtuns unkontrollierter Unternehmensleitungen".

[501] *Jensen*, 76 American Economic Review, S. 323 ff. (1986); *ders.*, 2 Journal of Economic Perspectives, S. 21, (28) (1988); *ders.*, in: Coffee/Loewenstein/Rose-Ackerman, Knights, Raiders & Targets, S. 314, (335).

[502] *Jensen*, 76 American Economic Review, S. 323, (328) (1986).

erklären, andererseits leitet sie daraus jedoch auch die Existenz wertsteigernder Transaktionen her.

c) Wertumverteilungstheorien

Als dritte Gruppe ökonomischer Erklärungsansätze werden gewöhnlich die sog. Wertumverteilungstheorien zusammengefasst. Diese sehen Unternehmensübernahmen grundsätzlich nicht als Vehikel für gesamtwirtschaftliche Wohlfahrtssteigerungen an, sondern gehen – mit Unterschieden im Detail – davon aus, dass derartige Transaktionen allenfalls zu wertneutralen Wohlstandstransfers zwischen einzelnen Interessengruppen führen. Nicht ausgeschlossen sind aus ihrer Sicht jedoch auch wertvernichtende Übernahmen, soweit Verluste einzelner Beteiligter die Nutzenvorteile der Übrigen übersteigen.

(1) Erpressungshypothese

Einen weit verbreiteten Erklärungsansatz für einen spezifischen Teil von Kontrolltransaktionen bietet die sog. Erpressungshypothese („pressure to tender")[503]. Sie bezieht sich insbesondere auf solche Übernahmen, die auf (unregulierten) Märkten im Wege eines öffentlichen Angebots ablaufen.

Es ist daher kein Zufall, dass auch diese Theorie in erster Linie aus den Erfahrungen des US-amerikanischen Kapitalmarkts hervorgegangen ist: In den Vereinigten Staaten, wo Publikumsgesellschaften mit breit gestreutem Anteilsbesitz und Akquisitionen durch öffentliche Übernahmeangebote dominieren, traten derartige Erscheinungsformen erwartungsgemäß zuerst auf[504]. Die zentrale These des Ansatzes lautet dabei, dass Aktionäre der Zielgesellschaft im Rahmen eines Übernahmeverfahrens durch die Kontrollerwerber systematisch übervorteilt werden. Ursache dafür seien bestimmte Akquisitionstechniken, anhand derer der Erwerber die Aktionäre unter Verkaufsdruck setzen könne. Aus der amerikanischen Praxis sind insofern vor allem kurze Annahmefristen und kontingentierte bzw. ge-

---

[503] Grundlegend dazu insbesondere *Bebchuk*, 98 Harvard Law Review, S. 1693 ff. (1985); *ders.*, in: Coffee/Loewenstein/ Rose-Ackerman, Knights, Raiders and Targets, S. 371.

[504] Vgl. *Bebchuk*, 98 Harvard Law Review, S. 1693, (1698 ff.) (1985); *ders.*, in: Coffee/ Loewenstein/Rose-Ackerman, Knights, Raiders and Targets, S. 371; hierzulande ausführlich *Lüttmann*, Kontrollwechsel, S. 37, 73 ff., 138 ff., 187; *Krause*, Übernahmeangebot, S. 108 ff.; *Mai*, Aktionärsschutz, S. 117 ff.; *Assmann/Bozenhardt*, in: Assmann/Basaldua/ Bozenhardt/Peltzer, Übernahmeangebote, S. 1, (14 f.); *Herkenroth*, Konzernierungsprozesse, S. 338 ff.

staffelte Teilangebote bekannt[505]. Mache der Kontrollerwerber von diesen Mitteln Gebrauch, könne er mit seinem Angebot Erfolg haben, obwohl es dem tatsächlichen Wert der Anteile möglicherweise überhaupt nicht entspreche. Eine modelltheoretische Erklärung dafür bietet das berühmte „Gefangenendilemma"[506], das der wirtschaftswissenschaftlichen Spieltheorie entstammt. Wird ein öffentliches Übernahmeangebot unterbreitet, stehen Kleinaktionäre in Publikumsgesellschaften regelmäßig vor einer folgenschweren Entscheidung: Sollen sie das Angebot, dessen grundsätzliche Erfolgsaussichten sie nicht abschätzen können, zu dem ihnen offerierten Preis annehmen? Oder sind sie besser beraten, das Angebot auszuschlagen, obwohl es möglich erscheint, im Erfolgsfalle als Minderheitsaktionär in einer Gesellschaft verbleiben zu müssen, die vom Erwerber möglicherweise ineffizient fortgeführt wird? Ihre Entscheidungsfreiheit wird ganz offensichtlich durch zwei Umstände beeinträchtigt: Zum einen unterliegen sie insoweit einem Informationsdefizit, als sie die Angemessenheit des Angebotspreises kaum zuverlässig beurteilen können. Zum anderen sind sie regelmäßig nicht imstande, ihr Verhalten (zeitnah) mit den übrigen Adressaten des Angebots zu koordinieren[507].

In einer solchen Situation werden einzelne Aktionäre stets den Weg des geringsten Risikos wählen – sie entscheiden sich zugunsten des Angebots[508]. Dies gilt unter den Annahmen des Modells jedenfalls dann, wenn die entfernte Möglichkeit besteht, dass der Aktienkurs der Gesellschaft nach der Übernahme unter den angebotenen Verkaufspreis sinken könnte. Nach der Erpressungshypothese können öffentliche Übernahmeangebote deshalb zu gesamtwirtschaftlichen Effizienzverlusten führen, sofern Unternehmensressourcen tatsächlich unter ihrem realen Wert übertragen werden.

(2) Ausbeutungshypothese

Erhebliche Implikationen für die Regulierung von Unternehmensübernahmen enthält schließlich auch die sog. Ausbeutungshypothese (expropriation hypothesis)[509]. Ähnlich wie das Erpressungsmodell, sieht sie das zentrale Motiv von

---

505 Vgl. für eine kompakte Darstellung der Erscheinungsformen auf dem US-amerikanischen Kapitalmarkt *Herkenroth*, Konzernierungsprozesse, S. 338 ff.; *Lüttmann*, Kontrollwechsel, S. 138 ff.

506 Zu Begriff und Anwendungsformen dieses Analyseinstruments etwa *Behrens*, Ökonomische Grundlagen, S. 78, 89; *Schäfer/Ott*, Ökonomische Analyse, S. 308 ff.

507 Eingehend zum dahinter stehenden Kollektivhandlungsproblem unten, 4. Kap., C., V., 3.

508 Vgl. *Bebchuk*, 98 Harvard Law Review, S. 1693, (1717) (1985); *Herkenroth*, Konzernierungsprozesse, S. 341.

509 Dazu *Schwartze*, in: Schäfer/Ott, Ökonomische Analyse des Unternehmensrechts, S. 264, (272, 275); *Schäfer/Ott*, Lehrbuch der Ökonomischen Analyse, S. 657 f.; *Shleifer/Vishny*, 52 Journal of Finance, S. 737, (759 ff.); *Holderness*, 8 FRBNY Economic Policy

Kontrolltransaktionen ebenfalls in der opportunistischen Haltung potentieller Kontrollerwerber. Im Gegensatz dazu beruft sie sich jedoch in erster Linie nicht auf Schädigungen der ausscheidenden Aktionäre durch das Übernahmeverfahren. Die Ausbeutungshypothese nimmt vielmehr an, dass nach erfolgter Übernahme Vermögensverschiebungen stattfinden, die zu Lasten der verbleibenden Minderheitsaktionäre der Zielgesellschaft gehen[510].

Interessanterweise ist es eine ideengeschichtliche Besonderheit dieses Ansatzes, dass er seinen Ursprung nicht in der lebhaften Diskussion des US-amerikanischen Übernahmerechts gefunden hat, sondern auf Überlegungen aus der deutschen Wirtschaftswissenschaft zurückgeht. So hat *Stützel*[511] bereits im Rahmen der Vorarbeiten zur Aktienrechtsreform 1965 die These vertreten, dass Anteilskonzentrationen im Aktienrecht vornehmlich mit Ausbeutungsanreizen zu erklären seien: „Die Geschichte des Aktienwesen ist die Geschichte immer wieder neuer Versuche einzelner Beteiligter [...] Bereicherungschancen wahrzunehmen".

Dass *Stützel* insofern einen anderen Blickwinkel gewählt hat als die Managertheorien US-amerikanischer Herkunft, verwundert freilich kaum: Während man in den Vereinigten Staaten im Anschluss an die bahnbrechende Arbeit von *Bearle* und *Means*[512] von dem Vorstellungsbild managerkontrollierter Gesellschaften auszugehen pflegt, legten die traditionell hoch konzentrierten Aktionärsstrukturen hierzulande ein abweichendes Verständnis nahe. Unter derartigen institutionellen Rahmenbedingungen war es folgerichtig, die Ursachen der voranschreitenden Unternehmensverbindungen in erster Linie in der Interessenlage der Anteilseigner zu suchen. Dieser Gedanke kommt bei *Stützel* auch deutlich zum Ausdruck, wenn er die Einwirkungsmöglichkeiten des Konzernrechts im Hinblick auf ihre Anreizstruktur analysiert: „Soweit [...] herrschende Unternehmen [...] für die wirtschaftliche Zusammenarbeit mit dem abhängigen Unternehmen gerade die Form der Weisung wählen [...] deckt sich die Bevorzugung dieser Form genau mit der Absicht, durch Einflußnahme auf die Organe der Tochter *gesellschaftsfremde Sondervorteile* zu erlangen. Insoweit läuft jeder nur auf Grund einer

---

Review, S. 51, (54 f.) (2003); aus der rechtswissenschaftlichen Literatur insbesondere *Reul*, Gleichbehandlung, S. 197 ff.; *Krause*, Übernahmeangebot, S. 105 ff.; *Mühle*, WpÜG, S. 73 ff.

510 *Reul*, Gleichbehandlung, S. 197 ff., 206; *Krause*, Übernahmeangebot, S. 107; ähnlich *Rau-Bredow*, DBW 59, (1999), S. 763, (765 ff.); *Schmidt/Prigge*, DBW 62 (2002), S. 225, (227); vgl. auch *Shleifer/Vishny*, 52 Journal of Finance, S. 737, (759 f.) (1997); *Burkart/Gromb/Panunzi*, 106 Journal of Political Economy, S. 172 (175 ff.) (1998).

511 *Stützel*, in: Arndt, Konzentration in der Wirtschaft, S. 907, (946 f.).

512 *Bearle/Means*, Modern Corporation (1932); dazu schon oben, 2. Kap., D.

Weisung zustandekommende Vertragsabschluß des Tochtervorstands auf eine *Schädigung der außenstehenden Aktionäre* der abhängigen Gesellschaft hinaus“[513].

Es fällt nicht schwer, dieser „Sondervorteils-These“ einen verallgemeinerungsfähigen Begründungsansatz für Unternehmensübernahmen zu entnehmen. Zielt das Verhalten von Kontrollaktionären in der Aktiengesellschaft nämlich auf individuelle Nutzenmaximierung ab, kann die Aussicht auf entsprechende Vorteile freilich schon im Vorfeld einer Übernahme bestehen. Sie bildet dann das maßgebliche Erwerbsmotiv. Es ist exakt dieses Verständnis, das sich die Ausbeutungshypothese zu Eigen macht[514]: Der Kontrollerwerber wird nicht – wie aus der Sicht des Kontrollmarktkonzepts – als Förderer des Unternehmenswerts der Zielgesellschaft angesehen, sondern als Opportunist, der diesen zu eigenem Nutzen abschöpft. Im Vordergrund steht damit der Prinzipal-Agent-Konflikt zwischen Kontroll- und Minderheitsaktionären. Wohlfahrtstheoretisch drohen nach diesem Modell empfindliche Effizienzeinbußen. Die vermögensmäßigen Sondervorteile des Erwerbers können die von den Minderheitsaktionären (mit) zu tragenden Wertverluste der Gesellschaft zwar im Einzelfall aufwiegen – sie müssen es jedoch nicht[515]. Solange ein hinreichend großer Kapitalanteil der Gesellschaft von außentstehenden Aktionären gehalten wird, sind gesamtwirtschaftliche Nachteile denkbar.

Versucht man, rechtspolitische Empfehlungen aus der Ausbeutungshypothese abzuleiten, wird schnell ersichtlich, dass es sich genau um dasjenige modelltheoretische Konzept handelt, welches der Pflichtangebotsregelung in § 35 WpÜG zugrunde liegt: Minderheitsaktionäre sollen vor den (ökonomischen) Gefahren bewahrt werden, die Kontrollveränderungen für die Zielgesellschaft in sich bergen. Damit kann festgehalten werden, dass die Pflichtangebotsvorschriften auf einer ganz spezifischen Modellvorstellung von Unternehmensübernahmen beruhen: nämlich der These des Ausbeutungsanreizes dieser Transaktionen. Inwieweit dieses Modell unter den institutionellen Rahmenbedingungen in Deutschland realen Gegebenheiten entspricht oder aber durch alternative Szenarien widerlegt wird, gilt es im Folgenden zu erörtern.

---

513 *Stützel*, in: Arndt, Konzentration in der Wirtschaft, S. 907, (942) [Hervorhebung hinzugefügt].

514 Vgl. *Reul*, Gleichbehandlung, S. 197 ff.; *Krause*, Übernahmeangebot, S. 105.

515 So auch schon die ökonomische Bewertung durch *Stützel*: „Dieser Nachteil [der Gesellschaft] kann kleiner oder größer sein als der geldwerte Vorteil des Großaktionärs; er ist nur in Ausnahmefällen gerade gleich hoch“, vgl. *Stützel*, in: Arndt, Konzentration in der Wirtschaft, S. 907, (965). Zur modelltheoretischen Begründung unten, 4. Kap. B., V., 4., a).

2. Bewertung der Erklärungsmodelle

Die Bestandsaufnahme der wesentlichen wirtschaftswissenschaftlichen Modelltheorien zur Entstehung und Wirkungsweise von Unternehmensübernahmen ergibt insgesamt ein vielschichtiges Bild. Eine klare Tendenz, ob Kontrolltransaktionen überwiegend mit Wohlfahrtssteigerungen oder aber mit Effizienzverlusten verbunden sind, lässt sich daraus kaum erkennen. Einige der genannten Erklärungsansätze ergänzen einander offensichtlich, andere hingegen widersprechen sich weitgehend. Im vorliegenden Zusammenhang interessiert freilich vor allem, welcher Stellenwert der soeben skizzierten Ausbeutungshypothese in diesem Motivgeflecht zukommt. Wären Ausbeutungsanreize tatsächlich eine relevante Begleiterscheinung von Unternehmensübernahmen auf dem deutschen Kapitalmarkt, hätte die Frage nach dem Anwendungsbereich der Pflichtangebotsregelung erhebliche Wohlfahrtseffekte. In diesem Fall würde letztlich auch die Reichweite der Stimmrechtszurechnung kraft Acting in Concert nach § 30 Abs. 2 WpÜG darüber entscheiden, inwieweit gesamtwirtschaftlich nachteilige Formen der Kontrollerlangung bzw. Kontrollausübung verhindert werden können.

Bei dem Vergleich des Ausbeutungsmodells mit den übrigen Erklärungsmustern fällt auf, dass grundsätzlich weitgehende Schnittmengen existieren. Mit diesem Modell widerspruchsfrei vereinbar ist insbesondere die „pressure to tender"-Hypothese. Während ersteres das Schädigungspotential im Nachgang einer (Kontroll-)Übernahme betont, fokussiert der letztere Ansatz primär auf Effizienzverluste durch spezifische Übernahmestrategien. Der gedankliche Ausgangspunkt beider Theorien – die opportunistische Grundausrichtung des Kontrollerwerbers – ist jedoch identisch. Wie schon angedeutet, sind aber auch die Aussagen der Managertheorien enger mit dem Ausbeutungsansatz verbunden als es zunächst scheinen mag. Eine Gemeinsamkeit ist jedenfalls darin zu sehen, dass sie Übernahmen ebenfalls auf die institutionenökonomische Prinzipal-Agent-Problematik der beteiligten Unternehmen zurückführen. Anders als das Ausbeutungsmodell gehen sie dabei – infolge des unterschiedlichen institutionellen Umfelds – lediglich von der Dominanz managerkontrollierter Gesellschaften am Kapitalmarkt aus. Schließlich sind selbst die inhaltlichen Differenzen, die sich auf den ersten Blick ergeben, wenn man synergetische Effekte als maßgebliches Übernahmemotiv ansieht, nicht unüberbrückbar. In ihrer reinen Form besagt die Synergie-These zwar, dass sich realisierbare Kosten- und Nutzenvorteile auf beide Beteiligte der Übernahme (gleichmäßig) verteilen werden[516]. Weicht die spätere Zuweisung der Synergieeffekte jedoch von dieser Idealtypik ab und findet überwiegend beim Kontrollerwerber statt, ist der Übergang zu einer partiellen Wertumverteilung

[516] Vgl. etwa *Coenenberg/Sauter*, DBW 48 (1988), S. 691, (692 ff.).

fließend. Dann kann man durchaus davon sprechen, dass jedenfalls Teile des originären Wert*potentials* der Zielgesellschaft vom Kontrollerwerber einverleibt werden[517]. Bezeichnenderweise wird diese Nähe zwischen der Erzielung gemeinsamer Verbundeffekte und privater Sondervorteile („private benefits of control") bei Kontrolltransaktionen auch in der finanzwissenschaftlichen Literatur häufig hervorgehoben[518]. Obwohl die Synergie-Hypothese gerade von transaktionsbedingten Effizienzsteigerungen ausgeht, bestehen daher nur graduelle Unterschiede zu der Argumentationsweise des Ausbeutungsansatzes.

Diametral entgegengesetzt zu dessen Annahmen ist allerdings der Standpunkt des Marktes für Unternehmenskontrolle nach der Chicago School. Aus der Perspektive des Kontrollmarktkonzepts sind Unternehmensübernahmen ganz überwiegend pareto-effizient[519]. Mit ihrem Leitbild – dem Kontrollerwerber, der als „Wohltäter" auftritt, die Ablösung leistungsschwacher Managementteams betreibt und Restrukturierungsmaßnahmen ergreift – verträgt sich der Ausbeutungsgedanke nicht. Wer die ökonomische Relevanz des Ausbeutungsmodells begründen will, kommt deshalb nicht daran vorbei, sich zunächst mit der (theoretischen) Plausibilität des Kontrollmarktkonzepts näher auseinander zu setzen. Dies gilt umso mehr, als das Modell der Chicago School nicht nur in den Vereinigten Staaten, sondern auch hierzulande in der rechtswissenschaftlichen Literatur gemeinhin Zustimmung erfahren hat[520]. Das Kontrollmarktmodell wird regelmäßig als Grundlage für das Verständnis von Unternehmensübernahmen akzeptiert. Fragt man hingegen danach, wie die Bedeutung derjenigen Ansätze eingeschätzt wird, die Übernahmen mit dem Schädigungspotential gegenüber außenstehenden Aktionären erklären, so zeigt sich die Unvereinbarkeit der Theorien deutlich: Den Umverteilungsmodellen, insbesondere der Ausbeutungs-Hypothese wird regelmäßig kaum Beachtung geschenkt[521]. Die weitgehende Ablehnung dieser Hypothese in

---

[517] Ein solches Verständnis liegt etwa den Ausführungen von *Reul*, Gleichbehandlung, S. 204 f., und *Krause*, Übernahmeangbot, S. 107, erkennbar zugrunde.

[518] Vgl. nur *Holderness*, 8 FRBNY Economic Policy Review, S. 51, (54) (2003): „Large block ownership can be motivated by two factors: the shared benefits of control and the private benefits of control. The two are not mutually exclusive".

[519] *Easterbrook/Fischel*, 91 Yale Law Journal, S. 698, (705) (1981).

[520] Vgl. etwa *Hirte*, in: KK/WpÜG, Einl. Rn. 30, 34; *Hopt*, ZHR 161 (1997), S. 368, (371); *Mülbert/Birke*, WM 2001, S. 705, (707 ff.); *Eidenmüller*, JZ 2001, S. 1041, (1048); weitaus zurückhaltender sind freilich die Einschätzungen im wirtschaftswissenschaftlichen Lager, vgl. *Schmidt/Prigge*, DBW 62 (2002), S. 225, (227 ff.); *Franks/Mayer*, 14 Review of Financial Studies, S. 943, (947 ff.) (2001); *Adams*, AG 1990, S. 63, (66).

[521] Vgl. *Röhrich*, RIW 1993, S. 93, (98); *Hirte*, in: KK/WpÜG, Einl. Rn. 32; *Mülbert/Birke*, WM 2001, S. 705, (709); *Hopt*, ZHR 161 (1997), S. 368, (371); *Liekefett*, RIW 2004, S. 824, (826).

der Literatur mag freilich verschiedene Hintergründe haben[522]. Wenn es aber gelingen würde, die Argumentationsstränge des Marktes für Unternehmenskontrolle nachhaltig zu erschüttern, stünde ihrer Berücksichtigung nach den vorangegangenen Überlegungen zumindest aus modelltheoretischer Sicht nichts entgegen.

a) Angriffsfläche des Marktes für Unternehmenskontrolle

Das Modell des Marktes für Unternehmenskontrolle, das bei seiner Begründung 1965 eine klare Außenseiterposition war[523], hat schnell zu einem beachtlichen Siegeszug angesetzt. Heute gilt es noch immer als das einzige geschlossene Konzept, das den Anspruch erhebt, die weit überwiegende Anzahl auftretender Kontrolltransaktionen erklären zu können[524]. In dem Maße aber, wie der Ansatz der Chicago School gemeinhin eine große Anhängerschaft gefunden hat, ist ihm andererseits auch auf breiter Front Kritik erwachsen. Seit der Begründung des Modells durch *Manne* sind dessen Prämissen, Schlussfolgerungen und rechtliche Empfehlungen – einmal ganz abgesehen von der Herausbildung alternativer Erklärungshypothesen – fortwährend mit erheblichen Einwänden konfrontiert worden[525].

(1) Die Efficient Capital Market Hypothesis

Bereits an der konzeptionell grundlegenden Annahme *Mannes*, der sog. „Efficient Capital Market Hypothesis" (EMH), entzündet sich eine heftige Kontroverse. Vielfalt und Ausmaß der Kritik an der EMH – dem vielleicht meist untersuchten Gegenstand der theoretischen und empirischen Kapitalmarktforschung[526] – sind ein Spiegelbild der Unzulänglichkeiten des Kontrollmarktkonzepts. Auch hier ist

---

[522] Wer der Ausbeutungsthese hierzulande praktische Relevanz bescheinigt, muss natürlich eingestehen, dass das Recht des faktischen Konzerns in § 311 ff. AktG empfindliche Lücken aufweist.

[523] Für einen kompakten Überblick zur Historie *Schmidt/Prigge*, DBW 62 (2002), S. 225, (226 f.).

[524] Vgl. statt vieler *Assmann/Bozenhardt*, in: Assmann/Basaldua/Bozenhardt/Peltzer, Übernahmeangebote, S. 1, (45): „Ein alternatives, ähnlich geschlossenes Theoriegebäude ist in der Übernahmeangebotsdebatte derzeit nicht zu erkennen".

[525] Vgl. für eine eingehende Auseinandersetzung insbesondere *Reul*, Gleichbehandlung, S. 138 ff., *Meier-Schatz*, ZHR 149 (1985), S. 76, (95 ff.); *Herkenroth*, Konzernierungsprozesse, S. 336 ff.

[526] So die Einschätzung von *Adolff*, Unternehmensbewertung, S. 96, der eine konzise Aufbereitung des Forschungsstands aus empirischer (S. 101 ff.) und theoretischer Sicht (S. 130 ff.) bietet.

der früher einmal erreichte Konsens über ihre Modellvorstellungen[527] inzwischen zunehmender Skepsis gewichen.

Von zentraler Bedeutung für das Verständnis der EHM ist eine Unterscheidung, die nicht immer hinreichend deutlich zum Ausdruck kommt: diejenige zwischen Informationseffizienz einerseits und Allokationseffizienz andererseits[528]. Informationseffizienz des Kapitalmarkts bedeutet, dass der Kurs einer Aktie am Markt jederzeit sämtliche öffentlich verfügbaren Unternehmensinformationen vollständig reflektiert[529]. Von der Allokationseffizienz spricht man hingegen, wenn der Umstand hinzu tritt, dass sich alle Marktteilnehmer daraufhin von einem homogenen, rationalen Investorenkalkül leiten lassen[530]. Nur dann bilden sich am Kapitalmarkt – salopp gesagt – die „richtigen" Preise, die den fundamentalen Wert des Unternehmens widerspiegeln. Das Konzept des Marktes für Unternehmenskontrolle beruht auf der Annahme dieser weitergehenden, allokativen Effizienz des Kapitalmarkts[531]. Unternehmensübernahmen können danach nämlich nur dann einen wohlfahrtssteigernden Effekt haben, wenn Kontrollerwerber potentielle Zielgesellschaften anhand ihres niedrigen *Fundamental*werts über die Börse identifizieren. Wäre es umgekehrt möglich, dass Unternehmen am Kapitalmarkt systematisch unterbewertet werden, würde der Mechanismus hingegen leer laufen. In diesem Fall wäre die Fähigkeit des Marktes, ein verlässliches Signal für die Ressourcenallokation zu geben, zweifelhaft. Kontrolltransaktionen könnten – ohne absehbaren Effizienzgewinn – schon allein aufgrund der Aussicht auf die Realisierung entsprechender Preisdifferenzen erfolgen[532].

An dieser Stelle liegt jedoch gerade der neuralgische Punkt des Theoriegebäudes: Allenfalls die Annahme einer (halbstarken) Informationseffizienz, nicht aber die der Allokationseffizienz lässt sich nach den Erkenntnissen der modernen

---

527 Berühmt geworden ist in diesem Kontext eine pointierte Aussage von *Jensen*: „I believe there is no other proposition in economics which has more evidence supporting it than the Efficient Capital Market Hypothesis [...] the Efficient Market Hypothesis is accepted as a fact of life", vgl. *Jensen*, 6 Journal of Financial Economics, S. 95, (96) (1978).

528 Dazu etwa *Ruffner*, Ökonomische Grundlagen, S. 352 ff.; *Adolff*, Unternehmensbewertung, S. 16 f.; *Reul*, Gleichbehandlung, S. 140 ff., der zwischen spekulativer und allokativer Effizienz unterteilt, jeweils m.w.N.

529 Dies ist im Anschluss an *Fama*, 25 Journal of Finance, S. 383 ff. (1970) die in der Finanzwissenschaft vorherrschende „mittelstrenge" Form der Hypothese.

530 Anschaulich *Adolff*, Unternehmensbewertung, S. 18: „Bei Informationseffizienz bilden sich die Preise so, als *ob* alle Marktteilnehmer dasselbe wissen, bei Allokationseffizienz so, als *ob* sie auch alle noch dieselben Schlüsse daraus ziehen"[Hervorhebung im Original].

531 Vgl. insofern nur *Easterbrook/Fischel*, 94 Harvard Law Review, S. 1161, (1165 f.) (1981); *dies.*, 91 Yale Law Journal, S. 698, (705 f.) (1982).

532 Vgl. *Reul*, Gleichbehandlung, S. 141; *Herkenroth*, Konzernierungsprozesse, S. 308 ff.

Kapitalmarktforschung aufrechterhalten[533]. Die Einwände gegenüber der Allokationseffizienzthese setzen insbesondere am Investitionsverhalten der Akteure an der Börse an. Neuere empirische Untersuchungen legen nahe, dass in der Realität aufgrund verhaltenspsychologischer „Störungen“ erhebliche Entscheidungsanomalien der Marktteilnehmer auftreten. Fundierte Erklärungsmuster für dieses Phänomen sind zwar erst in der Entwicklung begriffen, sie werden jedoch bereits zu einem eigenständigen, sich rasch ausbreitenden Forschungsfeld zusammengefasst, der sog. „Behavioural Finance“[534]. Der bislang erreichte Erkenntnisstand der Behavioural Finance gebietet es schon heute, von den Grundannahmen des überkommenen neoklassischen Ideals des rationalen Anlegers Abstand zu nehmen[535]. Mit der Entdeckung solcher Inkonsistenzen wird freilich auch die Existenz von Marktanomalien verständlich, die empirisch seit jeher beobachtet werden konnten[536]. Dass Kursentwicklungen an der Börse bisweilen eine hohe Volatilität aufweisen können, ist allgemein bekannt. Allein anhand der Veränderungen der wirtschaftlichen Rahmenbedingungen sind sie indes häufig nicht oder jedenfalls nicht in dem entsprechenden Umfang zu erklären[537]. Vor diesem Hintergrund lassen sich reale Abweichungen zwischen dem Fundamentalwert eines Unternehmens und seinem Börsenwert aber kaum leugnen[538]. Insgesamt ist daher festzuhalten, dass die Überzeugungskraft der EMH viel von ihrem einstigen Glanz verloren

---

533 Vgl. nur *Adolff*, Unternehmensbewertung, S. 131, 153; *Shleifer*, Inefficient Markets, S. 1 ff.

534 Grundlegend dazu die Monographie von *Shleifer*, Inefficient Markets; einführend in der deutschen Literatur insbesondere *Klöhn*, Kapitalmarkt, Spekulation und Behavioural Finance.

535 In der Modellwelt der behavioural finance gelten die Finanzmarktakteure als „noise trader“, die ihren Entscheidungen nicht (nur) fundamentale Daten, sondern (auch) irrationale Faktoren zugrunde legen, vgl. *Ruffner*, Ökonomische Grundlagen, S. 352. Eingehend zum Begriff und ersten Systematisierungen *Adolff*, Unternehmensbewertung, S. 136 ff.

536 Vgl. für einen Überblick *Adolff*, Unternehmensbewertung, S. 108 ff.; *Mühle*, WpÜG, S. 91 f.

537 Zu erinnern ist nur an den Börsencrash vom 19. Oktober 1987 oder die Entstehung der Spekulationsblase um neue Technologiewerte ab 1998. Auch in jüngster Vergangenheit fehlt es nicht an Beispielen, wie der Einbruch des Aktienkurses der Hypo-Real-Estate (um mehr als 30%) im Januar 2008 nach der Bekanntgabe hoher Abschreibungen im Rahmen der Hypothekenkrise zeigt, vgl. dazu SZ Nr. 16 v. 19./20.01.2008 („Es ist schlicht irrational, was hier an der Börse geschieht“).

538 Dazu bereits *Shiller*, in: Coffee/Loewenstein/Rose-Ackerman, Knights, Raiders & Targets, S. 56 ff. Teilweise wird die Annahme ineffizienter Kapitalmärkte sogar als eigenständige Erklärungshypothese für Unternehmensübernahmen herangezogen: Nach der sog. Arbitragetheorie ist es maßgeblicher Beweggrund von Kontrollerwerbern, die am Kapitalmarkt entstandenen Unterbewertungen einzelner Gesellschaften auszunutzen, vgl. hierzu *Mühle*, WpÜG, S. 64 f. m.w.N.

hat. Da die Theorie des Marktes für Unternehmenskontrolle auf dem theoretischen Fundament der EHM beruht, muss sie letztlich ihr Schicksal teilen.

(2) Weitere Kritikpunkte

Neben der Kritik an dessen Bezugnahme auf die EMH ist gegen das Kontrollmarktkonzept aber auch eine Reihe von systemimmanenten Einwänden vorgetragen worden. Demnach soll die Geltung des Konzepts selbst dann eingeschränkt sein, wenn man bereit ist, der neoklassischen Modellannahme des homo oeconomicus zu folgen. Hingewiesen wird in dieser Hinsicht insbesondere auf die natürliche Risikoscheu eines rationalen Kontrollerwerbers[539]. Ein verständiger Anleger investiere sein Kapital – so wird zu bedenken gegeben – kaum in eine finanziell notleidende Gesellschaft, deren Restrukturierungschancen ungewiss sind. Bei modellgetreuer Betrachtung verbleibe für den Disziplinierungsmechanismus des Marktes für Unternehmenskontrolle daher nur ein schmaler Anwendungsbereich: Einerseits müsse die Ineffizienz einer Unternehmensleitung ein gewisses Niveau erreichen. Ansonsten verspreche die Übernahme der Zielgesellschaft nicht genügend Optimierungspotential, um entstehende Transaktionskosten zu kompensieren. Andererseits dürfe das Ausmaß der Fehlleistungen jedoch nicht so gravierend sein, dass der Bieter von einem Engagement abgeschreckt werde[540].

In eine ähnliche Richtung zielt der Einwand, dass die Disziplinierungshypothese die Wirksamkeit interner Kontrollmechanismen übersehe. Bevor ein außenstehender Kontrollerwerber von der Ineffizienz des Leitungsorgans eines Unternehmens erfahre, sei es wesentlich wahrscheinlicher, dass nahe stehende Überwachungsinstanzen derartige Fehlleistungen aufdecken und sanktionieren würden[541]. Seine Richtigkeit unterstellt, wäre dieser Gesichtspunkt vor allem in einem institutionellem Umfeld wie in Deutschland von Bedeutung. Gerade die dualistische Unternehmensverfassung des Aktiengesetzes, die den Aufsichtsrat als obligatorische Kontrollinstanz vorsieht, müsste die Relevanz des Unternehmenskontrollmarkts nämlich spürbar zurückdrängen[542].

Schließlich begegnen aber nicht nur die Prämissen, sondern auch die Schlussfolgerungen des Kontrollmarktkonzepts Bedenken. So ist keineswegs eindeutig, dass der erzeugte Sanktionsdruck auf das Management börsennotierter Gesellschaften – wie von der Disziplinierungshypothese angenommen – zwangsläufig

---

[539] *Coffee*, 84 Columbia Law Review, S. 1145, (1204) (1984); *Krause*, Übernahmeangebot, S. 96.

[540] Vgl. *Krause*, Übernahmeangebot, S. 96; ähnlich *Teichmann*, ZGR 2001, S. 645, (659).

[541] So etwa *Meier-Schatz*, ZHR 149 (1985), S. 76, (97).

[542] Zu den komplexen Wechselwirkungen zwischen externen und internen Kontrollmechanismen der Corporate Governance noch unten, 4. Kap., C., V., 1.

zu Effizienzsteigerungen führt. Denkbar erscheint nämlich auch eine alternative Sichtweise: Die ständige Bedrohung der Unternehmensleitung, ihre Posten infolge von Kursabschlägen an der Börse einzubüßen, könnte diese ebenso dazu verleiten, schnelllebige Geschäftsstrategien zu bevorzugen. Dies ist eine der Kernthesen der sog. „myopia"-Modelle[543]. Allgemein gesprochen gehen sie davon aus, dass Kapitalmärkte den Unternehmen ein zunehmend kurzsichtiges Investitionsverhalten aufdrängen. Deswegen könnte sich der Ansporn des Managements, seine Position durch kurzfristige Kursgewinne zu festigen, am Ende zum Nachteil einer langfristigen und nachhaltigen Entwicklung des Unternehmenswerts auswirken[544]. Freilich konnten auch die Aussagen der „myopia"-Modelle bislang nicht überzeugend nachgewiesen werden[545]. Sie verdeutlichen vielmehr nur, dass in der Kapitalmarktforschung gegenwärtig hinsichtlich zentraler Fragen noch ein erhebliches Maß an Unsicherheit besteht. An dem zurückhaltenden Gesamturteil über die theoretische Plausibilität des Kontrollmarktkonzepts ändert dies indes nichts. Erkennt man an, dass die Disziplinierungsthese des Modells auf teilweise fragwürdigen Annahmen beruht, muss auch dessen wohlfahrtstheoretisches Verständnis von Übernahmen grundsätzlich bezweifelt werden.

b) Schlussfolgerungen

Als Ergebnis der knappen Erörterung lässt sich damit festhalten, dass das Konzept des Marktes für Unternehmenskontrolle in mehrfacher Hinsicht zweifelhaft ist. Wenngleich nicht alle Einwände ohne weiteres durchgreifen[546], relativieren sie in ihrer Summe doch den Ausschließlichkeitsanspruch des Modells. Auffällig ist dabei, dass die theoretischen Bedenken, die ursprünglich auf den US-amerikanischen Kapitalmarkt gemünzt worden sind, für den deutschen Markt noch stärker zuzutreffen scheinen. In Deutschland gibt es keine vergleichbare Markttiefe wie in den Vereinigten Staaten. Die Unterstellung, der Kapitalmarkt sei allokationseffizient, ist daher umso problematischer. Gleichzeitig dominieren hierzulande nicht etwa Unternehmen mit breit gestreutem Anteilsbesitz, sondern hoch konzentrierte Aktionärsstrukturen. Dadurch verringert sich jedoch die Wahrscheinlichkeit von

---

[543] Eine Einführung in diese Modelle bietet *Ruffner*, Ökonomische Grundlagen, S. 352 ff., 423 ff.

[544] *Ruffner*, Ökonomische Grundlagen, S. 426; *Meier-Schatz*, ZHR 149 (1985), S. 76, (102) („Papierunternehmertum"); vgl. dazu im Rahmen der Diskussion um Hedgefonds auch *Engert*, ZIP 2006, S. 2105, (2106 f.).

[545] Vgl. beispielsweise das Resümee von *Ruffner*, Ökonomische Grundlagen, S. 424 ff.

[546] Einer näheren Betrachtung bedarf insbesondere der pauschale Einwand, dass das Kontrollmarktkonzept durch die Existenz interner Kontrollmechanismen weitgehend verdrängt werde. Selbstverständlich weisen auch interne Kontrollmechanismen strukturelle Schwächen auf, vgl. dazu noch unten, 4. Kap., C., V., 3.

feindlichen Übernahmen – einer in den Vereinigten Staaten verbreiteten Erscheinungsform[547] – erheblich[548]. All diese Umstände laufen der Idealvorstellung eines intakten Marktes für Unternehmenskontrolle tendenziell zuwider. Dass Kontrolltransaktionen in Deutschland tatsächlich wohlfahrtssteigernde Wirkungen haben, ist deshalb alles andere als selbstverständlich. Um Gewissheit in dieser Frage zu erlangen, können letztlich nur empirische Studien weiterhelfen. Ihnen gilt deshalb im Folgenden das Augenmerk. Untersuchungen dieser Art wurden zwar hauptsächlich in den Vereinigten Staaten durchgeführt, sie liegen inzwischen aber auch für den deutschen Kapitalmarkt vor. Es bietet sich daher an, die Ergebnisse dieser Arbeiten ein Stück weit nachzuzeichnen und dabei der Frage nachzugehen, inwieweit sie mit den Aussagen der vorgestellten Modelltheorien vereinbar sind.

3. Empirischer Befund zu Kontrolltransaktionen

Die Anzahl der empirischen Studien, die zu den Hintergründen, Erscheinungsformen oder Auswirkungen von Unternehmensübernahmen veröffentlicht worden sind, ist mittlerweile kaum mehr zu überschauen[549]. Viele von ihnen befassen sich schwerpunktmäßig mit den Finanzkennzahlen derartiger Transaktionen, andere hingegen setzen sich verstärkt mit spezifischen Begleiterscheinungen von Übernahmen auseinander. Ungeachtet der wachsenden Kritik an den Aussagen der EMH beruht die weit überwiegende Mehrheit der Arbeiten aber auf Kurswertuntersuchungen der beteiligten Erwerber- und Zielgesellschaften. Zu diesem Zweck werden zumeist die abnormalen Renditen (Überrenditen) der Unternehmen, sog. CAR-Werte[550], im Rahmen von Ereignisstudien ermittelt. Bei Unternehmens-

---

[547] Vgl. *Hopt*, ZHR 161 (1997), S. 368, (369); *Lüttmann*, Kontrollwechsel, S. 83 ff.

[548] Eine Aufzählung der wenigen dokumentierten Versuche findet sich bei *Helmis*, Ökonomische Analyse, S. 108 Fn. 448. Im Anschluss an den Fall Mannesmann/Vodafone gehen einige Stimmen hierzulande jedoch von der allmählichen Zunahme feindlicher Übernahmen aus, vgl. etwa *Höpner/Jackson*, MPIfG Discussion paper 2001/4, S. 48 ff.

[549] Vgl. für eine Einführung nur die Überblicksaufsätze von *Romano*, in: Hopt/Wymeersch, European Takeovers, S. 3 ff.; *Andrade/Mitchell/Stafford*, 15 Journal of Economic Perspectives, S. 103 ff. (2001), oder *Martynova/Renneboog*, ECGI Working paper 2005/97; Zusammenstellungen in der rechtswissenschaftlichen Literatur finden sich u.a. bei *Reul*, Gleichbehandlung, S. 153 ff.; *Mülbert/Birke*, WM 2001, S. 705, (708 f.) und *Mühle*, WpÜG, S. 101 ff.

[550] Dies geschieht methodisch (hauptsächlich) mit Hilfe der sog. „Cumulative Average Residual“ (CAR)-Analyse. Auf der Basis des sog. Capital Asset Pricing-Modells (CAPM) werden dabei außergewöhnliche Kursbewegungen aus der allgemeinen Marktfluktuation isoliert. Im Ergebnis gelangt man so zu Residualwerten, die den Unterschied zwischen dem tatsächlichen und dem erwarteten Börsenkurs angeben: Ein positiver CAR-Wert deutet daher auf eine unerwartet gute Entwicklung des Aktienkurses hin, ein negativer

übernahmen interessiert insofern vor allem die Kursentwicklung der Unternehmen im engen Zeitraum um die ausschlaggebenden Ereignisse, also die erstmalige Ankündigung der Transaktionen oder deren Vollzugszeitpunkt. Da die Studien von der Informationseffizienz des Marktes im mittelstrengen Sinne ausgehen, unterstellen sie, dass die Kurse die Bewertung aller relevanten Marktteilnehmer umgehend widerspiegeln. Annahmegemäß kann ihnen daher – je nachdem, ob sich im Anschluss an diese Ereignisse positive oder negative Überrenditen bilden – eine Bestätigung der Werterhöhungs- oder aber der Umverteilungstheorien entnommen werden. Diese Art von Untersuchungen steht hier im Vordergrund.

a) Ergebnisse für den US-amerikanischen Kapitalmarkt

In den Vereinigten Staaten ist früh der Versuch unternommen worden, die in der Theorie diskutierten Übernahmetheorien anhand entsprechender empirischer Studien zu belegen. Dabei konzentrierten sich die Bemühungen zunächst darauf, das vorherrschende Modell des Marktes für Unternehmenskontrolle zu verifizieren. Die Arbeitshypothese für eine solche Beweisführung lag auf der Hand. Sollte die Ablösung ineffizienter Unternehmensleitungen tatsächlich das prototypische Motiv von Kontrolltransaktionen sein, wären signifikant hohe Wertsteigerungen zu erwarten. Präziser ausgedrückt, müssten sowohl die Zielgesellschaft als auch die Übernehmerin regelmäßig positive Überrenditen verzeichnen können: Die Zielgesellschaft sollte schon deshalb Zuwächse verbuchen, weil sie durch die Auswechslung eines leistungsschwachen Managements unmittelbar profitiert. Das Erwerberunternehmen müsste diesem Trend zumindest insoweit folgen, als es durch seine Kontrollbeteiligung an deren Effizienzsteigerung partizipieren sollte.

Reul[551] ist es zu verdanken, dass wesentliche Teile der Arbeiten bis in die achtziger Jahre des letzten Jahrhunderts bereits umfassend aufbereitet worden sind. Nach seinen Auswertungen lässt die Mehrzahl der Börsenkursstudien das Konzept des Marktes für Unternehmenskontrolle in einem kritischen Licht erscheinen. Demzufolge stimmten die Ergebnisse der verfügbaren Untersuchungen trotz einiger Unterschiede in ihrer Tendenz weitgehend überein: Sie waren in zweierlei Hinsicht bemerkenswert. Zum einen stützten sie die These der Existenz

---

umgekehrt auf einen außergewöhnlich schlechten Verlauf; näher zur Methodik *Fama*, 25 Journal of Finance, S. 383, (404 ff.) (1970); aus dem deutschen Schrifttum *Bühner*, ZfbF 42 (1990), S. 295, (298 f.).

551 Vgl. die umfangreichen Auswertungen bei *Reul*, Gleichbehandlung, insbesondere S. 154 ff., 169 ff., der zur Fundierung seiner Ergebnisse auch auf zahlreiche Bilanzstudien zurückgreift. Als einflussreichste empirische Arbeiten in der US-amerikanischen Literatur gelten insofern einerseits *Bradley*, 53 Journal of Business, S. 345 ff. (1980); andererseits *Jensen/Ruback*, 11 Journal of Financial Economics, S. 5 ff. (1983).

aggregierter Wohlfahrtsgewinne nur teilweise. Die Kurswertstudien wiesen im Rahmen der Transaktionen zwar hohe durchschnittliche Überrenditen für die betreffenden Zielgesellschaften aus, das Kursniveau der jeweiligen Kontrollerwerber war jedoch insignifikant oder sogar negativ[552]. Zum anderen stellten die Arbeiten das Modell der Chicago School in einem weiteren Punkt in Frage. Verschiedene Studien dokumentierten nämlich, dass sich die übernommenen Gesellschaften keineswegs als außergewöhnlich unprofitabel darstellten, wie es das Kontrollmarktkonzept vermuten lassen sollte. Obwohl die Zielgesellschaften im Vorfeld der Transaktionen zumeist signifikant negative Kurstrends zeigten, unterschieden sie sich darin kaum von denjenigen Unternehmen ihrer Branche, die von einer Übernahme verschont geblieben waren[553]. *Reul* hat aus diesem Befund gefolgert, dass Übernahmeaktivitäten in hohem Maße vom Einfluss externer Faktoren, insbesondere von ihrem konjunkturellen Marktumfeld abhängig seien. Eine monokausale Erklärung für ihre Entstehung schließt er vor diesem Hintergrund aus[554].

Seine Datenauswertungen, die sich allesamt auf Unternehmensübernahmen aus früheren Dekaden beziehen, konnten *Andrade, Mitchell* und *Stafford*[555] durch eine Metastudie auch für die 1990er Jahre bestätigen. Ihrem Sample lagen im Zeitraum von 1973 bis 1998 nahezu 4.300 Kontrolltransaktionen zwischen Unternehmen zugrunde, die an einem US-amerikanischen Börsensegment notiert waren. Auch in diesem Jahrzehnt zeigte sich wiederum, dass der Kurs von Zielgesellschaften sowohl im unmittelbaren Anschluss an die öffentliche Bekanntgabe einer Transaktion als auch in der Phase vor deren Vollzug mit durchschnittlich 16% bzw. 23,8% beachtlich anstieg, während derjenige des Kontrollerwerbers im selben Zeitfenster mit 0,7% bzw. 3,8% andersherum (geringfügig) fiel[556]. Der Negativtrend der Erwerberunternehmen ließ sich durch Langzeitbetrachtungen selbst drei Jahre nach Durchführung der Übernahme noch eindeutig nachweisen[557]. *Andrade, Mitchell* und *Stafford* haben zudem die Bedeutung externer Ursachen für die Häufigkeit von Übernahmen hervorgehoben. In der historischen Rück-

---

[552] Vgl. nur den Überblick bei *Reul*, Gleichbehandlung, S. 160 ff.; sowie in gedrängter Form auch bei *Hirte*, in: KK/WpÜG, Einl. Rn. 5 f. (positive CARs der Zielgesellschaften von 20 bis 35%; negative CARs der Erwerber von bis zu 7%).

[553] Vgl. *Reul*, Gleichbehandlung, S. 156 m.w.N.; dazu auch *Coffee*, 84 Columbia Law Review, S. 1145, (1209) (1984).

[554] Vgl. *Reul*, Gleichbehandlung, S. 206.

[555] *Andrade/Mitchell/Stafford*, 15 Journal of Economic Perspectives, S. 103 ff. (2001).

[556] Dabei gelangt die Arbeit in der Summe zu aggregierten positiven Überrenditen von Erwerber- und Zielgesellschaften in Höhe von knapp 2%, vgl. *Andrade/Mitchell/Stafford*, 15 Journal of Economic Perspectives, S. 103, (110 f.) (2001).

[557] Vgl. *Andrade/Mitchell/Stafford*, 15 Journal of Economic Perspectives, S. 103, (114) (2001), die negativen abnormalen Renditen der 2068 beobachteten Unternehmen hatten sich bis dahin allerdings auf durchschnittlich 1,4% reduziert.

schau identifizierten sie als äußere Auslöser vor allem spezifische „industry level shocks", wozu sie insbesondere bahnbrechende technologische Innovationen, marktliche Versorgungsengpässe oder Marktderegulierungen zählen[558].

Einen Gesamtüberblick über die bedeutendsten Studien, die zu den US-amerikanischen Übernahmeaktivitäten des 20. Jahrhunderts veröffentlicht worden sind, haben zuletzt *Martynova* und *Renneboog*[559] geboten. Ihre Arbeit rundet das vorgezeichnete Bild von Unternehmensübernahmen ab. Sie zeigt in erster Linie auf, dass Diskrepanzen zwischen den Kursverläufen der beteiligten Unternehmen in der Tat charakteristisch sind. Unabhängig von der Wahl der Stichprobe oder des Beobachtungszeitraums konnten sämtliche Studien signifikant positive Überrenditen der jeweiligen Zielgesellschaften ermitteln. Die abnormalen Kurszuwächse bewegten sich nach Bekanntgabe einer Transaktion sogar durchgehend im zweistelligen Prozentbereich[560]. Anders entwickelten sich dagegen die Kurse der übernehmenden Gesellschaften. Die Mehrzahl der Kurswertstudien kam in dieser Hinsicht zu keinen signifikanten Ergebnissen. Manche Arbeiten berichteten von marginalen Wertsteigerungen für die Erwerbergesellschaften, ebenso viele jedoch auch von geringen abnormalen Wertverlusten[561].

Neben dieser Auffälligkeit lässt der Überblick von *Martynova* und *Renneboog* einige weitere Parallelen erkennen, die jenseits aller Unterschiede auf bestimmte Gesetzmäßigkeiten beim Ablauf von Unternehmensübernahmen hindeuten: Übereinstimmung besteht insofern dahin, dass Phasen stark erhöhter Transaktionstätigkeit zumeist wellenförmig auftreten[562] und verschiedene Wirtschaftszweige nacheinander erfassen. Derartige Wellenbewegungen legen nicht nur nahe, dass

---

[558] So *Andrade/Mitchell/Stafford*, 15 Journal of Economic Perspectives, S. 103, (107 f.) (2001), die beispielsweise den Ölpreis-Schock oder die voranschreitende Öffnung diverser Märkte (Luftfahrt, Fernsehübertragung, Telekommunikation) anführen; eine solche These wurde bereits von *Gort*, 83 Quarterly Journal of Economics, S. 624 ff. (1969) vertreten.

[559] *Martynova/Renneboog*, ECGI Working paper 97/2005, die Zusammenstellung beinhaltet darüber hinaus auch maßgebliche Teile der empirischen Arbeiten im Vereinten Königreich.

[560] Vgl. *Martynova/Renneboog*, ECGI Working paper 97/2005, S. 36 ff. (durchschnittliche positive CARs von rund 20%).

[561] Die Spannbreite der Ergebnisse reicht von abnormalen Renditen von rund –5% bis zu Überrenditen von bis zu +5%, vgl. *Martynova/Renneboog*, ECGI Working paper 97/2005, S. 36 ff.

[562] Das wellenförmige Profil des Aufkommens von Unternehmensübernahmen ist freilich eine längst gesicherte Erkenntnis der empirischen Kapitalmarktforschung. Konsens besteht inzwischen über 6 Wellen: Die ersten beiden Wellen (1890er-1903; 1910er-1929) waren auf die Vereinigten Staaten beschränkt; bei der dritten (1950er-1973) trat Europa hinzu; bei der vierten und fünften (1981-1989; 1993-2001) war schließlich auch Asien betroffen. Die aktuelle, sechste Übernahmewelle begann im Jahr 2003 und hat ihren Zenit vermutlich mit der ersten Jahreshälfte 2007 bereits wieder überschritten.

institutionelle Rahmenbedingungen für die Entstehung von Übernahmen von wesentlicher Bedeutung sind. Interessant daran ist vor allem, dass sie auch Auswirkungen auf die gesamtwirtschaftliche Effizienz der jeweiligen Kontrolltransaktionen zu haben scheinen. So können zu Beginn eines solchen Zyklus ganz überwiegend wohlfahrtsfördernde Transaktionen beobachtet werden, während zum Ende offenbar vermehrt ineffiziente Akquisitionen stattfinden[563]. Mit dem Modell des Unternehmenskontrollmarktes lassen sich derartige Zusammenhänge kaum erklären. *Martynova* und *Renneboog* favorisieren daher einen anderen Ansatz zur Begründung der Ergebnisse: Dass in Phasen guter Konjunktur eine Flut von Übernahmen erfolgt, die allerdings nur auf Seiten der jeweiligen Zielgesellschaften positiv bewertet wird, ist ihrer Meinung nach ein Beleg für die Aussagen der Managertheorien[564]. Das Management der erwerbenden Unternehmen nutze insofern die günstigen Finanzierungsmöglichkeiten zu einer übermäßigen Anzahl von Kontrollakquisitionen. Da es vornehmlich zur eigenen Nutzenmaximierung handle, sei es bereit, potentielle Zielgesellschaften zu immer höheren Preisen zu erwerben. Je länger eine solche Periode andauere, desto unprofitabler würden mithin die durchgeführten Transaktionen.

Unabhängig davon, ob man dieser Einschätzung folgen möchte, liefern die Untersuchungen auf dem US-amerikanischen Kapitalmarkt damit erste wesentliche Erkenntnisse. Die beachtliche Dominanz, die das Kontrollmarktkonzept in der Finanzmarkttheorie erlangt hat, können empirische Studien offenbar nicht ohne weiteres rechtfertigen. Zumindest die Ergebnisse aus den Vereinigten Staaten lassen vielmehr Raum dafür, spezifischen Unternehmensübernahmen auch gesamtwirtschaftlich negative Effizienzwirkungen beizumessen.

b) Ergebnisse für den deutschen Kapitalmarkt

Anders als für den US-amerikanischen Kapitalmarkt sind umfassende empirische Erhebungen über Unternehmens- bzw. Kontrollübernahmen in Deutschland über weite Strecken vereinzelt geblieben. Dies lässt sich vor allem auf zwei Gründe zurückführen. Zum einen haben öffentliche Übernahmeangebote – die in den Vereinigten Staaten seit Jahrzehnten ein zentrales Instrument des Erwerbs von Unternehmenskontrolle sind – hierzulande bis in die jüngste Vergangenheit kaum eine praktische Rolle gespielt[565]. Zum anderen bestanden lange Zeit nur rudimentäre gesetzliche Veröffentlichungspflichten beim Erwerb von (Mehr-

[563] Vgl. *Martynova/Renneboog*, ECGI Working paper 2005/97, S. 28.
[564] Vgl. *Martynova/Renneboog*, ECGI Working paper 2005/97, S. 20 f., 28.
[565] Zu den Gründen statt vieler etwa *Mertens*, AG 1990, S. 252, (259); *Hopt*, ZHR 161 (1997), S. 368 (369); *Mühle*, WpÜG, S. 121 ff.; *Herkenroth*, Konzernierungsprozesse, S. 81 ff.; *Hirte*, in: KK/WpÜG, Einl. Rn. 36 ff. jeweils m.w.N.

heits-)Beteiligungen an börsennotierten Gesellschaften[566]. Die erforderliche Zusammenstellung des Datenmaterials war daher mit erheblichen Schwierigkeiten verbunden.

Erste Studien von nennenswertem Umfang gehen auf *Bühner*[567] zurück. *Bühner* beleuchtete 90 ausgewählte Unternehmenstransaktionen aus den Jahren 1973 bis 1985, an denen ausschließlich an deutschen Börsen notierte Gesellschaften beteiligt waren. Da es sich bei diesen Transaktionen durchweg um Fusionen handelte, profitierte er von den verfahrensrechtlichen Melde- und Anzeigepflichten des GWB, nach denen die Zusammenschlüsse dem Bundeskartellamt mitzuteilen waren. Grundlage seiner Betrachtung waren die monatlichen Überrenditen der betroffenen Unternehmen im Zeitraum von zwei Jahren um die Verkündigung der Transaktion. Es zeigte sich ein äußerst gespaltenes Bild: Während die übernommenen Gesellschaften in der Regel erhebliche Wertsteigerungen aufwiesen und mit durchschnittlich 27% nach 24 Monaten absolute Höchststände verbuchen konnten, mussten die Erwerber im selben Zeitraum Einbußen von knapp 10% hinnehmen[568]. Insgesamt gelangte die Studie somit zu aggregierten abnormalen Marktwertverlusten von 6,7%[569]. Die Aussagekraft von *Bühners* Untersuchung sollte freilich nicht überschätzt werden. Infolge der vergleichsweise groben methodischen Vorgehensweise – der Errechnung monatlicher Überrenditen über eine längere Zeitspanne – ist es sehr wahrscheinlich, dass ihre Ergebnisse stark von externen Faktoren beeinträchtigt wurden[570].

Aus diesem Grund wandten *Gerke*, *Garz* und *Oerke*[571] im Rahmen ihrer Arbeit, einer Kurswertstudie zu 105 Unternehmensübernahmen aus den Jahren 1987 bis 1992, eine verfeinerte Methodik an. Sie analysierten die abnormalen Marktwertveränderungen der Beteiligten auf täglicher Basis in einem Intervall von 40 Handelstagen vor der Bekanntgabe der Transaktion bis 40 Tage nach diesem Zeitpunkt. Berücksichtigt wurden dabei nur solche Transaktionen, bei denen eine Übertragung von mindestens 50% der betreffenden Stimmrechte erfolgte. Die Ergebnisse, die *Gerke*, *Garz* und *Oerke* unter diesen Voraussetzungen

---

[566] Vor Inkrafttreten des WpHG im Jahre 1994 sahen lediglich die §§ 20 f. AktG sowie einzelne handelsrechtliche Vorschriften (§§ 285 Nr. 11, 313 Abs. 2 HGB) entsprechende Publizitätspflichten – freilich in engen Grenzen – vor.

[567] *Bühner*, ZfbF 42 (1990), S. 295 ff.

[568] Vgl. *Bühner*, ZfbF 42 (1990), S. 295, (302).

[569] Dieses Ergebnis erklärt sich dadurch, dass die Überrenditen der Erwerbergesellschaften aufgrund ihrer typischerweise größeren Marktkapitalisierung (gegenüber den Zielgesellschaften) in der Summe in höherem Maße ins Gewicht fielen.

[570] Zur Methodenkritik *Gerke/Garz/Oerke*, ZfbF 47 (1995), S. 805, (814); allgemein zum dahinter liegenden Problem der „joint hypothesis", das bei längeren Referenzzeiträumen zum Tragen kommt, *Adolff*, Unternehmensbewertung, S. 123.

[571] *Gerke/Garz/Oerke*, ZfbF 47 (1995), S. 805 ff.

ermittelt haben, deckten sich teilweise mit denen von *Bühner*. Auffällig waren abermals die positiven Überrenditen der Zielgesellschaften, die schon wenige Tage vor der (öffentlichen) Ankündigung der Übernahme zu verzeichnen waren. Sie erreichten zwar längst nicht die Größenordnung von *Bühners* Stichprobe, fielen mit maximal 8,7% jedoch ebenfalls beachtlich aus[572]. Anders verhielt es sich wiederum mit den Werten der beteiligten Erwerberunternehmen. In der Summe wiesen sie grundsätzlich keine beachtlichen Überrenditen auf. Sobald man das Sample jedoch nach den verschiedenen Diversifikationsstrategien der Erwerber unterteilte, kamen auch in dieser Hinsicht signifikante Daten zum Vorschein: Während horizontale und vertikale Übernahmen leicht positive Überrenditen verursachten, zeigte sich insofern nämlich, dass bei konglomeraten Transaktionen umgekehrt signifikant negative Überrenditen der Erwerbergesellschaften auftraten[573].

Die Ergebnisse von *Gerke*, *Garz* und *Oerke* haben insbesondere durch zwei Studien von *Böhmer*[574] weitere Bestätigung gefunden. In der ersten Arbeit lag das Augenmerk ausschließlich auf den Kurswertveränderungen, die sich im Falle der Bekanntgabe einer Transaktion bei den übernehmenden Erwerbergesellschaften einstellten. Dazu wurden die Kapitalmarktreaktionen auf insgesamt 672 Übernahmen aus den Jahren 1985 bis 1993 auf Tagesbasis beobachtet[575]. Zunächst waren für die Erwerber kaum signifikante Überrenditen zu verzeichnen. Dies änderte sich allerdings, als sie in Abhängigkeit von der jeweiligen Konjunkturentwicklung analysiert wurden. Dabei stellte sich heraus, dass die CAR-Werte der Unternehmen in konjunkturstarken Jahren in einem signifikant positiven Bereich lagen. Umgekehrt konnten zu Zeiten eines niedrigen Wirtschaftswachstums signifikant negative abnormale Kursverläufe ermittelt werden[576]. Somit schien sich zu bewahrheiten, was bereits einige Untersuchungen auf dem US-amerikanischen Kapitalmarkt nahe gelegt hatten: Die gesamtwirtschaftliche Effizienz von Kontrolltransaktionen korrelierte offenbar mit den konjunkturellen

---

572 Vgl. die CAR-Kurve bei *Gerke/Garz/Oerke*, ZfbF 47 (1995), S. 805, (817, 819).

573 Dabei konnten Überrenditen von bis zu –5,46% ermittelt werden, vgl. *Gerke/Garz/Oerke*, ZfbF 47 (1995), S. 805, (814).

574 Einerseits *Böhmer/Löffler*, ZfbF 51 (1999), S. 299 ff.; andererseits *Böhmer*, 9 Journal of Financial Intermediation, S. 117 ff. (2000).

575 Vgl. *Böhmer/Löffler*, ZfbF 51 (1999), S. 299, (304); als maßgebliches Intervall wurde ein Zeitraum von 10 Tagen vor der ersten Ankündigung der Transaktion bis 30 Tage danach gewählt.

576 Vgl. *Böhmer/Löffler*, ZfbF 51 (1999), S. 299, (310 ff.): in konjunkturstarken Jahren wurden Überrenditen von bis zu 2% gemessen, in konjunkturschwachen Jahren von rund –1%. Das Referenzkriterium für die Konjunkturentwicklung bildete dabei der Median des realen Wachstums des Bruttoinlandsprodukts während des gesamten Beobachtungszeitraums.

Rahmenbedingungen, unter denen sie stattfanden. Auch die zweite Arbeit *Böhmers*, in der 705 Akquisitionen aus den Jahren 1984 bis 1995 untersucht wurden[577], fügt sich nahtlos in die Reihe vorangegangener Studien ein. Ein weiteres Mal klafft eine beachtliche Lücke zwischen den Ergebnissen von Erwerber- und Zielgesellschaften: Während für erstere in den Tagen nach der Bekanntgabe lediglich durchschnittliche Überrenditen von rund 0,5% gemessen wurden, bildeten sich bei letzteren abnormal positive Renditen von knapp 15%[578]. Diese Ergebnisse erinnern augenscheinlich an die Daten von *Andrade, Mitchell* und *Stafford* aus demselben Zeitraum. Im Zusammenhang betrachtet, werden daher weit reichende Parallelen zwischen den Kurswertstudien in Deutschland und den Vereinigten Staaten sichtbar.

Obwohl sie sich grundsätzlich einer anderen Methodik bedient, sollte eine letzte Untersuchung an dieser Stelle nicht unerwähnt bleiben: die umfassende Arbeit von *Köke*[579]. Seine Studie beschäftigte sich ausschließlich mit Kontrolltransaktionen, die im Wege eines Blocktransfers von Aktien durchgeführt worden waren. Dabei analysierte er insgesamt 436 verschiedene Pakettransfers bei deutschen Unternehmen zwischen 1987 und 1994 und wertete deren Bilanzdaten aus. Besonders interessant an dieser Arbeit ist ihr breites Untersuchungsspektrum. So konnten im maßgeblichen Zeitraum Kontrollveränderungen bei zwei Drittel aller an einem deutschen Börsenplatz notierten Gesellschaften beobachtet werden[580]. In die Betrachtung einbezogen wurde zwar grundsätzlich jeder Blockhandel ab einem Kapitalanteil von 5%. Überwiegend handelte es sich aber auch hier um Transaktionen, bei denen die Übertragung eines potentiellen Kontrollpakets in Höhe von mindestens 25% der Aktien erfolgte[581]. Erstaunlicherweise konnte *Köke* für die beiden Folgejahre einer Akquisition keine Steigerung der Fundamentaldaten der Zielgesellschaft ermitteln[582]. Zwar waren größtenteils solche Gesellschaften betroffen, die im Zeitpunkt des Kontrollwechsels bilanziell unter dem Branchendurchschnitt lagen, diese zeigten im Nachgang allerdings keinen signifikanten

---

[577] Vgl. *Böhmer*, 9 Journal of Financial Intermediation, S. 117, (122 f.) (2000).

[578] Die Stichprobe von *Böhmer* war allerdings insoweit dezimiert, als sie nur 46 börsennotierte Gesellschaften enthielt, vgl. *Böhmer*, 9 Journal of Financial Intermediation, S. 117, (135) (2000).

[579] *Köke*, ZEW Discussion Paper 2000/67.

[580] Vgl. *Köke*, ZEW Discussion Paper 2000-67, S. 5, 23; seinen Angaben zufolge handelte es sich dabei um 347 von 521 im Jahre 1992 in Deutschland notierten Unternehmen.

[581] In 65,5% der Fälle wurde ein Paket von mindestens 25% übertragen, vgl. *Köke*, ZEW Discussion Paper 2000/67, S. 27.

[582] Vgl. *Köke*, ZEW Discussion Paper 2000/67, S. 16: „We do not find evidence that performance improves particularly following control transfers. This result holds for listed as well as for non-listed firms".

Aufwärtstrend der Unternehmensleistung[583]. *Kökes* Untersuchung stimmt freilich in einem anderen Punkt mit dem Modell des Marktes für Unternehmenskontrolle überein: Sie scheint das Vorstellungsbild der Chicago School zumindest im Hinblick auf die These der Ablösung von Unternehmensleitungen zu bestätigen. Seine Auswertungen ergaben nämlich, dass diese nach einer Transaktion etwa doppelt so häufig ausgewechselt worden waren wie das Management von Unternehmen einer Vergleichsgruppe, bei der im Beobachtungszeitraum kein Kontrolltransfer stattgefunden hatte[584]. Insgesamt aber ist auch diese Arbeit ein Musterbeispiel für die überwältigende Mehrheit aller Studien. Sie kann zwar einzelne Teilhypothesen gängiger Erklärungsmodelle stützen, den stichhaltigen Nachweis idealtypischer Geschehensabläufe liefert sie jedoch nicht.

c) Abschließende Bewertung

Soweit man sich von dem gegenwärtigen Stand der empirischen Kapitalmarktforschung zu Unternehmensübernahmen erhoffen mag, mit dessen Hilfe einen bestimmten Erklärungsansatz zu verifizieren, andere Hypothesen hingegen einwandfrei widerlegen zu können, hat man sich offenbar zuviel versprochen. Damit wäre freilich auch mehr erwartet, als derartige Untersuchungen regelmäßig leisten können. Nach dem voranstehenden Überblick über zahlreiche empirische Arbeiten ist nüchtern festzuhalten, dass „eine betriebswirtschaftliche Beweisführung, die einen quasi-naturwissenschaftlichen Wahrheitsgrad erreicht", derzeit weder für noch gegen die gemeinwohlfördernde Wirkung von Übernahmen angeboten werden kann[585]. Entsprechend zurückhaltend muss die Frage nach den idealtypischen Motiven von Kontrolltransaktionen beurteilt werden. Trotz aller Unsicherheiten lassen sich aber einige grundlegende Erkenntnisse gewinnen: Erstens kann die empirische Forschung das finanzmarkttheoretisch führende Modell des Marktes für Unternehmenskontrolle nur eingeschränkt belegen. Gegen die vorbehaltlose Geltung dieses Konzepts spricht insbesondere die Tatsache, dass die aggregierten Marktwertveränderungen der Beteiligten einer Übernahme im Durchschnitt bestenfalls schwach positiv ausfallen[586]. Kaum vereinbar mit

---

583 Sowohl Eigenkapitalrendite („return on equity") als auch Gesamtkapitalrendite („return on assets") der Zielgesellschaften unterschieden sich nicht signifikant von den Werten der Vergleichsgruppe: Sie waren im darauffolgenden Jahr leicht unterdurchschnittlich, im zweiten Jahr dagegen geringfügig besser, vgl. *Köke*, ZEW Discussion Paper 2000/67, S. 31.

584 Vgl. *Köke*, ZEW Discussion Paper 2000/67, S. 14, 30.

585 So *Dauner-Lieb/Lamandini*, Der Konzern 2003, S. 168, (171) als Resümee einer Untersuchung, die von der EU-Kommission zur Evaluierung der Übernahme-RL in Auftrag gegeben worden war.

586 Vgl. dazu insbesondere nochmals die Arbeiten von *Bühner* sowie *Andrade*, soeben.

dem Modell ist außerdem, dass Übernahmeaktivitäten überwiegend zyklisch auftreten und letztlich auch profitable Unternehmen erfassen. Dieser Befund legt nahe, von einer monokausalen Begründung für deren Ursache und Wirkung Abstand zu nehmen. Er lässt grundsätzlich Raum für alternative Begründungsmuster.

Einige Unvollkommenheiten, die im Rahmen von Kontrolltransaktionen *systematisch* aufzutreten scheinen, geben die verfügbaren Daten eindeutig wieder. Dass sich negative Marktbewertungen beispielsweise häufig auf konglomerate Übernahmen[587] oder Akquisitionen beziehen, die in konjunkturschwachen Jahren stattfinden[588], kann durchaus als teilweise Bestätigung der Managermodelle angesehen werden: Die Unternehmensleitungen von übernehmenden Gesellschaften neigen anscheinend dazu, aus Eigeninteresse oder Selbstüberschätzung bisweilen auch objektiv ineffiziente Übernahmen durchzuführen. Geht man von einem solchen Verständnis aus, sind abnormale Kursverluste der Erwerberunternehmen in den jeweiligen Fällen eine logische Konsequenz[589].

Die Frage nach der praktischen Bedeutung der Ausbeutungshypothese, die für die vorliegende Arbeit von besonderem Interesse ist, ist dagegen schwieriger zu beurteilen. Auf den ersten Blick scheint ihren Aussagen zu widersprechen, dass Zielgesellschaften im Falle einer Übernahmeankündigung typischerweise hohe Überrendite verzeichnen. Aus Sicht des Ausbeutungsmodells wäre eigentlich das Gegenteil – signifikant abnormale Kursverluste der Übernahmekandidaten – zu erwarten gewesen. Dennoch sollte man daraus keine voreiligen Schlüsse ziehen. Die Kurszuwächse der Zielgesellschaften, die sich im Zuge einer Kontrolltransaktion bilden, müssen nicht zwangsläufig ein Indiz für antizipierte Werterhöhungen sein. Bedenklich ist jedenfalls, dass in der breit angelegten Untersuchung von *Köke* im Anschluss an derartige Akquisitionen keine signifikanten Leistungssteigerungen der Unternehmen festzustellen waren[590]. Die Zuwächse könnten daher auch Ausdruck einer bloßen „Kursphantasie“[591] sein, wenn der Markt erwartet, dass Kontrollerwerber zeitnah weitere preistreibende Aufkäufe von Aktien der Zielgesellschaft beabsichtigen[592]. In diesem Fall stünden anfängliche Kursauf-

---

587 Dazu soeben die Studie von *Gerke*, *Garz* und *Oerke*.

588 Vgl. insoweit nochmals die Arbeit von *Böhmer* und *Löffler*, soeben.

589 Dies entspricht auch der Überzeugung der jeweiligen Autoren, vgl. *Gerke/Garz/Oerke*, ZfbF 47 (1995), S. 805, (814, 819); *Böhmer/Löffler*, ZfbF 51 (1999), S. 299, (311).

590 Vgl. hierzu nochmals die Studie von *Köke*, soeben.

591 Diese Erklärung hat *Reul*, Gleichbehandlung, S. 165, bereits für die USA angeführt.

592 Das beste Beispiel für ein solches Szenario bietet der aktuelle Fall Porsche/VW: Bei der Bekanntgabe des Erreichens der Kontrollschwelle an der VW AG (31%) im März 2007 waren zugleich Vermutungen laut geworden, die Porsche AG werde mittelfristig weitere VW-Aktien an der Börse hinzuerwerben, um ihre strategische Position auszubauen, vgl. dazu Handelsblatt Nr. 61 v. 27.03.2007, S. 12. In der Folgezeit verdoppelte sich der Kurs der VW-Aktie und avancierte zum stärksten DAX-Wert im Kalendarjahr 2007.

schläge der Annahme von späteren Wertverschiebungen zu Lasten des Unternehmens nicht unbedingt entgegen.

Denkbar ist schließlich auch eine Interpretation, wie sie *Schmidt* und *Prigge*[593] für nahe liegend halten: Ihrer Meinung nach lassen sich die empirischen Ergebnisse mühelos mit den Aussagen der Umverteilungstheorien in Einklang bringen. Dass sich der Marktwert von Zielgesellschaften im Falle der Ankündigung einer Kontrollübernahme sprunghaft erhöht, ist ihnen zufolge auf die erstmalige Berücksichtigung vorhandener Sondervorteile im Börsenkurs zurückzuführen. Der Barwert dieses Teils des Unternehmensgesamtwerts sei zuvor an der Börse unsichtbar gewesen. Wolle ein Bieter aber die Kontrolle erlangen und jene Sondervorteile auf sich umlenken, müsse er eine entsprechende Prämie auf den bisherigen Kurs zahlen. Dadurch steige dieser letztlich um den jeweiligen Betrag an[594]. Eine solche Erklärung erscheint aufgrund empirischer Erkenntnisse über private Pakettransfers – auf die sogleich näher eingegangen wird[595] – durchaus plausibel.

Die tatsächliche Bedeutung von Ausbeutungsanreizen kann aus diesen Gründen nicht ohne weiteres aus den angeführten Ereignisstudien abgelesen werden. Angesichts der verbleibenden Zweifel wäre es zumindest leichtfertig, ineffizienten Kontrolltransaktionen, die auf Schädigungen der Minderheitsaktionäre der Zielgesellschaft abzielen, jegliche praktische Relevanz abzusprechen. Selbst wenn die Mehrzahl der auf dem deutschen Kapitalmarkt abgewickelten Unternehmenstransaktionen effizienzsteigernde Wirkungen haben sollte, ist offenbar nicht auszuschließen, dass derartige allokationstheoretische Risiken in der Praxis bestehen. Diese Überlegung muss bei der Handhabung des Übernahmerechts berücksichtigt werden. Als Zwischenbilanz ist daher festzuhalten, dass es zumindest im Ausgangspunkt sinnvoll erscheint, den Kontrollerwerb an Gesellschaften im Interesse gesamtwirtschaftlicher Effizienzsteigerungen zu regulieren.

4. Effizienzwirkungen der Pflichtangebotsregelung

Da die Wohlfahrtseffekte von Unternehmensübernahmen nicht eindeutig beurteilt werden können, stellt sich die Frage nach der ökonomischen Funktion der Pflichtangebotsregelungen in §§ 29 ff. WpÜG umso eindringlicher. Die Pflicht des Erwerbers, Minderheitsaktionären im Falle der Kontrollerlangung ein Ausstiegsangebot zu unterbreiten, dient zwar primär dem Anlegerschutz. Ein solcher

---

[593] *Schmidt/Prigge*, DBW 62 (2002), S. 225, (228).

[594] Vgl. *Schmidt/Prigge*, DBW 62 (2002), S. 225, (228).

[595] Diese Argumentation findet sich in der finanzwissenschaftlichen Literatur regelmäßig, wenn es um die Erklärung der (in der Praxis weit verbreiteten) Preisaufschläge bei Aktienpaketen geht, die außerhalb des Börsenhandels übertragen werden. Dazu und zu der empirischen Fundierung dieser These ausführlich unten, 4. Kap., B., V., 4., b), (1).

Anlegerschutz kann aber zugleich zur Verwirklichung des Effizienzziels beitragen: Wenn nämlich allen Aktionären der Zielgesellschaft ein Austrittsrecht zu angemessenen Konditionen eingeräumt werden kann, verringert sich freilich die Gefahr, dass Wohlstandstransfers zu ihren Lasten stattfinden werden. Beide Schutzziele scheinen also *prima facie* eng miteinander verbunden zu sein.

Würde diese Einschätzung in ihrer Allgemeinheit zutreffen, lägen die notwendigen Schlussfolgerungen für die Auslegung des Acting in Concert in § 30 Abs. 2 WpÜG auf der Hand. Wenn die Anwendung der Pflichtangebotsregelung stets Wohlfahrtssteigerungen zur Folge hätte, spräche dies für eine möglichst weitreichende Stimmrechtszurechnung. Es würde insofern nahe liegen, jegliche Aktionärskontakte als zurechnungsbegründend i.S.d. § 30 Abs. 2 WpÜG anzusehen. Eine solch pauschale Beurteilung greift allerdings – nicht zuletzt[596] – aus modelltheoretischer Sicht zu kurz. Die wohlfahrtstheoretischen Auswirkungen des Pflichtangebots sind freilich komplexer als es zunächst den Anschein haben mag: „[T]he mandatory bid rule has two opposing effects. On the one hand, it prevents any value decreasing change of control [...] On the other hand, the mandatory bid rule increases the likelihood that a value increasing control transfer fails to take place“[597]. Legt man diese Bewertung zugrunde, so befindet sich die Pflichtangebotsregel in dem Dilemma, gegenläufige ökonomische Anreizwirkungen zu entfalten. Es bedarf daher einer näheren Betrachtung ihrer Wohlfahrtseffekte, um Aussagen für die Anwendung der Stimmrechtszurechnung ableiten zu können.

Der Versuch, die Effizienzwirkungen des Pflichtangebots in einem ausführlichen Modell zu analysieren, wurde erstmals von *Bebchuk*[598] unternommen. *Bebchuk* verglich die Unterschiede zwischen Kontrolltransaktionen auf einem ungeregelten Markt („market rule“) und einem solchen, auf dem Kontrolle nur durch ein Vollangebot mit preislicher Gleichbehandlung zu erlangen war („equal opportunity rule“). In der Folgezeit wurde sein Modellrahmen in verschiedenen Arbeiten aufgegriffen und kontinuierlich weiterentwickelt[599]. Alle Untersuchungen ge-

---

596 Ausgeblendet wird an dieser Stelle zunächst die (negative) Ausstrahlungswirkung, die der Umfang der Stimmrechtszurechnung auf das Zustandekommen effizienzsteigernder Koalitionen von Minderheitsaktionären hat, die eine interne Überwachung der Kontrollinhaber gewährleisten können. Ausführlich zu diesem Spannungsverhältnis noch unten, 4. Kap., C., V., 2.-5.

597 *Berglöf/Burkart*, 18 Economic Policy, S. 173, (196) (2003).

598 Vgl. *Bebchuk*, 109 Quarterly Journal of Economics, S. 957 ff. (1994), der sich dabei teilweise auch auf Vorarbeiten von *Grossmann/Hart*, 11 Bell Journal of Economics, S. 42 ff. (1980) stützt.

599 Vgl. etwa *Berglöf/Burkart*, 18 Economic Policy, S. 173, (196 ff.) (2003); *Burkart/Gromb/Panunzi*, 162 Journal of Institutional and Theoretical Economics, S. 32 ff. (2006); aus der hiesigen Literatur *Rau-Bredow*, DBW 59 (1999), S. 763 ff.; *Helmis*, Ökonomische Analyse, S. 163 ff.

langten indes zu dem übereinstimmenden Ergebnis, dass von der Einführung eines obligatorischen Vollangebots mit Gleichbehandlungspflicht ambivalente Effizienzeffekte ausgehen. Der Klärung der Frage, worin die wohlfahrtsökonomischen Vor- und Nachteile der Regelung liegen und welche Konsequenzen daraus möglicherweise für die Auslegung der §§ 29 Abs. 2 f., 35 WpÜG folgen, widmet sich deshalb der vorliegende Abschnitt.

a) Die positive Selektionswirkung der Regelung

Zumindest im Ausgangspunkt handelt es sich bei dem durch das Pflichtangebot vermittelten Anlegerschutz um einen allokationseffizienten Mechanismus. Der wohlfahrtssteigernde Effekt, der von der Regelung unbestritten ausgeht, wird häufig als „positive Selektionswirkung“ bezeichnet[600]: Die Geltung einer Pflichtangebotsregel hat zur Folge, dass ineffiziente Unternehmensübernahmen, die auf eine Erzielung von Sondervorteilen zu Lasten der Minderheitsaktionäre angewiesen wären, grundsätzlich ausgeschlossen werden. Positiv gewendet, werden unter diesem Regime nur noch wohlfahrtsfördernde Unternehmenstransaktionen auf dem Kapitalmarkt zugelassen. Dieses ökonomische Verdienst belegt eine modelltheoretische Analyse[601]. Die Wirkungsweise der Regelung verdeutlicht man sich am besten anhand der Überlegung, worin das Schädigungspotential eines Erwerbers auf einem Markt ohne Pflichtangebotsregel besteht: Gäbe es einen solchen Mechanismus nicht, könnte der Anreiz kontrollbedingter Sondervorteile zu ineffizienten Unternehmenstransaktionen führen. Das wäre immer dann der Fall, wenn die Summe der durch den Erwerber im Rahmen einer Kontrollerlangung erzielbaren Sondervorteile hinter der Höhe der beim Unternehmen eintretenden Ertragsminderung zurück bliebe. Aus gesamtwirtschaftlicher Perspektive läge damit ein Wohlfahrtsverlust vor. Aus Sicht des Bieters hingegen könnten sich derartige Transaktionen gleichwohl lohnen. Sie wären für ihn solange profitabel, als seine privaten Erträge zumindest diejenigen Verluste übersteigen würden, die er durch anteilig auf ihn entfallende Werteinbußen der Zielgesellschaft erleiden müsste.

---

[600] So erstmals *Reul*, Gleichbehandlungspflicht, S. 207; ebenso *Hopt*, ZHR 161 (1997), S. 368, (385); *ders./Davies*, in: Kraakman/Davies, Anatomy of Corporate Law, S. 157, (179); *Krause*, Übernahmeangebot, S. 123; *Meckl/Hoffmann*, BFuP 58 (2006), S. 519, (526).

[601] Vgl. dazu aus finanztheoretischen Literatur insbesondere *Bebchuk*, 109 Quarterly Journal of Economics, S. 957, (968 ff.) (1994); *Burkart/Gromb/Panunzi*, 162 Journal of Institutional and Theoretical Economics 162, S. 32, (43, 45) (2006); *Rau-Bredow*, DBW 59 (1999), S. 763 ff.; *Helmis*, Ökonomische Analyse, S. 163 ff.; *Houben*, WM 2000, S. 1873, (1880 f.).

Dies lässt sich an folgendem *Beispiel*[602] veranschaulichen: Angenommen, der Unternehmenswert der in Streubesitz befindlichen *X-AG* betrage vor der Kontrollerlangung durch den Erwerber 100 Mio. €. Zudem genüge in der Gesellschaft eine Aktienbeteiligung von 40% zur Ausübung von Kontrolle. Bieten sich dem Erwerber hier im Anschluss an die Kontrollakquisition aufgrund bestimmter Voraussetzungen Sondervorteile in Höhe von 5 Mio. €, so würden ihn auch erhebliche kontrollbedingte Einbußen des Unternehmenswerts nicht von der Transaktion abhalten. Denn selbst wenn der Wert der *X-AG* infolge des Kontrollwechsels auf 90 Mio. € zurückginge, könnte sie für den Kontrollerwerber noch gewinnversprechend sein. Er hätte dann nämlich 40 Mio. € (0,4 x 100 Mio. €) aufgewendet, um einen Gegenwert von 41 Mio. € (0,4 x 90 Mio. € + 5 Mio. €) zu erhalten. Der gleichzeitige gesamtwirtschaftliche Effizienzverlust würde mit 5 Mio. € (100 Mio. € – (90 Mio. € + 5 Mio. €)) indes beträchtlich zu Buche schlagen.

Das voraussichtliche Auseinanderfallen von Eigentum und Kontrolle des Zielunternehmens könnte dem Erwerber also erlauben, Übernahmestrategien vornehmlich auf seine eigene Gewinnmaximierung auszurichten, deren Kosten jedoch auf alle Aktionäre gleichmäßig zu verteilen. Mit den Worten der Transaktionskostenökonomik käme es dabei zu einer unerwünschten Externalisierung der Übernahmekosten zum Nachteil der Minderheitsaktionäre[603]. Die Pflichtangebotsregelung vermag solche Konstellationen jedoch zu vereiteln. Unabhängig davon, welchen Transaktionsmodus ein Erwerber zum Zwecke der Kontrollakquisition in einer Zielgesellschaft wählt[604], wird sein Vorhaben in diesem Fall unattraktiv, soweit es auf Ausbeutungsmotiven beruhen sollte. Der Grund hierfür liegt zunächst in der Vollangebotspflicht der Regelung. Da sämtlichen Anteilseignern ermöglicht wird, die Zielgesellschaft im Falle einer Kontrollerlangung zu verlassen, kann ein potentieller Kontrollerwerber nicht mehr ohne weiteres mit verbleibenden Minderheitsaktionären rechnen. Muss er aber befürchten, im Zweifel alle Aktien der Zielgesellschaft zu erwerben, wird er die Transaktion nur dann durchführen wollen, wenn sich zusätzliche Erträge nicht allein durch Externalisierungsmaßnahmen, sondern durch eine Steigerung des Fundamental-

---

[602] In Anlehnung an *Houben*, WM 2000, S. 1873, (1881). Dem Modellbeispiel unterliegt freilich eine Reihe von Vereinfachungen. So werden insbesondere auftretende Transaktionskosten vollkommmen ausgeblendet. Darüber hinaus wird angenommen, dass Kontrollerwerber vor der Transaktion (noch) keine Anteile an der Zielgesellschaft halten und keine (konkurrierenden) Mehrheitsaktionäre vorhanden sind.

[603] Allgemein zum Problem der Externalisierung von Kosten schon eingangs, 2. Kap., B.

[604] Die Pionierarbeit von *Bebchuk*, 109 Quarterly Journal of Economics, S. 957 ff. (1994), hatte sich zwar auf außerbörsliche Pakettransfers konzentriert, ihre Aussagen lassen sich jedoch für sämtliche Akquisitionsformen verallgemeinern; vgl. dazu das erweiterte Modell von *Helmis*, Ökonomische Analyse, S. 225 ff.

werts einstellen lassen[605]. Anderenfalls würde der Erwerber in Kauf nehmen, sich mit wachsender Höhe seiner eigenen Beteiligung an der Zielgesellschaft selbst in zunehmenden Maße zu schädigen. Diese Risikobereitschaft kann einem verständigen Anleger – zumal unter der Modellannahme des homo oeconomicus – nicht unterstellt werden. Wiederum kann zur Illustration auf die obige Modellrechnung zurückgegriffen werden:

Ist der Erwerber dort bei unveränderten Rahmenbedingungen zur Abgabe eines Pflichtangebots gezwungen, wird die Transaktion erwartungsgemäß scheitern. Sollte er nämlich verpflichtet sein, den übrigen Aktionären für ihre Anteile zumindest[606] deren gegenwärtigen Börsenwert zu zahlen, würde seine Aussicht auf Profit schwinden. Im Falle der Annahme des Angebots durch sämtliche Aktionäre müsste der potentielle Erwerber dann den gesamten Unternehmenswert in Höhe von 100 Mio. € investieren. Eine solche Ausgabe ließe sich durch die vorgesehene Kontrollstrategie – die Generierung von Sondervorteilen in Höhe von 5 Mio. € auf Kosten eines Unternehmenswertverlusts von 10 Mio. € – freilich nicht kompensieren. Der Kontrollerwerber hätte vielmehr, abhängig von der jeweiligen Annahmequote der Aktionäre, einen Verlust von bis zu 5 Mio. € (100 Mio € – (90 Mio. € + 5 Mio. €)) zu tragen. Unter diesen Umständen wird er von der Transaktion von vornherein absehen.

Das Pflichtangebot ist damit imstande, eine zentrale konzeptionelle Schwachstelle des Kontrollmarktmodells zu bereinigen, auf die schon *Reul*[607] aufmerksam gemacht hat. Soweit die Chicago School fordert, Unternehmensübernahmen dem ungestörten Spiel der Marktkräfte zu überlassen, unterstellt sie nämlich zugleich, dass jegliche *Kontroll*transaktionen per se gesamtwirtschaftlich effizient seien[608]. Schlüssig ist diese Überlegung nach dem Gesagten jedoch nicht. Der neoklassischen Preistheorie zufolge ist unter den Bedingungen eines freien Marktes freilich nur gewährleistet, dass dasjenige Wirtschaftsgut seiner optimalen Nutzung zugeführt wird, um dessen Handel es geht. Dies ist im Falle eines bloßen Kontrolltransfers allein das betreffende Kontrollpaket, nicht aber das gesamte Unternehmen als solches. Insoweit beruht das Konzept der Chicago School also auf einem Irrtum über die Reichweite der Allokationswirkung des Preismechanis-

---

605 *Heiser*, Zwangsangebot, S. 364; *Krause*, Übernahmeangebot, S. 123.

606 Alternativ wäre ein höherer Vorerwerbspreis nach § 31 WpÜG i.V.m. § 4 WpÜG-AV denkbar.

607 Vgl. *Reul*, Gleichbehandlung, S. 134 f.

608 Vgl. *Easterbrook/Fischel*, 91 Yale Law Journal, S. 698, (707) (1982): „Corporate *control transactions* [...] increase the wealth of investors" [Hervorhebung hinzugefügt]; *dies.*, 94 Harvard Law Review, S. 1161, (1174) (1981) („benefitial to both shareholders and society").

mus[609]. Die effiziente Verwendung eines Kontrollpakets kann – wegen der soeben dargelegten Externalisierungsmöglichkeiten – ohne weiteres von der effizienten Nutzung des Unternehmens als ganzem abweichen[610]. Die erforderliche Angleichung zwischen der optimalen Allokation des Kontrollpakets einerseits und derjenigen des Unternehmens als ganzem andererseits stellt erst die Pflichtangebotsregel her. Ein solcher Mechanismus überführt den „Markt für Unternehmenskontrolle" gewissermaßen in einen „Markt für Unternehmen"[611].

b) Überprüfung der Prämisse: Sondervorteile in der Empirie

Allein aus einem modelltheoretischen Blickwinkel betrachtet, kann die Pflichtangebotsregelung im Rahmen von Kontrolltransaktionen demnach eine wichtige wohlfahrtsökonomische Rolle spielen. Welche Konsequenzen dies für eine sinnvolle Handhabung des *deutschen* Übernahmerechts hat, ist damit indes noch nicht gesagt. Der ökonomische Bedeutungsgehalt des gesamten Modells steht und fällt freilich mit dessen Prämisse, dass Sondervorteile in der Praxis tatsächlich einen maßgeblichen (Fehl-)Anreiz zum Kontrollerwerb an einer Gesellschaft setzen[612]. Genau dies gilt es aber erst noch zu klären. Wie die bisherige Untersuchung gezeigt hat, lassen zumindest die Reaktionen des Kapitalmarkts auf Ankündigungen von Übernahmen nicht unbedingt den Schluss zu, dass nennenswerte Schädigungen der Zielgesellschaft befürchtet werden. Der empirische Befund ergibt in dieser Hinsicht allenfalls ein ambivalentes Bild[613]. Um die praktische Relevanz der Ausbeutungshypothese zu testen, kann man allerdings auch auf einer früheren Stufe ihrer Argumentationskette ansetzen: bei der Behauptung von Sondervorteilen. Die ausschlaggebende Frage lautet dann, ob unter den institutionellen Rahmenbedingungen in Deutschland überhaupt nachweisliche Möglichkeiten für Kontrollaktionäre bestehen, private Erträge zu erzielen. Wäre dies der Fall, dürfte man zugleich davon ausgehen, dass Kontrollerwerber einen solchen „Rechnungsposten" regelmäßig bei ihrer Investitionsentscheidung berücksichtigen. Dann wäre auch zu erwarten, dass sich Aktionäre bisweilen (gerade) deshalb zu Koalitionen zusammenschließen, um derartige Sondervorteile zu erlangen. Inwieweit von der Stimmrechtszurechnung des Acting in Concert in § 30 Abs. 2 WpÜG wesentliche Wohlfahrtswirkungen ausgehen, hängt also letztlich von der Realisier-

---

609 Vgl. die Darstellung von *Reul*, Gleichbehandlung, S. 134 f.
610 Eingehend dazu bereits *Reul*, Gleichbehandlung, S. 134.
611 So *Krause*, Übernahmeangebot, S. 122.
612 Von einer solchen Möglichkeit gehen vor allem *Reul*, Gleichbehandlung, S. 206, und *Krause*, Übernahmeangebot, S. 107, wie selbstverständlich aus: „Die Aussicht auf diese Ausbeutungsmöglichkeiten ist ein maßgebliches Akquisitionsmotiv".
613 Vgl. oben, 4. Kap., B., V., 3., c).

barkeit entsprechender Erträge ab. Selbstverständlich hat diese Frage erhebliche rechtliche Implikationen. Sie führt geradewegs zu der rechtspolitischen Diskussion um die Wirksamkeit der Regelungen des faktischen Konzerns gemäß §§ 311 ff. AktG. Diese Debatte kann und soll im Rahmen der vorliegenden Arbeit jedoch nicht aufgegriffen werden. Es muss der Hinweis darauf genügen, dass die Bewertung des konzernrechtlichen Minderheitenschutzes heftig umstritten ist und kritische Stimmen inzwischen überwiegen[614]. Hier ist vielmehr von Interesse, welche Erkenntnisse aus einer ökonomischen Betrachtungsweise abgeleitet werden können. Insbesondere geht es darum, ob sich die beschriebenen Externalisierungsmöglichkeiten von Kontrollaktionären aus der Perspektive der Kapitalmarktforschung quantifizieren und möglicherweise auch inhaltlich bestimmen lassen.

Die wirtschaftswissenschaftliche Literatur hat sich seit Mitte der achtziger Jahre des vergangenen Jahrhunderts mit dieser Fragestellung auseinandergesetzt. Wegweisend für ihre Bemühungen war dabei ein viel beachteter Aufsatz von *Grossmann* und *Hart*, der Sondervorteile von Aktionären („private benefits of control") erstmals modelltheoretisch aufzeigte[615]. Schon bald wurde freilich deutlich, dass die theoretische Analyse derartiger Erträge ihrer empirischen Nachweisbarkeit um Längen voraus war[616]: Die Erzielung privater Erträge durch die Anteilseigner (oder Unternehmensleitung) einer Gesellschaft geht nach außen hin naturgemäß unscheinbar vor sich. Wäre dies anders, läge die Gefahr gesellschafts- (§§ 117, 311, 317 f. AktG) oder sogar strafrechtlicher Sanktionen (§ 266 StGB) auf der Hand. Eine direkte Messung von Sondervorteilen ist aus diesem Grund nicht möglich. Zu empirisch überprüfbaren Aussagen kann man allerdings indirekt gelangen, indem man dem Auftreten derartiger Erträge ein bestimmtes Vorverständnis zugrunde legt. Die moderne Kapitalmarktforschung bedient sich insofern zweier unterschiedlicher Ansätze, um die Existenz und Höhe von Sonder-

---

[614] Eingehend zu den Defiziten der §§ 311 ff. AktG z.B. *Lutter/Timm*, NJW 1982, S. 409, (411 ff.); *Reul*, Gleichbehandlung, S. 277 ff.; *Herkenroth*, Konzernierungsprozesse, S. 52 ff.; *Sura*, Fremdeinfluß, S. 46 ff.; *Mühle*, WpÜG, S. 387 ff.; zu einer positiven Einschätzung gelangen dagegen etwa *Kropff*, in: MünchKomm/AktG, Vor § 311 Rn. 21 ff.; *Altmeppen*, ZIP 2001, S. 1073, (1083). Vgl. für einen bündigen Überblick *Hüffer*, AktG, § 311 Rn. 9 ff.

[615] Vgl. *Grossmann/Hart*, 11 Bell Journal of Economics, S. 42 (44 ff.) (1980); zuvor hatte sich die Diskussion privater Erträge, wie insbesondere in der Arbeit von *Jensen/Meckling*, 3 Journal of Financial Economics, S. 305 ff. (1976), auf die Prinzipal-Agent-Problematik zwischen Management und Anteilseignern konzentriert.

[616] Prägnant *Dyck/Zingales*, 59 Journal of Finance, S. 537, (538) (2004): „By their very nature private benefits of control are difficult to observe and even more difficult to quantify in a reliable way. A controlling party appropriates value for himself only when this value is not verifiable (i.e. provable in court) ".

vorteilen nachzuweisen[617]. Beide empirischen Verfahren verfügen über spezifische Vorzüge, weisen allerdings auch individuelle methodische Schwachstellen auf.

(1) Analyse von Preisaufschlägen beim Pakethandel

Eine erste Möglichkeit besteht darin, für die Bestimmung von Sondervorteilen an etwaige Paketprämien anzuknüpfen, die im Rahmen des *außerbörslichen* Handels von Aktienblöcken auftreten. Die zentrale Überlegung, die hinter einer solchen Vorgehensweise steht, hat schon dem obigen Modellbeispiel zugrunde gelegen: Da der Börsenwert eines Unternehmens – getreu der These der Informationseffizienz des Kapitalmarkts – grundsätzlich alle kursrelevanten Faktoren verarbeiten soll, wird von der Existenz entsprechender Sondervorteile ausgegangen, sobald ein Erwerber im Falle eines Pakettransfers einen höheren Preis zahlt als den bereinigten Kurs[618] der Aktien am Markt. Aufbauend auf dieser Prämisse haben verschiedene Studien Messergebnisse für diverse Kapitalmärkte zusammengetragen. Die Pionierarbeit von *Barclay* und *Holderness*[619] analysierte ein Sample von 63 US-amerikanischen Pakettransfers zwischen 1978 und 1982. Es zeigte sich, dass bei den beobachteten Transaktionen in der Tat eine durchschnittliche Paketprämie von rund 20% auf den Börsenpreis erzielt werden konnte, der sich nach der Veröffentlichung gebildet hatte. Nur vereinzelt war ein Paketpreis zu ermitteln, der auf Höhe des gegenwärtigen Kurses der Aktien oder sogar darunter rangierte[620].

Später unternahmen *Dyck* und *Zingales* mittels einer derartigen Methodik den Versuch, private Kontrollerträge in unterschiedlichen Kapitalmarktsystemen miteinander zu vergleichen. Zu diesem Zweck betrachteten sie insgesamt 412 kontrollrelevante Transaktionen in 39 Ländern, die sich im Zeitraum von 1990

---

[617] Vgl. zu den methodischen Grundlagen *Berglöf/Burkart*, 18 Economic Policy, S. 173, (192) (2003); *Dyck/Zingales*, 59 Journal of Finance, S. 537, (538) (2004); *Doidge*, 72 Journal of Financial Economics, S. 519, (520 ff.) (2004).

[618] Als Referenzkurs wird dabei derjenige Börsenkurs herangezogen, der sich *nach* Bekanntgabe des Pakethandels am Markt bildet. Auf diese Weise findet Berücksichtigung, dass der Paketaufschlag mitunter auch Ausdruck antizipierter Wertsteigerungen des Erwerbers (z.B. in Form von möglichen Synergieeffekten) sein kann. Liegt der Paketpreis aber über dem Kurs, der dieses Potential bereits reflektiert, soll der jeweilige Aufschlag ein Indikator für Sondervorteile des Paketinhabers sein, vgl. *Barclay/Holderness*, 25 Journal of Financial Economics, S. 371, (373 f.) (1989).

[619] Vgl. *Barclay/Holderness*, 25 Journal of Financial Economics, S. 371 ff. (1989). Der Untersuchung lagen grundsätzlich nur solche Transaktionen zugrunde, deren Gegenstand ein Paket von mindestens 5% der stimmberechtigten Aktien an einer börsennotierten Zielgesellschaft war.

[620] *Barclay/Holderness*, 25 Journal of Financial Economics, S. 371, (393) (1989); Aktienpakete, die mit Abschlägen gehandelt wurden, betrafen Unternehmen, für die im Vorfeld extrem negative abnormale Rendite festgestellt werden konnten.

bis 2000 ereignet hatten[621]. Die Autoren gelangten dabei mit durchschnittlichen Prämien von 14% zwar zu einem Ergebnis von ähnlicher Größenordnung wie *Barclay* und *Holderness*, das Spektrum der Resultate variierte indessen beträchtlich. Während sich in einigen Ländern wie Japan oder Großbritannien kaum bzw. gar keine Paketprämien feststellen ließen, waren in der Spitze in manchen südamerikanischen Staaten Aufschläge weit jenseits von 25% zu verzeichnen[622]. Pakettransaktionen auf dem deutschen Kapitalmarkt, die von der Studie betrachtet wurden, wiesen mit Prämien um 10% über dem Börsenkurs unterdessen einen Wert im Mittelfeld der Stichprobe auf.

Die erstaunliche Bandbreite ihrer Ergebnisse veranlasste *Dyck* und *Zingales* dazu, möglichen Hintergründen für diese Differenzen nachzugehen. Interessanterweise erlaubte es die Datenauswahl ihrer Studie, einzelne Einflussfaktoren für die großen länderspezifischen Unterschiede herauszukristallisieren. Mit Hilfe einer Diskriminanzanalyse untersuchten die Autoren deshalb, welche Variablen für die Höhe der Prämien ausschlaggebend waren. Dabei konnten sie vor allem drei Kriterien identifizieren: das Niveau des rechtlichen Minderheitenschutzes, die Kapitalmarkttiefe und die in den jeweiligen Ländern vorherrschende Eigentümerkonzentration. Umso ausgeprägter die rechtlichen Standards sowie der Entwicklungsgrad des Kapitalmarkts waren und umso breiter sich die jeweilige Aktionärsstruktur streute, desto niedriger erwies sich demzufolge die Wahrscheinlichkeit hoher Paketprämien[623]. Dieser spezifische Zusammenhang – insbesondere die Abhängigkeit des Prinzipal-Agent-Konflikts vom Ausmaß des rechtlichen Aktionärsschutzes – war in der finanzmarkttheoretischen Literatur freilich schon in allgemeiner Form herausgearbeitet worden[624].

Im Hinblick auf den deutschen Kapitalmarkt fanden die Ergebnisse von *Dyck* und *Zingales* weitere Bestätigung. So haben auch *Franks* und *Mayer* bei einer Untersuchung des Handels von 57 Aktienpaketen ähnliche Kursaufschläge auf-

---

[621] Vgl. *Dyck/Zingales*, 59 Journal of Finance, S. 537 ff. (2004); ihre breit gestreute Stichprobe enthielt insgesamt 18 Pakettransfers, die sich auf Aktien von Gesellschaften bezogen, die an einer deutschen Börse notiert waren.

[622] Vgl. *Dyck/Zingales*, 59 Journal of Finance, S. 537, (551) (2004).

[623] In der Tradition des US-amerikanischen Kapitalmarktrechts wählten die Autoren als Maßstab für das Niveau des Minderheitenschutzes in erster Linie die Qualität der länderspezifischen Offenlegungsstandards, Rechnungslegungsvorschriften und des Verfahrensrechts, vgl. *Dyck/Zingales*, 59 Journal of Finance, S. 537, (576 ff., 589) (2004).

[624] Vgl. die grundlegenden Arbeiten von *La Porta/Lopez-de-Silanes/Shleifer/Vishny*, 58 Journal of Financial Economics, S. 3 ff. (2000); *Shleifer/Vishny*, 52 Journal of Finance, S. 937, (952) (1997).

gezeigt[625]. In ihrem Sample waren durchschnittliche Paketprämien in Höhe von 14% bzw. 9%, gemessen am Kursniveau eine Woche bzw. drei Monate nach Bekanntmachung der Transaktion, zu beobachten[626]. In Anlehnung an frühere Arbeiten haben die Autoren daraus zwei wesentliche Schlussfolgerungen gezogen. Aus internationalem Blickwinkel betrachtet, räumen sie zwar ein, dass „control benefits [...] in Germany are small in comparison to those elsewhere“[627]. Im Grundsatz sehen sie die Existenz beträchtlicher privater Kontrollerträge in Deutschland angesichts des empirischen Erkenntnisstands jedoch als erwiesen an[628].

Wären gezahlte Paketprämien tatsächlich ein einwandfreier Indikator für entsprechende Sondervorteile, könnten die vorhandenen Studien die Vermutung systematischer Werttransfers an Kontrollaktionäre daher problemlos belegen. Auch die hierzulande typischerweise hohe Anteilskonzentration spräche dann klar für einen solchen Befund. Diese Form der Beweisführung ist jedoch nicht völlig zweifelsfrei. Sie liefert zwar dahingehende Anhaltspunkte, bietet aber auch beachtliche Angriffsfläche. Indem ein solcher Ansatz die Höhe von Paketprämien mit der Größenordnung möglicher privater Erträge in Verbindung bringt, impliziert er nämlich, dass sich Prämien zumindest mehrheitlich aus erzielbaren Sondervorteilen zusammensetzen. Diese Annahme dürfte indes nur bedingt den realen Gegebenheiten entsprechen. Anders als im oben erörterten Modellbeispiel[629] unterstellt, ist weitgehend anerkannt, dass im Rahmen von Pakettransaktionen unterschiedliche Kriterien Einfluss auf die Preisbildung nehmen: Der Paketpreis ist letztlich das Ergebnis einer subjektiven Grenznutzenbetrachtung von Veräußerer und Erwerber[630]. Seine Höhe kann den aktuellen Börsenwert der übertragenen Gesellschaftsanteile daher aus einer Reihe von Gründen übersteigen: Erstens wird der pro Aktie ausgehandelte Preis in aller Regel schon deshalb oberhalb ihres Kurswerts liegen, weil insofern Kostenersparnisse des Erwerbers vergütet werden, die dieser dadurch erzielt, dass er Aufkäufe von Streubesitz über die Börse vermeidet. Würde er nämlich eine entsprechende Menge an Aktien börslich erwerben, müsste er sich erfahrungsgemäß entlang einer steigenden Ange-

---

625 Vgl. *Franks/Mayer*, 14 Journal of Financial Studies, S. 943, (969) (2001); ihrer Arbeit lag ein Beobachtungszeitraum von 1988 bis 1997 zugrunde; die durchschnittliche Größe der gehandelten Anteilspakete betrug 36%.

626 Interessanterweise ging auch das BMF von der Üblichkeit von Paketprämien in Deutschland zwischen 10 und 20% aus, als es im Rahmen des Gesetzgebungsverfahrens die Zulässigkeit einer Abschlagshöhe auf Vorerwerbspreise von 15% befürwortete, vgl. *Helmis*, Ökonomische Analyse, S. 205 Fn. 729.

627 *Franks/Mayer*, 14 Journal of Financial Studies, S. 943, (974) (2001).

628 Vgl. *Franks/Mayer*, 14 Journal of Financial Studies, S. 943, (975) (2001).

629 Vgl. das obige Modell, 4. Kap., B., V., 4., a).

630 Allgemein zum Prinzip der subjektiven Anteilsbewertung *Adolff*, Unternehmensbewertung, S. 169 ff. m.w.N.

botskurve hinaufkaufen[631]. Zweitens kann eine solche Prämie auch Ausdruck der Bereitschaft des Erwerbers sein, für strategisch wichtige Anteile einen Aufschlag zahlen zu wollen. Dies kommt etwa dann in Betracht, wenn der Erwerber bereits über eine erhebliche Beteiligung verfügt und nur noch einen entsprechenden Stimmblock zur Umsetzung bestimmter gesellschafts- oder umwandlungsrechtlicher Maßnahmen benötigt[632]. Drittens können Paketprämien schließlich auf eine gegenwärtige Unterbewertung der Aktien an der Börse hindeuten[633]. In einem solchen Fall ist es ohne weiteres denkbar, dass es einem Paketinhaber, der über den Fundamentalwert der Anteile besser informiert ist, im Wege außerbörslicher Verhandlungen gelingt, einen höheren Preis für seinen Aktienblock zu erlösen.

Unter Berücksichtigung all dieser Faktoren begegnet es indes Bedenken, die konkrete Höhe etwaiger privater Erträge eines Kontrollinhabers allein anhand von Paketprämien zu bestimmen. Um verlässliche Erkenntnisse hinsichtlich des Ausmaßes von Sondervorteilen zu erhalten, bedarf es daneben auch eines Verfahrens, das derartige transaktionsbedingte Verzerrungen auszublenden vermag. Ein solches Verfahren, das – jedenfalls im Ausgangspunkt[634] – eine isolierte Betrachtung des Einflusses von Sondervorteilen ermöglicht, bietet der zweite Ansatz der Kapitalmarktforschung: die Untersuchung von Gesellschaften mit unterschiedlichen Aktiengattungen (sog. „Dual-Class Shares Structures“).

(2) Analyse von Kursdifferenzen bei Dual-Class Shares

Einige empirische Studien machen sich insofern den Umstand zunutze, dass börsennotierte Unternehmen bisweilen Aktien mit verschiedenen Stimmrechtsklassen ausgeben[635]. In Deutschland sind derartige Möglichkeiten in jüngerer Zeit freilich erheblich eingeschränkt worden. Nach den Änderungen durch das

631 Vgl. etwa *Ruffner*, Ökonomische Grundlagen, S. 448; zu den Hintergründen *Adolff*, Unternehmensbewertung, S. 25 ff.: praktische Erfahrungen lehren, dass elastische Angebotskurven entgegen der Modellwelt des Capital Asset Pricing Model (CAPM) an realen Märkten nicht existieren.

632 *Lüttmann*, Kontrollwechsel, S. 33; *Mühle*, WpÜG, S. 453 f. m.w.N.; diesen Aspekt betont auch das BVerfG in seiner grundlegenden Entscheidung zur Anteilsbewertung i.R.d. § 305 AktG, vgl. BVerfGE 100, S. 289, (306) (DAT/Altana).

633 Zur Wahrscheinlichkeit derartiger Ineffizienzen des Marktes schon oben, 4. Kap., B., 2., a), (1).

634 Zu den methodischen Schwächen dieses Ansatzes *Doidge*, 72 Journal of Financial Economics, S. 519, (522) (2004).

635 *Bennedsen/Nielsen*, 17 European Journal of Law and Economics, S. 259, (263 f.) (2004) beziffern die Quote von Gesellschaften mit „dual-class shares structures“ europaweit bei 5.126 überprüften börsennotierten Unternehmen auf rund 20%.

Gesetz zur Kontrolle und Transparenz im Unternehmensbereich (KonTraG)[636] aus dem Jahre 1998 befinden sich hierzulande – neben den üblichen Stammaktien – nur noch stimmrechtslose Vorzugsaktien i.S.d. § 139 AktG im Umlauf. Höchst- und Mehrfachstimmrechte, die im angloamerikanischen Rechtskreis nach wie vor Verbreitung finden, sind dagegen weitgehend erloschen[637]. An dem methodischen Ansatzpunkt der Studien ändert dies indes nichts. Er ist leicht nachzuvollziehen: Da Vorzugsaktien bei höherer Dividendenwahrscheinlichkeit zumindest gleichwertige Vermögensrechte gewähren wie die Stammaktien eines Unternehmens[638], wäre eigentlich zu erwarten, dass erstere an der Börse höher gehandelt werden. Das Gegenteil ist in der Praxis jedoch die Regel. Zeigen sich bei Gesellschaften mit dualer Aktienstruktur aber signifikante Kursdifferentiale bei den jeweiligen Stammaktien, so lassen sich daraus mit Hilfe einer Regressionsanalyse Aussagen über die Höhe der stimmrechtsbedingten Kontrollvorteile herleiten[639].

Dieser Methodik hat sich insbesondere *Nenova* in einer breit angelegten Studie bedient. Sie untersuchte insgesamt 661 börsennotierte Unternehmen mit dualen Aktiengattungen in 18 verschiedenen Ländern[640]. Bemerkenswerterweise gelangte sie dabei zu Ergebnissen, die denen von *Dyck* und *Zingales* weitgehend entsprachen. Nicht nur, dass ihre Arbeit abermals beachtliche länderspezifische Unterschiede zum Vorschein brachte[641], sie wies mit Werten von 10% bis 15% auch ganz ähnliche Kontrollaufschläge in denjenigen Unternehmen nach, die auf dem deutschen Markt angesiedelt waren[642]. Inzwischen konnte ihr Befund durch

---

[636] KonTraG, v. 27.04.1998, BGBl. 1998, S. 767; zur Bedeutung des dahinter stehenden „One share-one vote"-Prinzips *Grossmann/Hart*, 20 Journal of Financial Economics, S. 175 ff. (1988).

[637] Gemäß § 5 Abs. 1 EGAktG war eine Fortgeltung von Mehrstimmrechten über den 1. Juni 2003 hinaus ausnahmsweise dann möglich, wenn die Hauptversammlung der betroffenen Gesellschaft dies mit qualifizierter Mehrheit beschlossen hatte.

[638] Nach § 139 Abs. 1 AktG genießen Vorzugsaktionäre im Rahmen der Dividendenausschüttung jedenfalls Priorität; üblich ist darüber hinaus aber auch die Zahlung einer Mehrdividende.

[639] Grundlegend zur Methodik *De Angelo/De Angelo*, 14 Journal of Financial Economics, S. 33 ff. (1985) sowie *Zingales*, 7 Review of Financial Studies, S. 125 ff. (1994).

[640] Vgl. die Aufstellung bei *Nenova*, 68 Journal of Financial Economics, S. 325, (328) (2003).

[641] Die höchsten Kontrollvorteile zeigten sich in südamerikanischen Ländern, während angloamerikanische, aber auch skandinavische Länder deutlich niedrigere Kursdifferentiale aufwiesen.

[642] Vgl. *Nenova*, 68 Journal of Financial Economics, S. 325, (327, 334) (2003): betrachtet wurden die durchschnittlichen Kursdifferenzen bei insgesamt 65 Unternehmen, die im Kalendarjahr 1997 an einer deutschen Börse notiert waren.

verschiedene Studien zu dual-class-structures weiter untermauert werden[643]. Der methodenübergreifende Konsens spricht daher für sich: So unterschiedlich die Vorgehensweisen der beiden Ansätze auch sind, so groß scheint letztlich ihre gemeinsame Schnittmenge zu sein.

Ebenfalls auf der Betrachtung von Gesellschaften mit dualen Aktiengattungen, wenngleich auf einem anderen Blickwinkel, beruht schließlich eine aufschlussreiche Untersuchung von *Ehrhardt* und *Nowak*[644]. Ihre Arbeit beleuchtete die Börseneinführungen (IPOs) von 105 Familienunternehmen in Deutschland, in deren Rahmen etwa die Hälfte der Gesellschaften stimmrechtslose Vorzugsaktien emittierte[645]. Bei der Analyse der Langzeitentwicklung dieser Unternehmen stießen die Autoren auf erstaunliche Ergebnisse: Auffällig war zunächst, dass die ursprünglichen Kontrollinhaber derjenigen Gesellschaften, die über Vorzugsaktien verfügten, selbst nach zehn Jahren regelmäßig noch einen Mehrheitsanteil von 52% hielten. In der Vergleichsgruppe der Unternehmen mit reinen Stammaktien lag der entsprechende Wert hingegen nur noch bei 32%. Daraus leiteten *Ehrhardt* und *Nowak* die Vermutung ab, dass die Entscheidung der Kontrollinhaber für eine duale Aktienstruktur von vornherein dadurch motiviert gewesen sein könnte, sich dauerhaften Einfluss und somit private Erträge bei „ihren" Gesellschaften zu sichern[646]. Dieser Verdacht bestätigte sich bei näherer Betrachtung. Denn erwartungsgemäß ergab sich ein geteiltes Bild, als sie ihre Stichprobe einer langfristigen Kurswertanalyse unterzogen: Während die Gesellschaften mit einheitlicher Aktienstruktur keine signifikant abnormale Entwicklung gegenüber dem Markt aufwiesen, verzeichneten die Unternehmen mit dualen Aktiengattungen durchschnittliche negative Überrendite von nahezu 20%[647]. Offenbar hatten in dieser

[643] Vgl. etwa die Arbeit von *Daske/Ehrhardt*, 16 Financial Markets and Portofolio Management, S. 179 ff. (2002) (durchschnittliche Kursaufschläge auf Stammaktien von ca. 17% bei 101 untersuchten Gesellschaften in Deutschland); in der Tendenz ähnlich auch *Edwards/Weichenrieder*, 5 German Economic Review, S. 143, (151 f., 157 f.) (2005).

[644] Vgl. *Ehrhardt/Nowak*, CFS Working paper 2001/10.

[645] Der Beobachtungszeitraum erstreckte sich von 1970 bis 1991. Als Familiengesellschaften wurden dabei solche Unternehmen definiert, in denen Famlilienangehörige ursprünglich einen Anteil am Grundkapital von zusammengenommen mindestens 75% hielten, vgl. *Ehrhardt/Nowak*, CFS Working paper 2001/10, S. 12 f.

[646] *Ehrhardt/Nowak*, CFS Working paper 2001/10, S. 7, 14; *dies.*, DBW 63 (2003), S. 363, (373 f.); sie greifen damit eine Hypothese auf, die zuvor von *Bebchuk* im Rahmen einer ausführlichen Arbeit als sog. „rent-protection-theory" entwickelt worden ist, vgl. *Bebchuk*, Harvard University Working Paper, 260/1999.

[647] Vgl. *Ehrhardt/Nowak*, CFS Working paper 2001/10, S. 29, 47. Die Kurswertanalyse erstreckte sich über insgesamt 36 Monate; externe Faktoren für diese signifikanten Unterschiede waren nach Angaben der Autoren nicht ersichtlich.

Gruppe tatsächlich erhebliche Transfers von Sondervorteilen zu den Kontrollinhabern stattgefunden.

Streng genommen besagt eine solche Analyse freilich nur, dass die Ausgabe von Vorzugsaktien mit hohen Effizienzrisiken für das emittierende Unternehmen verbunden ist. Es fällt jedoch nicht schwer, diese Erkenntnis in ihren Gesamtzusammenhang einzuordnen. Wenn der innere Grund für Wohlfahrtsverluste in diesen Fällen in Vermögensverschiebungen zu Lasten der stimmrechtslosen Vorzugsaktionäre zu sehen ist, liegt es nämlich nahe, derartige Ineffizienzen auch dort anzunehmen, wo sie lediglich schwieriger festzustellen sind: im allgemeinen Verhältnis zwischen Kontroll- und Minderheitsaktionären. *Ehrhardt* und *Nowak* gehen diesen Schritt denn letztlich auch. Sie werten ihre Studie als spezifischen Beleg für *generelle* Ausbeutungsszenarien auf dem deutschen Kapitalmarkt[648].

(3) Zwischenbilanz

Fügt man das Mosaik vorhandener Untersuchungen zusammen, so kann die empirische Kapitalmarktforschung insgesamt auf einen gesicherten Erkenntnisstand verweisen. Wie der voranstehende Überblick zeigt, lässt sich angesichts einschlägiger Studien kaum leugnen, dass unter den institutionellen Rahmenbedingungen in Deutschland *systematische* Sondervorteile für Kontrollaktionäre existieren. Der Anreiz derartiger Erträge muss deshalb auch im Rahmen des Übernahmerechts Berücksichtigung finden. Die erste Erkenntnis, die sich aus der modelltheoretischen und empirischen Analyse gewinnen lässt, ist folglich die, dass das Pflichtangebot auf dem deutschen Kapitalmarkt nennenswerte Effizienzwirkungen erzeugt: Eine Pflichtangebotsregelung verhindert, dass potentielle Sondervorteile – die hierzulande tatsächlich nachweisbar sind – in die Entscheidung über den Kontrollerwerb an einer Gesellschaft einfließen. Im Ergebnis können damit wohlfahrtsmindernde Kontrolltransfers, die auf eine Externalisierung von Kosten zu Lasten des Unternehmenswerts hinauslaufen würden, wirksam ausgeschlossen werden. Dieser gesamtwirtschaftlich positive Effekt ist auch bei der Auslegung der Zurechnungsvorschrift in § 30 Abs. 2 WpÜG von maßgeblicher Bedeutung.

c) Bedenken wegen einer „Verteuerung“ von Übernahmen

Obwohl an dem grundsätzlichen Nutzen der Pflichtangebotsregel nach alledem kein Zweifel bestehen kann, war und ist ihre ökonomische Gesamtbewertung

---

648 *Ehrhardt/Nowak*, CFS Working paper 2001/10, S. 32: „We argue that the only satisfactory explanation [for underperformance of dual-class-share IPOs] is ex ante unanticipated *expropriation of minority shareholders* due to poor investor protection in Germany“ [Hervorhebung hinzugefügt]; vgl. auch *dies.*, DBW 63 (2003), S. 363, (375).

jedoch heftig umstritten[649]. Im Mittelpunkt der Kritik steht seit jeher der Vorwurf, dass sie Unternehmensübernahmen unverhältnismäßig „verteuere"[650]. Hinter diesem Pauschalurteil verbergen sich bei näherem Hinsehen zwei Gesichtspunkte, die in der Literatur nicht immer deutlich auseinander gehalten werden. Zum einen wird dabei auf Finanzierungsprobleme Bezug genommen, die durch die Pflicht des Erwerbers zur Unterbreitung eines Vollangebots verursacht werden. Insoweit setzen die Überlegungen in der Literatur weniger an dem Regelungsmodell selbst an, als vielmehr an dessen Wechselwirkungen mit den institutionellen Bedingungen des Kapitalmarkts. Andererseits finden sich jedoch auch Bedenken modelltheoretischer Natur. Um die Tragweite dieser Kritik für das Effizienzverständnis des Pflichtangebots beurteilen zu können, ist es sinnvoll, beiden Einwänden getrennt voneinander nachzugehen.

(1) Erhöhung des Finanzierungsaufwands

Weit verbreitet ist zunächst die Vorstellung, dass das Pflichtangebot zu einer ökonomisch nachteiligen Verringerung der Transaktionstätigkeit auf dem Unternehmensmarkt führe. Nach dieser Sichtweise soll die Regelung die Finanzierbarkeit von Unternehmensübernahmen als solche gefährden[651]. Vorgebracht wird insoweit, dass der hohe Liquiditätsbedarf, den die Pflicht zu einem Vollangebot auslöst, für Privatpersonen oder kleine Erwerberunternehmen eine faktisch unüberwindbare „Marktzutrittsschranke" darstelle[652]. Manchen Kritikern zufolge sind Kontrolltransaktionen daher nur noch von besonders finanzstarken Investoren zu erwarten. Zudem soll sich auch der Kreis potentieller Übernahmekandidaten verringern. Unternehmen mit einer großen Marktkapitalisierung würden unter der Geltung des Pflichtangebots in „fast unangreifbare Festungen verwandelt"[653].

Zur Begründung dieser Auffassung wird vor allem auf die begrenzten Möglichkeiten hingewiesen, erforderliche Transaktionsvolumina durch Formen der Eigen- oder Fremdkapitalbeschaffung zu refinanzieren. Eine hinreichende Kapital-

---

[649] Ausführlich zu den einzelnen Kritikpunkten etwa *Reul*, Gleichbehandlung, S. 222 ff.; *Mühle*, WpÜG, S. 376 ff., 421 ff.; *Wymeersch*, in: Hopt/Wymeersch, European Takeovers, S. 351 ff.

[650] In diese Richtung etwa schon *Baums*, ZIP 1989, S. 1376, (1381); *Kallmeyer*, ZHR 161 (1997), S. 435, (436); *Liekefett*, RIW 2004, S. 824, (830 f.); *Wymeersch*, ZGR 2002, S. 520, (542); *Baum*, RIW 2003, S. 421, (430 f.).

[651] Vgl. etwa *Heiser*, Zwangsangebot, S. 365 f.; *Röhrich*, RIW 1993, S. 93, (98); *Wymeersch*, ZGR 2002, S. 520, (542); *Liekefett*, RIW 2004, S. 825, (831); *Mühle*, WpÜG, S. 456.

[652] So etwa *Mertens*, AG 1990, S. 252, (258); vgl. dazu auch *Eidenmüller*, DStR 2007, S. 2116, (2119) („chilling effect").

[653] So bereits *Röhrich*, RIW 1993, S. 93, (98); zustimmend *Liekefett*, RIW 2004, S. 825, (831).

versorgung aus eigenen Mitteln scheitere oftmals von vornherein, so dass regelmäßig auf Fremdfinanzierungsinstrumente zurückgegriffen werden müsse. In Deutschland seien bestimmte Arten der Fremdfinanzierung des Kontrollerwerbers, die auf der Besicherung von Vermögenswerten der Zielgesellschaft beruhen[654], jedoch rechtlich nur bedingt durchführbar[655].

Die Bedenken, die in dieser Hinsicht gegen das Pflichtangebot geltend gemacht werden, lassen sich sicherlich nicht von der Hand weisen. Der Mechanismus der Regelung greift ohne Frage in die Rahmenbedingungen von Transaktionen am Markt ein. Obwohl aktuelle Entwicklungen bei Unternehmensübernahmen[656] und im Bereich der Transaktionsfinanzierung[657] andeuten, dass die vorgetragenen Befürchtungen in ihrem Ausmaß überzogen erscheinen, sind sie jedenfalls in ihrem Kern berechtigt. Ihnen liegt eine banale marktwirtschaftliche Logik zugrunde: Zumal das Pflichtangebot die Kosten des „Gutes" Unternehmenskontrolle erheblich erhöht, geht dies zwangsläufig zu Lasten ihrer Nachfrage. Insoweit besteht kein Zweifel. Eine grundsätzlich andere Frage ist es allerdings, ob die Regelung aus diesem Grund unter Effizienzgesichtspunkten zu beanstanden ist. Indem lediglich aufgezeigt wird, dass sich infolge ihrer Anwendung ein gewisser Rückgang von Übernahmen ergeben kann, bleibt der für eine ökonomische Analyse entscheidende Aspekt nämlich vorerst offen. So hat *Bebchuk*[658] in der US-amerikanischen Diskussion zutreffend darauf hingewiesen, dass „[p]rice increases do not by themselves represent a social cost; they are socially undesirable only to the extent that they lead parties to behave inefficiently and preclude the realization of efficiency gains". In der Tat ist insofern noch nicht dargelegt, inwieweit ein Pflichtangebot gerade *effizienzsteigernde* Übernahmen verhindern sollte. Ein solcher

---

654 Angesprochen sind dabei vor allem die in den USA häufigen „leveraged buyouts" und ihr Spannungsverhältnis zu den aktienrechtlichen Kapitalerhaltungsregeln, vgl. dazu in vorliegendem Zusammenhang *Seydel*, Konzernbildung, S. 82; *Mühle*, WpÜG, S. 76 ff., auch zu der alternativen „Mezzanine"-Finanzierung.

655 So beispielsweise *Mertens*, AG 1990, S. 252, (253); *Mai*, Aktionärsschutz, S. 129; *Heiser*, Zwangsangebot, S. 366.

656 Die Überschreitung der Kontrollschwelle der VW AG durch die Porsche AG ist in jüngster Zeit als prominentestes – und umstrittenstes – Beispiel dafür zu nennen, dass die Pflichtangebotsregelung sicherlich nicht *jegliche* Transaktionsbemühungen um sog. „Blue Chips" zum Erliegen bringt. Vgl. dazu Handelsblatt Nr. 174, v. 10.09.2007, S. 16.

657 Vgl. die Berichterstattung in der Presse zur kürzlichen Hochkonjunktur von Übernahmen, etwa SZ v. 22.05.2007, S. 21 („Die Finanzierungsbedingungen für Übernahmen sind extrem günstig"); WirtschaftsWoche Nr. 22 v. 26.05.2007, S. 124 („Fakt ist: Es gibt die Liquidität – und sie scheint schier unermesslich"). Demnach scheint es, als sei der vorhandene Finanzierungsspielraum kein Hemmnis, sondern umgekehrt gerade Triebfeder von Übernahmen.

658 *Bebchuk*, Harvard Law Review 98, S. 1693, (1793) (1985).

Rückschluss wäre allenfalls nach dem kritikwürdigen Konzept des Marktes für Unternehmenskontrolle zwingend. Akzeptiert man aber den Umstand, dass Unternehmensübernahmen infolge des möglichen Geflechts verschiedener Motive eine gesamtwirtschaftlich ambivalente Bedeutung haben können, verliert diese Argumentation an Überzeugungskraft. Die Kostspieligkeit einer Transaktion sagt dann für sich genommen kaum etwas über ihre Wohlfahrtswirkungen aus.

Häufig wird im Gegenteil davon ausgegangen, dass sich effizienzsteigernde Transaktionsvorhaben auf hoch entwickelten Kapitalmärkten – unabhängig von ihrem Volumen – stets refinanzieren ließen[659]. Diese These mag in der finanzwissenschaftlichen Literatur zwar durchaus umstritten sein. Sie gibt jedoch einen wichtigen Fingerzeig: Steigert sich der Liquiditätsbedarf für eine Unternehmensübernahme, werden potentielle Erwerber regelmäßig dazu angehalten sein, die Zweckmäßigkeit ihrer Investitionsstrategie noch gewissenhafter zu hinterfragen. Dadurch können aber manche Transaktionen vermieden werden, die nur vordergründig auf wohlfahrtsfördernden Absichten – tatsächlich jedoch auf ineffizienten Motiven wie Hybris oder trügerischen Synergieerwartungen beruhen würden. So gesehen ist es keineswegs plausibel, wenn vielfach behauptet wird, dass der Finanzierungsaufwand der Pflichtangebotsregelung ihren Effizienzvorteilen zwangsläufig entgegenstehe.

(2) Die Blockadewirkung des Pflichtangebots

Ökonomisch stichhaltig sind Einwände gegen die Pflichtangebotsregelung nur, wenn ihnen selbst eine modelltheoretische Fundierung zugrunde liegt. Dies ist bei dem zweiten Kritikpunkt, der gegen den Regelungsmechanismus vorgebracht wird, der Fall. Verschiedene Modellanalysen legen insofern nahe, dass sich die positiven Effizienzeffekte des Pflichtangebots unter bestimmten Umständen gegenläufig auswirken können[660]. Dazu sollte man sich noch einmal klar machen, dass ökonomische Ineffizienz theoretisch in zwei Formen auftreten kann: Wohlfahrtsverluste können nicht nur dadurch entstehen, dass ineffiziente Unternehmensübernahmen auf dem Markt durchgeführt werden, sondern gleichermaßen indem ein Regelungsmechanismus effiziente Transaktionen *systematisch* unterbindet. Im Falle der Verhinderung von Effizienzgewinnen spricht man von sog.

---

[659] Plakativ *Houben*, WM 2000, S. 1873, (1878): „Eine Übernahme, die sich auf dem Kapitalmarkt nicht finanzieren lässt, kann aus gesamtwirtschaftlicher Sicht nicht vorteilhaft sein". Ähnlich *Meckl/Hoffmann*, BFuP 58 (2006), S. 519, (526); *Herkenroth*, Konzernierungsprozesse, S. 364; vorsichtiger *Rau-Bredow*, DBW 59 (1999), S. 763, (774).

[660] Vgl. *Bebchuk*, 109 Quarterly Journal of Economics, S. 957, (971) (1994); *Berglöf/ Burkart*, 18 Economic Policy, S. 173, (196) (2003); *Rau-Bredow*, DBW 59 (1999), S. 763, (776); *Helmis*, Ökonomische Analyse, S. 176.

Opportunitätskosten einer Regelung[661]. Bei formaler Betrachtung sind derartige Kosten auch den Pflichtangebotsregelungen der §§ 29 ff. WpÜG zu eigen:

Wie bereits erörtert wurde, beruht die positive Selektionswirkung des Pflichtangebots zunächst auf seinem Vollangebotscharakter. Allein die Möglichkeit des Austritts aller Minderheitsaktionäre aus der Zielgesellschaft stellt im Grundsatz sicher, dass Erwerber Unternehmenstransaktionen tatsächlich in der Aussicht auf reale Wohlfahrtsgewinne betreiben[662]. Bliebe es indessen bei dieser Voraussetzung, wäre der konzeptionell gewährleistete Schutz höchst unvollkommen. Die bloße Existenz einer Ausstiegsgelegenheit könnte per se keine ausgewogene Entscheidung der Minderheitsaktionäre über ihren Verbleib in der Gesellschaft garantieren. Dürfte ein Kontrollerwerber seine Pflicht zur Angebotsabgabe durch eine Offerte in beliebiger Höhe erfüllen, liefe der Regelungsmechanismus vielmehr leer. Der Erwerber hätte es dann in der Hand, den Austritt der Minderheitsaktionäre durch bewusst niedrige Angebotskonditionen zu vereiteln. Die Vollangebotspflicht ist deshalb nur eine notwendige, aber noch keine hinreichende Bedingung. Für die Funktionsfähigkeit des Regelungsmechanismus ist auch seine preistheoretische Ausgestaltung von entscheidender Bedeutung.

Die regulatorische Aufgabe, im Rahmen des Pflichtangebots einen Maßstab für die „Angemessenheit" der Abfindung von Aktionären herauszubilden, bereitet freilich erhebliche Schwierigkeiten. Sie wurzelt – allgemein gesprochen – in dem grundsätzlichen Problem der rechtsgeleiteten Bewertung von Gesellschaftsanteilen börsennotierter Unternehmen[663]. Dreh- und Angelpunkt dieser Problematik ist die Einsicht, dass es die Schwächen der EMH[664] nach gegenwärtigem Erkenntnisstand verbieten, die Höhe einer Abfindung allein am Börsenkurs der jeweiligen Aktien zu bemessen[665]. Die Wahrscheinlichkeit überwiegt, dass systematische Abweichungen zwischen dem Kursniveau von Unternehmensanteilen und ihrem tatsächlichen Fundamentalwert auftreten können. Diese Erwägungen liegen auch der Ausgestaltung des WpÜG zugrunde. Bekanntlich hat sich der Gesetzgeber insofern für ein zweistufiges Preisbildungskriterium entschieden[666]: Die doppelte Untergrenze besteht darin, dass die anzubietende Gegenleistung mindestens dem gewichteten durchschnittlichen Börsenkurs der Aktien während der letzten drei Monate (§§ 31 Abs. 7 WpÜG, 5 Abs. 1 WpÜG-AV) bzw. dem höchsten Preis entsprechen muss, den die Kontrollerwerber innerhalb von sechs Monaten vor

---

[661] Vgl. etwa *Helmis*, Ökonomische Analyse, S. 183.
[662] Vgl. oben, 4. Kap., B., V., 4., a).
[663] Umfassend zu dieser Thematik jüngst *Adolff*, Unternehmensbewertung.
[664] Überblicksartig dazu oben, 4. Kap., B., V., 2., a), (1).
[665] Vgl. *Adolff*, Unternehmensbewertung, S. 153; im vorliegenden Kontext der Bemessung von Übernahmeangeboten auch *Mühle*, WpÜG, S. 457.
[666] Dazu bereits oben, 3. Kap., C., IV..

Angebotsveröffentlichung für entsprechende Aktien gezahlt haben (§§ 31 Abs. 7 WpÜG, 4 S. 1 WpÜG-AV).

Die Bedeutung des ersten der beiden Kriterien leuchtet unmittelbar ein: Um dem Regelungszweck des Pflichtangebots zu dienen, darf die erhältliche Gegenleistung jedenfalls nicht den Preis unterschreiten, den der Börsenkurs der Aktien zum Angebotszeitpunkt widerspiegelt[667]. Anderenfalls wäre nicht verständlich, weshalb Aktionäre ihre Anteile überhaupt veräußern sollten. In diesem Fall ginge aber die bereits dargelegte verhaltenssteuernde Wirkung des Pflichtangebots fehl[668]. Der zweite relevante Maßstab – das Vorerwerbskriterium in § 4 S. 1 WpÜG-AV – kommt demgegenüber zum Tragen, wenn das Erreichen der Kontrollschwelle des § 29 Abs. 2 WpÜG auf außerbörsliche (Paket-)Transaktionen zurückzuführen ist. Wie schon aufgezeigt[669], ist dabei nicht selten zu beobachten, dass Paketerwerber über den anteiligen Börsenwert der Aktien hinaus Paketprämien an die Veräußerer zahlen. Derartige Kontrollaufschläge fließen dann natürlich in die Berechnung der Gegenleistung eines möglichen Pflichtangebots ein. In der Folge können alle Aktionäre der Zielgesellschaft in den Genuss des anteiligen Paketpreises kommen. Genau diese Fälle, in denen etwaige Kontrollprämien bei der Festlegung der Gegenleistung berücksichtigt werden, sind es aber, die in der finanzmarkttheoretischen Literatur nachhaltige Kritik hervorgerufen haben. Sie können nämlich – jedenfalls bei isolierter Betrachtung – dazu führen, dass wohlfahrtsfördernde Übernahmen unterbleiben.

Exemplarisch mag dies noch einmal das oben angeführte *Modell* der *X-AG* veranschaulichen: Angenommen, die Gesellschaft verfügt nun über einen Kontrollinhaber (K_i,) der ein Paket von 40% der Aktien hält. Außerdem möge K_i bereits Sondervorteile in Höhe von 5 Mio € aus der *X-AG* ziehen. Um K_i zur Veräußerung seines Kontrollpakets zu bewegen, müsste ein potentieller Kontrollerwerber (K_e) dann einen Mindestpreis von 45 Mio € (0,4 x 100 Mio € + 5 Mio €) zahlen. Dieser Wert wäre aufgrund des Gleichbehandlungserfordernisses in § 4 S. 1 WpÜG-AV zugleich Bemessungsgrundlage für das Angebot, das den außenstehenden Aktionären unterbreitet werden müsste. Die Aktionäre könnten mit anderen Worten mindestens denjenigen Preis verlangen, den K_e anteilig an K_i leisten würde. Daher könnten sich die Gesamtkosten der Übernahme – abhängig von der Annahme-

[667] Eine solche Untergrenze soll nach der Rechtsprechung des Bundesverfassungsgerichts freilich schon aus den verfassungsrechtlichen Vorgaben des Art. 14 Abs. 1 GG folgen; vgl. BVerfGE 100, S. 289, (308) (DAT/Altana). Für die Übertragbarkeit dieser (auf einem konzernrechtlichen Fall beruhenden) Wertung auf das Pflichtangebot etwa *Oechsler*, in: Ehricke/Ekkenga/Oechsler, WpÜG, § 31 Rn. 4; a.A. *Meister*, in: GS Bosch, S. 115, (120); *Mülbert*, NZG 2004, S. 633, (642).

[668] Vgl. dazu nochmals oben, 4. Kap., B., V., 4., a).

[669] Vgl. die empirischen Ergebnisse oben, 4. Kap., B., V., 4., b), (1).

quote der Aktionäre – aber auf eine Summe von bis zu 112,5 Mio € (45 Mio € + (45 Mio € x 0,6/0,4)) erhöhen.

Bei dieser Modellrechnung wird sofort deutlich, dass der entstehende Investitionsaufwand K_e selbst dann abschrecken könnte, wenn durch den Kontrollerwerb eine erhebliche Steigerung des Unternehmenswertes zu erwarten wäre. K_e müsste nämlich im (äußersten) Fall der Vollübernahme einen späteren Mehrwert in Höhe von mindestens 7,5 Mio € (112,5 Mio € – (100 Mio € + 5 Mio €)) erzielen, nur um die entstehenden Transaktionskosten zu amortisieren. Verspricht sich K_e hier lediglich einen Wertzuwachs unterhalb dieses Betrags, kommt der Kontrollwechsel voraussichtlich nicht zustande. Ökonomisch wäre ein derartiges Ergebnis freilich unvorteilhaft. Da jede transaktionsbedingte Zunahme des Marktwerts der *X-AG* gegenüber dem Niveau, das unter der Kontrolle von K_i besteht, sogar paretoeffizient wäre, blieben insoweit potentielle Wohlfahrtsgewinne aus. Folglich scheint es, als könne die Pflichtangebotsregelung unter diesen (Modell-)Bedingungen tatsächlich gesamtwirtschaftlich förderliche Transaktionen blockieren. Die formale Analyse erlaubt auch eine klare Aussage darüber, wo die Schwelle einer solchen Blockadewirkung des Pflichtangebots verläuft. Damit Kontrollwechsel unter Geltung der Gleichbehandlungspflicht zustande kommen, muss der jeweilige Kontrollerwerber zumindest mit Ertragssteigerungen in einer Größenordnung rechnen, die der Summe der an die Minderheitsaktionäre zu zahlenden Aufschläge entspricht[670]. Dieser Betrag ist es nämlich, dem im Zeitpunkt der Kontrollübernahme kein gegenwärtiges Äquivalent – sei es in Form des Börsenwertes der erworbenen Anteile oder in Gestalt von Sondervorteilen – gegenübersteht. Dies ist eine banale, aber durchaus wesentliche Erkenntnis. Letztlich lassen sich daraus nämlich zwei Schlussfolgerungen hinsichtlich der Auswirkungen ziehen, die eine Pflichtangebotsregel unter verschiedenen institutionellen Marktbedingungen entfaltet: Effizienzfördernde Kontrollwechsel werden erstens umso eher scheitern, je höher die von Kontrollinhabern in einem Kapitalmarktsystem erzielbaren Sondervorteile sind[671]. Zweitens hängt die Wahrscheinlichkeit wohlfahrtssteigernder Transaktionen auch von den vorherrschenden Aktionärsstrukturen ab. Sie werden umso häufiger stattfinden, je geringer der durchschnittliche Streubesitzanteil der Gesellschaften ist, der an Paketprämien beteiligt werden muss.

---

[670] Im Beispiel also 7,5 Mio. €, da der an den bisherigen Kontrollinhaber – der 40% der Anteile hält – zu zahlende Paketaufschlag von 5 Mio. € anteilig auf die Abfindung der übrigen Aktionäre (60%) auszudehnen wäre. Daraus folgt freilich auch, dass eine gesamtwirtschaftlich nachteilige Blockadewirkung ausnahmsweise dann entfällt, wenn der amtierende Kontrollinhaber einer Gesellschaft keine Sondervorteile erzielt hat, vgl. *Mühle*, WpÜG, S. 455.

[671] *Bebchuk*, 109 Quarterly Journal of Economics, S. 957, (971 f.) (1994).

Im Ergebnis ist den Kritikern der Pflichtangebotsregel demnach in einem Punkt zuzustimmen: Unter gewissen Umständen – insbesondere in Fällen eines Kontroll*wechsels* – ist ihr Regelungsmechanismus geeignet, effizienzsteigernde Transaktionen zu verhindern. Dieser Aspekt ist im Rahmen der Beurteilung ihrer wohlfahrtstheoretischen Folgen zu berücksichtigen.

d) Abschließende Bewertung der Effizienzwirkungen

Nach den bisherigen Erkenntnissen der ökonomischen Analyse scheint die Pflichtangebotsregelung wohlfahrtstheoretisch zwei unterschiedliche Gesichter zu haben. Auf der einen Seite ist unverkennbar, dass sie gesamtwirtschaftlich positive Effekte hat. Sie beugt wohlfahrtsschädigenden Unternehmensübernahmen vor, die auf Kosten der Minderheitsaktionären stattfinden könnten: Ein Pflichtangebot verhindert idealtypischerweise, dass der Anreiz privater Erträge – den die empirische Kapitalmarktforschung zweifelsfrei nachweisen kann – zum Motiv eines Kontrollerwerbs wird[672]. Die Kehrseite dieser Nutzenvorteile liegt offenbar darin, dass die Regelung auch wohlfahrtssteigernde Transaktionen ausschließen kann. Insoweit ist jedoch Zurückhaltung geboten. Dahingehende Bedenken beruhen freilich nur auf einer formalen Modellanalyse von Kontrollwechseln. Empirisch überprüfen lassen sie sich nicht[673]. Auch ein Blick auf die Entwicklung des Marktes seit Einführung des Pflichtangebots stützt die Befürchtung, die Regelung könnte (wohlfahrtsfördernde) Übernahmeaktivitäten unterbinden, keineswegs. Im Gegenteil, seit Anfang 2003 ist – freilich im Zuge einer zyklischen Verlaufskurve[674] – eine kontinuierlich zunehmende Zahl von Transaktionen zu beobachten. Nach der soeben hergeleiteten Faustformel dürfte die mutmaßliche Blockadeschwelle des Pflichtangebots in Deutschland jedenfalls nicht übermäßig hoch sein: Wie bereits gesehen, sind hierzulande vergleichsweise moderate Sondervorteile, aber auch geringe Streubesitzquoten vorzufinden[675].

Vor diesem Hintergrund lohnt es sich, die komplexen Wechselwirkungen der Pflichtangebotsregelung noch ein wenig genauer zu beleuchten. Dabei zeigt sich schnell, dass der Problematik weitreichende Trade-offs[676] zugrunde liegen:

---

672 Vgl. ausführlich oben, 4. Kap., B., V., 4., a).

673 Um einen solchen Beweis zu führen, wäre es nämlich erforderlich zwei identische Kapitalmarktsysteme miteinander zu vergleichen: eines der beiden müsste über eine Pflichtangebotsregel mit Gleichbehandlungsgrundsatz verfügen, das andere nicht. Derartige „Laborbedingungen“ sind in der Realität nicht vorzufinden, vgl. *Reul*, Gleichbehandlung, S. 132 f.

674 Vgl. dazu schon die empirischen Ergebnisse oben, 4. Kap., B., V., 3., a).

675 Allgemein dazu schon oben, 4. Kap., B., V.

676 Zum Begriff etwa *Eidenmüller*, JZ 2007, S. 487, (491).

Selbst wenn das Pflichtangebot bisweilen effiziente Übernahmen verhindern sollte, erzeugt es jedenfalls erhebliche positive Rückwirkungen auf die Anlageentscheidungen am Markt[677]. Die Aussicht von (Klein-)Aktionären, an transaktionsbedingten Gewinnen – auch durch die Beteiligung an möglichen Paketprämien – zu partizipieren, fördert natürlich das Vertrauen in den Kapitalmarkt und steigert letztlich ihre Investitionsbereitschaft. Dies kann vor allem unter den institutionellen Bedingungen in Deutschland, wo der Anteil an Kapitalmarktanlegern in der Bevölkerung nach wie vor sehr gering ist[678], von großer Bedeutung sein[679]. Eine breitere Nachfrage nach Aktien käme dem hohen Eigenkapitalbedarf börsennotierter Unternehmen auf dem Primär- und Sekundärmarkt zugute. Erst unter diesen Voraussetzungen kann der Kapitalmarkt seiner volkswirtschaftlichen Aufgabe, freie Mittel möglichst allokationseffizient zu verteilen, gerecht werden.

Umgekehrt würde eine systematische Benachteiligung von Minderheitsaktionären im Rahmen von Kontrollübernahmen unerwünschte Folgen haben. Schädigungsmöglichkeiten durch Kontrollerwerber würden dann in Form von geringeren Emissionserlösen beim Börsengang oder bei späteren Kapitalerhöhungen antizipiert werden[680]. *Reul* hat in diesem Zusammenhang eine interessante Parallele gezogen. Er vergleicht die Konsequenzen des Gleichbehandlungsrisikos von Minderheitsaktionären mit einem Verhaltensmodell, das auf einen berühmten Aufsatz des Ökonomen *George Akerlof*[681] zurückgeht: dem sog. „Markt für Zitronen"[682]. Das sich dahinter verbergende Problem der adversen Selektion (Negativ-

---

[677] Dazu im juristischen Schriftum etwa *Mülbert*, Aktiengesellschaft, S. 461; *Heiser*, Zwangsangebot, S. 359 f.; *Fleischer*, NZG 2002, S. 545, (548); *Kleindiek*, ZGR 2002, S. 546, (560); dezidiert *Reul*, Gleichbehandlung, S. 236 f., 241 f.; aus der wirtschaftswissenschaftlichen Literatur eingehend *Hecker*, Regulierung von Unternehmensübernahmen, S. 627 ff., 661 ff.; *Rau-Bredow*, DBW 59 (1999), S. 763, (772).

[678] Vgl. nur DAI, Kurzstudie 1/2008, S. 1 f., wonach im Kalendarjahr 2007 ein (weiterer) Rückgang der Aktionärszahlen in Deutschland auf eine Quote von 5,8% der Bevölkerung zu verzeichnen war; der Anteil an Aktienfondsbesitzern lag immerhin noch bei 12,2%.

[679] Vgl. vor allem das eindringliche rechts- und wirtschaftspolitische Plädoyer bei *Reul*, Gleichbehandlung, S. 241 ff.

[680] *Fleischer*, NZG 2002, S. 545, (548); *Kleindiek*, ZGR 2002, S. 546, (560); a.A. freilich *Easterbrook/Fischel*, 91 Yale Law Journal, S. 698, (712) (1982), die sich auf die Portfolio-Theorie berufen. Ihr Argument beruht auf der (wenig realistischen) Annahme, dass jeder Marktteilnehmer übernahmebedingten Schädigungen bereits durch eine möglichst breite Streuung seines Investitionsportfolios begegnen könne. Sei ein Aktionär nur hinreichend diversifiziert, halte er letztlich immer auch Anteile der „Gewinner" einer Transaktion, so dass eine negative Antizipation entfalle.

[681] *Akerlof*, 84 Quarterly Journal of Economics, S. 488 ff. (1970); anschaulich dazu *Fleischer*, Informationsassymetrie, S. 121 ff.

[682] Vgl. *Reul*, Gleichbehandlung, S. 237.

auslese)[683] hat *Akerlof* einst am Beispiel des Gebrauchtwagenhandels verdeutlicht: Sind sowohl gute Fahrzeuge („peaches“) als auch schlechte Fahrzeuge („lemons“) am Markt erhältlich und verfügen potentielle Käufer nicht über die notwendigen Informationen, um die individuelle Qualität eines Angebots zu ermitteln, führt diese Gemengelage langfristig zu einer Verdrängung der guten Exemplare. Die Qualitätsunsicherheit hat nämlich zur Folge, dass alle Gebrauchtwagen nur noch zu einem einheitlichen (Durchschnitts-)Preis gehandelt werden. Anbieter von hochqualitativen Fahrzeugen werden aber nicht bereit sein, unter diesen Bedingungen zu verkaufen. Sie ziehen sich daher vom Markt zurück[684]. Überträgt man dieses Modell, spricht in der Tat viel für gesamtwirtschaftliche Effizienzvorteile einer Pflichtangebotsregel mit Gleichbehandlungsmechanismus: Wenn Anleger davon ausgehen können, bei Kontrolltransaktionen in jedem Fall von etwaigen Höchstpreisen zu profitieren, entsteht das von *Akerlof* beschriebene Zwei-Klassen-System insoweit erst gar nicht. Es existiert dann kein Schädigungsrisiko, das zu niedrigeren Emissionserlösen führen könnte. Folglich haben auch Unternehmen mit hohem Kapitalwert keinen Grund, den Gang an die Börse zu scheuen[685].

Die Größenordnung der Effizienzeffekte, die durch eine derartige Ausstrahlungswirkung des Pflichtangebots eintreten, ist selbstverständlich nicht quantifizierbar. Sie lässt sich deshalb auch nicht gegen mögliche Wohlfahrtsverluste aufgrund blockierter Transaktionen aufrechnen. Ihre Bedeutung sollte aber gerade in Deutschland, dessen Börsenplätze über eine – im internationalen Vergleich – geringe Marktkapitalisierung verfügen, nicht unterschätzt werden. Gleichwohl wird gelegentlich versucht, diesen Aspekt zu relativieren. So weisen einige Stellungnahmen darauf hin, dass die Verhinderung bestimmter Übernahmen auch die abstrakte Disziplinierungskraft, die von einem Markt für Unternehmenskontrolle ausgehe, beeinträchtigen könnte[686]. Eine solche Argumentation nach Art der Chicago School ist allerdings nur auf den ersten Blick überzeugend. Sie setzt voraus, dass hierzulande überhaupt ein funktionsfähiger Unternehmenskontrollmarkt besteht. Gerade dies ist nach heutigem Erkenntnisstand aber nicht in dem Maße der Fall, wie in den Vereinigten Staaten. Daraus folgt ein zweites Bedenken: Wenn die Chicago School dem Markt für Unternehmenskontrolle erhebliche Effizienzvorteile bescheinigt, bezieht sie sich dabei freilich in erster Linie auf die Senkung von Agency-Kosten in (zuvor) managerkontrollierten Gesellschaften[687]. Dies erscheint in einem Kapitalmarktsystem wie dem US-amerikanischen plausibel,

---

683 Allgemein dazu *Richter/Furubotn*, Neue Institutionenökonomik, S. 175 ff., 236 ff.
684 Vgl. *Akerlof*, 84 Quarterly Journal of Economics, S. 488, (489 f.) (1970).
685 Ähnlich *Rau-Bredow*, DBW 59 (1999), S. 763, (772); *Fleischer/Kalss*, WpÜG, S. 39.
686 Vgl. zu diesem Standpunkt *Meyer*, EU-Übernahmerichtlinie, S. 165 f. m.w.N.
687 Vgl. oben, 4. Kap., B., V., 1., a), (1).

wo derartige Unternehmen aufgrund des hohen Streubesitzes dominieren – nicht aber in Deutschland. Bei der hier vorherrschenden Eigentümerkonzentration wird eine Verringerung des Kontrollmarkteffekts kaum vergleichbar ins Gewicht fallen.

Betrachtet man die unterschiedlichen Wohlfahrtseffekte in der Gesamtschau, dürfte der Einfluss der Pflichtangebotsnorm auf den deutschen Kapitalmarkt somit ganz überwiegend positiv sein. Ein erschöpfendes Resümee lässt sich aus den genannten Gründen zwar (gegenwärtig) nicht ziehen. Die marktinstitutionellen Voraussetzungen in Deutschland führen das Bedürfnis für eine solche Vorschrift jedoch klar vor Augen. Es wäre daher verfehlt, die Pflichtangebotsregel des WpÜG als „ökonomisches Experiment“[688] zu begreifen und ihre Reichweite nach Kräften einzuschränken. Die Effizienzwirkungen der Regelung sind vielmehr beachtlich. Sie eignen sich daher auch als Maßstab für die Frage, in welchen Fällen der Pflichtangebotsmechanismus in der Praxis zur Anwendung gelangen sollte.

5. Erschließung des Anwendungsbereichs von § 30 Abs. 2 WpÜG

Aus der vorstehenden ökonomischen Analyse des Pflichtangebots lassen sich schließlich auch Aussagen über die Reichweite der Stimmrechtszurechnung in § 30 Abs. 2 WpÜG ableiten. Welche Erkenntnisse ergeben sich daraus im Einzelnen? Man sollte zunächst differenzieren. Das zentrale Verdienst dieses Analyseansatzes ist es freilich, die Komplexität der zugrunde liegenden Problemstellungen zu reduzieren[689]. Dementsprechend erweist es sich auch bei der Beurteilung der Regelung des Acting in Concert als hilfreich, in Verhaltensmodellen zu denken. Wählt man einen solchen Ansatz, so lassen sich – grob vereinfacht – zwei mögliche Formen der Kontrollerlangung typisieren: Gemeinschaftliche Kontrolle kann erstens dadurch erlangt werden, indem sich verschiedene Parteien, die von vornherein über hinreichend hohe Stimmrechtsanteile verfügen, später zu einer Gruppe zusammenschließen. In diesem Fall ist entscheidend, inwieweit das Verhalten, das sie zum Gegenstand ihrer Interessenabstimmung machen, als kontrollrelevant zu beurteilen ist. Die zweite Möglichkeit besteht darin, dass Mitglieder einer bereits bestehenden Abstimmungskoalition die Schwelle des § 29 Abs. 2 WpÜG durch den Zukauf weiterer Aktien nachträglich überschreiten. Dabei handelt es sich – wie schon gesehen – gerade um jene Konstellation, welche die EU-Übernahmerichtlinie in Art. 5 i.V.m. Art. 2 Abs. 1 lit. d vor Augen hat, wenn sie von dem sog. „Erwerbsprinzip“ ausgeht.

---

[688] So aber *Mühle*, WpÜG, S. 456, die insbesondere die Gleichbehandlungspflicht außenstehender Aktionäre angreift und für Abschläge auf Paketprämien eintritt; zur Kritik der Literatur bereits oben, 4. Kap., B., V., 4., c), (2).

[689] Vgl. nur *Eidenmüller*, Effizienz als Rechtsprinzip, S. 6.

Wann eine Stimmrechtszurechnung gemäß § 30 Abs. 2 WpÜG aus ökonomischer Perspektive notwendig erscheint, lässt sich wesentlich einfacher für die erste Fallgruppe beantworten. Insoweit kann problemlos an die Ergebnisse des vorangegangen Abschnitts angeknüpft werden. Dort hat sich herausgestellt, dass die wohlfahrtstheoretische Funktion des Pflichtangebots darin liegt, drohende Externalisierungsmöglichkeiten des Kontrollerwerbers im Rahmen von Übernahmen zu verhindern. Um aus dieser Erkenntnis konkrete Schlussfolgerungen für die Auslegung des Tatbestands von § 30 Abs. 2 WpÜG ableiten zu können, fehlt es nur noch an einem letzten Schritt: Wenn eine Stimmrechtszurechnung grundsätzlich geboten ist, soweit das Zusammenwirken mehrerer Beteiligter die Erzielung von Sondervorteilen befürchten lässt, fragt sich nunmehr, welche Verhaltensweisen für ein solches charakteristisch sind. Besteht Klarheit über diesen Punkt, ergibt sich daraus auch der erforderliche Anwendungsbereich des Acting in Concert.

a) Typische Fallgestaltungen für die Erzielung von Sondervorteilen

Der schwierigen Frage, auf welche Weise derartige Erträge in der Praxis erzielt werden, kann man sich in zweierlei Hinsicht annähern. Aus wirtschaftswissenschaftlicher Sicht ist es lohnenswert, in den empirischen Studien, die Anhaltspunkte für ihre Existenz geliefert haben, nach Antworten zu suchen. Dabei zeigt sich in der Tat, dass sich einige der Arbeiten ausführlich mit den Ursachen und Ausprägungen von Sondervorteilen auseinandergesetzt haben[690]. Hinweise auf die Herkunft solcher Erträge geben aber auch rechtswissenschaftliche Fallanalysen. Hier sind die Erfahrungen, die im Umgang mit dem deutschen Konzernrecht gesammelt werden konnten, von besonderer Bedeutung. Da der durch die Pflichtangebotsregel gewährleistete Präventivschutz und die konzernrechtlich bezweckte Folgensicherung funktional betrachtet zwei Seiten ein und derselben Medaille darstellen[691], kann ergänzend auf einschlägige Anwendungsfälle aus der Rechtsprechung zurückgegriffen werden. Sichtet man dieses reiche Anschauungsmaterial, lassen sich daraus im Wesentlichen drei Fallgruppen ableiten.

(1) Vermögenstransfers durch Austauschbeziehungen

Die erste und wohl bedeutendste Erscheinungsform von Sondervorteilen bilden Vermögenstransfers zum Nachteil der kontrollierten Gesellschaft. Insoweit besteht disziplinübergreifendes Einvernehmen. In der rechtswissenschaftlichen Literatur hat sich dabei bekanntlich eine umfangreiche Kasuistik herausgebildet,

---

[690] Vgl. nur *Johnson/La Porta/Lopez-de-Silanes/Shleifer*, 90 American Economic Review P&P, S. 22 ff. (2000).

[691] Vgl. zu dem funktionalen Zusammenspiel bereits oben, 3. Kap., B., III. und IV.

die man gewöhnlich in Umsatzgeschäfte, Konzernumlage und Konzernfinanzierungsmaßnahmen untergliedert[692]. Ganz ähnlich sind die Erkenntnisse der Wirtschaftswissenschaften. In ihrem Sprachgebrauch hat sich insofern der Begriff des „self-dealings“[693] oder – unter stärkerer Betonung des Verdeckungscharakters der Vorgehensweisen – des „tunnelings“[694] eingebürgert.

Die Möglichkeiten für derartige Vermögensverschiebungen sind in der Praxis äußerst facettenreich. In Anlehnung an die Weichenstellung des Konzernrechts kann man grundsätzlich danach unterscheiden, ob der Kontrollinhaber einer Gesellschaft unternehmerische Ziele verfolgt oder ob es sich um einen (Privat-) Investor handelt[695]. Befindet sich die Zielgesellschaft im Anschluss an den Kontrollwechsel in einem strategischen Unternehmensverbund nach dem Muster eines faktischen Konzerns i.S.d. §§ 311 ff. AktG, ist sie spezifischen Gefährdungslagen ausgesetzt. Die Ausrichtung an solchen Herrschaftsstrukturen kann dazu führen, dass die Gesellschaft zur Lieferung von Produkten zu „Konzernverrechnungspreisen“[696] oder einer Abführung von Konzernumlagen[697] veranlasst wird, ohne dass angemessene Gegenleistungen erfolgen. Aufgrund der zahlreichen wechselseitigen Vertragsbeziehungen ergeben sich im Unternehmensverbund viele Spielräume, um die Zielgesellschaft auf diesem Wege zu übervorteilen. Gleichzeitig ist es infolge der engen Verflechtung besonders schwierig, schädigende Einwirkungen des herrschenden Unternehmens im Einzelfall nachzuweisen.

Mögliche Ausbeutungsgefahren beschränken sich jedoch keineswegs auf reine Konzernsachverhalte. Selbst wenn ein Konzernverbund nicht vorliegen sollte, bieten sich vergleichbare Formen zur Erzielung privater Erträge. Unabhängig davon kann ein Kontrollerwerber die Verwaltungsorgane einer Gesellschaft beispielsweise mit Vertrauenspersonen besetzen und ihnen überhöhte Bezüge

---

692 Statt aller exemplarisch nur *Emmerich/Habersack*, Konzernrecht, S. 378 ff.; *Habersack*, in: Emmerich/Habersack, Aktienkonzernrecht, § 311 Rn. 47 ff.; vgl. auch *Reul*, Gleichbehandlung, S. 198 ff.; *Krause*, Übernahmeangebot, S. 98 f.; *Herkenroth*, Konzernierungsprozesse, S. 32 f.; *Mühle*, WpÜG, S. 74 ff.

693 *Djankov/La Porta/Lopez-de-Silanes/Shleifer*, NBER Working Paper 11883, S. 36, 54: „[S]elf-dealing is *the* central problem of corporate governance in most countries“; vgl. in diesem Zusammenhang auch *Ehrhardt/ Nowak*, CFS Working paper 2001/10, S. 5 ff.; *Dyck/Zingales*, 59 Journal of Finance, S. 537, (563) (2004).

694 So beispielsweise der Titel des Aufsatzes von *Johnson/La Porta/Lopez-de-Silanes/ Shleifer*, 90 American Economic Review P&P, S. 22 ff. (2000).

695 Vgl. etwa die Differenzierung bei *Baums*, ZIP 1989, S. 1376, (1380); *Lüttmann*, Kontrollwechsel, S. 27; *Reul*, Gleichbehandlung, S. 134, 280.

696 Vgl. BGHZ 124, S. 11, (118 f.) („Vereinigte Krankenversicherung“); aus der aktuellen Rspr. BGH, DStR 2007, S. 2270; empirisch *Johnson/La Porta/Lopez-de-Silanes/Shleifer*, 90 American Economic Review P&P, S. 22 ff. (2000).

697 Vgl. nur das vielzitierte Grundlagenurteil BGHZ 65, S. 15 ff. (ITT), freilich zur GmbH.

zukommen lassen. In dieser Hinsicht deuten verschiedene empirische Studien an, dass ein signifikanter Zusammenhang zwischen dem Konzentrationsgrad der Aktionärsstruktur einer Gesellschaft und der Vergütung ihres Managements bestehen könnte: *Andres* und *Theissen*[698] etwa untersuchten – vor Inkrafttreten des Vorstandsvergütungs-Offenlegungsgesetzes (VorstOG) – die Bereitschaft börsennotierter Gesellschaften, die Bezüge ihrer Vorstände individualisiert offen zu legen. Dabei zeigte sich u.a., dass eine Veröffentlichung tendenziell dann eher unterblieb, wenn Unternehmen über eine hohe Eigentümerkonzentration verfügten. Als Erklärungsansatz zogen die Autoren vor allem die Kontrollanreize der Anteilseigner in Betracht: Diese dürften keinen Anreiz zur Individualisierung haben, solange sie selbst oder vertraute Personen im Vorstand vertreten seien[699]. Noch aussagekräftiger sind freilich die Ergebnisse von *Ehrhardt* und *Nowak*. Sie konnten die Höhe der jeweiligen Organvergütung im Rahmen ihrer bereits erörterten Studie[700] eindeutig als Indikator für private Erträge identifizieren. So wiesen gerade die Gesellschaften, in denen zugleich systematische Sondervorteile festgestellt werden konnten (Familiengesellschaften mit zwei Aktiengattungen), im Schnitt eine deutlich höhere Vergütung ihrer Leitungsorgane auf als die Gesellschaften der Vergleichsgruppe[701].

Neben dieser Praxis ist es ebenfalls weit verbreitet, dass Unternehmen in Finanzierungsmaßnahmen des Kontrollinhabers eingebunden werden. Ob als Darlehensgeberin oder Sicherungsgeberin für externe Kredite – beherrschte Gesellschaften lassen sich zu Bedingungen heranziehen, die einem Drittvergleich nicht standhalten würden[702]. Ein weiteres probates Mittel, um Vermögen in äußerlich unverfänglicher Weise aus einem Unternehmen zu transferieren, bietet schließlich der Abschluss fiktiver Dienstleistungs- oder Beratungsverträge[703]. Praktische Er-

---

[698] Vgl. *Andres/Theissen*, DBW 67 (2007), S. 167 ff., die insgesamt 146 Unternehmen beleuchteten, die im Geschäftsjahr 2002/2003 in einem Leitindex (DAX, MDAX, SDAX) der Deutschen Börse geführt wurden.

[699] Vgl. *Andres/Theissen*, DBW 67 (2007), S. 167, (169, 171 f.).

[700] Vgl. *Ehrhardt/Nowak*, CFS Working paper 2001/10; eingehend dazu 4. Kap., B., V., 4., b), (2).

[701] *Ehrhardt/Nowak*, CFS Working paper 2001/10, S. 39: „[W]e derive a typology of private benefits of control from literature and empirically measure which of these private benefits really are substantial in Germany: these are excessive management compensation […]“. Einen Überblick über vergleichbare Ergebnisse in den USA geben *Bebchuk/Fried*, 17 Journal of Economic Perspectives, S. 71, (73 ff.) (2003).

[702] Vgl. *Habersack*, in: Emmerich/Habersack, Aktienkonzernrecht, § 311 Rn. 47 ff. m.w.N.

[703] Vgl. dazu die Fallstudien bei *Schneider*, AG 2006, S. 577, (579); *ders.*, NZG 2007, S. 888 ff., insbesondere zur Übernahme des Chemiekonzerns Celanese, der Chemiesparte der früheren Hoechst AG durch den Private Equity-Fond Blackstone im Jahre 2004. Demnach sollen Blackstone im Anschluss an die Transaktion erst „Dienstleistungen“ in

fahrungen zeigen immer wieder, dass sich derartige – inhaltlich teilweise kaum spezifizierte – Verträge regelmäßig einer nachvollziehbaren Überprüfung entziehen[704]. Je undurchsichtiger derartige Vertragsbeziehungen sind, umso größer ist aber das Risiko, dass vermeintliche Austauschgeschäfte zu Lasten der kontrollierten Gesellschaften gehen. Insgesamt lässt sich daher kaum bezweifeln, dass entsprechende Fälle in der Praxis in systematischer Weise auftreten.

(2) Aneignung von immateriellen Vermögenswerten

Die planmäßige Ausbeutung einer abhängigen Gesellschaft kann sich freilich nicht nur in Form von unmittelbaren Vermögenstransfers abspielen. Erhebliches Schädigungspotential eröffnet bereits die allgemeine Nähe des Kontrollinhabers zum Unternehmen. Seine privilegierte Stellung erlaubt es ihm nicht selten, auf immaterielle Vermögenswerte der Gesellschaft Zugriff zu nehmen. Zu denken ist insofern insbesondere an die Möglichkeit, Geschäftschancen der beherrschten Gesellschaft für sich zu vereinnahmen[705]. Handelt es sich bei dem Kontrollerwerber um ein Konzernunternehmen, stellt sich dieses Problem wiederum mit besonderer Deutlichkeit: In einem solchen Verbund dürfte es durchaus praktikabel sein, gewinnträchtige Aufträge vornehmlich an ausgesuchte Konzerneinheiten umzulenken[706]. Umgekehrt besteht für beherrschte Gesellschaften die latente Gefahr, vornehmlich für risikoreiche (Entwicklungs-)Projekte herangezogen zu werden.

Darüber hinaus kann ein Kontrollinhaber vorhandene Unternehmensressourcen auf vielfältige andere Art und Weise ausnutzen. Üblicherweise erhält er etwa Zugang zu wertvollen Marken, Patenten, Forschungsergebnissen oder sonstigem Know-how. In jedem Fall stehen verschiedenste Gelegenheiten zur Verfügung, um von immateriellen Gütern der Gesellschaft zu profitieren, ohne eine – betragsmäßig auch kaum zu erfassende – Gegenleistung erbringen zu müssen.

(3) Steuerung der Kapitalstruktur der Gesellschaft

Als dritte und letzte Kategorie privater Erträge lassen sich solche Vorteile einordnen, die aus dem Einfluss auf die Kapitalstruktur der Gesellschaft resultieren.

Höhe von rund 10 Mio € vergütet worden und bei Auflösung des Vertragsverhältnisses weitere 35 Mio € zugeflossen sein.

[704] Vgl. aus jüngster Zeit auch die Rechtsprechung zur Problematik von Beratungsverträgen mit Aufsichtsratsmitgliedern vor dem Hintergrund der §§ 113, 114 AktG, insbesondere BGH, DStR 2006, S. 1610 ff. sowie BGH, NJW 2007, S. 298 ff.

[705] Zur Lösung dieser Problematik wird häufig auf die aus dem angloamerikanischen Rechtskreis entlehnte „corporate-opportunities"-Doktrin zurückgegriffen; dazu überblicksartig etwa *Fleischer*, NZG 2003, S. 985 ff.

[706] So schon *Reul*, Gleichbehandlung, S. 199; *Krause*, Übernahmeangebot, S. 105 f.

Da Kontrollaktionäre den Zu- und Abfluss von Gesellschaftskapital beeinflussen können, verfügen sie über spezifische Bereicherungsquellen. Von maßgeblicher Bedeutung sind in dieser Hinsicht vor allem zwei Optionen: Sondervorteile können einerseits durch bestimmte Kapitalmaßnahmen erzielt werden, andererseits aus den Gestaltungsmöglichkeiten folgen, die Kontrollaktionären hinsichtlich der Verwendung des Gesellschaftsgewinns offen stehen. Beide Techniken versprechen jedenfalls Aussicht auf mittelbare Sondervorteile.

Kapitalmaßnahmen mögen im Allgemeinen kein typischer Weg des Kontrollinhabers zur Ausbeutung von Minderheitsaktionären sein. Im Ausgangspunkt handelt es sich vielmehr um ein übliches Instrument der Unternehmensfinanzierung. Anders kann dies jedoch zu beurteilen sein, wenn Kapitalerhöhungen der Gesellschaft etwa gemäß § 186 Abs. 3 AktG mit einem Bezugsrechtsausschluss für außenstehende Aktionäre verbunden sind[707]. In dieser Situation laufen die betroffenen Anteilseigner Gefahr, dass der Wert ihrer Beteiligung unfreiwillig „verwässert“ wird. Die Rechtsprechung hat ein solches Risiko schon frühzeitig erkannt[708]. Inzwischen handelt es sich bei derartigen Fällen aber auch um ein empirisch hinlänglich dokumentiertes Phänomen[709].

Ebenfalls einleuchtend dürfte sein, dass die Entscheidungsgewalt über den verteilungsfähigen Gewinn und dessen Verwendung (§§ 58, 174 AktG) Missbrauchsmöglichkeiten der Kontrollinhaber mit sich bringt. Gelingt es ihnen etwa, den Bilanzgewinn der Zielgesellschaft dauerhaft zu thesaurieren, können Minderheitsaktionäre „ausgehungert“ werden[710]. Eine solche Strategie zwingt die Aktionäre gegebenenfalls dazu, ihre Papiere unter Wert zu veräußern[711]. In diesem Fall können Kontrollinhaber neue Anteile hinzuerwerben, ohne ihren Fundamentalwert bezahlen zu müssen. Darüber hinaus bergen Einflussmöglichkeiten auf die Ausschüttungspolitik eine zweite Gefahr. Hierzu muss man sich nur die „free-cash-flow“-These in Erinnerung rufen, die bereits erörtert worden ist[712]: Indem große Kapitalreserven in einer Gesellschaft angesammelt werden, erhöht sich natürlich das Risiko, dass zukünftig stärkere Vermögensverschiebungen stattfinden werden. Empirische Untersuchungen haben diese Befürchtung eindrucksvoll

---

707 Ausführlich zur Problematik etwa *Lüttmann*, Kontrollwechsel, S. 35 f., 182 ff.

708 Grundlegend zur materiellen Beschlusskontrolle BGHZ 71, S. 40 ff. („Kali und Salz“).

709 Vgl. für einschlägige Fallstudien *Johnson/La Porta/Lpoz-de-Silanes/Shleifer*, 90 American Economic Review P&P, S. 22 ff. (2000).

710 Dazu etwa *Schwartze*, in: Ott/Schäfer, Ökonomische Analyse, S. 264, (272).

711 Vgl. zu derartigen „Kurspflegemaßnahmen“ im Vorfeld einer konzernrechtlichen Abfindung die Daten von *Wenger/Hecker/Knoesel*, in: Gahlen/Hesse/Ramser, Finanzmärkte, S. 93 ff.

712 Vgl. ausführlich bereits oben, 4. Kap., B., V., 1., b), (3).

bestätigt. So hat eine Kurswertstudie von *Gugler* und *Yurtoglu*[713] ergeben, dass Ankündigungen von Dividendenveränderungen bei börsennotierten Gesellschaften in Deutschland unterschiedlich bewertet wurden. Während Erhöhungen der Dividende grundsätzlich zu positiven abnormalen Kursrenditen führten, hingen die Auswirkungen im Falle von Dividendensenkungen entscheidend von der jeweiligen Aktionärsstruktur ab: Lag ein gestreuter Anteilsbesitz vor, konnten keine relevanten Kursveränderungen ermittelt werden. Verfügten die einzelnen Unternehmen aber über herrschende Anteilseigner, lösten derartige Ereignisse unmittelbar signifikante Kursverluste aus[714].

Dieser bemerkenswerte Befund deckt sich weitgehend mit anderen finanzmarkttheoretischen Untersuchungen, die zum allgemeinen Verhältnis zwischen Dividendenausschüttung und Minderheitenschutz durchgeführt worden sind[715]. *Gugler* und *Yurtoglu* haben daraus abgeleitet, dass Dividendenkürzungen als ein Signal für die Steigerung privater Erträge der jeweiligen Kontrollinhaber wahrgenommen werden[716]. Ordnet man ihre Ergebnisse in das Gesamtbild der Ausbeutungsrisiken auf dem deutschen Kapitalmarkt ein, ist eine solche Annahme durchaus plausibel. Zusammenfassend betrachtet, zeigen sich damit vielfältige Wege für Kontrollaktionäre, zu allokationsschädlichen Sondervorteilen zu gelangen. Offenbar kann die Erzielung privater Erträge sowohl auf materiellen als auch auf immateriellen Vermögensverschiebungen beruhen. Ebenso gut ist es denkbar, dass eine Benachteiligung der Minderheitsaktionäre schon in einem früheren Stadium, insbesondere durch Eingriffe auf die Kapitalstruktur der Gesellschaft erfolgt. Eine darüber hinaus gehende, nähere Typisierung der Ursachen privater Erträge erscheint nach derzeitigem Stand kaum möglich.

---

[713] Vgl. *Gugler/Yurtoglu*, 47 European Economic Review, S. 731 ff. (2003); Gegenstand der Studie waren insgesamt 736 Meldungen von 266 deutschen Unternehmen zwischen 1992 und 1998.

[714] *Gugler/Yurtoglu*, 47 European Economic Review, S. 731, (745, 753) (2003). Bezeichnenderweise waren negative Überrenditen in ihrer Studie bei denjenigen Unternehmen am höchsten, die von den Autoren als „unchecked“ bezeichnet wurden. Dies betraf Gesellschaften ohne Minderheitsaktionäre mit einem Stimmrechtsanteil von mindestens 5%. Wohlfahrtsverluste wurden also gerade dort antizipiert, wo per se kein Minderheitsaktionär imstande war, das gemäß § 254 Abs. 2 S. 3 AktG erforderliche Quorum für eine Anfechtung von Verwendungsbeschlüssen zu erfüllen.

[715] Grundlegend *La Porta*/Lopez-de-Silanes/Shleifer/Vishny, 55 Journal of Finance, S. 1, (2) (2000), welche die Dividendenpolitik von 4103 Unternehmen in 33 Ländern beleuchteten: „Firms operating in countries with better protections of minority shareholders pay higher dividends“.

[716] *Gugler/Yurtoglu*, 47 European Economic Review, S. 731, (753) (2003).

(4) Schlussfolgerungen

Die Bandbreite an Schädigungsmöglichkeiten, die der vorstehende Überblick zum Vorschein gebracht hat, legt es freilich nahe, auch den Anwendungsbereich des Pflichtangebots entsprechend auszudehnen. Überträgt man die gewonnenen Erkenntnisse auf die Stimmrechtszurechnung in § 30 Abs. 2 WpÜG, so bedeutet dies, dass von einer weit umfassenderen Reichweite auszugehen ist, als von der herrschenden Meinung bislang angenommen wird. Dabei rücken insbesondere Verhaltensabstimmungen über faktische Einwirkungen auf die Zielgesellschaft in den Vordergrund. Wenn sich gerade Vertragsbeziehungen als Quelle von Externalisierungspotential erweisen, spielen Einflussnahmemöglichkeiten auf Verwaltungsorgane der kontrollierten Gesellschaft nämlich eine Schlüsselrolle: Für die Festsetzung der Bezüge des Vorstands etwa ist nach § 87 Abs. 1 AktG der Aufsichtsrat zuständig, dem Vorstand wiederum obliegt gemäß § 76 Abs. 1 AktG die Leitung der Gesellschaft. Vermögensmäßige Schädigungen der Gesellschaft setzen also in aller Regel eine Mitwirkung dieser Organe voraus. Ihre Beeinflussung ist somit der einfachste Weg für Kontrollaktionäre, private Erträge zu erwirtschaften. An dieser Stelle muss die Stimmrechtszurechnung in § 30 Abs. 2 WpÜG anknüpfen, wenn sie dem kapitalmarktrechtlichen Effizienzziel dienen soll.

b) Sonderfall: Abgestimmter Erwerb von Gesellschaftsanteilen

Die zweite idealtypische Form, in der Kontrollveränderungen im Rahmen eines Acting in Concert stattfinden können, bilden nach der oben getroffenen Unterscheidung[717] Abstimmungen über den Erwerb von Gesellschaftsanteilen. Die Behandlung dieser Fallgruppe bereitet deutlich größere Schwierigkeiten als die vorangegangene. Nach den bisherigen Überlegungen sind Sondervorteile in aller Regel eine spezifische Folge von gesellschaftsrechtlich vermitteltem Einfluss. Daher stellt sich grundsätzlich die Frage, weshalb bereits bloße Absprachen über Aktienkäufe den Schutzzweck des Pflichtangebots berühren sollten. Auf den ersten Blick könnte man meinen, dass derartige Vorgänge für die Funktion der Regelung unerheblich sind: Eigenart des abgestimmten Aktienerwerbs ist es gerade, dass er „vor der Tür der Gesellschaft“[718] stattfindet. Anteilskäufer treten in der Erwerbsphase nicht als aktive Mitglieder des Verbands, sondern (noch) als „gesellschaftsfremde“ Investoren am Kapitalmarkt oder als Parteien eines privaten Pakethandels in Erscheinung. Unter diesem Blickwinkel könnte man zu dem

---

[717] Vgl. bereits oben, 4. Kap., B., V., 5.

[718] So das zutreffende Bild von *Hamann*, ZIP 2007, S. 1088, (1090).

Schluss gelangen, dass insoweit kein hinreichendes Bedürfnis besteht, Stimmrechte gemäß § 30 Abs. 2 S. 1 WpÜG untereinander zuzurechnen.

Dennoch wäre eine solche Schlussfolgerung voreilig. Wer sich von derartigen Überlegungen leiten lässt, verkürzt die ökonomischen Zusammenhänge, die dem Pflichtangebotsmechanismus zugrunde liegen, jedenfalls erheblich. Richtig daran ist zwar, dass Absprachen über den Erwerb von Gesellschaftsanteilen keine unmittelbare Gefährdung der Minderheitsaktionäre darstellen. Wohlfahrtstheoretisch belanglos sind sie deshalb jedoch noch nicht. Ihre Bedeutung für die Effizienzwirkungen eines Kontrollwechsels zeigt sich vielmehr, wenn man die Anreizstruktur der Preisregeln in § 31 WpÜG i.V.m. §§ 3 ff. WpÜG-AV in die Betrachtung miteinbezieht. Dies ist im Folgenden näher darzulegen.

Ansatzpunkt muss dabei die Prämisse sein, von der die bislang herrschende Meinung ausgeht. Insoweit fragt sich nämlich, wie realistisch ihre Annahme ist, dass sich Parteien regelmäßig nur über den gemeinsamen Erwerb von Gesellschaftsanteilen abstimmen, ohne darüber hinaus weitergehende Ziele zu verfolgen[719]. Zu bedenken ist immerhin, dass im Falle eines Pflichtangebots nach §§ 29 Abs. 2, 30 WpÜG Stimmrechtsanteile von wenigstens 30% der Zielgesellschaft gebündelt werden. Allein die Größenordnung der beteiligten Stimmrechtsmacht deutet deshalb darauf hin, dass Abstimmungsgruppen nicht selten ein strategisches Interesse an der Zielgesellschaft haben werden[720]. Rein „spekulative" Aktienkäufe, die lediglich auf die Ausnutzung von Kursdifferenzen abzielen, sind eher Sache von Kleinanlegern[721]. Bei ihnen scheidet eine Überschreitung der Kontrollschwelle grundsätzlich aus. Verständigen sich aber Parteien, die im Nachhinein über eine kontrollrelevante Anzahl von Stimmrechten verfügen werden, auf den Erwerb von Anteilen, dürften sie häufig von der Aussicht auf gesellschaftsrechtliche Einflussmöglichkeiten angetrieben werden. Zuverlässige Hinweise auf

---

[719] Vgl. *Pittroff*, Zurechnung, S. 271: „Bei einem abgestimmten Parallelerwerb handelt es sich um abgestimmte Verhaltensweisen, die nicht unternehmensbezogene Zielsetzungen, sondern nur den Erwerb einer Beteiligung zur Erzielung eines kurzfristigen Veräußerungsgewinns zum Gegenstand haben"; *Casper*, ZIP 2003, S. 1469, (1476); *Pentz*, ZIP 2003, S. 1478, (1481) m.w.N.

[720] Zu Recht geht die BaFin in Fällen der Aufteilung eines Aktienpakets von mehr als 30% auf mehrere Erwerber deshalb auch von einer (faktischen) Vermutung für die Umgehung eines Pflichtangebots aus, vgl. stellvertretend *Strunk/Linke*, in: Veil/Drinkuth, Reformbedarf, S. 3, (23); weitergehend noch *Borges*, ZIP 2007, S. 357, (364) („sicheres Indiz").

[721] Eine Ausnahme stellen in dieser Hinsicht freilich bestimmte Hedgefond-Strategien dar. So zielen verschiedene Arten dieser Finanzinvestoren („Long/short relative value funds") gerade darauf ab, durch (Leer-)Käufe von Wertpapieren Arbitragegewinne abzuschöpfen, vgl. nur den Überblick bei *Ricke*, BKR 2004, S. 60, (62). Näher zur (wohlfahrtsökonomischen) Bedeutung des Aktivismus von Finanzinvestoren unten, 4. Kap., C., V., 2.-5.

die Hintergründe des Handels mit Kontrollpaketen liefert freilich die Praxis selbst.

In dieser Hinsicht kann abermals die Studie von *Köke* herangezogen werden, die sich mit den Folgewirkungen von Kontrolltransaktionen beschäftigt hat. Gegenstand der Untersuchung waren 258 Pakettransfers in börsennotierten Unternehmen, wovon über die Hälfte im Einzelfall Kontrollrelevanz besaßen[722]. Nach *Kökes* Auswertungen stellten sich im Anschluss an die jeweiligen Transaktionen umfangreiche Restrukturierungen in den Zielgesellschaften ein. Besonders massiv traten demzufolge personelle Auswechselungen in den Verwaltungsorganen der betroffenen Gesellschaften auf[723]. Spürbare Veränderungen waren aber auch im Hinblick auf die Veräußerung von Unternehmensteilen oder die Entwicklung der Arbeitnehmerzahlen zu beobachten. Insgesamt deuteten die ermittelten Daten in eine klare Richtung: Sämtliche Maßnahmen sprachen ganz offensichtlich dafür, dass die Erwerber von Kontrollpaketen erwartungsgemäß nicht untätig blieben, sondern nach Kräften Einfluss zu nehmen suchten. Weisen die Erfahrungen beim Pakethandel aber eindeutig auf derartige Kontrollabsichten hin, ist kein Grund ersichtlich, weshalb dies im Falle von abgestimmten Anteilskäufen anders sein sollte. Vor diesem Hintergrund sollte daher von dem Vorstellungsbild der herrschenden Meinung Abstand genommen werden: Der gemeinsame Aufkauf einer kontrollrelevanten Menge von Gesellschaftsanteilen ohne strategische Absichten dürfte nicht der Regelfall, sondern bestenfalls eine Ausnahmeerscheinung sein.

Bei Lichte betrachtet, handelt es sich bei Abstimmungen über den Erwerb von Gesellschaftsanteilen somit häufig nur um eine (Vor-)Stufe zu weiteren Absprachen der Parteien. Diesen Umstand gilt es bei der ökonomischen Bewertung des Acting in Concert zu berücksichtigen. Richtigerweise ist daher die Ausgangsfrage zu präzisieren: Entscheidend ist nicht, ob in derartigen Fallkonstellationen überhaupt eine Zurechnung von Stimmanteilen eingreifen muss, sondern *in welchem Zeitpunkt* dies zweckmäßigerweise geschehen sollte. Formuliert man die Frage in diesem Sinne, werden ihre weit reichenden Auswirkungen auf das Fristensystem der Preisbildungsvorschriften in §§ 31 WpÜG, 3 ff. WpÜG-AV sichtbar.

(1) Schutz vor Umgehungsmöglichkeiten des Mindestpreiskriteriums

Wie die Untersuchung der ökonomischen Wirkungsweise des Pflichtangebots gezeigt hat, hängt die Funktionsfähigkeit der Regelung maßgeblich von dem zugrunde liegenden Preisbildungsmechanismus ab. Ihre zentrale Aufgabe, gesamt-

---

[722] Vgl. *Köke*, ZEW Discussion Paper 2000-67, S. 27.

[723] *Köke*, ZEW Discussion Paper 2000-67, S. 27, 32 (Verdopplung der Ablösungsquote im Vorjahresvergleich); ebenso die Ergebnisse von *Franks/Mayer*, 14 Review of Financial Studies, S. 943, (973) (2001).

wirtschaftlich ineffiziente Kontrollübernahmen zu verhindern, kann die Vorschrift nur dann erfüllen, wenn die Austrittsmöglichkeit der Minderheitsaktionäre im konkreten Fall angemessene Konditionen beinhaltet. Als wesentlicher Baustein hat sich dabei das Prinzip der Gleichbehandlung in § 31 Abs. 1, S. 1, 2. Alt., Abs. 4 und 5 WpÜG, § 4 WpÜG-AV entpuppt. Minderheitsaktionäre können als Gegenleistung zumindest den höchsten Preis beanspruchen, den Kontrollerwerber – an oder außerhalb der Börse – in einem bestimmten Zeitfenster um das Angebotsverfahren für Gesellschaftsanteile gezahlt haben. Sie müssen sich umgekehrt nicht auf den häufig niedrigeren durchschnittlichen Börsenwert der Aktien nach § 31 Abs. 1 S. 1, 1. Alt. WpÜG i.V.m. § 5 WpÜG-AV verweisen lassen. Modelltheoretisch betrachtet ist eine Gleichbehandlung zwischen Veräußerern von Kontrollpaketen und außenstehenden Aktionären daher gewährleistet.

In dem Maße aber, wie das Vorerwerbskriterium den vermögensrechtlichen Schutz von Minderheitsaktionäre gegenüber einer Bemessung an reinen Börsenkursen stärkt, gerät es freilich auch in das Visier möglicher Umgehungsstrategien. Kontrollerwerber dürften regelmäßig ein erhebliches Interesse daran haben, der unliebsamen Pflicht zum Angebot des Vorerwerbspreises zu entgehen. Tatsächlich deuten erste Stellungnahmen aus der Praxis an, dass hier eine beachtliche Angriffsfläche für Umgehungsversuche besteht. Wer entsprechende Schwachstellen sucht, dem genügt ein Blick auf die einschlägige Preisvorschrift: § 4 S. 1 WpÜG-AV bestimmt, dass sich die anzubietende Gegenleistung an dem Höchstpreis orientieren muss, der im Zeitraum von 6 Monaten vor der Angebotsveröffentlichung von dem Erwerber oder gemeinsam mit ihm handelnden Personen für Aktien der Zielgesellschaft gezahlt worden ist. Um diesen Mechanismus auszuhebeln, kommen grundsätzlich zwei Formen der Manipulation in Betracht: Umgehungen sachlicher und zeitlicher Natur. Umgehungspotential in sachlicher Hinsicht lässt sich durch die Regelung des Acting in Concert kaum vermeiden. Die diesbezügliche Gefahr – Vereinbarungen verdeckter Nebenleistungen zwischen Paketerwerbern und Veräußerern zu dem Zweck, den maßgeblichen Referenzpreis künstlich zu „drücken“ – kann man vielmehr durch eine teleologische Auslegung der Gegenleistungsvorschriften[724] oder über das allgemeine Zivilrecht[725] begegnen. Was aber zeitlich ausgerichtete Strategien anbelangt, so könn-

[724] Vgl. dazu *Tominski/Kuthe*, BKR 2004, S. 10, (11 ff.), die im Rahmen von § 31 WpÜG für die Betrachtung des „Gesamtaustauschzusammenhangs“ plädieren und eine analoge Anwendung der Grundsätze über verdeckte Sacheinlagen erwägen; s. auch *Kremer/Oesterhaus*, KK/WpÜG, § 31, § 4 WpÜG-AV Rn. 14.

[725] So bereits der Vorschlag von *Reul*, Gleichbehandlung, S. 309 f., der sich *de lege ferenda* für die Flankierung der Gleichbehandlungspflicht durch ein gesetzliches Verbot von Nebenleistungen i.S.d. § 134 BGB ausgesprochen hat; vgl. zur Problematik auch *Baums*, ZIP 1989, S. 1376, (1380).

te eine Ausdehnung der Zurechnungswirkung auf abgestimmte Erwerbsvorgänge Schutzlücken schließen. Der insoweit nahe liegende Weg, die Preisbindung des Gesetzes zu überwinden, erscheint banal[726]. Insbesondere *Traugott* und *Schaefer*[727] haben darauf schon aufmerksam gemacht, indem sie ein als „Fristenlösung" bezeichnetes Gestaltungsmodell für die Praxis entwickelt haben. Das Modell geht davon aus, dass ein Bieter, der eine Gesellschaft übernehmen will, sukzessiv vorgeht. Zunächst kann er sich durch Vorerwerbe ein Aktienkontingent unterhalb der Kontrollschwelle sichern, wobei regelmäßig Paketprämien zu zahlen seien. Erst einige Zeit später – nach Verstreichen der gesetzlichen Referenzfrist – soll er dann ein öffentliches Übernahmeangebot an alle Aktionäre abgeben[728]. Die Pflicht zur Ausweitung des Paketpreises auf die Wertpapiere der außenstehenden Aktionäre wäre somit außer Kraft gesetzt.

Dieser Gedanke lässt sich ohne weiteres auf den Fall eines abgestimmten Verhaltens übertragen. Der vergleichsweise kurze Referenzzeitraum des Vorerwerbskriteriums von 6 Monaten[729] lädt potentielle Kontrollerwerber auch hier zu einer speziellen Akquisitionstaktik ein: Um höheren Zahlungen im Rahmen eines drohenden Pflichtangebots zu entgehen, könnten die Parteien nach dem abgesprochenen Erwerb einer kontrollrelevanten Menge an Gesellschaftsanteilen die erforderliche Zeitspanne schlicht abwarten, bevor sie gesellschaftsrechtliche Einflussnahmen vereinbaren. Insoweit entfiele eine möglicherweise zuvor entrichtete Paketprämie als Bemessungsgrundlage für das spätere Pflichtangebot. Genau an dieser Stelle kann allerdings eine entsprechende Ausdehnung des Anwendungsbereichs von § 30 Abs. 2 WpÜG Abhilfe schaffen: Würde man die Zurechnungswirkung des Acting in Concert in derartigen Fällen schon an die Abstimmung über den gemeinschaftlichen Erwerb von Gesellschaftsanteilen knüpfen, wäre der maßgebliche Referenzzeitraum des § 31 Abs. 7 WpÜG i.V.m. § 4 WpÜG-AV grundsätzlich vorverlagert. Dies hätte zur Folge, dass die Erfas-

[726] Ebenso *Schmidt/Prigge*, DBW 62 (2002), S. 225, (233); *Helmis*, Ökonomische Analyse, S. 205.

[727] Vgl. *Traugott/Schaefer*, NZG 2004, S. 158, (161 f.).

[728] *Traugott/Schaefer*, NZG 2004, S. 158, (161); nach ihrer Ansicht wäre ein solches Übernahmeangebot durch weitere Absprachen mit den wesentlichen Altaktionären zu verbinden, um das Erreichen der Kontrollschwelle sicherzustellen. Besteht in der Zielgesellschaft indes ein erheblicher Streubesitz, dürfte sich auch diese Maßnahme wegen des Verkaufsdrucks der Kleinaktionäre erübrigen; vgl. zum „Gefangenendilemma" bereits oben, 4. Kap., B., V., 1., c), (1).

[729] Vor Inkrafttreten des Übernahmerichtlinie-Umsetzungsgesetzes zum 14.07.2006 belief sich die maßgebliche Frist sogar nur auf 3 Monate. Dabei bewegt sich die deutsche Regelung noch immer an der Untergrenze des zulässigen Referenzzeitraums, vgl. oben, 4. Kap., B., III., 1., b). Der Londoner City Code sieht beispielsweise einen Referenzzeitraum für Vorerwerbe von 12 Monate vor, vgl. Rule 9.5 (a) CC.

sung etwaiger Paketprämien weitgehend sichergestellt werden könnte. Der Erwerb der Unternehmenskontrolle durch die Abstimmungsparteien zu allokationstheoretisch „schädlichen" Preisen ließe sich somit vermeiden. Selbstverständlich wäre eine solche Auslegung des Tatbestands kein Allzweckmittel gegen jegliche Umgehungsversuche. Nach wie vor hätten es die Abstimmungsparteien in der Hand, ihre gemeinsamen Aktivitäten nach ersten Absprachen über den Erwerb von Anteilspaketen vorerst einzustellen. Die entscheidenden, die Kontrollschwelle des § 29 Abs. 2 WpÜG durchbrechenden Aktien, könnten dann nach Ablauf der Frist mühelos ergänzt werden. Gleichwohl wäre es jedoch das Verdienst einer derartigen Erweiterung der Zurechnung, besonders nahe liegende Manipulationsmöglichkeiten der Regelung einzudämmen: Denn selbst wenn die Parteien in diesem Sinne verfahren und sich zu einem sukzessiven abgestimmten Erwerb von Anteilen entschließen sollten, bestünde die Gefahr einer frühzeitigen Zurechnung. Da die Stimmrechtszurechnung nach allgemeiner Ansicht[730] nicht erst im Moment des vereinbarungsgemäßen Verhaltens, sondern bereits zum Zeitpunkt der zugrunde liegenden Absprache eingreift, dürften sich die Parteien nämlich nicht im Voraus auf eine solche Strategie verständigt haben. Ansonsten träte eine Zurechnung sofort ein. Sieht man einmal von den Schwierigkeiten des Nachweises derartiger Vorgänge ab[731], vermag eine solche Auslegung daher erhebliche Schutzlücken zu schließen.

Freilich wäre eine entsprechende Erweiterung des Anwendungsbereichs von § 30 Abs. 2 WpÜG aber nur sinnvoll, wenn dafür auch ein dringendes Bedürfnis bestünde. Anderenfalls müsste man befürchten, die Aktivitäten am Kapitalmarkt unnötigerweise einzuschränken: Eine Stimmrechtszurechnung, die bei jeglichen Abstimmungen über den Erwerb von Aktien eintreten würde, könnte sich allzu leicht „lähmend" auf den Markt auswirken[732]. Aus diesem Grund ist es interessant zu erfahren, welche praktische Bedeutung der Handel mit Aktienblöcken in Deutschland tatsächlich besitzt.

(2) Praktische Bedeutung von (abgestimmten) Pakettransaktionen

In welchem Umfang Aktienpakete börsennotierter Gesellschaften in Deutschland gehandelt werden, ist mittlerweile in vielfältigen Studien dokumentiert worden. Dabei wurde der Verbreitung des Handels mit kleineren Anteilsbeständen aller-

---

730 Vgl. statt aller nur *Hamann*, ZIP 2007, S. 1088, (1092).

731 Dazu bereits ausführlich oben, 4. Kap., A., IV.

732 So schon die Argumentation des OLG Frankfurt, NZG 2004, S. 865, (867) (Pixelpark), gegen eine Ausdehnung der Zurechnungsvorschrift.

dings regelmäßig wenig Aufmerksamkeit geschenkt[733]. Im Mittelpunkt des Interesses standen überwiegend Blocktransfers, die zur Übertragung von Kontrollanteilen in Höhe von mindestens 50% der Stimmrechte führten[734]. Nähme man allein die Studien über Mehrheitsakquisitionen zum Maßstab, ließe sich schnell ein klarer Befund formulieren: „There is an active market in share blocks giving rise to changes in control"[735]. Manche Arbeiten gehen sogar so weit, dass sie außerbörslichen Pakettransaktionen in Deutschland eine ähnliche Funktion wie öffentlichen Übernahmeangeboten auf dem angloamerikanischen Markt für Unternehmenskontrolle zumessen[736]. Ohne Zweifel handelt es sich dabei also um einen verbreiteten Transaktionstyp. Für sich genommen besagt dieses Ergebnis jedoch nicht, dass in Deutschland auch der Transfer kleinerer Aktienblöcke eine entscheidende Rolle spielt. Gerade darauf kommt es im Hinblick auf den Anwendungsbereich von § 30 Abs. 2 WpÜG aber an: Absprachen über den Erwerb solcher Anteilspakete wären verständlicherweise gerade dann zu erwarten, wenn letztere am Markt problemlos verfügbar wären.

Aus empirischer Sicht ist die Bedeutung des Handels mit kleineren, unterhalb der übernahmerechtlichen Kontrollschwelle angesiedelten Aktienblöcken allerdings nicht von der Hand zu weisen. Dies zeigt sich in zweifacher Hinsicht. Repräsentative Angaben über die Häufigkeit solcher Transaktionen finden sich zwar nur vereinzelt. Die wenigen Auswertungen dieser Art deuten jedoch bereits auf eine beachtliche Tragweite hin[737]. Darüber hinaus kommen als weitere Erkenntnisquelle vor allem Erhebungen über die Aktionärsstruktur der in Deutschland notierten Unternehmen in Betracht. In dieser Hinsicht ist reichhaltiges Anschauungsmaterial verfügbar. Aktionärsstrukturen sollten eine Aussage darüber erlauben, inwieweit hierzulande Potential für Kontrollakquisitionen durch abgestimmte Paketkäufe besteht. Ein solches Potential wäre nämlich anzunehmen, wenn sich eine nennenswerte Anzahl von Unternehmen ausmachen ließe, deren

---

[733] Dieses Manko dürfte – wie bereits angedeutet – in erster Linie darauf zurückzuführen sein, dass vor Inkrafttreten des WpHG keine Transparenzpflichten für Anteilsbestände in dieser Größenordnung bestanden.

[734] Vgl. neben den schon genannten Arbeiten insbesondere *Jenkinson/Ljungqvist*, 7 Journal of Corporate Finance, S. 397 ff. (2001); *Becht/Boehmer*, 23 International Review of Law and Economics, S. 1 ff. (2003); speziell zu Familienunternehmen *Ehrhardt/Nowak*, DBW 63 (2003), S. 363, (370).

[735] So etwa *Franks/Mayer*, 14 Review of Financial Studies S. 943, (943, 955) (2001).

[736] In diese Richtung *Franks/Mayer*, 14 Review of Financial Studies, S. 943, (955) (2001); ähnlich *Goergen/Manjon/Renneboog*, ECGI Working 41/2004, S. 17 f.; *Höpner/Jackson*, MPIfG Discussion paper 2001/4, S. 22 f.

[737] Vgl. *Köke*, ZEW Discussion Paper 2000-67, S. 27: Ein Drittel der beobachteten Blocktransfers (85 Transaktionen) betraf Aktienpakete in Höhe von 5 bis 25%; vgl. auch *Franks/Mayer*, 14 Review of Financial Studies, S. 943, (956) (2001).

Aktien – ohne von Mehrheitsaktionären gehalten zu werden – in verschiedene kleinere Blöcke gestreut wären: In diesem Fall hätten Investoren ein leichtes Spiel, sich durch den abgestimmten Erwerb der Anteilsblöcke die Kontrolle über die jeweilige Gesellschaft zu sichern. Genau diese Anreizstruktur veranschaulichen verschiedene Studien in Deutschland sehr deutlich.

Ergiebig ist zunächst das Datenmaterial von *Jenkinson* und *Ljungqvist*[738], das einen Einblick in die Aktionärsstruktur aller 558 Gesellschaften gewährt, die im Jahre 1991 an einer inländischen Börse notiert waren. Diese Übersicht ergab, dass immerhin 141 der damaligen Gesellschaften nicht beherrscht wurden, sondern höchstens über einen oder mehrere Minderheitsgesellschafter[739] verfügten. Unter ihnen befanden sich wiederum 55 Unternehmen, die lediglich kleinere Blockaktionäre mit weniger als 25% Anteilsbesitz aufwiesen. Darüber hinaus existierten in den genannten Fällen – soweit ersichtlich – auch keine Stimmenpools zwischen den jeweiligen Beteiligten[740]. Ähnliche Ergebnisse hat später eine umfangreiche Untersuchung von *Bott*[741] hervorgebracht, in deren Rahmen die Beteiligungsverhältnisse sämtlicher Gesellschaften beleuchtet wurden, deren Aktien Anfang 1999 an deutschen Börsenplätzen gehandelt worden sind. Diesen Zahlen zufolge waren in mehr als einem Viertel (25,6%) der Unternehmen solche Minderheitsaktionäre Hauptanteilseigner, die weniger als 30% aller Stimmrechte hielten[742]. Daneben verfügten viele Unternehmen über weitere, kleinere Blockaktionäre. So konnte bei rund der Hälfte der Gesellschaften ein zweit- bzw. drittgrößter Anteilseigner ermittelt werden, der immer noch Inhaber eines erheblichen Aktienpakets war. Durchschnittlich handelte es sich um Anteilsblöcke von 17% bzw. 6,3%[743].

In der Gesamtschau liefern die gefundenen Ergebnisse somit deutliche Anhaltspunkte für die Relevanz von Blocktransfers in Deutschland. Offenbar waren die strukturellen Voraussetzungen für den (abgestimmten) Erwerb von Aktienpaketen zum Zwecke des Aufbaus einer gemeinsamen Kontrollposition bestens geeignet. *Jenkinson* und *Ljungqvist* selbst entnehmen ihrem Befund „a much

[738] *Jenkinson/Ljungqvist*, 7 Journal of Corporate Finance, S. 397 ff. (2001); vgl. auch *Becht/Boehmer*, 23 International Review of Law and Economics, S. 1 ff. (2003).
[739] Als solche wurden Aktionäre qualifiziert, die Anteilsblöcke von (zumeist knapp) über 25% hielten, vgl. *Jenkinson/Ljungqvist*, 7 Journal of Corporate Finance, S. 397, (402) (2001).
[740] Vgl. *Jenkinson/Ljungqvist*, 7 Journal of Corporate Finance, S. 397, (404 f.) (2001).
[741] *Bott*, Aktionärsstruktur, S. 248 ff.; auf Basis der seinerzeit neuen Meldepflichten des WpHG.
[742] Eigene Berechnung nach den Angaben von *Bott*, Aktionärsstruktur, S. 256 f.
[743] Vgl. *Bott*, Aktionärsstruktur, S. 263.

higher incidence of hostility in Germany than has previosly been suggested“[744]. Zur Veranschaulichung der These haben sie ihre Untersuchung um 17 ausgewählte Fallstudien zu Kontrollakquisitionen ergänzt, die in der Vergangenheit unter vergleichbaren Begleitumständen stattgefunden hatten. Diese Beispiele waren nicht minder aussagekräftig: In 12 von 17 Sachverhalten kam die Kontrollerlangung tatsächlich durch das vorübergehende Zusammenwirken mehrerer Parteien beim Paketerwerb zustande. Bezeichnenderweise stuften die Autoren diese Fälle – in der Tradition des angloamerikanischen Sprachgebrauchs – ausdrücklich als Erscheinungsformen eines „Acting in Concert“ ein[745]. Sieht man einmal von zwischenzeitlichen Veränderungen auf dem deutschen Kapitalmarkt ab, dürfte die Praxisbedeutung von Blocktransfers damit bereits hinreichend belegt worden sein. Dass sich diese Ausgangslage seither nicht entscheidend gewandelt hat, haben jüngere Studien bestätigt[746]. Mehr noch, aktuellere Untersuchungen weisen sogar auf einen allmählichen Abbau der hohen Anteilskonzentrationen in Deutschland hin. Allem Anschein nach gibt es erste Anzeichen einer zunehmenden Entflechtung, mit der die Aufspaltung großer Beteiligungen in kleinere Aktienblöcke verbunden ist[747]. Für eine solche Entwicklung gibt es freilich auch eine Reihe von Gründen, haben sich in letzter Zeit doch maßgebliche institutionelle Rahmenbedingungen in Deutschland verändert. So hat insbesondere die im Jahr 2002 in Kraft getretene Steuerfreistellung der Veräußerungsgewinne von Kapitalbeteiligungen zu einer Belebung des Finanzmarktes beigetragen[748]. Kaum weniger nachhaltig dürfte sich die nahezu zeitgleiche Überarbeitung der Auswahlkriterien für Aktienindizes der Deutschen Börse ausgewirkt haben: Wurden bei der Berechnung der Marktkapitalisierung eines Unternehmens zuvor alle zum Handel zugelassenen Gesellschaftsanteile zugrunde gelegt, sind seitdem

---

744 *Jenkinson/Ljungqvist*, 7 Journal of Corporate Finance, S. 397, (430) (2001).

745 Vgl. *Jenkinson/Ljungqvist*, 7 Journal of Corporate Finance, S. 397, (405, 421) (2001). Als prominente Beispiele werden etwa die Unternehmen Feldmühle Nobel, Continental oder Philipp Holzmann angeführt.

746 Vgl. etwa die Arbeiten von *Wójcik*, University of Oxford working paper (2001); *Boehmer*, 9 Journal of Financial Intermediation S. 117 ff. (2000); *Becht/Boehmer*, 23 International Review of Law and Economics, S. 1 ff. (2003).

747 Vgl. insbesondere *Wójcik*, University of Oxford working paper (2001), S. 12 f., 30; *Goergen/Manjon/Renneboog*, ECGI Working 41/2004, S. 2 ff.; vgl. für ein prominentes Beispiel die Entflechtung der wechselseitigen Beteiligungen zwischen der Allianz AG und der Münchener Rück AG, SZ Nr. 283 v. 08./09.12.2007, S. 29.

748 Vgl. die Neufassung von § 8b Abs. 2 KStG; ebenso die Einschätzung von *Eidenmüller*, JZ 2001, S. 1041, (1047); *Liekefett*, RIW 2004, S. 825, (826) und *Mühle*, WpÜG, S. 129.

nur noch diejenigen Aktien zu berücksichtigen, die sich in Streubesitz befinden[749]. Da die Zugehörigkeit zu einem prominenten Index für die Bewertung eines Unternehmens aber von erheblicher Bedeutung ist[750], sollte von dieser Veränderung ein wesentlicher Impuls zum Abbau hoher Aktienkonzentrationen ausgegangen sein. Hinzu tritt schließlich das stetige Wachstum der Kapitalmarktlandschaft. Wie entsprechende Untersuchungen zeigen, weisen vor allem Unternehmen in den neuen Börsensegmenten im Anschluss an ihre Börseneinführung regelmäßig eine vergleichsweise geringe Anteilskonzentration auf[751].

All diese Umstände sprechen letztlich dafür, dass der Parallelerwerb von Gesellschaftsanteilen eine beachtliche Erscheinungsform abgestimmten Verhaltens ist. Dies gilt umso mehr, als er nach Inkrafttreten der Pflichtangebotsregel in § 35 WpÜG willkommene Umgehungsmöglichkeiten bietet. Wer das Risiko scheut, ein einzelnes Aktienpaket von kontrollrelevanter Größe zu erwerben, kann nunmehr in Erwägung ziehen, einen Kontrollanteil von Stimmrechten auf „mehrere Schultern" zu verteilen. Die praktische Gefahr eines Pflichtangebots ist jedenfalls wesentlich geringer, wenn sich verschiedene Parteien darauf verständigen, Aktienblöcke einer Zielgesellschaft gemeinsam aufzukaufen, um sich anschließend hinsichtlich ihrer Unternehmenspolitik abzustimmen. Dies gilt es bei der Handhabung der Regelungen in §§ 29 f. WpÜG zu berücksichtigen. Inwieweit eine solche Entwicklung tatsächlich voranschreiten wird, bleibt gegenwärtig freilich abzuwarten. Festzuhalten ist jedoch, dass Absprachen über den Erwerb von Gesellschaftsanteilen aus ökonomischer Sicht durchaus relevant sind: Zum einen können sie die Effizienzwirkungen der Pflichtangebotsregel maßgeblich beeinflussen, indem sie den Bezugspunkt der Preisbildungsvorschriften im Rahmen der Kontrollakquisition verlagern[752]. Zum anderen spielen sie empirisch gesehen eine erhebliche Rolle auf dem deutschen Markt.

6. Resümee der ökonomischen Analyse

Nach alledem ist es an der Zeit, aus den vorangegangenen Ergebnissen ein abschließendes Resümee zu ziehen. Ausgangspunkt dieses Abschnitts war die

---

[749] Vgl. den Leitfaden zu den Aktienindizes der Deutschen Börse, 2.2.1, wobei als Streubesitz („freefloat") nach der Definition des Regelwerks nur Beteiligungen in Höhe von maximal 5% des Grundkapitals gelten.

[750] Vgl. dazu die Ereignisstudie von *Gerke/Arneth/Fleischer*, ZfB 71 (2001), S. 45, (60 f.), die im Rahmen der Auswahlentscheidungen bei der Zusammensetzung des DAX 100 signifikant hohe positive Überrenditen im Falle der Aufnahme einer Gesellschaft bzw. negative Überrenditen im Falle des Ausscheidens nachgewiesen hat.

[751] So die Beobachtung von *Wójcik*, University of Oxford working paper (2001), S. 22.

[752] Vgl. dazu soeben, 4. Kap., B., V., 5., b), (1).

grundlegende Frage, welche Erkenntnisse die ökonomische Analyse des Rechts zur Konturierung der Stimmrechtszurechnung in § 30 Abs. 2 WpÜG beizutragen hat. Dabei wurde in drei Schritten vorgegangen: Um zu klären, welche wohlfahrtstökonomischen Effekte von Unternehmensübernahmen im Allgemeinen ausgehen, lag das Augenmerk zunächst auf den Erklärungsansätzen für ihre Ursachen und dem empirischen Befund der Kapitalmarktforschung. Insoweit ergab sich zwar insgesamt ein ambivalentes Bild. Im Grundsatz konnte aber festgestellt werden, dass Kontrolltransaktionen nicht selten Folge der Prinzipal-Agent-Konflikte sind, die typischerweise in Kapitalgesellschaften vorherrschen[753]. Ein mögliches Motiv – unter mehreren – ist daher auch der Anreiz von Kontrollerwerbern, die Zielgesellschaft zum Nachteil der Minderheitsaktionäre auszubeuten. Soweit Kontrollerwerber im Einzelfall ein solches Ziel verfolgen, können daraus jedoch erhebliche gesamtwirtschaftliche Wohlfahrtsverluste entstehen.

Wie die weitere Untersuchung gezeigt hat, ist es Aufgabe der Pflichtangebotsvorschriften in §§ 29 ff., 35 WpÜG, derartige Externalisierungsmöglichkeiten zu verhindern. Wird ein Pflichtangebot ausgelöst, schwinden die Aussichten der Kontrollerwerber auf Schädigungspotential. Genau diese Weichenstellung ist es, die sich als Richtschnur für die Auslegung von § 30 Abs. 2 WpÜG anbietet. Anders als die Auslegung anhand juristischer Methoden[754] hält die ökonomische Analyse der Regelung nämlich eine verwertbare Antwort auf die Frage bereit, was unter dem Begriff der „Kontrolle“ in § 29 Abs. 2 WpÜG zu verstehen ist: Aus wohlfahrtstheoretischer Perspektive ist darin die Möglichkeit eines Erwerbers zu sehen, spezifische Vermögensvorteile – gleichgültig auf welchem Wege – zu Lasten der Minderheitsaktionäre aus der Gesellschaft zu ziehen. Das ökonomische Effizienzkriterium ist folglich ein geeigneter Maßstab, um den Anwendungsbereich der Stimmrechtszurechnung zu bestimmen.

In einem letzten Schritt konnten deshalb verschiedene Fallgruppen herausgearbeitet werden, in denen eine Zurechnung kraft Acting in Concert wohlfahrtstheoretisch geboten ist. Dabei hat sich vor allem herausgestellt, dass Vereinbarungen zwischen Parteien, die auf faktische Einwirkungen auf die Zielgesellschaft gerichtet sind, zurechnungswürdig erscheinen. Wohlfahrtsschädigende Sondervorteile sind in dieser Hinsicht besonders nahe liegend[755]. Entgegen der überwiegenden Auffassung in der Literatur können jedoch auch Absprachen über den Erwerb von Gesellschaftsanteilen auf die Effizienzwirkungen des Pflichtangebotsmechanismus – und damit auf den Schutz der Minderheitsaktionäre – Einfluss nehmen. Sieht man den Erwerb von Gesellschaftskontrolle als dynamischen

---

[753] Vgl. oben, 4. Kap., B., V., 2.

[754] Vgl. dazu die vorangegangenen Abschnitte, 4. Kap., B., II., 1.-4. und III.

[755] Vgl. soeben, 4. Kap., B., V., 5., a), (4).

Prozess, wird deutlich, dass eine Zurechnung bei derartigen Abstimmungen vorhandene Schutzlücken schließen würde. Ob der Anwendungsbereich des § 30 Abs. 2 WpÜG aus diesen Gründen erweiternd ausgelegt werden sollte, wird im anschließenden Abschnitt noch zu erörtern sein[756].

VI. Eigener Ansatz: Eine effizienzorientierte Auslegung

Da die juristisch-ökonomische Untersuchung der Zurechnungsregelung nunmehr komplettiert ist, kann eine abschließende Konkretisierung ihres Anwendungsbereichs erfolgen. Auf das grundlegende Problem in diesem Zusammenhang hatte schon die formaljuristische Betrachtung der Vorschrift eindringlich hingewiesen: Wegen seiner generalklauselartigen Weite erlaubt es die Auslegung des § 30 Abs. 2 S. 1 und 2 WpÜG kaum, einzelne Fallgruppen der Stimmrechtszurechnung herauszubilden. Dies ist aufgrund der gravierenden Rechtsfolgen der Vorschrift freilich nicht hinzunehmen. Rechtstechnisch ist dieses Dilemma in erster Linie darauf zurückzuführen, dass die Regelung kein subjektives Tatbestandsmerkmal enthält. Wie auch der BGH[757] festgestellt hat, kommt es im Rahmen des Acting in Concert grundsätzlich nicht auf das Vorstellungsbild der Abstimmungsparteien an. Der im Zuge der Umsetzung der Übernahmerichtlinie aufgeworfene Vorschlag[758], in die Regelung das finale Element „um die Kontrolle [...] zu erhalten" einzufügen, blieb vom Gesetzgeber gerade unberücksichtigt. Obwohl damit Unterschiede zur Ausgestaltung der EU-Übernahmerichtlinie in Kauf genommen wurden[759], ist diese Entscheidung allerdings zu begrüßen: Angesichts der praktischen Beweisschwierigkeiten eines Acting in Concert würde das Erfordernis einer „Kontrollabsicht" die Regelung des § 30 Abs. 2 WpÜG endgültig zu einem stumpfem Schwert verkommen lassen.

Vor diesem Hintergrund kann eine sachgerechte Lösung nur darin liegen, die Reichweite der Stimmrechtszurechnung anhand objektiver Tatbestandsvoraussetzungen zu bestimmen. Methodisch lässt sich dieses Ergebnis im Wege einer teleologischen Reduktion der Regelung erzielen. Der generalklauselartige Wortlaut des § 30 Abs. 2 WpÜG ist auf Anwendungsfälle zu begrenzen, in denen der Schutzzweck des Pflichtangebots berührt wird. Nach den in dieser Arbeit gewonnenen Erkenntnissen ist dies der Fall, wenn Abstimmungen eine Vermögens-

---

[756] Vgl. sogleich, 4. Kap., B., VI., 2.

[757] BGH, BB 2006, S. 2432, (2434) (WMF): „denn für § 30 Abs. 2 S. 1 WpÜG ist es grundsätzlich gleichgültig, auf welchen Motiven die Abstimmung beruht".

[758] *Seibt/Heiser*, ZGR 2005, S. 200, (216); *diess.*, AG 2006, S. 301, (308).

[759] Vgl. oben, 4. Kap., B., III., 2.

schädigung der Minderheitsaktionäre der Zielgesellschaft und damit auch gesamtwirtschaftliche Effizienzeinbußen befürchten lassen.

1. Konkretisierung tatbestandsmäßiger Stimmrechtsabsprachen

Eine solche Lesart der Vorschrift zieht den Kreis tatbestandsmäßiger Verhaltensweisen zunächst enger, soweit es um Stimmrechtsabsprachen zwischen den Beteiligten geht. Es liegt auf der Hand, dass unter Normzweckgesichtspunkten keineswegs jede Abstimmung über Fragen, die in den Zuständigkeitsbereich der Hauptversammlung fallen[760], von maßgeblicher Bedeutung ist. Einige Fallgruppen kontrollrelevanter Abstimmungen sind bei der teleologischen bzw. ökonomischen Analyse der Norm schon beispielhaft erwähnt worden[761]. Im Rahmen dieser Arbeit würde es aber zu weit führen, sämtliche denkbaren Möglichkeiten zusammen zu stellen. Wesentlich interessanter ist ohnehin die Frage, inwiefern sich abstrakte Kriterien entwickeln lassen, anhand derer der Anwendungsbereich des § 30 Abs. 2 S. 1 WpÜG im Hinblick auf Stimmrechtsabsprachen abzugrenzen ist.

Die Beantwortung dieser Frage wird freilich dadurch erschwert, dass die verschiedenen Kompetenzzuweisungen an die Hauptversammlung im Gesetz weitgehend verstreut sind. Eine abschließende Typisierung ist deshalb kaum möglich. Gleichwohl lassen sich jedoch Anhaltspunkte für eine sachgerechte Differenzierung finden. Eine grobe Weichenstellung kann insbesondere die Unterscheidung der Zuständigkeitsfragen in Strukturmaßnahmen einerseits und regelmäßig wiederkehrende Maßnahmen andererseits bieten[762]. Da Strukturmaßnahmen nur solche Entscheidungen der Aktionäre sind, welche die Grundlagen der Gesellschaft berühren, gehören Abstimmungen über derartige Fragen schon definitionsgemäß zum zentralen Anwendungsbereich des Acting in Concert[763]. Im Zuge der ökonomischen Betrachtung konnte dies vor allem am Beispiel von Kapitalmaßnahmen verdeutlicht werden[764]. Entsprechendes gilt für Stimmabsprachen in Fällen ungeschriebener Hauptversammlungskompetenzen, wie sie vom BGH durch die Holzmüller-Grundsätze entwickelt worden sind[765]. Derartige (seltene) Sachverhalte zeichnet gerade aus, dass sie „an die Kernkompetenz der Hauptversamm-

---

[760] Vgl. für eine Aufzählung der Kompetenzen statt aller *Hüffer*, AktG, § 119 Rn. 5 ff.
[761] Vgl. einerseits 4. Kap., B., II., 4., a), andererseits 4. Kap., B., V., 5., a).
[762] Vgl. etwa *Hüffer*, AktG, § 119 Rn. 5; einführend in das System der Hauptversammlungskompetenzen *Langenbucher*, Jura 2004, S. 577 ff.
[763] Ähnlich *Borges*, ZIP 2007, S. 357, (363); *Schockenhoff/Schumann*, ZGR 2005, S. 568, (589).
[764] Vgl. oben, 4. Kap., B., V., 5., a), (3).
[765] Vgl. neuerdings BGH, NJW 2004, S. 1860 ff. (Gelantine) in Fortführung von BGHZ 83, S. 122 ff. (Holzmüller).

lung, über die Verfassung der Gesellschaft zu bestimmen, rühren“ und „in ihren Auswirkungen einem Zustand entsprechen, der allein durch eine Satzungsänderung herbeigeführt werden kann“[766]. Selbstverständlich sind schließlich auch Abstimmungen über Geschäftsführungsfragen, soweit sie ausnahmsweise nach § 119 Abs. 2 AktG vorgelegt werden, als kontrollrelevant anzusehen.

Umgekehrt heißt diese Einordnung freilich nicht, dass Abstimmungen über andere Zuständigkeitsfragen der Hauptversammlung grundsätzlich keine Stimmrechtszurechnung begründen können. Insoweit muss lediglich sorgfältig unterschieden werden. Da jedenfalls Strukturmaßnahmen zum Kern kontrollrelevanter Abstimmungsgegenstände zählen, können sie als Orientierung für eine weitere Systematisierung dienen. Entscheidungskompetenzen dieser Art stimmen darin überein, dass sie sich – unabhängig davon, ob es sich um Satzungsänderungen, konzern- oder umwandlungsrechtliche Maßnahmen handelt – auf die Gesellschaft als solche beziehen. Als Differenzierungssmerkmal kommt daher die *inhaltliche Zielrichtung* des jeweiligen Beschlussgegenstands in Betracht: Beschlussgegenstände, die sich unmittelbar bzw. schwerpunktmäßig auf die Gesellschaft selbst richten, weisen eine hinreichende Vergleichbarkeit auf. Aus diesem Grund erscheint es geboten, den Anwendungsbereich des § 30 Abs. 2 WpÜG insbesondere auch auf Absprachen über die Dividendenpolitik der Gesellschaft zu erstrecken. Worin das Schädigungspotential diesbezüglicher Abstimmungen liegt, hat die ökonomische Analyse klar vor Augen geführt. Interessenverständigungen über die Gewinnverwendung der Gesellschaft nach § 119 Abs. 1 Nr. 2 i.V.m. §§ 58 Abs. 3, 174 AktG oder im (Sonder-)Fall der Feststellung des Jahresabschlusses durch die Hauptversammlung gemäß § 173 AktG können daher grundsätzlich eine Stimmrechtszurechnung begründen[767].

Das Gegenstück zu dieser Gruppe von Zuständigkeitsfragen bilden diejenigen Kompetenzen der Hauptversammlung, die in erster Linie auf die Organe der Gesellschaft oder gesellschaftsfremde Dritte abzielen. Insoweit kann regelmäßig nicht davon ausgegangen werden, dass entsprechende Abstimmungen eine hinreichende Kontrollrelevanz besitzen. Die Gefahr von nennenswerten Schädigungen der Minderheitsaktionäre und damit letztlich von gesamtwirtschaftlichen Effizienzverlusten ist hier gering. Unmittelbar einleuchtend ist dies vor allem in den Fällen von § 119 Abs. 1 Nr. 3, Nr. 4 oder Nr. 7 AktG: Verständigungen bei

---

[766] So BGH, NJW 2004, S. 1860, (1864) (Gelantine) in Fortführung der Holzmüller-Entscheidung.

[767] In diese Richtung – freilich in anderem Zusammenhang – schon *Mülbert*, Aktiengesellschaft, S. 53, der die Möglichkeit der Thesaurierung von Gesellschaftsgewinnen nach § 58 Abs. 3 AktG als zentrales Beispiel für eine Einflussnahme zu Lasten der Gesellschafter anführt; a.A. zu § 30 Abs. 2 WpÜG freilich *Liebscher*, ZIP 2002, S. 1005, (1008); *Casper*, ZIP 2003, S. 1469, (1476); *Schockenhoff/Schumann*, ZGR 2005, S. 568, (590).

der Entlastung der Mitglieder der Verwaltungsorgane oder bei der Bestellung von Abschluss- bzw. Sonderprüfern, bergen kaum das Risiko einer Verursachung von privaten Erträgen. Sie unterfallen daher auch nicht dem Anwendungsbereich des § 30 Abs. 2 S. 1 WpÜG[768]. Beschränkt man sich auf solche Beispiele, scheint das Bedürfnis nach einer Stimmrechtszurechnung tatsächlich ausschließlich davon abzuhängen, welche inhaltliche Zielrichtung die Beschlussgegenstände haben, die einer Verhaltensabstimmung zugrunde liegen.

Dass dieses Kriterium für sich genommen aber nicht durchgehend zu überzeugenden Ergebnissen führen kann, zeigt sich schnell. Es genügt dafür ein Blick auf die Hauptversammlungskompetenz des § 119 Abs. 1 Nr. 1 AktG: Obwohl die Personalentscheidungsgewalt der Aktionäre ohne Zweifel eine zentrale Einflussmöglichkeit der Aktionäre darstellt, würden entsprechende Verhaltensabstimmungen nach dieser Unterscheidung im Rahmen von § 30 Abs. 2 WpÜG unberücksichtigt bleiben. Die Bewertung bedarf also offensichtlich eines ergänzenden Kriteriums. Ein solches wurde – wenngleich in anderem Zusammenhang – bereits von *Seibt* zur Diskussion gestellt. Bei der Frage nach der Kontrollrelevanz einzelner Abstimmungsgegenstände hat *Seibt*[769] auf die maßgebliche Bedeutung ihrer *zeitlichen Dimension* hingewiesen. Seiner Meinung nach ist für die Beurteilung der Intensität einer Interessenbündelung ausschlaggebend, ob der jeweilige Beschlussgegenstand einen Vergangenheits- oder Zukunftsbezug aufweist[770]. Nur Abstimmungen in zukunftsbezogenen Fragen könnten für eine mögliche Kontrollerlangung über die Zielgesellschaft von Bedeutung sein. Diese Überlegung ist plausibel: Dem Vorgang des Kontrollerwerbs ist eine zeitliche Dynamik immanent. Anderenfalls ließe sich auch kaum davon sprechen, dass ein Pflichtangebot *Veränderungen* der Kontrollverhältnisse der Gesellschaft sanktionieren soll. Legt man diesen Maßstab an, erweisen sich Abstimmungen über die Besetzung des Aufsichtsrats nach § 119 Abs. 1 Nr. 1 AktG ohne weiteres als zurechnungsbegründend, da sie – jedenfalls mittelbar – die Rahmenbedingungen für die zukünftige Geschäftspolitik der Gesellschaft festlegen. Diese Wertung stützen auch die Ergebnisse der ökonomischen Analyse. Wie sich herausgestellt hat, kann gerade die Besetzung von Leitungsorganen mit willfährigen (Vertrauens-)Personen der erste Schritt von Kontrollinhabern sein, um in der Folgezeit ein wohlfahrtsschädigendes „self-dealing" betreiben zu können[771]. Der Zukunftsbezug einer

[768] Ebenso – freilich ohne systematische Fundierung – *Liebscher*, ZIP 2002, S. 1005, (1008); *Casper*, ZIP 2003, S. 1459, (1476); *Schockenhoff/Schumann*, ZGR 2005, S. 568, (590).

[769] *Seibt*, ZIP 2004, S. 1829, (1833), allerdings im Kontext der Einzelfallausnahme in § 30 Abs. 2 S. 1, 2. Hs. WpÜG.

[770] Vgl. *Seibt*, ZIP 2004, S. 1829, (1833).

[771] Dazu ausführlich oben, 4. Kap., B., V., 5., a), (1).

Abstimmung ist folglich das zweite abstrakte Merkmal, das eine Stimmrechtszurechnung nach § 30 Abs. 2 WpÜG indiziert.

Entscheidungen der Aktionäre, die lediglich im Rückblick getroffen werden, fehlt es andersherum an dem für „Kontrolle" charakteristischen Gestaltungsmoment. Hier tritt vielmehr die bloße Überwachungsfunktion der Hauptversammlung hervor[772]. Beispiele dafür bilden – wie schon angeführt – ihre Zuständigkeit für die Entlastung von Organmitgliedern (§§ 119 Abs. 1 Nr. 3, 120 AktG), die Bestellung von Prüfern (§ 119 Abs. 1 Nr. 4 und Nr. 7 AktG) oder auch die Geltendmachung von Ersatzansprüchen (§§ 147 f. AktG). In all diesen Fällen beziehen sich etwaige Interessenabstimmungen letztlich allein auf Sachverhalte, die bereits abgeschlossen sind: es geht um die Beurteilung der Organtätigkeit im zurückliegenden Geschäftsjahr, die Überprüfung von bestimmten Vorgängen in der Vergangenheit oder die Rechtsverfolgung aufgrund zuvor entstandener Schadensersatzansprüche. Absprachen in solchen Fragen scheiden als tatbestandsmäßiges Acting in Concert aber schon von vornherein aus.

Nach alledem kann trotz der Vielfalt möglicher Beschlusskompetenzen der Hauptversammlung eine Faustformel aufgestellt werden, anhand derer sich der Anwendungsbereich des § 30 Abs. 2 WpÜG abgrenzen lässt. Stimmrechtsabstimmungen sind demnach zurechnungsbegründend, wenn sie sich *entweder* auf die Zielgesellschaft als solche beziehen *oder* – ungeachtet dessen – zukunftsbezogene Fragen betreffen. Liegen diese Voraussetzungen vor, kann eine Stimmrechtszurechnung allenfalls aufgrund einer Einzelfallausnahme i.S.d. § 30 Abs. 2 S. 1, 2. Hs. WpÜG entfallen[773]. Sind Stimmabsprachen dagegen weder auf die Gesellschaft selbst noch der Sache nach zukunftsgerichtet, bleibt für die Annahme eines Acting in Concert grundsätzlich kein Raum. Insoweit sollte – gewissermaßen als „safe harbor"-Bereich[774] – Rechtssicherheit für Normadressaten bestehen.

2. Anwendungsfälle jenseits des abgestimmten Stimmverhaltens

Folgt man der teleologischen Reduktion des § 30 Abs. 2 WpÜG, führt dies – im Vergleich zum Standpunkt des BGH – aber nicht nur zu einer Eingrenzung des Anwendungsbereichs der Regelung. Eine solche Auslegung ebnet vielmehr auch den Weg dafür, die Zurechnung entgegen der bislang herrschenden Ansicht auf

---

[772] Zur Bedeutung dieser Überwachungsfunktion, insbesondere für den Prinzipal-Agent-Konflikt zwischen den Anteilseignern und der Unternehmensleitung einer Publikumsgesellschaft noch unten, 4. Kap., C., V., 2.-5.

[773] Dazu noch ausführlich 4. Kap., C.,

[774] Vgl. dazu *Fleischer*, ZGR 2008, S. 185, (202), der im Rahmen der Überarbeitung des Risikobegrenzungsgesetzes sogar die Schaffung eines § 30 Abs. 3 WpÜG angeregt hat, der als Negativtatbestand dienen sollte.

Fälle jenseits von Abstimmungen der Stimmrechtsausübung zu erstrecken. Dabei geraten die beiden Fallgruppen, die schon mehrfach diskutiert worden sind, abermals ins Blickfeld: einerseits Absprachen über faktische Einwirkungen, andererseits Vereinbarungen über den gemeinsamen Erwerb von Gesellschaftsanteilen. Die entscheidende Frage, die sich in diesem Zusammenhang stellt, ist jedoch, inwieweit eine solche Ausdehnung der Regelung systematisch möglich ist. Sie ist nach dem Inkrafttreten des Risikobegrenzungsgesetzes aktueller denn je[775].

a) Abstimmungen über faktische Einwirkungen

Ob Abstimmungen über eine faktische Einflussnahme auf die Verwaltungsorgane der Zielgesellschaft als Acting in Concert i.S.d. § 30 Abs. 2 WpÜG zu bewerten sind, hat bereits den BGH in seiner „WMF"-Entscheidung beschäftigt. Der BGH hat diese Frage ausdrücklich verneint. Überraschender als das Ergebnis selbst war dabei aber die Art und Weise, wie dieses zustande gekommen ist. Anlass zu einer kategorischen Absage hatte das Gericht nämlich kaum[776]. Im zugrunde liegenden Sachverhalt ging es – vereinfacht dargestellt – lediglich um eine Absprache, die sich auf die Wahl des Aufsichtsratsvorsitzenden bezog. Die Parteien hatten sich darauf verständigt, insofern auf die von ihnen entsandten Aufsichtsratsmitglieder Einfluss zu nehmen. Darüber hinaus fehlte es jedoch an einer näheren Interessenabstimmung. Eine weitere Besonderheit des Falles lag darin, dass die Klägerin des Rechtsstreits, die sich auf die Abgabe eines Pflichtangebots berufen wollte, gar nicht außenstehende Aktionärin war. Sie hatte vielmehr – wenngleich widerwillig – selbst an der Abstimmung teilgenommen. Der BGH hätte somit eine Reihe von Möglichkeiten gehabt, eine Angebotspflicht wegen Acting in Concert abzulehnen, ohne sich zu der abstrakten Tatbestandsmäßigkeit von Absprachen über faktische Einwirkungen äußern zu müssen: Er hätte den Vorgang etwa als „Einzelfall" i.S.d. § 30 Abs. 2 S. 1, 2. Hs. WpÜG einstufen oder bereits den personellen Schutzbereich der Regelung verneinen können. Denkbar wäre schließlich auch gewesen, eine Stimmrechtszurechnung im konkreten Fall mit Hinweis auf die mangelnde Kontrollrelevanz der Verhaltensabstimmung entfallen zu lassen.

---

[775] Vgl. zur diesbezüglichen Regelungsabsicht des Gesetzgebers oben, 4. Kap., B., II., 3., c).

[776] Vgl. dazu BGH, BB 2006, S. 2432, (2433) (WMF); zur Urteilsbesprechung etwa *Kocher*, BB 2006, S. 2436 ff.; *Uhlendorf*, DB 2006, S. 2455; *v. Bülow/Bücker*, in: Börsen-Zeitung Nr. 215 v. 08.11.2006, S. 2; *Diekmann*, DStR 2007, S. 445 ff.; *Borges*, ZIP 2007, S. 357 ff.; *Schneider*, ZGR 2007, S. 440 ff.; *Löhdefink*, Acting in Concert, S. 278 ff.

Trotz alledem hat sich der BGH zu einer pauschalen Stellungnahme hinreißen lassen[777]. Er erklärt ausdrücklich, dass es § 30 Abs. 2 WpÜG „nicht um die – bezogen auf den Anteilseignerkreis – mediatisierte Einflussnahme auf Mitglieder des Aufsichtsrats" gehe. Noch deutlicher heißt es schon im ersten Leitsatz der Entscheidung, dass „die Zurechnungsnorm nur solche Vereinbarungen [erfasse], die sich auf die Ausübung von Stimmrechten aus Aktien der Zielgesellschaft, d.h. nur die Stimmrechtsausübung in der Hauptversammlung, beziehen" [778].

Bei unbefangener Betrachtung muss diese Sichtweise verwundern. Selbst wenn man ökonomische Aspekte[779] einmal außer Acht lässt, ist eine Ungleichbehandlung beider Fallgruppen mit teleologischen Erwägungen kaum zu begründen. Im Hinblick auf den Schutzzweck der Regelung, Anlageentscheidungen der (außenstehenden) Aktionäre gegen Kontrollwechsel abzusichern, kann es nicht darauf ankommen, unter welchen Umständen entsprechende Veränderungen stattfinden. Ob eine wichtige unternehmenspolitische Entscheidung – wie etwa im Falle des § 119 Abs. 2 AktG – durch eine Abstimmung in der Hauptversammlung getroffen wird oder infolge einer gemeinschaftlichen Einwirkung auf den Vorstand der Gesellschaft zustande kommt, macht keinen Unterschied. Stichhaltige Gründe, die eine Erweiterung des Anwendungsbereichs verbieten würden, können sich daher allenfalls aus übergeordneten Gesichtspunkten ergeben. Fragt man nach den Argumenten, die gegen die Einbeziehung von Abstimmungen über faktische Einwirkungen ins Feld geführt werden, finden sich verschiedene Begründungsstränge. Der Plausibilität dieser Überlegungen wird im Folgenden nachgegangen.

(1) Harmonisierung mit dem Kontrollbegriff des § 29 Abs. 2 WpÜG

Ein erster, regelmäßig erhobener Einwand stützt sich auf die Gesetzessystematik des WpÜG. Vorgebracht wird insofern, dass der gesetzesimmanente Kontrollbegriff einer Einbeziehung dieser Fallgruppe in den Anwendungsbereich des Acting in Concert entgegenstehe. Indem das Gesetz in § 29 Abs. 2 WpÜG Kontrolle im übernahmerechtlichen Sinne durch das Halten eines bestimmten Stimmrechtsanteils definiere[780], beziehe es sich allein auf Vorgänge in der Hauptversammlung[781].

---

[777] Kritik an der offenkundigen Tendenz des Gerichts, zu verallgemeinern, übt auch die Urteilsrezension von *Schneider*, ZGR 2007, S. 440, (441 ff.).

[778] BGH, BB 2006, S. 2432, (2434) (WMF).

[779] Dazu ausführlich bereits oben, 4. Kap., B., V., 5., a).

[780] Zur Beurteilung der Rechtsnatur des Kontrollbegriffs schon oben, 3. Kap., B., I.

[781] *Diekmann*, in: Baums/Thoma, WpÜG, § 30 Rn. 72; *ders.*, in: VGR, Gesellschaftsrecht 2005, S. 69, (78); *Kuthe/Brockhausen*, DB 2005, S. 1266, (1267); *Uhlendorf*, DB 2006, S. 2455, (2455); *Saenger/Kessler*, ZIP 2006, S. 837, (839); *Halász/Kloster*, WM 2006, S. 2152, (2154); vorsichtiger hingegen *Borges*, ZIP 2007, S. 357, (362): „[D]ie maßgebli-

Nach der Konzeption des WpÜG soll die Hauptversammlung daher den einzig möglichen Ort eines Acting in Concert bilden, die gemeinsame Stimmrechtsausübung dessen einzige Erscheinungsform darstellen. Dieser Ansicht zufolge zielt die Vorschrift also nur auf die Sanktionierung einer „Störung der freien Meinungsbildung in der Hauptversammlung“[782] ab. Daher soll für Zurechnungsschutzvorschriften insofern nichts anderes gelten. Anderenfalls sei von einer Überdehnung des Aktionärsschutzes auszugehen, die sich zu Lasten der Funktionsfähigkeit des Kapitalmarkts auswirken könne[783].

Der Gedankengang, der einer solchen Sichtweise zugrunde liegt, lässt sich nur mit einem konzernrechtlich geprägten Vorverständnis erklären. Manche ihrer Befürworter geben denn auch klar zu erkennen, dass sie von diesem Ausgangspunkt argumentieren: Sucht man im Konzernrecht nach dem systematischen Gegenstück des Kontrollbegriffs in § 29 Abs. 2 WpÜG, gelangt man bekanntlich zum Merkmal der „Abhängigkeit“ in § 17 AktG. Beide Vorschriften enthalten einen ähnlichen Regelungsgegenstand – die Erfassung eines Herrschaftsverhältnisses über eine Gesellschaft[784]. Im Gegensatz zur übernahmerechtlichen Lösung handelt es sich bei der aktienrechtlichen Vorschrift in § 17 Abs. 2 AktG, die auf den „Mehrheitsbesitz“ [785] an einem Unternehmen verweist, jedoch bloß um eine widerlegbare Vermutungsregel. Der Tatbestand bezieht sich weder auf eine schematische Anteilsschwelle noch schließt er eine Berücksichtigung weiterer Umstände aus. Anders als übernahmerechtliche „Kontrolle“ ist konzernrechtliche „Abhängigkeit“ demnach flexibel zu bestimmen. Ein Vergleich der beiden Regelungen könnte daher zu der Annahme verleiten, dass der Anwendungsbereich von § 29 Abs. 2 WpÜG grundsätzlich enger ausgestaltet sein müsste als derjenige des § 17 AktG. Stellt man sich auf einen solchen Standpunkt, kann man aber letztlich auch dem Eindruck verfallen, dass sich der Kontrollbegriff des WpÜG insgesamt auf Verhaltensweisen in der Hauptversammlung beschränke[786].

---

che Verhaltenskoordinierung [muss] die Ausübung von Stimmrechten jedenfalls einschließen“.

782 So die Formulierung von *Goette*, DStR 2006, S. 2132, (2138).

783 OLG Frankfurt, NZG 2004, S. 865, (867); *Seibt*, ZIP 2004, S. 1829, (1832); *Halász/Kloster*, WM 2006, S. 2152, (2155).

784 Vgl. dazu die Gegenüberstellung der Regelungsansätze oben, 3. Kap., C., I., 1.

785 Freilich knüpft der Begriff des „Mehrheitsbesitzes“ – anders als die Schwelle des § 29 Abs. 2 WpÜG – auch nicht allein an Stammaktien an, sondern bezieht sich auf sämtliche Gesellschaftsanteile; vgl. nur *Hüffer*, AktG, § 17 Rn. 20.

786 Klar in diese Richtung etwa *Halász/Kloster*, WM 2006, S. 2152, (2155): „[...] anders als im Aktienkonzernrecht stellt § 29 Abs. 2 WpÜG schon für den Grundtatbestand ausschließlich auf die Kontrolle im Wege der Stimmrechts*ausübung* ab“ [Hervorhebung nicht im Original].

Richtig an dieser Sichtweise ist zumindest, dass § 29 Abs. 2 WpÜG im Interesse der Rechtssicherheit eng ausgeformt worden ist. Darin liegt gerade der entscheidende Grund, weshalb die Regelung eine rein formale Stimmrechtsschwelle enthält[787]. Ob deshalb aber – wie vielfach behauptet wird – aus der Legaldefinition des Kontrollbegriffs eine weitergehende Wertung abgeleitet werden kann, bedarf näherer Erörterung. Wollte man § 29 Abs. 2 WpÜG tatsächlich als Argument gegen die Anwendbarkeit des Acting in Concert auf Fälle faktischer Einflussnahme verstehen, müsste der Norm jedenfalls ein doppelter Aussagegehalt zu entnehmen sein: Vorausgesetzt würde insofern, dass die Regelung nicht nur den im WpÜG relevanten Maßstab aktienrechtlicher Einflussmacht vorgibt, sondern zugleich auch die tatbestandsmäßige Art und Weise ihrer Ausübung verbindlich festlegt. Nach dem Verständnis der bislang herrschenden Ansicht müsste es sich bei beiden Fragen mit anderen Worten um zwei Seiten ein und derselben Medaille handeln. Diese Sichtweise vermag allerdings kaum zu überzeugen.

Soweit es um die im WpÜG maßgebliche Grundlage der Einflussmacht geht, enthält die Vorschrift des § 29 Abs. 2 WpÜG freilich eine klare Weichenstellung. Die ausdrückliche Bezugnahme auf eine konkrete Stimmrechtsschwelle verbietet es, bei der Bestimmung eines Kontrollverhältnisses auf andere Bewertungskriterien zurückzugreifen. Dies bedeutet, dass übernahmerechtliche „Kontrolle“ weder durch statuarische[788], noch durch unternehmensvertragliche[789] oder rein wirtschaftliche Einflussmöglichkeiten[790] begründet werden kann, sondern allein durch die Verfügungsgewalt über ein entsprechendes Stimmrechtskontingent. Insofern besteht Einvernehmen. Zweifelhaft erscheint aber, dass der Regelung aus Gründen der Rechtssicherheit weitere Einschränkungen zu entnehmen sind. In § 29 Abs. 2 WpÜG wird entgegen dem ersten Anschein gerade keine Aussage darüber getroffen, welche Formen der Ausnutzung einer solchen Stimmrechtsmacht sanktioniert werden sollen. Im Hinblick auf den Grundtatbestand stellt sich dieses Problem erst gar nicht. Für die abstrakte Schwelle in 29 Abs. 2 WpÜG ist es gleichgültig,

---

787 Vgl. dazu bereits oben, 3. Kap., C., I., 1.

788 Zu denken wäre insofern etwa an die Berücksichtigung von satzungsmäßigen Entsenderechten potentieller Kontrollerwerber im Hinblick auf den Aufsichtsrat nach § 101 Abs. 2 AktG.

789 Das Paradebeispiel in dieser Hinsicht wäre die Weisungsbefugnis des herrschenden Unternehmens im Vertragskonzern gemäß § 308 AktG; zu dahingehenden Konkurrenzproblemen zwischen Konzern- und Übernahmerecht noch unten, 4. Kap., C., VI., 2., a).

790 In diesem Zusammenhang wird üblicherweise auf mögliches Einflusspotential durch Liefer-, Lizenz-, oder Kreditverträge verwiesen, vgl. nur die parallele Diskussion um die Bedeutung wirtschaftlicher Abhängigkeit für den Abhängigkeitstatbestand in § 17 Abs. 1 AktG; grundlegend dazu BGHZ 90, S. 381, (395 ff.) (BuM/WestLB); zuletzt etwa OLG Düsseldorf, AG 2003, S. 688, (689) (Veba); instruktiv zum Ganzen auch *Koppensteiner*, FS Stimpel, S. 811 ff.

ob mögliche Kontrollerwerber überhaupt in die Willensbildung der Zielgesellschaft eingreifen wollen. Unabhängig davon wird die Pflicht zur Abgabe eines Zwangsangebots allein durch die Vollendung des Erwerbs bzw. die Zurechnung von Aktien ausgelöst, die ein entsprechendes Stimmrechtspotential verkörpern. Die weitergehende Frage, auf welchem Weg Kontrollinhaber ihre Leitungsmacht über die Gesellschaft gegebenenfalls hätten einsetzen „dürfen", wird an dieser Stelle ausgeblendet. Die Konzeption des § 29 Abs. 2 WpÜG entfaltet mit anderen Worten *general*präventiven Schutz vor jeglichen Erscheinungsformen potentieller Kontrollausübung. Ein Pflichtangebot hängt allein davon ab, dass „Kontrolle" durch die Verfügungsgewalt über eine entsprechende Stimmrechtsmacht vermittelt wird[791]. Wenn der Grundtatbestand der Kontrolle im WpÜG aber generalpräventive Zwecke verfolgt, kann sich die Zurechnungsregelung des § 30 Abs. 2 WpÜG kaum in einer spezialpräventiven Wirkung – nämlich der Sanktionierung bloßer Stimmrechtsabsprachen – erschöpfen. Die Gesetzessystematik spricht daher eindeutig für eine Anwendbarkeit auf Abstimmungen über faktische Einwirkungen auf die Zielgesellschaft.

Diese Überlegung wird weiter bekräftigt, wenn man die Entstehungsgeschichte der Norm heranzieht. So finden sich klare Anhaltspunkte dafür, dass ein solches Verständnis auch dem Willen des historischen Gesetzgebers entspricht. Wie *Houben* berichtet[792], wurde die Ausgestaltung des Kontrollbegriffs in der Beratungsphase des Gesetzes intensiv diskutiert. Dem formellen Konzept, das letztlich Eingang in die endgültige Fassung des WpÜG gefunden hat, stand insbesondere ein materielles Alternativmodell gegenüber[793]. Letztere, von Teilen der Expertenkommission vorgeschlagene Lösung – „Kontrolle" erst im Falle der tatsächlichen Ausübung eines bestimmten Stimmrechtskontingents anzunehmen[794] – wurde allerdings zugunsten des abstrakten Kontrollbegriffs verworfen. Dies erlaubt die Schlussfolgerung, dass mit der Entscheidung für das geltende Konzept des § 29 Abs. 2 WpÜG eine konkrete Regelungsabsicht verbunden war: Offenbar war es Ziel des Gesetzgebers, neben der Betätigung von Stimmrechten weitere

---

[791] Diese Tatsache übersieht etwa *Uhlendorf*, DB 2006, S. 2455, (2455), der zwar zutreffend feststellt, der Gesetzgeber habe „in § 29 Abs. 2 WpÜG aus Gründen der Rechtssicherheit auf die Einbeziehung faktischer Einfluss*potentiale* verzichtet", zugleich aber verkennt, dass daraus keine Absage an die Einbeziehung faktischen Einflusses aufgrund rechtlichen Einflusspotentials folgt [Hervorhebung hinzugefügt].

[792] Vgl. *Houben*, WM 2000, S. 1873, (1878 Fn. 54).

[793] Vgl. zur Diskussion im Rahmen der Gesetzgebungsarbeiten auch *Mühle*, WpÜG, S. 354 f.

[794] Die Empfehlungen der Expertenkommission für Unternehmensübernahmen vom 17.05.2000, sehen freilich schon die endgültige Gesetzesfassung vor, vgl. Sonderbeilage WM 2/2000, S. 37.

sanktionswürdige Verhaltensweisen von Kontrollinhabern, namentlich Formen faktischer Einflussnahme, aufgreifen zu können[795].

Nach diesem Befund erweist sich die Prämisse, die der Gegenauffassung zugrunde liegt, letztlich als irreführend. Der Vergleich von § 30 Abs. 2 WpÜG mit § 29 Abs. 2 WpÜG verdeutlicht, dass die Erfassung von Abstimmungen über faktische Einwirkungen im Rahmen des Acting in Concert gerade nicht zu einer Überdehnung des Tatbestands führt, sondern umgekehrt ihre Einbeziehung im Interesse eines lückenlosen Umgehungsschutzes sogar geboten erscheint. Für eine Differenzierung zwischen Verständigungen über die Stimmrechtsausübung einerseits und Absprachen über tatsächliche Einwirkungen andererseits bleibt kein Raum. Auch in letzterem Fall verleiht das bloße Stimmrechtspotential den Beteiligten ein beachtliches Durchsetzungsinstrument. Dabei können die Motive der Organmitglieder, Weisungen von Kontrollinhabern Folge zu leisten, durchaus unterschiedlich sein: Entscheidend ist, dass jene die Rahmenentscheidungen der Personalpolitik treffen. Aus diesem Grund kann Stimmrechtsmacht zum einen als Drohkulisse fungieren[796], wenn Kontrollerwerber dem Aufsichtsrat z.B. in Aussicht stellen, in der nächsten Hauptversammlung abberufen zu werden: Empirische Untersuchungen belegen sehr deutlich, dass entsprechende Befürchtungen von Mitgliedern der Verwaltungsorgane nur allzu verständlich sind[797]. Zum anderen können mit Hilfe einer Stimmrechtsmehrheit aber auch Anreize geschaffen werden. Schließlich haben es Kontrollinhaber gemäß § 113 AktG in der Hand, die Höhe einer etwaigen Aufsichtsratsvergütung festzulegen. Über Vertrauenspersonen im Aufsichtsrat können sie letztlich auch auf die Bemessung der Bezüge des Vorstands nach § 87 Abs. 1 AktG Einfluss nehmen. In der Gesamtschau zeigen sich damit verschiedene Gründe, weshalb faktische Einwirkungen der Parteien von erheblicher Bedeutung sind. Der Kontrollbegriff in § 29

---

[795] Vgl. *Houben*, WM 2000, S. 1873, (1878), der die Möglichkeit, Formen „implizite[r]" Kontrollausübung – das heißt faktischer Beeinflussung der Verwaltungsorgane – in den Tatbestand einbeziehen zu können, ausdrücklich als Motiv für den Richtungswechsel des Gesetzgebers ansieht.

[796] Prägnant dazu *Thaeter*, Börsen-Zeitung v. 03.01.2007, S. 2, im Hinblick auf die jüngere Praxis von Hedgefonds: „[D]ie Fonds [haben] viele Trümpfe in der Hand. Häufig reicht es aus, wenn sie eine bloße Drohkulisse aufbauen. Welcher Vorstand wird sich schon auf einen Showdown in der Hauptversammlung einlassen?"

[797] Vgl. zur Korrelation der Höhe der Anteilskonzentration einer Gesellschaft mit der Häufigkeit der Auswechslung ihres Managements etwa *Berglöf/Burkart*, 18 Economic Policy, S. 171, (192) (2003); *Holderness*, 8 FRBNY Economic Policy Review, S. 51 ff. (2003). Zu den rechtlichen Möglichkeiten, den Vorstand im Falle eines Kontrollwechsels (aus wichtigem Grund) nach § 84 Abs. 3 AktG abzuberufen, insbesondere *Herkenroth*, Konzernierungsprozesse, S. 186 Fn. 187; *Mühle*, S. 118 f.; *Lüttmann*, Kontrollwechsel, S. 150 f.

Abs. 2 WpÜG steht der Berücksichtigung entsprechender Abstimmungen in § 30 Abs. 2 WpÜG jedenfalls nicht entgegen.

(2) Aktienrechtliche Interessenbindungen

Daneben wird die Möglichkeit, die Regelung des Acting in Concert auf Vorgänge außerhalb der Hauptversammlung anzuwenden, jedoch aus einem weiteren rechtssystematischen Grund bestritten. Ins Feld geführt wird nämlich auch die gesetzlich vorgesehene Binnenstruktur der Aktiengesellschaft. So hebt der BGH hervor, dass die Rechtsstellung von Aufsichtsratsmitgliedern – was für Vorstände freilich gleichermaßen gilt – unabhängig ausgestaltet sei[798]. Von diesem Ausgangspunkt argumentiert das Gericht folgendermaßen: Da Organmitglieder im Rahmen der ihnen obliegenden Amtsführung nicht durch Weisungsbefugnisse der Anteilseigner beeinträchtigt würden, stünden Kontrollinhabern gar keine (rechtlichen) Einwirkungsinstrumente auf die Verwaltung zur Verfügung[799]. Folglich dürften Mitglieder von Leitungsorganen auch nicht als potentielle Adressaten der Einflussnahme von Aktionären angesehen werden. Eine Anwendung der Zurechnungsvorschrift scheide insofern aus[800].

Ordnet man diesen Kritikpunkt dogmatisch ein, bemüht der BGH offenbar den Grundsatz der Einheit der Rechtsordnung, um zu der gewünschten Einschränkung des § 30 Abs. 2 WpÜG zu gelangen. Seiner Ansicht nach tritt der Geltungsbereich der Zurechnungsvorschrift zurück, weil dies im Interesse eines Wertungsgleichklangs mit dem aktienrechtlichen Kompetenzgefüge geboten sei. So gewichtig der Einwand des BGH damit auf den ersten Blick erscheinen mag, so schnell werden seine Schwächen jedoch bei näherer Betrachtung sichtbar. Hilfreich ist es, sich die Prämisse einer solchen Argumentation vor Augen zu führen: Die Forderung, Abstimmungen über die faktische Einflussnahme in den Zurechnungstatbestand des Acting in Concert einzubeziehen, käme freilich nur dann einem Widerspruch gleich, wenn sich behaupten ließe, dass derartige Verhaltensweisen aufgrund der aktienrechtlichen Souveränität der Verwaltungsorgane auch *rechtstatsächlich* ausgeschlossen sind. Wer einen Konflikt zwischen einer solchen Tatbestandsauslegung und den Kompetenzzuweisungen des Aktienrechts sieht, muss sich also an der Richtigkeit dieser These messen lassen.

---

[798] BGH, BB 2006, S. 2432, (2435) (WMF).

[799] Vgl. BGH, BB 2006, S. 2432, (2434 f.) (WMF).

[800] BGH, BB 2006, S. 2432, (2435) (WMF); ebenso *Goette*, DStR 2006, S. 2132, (2139); *Hamann*, ZIP 2007, S. 1088, (1090); *Diekmann*, DStR 2007, S. 445, (446); *Löhdefink*, Acting in Concert, S. 344 f.; dezidiert auch *Stille*, Abstimmungsvereinbarungen, S. 106 ff., die sogar verfassungsrechtliche Bedenken geltend machen will.

Genau darin liegt aber der neuralgische Punkt der Argumentation des Gerichts. Die Kompetenzvorschriften des §§ 76 Abs. 1, 111 Abs. 5 AktG prägen ohne Frage ein gesetzesübergreifendes Leitbild[801]. Dass eine „informelle Beeinflussung des Vorstands [oder Aufsichtsrats] nicht zu Gebote“ steht[802], entspricht einhelliger Auffassung. Voreilig ist es allerdings, allein aus diesem Umstand die Ausblendung derartigen Verhaltens aus dem Tatbestand des § 30 Abs. 2 WpÜG herleiten zu wollen[803]. Die Versuchung, welcher der BGH und seine Fürsprecher hierbei erliegen, besteht in dem (Trug-)Schluss von einer Gesetzespflicht – der aktienrechtlichen Autonomie der Verwaltungsorgane – auf deren Einhaltung[804]. Normativ betrachtet handelt es sich dabei zwar um ein gesetzgeberisches Ideal, dieses muss jedoch sorgfältig von den realen Begleitumständen der heutigen Unternehmensführung unterschieden werden. Anknüpfungspunkt für eine Vorschrift, die – wie die Zurechnungsnorm des § 30 Abs. 2 WpÜG – dem Missbrauchs- und Umgehungsschutz dient, können aber nur die Bedingungen sein, die in der Praxis tatsächlich vorzufinden sind.

Unter diesem Blickwinkel verändern sich die Vorzeichen für die Frage nach der Tatbestandsmäßigkeit von Abstimmungen über faktische Einwirkungen. Ungeachtet der Tatsache, dass Kontrollinhaber über erhebliches Einflusspotential verfügen[805], liegen auch ihre diesbezüglichen Motive auf der Hand. Kaum einer Erwähnung bedürfen schließlich die Anreize, die von der Möglichkeit ausgehen, unmittelbar auf die Mitglieder der Verwaltungsorgane Einfluss zu nehmen. Gegenüber der herkömmlichen Alternative, Stimmrechte in der Hauptversammlung der Gesellschaft auszuüben, kann dieser Weg in vielfacher Hinsicht attraktiv erscheinen. Auf die zahlreichen Optionen zur Erzielung von Sondervorteilen wurde bereits ausführlich eingegangen[806]. Zu erinnern ist auch daran, dass die Hauptversammlung im System des AktG – im Gegensatz zum Modell mancher ausländischer Kapitalgesellschaften[807] – gerade nicht dazu geeignet ist, unmittelbaren Einfluss auf die Geschäftspolitik zu vermitteln. Eine entscheidende Rolle dürfte zudem der Gesichtspunkt der Transparenz spielen: Die Beteiligten einer

---

801 Vgl. zur st. Rspr. des BGH nur: BGH, NJW 1967, S. 1462; andererseits BGHZ 36, S. 296, (306); 90, S. 381, (398); vgl. zum gemeinschaftsrechtlichen Leitbild unabhängiger Verwaltungsorgane *Langenbucher*, ZGR 2007, S. 571 ff.

802 So die Formulierung bei *Noack*, in: Schwark, Kapitalmarktrecht, § 30 WpÜG Rn. 13.

803 So aber BGH, BB 2006, S. 2432, (2434) (WMF), nach dem „einer extensiven Anwendung des § 30 Abs. 2 WpÜG [...] schließlich die unabhängige Rechtsstellung der Aufsichtsratsmitglieder entgegen[steht]“.

804 Ebenso *Engert*, JZ 2007, S. 314, (315).

805 Dazu soeben, 4. Kap., B., V., 5., a), (1).

806 Vgl. insofern die ökonomische Analyse oben, 4. Kap., B., V., 5., a).

807 Vgl. für einen knappen Überblick etwa *Fleischer*, in: FS Heldrich, S. 597 ff.

Abstimmungsgruppe werden regelmäßig ein großes Interesse daran haben, ihre Zusammenarbeit außenstehenden Aktionären gegenüber nicht vorzeitig durch eine gemeinsame Stimmrechtsausübung preiszugeben[808]. Darüber hinaus erfordert die Einberufung einer – zumal außerordentlichen – Hauptversammlung grundsätzlich einen hohen Organisationsaufwand. Vor allem Investmentaktionäre mit kurzfristigem Anlagehorizont werden daher nicht selten nach alternativen Möglichkeiten suchen, ihre Strategie der Unternehmensführung zu verwirklichen.

Trotz der gegenläufigen gesetzlichen Ausgangslage sind Einwirkungen auf Gesellschaftsorgane außerhalb der Hauptversammlung ein nahe liegendes, geradezu rationales Verhalten. Empirisch sind derartige Vorgänge inzwischen zumindest in den Vereinigten Staaten gut dokumentiert[809]. Auch hierzulande handelt es sich aber um ein vertrautes Bild[810]. Klare Indizien dafür sind die weite Verbreitung personeller Verflechtungen zwischen einzelnen Unternehmen[811] und pyramidialer Beteiligungsstrukturen[812]. Glaubt man verschiedensten Stimmen in der gesellschaftsrechtlichen Literatur, sind faktische Einflussnahmen auf Verwaltungsorgane sogar ein alltäglicher Bestandteil deutscher Unternehmenskultur[813]. Es verwundert daher nicht, dass auch Gesellschafterabsprachen über die Einwirkung auf Leitungsorgane der Gesellschaft in der Praxis durchaus üblich sind. Insbesondere Vereinbarungen über die Beeinflussung persönlich gewählter bzw. entsandter Aufsichtsratsmitglieder finden sich seit jeher häufig[814]. Hinzu treten neuerdings die wachsenden Aktivitäten von Finanzinvestoren. In jüngerer Zeit

[808] So auch *Engert*, ZIP 2006, S. 2105, (2108) sowie – mit einer ökonomischen Begründung – *Eidenmüller*, DStR 2007, S. 2116, (2119) am aktuellen Beispiel aktivistischer Hedgefonds; näher dazu unten, 4. Kap., C., V., 4., c).

[809] Vgl. etwa *Engert*, ZIP 2006, S. 2105, (2106); *Schmolke*, ZGR 2007, S. 701, (716 ff.) m.w.N.

[810] Bezeichnend etwa *Peltzer*, NZG 2002, S. 10, (12), der ausführt, dass sich die Wahl von Vorstandsmitgliedern in der Praxis teilweise als „Bestellung durch den Großaktionär" abspiele und meint, dass „im Bereich des § 84 AktG geschriebenes Recht und Rechtswirklichkeit breitflächig auseinanderklaffen".

[811] Vgl. dazu insbesondere *Decher*, Personelle Verflechtungen, S. 164 ff.; für empirische Daten in Deutschland etwa *Pfannenschmidt*, ZfB 69 (1995), S. 177 ff.

[812] Vgl. dazu die empirischen Ergebnisse bei *Faccio/Lang*, 65 Journal of Financial Economics, 365 ff. (2002) und *Köke*, ZEW Discussion Paper 2000/67, S. 9.

[813] Vgl. aus dem reichhaltigen Schrifttum im vorliegenden Zusammenhang etwa *Schneider*, NZG 2007, S. 88; *Herkenroth*, Konzernierungsprozesse, S. 42; *Casper/Bracht*, NZG 2005, S. 839, (840); *Thaeter/Guski*, AG 2007, S. 301, (305 f.); *Langenbucher*, ZGR 2007, S. 571, (595); *Sura*, Fremdeinfluß, S. 53.

[814] So *Baumann/Reiß*, ZGR 1989, S. 157, (188), die eine empirische Analyse von Gesellschaftervereinbarungen liefern, die dem Bundeskartellamt zur Fusionskontrolle vorgelegt worden sind; vgl. zudem *Noack*, Gesellschaftervereinbarungen, S. 279; *Voigt*, Haftung aus Einfluss, S. 229.

ist zu beobachten, dass sie ebenfalls in zunehmendem Maße versuchen, an der Hauptversammlung vorbei Einfluss auf die Unternehmensführung zu nehmen und ihre Interessen dabei bündeln[815]. Vor diesem Hintergrund kann von einer unverzerrten Geltung der aktienrechtlichen Kompetenzordnung – wie sie der BGH scheinbar vor Augen hat – in der Praxis kaum die Rede sein. Die These, dass die Rechtsstellung der Verwaltungsorgane einer weiten Auslegung von § 30 Abs. 2 WpÜG entgegensteht, überzeugt daher nicht.

Obwohl der empirische Befund die Wertungen der §§ 76 Abs. 1, 111 Abs. 5 AktG nicht widerspiegelt, stellt sich indes die Frage, ob sich die bislang herrschende Ansicht wenigstens auf die Systematik der Rechtsordnung berufen kann. Insoweit könnte man argumentieren, dass eine Anwendung von § 30 Abs. 2 WpÜG unterbleiben könnte, wenn andere Regelungen, die sich mit der Problematik von Kontrollaktionären befassen, faktische Verhaltensweisen ebenfalls ausklammern würden. Auch dieser Begründungsansatz führt jedoch nicht weit. Beleuchtet man strukturell vergleichbare Vorschriften, zeigt sich gerade ein gegenteiliges Bild: Dass faktische Einwirkungen auf die Verwaltungsorgane einer Gesellschaft in der Praxis zu erwarten sind, ignoriert das Aktienrecht keineswegs. Derartige Verhaltensweisen werden vielmehr an verschiedenen Stellen berücksichtigt.

Am deutlichsten kommt dies in der speziellen Haftungsnorm des § 117 AktG zum Ausdruck. Sie gilt gemeinhin als Beleg, dass es schon Anliegen des historischen Gesetzgebers war, eine Generalklausel gegen den Machtmissbrauch zu errichten, der von Seiten der Großaktionäre droht[816]. Indem § 117 AktG eine Ersatzpflicht für Schäden statuiert, die der Gesellschaft oder ihren Aktionären durch die Beeinflussung ihres Führungspersonals entstanden sind, fördert er die Integrität des Verwaltungshandelns[817]. Bis zur Änderung durch das UMAG[818] im Jahre 2005 gab die Regelung freilich noch klarer zu erkennen, dass sie vor allem der Sanktionierung faktischer Einwirkungen dient: § 117 Abs. 7 Nr. 1 AktG a.F. enthielt eine ausdrückliche Privilegierung, wonach eine Haftung ausgeschlossen

---

[815] Ein Schlaglicht auf diese Aktivitäten warf freilich der Fall „Deutsche Börse AG", dazu schon 4. Kap., A., IV., 1.; neuerdings steht auch das Beispiel der Münchener Rück AG im Fokus, vgl. SZ Nr. 283 v. 08./09.12.2007, S. 29. Zum Aktionärsaktivismus durch Hedgefonds allgemein *Engert*, ZIP 2006, S. 2105, (2107 f.); *Schneider*, AG 2006, S. 577, (578 f.); *Hopt*, EuZW 2007, S. 257; SZ v. 05./06.05.2007, S. 32 („Die Macht der Aktivisten"); *Becker*, Börsen-Zeitung v. 20.09.2006, S. 12; für die Vereinigten Staaten geben *Kahan/Rock*, 155 Pennsylvania Law Review, S. 1021, (1034 f.) (2007) einen instruktiven Überblick.

[816] Vgl. nur *Kropff*, in: MünchKomm/AktG, § 117 Rn. 3 m.w.N. zur Entstehungsgeschichte.

[817] *Brüggemeier*, AG 1988, S. 93, (95); *Hüffer*, AktG, § 117 Rn. 1.

[818] Gesetz zur Unternehmensintegrität und Modernisierung des Anfechtungsrechts (UMAG) v. 22.09.2005, BGBl. I 2005, S. 2802 ff.

war, soweit die Schädigung im Einzelfall auf der Ausübung des Stimmrechts in der Hauptversammlung beruhte. Umgekehrt waren Kontrollaktionäre gerade dann ersatzpflichtig, wenn sie jenseits der Hauptversammlung auf Mitglieder der Verwaltungsorgane Einfluss genommen hatten. Inhaltlich hat sich daran nichts geändert. Der Regelungsbereich sollte durch die Gesetzesreform nicht modifiziert, sondern – mit der Streichung des Ausschlusstatbestands – lediglich erweitert werden[819].

Derselbe Regelungsgedanke liegt darüber hinaus zahlreichen weiteren Vorschriften unserer Wirtschaftsrechtsordnung zugrunde. Die meisten Beispiele finden sich im Konzernrecht. Bezeichnenderweise sprechen bereits die Materialien des AktG 1965 davon, dass das geltende Recht bewusst „in Kauf [nimmt], daß das herrschende Unternehmen nicht nur durch die Ausübung seiner Gesellschaftsrechte, sondern auch außerhalb der aktienrechtlichen Zuständigkeitsordnung auf die Geschäftsführung der abhängigen Gesellschaft einwirkt"[820]. Nicht anders ist es zu erklären, dass § 17 AktG, auf den die §§ 311 ff. AktG im faktischen Konzern Bezug nehmen, die Abhängigkeitsvermutung an den Mehrheitsbesitz eines Unternehmens knüpft. Das Gesetz geht davon aus, dass allein die Möglichkeit der Besetzung von Verwaltungsorganen die Annahme beherrschenden Einflusses rechtfertigt. Denn damit soll die Wahrscheinlichkeit verbunden sein, dass sich die gewählten Mitglieder später einflusskonform verhalten werden[821]. Schließlich unterstreicht auch ein flüchtiger Blick ins Kartellrecht die Wertung des Gesetzgebers. Dort beinhaltet § 37 GWB im Bereich der Fusionskontrolle verschiedene Regelungen, die den §§ 29 f. WpÜG systematisch entsprechen. Welche Kriterien den Kontrolltatbestand erfüllen, geht vor allem aus der generalklauselartigen Aufzählung in § 37 Abs. 1 Nr. 2 Satz 2 GWB hervor. Auch hier ist indes anerkannt, dass im Rahmen der erforderlichen Einzelfallabwägung durchaus faktische Einflussinstrumente, darunter insbesondere personelle Verflechtungen Berücksichtigung finden können[822]. Letztlich ist es also ein klarer Widerspruch, wenn die bislang herrschende Ansicht für eine enge Auslegung von § 30 Abs. 2 WpÜG eintritt: Selbst wenn man die wesentlichen Unterschiede der einzelnen Regelungssysteme betont, kommt man nicht an der Tatsache vorbei, dass die tatbestandsmäßige Erfassung faktischer Einwirkungen auf Verwaltungsorgane im deutschen Unternehmensrecht die Regel ist – ihre kategorische Ausblendung im Rahmen des Acting in Concert dagegen eine Ausnahme wäre[823].

---

[819] Vgl. Begr. RegE, BT-Drucks. 15/5092, S. 12.

[820] Vgl. Begr. RegE bei *Kropff*, S. 375.

[821] Vgl. zur ratio legis nur *Koppensteiner*, in: KK/AktG, § 17 Rn. 19; *Hüffer*, AktG, § 17 Rn. 5.

[822] Vgl. statt aller etwa *Veelken*, in: Immenga/Mestmäcker, GWB, § 37 Rn. 41.

[823] Vielsagend ist etwa das Resümeé von *Noack*, LMK 2006, 204721: „Das Übernahmerecht enthält keine Generalklausel zur Abwehr der „Wolfsrudel", die *jenseits der Haupt-*

Weitaus konsequenter erscheint es demzufolge, eine Stimmrechtszurechnung in diesen Fällen jedenfalls nicht grundsätzlich abzulehnen. Eine solche Anwendung der Vorschrift würde sich nämlich – wie soeben gesehen – nicht nur nahtlos in die vorhandenen Regelungsstrukturen einfügen. Sie könnte darüber hinaus auch einen zusätzlichen Disziplinierungseffekt entfalten[824]. Zwar handelt es sich bei den §§ 29 ff. WpÜG in erster Linie nicht um Sanktionsvorschriften. Die Auslösung eines Pflichtangebots hat jedoch regelmäßig gravierende Konsequenzen für die angebotspflichtigen Parteien. Eine entsprechende Ausdehnung seines Anwendungsbereichs könnte deshalb dazu führen, dass Aktionäre zukünftig zurückhaltender mit der Möglichkeit umgehen, sich über faktische Einwirkungen auf die Leitungsorgane einer Gesellschaft abzustimmen[825]. Im Ergebnis bekräftigt das Gebot der §§ 76 Abs. 1, 111 Abs. 5 AktG daher eher das Bedürfnis, entsprechende Fälle in § 30 Abs. 2 WpÜG einzubeziehen, als dass es deren Unvereinbarkeit mit der aktienrechtlichen Organisationsstruktur belegt. Auch die zweite Säule im Argumentationsgerüst des BGH bricht somit in sich zusammen.

(3) Beweisschwierigkeiten faktischer Einflussnahme

Wenn alle dogmatischen Argumente erschöpft sind, ziehen die Befürworter der bislang herrschenden Meinung freilich noch einen praktischen Einwand heran, um die Ablehnung dieser Fallgruppe im Rahmen des § 30 Abs. 2 WpÜG zu begründen. Die Einbeziehung in den Zurechnungstatbestand scheitere – so wird ausgeführt – letztlich schon an der mangelnden Nachweisbarkeit derartiger Verhaltensweisen. In dieser Hinsicht argumentieren etwa *Saenger* und *Kessler*[826], dass „[f]aktischer Einfluss [...] nur schwerlich beweis- oder quantifizierbar [ist]. Seine Feststellung bedeutete eine erhebliche Unsicherheit [...], die weder hingenommen noch mit dem Regelungszweck vereinbart werden kann".

Zutreffend an dieser Überlegung ist natürlich, dass Beweisfragen im Rahmen des Acting in Concert von überragender Bedeutung sind. Die Unzulänglichkeiten der aufsichtsrechtlichen und prozessualen Möglichkeiten, entsprechende Sach-

---

versammlung einzuwirken suchen. [...] Eine solche Einwirkung ist aktienrechtlich untersagt, übernahmerechtlich ist sie grundsätzlich folgenlos [Hervorhebungen im Original].

[824] Ablehnend *Fleischer*, ZGR 2008, S. 185, (199), nach dem es „eine *Zweckentfremdung* [wäre], § 30 Abs. 2 WpÜG zu einer Vorfeldwaffe gegen unlauteres Aktionärsverhalten umzuschmieden". Wenn *Fleischer* dabei auf die Funktion aktienkonzernrechtlicher Regelungen verweist, übersieht er jedoch die notwendige *Komplementarität* von präventiven und repressiven Schutzinstrumenten.

[825] Eine andere Frage ist, inwieweit faktische Einwirkungen auf das Management einer Gesellschaft tatsächlich *generell* unerwünscht oder – zu Überwachungszwecken – auch (wohlfahrtsökonomisch) förderungswürdig sind, dazu ausführlich unten, 4. Kap., C., V., 2.

[826] *Saenger/Kessler*, ZIP 2006, S. 837, (841).

verhalte aufzuklären, sind bereits ausführlich dargelegt worden[827]. Fragwürdig an der Kritik ist jedoch, dass sie ein allgemeines Problem – die schwierige Nachweisbarkeit eines Acting in Concert – geradezu willkürlich auf eine bestimmte Verhaltensweise – Abstimmungen über faktische Einflussnahmen – bezieht. Eine solche Zuspitzung ist wenig überzeugend. Dass informelle Einwirkungen auf Mitglieder von Leitungsorganen *per se* seltener aufzudecken sind als andere Verhaltensabstimmungen, lässt sich nämlich nicht ohne weiteres behaupten. Allzu leicht übersehen wird dabei, dass auch das Parallelverhalten von Aktionären in der Hauptversammlung nach außen hin naturgemäß unverfänglich ist[828]. Die Frage, ob eine einheitliche Stimmrechtsausübung auf einer gemeinsamen Absprache beruht oder bloß Ausdruck einer gleichgerichteten Interessenlage ist, wird im Einzelfall kaum einfacher zu beantworten sein. Wesentliche Unterschiede bestehen daher nicht: Weder Abstimmungen über faktische Vorgehensweisen noch reine Stimmrechtsabreden dürften in aller Regel belastbare Indizien in der Außenwelt hinterlassen.

Ist der Hinweis auf Beweisschwierigkeiten damit schon inhaltlich bedenklich, erscheint er methodisch jedoch erst recht unhaltbar. Selbst wenn entsprechende Praxisprobleme bei dieser Fallgruppe in besonderem Maße auftreten würden, läge darin freilich noch kein Grund, generell von der Eröffnung des Anwendungsbereichs des § 30 Abs. 2 WpÜG abzusehen. Anderenfalls wäre eine Stimmrechtszurechnung gerade dort ausgeschlossen, wo sich Abstimmungsparteien das größte Umgehungspotential bieten würde. Konsequent zu Ende gedacht müsste eine solche Sichtweise schließlich dazu führen, zentrale Regelungen des Kartell- oder Insiderhandelsrechts[829], bei denen ganz ähnliche Beweisschwierigkeiten seit langem bekannt sind, ebenfalls zu streichen. Dies kann aber ersichtlich nicht im Interesse eines effektiven Anlegerschutzes sein. Es bleibt somit letztlich dabei, dass verfahrensrechtliche Fragen im Rahmen des Acting in Concert eine zentrale Rolle spielen. Die Lösung dieser Fragen kann jedoch nicht dadurch ersetzt werden, dass man dort, wo tatsächliche Grauzonen bestehen, auf den Schutz des materiellen Zurechnungstatbestands vollkommen verzichtet.

(4) Zwischenbilanz

Setzt man sich mit den verschiedenen Argumenten, die von Seiten der bislang herrschenden Meinung vorgetragen werden, genauer auseinander, gelangt man nach alledem zu einem klaren Ergebnis: Der Ausschluss von Abstimmungen

---

[827] Vgl. dazu oben, 4. Kap., A., IV., 5.

[828] Dies betont zu Recht *Oechsler*, in: Ehricke/Ekkenga/Oechsler, WpÜG, § 30 Rn. 23.

[829] So insbesondere § 1 GWB bzw. § 14 WpHG, einführend zu den (fortwährenden) Beweisproblemen des Insiderhandelsrechts etwa *Park*, NStZ 2007, S. 369 ff.

über faktische Einwirkungen aus dem Tatbestand des § 30 Abs. 2 WpÜG lässt sich mit dogmatischen Erwägungen kaum rechtfertigen. Soweit der BGH eine Stimmrechtszurechnung in entsprechenden Fällen ablehnt, kann es sich deshalb allenfalls um eine rechtspolitische Entscheidung handeln. Es ist allerdings höchst zweifelhaft, ob die Verwirklichung des Schutzzwecks der Norm – Minderheitsaktionäre vor den wirtschaftlichen Gefahren von Kontrollveränderungen zu bewahren – hinter derartigen Überlegungen zurücktreten sollte. Insbesondere unter Effizienzgesichtspunkten wäre eine solche Auslegung wenig ratsam. Wie die ökonomische Analyse der Regelung deutlich gemacht hat, sind es gerade faktische Einwirkungen auf die Leitungsorgane der Gesellschaft, die das Risiko bergen, wohlfahrtstheoretisch schädliche Vermögensverschiebungen zu verursachen. Dieser Gefährdungslage muss die Regelung des § 30 Abs. 2 WpÜG – zumal als Umgehungsschutzvorschrift – angemessen Rechnung tragen.

Nach richtiger Ansicht lautet die entscheidende Frage daher nicht, ob derartige Absprachen überhaupt eine Stimmrechtszurechnung kraft Acting in Concert begründen. Fraglich ist vielmehr nur, welche Formen der Abstimmung im Einzelnen tatbestandsmäßig sind. In dieser Hinsicht ist nämlich ebenso zu differenzieren: Eine wichtige Lehre der – im Ergebnis unglücklichen – „WMF"-Entscheidung des BGH[830] ist jedenfalls die, dass nicht jegliche Vereinbarungen über eine faktische Einflussnahme auf die Zielgesellschaft zwangsläufig kontrollrelevant sind. Nichts anderes besagt nunmehr auch der Wortlaut des § 30 Abs. 2 S. 2 WpÜG n.F., der eine „dauerhafte und erhebliche Änderung der unternehmerischen Ausrichtung" der Zielgesellschaft verlangt. Insoweit kann jedoch problemlos an die Fallgruppen angeknüpft werden, die im Rahmen der ökonomischen Analyse der Regelung entwickelt worden sind[831]. Maßgeblich ist demnach, ob Absprachen über entsprechende Einwirkungen die Realisierung von Sondervorteilen befürchten lassen. Paradebeispiele für eine Stimmrechtszurechnung sind daher vor allem Fälle, in denen die Beteiligten gemeinschaftlich auf die Geschäftspolitik der Gesellschaft Einfluss zu nehmen suchen[832]. Idealtypischerweise verfolgen sie dabei die Absicht, die Zielgesellschaft zu spezifischen vertraglichen Beziehungen zu veranlassen: sei es, dass sie den Abschluss von Beratungsverträgen, die Einbindung der Gesellschaft in eigene Geschäftsfelder oder die Bestellung bestimmter „erwünschter" Vorstandsmitglieder und die Höhe ihrer Vergütung forcieren.

---

[830] Dazu oben, 4. Kap., B., VI., 2., a).

[831] Vgl. dazu bereits oben, 4. Kap., B., V., 5., a).

[832] Ebenso nunmehr *v. Bülow/Stephanblome*, ZIP 2008, S. 1797, (1798), .); *Pluskat*, DB 2009, S. 383, (385); *Süßmann*, in: Geibel/Süßmann, WpÜG, § 30 Abs. 2 Rn. 13, die im Anschluss an den Bericht des Finanzausschusses (BT-Drucks. 16/9821, S. 16) beispielhaft auf Änderungen des Geschäftsmodells oder die Trennung von Geschäftsbereichen verweisen.

Zurechnungsbegründend können außerdem Verständigungen sein, die sich auf die Vereinnahmung immaterieller Vermögenswerte der Zielgesellschaft beziehen. In dieser Hinsicht ist vor allem an koordinierte Einflussnahmen auf die Vergabe von Marken, Patenten oder die Verwertung möglicher anderer Forschungsergebnisse zu denken. Schließlich kommt eine Zurechnung auch dann in Betracht, wenn Abstimmungen auf die Kapitalstruktur der Gesellschaft abzielen, indem sie etwa auf die – originär von den Organen festzulegende – Ausschüttungspolitik einwirken. Die Grenze verläuft allerdings dort, wo Abstimmungsparteien die Leitungsorgane der Gesellschaft nicht durch ihre Stimmrechtsmacht beeinflussen (wollen), sondern lediglich einen gegenseitigen Meinungsaustausch anstreben. Dies bleibt in erster Linie eine – zugegebenermaßen schwierige – Tatfrage.

b) Abgestimmter Parallelerwerb von Gesellschaftsanteilen

Zu klären bleibt schließlich noch, ob sich auch Abstimmungen über den Parallelerwerb von Gesellschaftsanteilen bruchlos in den Anwendungsbereich des § 30 Abs. 2 WpÜG einfügen lassen. Die rechtsvergleichenden und ökonomischen Gesichtspunkte, die für eine solche Auslegung sprechen, wurden schon eingehend erörtert[833]. Andererseits konnte insbesondere der verbreitete Einwand entkräftet werden, dass eine (vermeintliche) Sperrwirkung von § 30 Abs. 1 S. 1 Nr. 5 WpÜG der Einbeziehung dieser Fallgruppe entgegenstehe[834].

Unabhängig davon hat *Pittroff* allerdings auf ein konstruktives Problem aufmerksam gemacht, das die Erfassung des koordinierten Erwerbs von Gesellschaftsanteilen im Rahmen des § 30 Abs. 2 WpÜG aufwirft[835]. Ausgangspunkt seiner Überlegungen ist die Formulierung des Tatbestands, wonach im Falle einer Verhaltensabstimmung eine Zurechnung „der Stimmrechte aus Aktien" der beteiligten Parteien stattfindet. Daraus leitet *Pittroff* eine Unterscheidung ab: Bis zur Umsetzung eines abgestimmten Anteilserwerbs können seiner Meinung nach wortlautgemäß nur diejenigen Stimmrechte zugerechnet werden, die bereits der Verfügungsgewalt der Beteiligten unterliegen. Dagegen seien jene Aktien, deren Erwerb gerade Gegenstand der konkreten Absprache sei, noch nicht der Zurechnung gemäß § 30 Abs. 2 WpÜG zugänglich. Verständigen sich *A* und *B* – die beide über Stimmrechtsanteile an der *X-AG* in Höhe von 10% verfügen – über den Zukauf weiterer Anteile von jeweils 5%, findet somit zunächst nur eine Addition in Höhe von 20% statt. Die Bedenken, die *Pittroff* vorbringt, dürften deutlich werden: Seiner Ansicht zufolge entfällt im Augenblick der Vollendung

---

[833] Vgl. dazu einerseits 4. Kap., B., III. 3., andererseits 4. Kap., B., V., 5., b).
[834] Vgl. dazu oben, 4. Kap., B., II., 2., c).
[835] *Pittroff*, Zurechnung, S. 266 f., 271 f.; so offenbar auch *Schneider*, WM 2006, S. 1321, (1325).

des Anteilserwerbs – soweit keine zusätzlichen Absprachen bestehen sollten – andersherum die erforderliche Verhaltensabstimmung zwischen den Parteien[836]. Im Ergebnis folgt daraus laut *Pittroff*, dass Stimmrechte aus abgestimmten Anteilskäufen zu keinem Zeitpunkt untereinander zugerechnet werden können.

Eine solche Sichtweise erscheint zunächst durchaus plausibel. In der Tat legt der Wortlaut des § 30 Abs. 2 S. 1 WpÜG nahe, dass Stimmrechte nur insoweit zuzurechnen sind, als sie (schon) im Zeitpunkt der Verhaltensabsprache in der Verfügungsgewalt der Parteien stehen. Um im Beispiel zu bleiben, müssten *A* und *B* also über den reinen Anteilserwerb hinaus weitere Absprachen getroffen haben, damit eine Stimmrechtszurechnung in voller Höhe – mit der Folge der Angebotspflicht aus § 35 WpÜG – eintreten könnte. Aus modellökonomischer Sicht wäre diese Lösung nicht zu beanstanden. Es wäre vielmehr gewährleistet, dass eine Angebotspflicht nur dann ausgelöst würde, wenn eine spätere gemeinsame Einflussnahme auf die Zielgesellschaft (sicher) zu erwarten wäre. Eine andere Frage ist aber, ob dieses Verständnis auch den praktischen Bedürfnissen der Regelung entspräche. Mangels Zurechnung der zu erwerbenden Stimmrechte (2 x 5%) würde im Beispielsfall nämlich kein Pflichtangebot ausgelöst, wenn *A* und *B* neben der Abstimmung des Anteilserwerbs zwar *tatsächlich* weitere Stimmrechtsabsprachen vereinbart hätten, ihnen diese jedoch nicht nachgewiesen werden könnten. Ein solches Szenario ist leicht vorstellbar: Aufgrund der äußerlichen Erkennbarkeit des Handels mit Aktienpaketen dürfte ein abgestimmter Anteilserwerb regelmäßig einfacher nachzuweisen sein als andere Formen von Verhaltensverständigungen. Der von *Pittroff* angenommene „enge" Zurechnungsumfang hätte letztlich also unbefriedigende Konsequenzen. Wer seiner Lösung folgen wollte, müsste die bereits erörterte[837] „Indizwirkung" von Abstimmungen über den Anteilserwerb außer Acht lassen und würde den Disziplinierungseffekt der Regelung insofern womöglich entscheidend verkürzen.

Der Tatbestandswortlaut steht einer „weiten" Auslegung des Zurechnungsumfangs indes nicht zwangsläufig entgegen. Angesichts der drohenden Unzulänglichkeiten lässt sich die Vorschrift auch dahingehend verstehen, dass im Falle eines abgestimmten Anteilserwerbs sämtliche Stimmrechte bereits aufgrund der Erwerbsabsprache zugerechnet werden können: sowohl Stimmrechte, die sich bereits in der Verfügungsgewalt der Beteiligten befinden, als auch jene, auf dessen Erwerb sich ihre konkrete Vereinbarung bezieht. Im *Beispiel* wären *A* und *B* demnach ohne weitere Anteile in Höhe von 30% an der *X-AG* zuzurechnen, so dass eine Angebotspflicht nach § 35 WpÜG unmittelbar einträte. Gegen eine solche Lösung könnte freilich sprechen, dass sie letztendlich doch von der Systematik des § 30

---

[836] Vgl. *Pittroff*, Zurechnung, S. 272.
[837] Vgl. abermals 4. Kap., B., III., 3. bzw. 4. Kap., B., V., 5., b).

Abs. 1 S. 1 Nr. 5 WpÜG abweichen würde. Während im Rahmen jener Vorschrift nur Stimmrechte zugerechnet werden sollen, auf deren Erwerb zumindest eine dingliche Option besteht, würde eine Zurechnung insofern nämlich in einem früheren Stadium stattfinden. Allein daraus kann aber kein durchgreifendes Argument abgeleitet werden. Es ist vielmehr noch einmal an die wesentlichen Unterschiede zwischen den Vorschriften zu erinnern: Beide Regelungen sind weder in ihrer rechtstechnischen Ausgestaltung miteinander vergleichbar noch geht es ihnen um dieselbe Zurechnungsrichtung[838]. Die soeben genannten Erwägungen rechtfertigen es deshalb durchaus, § 30 Abs. 2 S. 1 WpÜG gegenüber § 30 Abs. 1 S. 1 Nr. 5 WpÜG weiter auszulegen.

Dieses Verständnis der Stimmrechtszurechnung greift schließlich auch nicht unverhältnismäßig in den Handlungsspielraum von Finanzinvestoren ein. Investoren, die sich tatsächlich nur über den Erwerb von Gesellschaftsanteilen abstimmen wollen – z.B. um etwaige Arbitragegewinne zu erzielen[839] – könnten insbesondere nach § 20 WpÜG eine Befreiung durch die BaFin erwirken. Eine solche Praxis wäre interessengerecht. In diesem Fall wäre es gerade Sache der Betroffenen nachzuweisen, dass sie die entsprechenden Aktien nicht zur Einflussnahme auf die Gesellschaft erwerben, sondern gemäß § 20 Abs. 1 Nr. 1 WpÜG lediglich zu Spekulationszwecken. Sie hätten es mit anderen Worten selbst in der Hand, die Indizwirkung einer Erwerbsabsprache zu widerlegen. Soweit eine Befreiung durch die BaFin erfolgen würde, wäre die Ausübung der Stimmrechte dann nach § 20 Abs. 3 WpÜG ausgeschlossen, wenn ihre Berücksichtigung eine Angebotspflicht nach § 35 WpÜG zur Folge hätte. Somit wäre eine praxisnahe Stimmrechtszurechnung gewährleistet, ohne dass gleichzeitig das Interesse am Handel mit Aktienblöcken von kontrollrelevantem Umfang zurücktreten müsste.

Im Ergebnis ist also festzuhalten, dass die Einbeziehung von Abstimmungen über den Erwerb von Gesellschaftsanteilen in den Anwendungsbereich von § 30 Abs. 2 WpÜG dem Umgehungsschutz der Regelung dient. Entscheidende Wirkungen gehen davon indes erst aus, wenn die Zurechnung in derartigen Fällen auch diejenigen Stimmrechte umfasst, die Inhalt der jeweiligen Absprache sind. Zwingende Gründe stehen einem solchen Verständnis nicht entgegen.

c) Anwendbarkeit auf sog. Cash-Settled Equity Swaps? – der Fall Schaeffler/Continental

Neben der wissenschaftlichen Diskussion ist es häufig auch und gerade der Erfindungsreichtum der Praxis, der Zweifelsfälle einer Regelung zum Vorschein bringt.

---

[838] Vgl. dazu oben, 4. Kap., B., II., 2., c).

[839] Dazu allgemein schon oben, 4. Kap., B., V., 2., a), (1).

Ein Paradebeispiel dafür soll die Untersuchung des Anwendungsbereichs von § 30 Abs. 2 WpÜG abschließen. Es geht um eine spezifische Fallgestaltung, die jüngst im Zusammenhang mit der Frage der Zurechenbarkeit von Erwerbsabsprachen für Gesprächsstoff gesorgt und hohe Wellen geschlagen hat: sog. „Cash-Settled Equity Swaps". Auslöser der Kontroverse war hierzulande der viel beachtete Übernahmeversuch der Continental AG durch den Schaeffler-Konzern:

Die Schaeffler KG hatte den Aktionären von Continental erstmals am 15. Juli 2008 ein Übernahmeangebot unterbreitet, das dem damaligen Durchschnittskurs der vergangenen drei Monate an der Börse entsprach. In den folgenden Wochen erhöhte sie ihr Angebot mehrfach. Parallel dazu wurde bekannt, dass Schaeffler u.U. bereits zu diesem Zeitpunkt über Zugriffsmöglichkeiten auf Continental-Anteile in kontrollrelevantem Umfang verfügte – und das obwohl die kapitalmarktrechtlichen Meldepflichten der §§ 21, 25 WpHG zuvor noch nicht erreicht worden waren. Die Schaeffler-Gruppe selbst hielt seinerzeit nämlich nur Stimmrechtsanteile in Höhe von 2,97%, womit sie knapp unterhalb der Eingangsschwelle des § 21 Abs. 1 S. 1 WpHG von 3% blieb. Darüber hinaus hatte sie jedoch mit verschiedenen Banken Equity Swap-Geschäfte abgeschlossen, denen Aktien der Continental AG in Höhe von insgesamt rund 28% zugrunde lagen. Diese waren durch Schaeffler jederzeit kündbar und konnten seitens der Banken wahlweise durch Barzahlung oder aber durch Lieferung einer entsprechenden Menge von Continental-Anteilen erfüllt werden.

Es verwundert nicht, dass im Anschluss an diese Ereignisse eine heftige Debatte darüber entbrannt ist, ob derartige Instrumente aus Gründen des Umgehungsschutzes den Zurechnungsvorschriften der §§ 22 ff. WpHG – aber auch § 30 WpÜG – zu unterwerfen seien.[840] Die Befürchtung scheint zu wachsen, dass in der Praxis ein neuer, bislang sanktionsloser Weg des (missbräuchlichen) „Anschleichens" an Zielgesellschaften gefunden wurde, der bald Schule machen könnte.[841] Worum handelt es sich bei „Cash Settled Equity Swaps" konkret? Swaps sind vertraglich begründete, frei gehandelte Finanzinstrumente, die – vereinfacht gesagt – auf (Wett-)Vereinbarungen zwischen dem Ersteller (zumeist Banken) und dessen Vertragspartner (Investor) über die Entwicklung eines bestimmten Basiswerts beruhen. Im Falle eines Equity Swaps handelt es sich dabei um den Kurs(-verlauf) eines Wertpapiers. Setzt nun ein Investor, der eine Zielgesellschaft übernehmen will, – aufgrund seines bevorstehenden Übernahmeangebots – auf steigende Aktienkurse

---

[840] Vgl. dazu *Brandt*, BKR 2008, S. 441, (445 f.); *Fleischer/Schmolke*, NZG 2009, S. 401, (404 f.).

[841] Vgl. zu den stürmischen Reaktionen nur *Fleischer/Schmolke*, NZG 2009, S. 401 m.w.N.; zum wachsenden Verbreitungsgrad dieser Praxis *Baums/Sauter*, ILF Working paper Nr. 97, S. 3. Fn. 4.

nach Abschluss des Swap-Vertrags, bestehen grundsätzlich zwei Möglichkeiten der Bank, etwaige Kursgewinne während der Laufzeit auszugleichen. Wird vereinbart, dass die Bank dem Investor zur Kompensation am Ende der Laufzeit die jeweilige Anzahl von Aktien der Zielgesellschaft übereignet, spricht man von einem „physical settlement"[842]. Steht der Bank dagegen ein Wahlrecht zu, ob sie diesem entsprechende Aktien andient oder ihn in Geld ausbezahlt, handelt es sich um einen „Cash-Settled Equity Swap". Obwohl die Entscheidung in diesem Fall der Sache nach im Ermessen der Bank liegt, kann der Investor aufgrund unterschiedlicher Sachzwänge der Banken[843] jedoch auch hier mit hoher Wahrscheinlichkeit davon ausgehen, dass ihm bei Vertragsende die betreffenden Aktien angedient werden. Er kann also regelmäßig damit rechnen, zu einem bestimmten Zeitpunkt Anteile der Zielgesellschaft zu erhalten, ohne vorab zwangsläufig von den Melde-, Angebots- und Zurechnungsvorschriften des WpHG und WpÜG erfasst zu werden.

Die Bemühungen, eine solche Strategie kapitalmarktrechtlich einzufangen, haben inzwischen zu einer Reihe von Regelungsvorschlägen geführt.[844] Mitunter wird insoweit auch eine Anknüpfung an die übernahmerechtliche Stimmrechtszurechnung des Acting in Concert in Betracht gezogen.[845] Trotz des (verständlichen) Bedürfnisses nach einer praxisgerechten Lösung sollte dabei jedoch zunächst festgehalten werden, dass die Erfassung derartiger Sachverhalte zumindest nach geltendem Recht ausscheidet. Sie scheitert nämlich schon daran, dass sich die Pflichtangebotsregeln des WpÜG ausschließlich auf die Verfügungsgewalt über (Stimmrechts-)Aktien beziehen und daneben nicht etwa – wie dies im Rahmen der Transparenzvorschriften nach § 25 Abs. 1 i.V.m. §§ 21 f. WpHG der Fall ist – auch auf sonstige „Finanzinstrumente" abstellen. Jedenfalls *de lege lata* kommt eine Anwendung der Zurechnungsregelung des Acting in Concert in § 30 Abs. 2 daher nicht in Betracht. Unabhängig von der – überwiegend verneinten – Frage, ob

[842] In einem solchen Fall besteht Einigkeit, dass der Tatbestand des § 25 Abs. 1 S. 1 WpHG nach geltendem Recht anzuwenden ist, vgl. *Schneider*, in Assmann/Schneider, WpHG, § 25 Rn. 10.

[843] Ausführlich zu den Hintergründen *Baums/Sauter*, ILF Working paper Nr. 97, S. 7 ff. Ein wesentlicher Grund liegt darin, dass Banken zu diesem Zeitpunkt ohnehin entsprechende (physische) Aktienkontingente erworben haben werden. Um sich im Falle eines Cash-Settled Equity Swaps gegen das Risiko steigender Kurse abzusichern, werden sie sich nämlich – schon aus Gründen der Eigenkapitalunterlegungspflicht – frühzeitig mit Anteilen der Zielgesellschaft eindecken.

[844] Vgl. dazu *Brandt*, BKR 2008, S. 441, (445 ff.), mit rechtsvergleichendem Überblick sowie *Baums/Sauter*, ILF Working paper Nr. 97, S. 40 ff. mit konkreten Regulierungsempfehlungen.

[845] So wohl insbesondere die Präferenz von *Fleischer/Schmolke*, NZG 2009, S. 401, (407, 409); Diskussion ebenfalls bei *Baums/Sauter*, ILF Working paper Nr. 97, S. 41 ff.

Cash-Settled Equity Swaps überhaupt als „Finanzinstrumente“ i.d.S. qualifiziert werden können[846], fehlt es bereits an einem tatbestandsmäßigen Abstimmungsobjekt. Die Möglichkeit, die Zurechnungsvorschrift entsprechend anzuwenden, verbietet sich zudem aufgrund des Analogieverbots im WpÜG.

Bei genauem Hinsehen stehen einer Einbeziehung von Cash-Settled Equity Swaps in die Zurechnungsregelung des § 30 Abs. 2 WpÜG jedoch nicht nur *de lege lata*, sondern auch *de lege ferenda* durchgreifende Bedenken entgegen[847]. Führt man sich die Ausgangslage eines Cash-Settled Equity Swaps näher vor Augen, wird schnell deutlich, dass eine entsprechende Stimmrechtszurechnung in verschiedener Hinsicht gegen das Konzept des Acting in Concert verstoßen würde. Dies betrifft zum einen das Erfordernis einer Abstimmungsgrundlage i.S.d. § 30 Abs. 2 WpÜG. Da es sich bei Cash-Settled Equity Swaps ursprünglich um ein idealtypisches *Spekulations*instrument von (Finanz-)Investoren handelt, wird die am Vertragsschluss beteiligte Bank im Regelfall schon gar nicht über die späteren Übernahmeabsichten ihres Vertragsschluss unterrichtet sein. Dieser hat an einer solchen Information auch keinerlei Interesse. Im Gegenteil, die Ankündigung eines bevorstehenden – mutmaßlich kurstreibenden[848] – Übernahmeangebots hinsichtlich der Zielgesellschaft könnte den Abschluss des jeweiligen Swap-Geschäfts sogar gefährden, liegt ihm doch gerade die Prämisse zugrunde, dass die Bank auf fallende Kurse der Referenzaktien setzt.

Eine solche Ausgangslage widerspricht jedoch dem Grundmuster einer Abstimmung i.S.d. Acting in Concert. Für diese ist charakteristisch, dass der jeweilige Abstimmungsvorgang – jedenfalls prinzipiell – im gegenseitigen Interesse der Parteien liegt. Zudem ist, ungeachtet der weiteren Voraussetzungen im Detail, im Rahmen des § 30 Abs. 2 WpÜG zumindest erforderlich, dass alle Beteiligten im Bewusstsein der (potentiellen) Kontrollrelevanz ihres Verhaltens handeln. Hat die beteiligte Bank im Einzelfall aber gar keine Kenntnis von der Zielrichtung ihrer Vertragsabrede mit dem Investor, fehlt es an einer entsprechenden Abstimmungsgrundlage der Parteien. Schon deshalb erschiene eine Erfassung von Cash-Settled Equity Swaps *de lege ferenda* als Fremdkörper in § 30 Abs. 2 WpÜG.

Andererseits spricht auch die Zurechnungslogik, die der Regelung des Acting in Concert zugrunde liegt, gegen eine Einbeziehung von Equity Swaps. Wie bereits an früherer Stelle aufgezeigt[849], geht es im Rahmen des § 30 Abs. 2

---

[846] Dagegen etwa *Gätsch/Schäfer*, NZG 2008, S. 846, (849); *v. Bülow/Stephanblome*, ZIP 2008, S. 1797, (1800), aber auch der Finanzausschuss, BT-Drucks. 16/9821, S. 15; dafür etwa *Schneider*, in: Assmann/Schneider, WpHG, § 25 Rn. 41 ff. m.w.N., der eine extensive Auslegung des Begriffs der „rechtlich bindenden Vereinbarung“ für geboten hält.

[847] Im Ergebnis ebenso *Baums/Sauter*, ILF Working paper Nr. 97, S. 42 f.

[848] Vgl. zu den insoweit aussagekräftigen empirischen Ergebnissen unten, 4. Kap., B., V., 3.

[849] Dazu schon oben, 4. Kap., B., II., 2., c).

WpÜG – anders als etwa in § 30 Abs. 1 S. 1 Nr. 5 WpÜG – nicht in erster Linie um die Zurechnung der zu erwerbenden Stimmrechte an *einen* Kontrollerwerber. Im Mittelpunkt der Vorschrift steht vielmehr die Frage, ob eine Stimmrechtszurechnung zwischen mehreren, potentiell kontrollrelevanten Parteien *untereinander* gerechtfertigt ist. Bildlich gesprochen ist für § 30 Abs. 2 WpÜG also nicht (nur) die gleichsam „vertikale" Zurechnung an einzelne, auf die Zielgesellschaft einwirkende Anteilseigner prägend, sondern auch und gerade die „horizontale" Zurechnung von Stimmrechten an eine Gruppe von möglichen Kontrollaktionären. Dies läge in Fällen eines Cash-Settled Equity Swaps jedoch ersichtlich neben der Sache, da von Seiten der beteiligten Banken nicht einmal die abstrakte Gefahr einer kontrollrelevanten Einflussnahme auf die Zielgesellschaft besteht.

Im Ergebnis ist daher festzuhalten, dass jedenfalls die Vorschrift des Acting in Concert in § 30 Abs. 2 WpÜG keinen geeigneten Ansatzpunkt für die aktuelle Reformdiskussion zum Themenkreis von Equity Swaps bietet. Eine Einbeziehung derartiger Fälle ließe sich nicht bruchlos mit der Dogmatik der Bestimmung vereinbaren. Nicht umsonst konzentrieren sich die bisherigen Reformvorschläge denn auch überwiegend auf die Kodifikation einer den §§ 22 Abs. 1 WpHG, 30 Abs. 1 WpÜG nachempfundenen Vermutungsregelung.[850]

VII. Resümee der Untersuchung der tatbestandlichen Reichweite

Wenn man sich bei der Auslegung des Acting in Concert in § 30 Abs. 2 WpÜG von der ökonomischen Analyse des Rechts leiten lässt, gelingt es nach alledem letztlich, dem Anwendungsbereich der Regelung scharfe Konturen zu verleihen. Nach dem Schutzzweck der Norm kommen insofern lediglich kontrollrelevante Abstimmungen in Betracht. Unter Effizienzgesichtspunkten ist von einem solchen Kontrollbezug auszugehen, soweit sich die Beteiligten durch ihre Verständigung die Möglichkeit verschaffen, private Vermögensvorteile zu erzielen. Im Einzelnen bedeutet dies für die Reichweite des Tatbestands Folgendes:

Eine Zurechnung gemäß § 30 Abs. 2 WpÜG greift grundsätzlich nur bei *qualifizierten* Absprachen über die Ausübung von Stimmrechten ein. Ausschlaggebend ist dabei, ob sich Abstimmungen inhaltlich auf die Zielgesellschaft als solche oder jedenfalls auf zukunftsgerichtete Fragen beziehen[851]. Zurechnungsbegründend sind daher insbesondere Verständigungen über Strukturmaßnahmen der Gesellschaft, ihre Dividendenpolitik oder die Besetzung von Leitungsorganen.

---

[850] Vgl. insoweit nur den Modellvorschlag bei *Baums/Sauter*, ILF Working paper Nr. 97, S. 46.

[851] Im Einzelnen oben, 4. Kap., B., VI., 1.

Umgekehrt werden Abstimmungen über andere mitgliedschaftliche Rechte, vor allem über die Ausübung sonstiger Verwaltungsrechte von vornherein nicht vom Tatbestand des Acting in Concert erfasst[852]. Die zweite wesentliche Fallgruppe im Rahmen des § 30 Abs. 2 WpÜG bilden vielmehr Absprachen, die faktische Einwirkungen auf die Organe einer Zielgesellschaft betreffen. In dieser Hinsicht findet eine Stimmrechtszurechnung statt, sobald gemeinschaftliche Einflussnahmen auf geschäftspolitische Fragen der Gesellschaft abzielen. Entscheidend ist auch hier wiederum, inwieweit die Beteiligten der jeweiligen Abrede gegebenenfalls gesellschaftsfremde Sondervorteile realisieren könnten[853].

Einen Sonderfall stellen schließlich Absprachen über den Erwerb von Gesellschaftsanteilen dar. Ihre Einbeziehung in den Tatbestand des Acting in Concert ist – entgegen einer verbreiteten Ansicht – zwar nicht aus gemeinschaftsrechtlicher Sicht geboten. Es sprechen jedoch beachtliche rechtsökonomische Gründe und damit letztlich auch der durch § 30 Abs. 2 WpÜG bezweckte Umgehungsschutz für eine diesbezügliche Anwendung der Zurechnungsvorschrift[854]. Cash-Settled Equity Swaps, die in jüngster Zeit kontrovers diskutiert werden, lassen sich mit der Regelung allerdings nicht erfassen.

C. **Grenzen der Zurechnung**

Nachdem der sachliche Anwendungsbereich des Acting in Concert in seinem Grundgerüst entwickelt worden ist, stellt sich nunmehr die Frage, wo die konkreten Grenzen dieses Zurechnungsmechanismus verlaufen. Die schwierige Aufgabe, tatbestandsmäßige Formen abgestimmten Verhaltens von zurechnungsfreien Handlungen trennscharf abzugrenzen, obliegt der Ausnahmevorschrift des § 30 Abs. 2 S. 1, 2. Hs. WpÜG. Obwohl diese Klausel zunächst unscheinbar wirken mag, darf ihre Bedeutung für die Handhabung der Regelung in der gesellschaftsrechtlichen Praxis nicht unterschätzt werden. Erst das Ineinandergreifen von Grund- und Ausnahmetatbestand kann Aufschluss darüber geben, welche Verhaltensweisen als Acting in Concert zu qualifizieren sind. Dies spiegeln erste praktische Erfahrungen mit dem Regelungsmodell sehr deutlich wider[855]. Bezeichnenderweise hat bislang weniger die Handhabung der Regelung an sich, als vielmehr die Auslegung des Ausnahmekriteriums Probleme bereitet[856]. Die Tragweite

---

[852] Dazu bereits oben, 4. Kap., B., IV.
[853] Näher zu möglichen Fallgestaltungen 4. Kap., B., V., 5., a).
[854] Vgl. soeben, 4. Kap., B., V., 5., b), (1) und VI., 2., b).
[855] Dazu noch unten, 4. Kap., C., VI.
[856] Vgl. dazu die Analyse einzelner Falltypen unten, 4. Kap., C., VI., 1.-3.

dieses Merkmals kann aber nur überblicken, wer sich zunächst Klarheit über dessen Funktion im Zurechnungsmodell des Acting in Concert verschafft.

I. Die Privilegierungsfunktion von § 30 Abs. 2 S. 1, 2. Hs. WpÜG

Sinn und Zweck des Ausnahmetatbestands in § 30 Abs. 2 S. 1, 2. Hs. WpÜG erschließen sich nicht unmittelbar, wenn man die Regelung lediglich aus einem kapitalmarktrechtlichen Blickwinkel betrachtet. Allein von diesem Standpunkt aus gesehen, dienen die Pflichtangebotsvorschriften vor allem dem Anlegerschutz: Minderheitsaktionären soll es ermöglicht werden, die Zielgesellschaft im Falle von Kontrollveränderungen zu angemessenen Konditionen zu verlassen. Diesen Schutz flankiert die Regelung des Acting in Concert, indem sie entsprechende Verhaltensabstimmungen zwischen Aktionären aufzugreifen versucht.

Bliebe man bei einer solchen Perspektive stehen, wären Einschränkungen des Anwendungsbereichs von § 30 Abs. 2 WpÜG indessen nicht recht verständlich. Nach den bisherigen Ergebnissen der Arbeit lassen sich zwar bestimmte Aktionärsvereinbarungen typisieren, die abstrakt-generell keine Kontrollrelevanz entfalten. Der beabsichtigte Umgehungsschutz wäre jedoch – für sich genommen – noch effektiver ausgestaltet, wenn die Regelung des Acting in Concert sämtliche Verhaltensabsprachen unter Aktionären erfassen würde. Dass die Norm Ausnahmen von der Zurechnung kennt, muss daher Ausdruck einer gesetzgeberischen Interessenabwägung sein. In der Tat liegt dem Zurechnungsmechanismus ein gewisses Spannungsverhältnis zugrunde: Wie eingangs bereits dargelegt wurde, greift das System des Pflichtangebots – obwohl auf die Reglementierung des Kapitalmarkts ausgerichtet – faktisch auch in den binnenorganisatorischen Bereich der Gesellschaft ein. Aus diesem Grund bestehen weitreichende Interdependenzen. Würde man ausschließlich den kapitalmarktrechtlichen Anlegerschutz der Regelungen hervorheben, bestünde die Gefahr, zugleich gesellschaftsrechtliche Regelungsansätze zu unterlaufen. Dies wird am Beispiel des Acting in Concert in § 30 Abs. 2 WpÜG besonders deutlich: Interessenbündelungen von Aktionären sind demnach zwar grundsätzlich zurechnungsbegründend, weil sie zur Erlangung von Unternehmenskontrolle führen können. Andererseits sind durchsetzungsfähige Aktionärskoalitionen gesellschaftsrechtlich nicht von vornherein unerwünscht. Im Gegenteil, sie entsprechen bis zu einem bestimmten Maß sogar dem Leitbild guter Corporate Governance[857].

Ausprägungen dieses Regelungsgedankens finden sich in jüngerer Zeit zunehmend häufiger. Der Deutsche Corporate Governance Kodex (DCGK) selbst

---

[857] *Wand/Tillmann*, AG 2006, S. 433, (436); *Thaeter/Guski*, AG 2007, S. 301, (307).

sieht einen dahingehenden Grundsatz zwar nicht ausdrücklich vor. Er lässt jedoch erkennen, dass ihm die Idealvorstellung handlungsfähiger Aktionäre zugrunde liegt[858]. Schlüssig erscheint ein solches Verständnis aber nur, wenn dabei grundsätzliche Kontaktgelegenheiten – gerade im Hinblick auf die Gruppe der Kleinaktionäre[859] – zumindest stillschweigend vorausgesetzt werden. Wesentlich klarer tritt diese normative Wertung freilich an anderer Stelle hervor. Eine Signalwirkung kommt insbesondere dem durch das UMAG im Jahre 2005 eingeführten „Aktionärsforum" in § 127a AktG zu. Nach § 127a Abs. 1 AktG besteht für Aktionäre oder Aktionärsvereinigungen die Möglichkeit, gesellschaftsbezogene Aufforderungen im elektronischen Bundesanzeiger zu veröffentlichen. Durch die Schaffung einer solchen Platform hat sich der Gesetzgeber ganz bewusst dazu entschieden, die Kontaktaufnahme zwischen Aktionären zu erleichtern und gegebenenfalls eine gemeinsame Stimmrechtsausübung anzuregen[860]. Derartige Ansätze sind auch keine nationale Erscheinung geblieben, sondern haben sich längst zu einem grenzüberschreitenden Thema entwickelt. Es verwundert daher nicht, dass man in den aktuellen OECD Principles of Corporate Governance auf einen ähnlichen Gedanken stößt[861]. Dort heißt es, dass „shareholders, including institutional shareholders, should be allowed to consult with each other on issues concerning their basic shareholder rights as defined in the Principles, subject to exceptions to prevent abuse". Vergleichbare Überlegungen haben schließlich auch auf gemeinschaftsrechtlicher Ebene Eingang in die gesellschaftsrechtliche Reformdiskussion gefunden. So ist im Vorfeld der jüngst verabschiedeten „Stimmrechts"-Richtlinie EG 2007/36 ebenfalls vorgeschlagen worden, ein Pendant des Aktionärsforums in § 127a AktG zu implementieren[862].

Diese Entwicklung weist eindringlich darauf hin, dass eine umfassende übernahmerechtliche Stimmrechtszurechnung stets über eine beachtliche Kehrseite verfügt. Sie beeinträchtigt wünschenswerte Formen von Aktionärsverständigungen. Um Wertungswidersprüchen innerhalb der Rechtsordnung vorzubeugen, muss diesem Zielkonflikt im Rahmen des § 30 Abs. 2 WpÜG Rechnung getragen werden. Daraus allein sollten freilich keine voreiligen Schlussfolgerungen gezogen werden. Die Zurechnung des Acting in Concert unterliegt keineswegs außertatbestandlichen Grenzen. Der Gesetzgeber des UMAG hat sich vielmehr darum bemüht eigens klarzustellen, dass § 127a AktG „keine Sonderregelung" zu den kapital-

---

[858] Vgl. insbesondere Art. 2.1.1 sowie 2.3.3 DCGK.

[859] Eingehend zu diesbezüglichen Problem der Kollektiven Handlung 4. Kap., C., V., 3.

[860] Vgl. Begr. RegE, BT-Drucks. 15/5092, S. 15: „Ziel der neu geschaffenen Vorschrift ist es, die Kommunikation unter den Aktionären zu erleichtern und ihnen die Stimmrechtsausübung zu erleichtern".

[861] Vgl. OECD Principles of Corporate Governance, G II.

[862] Vgl. dazu insbesondere *Wand/Tillmann*, AG 2006, S. 443, (446).

marktrechtlichen Zurechnungsvorschriften enthalte[863]. Dennoch ist es geboten, die Ausstrahlungswirkung dieser gesetzgeberischen Wertentscheidung bei der Konkretisierung des Anwendungsbereichs von § 30 Abs. 2 WpÜG im Auge zu behalten. Wenn die Rechtsordnung bestimmte Formen von Aktionärskontakten einerseits fördert, wäre es kaum vertretbar, an darauf gründende Stimmrechtsabsprachen auf der anderen Seite ein Pflichtangebot nach § 35 WpÜG zu knüpfen[864]. *Seibert* hat diesen Gedanken auf den Punkt gebracht: „Der Gesetzgeber handelt nicht als *Fallensteller* für die Rechtsanwender“ [865]. Nimmt man seine Mahnung ernst, so hat die Ausnahmeklausel der Zurechnungsnorm daher eine privilegierende Funktion. Welche Reichweite eine solche Privilegierung von Stimmrechtsvereinbarungen entfaltet, gilt es im Folgenden herauszuarbeiten.

II. Das Ausnahmekriterium und seine Beurteilung in der Literatur

Ist der Blick für das Spannungsverhältnis in § 30 Abs. 2 S. 1 WpÜG damit geschärft, fragt sich zunächst, auf welches Abgrenzungskriterium die Regelung zurückgreift. Das Gesetz regelt Tatbestandsausnahmen nunmehr in sehr knappen Worten: Ausweislich des zweiten Halbsatzes der Norm sind „Vereinbarungen in Einzelfällen“ von der Zurechnungswirkung entbunden. Dem ersten Eindruck nach handelt es sich dabei um eine griffige Formel. Tatsächlich polarisiert die Frage, wann eine solche Ausnahme anzunehmen ist, die Meinungen in der Literatur jedoch weitgehend. Einigkeit herrscht lediglich insoweit, als der Wortlaut der Klausel nach allgemeinem Verständnis zu kurz greift. Dass in Einzelfällen lediglich „Vereinbarungen“, nicht aber auch Verständigungen „in sonstiger Weise“ ausnahmsweise freigestellt werden, ergibt offensichtlich keinen Sinn. Für den Normzweck, Abstimmungen ohne Kontrollrelevanz von der Zurechnung auszuklammern, ist es vollkommen unerheblich, auf welcher Grundlage – sei es eine rechtlich bindende „Vereinbarung“ oder eine unverbindliche Absprache – eine einzelne Verhaltenskoordination erfolgt. Die einhellige Ansicht im Schrifttum behilft sich daher folgerichtig mit einem Erst-Recht-Schluss und bezieht auch letztere Abstimmungen in den Tatbestand ein[866]. Von dieser gemeinsamen Basis

---

[863] Vgl. Begr. RegE, BT-Drucks. 15/5092, S. 16.

[864] In diese Richtung schon *Seibt*, ZIP 2004, S. 1829, (1832); *Spindler*, NZG 2005, S. 825, (828).

[865] *Seibert*, AG 2006, S. 16, (18) [Hervorhebung hinzugefügt].

[866] Vgl. *v. Bülow*, in: KK/WpÜG, § 30 Rn. 140; *Weiler/Meyer*, NZG 2003, S. 909, (910); *Casper*, ZIP 2003, S. 1469, (1476); *Pentz*, ZIP 2003, S. 1478, (1478); *Krause*, NJW 2004, S. 3681, (3685); *v. Bülow/Stephanblome*, ZIP 2008, S. 1797, (1799); *Löhdefink*, Acting in Concert, S. 306.

einmal abgesehen, wird die Reichweite der Ausnahmeregelung jedoch kontrovers diskutiert. Verantwortlich dafür ist das seit jeher umstrittene Tatbestandsmerkmal der „Einzelfälle“. Bei der Auslegung dieses Kriteriums lassen sich zwei diametral entgegengesetzte Lager voneinander unterscheiden.

1. Formale Betrachtungsweise

Die erste Ansicht, der allem Anschein nach auch der BGH beigetreten ist[867], zeichnet sich durch ein streng formales Verständnis des Begriffs der „Einzelfälle“ aus. Sie betont insoweit, dass es sich bei Ausnahmen vom Zurechnungsmechanismus jedenfalls nur um *einmalige* Verhaltensabstimmungen handeln dürfe[868]. Unterschiedlich beurteilt wird auf dieser Grundlage freilich, worauf sich die Einmaligkeit der Koordination beziehen muss. Während eine engere Auffassung dem Merkmal nur Absprachen hinsichtlich eines einzigen Beschluss- bzw. Abstimmungsgegenstands subsumieren will[869], lassen andere auch Abstimmungen über mehrere Beschlussgegenstände zu, soweit diese einen einheitlichen Lebenssachverhalt betreffen[870]. Wieder andere sehen offenbar nicht einzelne Beschlussgegenstände, sondern komplette Hauptversammlungen als Bezugspunkt des Ausnahmetatbestands an. Ihrer Meinung zufolge entfällt eine Zurechnung also bereits dann, wenn sich eine Absprache lediglich auf die Tagesordnungspunkte *einer* Hauptversammlung richtet[871]. Unabhängig von den verschiedenen Ansätzen, stimmen all diese Stellungnahmen jedoch zumindest in ihrer Kernaussage überein: Maßgeblich für das Vorliegen einer Einzelfallausnahme i.S.d. § 30 Abs. 2 S. 1, 2. Hs. WpÜG soll danach ausschließlich die Häufigkeit einer Stimmrechtsabsprache bzw. sonstigen gemeinschaftlichen Einwirkung sein, nicht dagegen die inhaltliche Tragweite der betroffenen Abstimmungsgegenstände.

---

867 Vgl. BGH, BB 2006, S. 2432, (2435) (WMF).

868 OLG Stuttgart, ZIP 2004, S. 2232, (2236 f.) (zu § 22 WpHG); *v. Bülow*, KK/WpÜG, § 30 Rn. 137 ff.; *Oechsler*, in: Ehricke/Ekkenga/Oechsler, WpÜG, § 30 Rn. 24; *Lange*, ZBB 2004, S. 22, (27); *Kuthe/Brockhausen*, DB 2005, S. 1266, (1266); *Kocher*, BB 2006, S. 2436, (2436); *Drinkuth*, ZIP 2008, S. 676, (679); implizit auch OLG Frankfurt, NZG 2004, S. 865, (867) (Pixelpark); zu § 30 Abs. 2 WpÜG n.F. nunmehr dezidiert *Pluskat*, DB 2009, S. 383, (386) („damit eine Lanze für die formelle Betrachtungsweise gebrochen“).

869 So insbesondere *Lange*, ZBB 2004, S. 22, (27).

870 So *v. Bülow/Bücker*, ZGR 2004, S. 669 (700); *v. Bülow/Stephanblome*, ZIP 2008, S. 1797, (1799); ähnlich *Riehmer*, in: Haarmann/Riehmer/Schüppen, WpÜG, § 30 Rn. 60.

871 Vgl. *Noack*, in: Schwark, Kapitalmarktrecht, § 30 WpÜG Rn. 24, der ergänzend auch eine materielle Betrachtungsweise heranziehen will.

2. Materielle Betrachtungsweise

Die Gegenauffassung in der Literatur plädiert indessen für eine materielle Auslegung des Ausnahmetatbestands. Zur Begründung weist sie darauf hin, dass der Regelungszweck des Acting in Concert eine Stimmrechtszurechnung nur dann gebiete, wenn eine Aktionärsabsprache unternehmenspolitische Fragen betreffe, die von hinreichender Bedeutung für die Zielgesellschaft seien[872]. Folgt man einem solchen Verständnis, kennzeichnet der Begriff der „Einzelfälle" weniger die fehlende Kontinuität einer Abstimmung, als vielmehr deren Bagatellcharakter[873]. Von diesem Standpunkt aus werden zwei Schlussfolgerungen gezogen. Einerseits soll der Ausnahmetatbestand des Acting in Concert auch fortgesetzte Verhaltensabstimmungen – etwa auf mehreren Hauptversammlungen – erfassen, solange sich diese nur auf unternehmenspolitisch unbeachtliche Fragen beziehen würden[874]. So seien z.B. Verständigungen im Hinblick auf die Aufsichtsratsvergütung oder die Bestellung von Abschlussprüfern auch dann nicht zurechnungsbegründend, wenn sie regelmäßig stattfänden[875]. Andererseits könne jedoch selbst eine punktuelle Verständigung über den Anwendungsbereich von § 30 Abs. 2 S. 1, 2. Hs. WpÜG hinausgehen, wenn sie eine nachhaltige Wirkung auf die Herrschaftsverhältnisse der Gesellschaft entfalte[876]. Als Beispiel dafür wird die abgestimmte Besetzung des Aufsichtsrats einer Gesellschaft genannt[877]. Legt man diese Interpretation zugrunde, ist im Rahmen der Ausnahmeklausel nicht nach dem Ausmaß der Interessenbündelung zu fragen, sondern allein nach ihrer Qualität: Wie viele gesonderte Absprachen eine Aktionärskoalition trifft, ist grundsätzlich unerheblich. Die entscheidende Frage lautet stattdessen, ob im jeweiligen Fall

---

[872] So im Anschluss an OLG München, BB 2005, S. 1411, (1413) etwa *Casper/Bracht*, NZG 2005, S. 839, (840); ebenso *Louven*, BB 2005, S. 1414, (1415); *Diekmann*, in: VGR, Gesellschaftsrecht 2005, S. 69, (84); *Schüppen/Walz*, FrankfurterKomm/WpÜG, § 30 Rn. 68; *Halász/Kloster*, WM 2006, S. 2152, (2155 f.); *Borges*, ZIP 2007, S. 357, (363).

[873] *Saenger/Kessler*, ZIP 2006, S. 837, (840).

[874] *Casper/Bracht*, NZG 2005, S. 839, (840); *Schockenhoff/Schumann*, ZGR 2005, S. 568, (590).

[875] Vgl. etwa *Schockenhoff/Schumann*, ZGR 2005, S. 568, (590).

[876] So vor allem OLG München, BB 2005, S. 1411, (1413); zustimmend *Schüppen/Walz*, FrankfurterKomm/WpÜG, § 30 Rn. 69; *Louven*, BB 2005, S. 1414, (1415); *Diekmann*, in: VGR, Gesellschaftsrecht 2005, S. 69, (84); *ders.*, DStR 2007, S. 445, (447); *Borges*, ZIP 2007, S. 357, (363); *Fleischer*, ZGR 2008, S. 185, (202 f.); auch die BaFin steht diesem Verständnis nahe; vgl. *Weiler/Meyer*, NZG 2003, S. 909, (910); *Strunk/Linke*, in: Reformbedarf, S. 3, (20).

[877] Vgl. OLG München, BB 2005, S. 1411, (1413) (WMF) mit der Erwägung, es müsse sich dabei um den Teil eines „Gesamtplanes" handeln. Ausführlich zum Problem der koordinierten Aufsichtsratsbesetzung 4. Kap., C., VI., 3.

von einer „nachhaltigen“ gemeinschaftlichen Einflussnahme auf die Zielgesellschaft ausgegangen werden kann.

3. Bewertung

Beide Auslegungsansätze, die hinsichtlich des Einzelfallkriteriums vertreten werden, nähern sich der Bestimmung von Tatbestandsausnahmen offenbar aus ganz unterschiedlichen Richtungen. Auf konkrete Fallgestaltungen angewandt, dürften sie nicht selten zu gegenläufigen Ergebnissen führen. Die Bedeutung dieser Auseinandersetzung für die gesellschaftsrechtliche Praxis ist daher kaum zu überschätzen. Auf den ersten Blick mag es den Anschein haben, als entspreche eine materielle Betrachtungsweise dem oben dargelegten Wertungsgedanken eher: Wenn alle Aktionärsabsprachen, die nicht das erforderliche Maß an „Nachhaltigkeit“ aufweisen, unabhängig von der Abstimmungsdichte stets als zurechnungsfreie „Einzelfälle“ zu behandeln wären, sollte dies grundsätzlich im Interesse einer ausgeprägten Aktionärskommunikation liegen. Eine streng formale Auslegung des Einzelfallbegriffs scheint derartige Handlungsfreiräume hingegen nicht zu bieten. Ob dieser vordergründige Eindruck aber einer näheren Untersuchung standhält, ist im Rahmen der späteren institutionenökonomischen Analyse noch zu beleuchten. Intuitiv fällt jedenfalls auf, dass sich der materielle Auslegungsansatz bedenklich vom Wortlaut des § 30 Abs. 2 S. 1, 2. Hs. WpÜG entfernt[878]. Seine Gefahr könnte deswegen darin liegen, erhebliche Rechtsunsicherheit auszulösen.

III. Auslegung des Ausnahmetatbestands

Für eine klassische Auslegung von § 30 Abs. 2 S. 1, 2. Hs. WpÜG bieten sich nur wenige Anknüpfungspunkte. Beurteilt man die einzelnen Aspekte in der Gesamtschau, lässt sich daraus gleichwohl die Tendenz entnehmen, dass der Ausnahmetatbestand eng, also „formal“ interpretiert werden sollte.

Bereits die grammatische Auslegung des Begriffs „Einzelfälle“ spricht grundsätzlich für eine formale Betrachtungsweise. Hätte sich der Gesetzgeber tatsächlich für ein qualitatives Abgrenzungskriterium entschieden, wäre es nahe liegend gewesen, eine dahingehende Formulierung zu verwenden. Das Gesetz

---

[878] Dies räumen seine Befürworter freilich ein, vgl. etwa *Schüppen/Walz*, Frankfurter-Komm/ WpÜG, § 30 Rn. 68: „[D]er Ausnahme der Einzelfallabstimmung [wird] die eigenständige Bedeutung genommen und diese quasi in die generelle Frage, wie das Abstimmungsziel beschaffen sein muss, hineingezogen [...]. [D]iese Rechtsfortbildung [erfolgt] zwar nicht contra, aber doch praeter legem [...]“.

hätte Ausnahmen von der Zurechnung beispielsweise „in unternehmenspolitisch unerheblichen Fragen“ anordnen können. Der Ausdruck „Einzelfälle“ deutet jedoch auf eine rein zahlenmäßige, also quantitative Bestimmung von Tatbestandsausnahmen hin. Mit dieser Wortwahl unvereinbar erscheint vor allem die These des materiellen Ansatzes, dass bereits bestimmte einmalige, zumal „nachhaltige“ Abstimmungen den Anwendungsbereich der Ausnahmeklausel durchbrechen könnten[879]. Findet eine Absprache nur in einem *einzelnen Fall* statt, ist kaum einzusehen, weshalb sie – unabhängig vom jeweiligen Inhalt – begrifflich keinen „Einzelfall“ i.S.d. § 30 Abs. 2 S. 1, 2. Hs. WpÜG bilden soll. Darüber hinaus lässt sich aus der Formulierung schließen, dass Bezugspunkt einer solchen Abstimmung nur ein einzelner Beschlussgegenstand sein kann. Dies drängt sich jedenfalls dann auf, wenn man auch die Systematik der Regelung in die Betrachtung einbezieht. Da das Gesetz den Begriff „Einzelfälle“ im Plural verwendet, würde der Zurechnungsmechanismus des Acting in Concert anderenfalls weitgehend leer laufen. Wenn nämlich die Privilegierung umgekehrt z.B. für sämtliche Beschlüsse gelten würde, die auf jeder einzelnen Hauptversammlung gefasst werden, könnten Kontrollaktionäre fortwährend in erheblichem Maße auf die Gesellschaft Einfluss nehmen, ohne jemals der Gefahr eines Pflichtangebots ausgesetzt zu sein[880]. Sie hätten es in diesem Fall in der Hand, sich sanktionslos ein um das andere Mal über sämtliche kontrollrelevanten Beschlussfragen abzusprechen. Das Regel-Ausnahme-Verhältnis in § 30 Abs. 2 WpÜG wäre demnach auf den Kopf gestellt. Bei verständiger Würdigung folgt daher schon aus dem Wortlaut, dass nur gelegentliche Abstimmungen, die konkrete Fragen auf einer einzelnen Hauptversammlung bzw. bei einer einzelnen faktischen Kontaktierung der Verwaltungsorgane betreffen, von der Zurechnung entbunden sind.

Für eine solche Auslegung des Ausnahmekriteriums lässt sich auch die Entstehungsgeschichte der Norm anführen. Die Vorgängerregelung des § 30 Abs. 2 WpÜG zu Zeiten des Übernahmekodex, § 22 Abs. 1 Nr. 3 WpHG a.F., setzte für die Stimmrechtszurechnung noch voraus, dass die fraglichen Parteien „langfristig“ gemeinschaftliche Ziele verfolgten. Einschränkungen des Zurechnungstatbestands waren also vornehmlich anhand eines zeitlichen Merkmals zu beurteilen. Diese gesetzliche Lösung hat jedoch zum Teil heftige Kritik erfahren. Beanstandet wurde unter anderem, dass die erforderliche Dauer einer Interessenbündelung durch ein solches Kriterium nicht zuverlässig zu bestimmen gewesen sei[881]. In der Folge war insbesondere umstritten, ob eine zurechnungsbegründende Verhal-

---

[879] *Lange*, ZBB 2004, S. 22, (27); *Hamann*, ZIP 2007, S. 1088, (1094).

[880] So auch *Löhdefink*, Acting in Concert, S. 308.

[881] Vgl. nur *Burgard*, BB 1995, S. 2069, (2075); *Schneider*, in: Assmann/Schneider, WpHG, 2. Aufl., § 22 Rn. 78.

tenskoordination zumindest über einen Zeitraum von zwei Hauptversammlungen angelegt sein musste. Derartigen Unklarheiten, die im Rahmen von § 22 Abs. 1 Nr. 3 WpHG a.F. nicht abschließend gelöst werden konnten, wollte der Gesetzgeber des WpÜG ein Ende bereiten, als er die Zurechnungsnorm im Jahre 2002 novellierte. Der damalige Regierungsentwurf des WpÜG weist ausdrücklich auf das Anliegen hin, frühere Zweifelsfragen der Praxis im Umgang mit der Vorschrift beseitigen zu wollen[882]. Dass das Gesetz das Merkmal „Einzelfälle" anstelle eines zeitlichen Kriteriums enthält, kann vor diesem Hintergrund nur bedeuten, dass es den rein punktuellen Charakter von Tatbestandsausnahmen verdeutlichen sollte[883]. Nichts anderes meint die Regierungsbegründung des Jahres 2002 offenbar auch an einer weiteren Stelle, wo von Ausnahmen bei „einzelfallbezogene[n] Vereinbarungen"[884] die Rede ist. Diese Wertung hat der Gesetzgeber nunmehr bei der Neufassung der Regelung im Zuge des Risikobegrenzungsgesetzes noch einmal bekräftigt. Obwohl während der Reformarbeiten intensiv über eine Streichung des Einzelfallmerkmals diskutiert worden war[885], wurde letztlich an der ursprünglichen Fassung festgehalten. Dabei entfiel insbesondere eine Formulierung des Gesetzesentwurfs, wonach eine Zurechnung auch bei punktuellen Abstimmungen möglich gewesen wäre, sofern sich diese nur unternehmenspolitisch „erheblich" hätten auswirken können[886]. Die historische Auslegung des § 30 Abs. 2 S. 1, 2. Hs. WpÜG ist daher eindeutig. An dem gesetzgeberischen Willen, ein formales und leicht handhabbares Abgrenzungskriterium zugrunde zu legen, kann kein ernsthafter Zweifel bestehen.

---

[882] Vgl. Begr. RegE, BT-Drucks. 14/7034, S. 53: „Die Modifikationen [...] dienen der Klarstellung bestimmter Sachverhalte, deren Einordnung in der Praxis zu Zweifelsfragen Anlass gegeben hat".

[883] Ebenso *Thaeter*, in: Thaeter/Brandi, Öffentliche Übernahmen, Rn. 597.

[884] Vgl. Begr. RegE, BT-Drucks. 14/7034, S. 54.

[885] So enthielt insbesondere der Regierungsentwurf des Risikobegrenzungsgesetzes keine Einzelfallausnahme mehr, sondern griff stattdessen auf ein materiellrechtliches Korrektiv zurück, vgl. RegE, BT-Drucks. 16/7438, S. 4 f., 13. Dieser Ansatz wurde jedoch wieder verworfen, nachdem von Seiten der Literatur heftige Kritik laut geworden war, vgl. dazu etwa *Süßmann*, FAZ v. 10.10.2007, S. 3; *Diekmann/Merkner*, NZG 2007, S. 921, (923); *Schmidtbleicher*, AG 2008, S. 73, (77); *Schockenhoff/Wagner*, NZG 2008, S. 60, (61).

[886] Vgl. RegE, BT-Drucks. 16/7438, S. 4: „Ein abgestimmtes Verhalten liegt vor, wenn der Bieter [...] und der Dritte in einer Weise zusammenwirken, die geeignet ist, die unternehmerische Ausrichtung der Zielgesellschaft dauerhaft oder erheblich zu beeinflussen".

IV. Europarechtliche Vorgaben

Bei der Beantwortung der Frage, wie das Einzelfallkriterium im deutschen Recht zu behandeln ist, könnte nach Ablauf der Umsetzungsfrist freilich auch die EU-Übernahmerichtlinie eine Hilfestellung geben. Die Richtlinie regelt die Zurechnung kraft Acting in Concert indessen nur sehr oberflächlich. Wie die bisherige Untersuchung ergeben hat[887], bestehen kaum Parallelen zwischen dem gemeinschaftsrechtlichen Zurechnungskonzept in Art. 5 Abs. 1 ÜRL i.V.m. Art. 2 Abs. 1 lit. d ÜRL und der Regelung des § 30 Abs. 2 WpÜG. Vor diesem Hintergrund überrascht es wenig, dass die EU-Übernahmerichtlinie keine Tatbestandsausnahmen im Rahmen des Acting in Concert enthält. Weder die maßgeblichen Bestimmungen der Richtlinie noch ihre Erwägungsgründe sehen eine solche Möglichkeit vor. Gemeinschaftsrechtliche Vorgaben können daher nicht für die Auslegung des Einzelfallkriteriums in § 30 Abs. 2 S. 1, 2. Hs. WpÜG fruchtbar gemacht werden.

1. Richtlinienkonformität der „Einzelfall"-Ausnahme?

Die Tatsache, dass die Richtlinie auf Ausnahmen von der Zurechnung generell verzichtet, wirft allerdings eine andere Frage auf. Man könnte insoweit daran zweifeln, ob das deutsche Zurechnungsmodell im Hinblick auf die Existenz von Einzelfallausnahmen überhaupt richtlinienkonform ausgestaltet ist[888]. Schließlich handelt es sich bei den gemeinschaftsrechtlichen Regelungen zum Pflichtangebot nach Art. 3 Abs. 1 lit. a, Abs. 2 lit. a ÜRL um verbindliche Standards[889]. Es wäre deshalb denkbar, dass das WpÜG – durch die Möglichkeit von Tatbestandsausnahmen – gegebenenfalls den gemeinschaftsrechtlich gebotenen Mindestschutz unterschreitet. Bedenkt man die konzeptionellen Eigenarten des Acting in Concert nach der EU-Übernahmerichtlinie, so lassen sich entsprechende Bedenken jedoch schnell ausräumen. Zunächst ist daran zu erinnern, dass sich das gemeinschaftsrechtliche Zurechnungsmodell eng an das Vorbild des City Code anlehnt. Es geht deshalb nicht von Stimmrechtsabsprachen, sondern dem abgestimmten (Parallel-)Erwerb von Gesellschaftsanteilen als Prototyp eines Acting in Concert aus. Unter diesem Blickwinkel erscheint der Verzicht auf einen Ausnahmetatbestand konsequent: Begründet nach der Regelungslogik jede Vereinbarung über Aktienkäufe, die zur Durchbrechung der maßgeblichen Kontrollschwelle führt, eine Stimm-

---

[887] Vgl. schon oben, 4. Kap., B., III., 2.

[888] Zum ganz ähnlich gelagerten Problem der Richtlinienkonformität der Befreiungstatbestände in §§ 36 f. WpÜG etwa *Hopt/Mülbert/Kumpan*, AG 2005, S. 109, (113); *Meyer*, EU-Übernahmerichtlinie, S. 140 f.

[889] Vgl. schon oben, 4. Kap., B., III., b).

rechtszurechnung, kommen tatbestandliche Privilegierungen in der Tat nicht in Betracht. Das Schweigen des Richtliniengebers ist daher durchaus plausibel, solange es im Zusammenhang mit dem Erwerbsprinzip in Art. 5 Abs. 1 ÜRL gesehen wird. Für ein weitergehendes Zurechnungskonzept, das – wie § 30 Abs. 2 WpÜG – Abstimmungen bei der Stimmrechtsausübung erfasst, kann es jedoch keine Aussagekraft haben.

Dieses Ergebnis wird gestützt, wenn man den teleologischen Hintergrund des Zurechnungsprinzips berücksichtigt. Es wurde bereits deutlich gemacht, dass auch die EU-Übernahmerichtlinie den Minderheitenschutz eines Pflichtangebots nur dort verlangt, wo ein faktischer Kontrollerwerb erfolgt[890]. Solche Fälle, in denen eine Kontrollerlangung tatsächlich stattfindet, werden jedoch keineswegs von der Zurechnung ausgeklammert, indem das Gesetz Aktionärsabstimmungen „in Einzelfällen" zulässt. Sinn und Zweck des Ausnahmetatbestands liegen gerade darin, Aktionärskontakte zu fördern, ohne dabei den übergeordneten Umgehungsschutz des Acting in Concert zu beeinträchtigen. Die Gefahr, dass der gemeinschaftsrechtliche Regelungsauftrag durch eine derartige Privilegierung unterlaufen werden könnte, besteht daher von vornherein nicht. Das Einzelfallkriterium in § 30 Abs. 2 S. 1, 2. Hs. WpÜG fügt sich vielmehr reibungslos in die europarechtlichen Zielsetzungen ein[891]. Zusammenfassend betrachtet, entfaltet die EU-Übernahmerichtlinie deshalb keine beachtliche Ausstrahlungswirkung auf die Ausnahmeklausel im WpÜG. Ihre Bestimmungen stehen einer solchen Regelung weder entgegen noch tragen sie etwas zu deren inhaltlicher Präzisierung bei.

2. Regelungsansätze im britischen City Code

Was von der EU-Übernahmerichtlinie offenbar vernachlässigt wird, findet sich jedoch im Pioniermodell des europäischen Übernahmerechts, dem City Code. Hier existieren seit einiger Zeit ausdrückliche Erörterungen zu der Behandlung bestimmter Aktionärskoalitionen im Hinblick auf ein Acting in Concert[892]. Dies ist insofern bemerkenswert, als auch die mandatory bid Rule 9.1 CC – wie schon oben dargelegt – grundsätzlich nur Abstimmungen über den Erwerb von Gesellschaftsanteilen für zurechnungsbegründend hält. Vollkommen bedeutungslos sind Stimmrechtsabsprachen hier allerdings nicht. Die britische Regelung knüpft daran in bestimmten Fällen zumindest die Vermutung eines Acting in Concert, mit der Konsequenz, dass jeder nachfolgende Aktienkauf eines Mitglieds dieser

---

[890] Vgl. 4. Kap., B., III., 3.

[891] Allgemein dazu schon 4. Kap., C., I.

[892] Vgl. Note 2 on Rule 9.1 CC („collective shareholder action"), dazu *Pearson/Adams*, in: Button, Practitioner's Guide, S. 125; *Davies*, Company Law, S. 730; vgl. auch *Wymeersch*, in: Hopt/ Wy-meersch, European Takeovers, S. 351, (359).

Gruppe eine Stimmrechtszurechnung auslöst[893]. Stimmrechtsabsprachen kommt nach dem Verständnis des City Code mit anderen Worten eine Indizwirkung zu. Aus diesem Grund sah sich das Takeover-Panel Anfang 2002 veranlasst, seine Beurteilung entsprechender Vereinbarungen von neuem zu überdenken. Unter dem Eindruck eines erhöhten Aktionärsaktivimus in Großbritannien führte es damals eine umfangreiche Evaluierung der Thematik durch[894]. Das Ergebnis seiner Beratungen bestand letztlich in der Revision von Note 2 zu Rule 9.1 CC. Dabei wurde in die Bestimmung zum einen ein umfangreicher Katalog an Differenzierungskriterien eingefügt, der die Beurteilung der Kontrollrelevanz spezieller Aktionärsbeschlüsse erleichtern sollte. Zum anderen – und noch entscheidender – wurde bei dieser Gelegenheit zu der grundsätzlichen Haltung des Panels gegenüber Aktionärsabsprachen Stellung bezogen. Nachdem das Panel ein Acting in Concert im Falle bestimmter Stimmrechtsbündelungen zuvor regelmäßig vermutet hatte, will es seither offenbar deutlich zurückhaltender mit einer solchen Annahme umgehen: „[T]he panel will be less likely than it has been in the past to rule that activist shareholders are acting in concert"[895].

Auch im Übernahmerecht des Vereinigten Königreichs hat sich damit allmählich der Gedanke durchgesetzt, dass Aktionärskommunikation ein grundsätzlich förderungswürdiges Gut darstellt. Gleichzeitig scheint das Bewusstsein dafür gewachsen zu sein, derartige Verständigungen möglichst trennscharf von übernahmerechtlich gefärbten Aktionärsabsprachen abzugrenzen. Konkrete Anleitungen dazu, wie diese Aufgabe zu bewältigen ist, geben freilich auch die britischen Regelungen nur in einem eng umrissenen Bereich – nämlich im Hinblick auf Abstimmungen über die Besetzung von Verwaltungsorganen der Gesellschaft[896]. Welche Formen von Stimmrechtsbündelungen darüber hinaus zu privilegieren sind, bleibt offen. Für die Auslegung von § 30 Abs. 2 S. 1, 2. Hs. WpÜG ist der Ertrag des Rechtsvergleichs deshalb zunächst gering. Die deutsche und die britische Regelung teilen vielmehr dasselbe Dilemma: Obwohl in beiden Rechtsordnungen unmissverständlich zum Ausdruck kommt, dass bestimmte Aktionärsverständigungen im Allgemeinen als wünschenswert angesehen werden, fehlt es hier wie dort an verlässlichen Abgrenzungsmaßstäben. Um zu einer überzeugenden Lösung zu gelangen, die sich auch in der Praxis bewähren kann, müssen daher andere Wege beschritten werden.

---

[893] Vgl. Note 2 on Rule 9.1 CC a.E.

[894] Vgl. Consultation paper 10, shareholder activism and acting in concert (2002).

[895] Consultation paper 10, shareholder activism and acting in concert (2002), para. 1.6; vgl. auch *Davies*, Company Law, S. 729 f. Die Änderung der Verwaltungspraxis betrifft insbesondere potentiell kontrollbezogene Abstimmungen, sog. „board control-seeking proposals" bei der Besetzung der Verwaltungsorgane.

[896] Vgl. Note 2 on Rule 9.1 CC (a)-(f); näher dazu unten, 4. Kap., C., VI., 3.

V. Ökonomische Überlegungen zu den Grenzen der Zurechnung

Da normative Erwägungen bei der Konkretisierung des Ausnahmetatbestands in § 30 Abs. 2 S. 1, 2. Hs. WpÜG nicht entscheidend weiterführen, bleibt wiederum nur der Versuch, den Regelungsinhalt durch eine ökonomische Analyse genauer zu erschließen. Ein solcher Versuch ist bislang allenfalls zaghaft unternommen worden[897]. Wie die anschließende Untersuchung zeigen wird, ist dieser Ansatz jedoch hilfreich, um die Wertungskonflikte zu veranschaulichen, die § 30 Abs. 2 WpÜG zugrunde liegen. Im Folgenden sollen daher die institutionenökonomischen Überlegungen, die bei der Beurteilung von Aktionärsabsprachen eine Rolle spielen, näher beleuchtet werden. Die in der Theorie gewonnenen Erkenntnisse können dann als Grundlage für eine empirische Überprüfung der Effizienzwirkungen von Aktionärsaktivismus dienen. Ziel ist es dabei, Rückschlüsse auf eine sachgerechte Beschränkung der Reichweite des Acting in Concert zu erhalten.

Will man sich den Tatbestandsgrenzen der Vorschrift auf diese Weise annähern, sollte jedoch zunächst Klarheit über den systematischen Bezugsrahmen bestehen. Die ökonomische Analyse der Regelung hat bereits bei der Auslegung des Anwendungsbereichs von § 30 Abs. 2 S. 1, 1. Hs. WpÜG gute Dienste erwiesen. Sie hat insbesondere verdeutlicht, dass die Zurechnung in erster Linie darauf abzielen sollte, ineffiziente Externalisierungsmöglichkeiten im Zuge von Kontrollveränderungen zu verhindern[898]. Wenn es nun um die Reichweite der Ausnahmeklausel geht, ist der wohlfahrtstheoretische Ansatzpunkt indes ein anderer: Insoweit steht nicht mehr die Regulierung des externen (Unternehmenskontroll-) Marktes im Vordergrund. Die Förderung einer kollektiven Stimmrechtsausübung dient vielmehr der Stärkung von unternehmens*internen* Überwachungsmöglichkeiten der Minderheitsaktionäre. Beide Aspekte des § 30 Abs. 2 WpÜG – einerseits die Flankierung der Pflichtangebotsregelung, andererseits die Privilegierung bestimmter Formen der Aktionärskommunikation – verbindet allerdings ihre gemeinsame Zielsetzung: die Lösung von Prinzipal-Agent-Konflikten in der modernen Publikumsgesellschaft. Es handelt sich mit anderen Worten um zwei integrale Bestandteile im Gesamtgefüge der Corporate Governance. Dieser Zusam-

[897] Gelegentlich werden ökonomische Überlegungen zwar hilfsweise in die Diskussion eingestreut, vgl. etwa *Weiler/Meyer*, NZG 2003, S. 909, (910): „Letztlich sprechen auch ökonomische Erwägungen gegen die vorstehend geschilderte extensive Auslegung des § 30 II [1 Halbs. 2] WpÜG. Vorstände von Aktiengesellschaften bedürfen im gesellschaftsinternen System von checks und balances effizienter Kontrolle". Allerdings werden weder die wohlfahrtsökonomischen Prämissen einer solchen Argumentation offengelegt, noch geht sie über pauschale Schlussfolgerungen hinaus.

[898] Vgl. oben, 4. Kap., B., V., 5.

menhang wird klar, wenn man sich einen Überblick über ihr vielschichtiges System verschafft.

1. Wechselwirkungen im System der Corporate Governance

Gegenstand dieser Arbeit war bislang ein spezifischer Ausschnitt aus der breit gefächerten Corporate Governance-Diskussion: der von der Chicago School geprägte „Markt für Unternehmenskontrolle". Wie sich gezeigt hat, ist es Aufgabe der Pflichtangebotsregeln, die Funktionsfähigkeit dieses Modells zu gewährleisten. Sie bilden das notwendige Korrektiv, um möglichen Fällen eines Marktversagens vorzubeugen und eine optimale Allokationseffizienz sicherzustellen.

Nicht übersehen werden darf jedoch, dass das Kontrollmarktkonzept freilich nur *ein* – wenngleich das wohl prominenteste – Element einer ganzen Reihe von Mechanismen ist. Es gehört zu der Gruppe marktbezogener bzw. externer Steuerungsinstrumente der Corporate Governance[899]. Ihnen ist gemeinsam, dass sie vor allem im angelsächsischen Raum, wo breit gestreute Anteilsstrukturen und hoch liquide Aktienmärkte vorherrschen, zur Geltung kommen. Das klassische Gegenstück zu einer solchen Steuerung durch die Kräfte des Marktes bilden interne Corporate Governance-Mechanismen, deren Bezugspunkt die Organisationsstruktur des Unternehmens ist[900]. Derartige Regelungsansätze sind eine Domäne kontinentaleuropäischer Rechtsordnungen[901]. Dabei wirken unterschiedliche Kontrollinstrumente im Idealfall zwar komplementär. Zwingend ist dies jedoch nicht. Soweit individuelle Rahmenbedingungen des Marktes die Wirksamkeit einzelner Mechanismen schwächen, müssen alternative Steuerungsinstrumente an ihre Stelle treten. Aufgrund der rechtlich-institutionellen Eigenarten in Deutschland[902] liegt das Augenmerk hierzulande verstärkt auf den Möglichkeiten interner Kontrollmechanismen. Paradigmatisch für diese Ausrichtung ist insbesondere das deutsche Modell der dualistischen Unternehmensverfassung, das den Aufsichtsrat als feste Überwachungsinstitution voraussetzt. Daneben exis-

---

[899] Als weitere Instumente externer Corporate Governance werden z.B. der Arbeitsmarkt für Manager, Produkt- oder Beschaffungsmärkte angesehen, vgl. *Breid*, ZfbF 47 (1995), S. 821, (824 f.).

[900] Einführend in das dualistische Konzept der Corporate Governance etwa *Hopt*, ZGR 2000, S. 779 ff.; *Teichmann*, ZGR 2001, S. 645, (646, 659 ff.); teilweise findet sich auch die Unterscheidung zwischen „direkten" und „indirekten" Kontrollmechanismen, vgl. z.B. *Breid*, ZfbF 47 (1995), S. 821, (826 f.).

[901] Weiterführend etwa *Teichmann*, ZGR 2001, S. 645, (646 ff.); *Wackerbarth*, ZGR 2005, S. 686, (704 ff.); *Ruffner*, Ökonomische Grundlagen, S. 349 ff.; häufig wird insoweit auch von Insider- oder Stakeholder-Systemen gesprochen.

[902] Allgemein dazu schon oben, 4. Kap., B., V.,

tiert selbstverständlich eine Reihe von weiteren strukturellen Ansatzpunkten[903]. Ebenso wie bei externen Kontrollmechanismen hängt allerdings auch hier das Wohlfahrtspotential entscheidend davon ab, inwieweit die Rechtsordnung internen Mechanismen hinreichende Entfaltungsmöglichkeiten erlaubt.

2. Wohlfahrtsökonomische Bedeutung der Stimmrechtswahrnehmung

In Kapitalmarktsystemen wie in Deutschland wird auch das Stimmrecht von Minderheitsaktionären häufig als zentrales Kontrollinstrument der Corporate Governance angesehen[904]. Da es hierzulande – wie bereits dargelegt wurde[905] – insbesondere an der Disziplinierungskraft feindlicher Unternehmensübernahmen fehlt, erlangt die interne Überwachung von Seiten der Hauptversammlung einen umso höheren Stellenwert: „[T]he need under a system of concentrated ownership is for an organ that can monitor the controlling shareholders“[906].

Tatsächlich verleiht die aktienrechtliche Organisationsverfassung aktiven Anteilseignern eine Vielzahl von Entscheidungskompetenzen, die zu einer Senkung der gesellschaftsinternen Agency-Kosten beitragen können. Einige Beispiele springen sofort ins Auge[907]: Von zentraler Bedeutung ist vor allem die Möglichkeit, qualifizierte Aufsichtsratsmitglieder zu bestellen. Insoweit handelt es sich zunächst um eine mittelbare Überwachungstätigkeit. Daneben können Aktionäre auf die Dividendenpolitik der Gesellschaft Einfluss nehmen. Wenn sie für eine angemessene Ausschüttung des Bilanzgewinns sorgen, können sie vermeiden, dass überschüssiges Vermögen in die Rücklagen des Unternehmens eingestellt wird. Folglich verringert sich der Spielraum für opportunistisches Verhalten der Kontrollinhaber[908]. Zudem können Aktionäre grundlegende Weichen der Unternehmenspolitik stellen, indem sie über nachhaltige Veränderungen der Kapitalstruktur entscheiden. Darüber hinaus stehen ihnen schließlich zahlreiche Sanktions- (§§ 103, 120, 147 f. AktG) oder Anreizinstrumente (§ 113 AktG) zur Verfügung, um das Verhalten der Leitungsorgane „ihrer“ Gesellschaft unmittelbar zu steuern.

---

[903] Zu den wesentlichen internen Corporate Governance-Mechanismen werden darüber hinaus z.B. anreizorientierte Vergütungssysteme, Mitarbeiterbeteiligungsmodelle, Gesellschaftsgläubiger, Abschlussprüfer oder – insbesondere in Deutschland – das System der Arbeitnehmer-Mitbestimmung gezählt, vgl. nur *Breid*, ZfbF 47 (1995), S. 821, (824).
[904] Vgl. aus der wirtschaftswissenschaftlichen Literatur etwa *Bott*, Aktionärsstruktur, S. 6 ff.; *Ruffner*, Ökonomische Grundlagen, S. 415 ff.
[905] Vgl. 4. Kap., B., V., 2., b).
[906] So ausdrücklich *Coffee*, 102 Columbia Law Review (2002), S. 1757, S. (1826 Fn. 286) im Hinblick auf die fehlende Übertragbarkeit US-amerikanischer Corporate-Governance-Regeln auf kontinentaleuropäische Länder.
[907] Vgl. für eine umfassende Übersicht etwa *Ruffner*, Ökonomische Grundlagen, S. 417 m.w.N.
[908] Dazu allgemein 4. Kap., B., V., 1., b), (3).

Aus modelltheoretischer Sicht ist ein ausgeprägter Aktionärsaktivismus hierzulande also ein bedeutendes Instrument, um die in Publikumsgesellschaften auftretenden Prinzipal-Agent-Konflikte zu reduzieren. Zu bedenken ist jedoch, dass derartige Möglichkeiten immanenten Grenzen unterliegen. Problematisch ist die Ausübung von Aktionärsrechten erfahrungsgemäß dann, wenn die erforderlichen Stimmrechte nicht in der Hand einzelner Anteilseigner vereint sind, sondern eine Koordination zwischen (vielen) verschiedenen Kleinaktionären erforderlich ist. Entsprechende Schwierigkeiten halten sich in Grenzen, solange die Ausübung bestimmter Rechte – wie insbesondere bei klassischen Minderheitsrechten – vergleichsweise niedrige Stimmrechtsquoren erfordert. Jedenfalls im Rahmen von Mehrheitsbeschlüssen, die nach § 133 Abs. 1 AktG den Regelfall bilden, stellen sie sich jedoch mit voller Schärfe. Um zentrale Mitgliedschaftsrechte auch in diesen Fällen wirkungsvoll ausüben zu können, muss ein entscheidendes Hindernis überwunden werden, das den Handlungsmöglichkeiten von Aktionären in jedem Verband zu Eigen ist: die Problematik der kollektiven Aktion.

3. Das Kollektivhandlungsproblem

Das grundlegende Problem von Aktionären in Publikumsgesellschaften mit gestreutem Anteilsbesitz ist weder neu noch eine spezifisch gesellschaftsrechtliche Erscheinung. Im Kern handelt es sich um einen altbekannten, sozialtypischen Wirkungsmechanismus. Bereits im Jahre 1965 hat der amerikanische Ökonom *Mancur Olson* in einer disziplinübergreifend viel beachteten Arbeit das theoretische Fundament für die zugrunde liegenden Zusammenhänge entworfen. *Olson* beschäftigte sich in seinem Beitrag mit den Konsequenzen verschiedener Organisationsformen von (Wirtschafts-)Subjekten für die Verwirklichung bestimmter gemeinsamer Interessen, sog. „Kollektivgüter"[909]. Er unterschied dabei zwischen sog. „privilegierten", „mittelgroßen" und „latenten Gruppen". Diese Begrifflichkeiten lassen sich auf die hier interessierenden Gegebenheiten übertragen: In der Sprache *Olsons* bildet die Gesamtheit der Minderheitsaktionäre in Publikumsgesellschaften eine latente Gruppe, die Überwachung von Management bzw. Kontrollinhabern das fragliche Kollektivgut.

Das Verhaltensdilemma der Betroffenen ist nach seinem Modell dadurch gekennzeichnet, dass „latente Gruppen keinen Anreiz [bieten], so zu handeln, dass ein Kollektivgut erlangt wird, denn gleichgültig, wie wertvoll das Kollektivgut für die Gruppe als ganzes sein mag, besteht für den einzelnen doch kein Anlass,

---

[909] Vgl. *Olson*, Die Logik des kollektiven Handelns, S. 9, 13; *Olson* definiert Kollektiv- bzw. öffentliche Güter als solche, die anderen Mitgliedern einer Gruppe keinesfalls vorenthalten werden können, weil jedes Mitglied daran partizipiert, sobald auch nur ein Beteiligter in der Gruppe das entsprechende Gut bereitstellt.

[...] auf irgendeine [...] Weise die Kosten des notwendigen gemeinsamen Handelns mit zutragen"[910]. Die Parallelen zu der Situation von Kleinaktionären leuchten unmittelbar ein: Für sämtliche Aktionäre in einer Publikumsgesellschaft ist es zwar grundsätzlich vorteilhaft, die Leitungsorgane oder auch etwaige Kontrollaktionäre aktiv zu überwachen. Jeder Einzelne von ihnen dürfte für sich genommen jedoch kaum bereit sein, den dazu erforderlichen Aufwand zu betreiben[911]. Die effektive Wahrnehmung der Mitgliedschaftsrechte im Verband ist kostspielig. Um Stimmrechte in der Hauptversammlung – zumal in komplexen Fragen – sinnvoll ausüben zu können, entstehen vorab erhebliche Informations-, Beratungs- und sonstige Transaktionskosten[912]. Der Anreiz kleiner Aktionäre zu Mitwirkungsmaßnahmen wird zudem durch ihre üblicherweise geringen Erfolgssaussichten weiter geschmälert. Aus ihrer Sicht ist es unwahrscheinlich, mit wenigen Stimmrechten entscheidenden Einfluss auf Gesellschaftsbeschlüsse nehmen zu können. Ein möglicher Zusammenschluss mit anderen Kleinaktionären würde dagegen beträchtliche Organisationskosten verursachen. Da die persönliche Kosten-Nutzen-Rechnung der einzelnen Aktionäre mithin negativ ausfällt, erscheint es für sie lohnender, sich zurückzuhalten und gegebenenfalls von den Bemühungen Anderer als „Trittbrettfahrer" zu profitieren[913].

All diese Faktoren führen bei Kleinaktionären typischerweise zu einem Verhalten, das als „rationale Apathie" der Aktionäre bekannt geworden ist[914]. Ein eindrucksvoller Beleg dafür sind die zuletzt teilweise dramatisch geringen Hauptversammlungspräsenzen bei deutschen Großunternehmen[915]. Eine Vielzahl von Aktionären scheint tatsächlich von einer Teilnahme an der Willensbildung in den Hauptversammlungen abzusehen und sich auf die Partizipation durch Vermögensrechte zu beschränken. Ihr Verhalten wird dabei freilich durch die Handlungsalternativen begünstigt, die ihnen zur Verfügung stehen. Nach einer geläufigen Unterscheidung von *Hirschmann*[916] lassen sich zwei Grundmechanismen vonein-

---

910 *Olson*, Die Logik des kollektiven Handelns, S. 49.

911 Vgl. dazu etwa *Engert*, ZIP 2006, S. 2105, (2106); *Schmolke*, ZGR 2007, S. 701, (707 f.).

912 Vgl. *Spindler*, in: VGR, Gesellschaftsrecht 2005, S. 31, (36 f.), der zu Recht darauf hinweist, dass sich die Ursachen der Kosten im heutigen Informationszeitalter verschoben haben. Während früher (schon) der Zugang zu Informationen kostspielig war, ist es heutzutage – infolge der Flut an teilweise unbrauchbaren Informationen – vor allem die Evaluierung ihrer jeweiligen Qualität.

913 Grundlegend zu dem Problem der „Trittbrettfahrer" („free-rider") im Gesellschaftsrecht *Grossmann/Hart*, 11 Bell Journal of Economics, S. 42 ff. (1980).

914 Zum Begriff etwa *Wackerbarth*, ZGR 2005, S. 686, (687).

915 Nach Angaben der DSW lag die Präsenzquote in den Hauptversammlungen der DAX 30-Unternehmen im Jahr 2005 bei rund 45%, in 2006 dagegen bei knapp 50% und in 2007 immerhin bei 56%, vgl. DSW-Info, S. 1.

916 Vgl. *Hirschmann*, Abwanderung und Widerspruch, S. 17 ff.

ander unterscheiden, mit deren Hilfe Verbandsmitglieder ihre Unzufriedenheit mit der Gruppenleitung dokumentieren: der Widerspruch (voice) und die Abwanderung (exit). Gestaltet sich ein Widerspruch im Einzelfall zu umständlich, bleibt jedenfalls die Option des Ausstiegs über den Kapitalmarkt. Diesem Weg dürfte die Liquidität eines Marktes zumindest bei Kleinaktionären kaum jemals entgegenstehen. Solange keine anderen Lösungsmechanismen bereit stehen, sind die ökonomischen Konsequenzen damit vorgezeichnet: Aktionäre tendieren im Zweifelsfall zur Veräußerung ihrer Anteile, die Stimmrechtsbetätigung als verbandsrechtliches Disziplinierungsinstrument verliert dagegen an Bedeutung. Das Problem wohlfahrtsschädigender Prinzipal-Agent-Konflikte verschärft sich.

Im Falle von atomistischen Gruppenverbänden hat *Olson* den einzigen Ausweg aus diesem Dilemma darin gesehen, „selektive Anreize“ für ihre Mitglieder zu setzen[917]. Beispiele für solche Anreize finden sich in der aktuellen Corporate Governance-Diskussion nicht wenige: es geht dabei um die Einführung von Erleichterungen der Stimmrechtsausübung, mediale Innovationen oder sogar die Zahlung von Präsenzboni in der Hauptversammlung[918]. All diese Maßnahmen fußen auf Lehren aus dem Kollektivhandlungsproblem. Daher kommt *Olson* letztlich ein doppeltes Verdienst zu. Er hat nicht nur auf eine grundlegende institutionenökonomische Problematik jeder Publikumsgesellschaft aufmerksam gemacht, sondern gleichzeitig auf Möglichkeiten hingewiesen, diese effektiv zu überwinden.

4. Bestandsaufnahme der empirischen Untersuchungen

Olsons Modell der kollektiven Aktion ist inzwischen als Analyseinstrument der Organisationsstrukturen von Publikumsgesellschaften etabliert. Dass es Lösungswege des Problems der rationalen Apathie aufgezeigt hat, besagt allerdings noch nichts über das Effizienzpotential, das seine theoretischen Ansätze beinhalten könnten. Gerade dies ist für die Auslegung der Regelung des § 30 Abs. 2 WpÜG aber von entscheidender Bedeutung. Eine Schlüsselfunktion wäre *Olsons* Modell jedenfalls dann beizumessen, wenn man annehmen dürfte, dass handlungsfähige (Minderheits-)Aktionäre stets eine effektive Überwachung der Kontrollinhaber einer Gesellschaft gewährleisten. Diese Sichtweise entspricht auch der landläufigen Auffassung in der finanztheoretischen Literatur[919]. Sie ist aber keineswegs selbstverständlich. Wer aus der Überwindung des Kollektivhandlungsproblems auf derartige

---

[917] Vgl. *Olson*, Die Logik des kollektiven Handelns, S. 50 f.

[918] Vgl. zur Diskussion etwa *Schneider/Anzinger*, NZG 2007, S. 88, (89 f.); *Spindler*, in: VGR, Gesellschaftsrecht 2005, S. 31, (54 ff.).

[919] Grundlegend *Jensen/Meckling*, 3 Journal of Financial Economics (1976), S. 305, (312 f.); vgl. auch *Shleifer/Vishny*, 52 Journal of Finance, S. 737, (754 f.) (1997); aus der deutschen Literatur *Pellens/Hillebrandt*, AG 2001, S. 57, (59).

Effizienzgewinne schließt, unterstellt damit zunächst nur, dass die Bündelung von Stimmrechtsmacht in Unternehmen *zwangsläufig* zu einer Senkung von Agency-Kosten führt. Ungereimtheiten, die bei entsprechenden Untersuchungen der Kapitalmarktforschung aufgetreten sind, geben jedoch Anlass dazu, diese Schlussfolgerung einer kritischen Betrachtung zu unterziehen.

a) Empirische Evidenz zum Aktivismus von Blockaktionären

Um das ökonomische Effizienzpotential aktiver Aktionäre zu klären, bietet es sich an, wie schon bei der Messung der Effizienzwirkungen von Kontrolltransaktionen auf empirische Ereignisstudien zurückzugreifen[920]. Sollte die These der wohlfahrtsfördernden Wirkung von Blockaktionären zutreffen, so wäre zu erwarten, dass Marktteilnehmer den Einstieg dieser Aktionäre in börsennotierte Gesellschaften grundsätzlich positiv bewerten. Findet eine solche Bewertung statt, müsste sich dies auch in entsprechenden Kursreaktionen niederschlagen.

Die ersten Versuche der empirischen Kapitalmarktforschung, den möglichen Zusammenhang zwischen bestimmten Aktionärsstrukturen und Unternehmenswertentwicklungen auf diese Weise offen zu legen, nahmen ihren Ausgang wiederum in den Vereinigten Staaten. Einige amerikanische Arbeiten, die sich mit der Präsenz größerer Blockaktionäre in börsennotierten Gesellschaften beschäftigt haben, schienen die Annahmen der Modelltheorie anfangs weitgehend zu bestätigen. Die Ergebnisse mehrerer Studien deuteten auf die Entstehung positiver Überrenditen hin, sobald in den beobachteten Unternehmen der Erwerb einer größeren Aktienposition veröffentlicht worden war[921]. Vereinzelt wurden darüber hinaus sogar langfristige, substanzielle Wertsteigerungen festgestellt. So konnte eine Studie von *Zeckhauser* und *Pound* aus dem Jahre 1990 nachweisen, dass solche Unternehmen, die dauerhaft über institutionelle Anteilseigner mit einer Stimmrechtsbeteiligung von mindestens 15% verfügten, ein besseres Kurs-Gewinn-Verhältnis

---

[920] Dabei sollte man sich den grundlegenden Unterschied zwischen den nachfolgenden Untersuchungen und den bereits oben besprochenen empirischen Arbeiten deutlich machen: Während letztgenannte Studien zumeist reine Kontrolltransaktionen (Wechsel von Anteilspaketen > 50%) beleuchtet haben, liegt das Augenmerk nunmehr auf dem Aufbau von Minderheitsbeteiligungen (Aktienpakete > 5%, aber jedenfalls deutlich < 50%; überwiegend sogar deutlich < 25%).

[921] So etwa die Pionierarbeit von *Mikkelson/Ruback*, 14 Journal of Financial Economics, S. 523, (532 ff.) (1985): Die Untersuchung beinhaltete ein Subsample von 337 Akquisitionen kleinerer Aktienblöcke an amerikanischen Börsenplätzen aus den Jahren 1978 bis 1980. Berücksichtigt wurden insoweit (Minderheits-)Anteile von mindestens 5%. Die Autoren ermittelten dabei für die folgenden beiden Handelstage Überrenditen von rund 7,8% für die jeweilige Zielgesellschaft. Zu ähnlichen Ergebnissen kamen auch *Barclay/ Holderness*, 46 Journal of Finance, S. 861 ff. (1991).

aufwiesen als vergleichbare Gesellschaften mit atomistischer Aktionärsstruktur[922]. Verschiedene Anzeichen sprachen somit zunächst für eine weitgehende Richtigkeit der Annahmen der finanztheoretischen Literatur.

Mit welcher Vorsicht diese Ergebnisse zu interpretieren waren, verdeutlichte im Anschluss daran jedoch eine Vielzahl von wesentlich umfangreicheren Untersuchungen. Die weit überwiegende Mehrheit der Arbeiten fand auf dem amerikanischen Kapitalmarkt keinen signifikanten Zusammenhang zwischen dem Auftreten und Verhalten von Blockaktionären einerseits und der Wertentwicklung der Zielgesellschaften andererseits[923]. Weder ihre anfängliche Investition in die jeweiligen Unternehmen noch spätere Aktivitäten, wie etwa die Unterbreitung bestimmter Beschlussvorschläge[924], lösten demnach positive Überrenditen an der Börse aus[925]. Im Gegenteil, manche Untersuchungen ermittelten für diejenigen Unternehmen, die eine besonders hohe Konzentration von Minderheitsaktionären aufwiesen, umgekehrt sogar unterdurchschnittliche Kursverläufe[926]. Insoweit lag freilich die Vermutung nahe, dass sich ein Trade-off abgezeichnet hatte: Offenbar waren derart hoch konzentrierte Aktionärsstrukturen bereits ein Signal für den Markt, von der Erzielung ineffizienter Sondervorteile auszugehen.

Ein mehrdeutiges Bild vermitteln indessen nicht nur US-amerikanische, sondern auch die für den deutschen Kapitalmarkt verfügbaren Studien. Obwohl einzelne Arbeiten vorteilhafte Effizienzwirkungen höherer Anteilskonzentrationen andeuten[927], finden sich größtenteils entweder widersprüchliche oder schlicht insignifikante Ergebnisse[928]. Die Aussagekraft vieler deutscher Studien ist zu-

---

[922] *Zeckhauser/Pound*, in: Hubbard, Corporate Finance, S. 149 ff.; vgl. dazu auch die ausführliche Besprechung bei *Ruffner*, Ökonomische Grundlagen, S. 469 ff.

[923] Vgl. nur den umfangreichen Überblick bei *Black*, in: Newman, Dictionary of Economics and the Law, S. 459, (462 ff.) sowie *Romano*, 18 Yale Journal on Regulation, S. 174 ff. (2001).

[924] Einige Arbeiten wählten insofern bestimmte „shareholder proposals", die nach US-amerikanischem Recht veröffentlichungspflichtig sind (§ 14 SEA), als maßgebliches Kurswertereignis.

[925] So etwa *Karpoff/Malatesta/Walker*, 42 Journal of Financial Economics, S. 365 ff. (1996); *Smith*, 51 Journal of Finance, S. 227 ff. (1996); einen guten Überblick gibt *Black*, in: Newman, Dictionary of Economics and the Law, S. 459, (462 ff.).

[926] So z.B. die Arbeit von *Carvell/Strebel*, 14 Journal of Business, Finance and Accounting, S. 279 ff. (1987); *Black*, in: Newman, Dictionary of Economics and the Law, S. 459, (463) m.w.N.

[927] Vgl. etwa die Studie von *Edwards/Weichenrieder*, 5 German Economic Review, S. 143, (169) (2005), die leicht positive Überrenditen für den Fall ermittelt, dass der größte Minderheitsaktionär eines Unternehmens seine Beteiligung erhöht.

[928] Ein umfassender Überblick über entsprechende Studien findet sich bei *Bott*, Aktionärsstruktur, S. 150 ff.; zusammenfassend in jüngerer Zeit auch *Goergen/Manjon/Renneboog*, ECGI Working Paper 41/2004, S. 6 ff.

dem deshalb wenig repräsentativ, weil sie lediglich auf einen Ausschnitt von Blockaktionären – in der Regel auf Banken[929] – Bezug nehmen. Ausgehend von diesem Erkenntnisstand konnten die ökonomischen Konsequenzen der Existenz von Blockaktionären nicht verlässlich beurteilt werden.

b) Die Bedeutung der Identität von Blockaktionären

Die empirische Ambivalenz der meisten Untersuchungen hat dazu geführt, den Zusammenhang von Aktionärseinfluss und Unternehmenswertentwicklung allmählich differenzierter zu beurteilen. Ausgangspunkt dieses Ansatzes war die grundlegende Einsicht, dass potentielle Blockaktionäre im Hinblick auf ihre Überwachungstätigkeiten – wie auch sonst – keine homogene Gruppe bilden[930]. Vor diesem Hintergrund dürften die gegenläufigen Ergebnisse der Kapitalmarktforschung nicht verwundern: Da das Spektrum ihrer strategischen Interessen vielfältig sein kann, hängt die Effizienz des betriebenen Aktionärsaktivismus weniger von dem Konzentrationsgrad als vielmehr von der Identität der beteiligten Anteilseigner ab. Diese Erkenntnis hat das wissenschaftliche Augenmerk zusehends auf die Frage nach den erforderlichen Rahmenbedingungen für effizienzfördernden Aktionärsaktivismus gelenkt.

Inzwischen legen verschiedene Erklärungsansätze nahe, weshalb gerade klassische institutionelle Investoren[931] strukturelle Defizite bei der Überwachung von Kontrollinhabern aufweisen dürften. Drei Gesichtspunkte werden in dieser Hinsicht regelmäßig genannt[932]: Erstens seien institutionelle Investoren in besonderem Maße spezifischen Regulierungen ausgesetzt, die einer ungestörten Ausübung ihrer Aktionärsrechte entgegenstünden[933]. Zu denken ist dabei etwa an die Beschränkungen für Depotstimmrechte von Banken gemäß § 135 AktG oder die Diversifikationsvorgaben, denen Investmentfonds nach § 64 InvG unterliegen.

---

[929] So beispielsweise die schon angesprochene Arbeit von *Böhmer*, 9 Journal of Financial Intermediation, S. 117, (130 ff.) (2000), welche die Auswirkungen der Blockbeteiligungen von Banken in Übernahmesituationen beleuchtet (signifikante CAR-Werte von rund 0,5%); ganz ähnlich *Gorton/ Schmid*, 58 Journal of Financial Economics, S. 29 ff. (2000).

[930] Vgl. *Black*, 39 University of California Law Review, S. 811, (815 f.) (1992); *Rock*, 79 Georgia Law Journal, S. 445 ff. (1991); *Ruffner*, Ökonomische Grundlagen, S. 472 ff.

[931] Hierzu werden gewöhnlich Banken, Versicherungen, Pensionsfonds oder offene Investmentfonds gezählt, vgl. etwa die Klassifizierung bei *Ruffner*, Ökonomische Grundlagen, S. 436 Fn. 2; *Bott*, Aktionärsstruktur, S. 42. Zur Problematik einer abschließenden Definition insoweit *Schmolke*, ZGR 2007, S. 701, (704 ff.).

[932] Vgl. *Rock*, 79 Georgia Law Journal, S. 445 ff. (1991); *Black*, 39 University of California Law Review, S. 811 ff. (1992); *Kahan/Rock*, 155 Pennsylvania Law Review, S. 1021, (1048 ff.) (2007).

[933] Eingehend dazu *Kahan/Rock*, 155 Pennsylvania Law Review, S. 1021, (1049) (2007).

Zweitens verfügten solche Investoren regelmäßig über unzureichende Anreizsysteme. Ihre Entscheidungsträger nähmen finanziell nicht hinreichend an möglichen Wertsteigerungen der Beteiligungsgesellschaften teil, so dass die Motivation zu besonderen Leistungen naturgemäß gering sei. In diesem Zusammenhang wird häufig darauf hingewiesen, dass anstelle einer Lösung lediglich eine Verlagerung der Agency-Problematik trete[934]. Drittens schließlich seien derartige Anleger aufgrund verschiedener Interessenkonflikte gehalten, ihre Einflussnahmemöglichkeiten nicht auszuschöpfen. Auch diese Überlegung erscheint plausibel, wenn man sie am Beispiel von Banken verdeutlicht: Gerade Banken zeichnen sich typischerweise durch breit gestreute Beteiligungs-Portfolios aus, die nicht selten verschiedene Unternehmen ein- und desselben Absatzmarktes enthalten[935]. Darüber hinaus ist zu berücksichtigen, dass sie nicht nur Beteiligungen an entsprechenden Gesellschaften halten, sondern mit diesen häufig auch in operativen Geschäftsbeziehungen (Kreditgeschäft, Emissionskonsortien etc.) stehen. Eine besonders intensive Überwachungstätigkeit ist daher nicht zu erwarten.

c) Das Leistungsvermögen von Finanzinvestoren

Wenn man sich die gegenwärtige, überwiegend kritische Diskussion in Deutschland vor Augen hält, ist es erstaunlich, dass insoweit ausgerechnet Finanzinvestoren eine Ausnahme bilden sollen. Ganz im Gegensatz zu ihrer aktuellen öffentlichen Wahrnehmung wird Finanzinvestoren in jüngerer Zeit vielfach die Fähigkeit zugesprochen, durch eine aktive Wahrnehmung ihrer Aktionärsrechte zu Wertsteigerungen von Gesellschaften beizutragen[936]. Besonders Hedgefonds stehen in dieser Hinsicht zunehmend im Fokus des wissenschaftlichen Interesses.

In der bislang umfangreichsten Arbeit ihrer Art haben *Brav* u.a.[937] eine Auswahl von 888 Hedgefonds-Transaktionen analysiert, die auf börsennotierte amerikanische Unternehmen abzielten. Abhängig von dem zugrunde gelegten Zeit-

---

[934] Prägnant schon *Black*, 39 University of California Law Review, S. 811, (815) (1992): „[I]nstitutional voice means asking one set of agents (money managers) to watch another set of agents (corporate managers)“.

[935] Zur Verbreitung derartiger Beteiligungsstrukturen *Gorton/Schmid,* 58 Journal of Financial Economics, S. 29 ff. (2000).

[936] Vgl. *Kahan/Rock*, 155 Pennsylvania Law Review, S. 1021, (1062 ff.) (2007); hierzulande etwa *Schmolke*, ZGR 2007, S. 701, (724 ff.); *Eidenmüller*, DStR 2007, S. 2116 ff. m.w.N.

[937] Vgl. *Brav/Jiang/Partnoy/Thomas*, ECGI Working Paper 139/2006; die Studie untersucht insgesamt 131 verschiedene Hedgefonds, die in den Jahren 2001 bis 2005 die Anteilsschwelle des § 13d SEC von 5% durchbrochen haben.

fenster[938] konnten dabei tatsächlich positive Überrenditen von durchschnittlich bis zu 7,2% gemessen werden. Um die Nachhaltigkeit dieser Kursreaktionen zu überprüfen, unterzogen die Autoren ihr Sample einer weiteren, ausführlicheren Langzeitbetrachtung. Die Tendenz ihrer Ergebnisse blieb aber unverändert. Selbst nach Ablauf eines Jahres stützten die verfügbaren Werte noch die positive Ausgangsprognose des Marktes: Es zeigten sich zwar erhebliche Leistungsunterschiede zwischen einzelnen Unternehmen[939], ihre Gesamtentwicklung war jedoch robust. Sowohl das Kursniveau der Zielgesellschaften als auch ihre Fundamentaldaten stiegen in dieser Periode signifikant an[940]. *Brav* u.a. gelangen daher zu der Annahme, dass die Aktivitäten von Hedgefonds grundsätzlich positiv zu beurteilen seien[941]. Der empirische Befund, den ihre Studie aufgezeigt hat, scheint sich mittlerweile in den Vereinigten Staaten zu erhärten. Trotz einzelner kritischer Untersuchungen konnten die Resultate in verschiedenen anderen Arbeiten bestätigt werden[942].

Im Gegensatz zum US-amerikanischen Kapitalmarkt fehlte es in Deutschland lange Zeit an entsprechendem Datenmaterial. Jüngst haben jedoch *Mietzner* und *Schweizer*[943] auch hierzulande für erste empirische Evidenz gesorgt. Die Autoren beobachteten in ihrer Studie den Eintritt von insgesamt 67 Hedgefonds bzw. 159 Private Equity-Fonds in börsennotierte Zielgesellschaften von Ende 1993 bis März 2007[944]. Dabei kamen sie zunächst zu ähnlichen Ergebnissen wie die amerikani-

---

938 Die Autoren betrachten verschiedene Intervalle von bis zu 20 Tagen vor bzw. nach dem Veröffentlichungszeitraum, vgl. *Brav/Jiang/Partnoy/Thomas*, ECGI Working Paper 139/2006, S. 27, 51.

939 Die Autoren führen dies auf unterschiedliche Investitionsstrategien zurück, vgl. ECGI Working Paper 139/2006, S. 45.

940 Vgl. *Brav/Jiang/Partnoy/Thomas*, ECGI Working Paper 139/2006, S. 3, 45 f.; ermittelt wurden etwa die Eigenkapitalrentabilität („return on equity") und die Wachstumsrate („growth rate") der untersuchten Unternehmen.

941 *Brav/Jiang/Partnoy/Thomas*, ECGI Working Paper 139/2006, S. 37: „[...] hedge fund activism generates value on average, not merely because activists are good stock pickers, but because they credibly commit upfront to intervene at undervalued firms on behalf of shareholders".

942 Vgl. schon *Ackermann/McEnally/Ravenscraft*, 54 Journal of Finance, S. 833, (871) (1999) sowie jüngst die Arbeit von *Clifford*, Value creation (2007), S. 24, 30 f., der eine Stichprobe von 788 Fällen amerikanischer Hedgefonds-Eingriffe von 1998 bis 2005 zugrunde lag. Auch hier wurden durchschnittlich positive Überrenditen von rund 3,5% innerhalb von zwei Handelstagen nach Bekanntgabe sowie bessere Eigenkapitalrenditen im Folgejahr ermittelt. Anders freilich die Ergebnisse von *Klein/Zur*, ECGI Working Paper 140/2006, S. 32, 35 f.: Zwar traten bei 155 in den USA beobachteten Transaktionen (2003-2005) ebenfalls kurzfristige abnormale Kursrenditen von bis zu 10% auf, die Parameter für eine dauerhafte Wertentwicklung der Unternehmen sanken jedoch kontinuierlich ab.

943 *Mietzner/Schweizer*, Hedge Funds vs. Private Equity Funds (2007).

944 Die Arbeit gibt damit nach Angaben der Verfasser *sämtliche* Aktivitäten derartiger Finanzinvestoren wieder, die seit ihrem erstmaligen Erscheinen in Deutschland bekannt

schen Arbeiten. Während die Transaktionen der Private Equity-Fonds in einem Zeitfenster von 20 Tagen um den Veröffentlichungstag positive abnormale Kursrenditen von rund 4% verursachten, wurde das Auftreten eines Hedgefonds im Schnitt sogar von Überrenditen in Höhe von nahezu 6% begleitet[945]. Die nähere Auswertung der Unternehmensparameter, die *Mietzner* und *Schweizer* an ihrem Sample durchführten, belegte die Wertsteigerungshypothese jedoch nur noch bedingt: Im Vorjahresvergleich deuteten verschiedene Kennziffern der Zielgesellschaften darauf hin, dass lediglich in der Gruppe von Unternehmen, an denen Private Equity-Fonds Beteiligungen hielten, signifikante Verbesserungen der Agency-Kosten im Jahr nach der Transaktion eingetreten waren[946]. In den 67 Unternehmen mit Hedgefond-Beteiligung ließen sich dagegen keine Indizien für eine substanzielle Wertentwicklung feststellen. Letztere Unternehmen fielen allein durch außergewöhnlich hohe Handelsvolumina ihrer Anteile auf. *Mietzner* und *Schweizer* haben aus diesen Ergebnissen geschlossen, dass die Aktivitäten von Hedgefonds in Deutschland – im Gegensatz zum Engagement von Private Equity-Fonds – nicht per se zu einer Lösung des Prinzipal-Agent-Konflikt in Publikumsgesellschaften beigetragen haben. Die positiven Kapitalmarktsignale bei entsprechenden Transaktionen seien vornehmlich auf den daraus entstandenen Ankaufsdruck („buy-side-pressure") anderer Marktteilnehmer zurückzuführen[947].

d) Bilanz der empirischen Forschung und Ausblick

Bewertet man die empirische Evidenz in der Gesamtschau, so lässt sie manche Aussagen der finanztheoretischen Lehre in neuem Licht erscheinen. Der gegenwärtige Erkenntnisstand der Kapitalmarktforschung gebietet es demzufolge, das ökonomische Potential einer Bündelung von Stimmrechten in Publikumsgesellschaften zurückhaltender einzustufen, als dies gemeinhin der Fall ist[948]. Allem

---

geworden sind und den Erwerb von mindestens 5% der Stimmrechte an einer (liquiden) Zielgesellschaft betrafen, vgl. *Mietzner/Schweizer*, Hedge Funds vs. Private Equity Funds (2007), S. 15.

[945] *Mietzner/Schweizer*, Hedge Funds vs. Private Equity Funds (2007), S. 19, 35.

[946] Vgl. die Regressionsanalyse bei *Mietzner/Schweizer*, Hedge Funds vs. Private Equity Funds (2007), S. 25, 41; die Autoren verwenden dabei beispielsweise die Höhe der Eigenkapitalrentabilität – den sog. „return on equity-coefficient" – als Indikator für die Senkung von Agency-Kosten.

[947] *Mietzner/Schweizer*, Hedge Funds vs. Private Equity Funds (2007), S. 31: „[W]e find no support that hedge funds unlike private equity funds enhance shareholder value due to a reduction of agency costs [...]. Instead, only the abnormal trading volume positively affects the CAARs".

[948] So auch *Romano*, 174 Yale Journal on Regulation (2001), S. 174, (177): „The finance literature presents an apparent paradox: Notwithstanding commentators' generally postive

Anschein nach führen hohe Anteilskonzentrationen in der Hand von Minderheitsaktionären nicht zwangsläufig auch zu kontrollbedingten Effizienzgewinnen der betroffenen Gesellschaften. Die ausschlaggebende Frage lautet vielmehr, wer im konkreten Fall hinter derartigen Aktienblöcken steht. Gewöhnliche institutionelle Investoren mögen dabei aus einer Reihe von Gründen schlechter geeignet sein, eine wirksame Überwachung von Kontrollinhabern zu gewährleisten. Umso höher dürfte aber der Stellenwert „neuartiger" Finanzinvestoren, namentlich die Bedeutung von Hedge- und Private Equity-Fonds, einzuschätzen sein. Dass diese Anleger prinzipiell imstande sind, die Leistungsfähigkeit von Zielgesellschaften entscheidend zu verbessern, ist angesichts der weit überwiegend positiven Reaktionen des Kapitalmarkts auf ihr Engagement kaum zu bestreiten. Da ihre Vorgehensweisen hierzulande erst seit vergleichsweise kurzer Zeit zu beobachten sind, bleibt momentan freilich abzuwarten, in welchem Maße damit auch langfristige Wertsteigerungen einhergehen.

Die rechtspolitische Diskussion über die Auswirkungen derartiger Marktteilnehmer für die gesamtwirtschaftliche Wohlfahrt befindet sich jedenfalls erst im Fluss[949]. Selbstverständlich wäre es deshalb voreilig, ihre möglichen Überwachungsqualitäten zu überschätzen, solange nicht einige wesentliche Vorbehalte ausgeräumt werden können. Hingewiesen sei hier nur auf das Bedenken, Hedgefonds würden einen Großteil ihrer Erträge allein durch das Ausnutzen systematischer Unterbewertungen des Kapitalmarkts oder durch kurzfristige Zerschlagungsgewinne generieren[950]. Ebenso wenig dürfen jedoch die Chancen, die ihre Aktivitäten für fundamentale Wertsteigerungen bieten, leichtfertig in Abrede gestellt werden. Diese Erkenntnis schlägt eine Brücke zurück zu dem theoretischen Ausgangspunkt der Überlegungen in diesem Abschnitt, dem Kollektivhandlungsproblem: Wie die Masse von Minderheitsaktionären im Allgemeinen, so sind auch Finanzinvestoren im Besonderen darauf angewiesen, untereinander Koalitionen bilden zu können. Die Beteiligungen einzelner Fonds sind regelmäßig zu gering, als dass sie allein eine durchsetzungsfähige Position begründen könn-

---

assessment of the development of such activism, the empirical studies suggest that it has an insignificant effect on targets' performance".

[949] Die aktuelle Debatte um die Regulierung derartiger Investoren fußt insoweit freilich auf der sich seit Mitte 2007 abzeichnenden Finanzmarktkrise; zur Diskussion statt vieler *Schmolke*, ZGR 2007, S. 701, (712 ff.); *Fleischer*, ZGR 2008, S. 185 ff.

[950] Kritisch dazu *Schneider*, AG 2006, S. 577 ff.; dagegen *Eilers*, AG 2006, S. 792 f.; differenzierend *Engert*, ZIP 2006, S. 2105, (2107). Diese Hypothese wird auch bei *Brav/Jiang/Partnoy/Thomas*, ECGI Working Paper 139/2006, S. 31 f. diskutiert. Die Autoren begegnen der Annahme u.a. mit dem Argument, dass die regelmäßig mehrjährigen Anlagehorizonte von Hedgefonds kaum zu erklären wären, wenn ihre Vorgehensweise lediglich in der Mitnahme anfänglicher Unterbewertungen bestünde.

ten[951]. Erkennt man das Effizienzpotential dieser Aktionärsgruppen aber im Grundsatz an, muss es vor diesem Hintergrund ein regulatorisches Anliegen sein, entsprechende Handlungsspielräume für Abstimmungen aufrechtzuerhalten.

5. Bedeutung für die Auslegung des Acting in Concert

Aus *Olsons* Grundmodell der kollektiven Handlung und dem voranstehenden empirischen Befund lassen sich nach alledem klare Empfehlungen für die Auslegung des Acting in Concert ableiten. Freilich gilt es dabei zunächst einen grundlegenden Unterschied zu beachten. Man sollte sich vergegenwärtigen, dass die Ausgangslage insoweit in aller Regel eine (etwas) andere ist. Während die Überlegungen *Olsons* von den Organisationsproblemen typischer Kleinaktionäre ausgehen, dürften Abstimmungsbeteiligte, soweit sie mit der Gefahr einer Stimmrechtszurechnung nach § 30 Abs. 2 WpÜG konfrontiert werden, ganz überwiegend über Gesellschaftsanteile in nennenswerter Höhe verfügen. Umgekehrt ist kaum vorstellbar, dass die Kontrollschwelle des § 29 Abs. 2 WpÜG jemals durch den Zusammenschluss einer extrem großen Anzahl von Kleinaktionären erreicht werden wird[952]. Gleichwohl sind die Kernaussagen des Kollektivhandlungsproblems für die Handhabung des Ausnahmetatbestands in § 30 Abs. 2 S. 1, 2. Hs. WpÜG von maßgeblicher Bedeutung.

Analysiert man die Situation von Inhabern mittlerer bis größerer Aktienpakete genauer, so ergibt sich eine spezifische Motivationslage. Aktionäre dieser Art haben einerseits einen erheblichen Anreiz, gemeinsame Abstimmungsgruppen zur gesellschaftsinternen Effizienzsteigerung zu bilden. Da sich die Kosten einer Interessenwahrnehmung nicht erhöhen, der potentielle Nutzen aber mit der Höhe der Beteiligung proportional ansteigt, sind ihre Bemühungen nämlich vergleichsweise lohnenswert[953]. Zum anderen sind ihre Handlungsoptionen gegenüber denjenigen von Kleinaktionären eingeschränkt. Wie bereits erwähnt, können größere Aktienpakete am Kapitalmarkt nicht ohne weiteres jederzeit verlustfrei abgestoßen werden. Hierin liegt das wohlfahrtsökonomische Potential: Aktionärsgruppen dieser Größenordnung sind imstande, eine bedeutende Überwachungsfunktion auszuüben und dürften gleichzeitig auch die Bereitschaft haben, ihre Aktionärsrechte aktiv wahrzunehmen. Sie sind daher besonders geeignet, die in Publikumsgesellschaften

---

[951] Diese Beobachtung teilen *Brav/Jiang/Partnoy/Thomas*, ECGI Working Paper 139/2006, S. 4 und *Mietzner/Schweizer*, Hedge Funds vs. Private Equity Funds (2007), die ein Zusammenwirken („herding effect") als Regelfall ansehen.

[952] Daran dürfte auch das Aktionärsforum in § 127a AktG (zukünftig) kaum etwas ändern, vgl. zur Kritik an der Funktionsfähigkeit des Instituts *Spindler*, in: VGR, Gesellschaftsrecht 2005, S. 31, (36); *Wand/Tillmann*, AG 2006, S. 443, (446).

[953] Vgl. *Ruffner*, Ökonomische Grundlagen, S. 442.

vorherrschenden Prinzipal-Agent-Konflikte – sei es gegenüber dem Management oder etwaigen Kontrollaktionären – zu entschärfen.

Die entscheidende Frage lautet freilich, wie ein solcher Aktionärsaktivismus gefördert werden kann. Das Kalkül derartiger Aktionäre, sich zu einer Gruppe zusammenzufinden, hängt auch hier – getreu den Beobachtungen *Olsons* – vom Zusammenspiel zweier Faktoren ab: dem Verhältnis zwischen ihrem Nutzen einerseits und den Kosten und Risiken andererseits. An mangelnden Ertragsaussichten wird der Zusammenschluss zu einer Interessengemeinschaft kaum scheitern. Ein hinreichender Nutzen kann bei Parteien, die in der Summe über Stimmrechtsanteile von mindestens 30% verfügen, vielmehr unterstellt werden. Besonderer Anreize, wie im ursprünglichen Modell von *Olson* vorgesehen, bedarf es also nicht. Ausschlaggebend dafür, ob sich eine solche Gruppe im konkreten Fall tatsächlich bildet, dürfte aber umso mehr das Ausmaß möglicher Risiken sein. An dieser Stelle nun spielt die Handhabung des Acting in Concert eine zentrale Rolle. Die Zurechnungsregelung stellt nämlich ein erhebliches Handlungsrisiko dar: Die abstrakte Gefahr, durch Stimmrechtsabsprachen ein Pflichtangebot auslösen zu können, dürfte eine kaum zu überschätzende Abschreckungswirkung entfalten.

Bei der Auslegung des Zurechnungstatbestands ist daher streng darauf zu achten, dieses Hindernis im Interesse einer Lösung der Agency-Problematik möglichst stark einzudämmen. Ähnlich nachteilig wie eine unverhältnismäßig weite Stimmrechtszurechnung würde es sich insofern auswirken, wenn die Reichweite der Regelung für Aktionäre unberechenbar wäre[954]. Dies betrifft die Auslegung des Ausnahmetatbestands in § 30 Abs. 2 S. 1, 2. Hs. WpÜG in besonderem Maße. Häufig dürfte gerade die Entscheidung über das Vorliegen einer Einzelfallausnahme das „Zünglein an der Waage“ der Stimmrechtszurechnung sein[955]. Um ökonomisch wünschenswerte Aktionärskoalitionen zu fördern, sollten somit möglichst trennscharfe Abgrenzungskriterien gewählt werden. Dazu ist die gern zitierte Formel der „wertendenden Betrachtung der Gesamtumstände“[956] jedoch ebenso wenig angetan wie die langwierige Herausbildung einer umfangreichen Kasuistik durch die Rechtsprechung[957]. Vor dem Hintergrund der institutionenökonomischen Probleme kann vielmehr nur eine formale Interpretation der Ausnahmeregelung überzeugen.

---

954 In diese Richtung auch *Ruffner*, Ökonomische Grundlagen, S. 592.

955 Darauf deutet nicht nur die Diskussion in der Literatur, sondern auch die bislang ergangene Rechtsprechung hin.

956 So etwa *Schüppen/Walz*, FrankfurterKomm/WpÜG, § 30 Rn. 69, nach denen „schematische Antworten nicht möglich sind“; OLG München, BB 2005, S. 1411, (1413), das als Kriterien eine „gewisse zeitliche Intensität“ bzw. ein „Verhalten mit nachhaltiger Wirkung“ heranziehen will.

957 In diese Richtung auch *Eidenmüller*, DStR 2007, S. 2116, (2120).

6. Zusammenfassende Beurteilung

Auf Grundlage der Erkenntnisse, die im Rahmen der juristisch-methodischen und insbesondere der ökonomischen Analyse gesammelt werden konnten, kann die Reichweite der Ausnahmeklausel des § 30 Abs. 2 S. 1, 2. Hs. WpÜG nunmehr abschließend bestimmt werden.

Wie schon die juristische Auslegung der Regelung gezeigt hat, sprechen verschiedene Erwägungen für eine formale Interpretation des Einzelfallkriteriums. Neben grammatikalischen und systematischen Argumenten lässt sich dabei vor allem die Entstehungsgeschichte des Ausnahmetatbestands anführen, die jüngst durch die Materialien des Risikobegrenzungsgesetzes noch einmal dokumentiert wurde[958]. Auch der Schutzzweck der Regelung, Handlungsspielräume für einen wünschenswerten „Aktionärsaktivismus" zu schaffen, kann letztlich nur erreicht werden, wenn ein hinreichendes Maß an Rechtssicherheit besteht. Dies kann ein formales Verständnis des Einzelfallbegriffs leisten – nicht aber ein materielles.

Abermals hat die ökonomische Betrachtung letztlich entscheidende Gesichtspunkte geliefert: Um das Wohlfahrtspotential nutzen zu können, das eine Förderung der Aktionärskommunikation durch die Verringerung von Agency-Kosten verspricht[959], gilt es vor allem das in Gesellschaften vorherrschende Kollektivhandlungsproblem zu überwinden[960]. Voraussetzung dafür ist aber nicht nur, dass hinreichende Anreize für Überwachungsaktivitäten bestehen. Ebenso wichtig ist vielmehr auch, dass die Risiken eines solchen Aktivismus überschaubar bleiben. Aufgrund der gravierenden Rechtsfolgen, die ein Pflichtangebot für abstimmungswillige Aktionäre nach sich ziehen kann, ist daher ein klares Ausnahmekriterium unverzichtbar. Würde sich die Abgrenzung in § 30 Abs. 2 S. 1, 2. Hs. WpÜG nach materiellen Aspekten richten, hätte dies beträchtliche, wenn nicht sogar prohibitive Transaktionskosten zur Folge. Zumindest wäre in diesem Fall zu erwarten, dass die Bereitschaft von Aktionären, sich über unternehmenspolitische Aspekte zu verständigen, wegen der erforderlichen (Rechts-)Beratungskosten erheblich sinken würde.

Hohe Rechtsunsicherheit in dieser Frage hätte schließlich eine weitere Kehrseite, auf die gelegentlich schon hingewiesen worden ist. Ließe sich die Reichweite des Ausnahmetatbestands nicht zuverlässig beurteilen, könnte natürlich auch das Ausmaß missbräuchlicher Anfechtungsklagen weiter zunehmen[961]. Opportunisti-

---

[958] Vgl. unten, 4. Kap., C., III. a. E.

[959] Vgl. dazu nochmals die theoretischen und empirischen Erkenntnisse 4. Kap., C., V., 2. und 4.

[960] Dazu oben, 4. Kap., C., V., 3.

[961] So etwa ausdrücklich *Schmidtbleicher*, AG 2008, S. 73, (77); *Eidenmüller*, DStR 2007, S. 2116, (2120); implizit auch *Diekmann/Merkner*, NZG 2007, S. 921, (923); ähnlich bereits *Reul*, Gleichbehandlung, S. 240 f.

schen Aktionären fiele es dann wesentlich leichter, sich unter Berufung auf ein Acting in Concert auf den Standpunkt zu stellen, einzelne Hauptversammlungsbeschlüsse seien aufgrund einer Beteiligung von Stimmrechten, die nach § 59 WpÜG gesperrt gewesen seien, anfechtbar[962]. Dass entsprechende Risiken trotz der im Rahmen des UMAG erfolgten Änderungen in den §§ 241 ff. AktG nach wie vor beachtlich sind, hat erst kürzlich eine Studie von *Baums* u.a. belegt. Die Gruppe der allseits gefürchteten „Berufskläger" scheint demnach nicht zurückgegangen zu sein, sondern sich umgekehrt sogar zu einem „Klagegewerbe" weiterentwickelt zu haben, das für die Mehrheit der erhobenen Anfechtungsklagen verantwortlich ist[963]. Die Konsequenzen daraus sind teilweise verheerend. Insbesondere die Ausnutzung der Hebelwirkung solcher Klagen, die bei der Anfechtung eintragungsbedürftiger Beschlüsse eingreift, führt bei betroffenen Gesellschaften regelmäßig zu kostenintensiven „Hold-up"-Situationen[964]. Insgesamt ist daher nicht zu übersehen, dass eine formale Handhabung der Ausnahmeregelung in § 30 Abs. 2 WpÜG erhebliche Effizienzvorteile bietet.

Folgt man einem formalen Verständnis, steht zugleich fest, worauf sich der Begriff der „Einzelfälle" beziehen muss. Um dem Ausnahmetatbestand einen sinnvollen Anwendungsbereich zu verleihen, erscheint es freilich erforderlich, insofern nicht etwa auf die Abstimmung einzelner Beschlussgegenstände, sondern auf die *Einheitlichkeit* des zugrunde liegenden Lebenssachverhalts abzustellen[965]. Nur bei dieser Auslegung haben die Beteiligten die Möglichkeit, ihren Einfluss zu gegebenem Anlass auch in gewichtigen Einzelfragen geltend zu machen. Anderenfalls würde der Privilegierungsgedanke der Ausnahmeregelung jedenfalls bei Abstimmungen über Maßnahmen, deren Umsetzung ein mehrstufiges Vorgehen erfordert[966], grundsätzlich leer laufen. Wie noch zu zeigen sein wird[967], wäre eine solche Verkürzung des Aktionärschutzes jedoch unbefriedigend.

Durch diese Auslegung des Einzelfallbegriffs entstehen schließlich auch keine untragbaren Umgehungsmöglichkeiten. Eine interessengerechte Risikoverteilung ergibt sich jedenfalls dann, wenn man in verfahrensrechtlicher Hinsicht auf die

---

962 Zu dieser prozessualen Konstellation bereits 4. Kap., A., IV., 5.

963 Vgl. *Baums/Keinath/Gajek*, ZIP 2007, S. 1629, (1650 ff.).

964 Dazu im Einzelnen *Baums/Keinath/Gajek*, ZIP 2007, S. 1629, (1643 f.).

965 Vgl. zu dieser Literaturansicht schon 4. Kap., C., II., 1.

966 Zu denken ist etwa an die Umsetzung eines Unternehmenszusammenschlusses. Hier sind regelmäßig verschiedene Hauptversammlungsbeschlüsse zu fassen: Neben dem gegebenenfalls nach § 119 Abs. 2 AktG erforderlichen Zustimmungsbeschluss sind insbesondere vorbereitende Kapitalmaßnahmen und entsprechende Satzungsänderungen durchzuführen, vgl. dazu und zu weiteren Beispielen *v. Bülow/Bücker*, ZGR 2004, S. 669, (700 f.)

967 Vgl. dazu sogleich, 4. Kap., C., VI., 1.

schon vorgeschlagene Beweislastumkehr zurückgreift[968]: Demnach hat zwar grundsätzlich die BaFin bzw. der jeweilige Anspruchsteller ein Acting in Concert nachzuweisen, die Beweislast für das Vorliegen eines Einzelfalls i.S.d. § 30 Abs. 2 S. 1, 2. Hs. WpÜG ist jedoch den Beteiligten der Abstimmung aufzuerlegen. Daraus ergibt sich ein optimales Zusammenspiel zwischen materiellem Recht auf der einen und prozessualem Recht auf der anderen Seite.

VI. Praxistauglichkeit des entwickelten Zurechnungskonzepts

Selbstverständlich kann sich jedes rechtsdogmatisch noch so schlüssige Regelungsmodell aber nur dann bewähren, wenn auch seine praktische Anwendung zu wertungsmäßig überzeugenden Ergebnissen führt. Dies gilt auch und – angesichts der lebhaften Diskussion – gerade für die Regelung des Acting in Concert. Um die Konsistenz des soeben entwickelten Zurechnungskonzepts des § 30 Abs. 2 WpÜG zu testen, soll dessen Brauchbarkeit daher abschließend – zumindest stichprobenartig – an einigen Problemfällen überprüft werden. Die Literatur bietet in dieser Hinsicht reichhaltiges Anschauungsmaterial. Gleichwohl lassen sich bestimmte Fallkonstellationen herausschälen, welche die Anwendungsschwierigkeiten der Regelung besonders deutlich machen. Dabei handelt es sich zum einen um Fälle, in denen die Vorschrift Gefahr läuft, über ihren Schutzzweck hinaus wünschenswerte Formen von Aktionärsabsprachen zu erfassen. Zum anderen ist an Sachverhalte zu denken, in denen sich das Zurechnungskonzept des § 30 Abs. 2 WpÜG als zu grobmaschig erweisen könnte.

1. Verhinderung sinnvoller Aktionärsabstimmungen?

Vor seiner wohl wichtigsten Bewährungsprobe dürfte das Modell des § 30 Abs. 2 WpÜG bei Abstimmungen stehen, die in der Praxis häufiger auftreten, ihrer Art nach aber regelmäßig nicht zurechnungswürdig erscheinen. Hier stellt sich die Frage, ob die Regelung des Acting in Concert hinreichende Handlungsspielräume für Aktionäre offen lässt. Von großer Bedeutung dafür ist zunächst, dass die Stimmrechtszurechnung grundsätzlich nicht Absprachen sanktioniert, die keinen Kontrollbezug haben. Somit bleiben viele, bisweilen auch ökonomisch sinnvolle Abstimmungsmöglichkeiten von vornherein unberührt[969].

Aufgrund ihres formellen Ausnahmekriteriums erlaubt es die Vorschrift darüber hinaus, sich aus gegebenem Anlass auch über einzelne kontrollrelevante Fragen zu verständigen. Dies kann z.B. gelegentliche Absprachen über die Be-

---

[968] Zu verfahrensrechtlichen Fragen oben, 4. Kap., A., IV.

[969] Vgl. 4. Kap., C., V., 2.

setzung des Aufsichtsrats oder die Verwendung des Bilanzgewinns betreffen. Wie die ökonomische Analyse gelehrt hat[970], können derartige Beschlusskompetenzen aus Sicht der Hauptversammlung ein wesentliches Instrument zur Senkung der Agency-Kosten in der Zielgesellschaft sein. Es erscheint daher sinnvoll, Aktionären die Möglichkeit einzuräumen, ihre Stimmrechte zu einem solchen Zweck punktuell bündeln zu können. Problematischer ist es demgegenüber, auch im Falle von komplexeren, mehrstufig umzusetzenden Absprachen zu angemessenen Auslegungsergebnissen zu gelangen. Hier scheint sich die Frage nach der Abgrenzung zu einer zurechnungsbegründenden Verhaltensabstimmung zu verschärfen. Denn kontrollrelevante Absprachen i.S.d. § 30 Abs. 2 WpÜG zeichnen sich zwar regelmäßig gerade durch ihren inhaltlichen Umfang aus. Es sind in der Praxis jedoch auch Situationen denkbar, in denen ein intensiveres Zusammenwirken mehrerer Anteilseigner im Interesse des Unternehmens durchaus erforderlich ist.

a) Beispiel: Der „Debt-Equity-Swap"

Besonders augenfällig wird eine solche Notwendigkeit dort, wo die Durchführung bestimmter Maßnahmen von existenzieller Bedeutung für den Fortbestand der Gesellschaft ist. Ein lehrreiches Beispiel für eine gesellschaftsrechtliche Maßnahme, deren Umsetzung naturgemäß in mehreren Schritten vollzogen wird, bietet deshalb der sog. „Debt-Equity-Swap"[971]. Bei diesem in der Praxis zunehmend häufiger zu beobachtenden Vorgang[972] handelt es sich im Kern um ein Instrument zur Sanierung insolvenzbedrohter Unternehmen. Vereinfacht dargestellt, spielt er sich typischerweise folgendermaßen ab: Zunächst erwirbt ein außenstehender Investor eine notleidende Kreditforderung, die gegenüber der Zielgesellschaft besteht. Daraufhin erfolgt regelmäßig – soweit das Grundkapital der Gesellschaft bereits durch Verluste aufgezehrt sein sollte – zur Beseitigung der Unterbilanz ein sog. „Kapitalschnitt", das heißt eine vereinfachte Kapitalherabsetzung i.S.d. §§ 229 ff. AktG. Anschließend wird die jeweilige Forderung im Wege einer Sachkapitalerhöhung mit Bezugsrechtsausschluss nach §§ 183 ff., 186 Abs. 3 AktG in die Zielgesellschaft eingebracht. Im Ergebnis findet auf diese Weise eine Umwandlung ehemaliger Gesellschaftsverbindlichkeiten in Eigenkapital

---

970 Vgl. zur Free-Cash-Flow-Problematik bereits oben, 4. Kap., B., V., 1., b), (3) und 5., a), (3).

971 Vgl. dazu in vorliegendem Zusammenhang *v. Sydow/Beyer*, AG 2005, S. 635 ff.; *Halász/Kloster*, WM 2006, S. 2152 ff. und *Redeker*, BB 2007, S. 673 ff.

972 Als prominente Beispiele für ein solches Schauspiel werden – in letzter Zeit – die Unternehmen Märklin, Ihr Platz oder Senator Entertainment genannt, vgl. *Redeker*, BB 2007, S. 673 Fn. 8.

statt, wobei der Investor auf Kosten einer Verwässerung der übrigen Beteiligungsquoten in den Kreis der Anteilseigner aufrückt.

b) Anwendbarkeit der Zurechnungsregelung

Dass ein solches Konzept kaum ohne eine vorherige Verhaltensabstimmung zwischen dem Investor und den Altaktionären zu realisieren ist, dürfte auf der Hand liegen. Da seine Umsetzung jedoch die Verabschiedung mehrerer gesonderter Hauptversammlungsbeschlüsse[973] erfordert, stellt sich auch hier die Frage nach einer Stimmrechtszurechnung aufgrund Acting in Concert[974]. Eine befriedigende Antwort darauf muss differenziert ausfallen. Wird das hier vertretene Verständnis des Zurechnungsumfangs von § 30 Abs. 2 WpÜG zugrunde gelegt, gelangt man zu einer interessengerechten Lösung: Obwohl jeder einzelne Beschlussgegenstand bei isolierter Betrachtung kontrollrelevant ist[975], scheidet eine Stimmrechtszurechnung im Ergebnis grundsätzlich aus. Solange sich die Interessenkoordination auf einen derart einheitlichen Lebenssachverhalt bezieht, lässt sie sich nämlich ohne weiteres dem (formalen) Einzelfallkriterium des § 30 Abs. 2 S. 1, 2. Hs. WpÜG subsumieren[976]. Die Durchführung dieses wirtschaftlich in aller Regel sinnvollen Sanierungskonzepts ist daher für sich genommen nicht mit dem Risiko eines Pflichtangebots behaftet[977]. Der Prototyp eines „Debt-Equity-Swap" veranschaulicht jedoch gerade auch, wie zwiegespalten einige gesellschaftsrechtliche Maßnahmen aus Sicht der Minderheitsaktionäre zu beurteilen sein können. So wird eine solche Gelegenheit nicht selten von Finanzinvestoren als „Sprungbrett" genutzt, um die faktische Kontrolle über die insolvenzbedrohte Gesellschaft zu erlangen[978]. Häufig treten dann zu der Verständigung über die Kapitalmaßnahmen ergänzende Abstimmungen – etwa im Hinblick auf die Bestellung neuer Aufsichtsratsmitglieder –

---

[973] Namentlich eine Kapitalherabsetzung gemäß §§ 229 Abs. 3, 222 Abs. 1 und 2 AktG; eine Sachkapitalerhöhung nach § 182 Abs. 1 S. 1 AktG sowie einen Bezugsrechtsausschluss i.S.d. § 186 Abs. 3 S. 2 AktG.

[974] Bejahend insoweit etwa *v. Sydow/Beyer*, AG 2005, S. 635, (641).

[975] Vgl. dazu 4. Kap., B., VI., 1.

[976] So wie hier auch *Halász/Kloster*, WM 2006, S. 2152, (2158).

[977] Selbstverständlich käme auch eine Befreiung seitens der BaFin gemäß § 37 Abs. 1 S. 1 WpÜG, § 9 S. 1 Nr. 3 WpÜG-AV (Sanierungsprivileg) in Betracht. Dieser Weg hätte für die betroffenen Aktionäre jedoch zwei gravierende Nachteile gegenüber einer Lösung im Rahmen des § 30 Abs. 2 WpÜG: Zum einen würde es sich dabei nur um eine – mit Risiken verbundene – Ermesssensentscheidung der Behörde handeln. Zum anderen wären die Aktionäre als Antragsteller – anders als ursprünglich – mit der Darlegungs- und Beweislast der privilegierenden Umstände beschwert.

[978] Vgl. zu verschiedenen Beispielen aus der Praxis etwa *Englisch*, in: Handelsblatt v. 02.04.2007, Beilage S. 13; *Redeker*, BB 2007, S. 673, (678).

hinzu, von denen sich die Investoren stärkere Einflussnahmemöglichkeiten auf den nachfolgenden Restrukturierungskurs der Gesellschaft versprechen. Solche Vereinbarungen verändern die Ausgangslage der Bewertung freilich grundlegend. Werden derartige weitergehende Absprachen getroffen, überspannt dies die Reichweite des Ausnahmeprivilegs in § 30 Abs. 2 S. 1, 2. Hs. WpÜG. Der ursprünglich klar umrissene Abstimmungsgegenstand – die Gesellschaftssanierung mittels einer Veränderung ihrer Kapitalstruktur – verliert damit seinen Einzelfallcharakter. Einer möglichen Stimmrechtszurechnung kraft Acting in Concert steht insofern nichts mehr entgegen.

Gesellschaftsrechtliche Maßnahmen wie ein „Debt-Equity-Swap" zeigen somit exemplarisch auf, dass die Regelung des Acting in Concert grundsätzlich imstande ist, angemessene Zurechnungsergebnisse zu liefern. Notwendige Handlungsspielräume der Aktionäre bleiben jedenfalls gewahrt, ohne dass der ökonomisch maßgebliche Disziplinierungseffekt der Pflichtangebotsvorschriften beeinträchtigt würde. Die Vorschrift des § 30 Abs. 2 WpÜG führt daher – entgegen verbreiteten Befürchtungen[979] – keineswegs zu einer generellen Entwertung des Aktionärsstimmrechts. Voraussetzung ist allein, dass Verständigungen zwischen Aktionären lediglich zu punktuellen Anlässen erfolgen. Worauf sich diese dann beziehen, ist hingegen unerheblich.

2. Schutzlücken im Falle „nachhaltiger" Aktionärsabsprachen?

Der Anwendungsbereich des § 30 Abs. 2 WpÜG hat jedoch auch im Hinblick auf die Behandlung von bestimmten punktuellen Absprachen Kritik erfahren. Schon das OLG München war bekanntlich davon ausgegangen, dass – formal betrachtet – einmalige Verhaltensabstimmungen als Acting in Concert zu qualifizieren seien, soweit sie eine „nachhaltige Wirkung" auf die Zielgesellschaft entfalten[980]. Trotz gegenläufiger Äußerungen des BGH[981] hat dieser Standpunkt zwischenzeitlich nicht an Rückhalt verloren. Nach wie vor wird verschiedentlich verlangt, die formale Betrachtungsweise im Rahmen der Ausnahmeklausel gegebenenfalls um eine materielle Perspektive zu erweitern[982]. Diese Bedenken der

---

[979] Vgl. dazu die Nachweise in Fn. 872.

[980] OLG München, BB 2005, S. 1411, (1413) (WMF); vgl. zur ähnlichen Position der BaFin *Strunk/Linke*, in: Drinkuth/Veil, Reformbedarf, S. 3, (20) sowie bereits *Weiler/ Meyer*, NZG 2003, S. 909, (910).

[981] Der BGH hat jedenfalls Sympathie für eine formale Betrachtungsweise gezeigt: „Für eine formale Bestimmung spricht nicht nur der Wortlaut, sondern auch der Aspekt der Rechtssicherheit", vgl. BGH, BB 2006, S. 2432, (2435) (WMF).

[982] *Löhdefink*, Acting in Concert, S. 310; *Diekmann*, in: DStR 2007, S. 445, (447); *Halász/Kloster*, WM 2006, S. 2152, (2155); offengelassen auch von *Uhlendorf*, DB 2006, S. 2455, (2456); *Gätsch/Schäfer*, NZG 2008, S. 846, (850).

Literatur an einem streng formalen Modell stützen sich auf angebliche Lücken des Zurechnungskonzepts. Eine solche Kritik wäre aber nur dann berechtigt, wenn Situationen auftreten könnten, in denen eine an sich erforderliche Stimmrechtszurechnung tatsächlich am Einzelfallprivileg der Vorschrift scheitern würde. Das OLG München hat seinerzeit versucht, dies anhand des Falls der Abstimmung über die Wahl des Aufsichtsratsvorsitzenden aufzuzeigen. Dieser Begründungsansatz war indes unglücklich: Da eine solche (isolierte) organinterne Absprache von vornherein keine Kontrollrelevanz besitzt[983], fehlte es insofern bereits an der Eröffnung des Anwendungsbereichs des § 30 Abs. 2 S. 1 WpÜG. Wesentlich nahe liegender ist aber der Gedanke, eine Zurechnung im Falle reiner Einzelabsprachen in Betracht zu ziehen, soweit diese wesentliche Struktureingriffe in die Gesellschaft zum Gegenstand haben. In dieser Hinsicht sind in der Tat Zweifelsfälle denkbar, an denen sich das Konzept des § 30 Abs. 2 WpÜG messen lassen muss.

a) Beispiel: Abstimmungen über einen Beherrschungsvertrag

Als Paradebeispiel für das Bedürfnis, auch punktuelle Abstimmungen ausnahmsweise als Acting in Concert zu bewerten, wird bisweilen der abgestimmte Abschluss eines Beherrschungsvertrags i.S.d. § 291 AktG ins Feld geführt[984]. Beziehe sich die Stimmrechtsabsprache auf eine derart gravierende Maßnahme, soll eine Zurechnung nach § 30 Abs. 2 WpÜG unabhängig davon geboten sein, ob eine dauerhafte oder lediglich einmalige Absprache stattgefunden habe[985].

b) Anwendbarkeit der Zurechnungsregelung

Eine solche Sichtweise erscheint – insbesondere unter Wertungsgesichtspunkten – auf den ersten Blick sicherlich einleuchtend. Setzt man sich eingehender mit ihr auseinander, verliert sie jedoch einiges an Überzeugungskraft. Richtig daran ist freilich, dass die bevorstehende Überführung der Gesellschaft in einen Vertragskonzern einen schwerwiegenden unternehmenspolitischen Einschnitt darstellt. Die Minderheitsaktionäre der „beherrschten" Gesellschaft sehen sich – ausweislich des § 308 AktG[986] – zukünftig weit reichenden Leitungsbefugnissen des herrschenden Vertragspartners gegenüber. Weniger selbstverständlich ist allerdings, dass

---

[983] Zu den Voraussetzungen der Tatbestandsmäßigkeit insoweit 4. Kap., B., VI., 2., a), (4).

[984] So vor allem *Diekmann*, in: VGR, Gesellschaftsrecht 2005, S. 69, (83); *ders.*, in: DStR 2007, S. 445, (447); *Fleischer*, ZGR 2008, S. 185, (203).

[985] *Diekmann*, in: DStR 2007, S. 445, (447).

[986] Hinzu tritt die nicht minder einschneidende (Teil-)Suspendierung der Kapitalerhaltungspflichten gemäß § 291 Abs. 3 AktG und – sofern ein Beherrschungsvertrag (wie in der Praxis regelmäßig) durch einen Gewinnabführungsvertrag begleitet wird – die Ersetzung der Dividenden- in bloße Ausgleichsansprüche nach § 304 AktG.

in dieser Konstellation gerade die Regelung des Acting in Concert praktische Bedeutung erlangen soll. Zunächst fragt sich schon, inwieweit ein solches Szenario realistischerweise überhaupt auftreten kann. Die grundlegenden Funktionsdefizite des deutschen Konzernrechts sind mittlerweile hinlänglich bekannt[987]: In Wirklichkeit ist dem Vertragskonzern die prägende Rolle versagt geblieben, die ihm von Seiten des Gesetzgebers ursprünglich zugewiesen worden war[988]. Die Konzernierung eines Unternehmens verläuft tatsächlich zumeist in mehreren Schritten. Der Abschluss eines Beherrschungsvertrags markiert dabei typischerweise aber nicht den Ausgangspunkt, sondern umgekehrt die (vorläufige) Vollendung dieses Prozesses[989]. Für die Errichtung eines Vertragskonzerns dürfte deshalb – nicht zuletzt wegen des qualifizierten Beschlusserfordernisses in § 293 Abs. 1 S. 2 AktG – weniger das Zusammenwirken verschiedener, voneinander unabhängiger Minderheitsaktionäre charakteristisch sein, als vielmehr die Initiative einzelner *Mehrheits*aktionäre.

Freilich sind in der Praxis Beherrschungsverträge mit mehreren Konzernmüttern durchaus bekannt[990]. Selbst wenn sich die Beteiligten auf diese Weise miteinander verbinden, dürfte dies jedoch kaum jemals auf einer bloß *punktuellen* Interessenbündelung basieren. Minderheitsaktionäre, die sich über die Zustimmung zu einem solchen Vertrag in der Hauptversammlung der zukünftigen „Untergesellschaft“ verständigen, werden stattdessen bereits längere Zeit kollektive Entscheidungen über den strategischen Kurs des Unternehmens treffen. Findet schon im Vorfeld eine gemeinsame „Kontrolle“ statt, bedeutet dies aber zugleich, dass die Regelung des § 30 Abs. 2 WpÜG gewöhnlich nicht erst aufgrund der späteren vertragsbezogenen Absprache eingreift. Anknüpfungspunkt für eine Zurechnung kraft Acting in Concert sind dann regelmäßig bereits vorhergehende Kooperationsabreden der Parteien, etwa hinsichtlich gemeinschaftlich beschlossener Kapitalmaßnahmen auf früheren Hauptversammlungen.

Der Hinweis auf eine solche Fallgestaltung erweist sich zudem aus einem weiteren, möglicherweise noch gewichtigeren Gesichtspunkt als wenig schlagkräftig. Selbst wenn demnach eine *punktuelle* Aktionärsabstimmung – hypothetisch – einmal zum Abschluss eines Beherrschungsvertrags führen sollte, begegnet eine Zurechnung über § 30 Abs. 2 WpÜG zumindest aus Gründen der Gesetzes-

---

[987] Vgl. zur Kritik am Zusammenspiel zwischen Vertrags- und faktischem Konzern statt vieler *Herkenroth*, Konzernierungsprozesse, S. 41 ff.; *Reul*, Gleichbehandlung, S. 278 ff. m.w.N.; *Mühle*, WpÜG, S. 387 ff.

[988] Vgl. zur Regelungsabsicht des historischen Gesetzgebers des AktG 1965 nur Begr. RegE bei *Kropff*, S. 373 ff.

[989] *Lutter/Timm*, NJW 1982, S. 409, (412); *Herkenroth*, Konzernierungsprozesse, S. 42 f., 73; *Hommelhoff*, FS Semler, S. 455, (464); *Sura*, Fremdeinfluss, S. 43 f.

[990] Vgl. nur *Hüffer*, AktG, § 291 Rn. 16.

konkurrenz erheblichen Bedenken. Bei der Diskussion um die Reichweite des Acting in Concert darf freilich nicht übersehen werden, dass in diesem Fall schon das Aktienkonzernrecht spezifische Regelungen zum Schutz außenstehender Aktionäre bereithält. Gewiss wird man darüber streiten können, ob Minderheitsaktionären insofern ein vergleichbares Schutzniveau zuteil wird[991]. Hier offenbart sich nämlich ein (noch) ungelöstes Problem allgemeiner Natur – die schwierige Harmonisierung der neuartigen übernahmerechtlichen mit anderen gesellschaftsrechtlichen Regelungen[992]. Gerade im Falle des § 30 Abs. 2 WpÜG ist die Ausgangslage jedoch eindeutig: Würde man jede Abstimmung zwischen Aktionären, die auf eine Zustimmung zu einem Beherrschungsvertrag abzielt, für zurechnungsbegründend halten, stünde die damit verbundene Auslösung des Pflichtangebots *stets* mit den Bestimmungen der §§ 304 ff. AktG in Konflikt. Konsequent zu Ende gedacht, käme es dabei insbesondere zu einem Dualismus zwischen der Verpflichtung zur Angebotsabgabe nach § 35 WpÜG und den Abfindungsansprüchen aus § 305 AktG[993]. Ein derartiges Ergebnis wäre nicht interessengerecht. Überschneidungen zwischen den unterschiedlichen Verfahrensregeln, vor allem im Hinblick auf den Bewertungsmaßstab der erforderlichen Gegenleistung[994], würden kaum ausbleiben. Das Nebeneinander beider Rechtsfolgensysteme müsste dann – unter Heranziehung des Grundsatzes der Gesetzesspezialität[995] – letztlich wohl zugunsten eines Vorrangs der sachnäheren Vorschriften des Vertragskonzerns aufgelöst werden. Anderenfalls würde das Vertragskonzernrecht, soweit im konkreten Fall mehrere herrschende Unternehmen beteiligt wären, regelmäßig gleichsam „durch die Hintertür" umgangen werden. Folgt man diesen Einwänden, geben somit auch Abstimmungen beim Abschluss eines Beherrschungsver-

---

[991] Eingehend zu dieser Frage *Teichmann*, AG 2004, S. 67, (79 ff.), der i.E. für eine kumulative Anwendung eintritt.

[992] Als besonderes Problemfeld haben sich dabei vor allem die vielfältigen Berührungspunkte zwischen Übernahme- und Umwandlungsrecht erwiesen, vgl. dazu aus der inzwischen reichhaltigen Literatur etwa *Adolff/Tieves*, BB 2003, S. 797 ff.; *Schlitt*, ZIP 2004, S. 533, (538); *Pluskat*, BKR 2007, S. 54, (57); monographisch etwa *Heinbach*, Kontrollerlangung; *Besau*, Pflichtangebot; *Schwarte*, Pflichtangebot.

[993] Kritik an der fehlenden Abstimmung der Pflichtangebotsregelung mit den §§ 291 ff. AktG wurde bereits während des Gesetzgebungsverfahrens des WpÜG geäußert. Dabei wurde vor allem der Wegfall der früheren Kollisionsregelung im Übernahme-Kodex beanstandet; vgl. nur *Riehmer/Schröder*, BB 2001, Beilage Nr. 5, S. 1, (10).

[994] Während die Ermittlung der „Gegenleistung" i.S.d. § 35 WpÜG primär nach dem Börsenpreiskriterium (§ 31 Abs. 1 WpÜG) stattfinden würde, wäre die im Beherrschungsvertrag vorzusehende „Abfindung" i.S.d. § 305 AktG vornehmlich anhand der Ertragswertmethode zu bemessen, vgl. nur *Hüffer*, AktG, § 305 Rn. 19 f.

[995] In diesem Sinne für das Verhältnis zwischen § 35 WpÜG und § 305 AktG in einem ähnlichem Zusammenhang etwa *Adolff/Tieves*, BB 2003, S. 797, (802); *Schlitt*, ZIP 2004, S. 533, (538); *Pluskat*, BKR 2007, S. 54, (57).

trags keinen Anlass, das formale Einzelfallkriterium in § 30 Abs. 2 S. 1, 2. Hs. WpÜG aufzuweichen. Es liegt vielmehr auf der Hand, dass entsprechende Konstellationen keine praktische Bedeutung haben. In Ausnahmefällen dürften der Anwendung der Zurechnungsvorschrift zumindest speziellere Regelungen entgegenstehen.

c) Vergleichbare Fallgestaltungen

Die vorangehenden Überlegungen lassen sich bei genauer Betrachtung noch weiter verallgemeinern. Die Kritik, die insoweit an der Einzelfallausnahme der Vorschrift geübt wird, beruht offenbar auf einem grundsätzlichen Missverständnis: Dass der Zurechnungsmechanismus einmalige Absprachen über schwerwiegende Strukturmaßnahmen nicht zu berücksichtigen vermag, muss keineswegs als *planwidrige* Regelungslücke gedeutet werden. Dieser Umstand ist vielmehr schon deshalb unbedenklich, weil systematisch gar kein Bedürfnis dafür besteht. Dies macht man sich am besten klar, wenn man abermals den originären Anwendungsbereich der Regelung in den Blick nimmt. Wie schon dargelegt wurde, setzen die Pflichtangebotsregeln konzeptionell an der Eingangsschwelle zur Konzernbildung an[996]. Stimmrechtszurechnungen nach § 30 Abs. 2 WpÜG werden daher regelmäßig relevant, wenn sich (noch) kein einzelner beherrschender Großaktionär einer Gesellschaft herausgebildet hat. Die Regelung dürfte mit anderen Worten schon bei einer *allmählichen* Verfestigung von Kontrollstrukturen zur Anwendung kommen. Finden dagegen außergewöhnlich schwerwiegende Struktureingriffe in die Gesellschaft statt, weist dies typischerweise auf eine fortgeschrittene Phase der Konzernierung hin. Gewöhnlich existiert in diesen Fällen bereits ein kontrollierender (Mehrheits-)Aktionär im Unternehmen. Um ein Pflichtangebot zu begründen, kommt es dann auf die Möglichkeit einer Zurechnung von Stimmrechten aus § 30 Abs. 2 WpÜG nicht mehr an. Paradigmatisch für solche Maßnahmen dürften neben Beherrschungsverträgen auch Verschmelzungen oder Spaltungen nach dem Umwandlungsrecht, der Rückzug eines Unternehmens vom Börsenhandel[997], Eingliederungen i.S.d. §§ 319 f. AktG oder ein Squeeze-Out i.S.d. § 327a AktG sein. In all diesen Situationen werden in betroffenen Gesellschaften hoch konzentrierte Aktionärsstrukturen die Regel, die Existenz mehrerer unabhängiger Minderheitsbeteiligungen dagegen die Ausnahme sein.

Vor diesem Hintergrund lässt sich kaum behaupten, dass das Einzelfallkriterium des Zurechnungskonzepts in § 30 Abs. 2 WpÜG nennenswerte Schutzlücken

---

[996] Vgl. zu den funktionellen Schnittmengen schon eingangs, 3. Kap., B., IV.

[997] Vgl. zu den gesellschaftsrechtlichen Voraussetzungen eines solchen „regulären Delisting" BGH, ZIP 2003, S. 387 ff. („Macrotron"); dazu etwa *Adolff/Tieves*, BB 2003, S. 797 ff.; *Schlitt*, ZIP 2004, S. 533 ff.; *Pluskat*, BKR 2007, S. 54, (57).

entstehen lässt. Auch in dieser Hinsicht geht die von der Literatur vorgebrachte Kritik bei näherer Betrachtung vielmehr ins Leere. Es ist daher festzuhalten, dass die Handhabung des Acting in Concert, die im Rahmen dieser Arbeit entwickelt worden ist, jedenfalls in aller Regel zu sachgerechten Ergebnissen führt.

3. Der neuralgische Punkt: Koordinierte Aufsichtsratsbesetzung

Wie die vorangegangenen Beispiele nahe legen, wirft die Regelung des § 30 Abs. 2 WpÜG zahlreiche praktische Zweifelsfälle auf. Alle denkbaren Konstellationen auch nur ansatzweise zu beleuchten, ist an dieser Stelle freilich nicht möglich. Unverkennbar ist aber, dass eine Frage in der hiesigen Debatte herausragt – nämlich jene nach den Zurechnungsfolgen von Stimmrechtsabsprachen bei der Bestellung des Aufsichtsrats. In der Tat bilden Aufsichtsratswahlen die wohl häufigste Fallgestaltung, der sich das übernahmerechtliche Konzept des Acting in Concert in der Praxis gegenübersieht. Weshalb derartige Fälle besonders brisant sind, sollte die bisherige Untersuchung bereits vor Augen geführt haben: Aufsichtsratsmitglieder befinden sich aufgrund der Organisationsverfassung des Aktienrechts in einer ambivalenten Position. Sie nehmen zum einen – dem Leitbild des § 111 AktG entsprechend – unerlässliche Überwachungsaufgaben im Interesse des Unternehmens wahr. Zum anderen entscheiden sie gemäß § 84 AktG über die Zusammensetzung des Vorstands und damit indirekt auch über dessen zukünftige Geschäftspolitik. Dieser Zwiespalt setzt sich bei der rechtlichen Würdigung von Aktionärsverständigungen über die Organbestellung fort: Betont man die den Aufsichtsratsmitgliedern gesetzlich zugedachte Unabhängigkeit, erscheint es bereits fragwürdig, diesbezügliche Stimmrechtsabsprachen überhaupt Kontrollrelevanz beizumessen. Legt man den Akzent dagegen auf die Personalkompetenz des Organs, führt kein Weg daran vorbei, derartige Abstimmungen als Musterbeispiel eines Acting in Concert anzusehen. Ihre normative Bewertung bereitet daher erhebliche Schwierigkeiten. Es verwundert insofern kaum, dass die Meinungen über die Reichweite der Zurechnung in dieser Frage besonders stark auseinander gehen. Während einige Stellungnahmen Stimmrechtsabsprachen über die Bestellung von Aufsichtsratsmitgliedern schon grundsätzlich nicht als tatbestandsmäßig i.S.d § 30 Abs. 2 S. 1 WpÜG qualifizieren wollen[998], erblicken andere darin regelmäßig eine Verhaltensabstimmung in „Einzelfällen"[999]. Wieder andere Stimmen in der Literatur bewerten derartige Abreden schließlich als durchaus kontrollrele-

---

[998] Vgl. etwa *Diekmann*, in: VGR, Gesellschaftsrecht 2005, S. 69, (92); im Ansatz auch BGH, BB 2006, S. 2432, (2435) (WMF).

[999] *Pittroff*, Zurechnung, S. 314; *Stille*, Abstimmungsvereinbarungen, S. 107 f.; .); *Pluskat*, DB 2009, S. 383, (386).

vant[1000]. Die entscheidende Frage lautet dann freilich, wie Abstimmungen über die Bestellung mehrerer Organmitglieder bzw. über Wahlen in mehreren Hauptversammlungen[1001] in der Praxis zu behandeln sind.

Obwohl Absprachen über die Besetzung von Verwaltungsorganen ein zentrales Problem der Anteilszurechnung darstellen, enthält die EU-Übernahmerichtlinie insofern keine weiterführenden Aussagen. Wie schon erörtert wurde, berücksichtigt das in Art. 5 Abs. 1, Art. 2 Abs. 1 lit. d ÜRL gewählte Regelungsmodell lediglich Abstimmungen über den Erwerb von Aktien. Eine wertvolle Hilfestellung vermag aber die Rechtslage im Vereinigten Königreich zu geben. Ein Blick auf die Vorschriften des britischen City Code zeigt, dass eine differenzierte Betrachtungsweise zu überzeugenden Ergebnissen führen kann. Im City Code wird in Note 2 zu Rule 9.1 CC ausdrücklich danach unterschieden, ob durch das koordinierte Vorgehen bei der Organbesetzung die Kontrolle über die Verwaltung der Gesellschaft erlangt werden soll (sog. „board control-seeking proposal“). Ist dies der Fall, wird ein Acting in Concert widerleglich vermutet[1002]. Zur Bestimmung der fraglichen Kontrollrelevanz von Bestellungsvorschlägen sind verschiedene Faktoren vorgesehen. Interessanter als der maßgebliche Inhalt der einschlägigen Kriterien ist für den Rechtsvergleich[1003] jedoch die Art und Weise, wie diese untereinander gewichtet werden: Ausschlaggebend für die Qualifizierung ist in erster Linie nämlich nicht die Anzahl der zu besetzenden Mandate, sondern vielmehr die Existenz eines spezifischen Näheverhältnisses zwischen der Aktionärskoalition und den vorgeschlagenen Kandidaten[1004]. Nur wenn – und soweit – eine solche Beziehung besteht, kommt es auf den Umfang der getroffenen Absprachen überhaupt an. Anderenfalls scheidet ein Acting in Concert von vornherein aus.

[1000] Vgl. etwa *v. Bülow/Bücker*, ZGR 2004, S. 669, (714); *Schüppen/Walz*, Frankfurter-Komm/ WpÜG, § 30 Rn. 69; *Lange*, ZBB 2004, S. 22, (27); *Saenger/Kessler*, ZIP 2006, S. 837, (842).

[1001] Virulent wird dies vor allem im Falle sukzessiver Aufsichtsratswahlen, vgl. die Anregung unter 5.4.6 des DCGK.

[1002] Vgl. *Pearson/Adams*, in: Button, Practitioner's Guide, S. 128; *Davies*, Company Law, S. 730. Damit eine Angebotspflicht ausgelöst wird, bedarf es aber auch hier eines zusätzlichen Aktienerwerbs, vgl. 4. Kap., B., III., 2.

[1003] Freilich bestehen zwischen dem „board-Modell“ der englischen public company und der dualistischen Binnenorganisation deutscher Aktiengesellschaften mitunter erhebliche Unterschiede, vgl. dazu aus rechtsvergleichender Perspektive etwa *Fleischer*, in: FS Heldrich, S. 597 ff.

[1004] Vgl. Note 2 on Rule 9.1 CC, (a): Relevant sind danach (i) (vor-)bestehende Vertragsverhältnisse zwischen den Kandidaten und einem Beteiligten der Abstimmung, (ii) Vereinbarungen zwischen diesen Parteien, die sich auf die vorgeschlagene Besetzung beziehen, sowie (iii) separate Vergütungsleistungen an einen Kandidaten; dazu auch *Löhdefink*, Acting in Concert, S. 335 f.

Diese Weichenstellung lässt sich auch für die Beurteilung von Stimmrechtsvereinbarungen im deutschen Recht fruchtbar machen. Absprachen über die Bestellung von Aufsichtsratsmitgliedern gemäß § 119 Abs. 1 Nr. 1 AktG sind im Ausgangspunkt ein geeignetes Instrument der Anteilseigner, um eine qualifizierte Überwachung der Unternehmensführung sicherzustellen. Sie vermitteln auch abstraktes Kontrollpotential. Für sich genommen spiegeln sie jedoch nur die Wahrnehmung legitimer Vermögensinteressen wider. Einen konkreten Kontrollbezug erhalten derartige Verständigungen erst, wenn das Risiko hinzutritt, dass die berufenen Mandatsträger nach den Vorgaben dahinter stehender Aktionäre handeln werden. Dieser „Lagergedanke", der den Regelungen des City Code zugrunde liegt, erscheint interessengerecht[1005]. Teilt man eine solche Einschätzung, besteht aber kein Bedürfnis, in diesem Bereich von den allgemeinen Auslegungsgrundsätzen des § 30 Abs. 2 WpÜG abzugehen, die oben entwickelt worden sind. Die einmalige Abstimmung über die Bestellung des Aufsichtsrats löst danach grundsätzlich keine Zurechnung aus. Dies gilt völlig unabhängig von der Zahl der jeweils zu besetzenden Mandate. Selbst im Falle einer Verständigung über sämtliche Aufsichtsratsposten der Anteilseigner ist eine Stimmrechtszurechnung kraft Acting in Concert nicht erforderlich, solange die Kooperation nur auf einem punktuellen Willensentschluss der Beteiligten beruht[1006].

Den nahe liegenden Gefahren der Personalentscheidungsgewalt aus § 119 Abs. 1 Nr. 1 AktG wird aber dadurch Rechnung getragen, dass der Tatbestand des § 30 Abs. 2 WpÜG auch auf Absprachen über faktische Einwirkungen auf die Verwaltungsorgane Anwendung findet. Eine Ausweitung dieser Art ist erforderlich. Wie eingehend dargelegt wurde[1007], drohen den Minderheitsaktionären der Zielgesellschaft gerade in solchen Fällen erhebliche ökonomische Einbußen. Verabreden die beteiligten Anteilseigner eine gebündelte Einflussnahme auf die gewählten Aufsichtsratsmitglieder – sei es im Rahmen der Wahl des Vorstands oder zur Umsetzung geschäftspolitischer Entscheidungen –, greift die Zurechnung daher ein. Eine solche Sichtweise klingt nunmehr auch in der Regierungsbegründung zur Reformierung der Regelung im Rahmen des Risikobegrenzungsgesetzes an[1008]. Für die (bislang) herrschende Meinung, die beharrlich an

---

[1005] Ähnlich *Casper/Bracht*, NZG 2005, S. 839, (840); *Löhdefink*, Acting in Concert, S. 337.

[1006] Im Ergebnis ebenso etwa *v. Bülow/Bücker*, ZGR 2004, S. 669, (714).

[1007] Vgl. schon 4. Kap., B., V., 5., a), (4).

[1008] Vgl. Begr. RegE, BT-Drucks. 16/7438, S. 11: „[N]icht jede in der Praxis übliche Abstimmung über die Besetzung des Aufsichtsrats [hat] eine Stimmrechtszurechnung zur Folge [...] ebenso wenig [...] die Wahl des Aufsichtsratsvorsitzenden. Bei der Abstimmung über die Auswechselung mehrerer Aufsichtsratsmitglieder ist darauf abzustellen, ob mit dieser Maßnahme konkrete unternehmerische oder finanzwirtschaftliche Entscheidungen beabsichtigt werden."

der Beschränkung des Acting in Concert auf Stimmrechtsabsprachen festhält, ist diese Lösung freilich verstellt. Wer die Reichweite der Zurechnungsregelung unnötigerweise derart verkürzt, kann allenfalls auf eine Gesamtabwägung der Einzelfallumstände zurückgreifen[1009]. Weitere Abgrenzungsprobleme im Hinblick auf die Durchführung von Block- bzw. Einzelwahlen des Aufsichtsrats, den Turnus der Wahlen oder die Quote der zu besetzenden Mandate bleiben dann jedoch nicht erspart. Das überzeugendere und – wie die erörterten Beispiele verdeutlicht haben – geschlossenere Konzept bietet somit das vorliegende Modell.

D. Personeller Anwendungsbereich

Bislang wurde der Frage nachgegangen, unter welchen sachlichen Voraussetzungen von einer Zurechnung kraft Acting in Concert gemäß § 30 Abs. 2 WpÜG ausgegangen werden kann. Zu klären bleibt deshalb noch, wer in einem solchen Fall überhaupt zur Abgabe eines Pflichtangebots verpflichtet ist. Diese Frage mag zunächst banal erscheinen. Sie wird für die Beteiligten eines Acting in Concert jedoch regelmäßig von umso größerem Interesse sein. Das Gesetz spricht in § 35 Abs. 2 WpÜG lediglich davon, dass im Falle der Kontrollerlangung durch den „Bieter“ ein Pflichtangebot zu veröffentlichen ist. Beruht der Kontrollerwerb auf einer Stimmrechtszurechnung nach § 30 Abs. 2 WpÜG, kommen jedoch naturgemäß mehrere Angebotspflichtige in Betracht. Das heißt keineswegs, dass jegliche Beteiligung an einer zurechnungsbegründenden Abstimmung zwangsläufig zu einer Angebotspflicht führen muss. Ebenso wenig ist insoweit entschieden, ob grundsätzlich schon die Auslegung eines einzigen Angebots den gesetzlichen Anforderungen des § 35 WpÜG genügt. Im Folgenden ist der personelle Anwendungsbereich der Regelung daher näher zu untersuchen.

I. Mögliche Normadressaten

Allgemeine Voraussetzungen an den Personenkreis, an den sich die Angebotspflicht nach § 35 WpÜG i.V.m. §§ 29 f. WpÜG richten kann, stellt das WpÜG nicht. Dies ergibt sich vor allem aus der Systematik des Gesetzes. Wie schon festgehalten wurde, geht das WpÜG insofern einen anderen Weg als die strukturell verwandten Regelungen des Konzernrechts. Während letztere an das zentrale Tatbestandsmerkmal des „Unternehmens“ in § 17 AktG anknüpfen, beziehen sich die Pflichtangebotsvorschriften des WpÜG auf den Begriff des „Bieters“.

[1009] Vgl. vor allem den Standpunkt von *Schüppen/Walz*, FrankfurterKomm/WpÜG, § 30 Rn. 69.

Inhaltliche Einschränkungen sind damit jedoch nicht verbunden. Nach der Legaldefinition in § 2 Abs. 4 WpÜG kann ein „Bieter" vielmehr jede natürliche oder juristische Person oder Personengesellschaft sein, die allein oder gemeinsam mit anderen Personen ein Angebot abgibt, ein solches beabsichtigt oder zur Abgabe verpflichtet ist. „Bieter" im Rahmen des § 35 Abs. 2 WpÜG ist mit anderen Worten jeder, der aufgrund der §§ 29 f. WpÜG die maßgebliche Kontrollschwelle von 30% der Stimmrechte an der Zielgesellschaft durchbricht. Qualifizierende Voraussetzungen für die Angebotspflicht können daher nur aus den Regelungen folgen, die im Einzelnen auf die Legaldefinition Bezug nehmen.

1. Der Bieterbegriff des § 30 Abs. 2 S. 1 WpÜG

Auch die Vorschrift des Acting in Concert in § 30 Abs. 2 S. 1 WpÜG greift auf den Begriff des „Bieters" zurück. Gerade weil die Legaldefinition in § 2 Abs. 4 WpÜG konturenlos ist, verwundert allerdings die Art und Weise, in der ihn die Regelung verwendet. In § 30 Abs. 2 S. 1 WpÜG heißt es nämlich, dass eine Zurechnung von Stimmrechten eines „Dritten" stattfindet, „mit dem der *Bieter* oder sein Tochterunternehmen sein Verhalten [...] abstimmt". Dies impliziert, dass die Person des Bieters unabhängig von der Zurechnung bereits feststeht[1010]. Genau das ist jedoch regelmäßig nicht der Fall[1011]. Wie soeben dargelegt, besagt § 2 Abs. 4 WpÜG gerade das Gegenteil: Die materiellen Pflichtangebotsregeln und damit auch die Stimmrechtszurechnung kraft Acting in Concert müssen ihrerseits Aufschluss darüber geben, wer im konkreten Fall „Bieter" ist. Das Gesetz enthält an dieser Stelle mithin einen klassischen Zirkelschluss: Im Kontext des § 35 WpÜG bezeichnet § 30 Abs. 2 WpÜG denjenigen als „Bieter", der ein Angebot zu unterbreiten hat. Wen eine solche Pflicht trifft, beurteilt sich jedoch danach, ob diesem Stimmrechte gemäß § 30 Abs. 2 WpÜG zugerechnet werden[1012]. Die Regelung nimmt das Ergebnis der Zurechnung somit systemwidrig vorweg.

Dass der Gesetzeswortlaut insoweit irreführend ist, zeigt sich auch noch an einem anderen Aspekt. So spricht § 30 Abs. 2 S. 1 WpÜG ausdrücklich davon, dass „der Bieter *sein* Verhalten [mit demjenigen des Dritten]" abstimmen müsse. Diese Formulierung erweckt den Eindruck, als müsse sich gerade das Verhalten des

[1010] *Stille*, Abstimmungsverhalten, S. 78 f.; *Pentz*, ZIP 2003, S. 1478, (1479); *Lange*, ZBB 2004, S. 22, (26); *Pittroff*, Zurechnung, S. 284; *v. Bülow*, in: KK/WpÜG, § 30 Rn. 107.

[1011] Ausnahmsweise denkbar ist freilich, dass ein Beteiligter eines Acting in Concert die Kontrollschwelle in § 29 Abs. 2 WpÜG bereits unabhängig von einer möglichen Stimmrechtszurechnung aus § 30 Abs. 2 WpÜG durchbricht.

[1012] So zu Recht schon *Pentz*, ZIP 2003, S. 1478, (1487).

Bieters nach den Vorgaben des Dritten orientieren – und nicht andersherum[1013]. Der umgekehrte Fall, eine Verhaltensausrichtung des Dritten an dem Bieter, wäre demzufolge nicht zurechnungsbegründend. Ein solches Verständnis liefe der ratio legis, den tatsächlichen Kontrollinhaber zu einem Angebot zu verpflichten, allerdings klar zuwider.

Der Wortlaut von § 30 Abs. 2 S. 1 WpÜG lässt sich vor diesem Hintergrund nur als redaktionelles Versehen erklären. Darauf weist insbesondere der Vergleich mit § 2 Abs. 5 S. 1 WpÜG hin. Im Rahmen dieser Regelung, die nach den Gesetzesmaterialien des WpÜG mit § 30 Abs. 2 S. 1 WpÜG weitgehend übereinstimmen sollte[1014], ist von Beteiligten die Rede, „die *ihr* Verhalten [...] mit dem Bieter" untereinander abstimmen. Das Gesetz bedient sich hier also gerade der umgekehrten Ausdrucksweise. Da für diese sprachliche Unterscheidung aber kein plausibler Grund ersichtlich ist, muss man davon ausgehen, dass der Gesetzgeber in beiden Fällen dasselbe meinte. Offenbar kam es ihm nicht auf die Art und Weise der Abstimmung, sondern lediglich auf den Abstimmungsprozess als solchen an[1015]. Erkennt man diesen Zusammenhang, kann der Gesetzestext von § 30 Abs. 2 S. 1 WpÜG aber keine Bedeutung für die Eingrenzung des Kreises möglicher Zurechnungsadressaten haben. Die Zurechnung und damit auch die Angebotspflicht scheint vielmehr im Grundsatz jeden Beteiligten einer Abstimmung unterschiedslos zu betreffen. Daraus lässt sich ableiten, dass die Begriffe des „Bieters" und des „Dritten" in § 30 Abs. 2 S. 1 WpÜG letztlich austauschbar sind[1016].

2. Beteiligung von Nichtaktionären

Wenngleich § 30 Abs. 2 S. 1 WpÜG nicht ausdrücklich erkennen lässt, wer Adressat der Zurechnung ist, könnte man jedoch auf den Gedanken kommen, dass die Regelung zumindest ungeschriebene Tatbestandsmerkmale enthält. In dieser Hinsicht wird häufig diskutiert, ob es Voraussetzung für eine Stimmrechtszurechnung kraft Acting in Concert sei, dass die jeweiligen Beteiligten selbst (mittelbare) Aktionäre der Zielgesellschaft sind. Diese Fragestellung lässt sich an einem einfachen *Beispiel* verdeutlichen: Wenn sich der Nichtaktionär *A* mit *B* und *C* – die beide Stimmrechte in Höhe von 20% an der *X-AG* halten – zu einem Stimmenpool zusammenschließt, können ihm dann die Anteile der Anderen über § 30 Abs. 2 WpÜG zugerechnet werden?

[1013] *v. Bülow*, in: KK/WpÜG, § 30 Rn. 107; *Diekmann*, in: Baums/Thoma, WpÜG, § 30 Rn. 70.

[1014] Vgl. ausführlich zum Verhältnis beider Regelungen schon 4. Kap., B., II., 2., b).

[1015] Ebenso *Pentz*, ZIP 2003, S. 1478, (1480 f.); *Casper*, ZIP 2003, S. 1469, (1474); *Löhdefink*, Acting in Concert, S. 248; vgl. auch schon 4. Kap., A., III.

[1016] Im Ergebnis ebenso *Noack*, in: Schwark, Kapitalmarktrecht, § 30 WpÜG Rn. 12, 15 f.

Das Meinungsbild im Schrifttum ist insofern nicht ganz eindeutig. Teilweise ist zu beobachten, dass die Frage nach dem Erfordernis der Aktionärseigenschaft zusammen mit dem Problem behandelt wird, ob eine Verhaltensabstimmung nach § 30 Abs. 2 WpÜG auch über eine zwischengeschaltete Beteiligungsgesellschaft in Betracht kommt[1017]. Eine solche Vermengung ist indes wenig hilfreich. Inwieweit eine Stimmrechtszurechnung kraft Acting in Concert bei mehrstufigen Beteiligungsstrukturen denkbar erscheint, ist eine Spezialfrage[1018]. Von viel allgemeinerer Bedeutung ist aber, ob eine Zurechnung nach § 30 Abs. 2 WpÜG überhaupt bei Nichtaktionären eingreifen kann. Dieser Gesichtspunkt erschöpft sich – wie schon das obige Beispiel zeigt – keineswegs in der Problematik von Zwischengesellschaften und sollte daher gesondert beurteilt werden.

Unerheblich für diese Beurteilung ist zunächst die umstrittene Frage, ob Nichtaktionäre überhaupt rechtsverbindliche Stimmrechtsvereinbarungen eingehen können[1019]. Wie bereits dargelegt wurde, kommt es nach dem Schutzzweck der Regelung nicht auf die Wirksamkeit der zugrunde liegenden Vereinbarung an. Entscheidend sind nur deren faktische Konsequenzen[1020]. Selbst wenn man von der Nichtigkeit entsprechender Stimmrechtsabreden ausginge, stünde dies einer Stimmrechtszurechnung an Nichtaktionäre aus § 30 Abs. 2 S. 1 WpÜG folglich nicht entgegen. Einen Anhaltspunkt dafür, dass eine solche Zurechnung jedenfalls eine mittelbare Aktionärsstellung der Beteiligten voraussetzt, könnte jedoch der Gesetzeswortlaut liefern. Die Vorschrift spricht davon, dass der Bieter „*sein* Verhalten“ abstimmen muss. Daraus könnte man ableiten, dass die Regelung eine – wie auch immer geartete – Verfügungsmöglichkeit über Stimmrechte bei jedem Beteiligten verlangt. Auf diesem Standpunkt stehen in der Tat einige Stimmen in der Literatur[1021]. So wird bisweilen argumentiert, dass derjenige, der keine eigenen Einwirkungsmöglichkeiten auf die Stimmrechtsausübung habe, „sein

[1017] Dies wird besonders deutlich bei *Schneider*, WM 2006, S. 1321, (1323), *ders.*, ZGR 2007, S. 440, (448), der *Liebscher*, ZIP 2002, S. 1005, (1012) und *v. Bülow*, in: KK/WpÜG, § 30 Rn. 120, für den Standpunkt zitiert, dass eine Stimmrechtszurechnung die (mittelbare) Aktionärsstellung an der Zielgesellschaft zwingend voraussetze. Beide Autoren behandeln an den bezeichneten Stellen jedoch ausdrücklich nur die spezielle Frage der Zurechnung bei Beteiligungsgesellschaften.

[1018] Vgl. noch ausführlich unten, 4. Kap., E., III.

[1019] Dafür im Grundsatz etwa *Zöllner*, ZHR 155 (1991), S. 168, (180 f.); ähnlich *Zutt*, ZHR 155 (1991), S. 190, (207); dagegen *Habersack*, ZHR 164 (2000), S. 1, (12) und *Hüffer*, AktG, § 133 Rn. 27, unter Verweis auf das aktienrechtliche Abspaltungsverbot in § 8 Abs. 5 AktG.

[1020] Vgl. schon 4. Kap., A., II.

[1021] So ausdrücklich etwa *Pittroff*, Zurechnung, S. 290 f.; *Stille*, Abstimmungsverhalten, S. 91 f.; in diese Richtung auch *v. Bülow/Bücker*, ZGR 2004, S. 669, (711).

Verhalten“ auch nicht in relevanter Weise abstimmen könne. Es fehle in diesem Fall nämlich an dem erforderlichen „Substrat“[1022] der Verhaltensabstimmung.

Was bei einer solchen Argumentation übersehen wird, ist allerdings die Tatsache, dass der Wortlaut der Regelung insgesamt unergiebig ist. Auf die sprachlichen Schwächen, die in § 30 Abs. 2 S. 1 WpÜG auftreten, wurde soeben ausführlich eingegangen[1023]. Allein aufgrund des Gesetzeswortlauts kann der Anwendungsbereich der Regelung deshalb nicht eingeschränkt werden. Abgesehen von der irreführenden Formulierung des Gesetzes spricht jedoch eine Reihe von Gründen für die Einbeziehung von Nichtaktionären. Hierfür lässt sich zunächst die historische Auslegung der Norm anführen. Während die Vorgängervorschrift in § 22 Abs. 1 Nr. 3 WpHG a.F. noch die Zurechnung der „einem Dritten *gehörenden* Aktien“ anordnete[1024], verzichtet § 30 Abs. 2 S. 1 WpÜG nunmehr auf ein restriktives Merkmal dieser Art. Darin kommt abermals der Wille des Gesetzgebers zum Ausdruck, den Umfang der Stimmrechtszurechnung durch die Novellierung der Regelung auszudehnen[1025]. Auch die Systematik der Pflichtangebotsregeln deutet in diese Richtung: Sämtliche Tatbestandsvarianten in § 30 Abs. 1 S. 1 WpÜG, aber auch § 35 Abs. 1 WpÜG und die Befreiungsvorschrift des § 9 S. 2 Nr. 3 WpÜG-AV gehen ganz selbstverständlich von der Möglichkeit aus, dass Zurechnungsadressaten im Einzelfall keine eigenen Aktien an der Zielgesellschaft halten. Weshalb ausgerechnet für die Stimmrechtszurechnung nach § 30 Abs. 2 S. 1 WpÜG Gegenteiliges gelten sollten, ist nicht ersichtlich.

Beurteilt man die Frage schließlich aus teleologischer Sicht, so erscheint eine Ausdehnung der Zurechnung auf Nichtaktionäre sogar geboten. Der Schutzzweck der Regelung erfordert, demjenigen Stimmrechte zuzurechnen, der rechtliche oder faktische Einflussmacht auf das Verhalten anderer Aktionäre besitzt. Ob der Betreffende selbst entsprechende Aktien an der Zielgesellschaft hält, kann dabei keine Rolle spielen. Im Gegenteil, eine Anwendung der Regelung ist gerade dann notwendig, wenn Nichtaktionäre beteiligt sind. Worin das gesteigerte Bedürfnis für eine Stimmrechtszurechnung in solchen Fällen liegt, führt die ökonomische Analyse der Vorschrift klar vor Augen: Sie hat gezeigt, dass die Regelung ineffiziente Transaktionen verhindern kann, die auf einer Externalisierung von Kosten zu Lasten des Unternehmenswerts beruhen würden[1026]. Dieser gesamtwirtschaftlich nachteilige Externalisierungsanreiz ist – wie die theoretische

---

[1022] In diesem Sinne beispielsweise *v. Bülow/Bücker*, ZGR 2004, S. 669, (710 f.).

[1023] Vgl. 4. Kap., D., I., 1.

[1024] Vgl. dazu nur *Burgard*, BB 1995, S. 2069, (2075); freilich war schon unter der Geltung von § 22 Abs. 1 Nr. 3 WpHG a.F. anerkannt, dass die Parteien einer Vereinbarung nicht zwangsläufig selbst Aktien der Gesellschaft halten mussten.

[1025] Vgl. insoweit bereits 4. Kap., B., II., 3., a).

[1026] Allgemein dazu 4. Kap., B., V., 4., a).

Modellierung ebenfalls veranschaulicht hat[1027] – umso höher, je größer die voraussichtlichen Sondervorteile eines potentiellen Erwerbers wären und je niedriger zugleich die anteilig von ihm zu tragenden Wertverluste der Zielgesellschaft ausfallen würden. Letzteres ist im vorliegenden Zusammenhang von entscheidender Bedeutung. Hält ein potentieller Kontrollerwerber nämlich keine – wenn auch nur mittelbare – Beteiligung an der Zielgesellschaft, ist sein Anreiz zur Externalisierung von Kosten am größten. Dementsprechend wäre auch das Risiko einer gesamtwirtschaftlich ineffizienten Transaktion in diesem Fall besonders hoch. Im *Einleitungsbeispiel* etwa kann der Nichtaktionär *A* mit jedem vermögenswerten Sondervorteil, den er aufgrund der Einflussnahmemöglichkeiten über den Stimmenpool mit *B* und *C* aus der *X-AG* ziehen kann, seinen Eigennutzen steigern. Etwaige daraus resultierende Werteinbußen der Gesellschaft wirken sich für ihn nicht wohlstandsmindernd aus.

Eine Auslegung der Regelung des § 30 Abs. 2 WpÜG, die am Effizienzziel ausgerichtet ist, darf die Beteiligung von Nichtaktionären an Stimmrechtsabsprachen deshalb nicht ausblenden. Da gerade von ihnen das meiste Schädigungspotential ausgeht, sollte sich die Disziplinierungswirkung des Pflichtangebots auch auf diese erstrecken. Dagegen lässt sich auch nicht überzeugend einwenden, dass ein solches Verständnis an die Grenzen des Gesetzeswortlauts stößt[1028]. Die Bestimmung in § 30 Abs. 2 S. 1 WpÜG muss ohnehin funktional ausgelegt werden, um sinnvolle Anwendungsergebnisse zu liefern[1029]. Es wäre ein reiner Formalismus, den Zurechnungsmechanismus von der Aktionärseigenschaft der jeweiligen Abstimmungspartei abhängig zu machen. Dann könnte das Eigentum an einer einzigen Aktie der Zielgesellschaft letztlich darüber entscheiden, ob eine Stimmrechtszurechnung kraft Acting in Concert stattfindet oder nicht. Der beabsichtigte Umgehungsschutz wäre insofern ad absurdum geführt. Aus diesem Grund muss sich der personelle Anwendungsbereich von § 30 Abs. 2 S. 1 WpÜG grundsätzlich auch auf Nichtaktionäre beziehen. Im *Beispielsfall* sind *A* folglich die Stimmrechte von *B* und *C* in voller Höhe zuzurechnen, soweit die übrigen Tatbestandsvoraussetzungen vorliegen.

II. Wechselseitige oder qualifizierte Zurechnung?

Als Zwischenbilanz kann bislang festgehalten werden, dass sich aus § 30 Abs. 2 S. 1 WpÜG keine Eingrenzung des Kreises möglicher Zurechnungsadressaten ergibt. Im Grundsatz geht die Regelung offenbar von dem Prinzip der wechsel-

---

[1027] Vgl. 4. Kap., B., V., 4., c), (2).

[1028] So der Sache nach aber *Pittroff*, Zurechnung, S. 290.

[1029] Vgl. nochmals 4. Kap., D., I., 1.

seitigen Zurechnung aus[1030]. Dies allein rechtfertigt allerdings noch nicht die Annahme, dass in jedem Fall allen Beteiligten einer Abstimmung Stimmrechte zuzurechnen sind. Es sind vielmehr auch Konstellationen denkbar, in denen die daraus folgende Konsequenz – die Verpflichtung jeder Partei zur Abgabe eines gesonderten Pflichtangebots – unzweckmäßig erscheinen könnte. Ein solcher (Ausnahme-)Fall liegt zumindest dann nahe, wenn eine Verhaltensabstimmung ausschließlich im Interesse einer oder einzelner Parteien der Gruppe erfolgt. Dafür kann es verschiedene Gründe geben: sei es, dass einem Beteiligten im Innenverhältnis ein Weisungsrecht zusteht, dass das Mehrheitsprinzip zugrunde gelegt wird und eine Partei die interne Stimmenmehrheit besitzt, oder dass die Kooperation im Einzelfall auf der Drohung eines Beteiligten[1031] beruht.

In all diesen Fällen verfügen die jeweils begünstigten Parteien über die Möglichkeit, ihre Interessen gegen die anderen Beteiligten durchzusetzen. Sie allein erscheinen als tatsächliche Inhaber der Gesellschaftskontrolle. Deshalb könnte man in Betracht ziehen, den Umfang der Stimmrechtszurechnung nach § 30 Abs. 2 S. 1 WpÜG in einer solchen Situation entsprechend einzuschränken. „Bieter" und Adressat der Pflichten aus § 35 WpÜG wäre dann nur, wer auch faktisch in der Lage ist, über die Verhaltensausrichtung der Beteiligten im Hinblick auf die Zielgesellschaft zu entscheiden. Die übrigen Abstimmungsteilnehmer wären in diesem Fall von der Stimmrechtszurechnung entbunden.

Ein solcher Vorschlag ist bereits von verschiedener Seite unterbreitet worden[1032]. Er hat in der Literatur allerdings keine ungeteilte Zustimmung erfahren. Im Wesentlichen finden sich zwei Gegenauffassungen: Um das Erfordernis mehrerer Pflichtangebote zu vermeiden, wird gelegentlich auch der Ansatz vertreten, die Zurech-

---

[1030] Dies entspricht einhelliger Auffassung, vgl. *v. Bülow*, in: KK/WpÜG, § 30 Rn. 141; *Steinmeyer/Häger*, WpÜG, § 30 Rn. 70; *Schüppen/Walz*, in: FrankfurterKomm/WpÜG, § 30 Rn. 61.

[1031] Die mangelnde Freiwilligkeit einer Partei schließt eine Verhaltensabstimmung i.S.d. § 30 Abs. 2 WpÜG nicht aus, vgl. *Pentz*, ZIP 2003, S. 1478, (1486). Die entscheidende Frage ist vielmehr auch hier, inwieweit der Bedrohte selbst Zurechnungsadressat sein kann. Der BGH zieht die Grenze bei der Schwelle des § 123 BGB: Wer nicht widerrechtlich i.S.d. § 123 BGB bedroht werde, sei grundsätzlich auch als Zurechnungsadressat anzusehen, vgl. BGH, BB 2006, S. 2432, (2433) (WMF); kritisch dazu *Borges*, ZIP 2007, S. 357, (359 f.).

[1032] Vgl. *Casper*, ZIP 2003, S. 1469, (1474); *Pentz*, ZIP 2003, S. 1478, (1488); *Diekmann*, in: Baums/Thoma, WpÜG, § 30 Rn. 87; *ders.*, in: VGR, Gesellschaftsrecht 2005, S. 69, (84 f.); *Lange*, ZBB 2004, S. 22, (26 f.); *Noack*, in: Schwark, Kapitalmarktrecht, § 30 WpÜG Rn. 11 f.; *Schneider*, in: Assmann/Pötzsch/Schneider, WpÜG, § 30 Rn. 112; *v. Bülow/Bücker*, ZGR 2004, S. 669, (698); *Seibt*, ZIP 2004, S. 1829, (1831); *Borges*, ZIP 2007, S. 357, (360).

nung nur beim Inhaber des größten Stimmrechtsanteils eintreten zu lassen[1033]. Diese Lösung würde zwar im Einzellfall zu identischen Ergebnissen führen. Da sich das Innenverhältnis der Parteien aber nicht immer an deren Beteiligungsquote orientieren wird, wäre dies keineswegs zwingend. Eine weitere, stark verbreitete Ansicht im Schrifttum steht sogar auf dem entgegengesetzten Standpunkt. Sie hält das Prinzip der wechselseitigen Zurechnung bei einem Acting in Concert für zwingend. Den §§ 30 Abs. 2 S. 1, 35 WpÜG wird also die Verpflichtung jedes einzelnen Abstimmungsteilnehmers entnommen, ein eigenes Pflichtangebot abzugeben[1034]. Unabhängig von Art und Umfang der jeweiligen Beteiligung sollen demnach sämtliche Stimmrechtsanteile allen Parteien des Abstimmungsvorgangs in voller Höhe zugerechnet werden. Die Folge davon wäre, dass sich die Notwendigkeit mehrerer Pflichtangebote im konkreten Fall nur durch die Befreiung einzelner Teilnehmer gemäß § 37 WpÜG i.V.m. § 9 WpÜG-AV vermeiden ließe. Eine solche Entscheidung würde freilich einen Antrag der Parteien voraussetzen und stünde im Ermessen der BaFin.

Bevor eine ausführliche Auseinandersetzung mit den einzelnen Ansichten stattfindet, soll vorab geklärt werden, ob sich in dieser Hinsicht aus der richtlinienkonformen Auslegung der Norm oder der ökonomischen Analyse weiterführende Erkenntnisse gewinnen lassen.

1. Vorgaben der EU-Übernahmerichtlinie

Anhaltspunkte dazu, wer im Falle eines Acting in Concert ein Pflichtangebot abzugeben hat, könnten sich zunächst aus der EU-Übernahmerichtlinie ergeben. Die gemeinschaftsrechtlichen Vorgaben zum Tatbestand der „gemeinsam handelnden Personen“ in Art. 2 Abs. 1 lit. d ÜRL sind jedoch sehr kursorisch[1035]. Tatsächlich finden sich weder in den Bestimmungen der Richtlinie noch in ihren Erwägungsgründen explizite Aussagen zum Kreis der Angebotsverpflichteten. Vereinzelt wird zwar die Regelung des Art. 2 Abs. 2 ÜRL als Hinweis darauf verstanden, dass die Richtlinie generell von einer wechselseitigen Zurechnungs-

---

[1033] So beispielsweise *Krause*, NJW 2002, S. 705, (713); zustimmend *Hopt*, ZHR 166 (2002), S. 383, (416); *Noack*, in: Schwark, Kapitalmarktrecht, § 35 WpÜG Rn. 23.

[1034] In diese Richtung *Steinmeyer/Häger*, WpÜG 1. Aufl., § 30 Rn. 45; *Pittroff*, Zurechnung, S. 309; *Schüppen/Walz*, in: FrankfurterKomm/WpÜG, § 30 Rn. 61; *v. Bülow*, in: KK/WpÜG, § 30 Rn. 141; *Braun*, NZG 2008, S. 928, (930); *Süßmann*, in: Geibel/Süßmann, WpÜG, § 29 Rn. 31; *Schneider*, in: Assmann/Pötzsch/Schneider, WpÜG, § 30 Rn. 109; *Seibt*, ZIP 2005, S. 729, (735); *Liebscher*, ZIP 2002, S. 1005, (1007); diese Auffassung teilt offenbar auch die BaFin, vgl. *Lenz/Linke*, AG 2002, S. 361, (368); undeutlich OLG Frankfurt, NZG 2004, S. 825 ff. (Pixelpark).

[1035] Vgl. bereits 4. Kap., B., III., 2.

wirkung ausgehe[1036]. Diese Sichtweise greift in ihrer Allgemeinheit jedoch zu kurz. Art. 2 Abs. 2 ÜRL erweitert die Begriffsbestimmung des Art. 2 Abs. 1 lit. d ÜRL lediglich um die Fiktion, dass die von einer anderen Person kontrollierten Rechtsträger als Personen gelten, die gemeinsam miteinander und mit der sie kontrollierenden Person handeln[1037]. Die Bestimmung erfasst damit von vornherein nur einen spezifischen Ausschnitt der Zurechnung: Soweit sie auf den Umfang der Angebotspflicht im nationalen Recht ausstrahlt, geschieht dies offensichtlich nur im Hinblick auf reine Konzernsachverhalte. Anknüpfungspunkt im WpÜG wäre daher allenfalls die Vermutungsregel in § 30 Abs. 1 S. 1 Nr. 1 WpÜG, nicht aber das wesentlich weitreichendere Zurechnungskonzept des § 30 Abs. 2 WpÜG[1038].

a) Ausgangspunkt der Richtlinienbestimmungen

Für die hier interessierende, allgemeine Fallgestaltung eines Acting in Concert bleibt es damit grundsätzlich bei dem Ausgangspunkt des Art. 5 Abs. 1 ÜRL. Danach ist eine „Person", die allein oder aufgrund des Zusammenwirkens einer Gruppe „gemeinsam handelnder Personen" eine kontrollrelevante Anzahl an Stimmrechten der Gesellschaft erwirbt, zur Abgabe eines Angebots verpflichtet. Dieser Befund könnte zweierlei bedeuten. Einerseits wäre es möglich, dass der Richtliniengeber die Problematik der Angebotspflicht bei Mehrpersonenverhältnissen bedacht hat und – stillschweigend – im Sinne einer wechselseitigen Zurechnung an alle Beteiligten regeln wollte[1039]. In diesem Fall müsste man das gemeinschaftsrechtliche Konzept als Mindeststandard verstehen, hinter dem mitgliedsstaatliche Vorschriften nicht zurückbleiben dürften. Folglich wäre jede Lösung im Rahmen des § 30 Abs. 2 WpÜG, nach der eine Zurechnung im Einzelfall (bloß) einseitig erfolgen könnte, mit den Richtlinienvorgaben unvereinbar. Der Vorteil einer derartigen Vereinheitlichung läge sicherlich in einem höheren Maß an Rechtssicherheit. Umfangreiche Ermittlungen der jeweiligen Aufsichtsbehörden, wer im Falle eines abgestimmten Verhaltens zur Abgabe eines Angebots verpflichtet wäre, würden sich insofern erübrigen. Fraglich wäre allerdings, ob diese Interpretation das Anliegen der Richtlinie, lediglich Rahmenbedingungen für die Abwicklung von Übernahmen zu setzen, nicht überschreiten würde.

[1036] So ausdrücklich etwa *Mülbert*, NZG 2004, S. 633, (637).

[1037] Vgl. dazu auch schon 4. Kap., B., III., 2. a.E.

[1038] Für das Erfordernis einer derartigen Erweiterung der Zurechnungsvorschrift des § 30 WpÜG aufgrund von Art. 2 Abs. 2 ÜRL haben insofern insbesondere *Hopt/Mülbert/Kumpan*, AG 2005, S. 109, (111); *Seibt/Heiser*, AG 2006, S. 301, (308) und *Nelle*, ZIP 2006, S. 2057, (2058) plädiert.

[1039] Davon gehen *Mülbert*, NZG 2004, S. 633, (637) und wohl auch *Meyer*, EU-Übernahmerichtlinie, S. 135, aus.

Die andere, wesentlich wahrscheinlichere Möglichkeit besteht deshalb darin, dass die Regelungen in Art. 2 Abs. 1 lit. d, 5 Abs. 1 ÜRL den Mitgliedsstaaten auch in dieser Hinsicht einen erheblichen Umsetzungsspielraum eröffnen. Es wäre kaum verständlich, wenn die Richtlinie den sachlichen Anwendungsbereich der Zurechnungsregelung nahezu offen gelassen[1040], die persönliche Angebotspflicht jedoch abschließend geregelt hätte. Auszugehen ist vielmehr davon, dass die Übernahmerichtlinie differenzierende Lösungen im mitgliedsstaatlichen Recht ohne weiteres zulässt. Solange ihr grundlegendes Ziel, der Schutz von Minderheitsaktionären bei Kontrollveränderungen, gewahrt bleibt, dürfte einer einseitigen Zurechnung der Stimmrechte nichts entgegenstehen. Ob sich dieses Ergebnis – wie teilweise angenommen wird[1041] – bereits aus dem Wortlaut von Art. 5 Abs. 1 ÜRL ableiten lässt, ist freilich zweifelhaft. Weniger noch als der Bieterbegriff in § 30 Abs. 2 S. 1 WpÜG scheint das Merkmal der „Person“ in Art. 5 Abs. 1 ÜRL ein wertendes Element zu beinhalten. Weiterführend ist in diesem Zusammenhang allerdings ein Blick auf die Rechtslage im europäischen Ausland, wobei dem britischen City Code wiederum eine ausschlaggebende Bedeutung zukommt.

b) Der britische City Code als europäischer Maßstab

Erkennt man den Entwicklungsstand des britischen City Code als maßgeblichen Regelungshintergrund der Übernahmerichtlinie an, ergeben sich klare Anhaltspunkte für eine differenzierende Betrachtungsweise. Die Zuweisung der Angebotspflicht nach britischem Recht geht aus dem Zusammenspiel zwischen Rule 9.1 und 9.2 CC hervor: Nach Rule 9.1 CC trägt grundsätzlich dasjenige Mitglied einer Gruppe die primäre Verantwortung für die Angebotsabgabe, dessen Aktienerwerb die Kontrollschwelle im Einzelfall durchbricht. Eine Ausnahme von dieser Regel greift nach Rule 9.2 CC allenfalls dann ein, wenn und soweit das Panel nicht den Erwerber, sondern eine andere Person aus der jeweiligen Gruppe als Koalitionsführer („principal member“) ansehen sollte[1042]. Im Umkehrschluss lässt Rule 9.2 CC also erkennen, dass die übrigen Beteiligten eines Acting in Concert üblicherweise gerade nicht mit einer Angebotspflicht rechnen müssen. Darin liegt der

---

[1040] Zu den rudimentären Anforderungen der Richtlinie 4. Kap., B., III., 2. und 3.

[1041] So offenbar *Maul*, NZG 2005, S. 151, (156); *Böhmer*, Übernahmen in Europa, S. 133.

[1042] Vgl. Note on Rule 9.2 CC: „The prime responsibility for making an offer under this Rule normally attaches to the person who makes the acquisition that imposes the obligation to make an offer. If such person is not principal member of the group acting in concert, the obligation to make an offer may attach to the principal member or members and, in exceptional cases, to other members of the group acting in concert“. Dazu *Pearson/ Adams*, in: Button, Practitioner's Guide, S. 133; aus der deutschen Literatur etwa *Böhmer*, Übernahmen in Europa, S. 134, und *Seibt*, ZIP 2005, S. 729, (735), mit dem Hinweis, dass eine solche Ausnahme – soweit ersichtlich – in der Praxis noch nie zum Tragen gekommen ist.

entscheidende Punkt. Obwohl das britische Zurechnungsmodell nicht unerheblich von den soeben erörterten Lösungsvorschlägen in der deutschen Literatur abweicht[1043], teilt es ihre grundlegende Wertung: Das Konzept sieht augenscheinlich kein generelles Bedürfnis dafür, sämtlichen Abstimmungsparteien eine Angebotspflicht aufzuerlegen. Sichergestellt ist allein, dass grundsätzlich ein Angebot aus dem Kreis der Teilnehmer erfolgt. Dabei wird zweckmäßigerweise auf Beteiligte zurückgegriffen, die – jedenfalls in der Regel – schnell und eindeutig zu ermitteln sind. Weitere Anforderungen bestehen nach dem britischen Konzept indes nicht.

Diese Regelung hat sich als Baustein im Zurechnungsmodell des City Code nach landläufiger Meinung bewährt[1044] und ist auch zum Ablauf der Richtlinien-Umsetzungsfrist im Jahr 2006 unverändert erhalten geblieben. Einer solchen Ausgangslage muss daher bei der Interpretation des Gemeinschaftsrechts Rechnung getragen werden. Da unterstellt werden darf, dass dem Richtliniengeber die britische Rechtspraxis als Leitidee vor Augen gestanden hat, kann Art. 2 Abs. 1 lit. d i.V.m. Art. 5 Abs. 1 ÜRL insofern kein engeres Verständnis entnommen werden. Der Rechtsvergleich legt vielmehr nahe, einen weiten Gestaltungsspielraum des mitgliedsstaatlichen Rechts anzunehmen[1045]. Im Ergebnis steht daher fest, dass eine wechselseitige Stimmrechtszurechnung an alle Beteiligte – wie sie häufig vertreten wird – jedenfalls nach der EU-Übernahmerichtlinie nicht geboten ist.

2. Institutionenökonomische Aspekte des Zurechnungsumfangs

Obwohl zwingende Gründe für eine mehrfache Angebotspflicht im Falle eines Acting in Concert nicht ersichtlich sind, stellt sich allerdings die Frage, ob eine solche Lösung nicht wenigstens unter Effizienzgesichtspunkten vorteilhaft erscheint. Der wohlfahrtökonomische Wirkungsmechanismus des Pflichtangebots in § 35 WpÜG ist zwar schon eingehend erörtert worden. Um der Frage nach dem erforderlichen Umfang der Stimmrechtszurechnung in § 30 Abs. 2 S. 1 WpÜG

[1043] Kritisch gegenüber einer Übertragung des Regelungsgedankens in Rule 9.2 des City Code auf die Rechtslage nach dem WpÜG daher *Braun*, NZG 2008, S. 928, (931).

[1044] Vgl. dazu bereits die Kommentierung bei *Weinberg/Blank*, Takeovers, Rn. 923 f.; allgemein zur Akzeptanz der Rule 9.1 CC etwa *Lee*, EWS 1990, S. 241, (245); *Zinser*, RIW 2001, S. 481, (485); *Baum*, RIW 2003, S. 421, (423).

[1045] Ein Paradebeispiel für die Gestaltungsfreiheit der Einzelstaaten bietet auch das österreichische Übernahmerecht. Dort wird bei der Frage der Angebotspflicht im Falle eines Acting in Concert ausdrücklich danach unterschieden, ob besondere Einflussnahmemöglichkeiten einzelner Parteien bestehen. Ist dies der Fall, findet eine einseitige Zurechnung statt. Anderenfalls bleibt es bei dem Prinzip der wechselseitigen Stimmrechtszurechnung, vgl. *Löhdefink*, Acting in Concert, S. 328; *Böhmer*, Übernahmen in Europa, S. 132 m.w.N.

nachzugehen, soll das Modell jedoch noch einmal aufgegriffen und auf mögliche Funktionsdefizite durchleuchtet werden.

Wird durch einen Kontrollerwerb ein Pflichtangebot nach § 35 Abs. 2 WpÜG ausgelöst, hängen dessen Effizienzeffekte entscheidend davon ab, inwieweit dieses den Minderheitsaktionären eine ausgewogene Entscheidung über ihren Verbleib in der Zielgesellschaft ermöglicht[1046]. Wie schon gezeigt wurde[1047], tragen verschiedene Regelungen dazu bei: Das Pflichtangebot ist nach § 32 i.V.m. § 39 WpÜG grundsätzlich als Vollangebot auszugestalten. Externalisierungsanreize des Kontrollerwerbers und Entscheidungsdruck auf Seiten der Aktionäre werden daher – anders als bei Teilangeboten – weitgehend vermieden. Eine zentrale Funktion üben zudem die Mindestpreisvorschriften in § 31 WpÜG, § 3 ff. WpÜG-AV aus. Sie gewährleisten die „Angemessenheit" der Gegenleistung und damit die Attraktivität der „exit"-Option. Auf diese Weise lässt sich die Gefahr, dass die Angebotspflicht durch eine niedrige Konditionierung des Erwerbers vereitelt werden könnte, deutlich verringern. In der Gesamtschau könnte man deshalb annehmen, dass der Schutz der Minderheitsaktionäre im Falle von Kontrollwechseln wirksam ausgestaltet ist. Dies ist jedoch nicht ohne weiteres der Fall. Bei näherer Betrachtung zeigt sich, dass die Aktionäre durch jene Regelungen nur insoweit geschützt werden, als es um die Willensfreiheit ihrer Entscheidung geht.

a) Informationsasymmetrie in der Angebotssituation

Bislang unberücksichtigt geblieben ist der Umstand, dass regelmäßig strukturelle Informationsdefizite auf Seiten der Aktionäre vorhanden sind. Zwischen den Kontrollerwerben einerseits und den Minderheitsaktionären andererseits entsteht durch die Angebotssituation eine typische Prinzipal-Agent-Beziehung. Die Erwerber treten als Agenten auf, die zukünftig über die Unternehmensressourcen der Gesellschaft und damit (teilweise) auch über die Vermögensinteressen der Minderheit verfügen werden. Dies birgt verschiedene Risiken. Charakteristisch für eine solche Konstellation ist nicht nur die Gefahr eines opportunistischen Verhaltens der Agenten, sondern auch eine spezifische Informationsassymetrie zwischen beiden Lagern[1048]: Allein die Kontrollerwerber wissen, auf welche Weise sie die Zielgesellschaft künftig führen werden. Den Minderheitsaktionären hingegen bleiben ihre Absichten zunächst vorenthalten. In der Institutitionenökonomik

---

[1046] Eingehend 4. Kap., B., V., 4., c), (2).
[1047] Vgl. 4. Kap., B., V., 4., a) sowie c), (2).
[1048] Grundlegend dazu *Jensen/Meckling*, 3 Journal of Financial Economics, S. 305, (308) (1976).

spricht man dabei von der „hidden intention" des Agenten[1049]. Sollen sich die Aktionäre (Prinzipale) ein zutreffendes Urteil über die ökonomischen Folgen des bevorstehenden Kontrollwechsels bilden, kann es aber eine wesentliche Rolle spielen, welche Personen zum Kreis der Abstimmungsparteien zählen. Denkbar ist nämlich, dass die Aktionäre ihre (De-)Investitionsentscheidung personenbezogen treffen. Womöglich entscheiden sie sich gerade deshalb für den Verbleib in der Gesellschaft, weil sie ihr Vertrauen in die Eigenschaften eines bestimmten (zukünftigen) Kontrollinhabers setzen. Das Risiko, dass sich die Kräfteverhältnisse innerhalb der Gruppe nachträglich ändern, geht dann grundsätzlich zu ihren Lasten.

Zur Veranschaulichung mag folgendes *Beispiel* dienen: Angenommen, die Aktionäre *A*, *B* und *C* der *X-AG*, die jeweils 15% der Stimmrechte halten, erfüllen den Tatbestand des Acting in Concert. Annahmegemäß haben die Parteien dabei ein Weisungsrecht zugunsten des *A* vereinbart. In diesem Fall käme es durchaus in Betracht, die anderen Stimmrechtsanteile in Höhe von 30% nur *A* zuzurechnen und ihm allein ein Pflichtangebot nach § 35 WpÜG aufzuerlegen. Bezugspunkt der Entscheidung der Minderheitsaktionäre über ihren Gesellschaftsaustritt wäre dann (primär) die Person des *A*. Handelt es sich bei diesem um einen strategischen Investor, dessen Führungsqualitäten am Kapitalmarkt hinlänglich bekannt sind, entschließt sich ein Großteil der Minderheitsaktionäre – in der Hoffnung auf Kursgewinne – möglicherweise zum Verbleib in der *X-AG*. Ein solcher Ablauf wäre wohlfahrtsökonomisch effizient: *A* hätte die Kontrolle über die Gesellschaft erlangt, ohne (nennenswerte) Transaktionskosten aufwenden zu müssen. Wie verhält es sich aber, wenn sich die Beherrschungsverhältnisse innerhalb der Gruppe später wandeln? Nach einiger Zeit möge etwa *B*, der zwischenzeitlich zum internen Stimmführer aufgestiegen ist, neuer Kontrollinhaber werden. Anders als bei *A* kann es sich bei ihm etwa um einen Finanzinvestor handeln, der im Hinblick auf die *X-AG* eine nachteilige Unternehmenspolitik verfolgt. Die Problematik der außenstehenden Aktionäre liegt nunmehr auf der Hand: Wäre die weitere Entwicklung der Kontrollverhältnisse der *X-AG* für sie absehbar gewesen, hätten sie wahrscheinlich schon das ursprüngliche Pflichtangebot in Anspruch genommen.

b) Regulatorische Abhilfemöglichkeiten

Um drohende Effizienzverluste in einer solchen Situation einzudämmen, kommen grundsätzlich zwei Möglichkeiten in Frage. Der erste Lösungsansatz erscheint trivial. Der erforderliche Schutz der Minderheitsaktionäre wäre natürlich gewährleistet, wenn man ein erneutes Pflichtangebot verlangen könnte, sobald

---

[1049] Näher dazu etwa *Breid*, ZfbF 47 (1995), S. 821, (824); eine lesenswerte Einführung findet sich auch bei *Fleischer*, Informationsassymetrie, S. 140 ff.

sich die Machtverhältnisse innerhalb einer Abstimmungsgruppe nachhaltig verschieben. Dieser Ansatz wäre zugleich auch das effektivste Mittel zur Verhinderung von Missbrauchspotential. Da jede nachträgliche Veränderung die Angebotspflicht aus § 35 WpÜG wieder aufleben ließe, gäbe es für Investoren keinen Anreiz, einen beabsichtigten Kontrollerwerb durch einen (schleichenden) Aufbau von Einflussmacht über eine Abstimmungsgruppe einzuleiten[1050]. Eine Umgehung des Pflichtangebots wäre demnach ausgeschlossen. Das große Manko dieser Lösung ist aber unverkennbar: es entstünden hohe Transaktionskosten. Jede weitere Auslösung eines Angebots nach § 35 WpÜG würde freilich neue Verfahrens- und insbesondere Finanzierungskosten des Verpflichteten hervorrufen. Dies wäre zumindest in Fällen, in denen ein interner Kontrollwechsel keine inhaltlichen Auswirkungen auf die Zielgesellschaft zur Folge hat, eine unverhältnismäßige Belastung.

Die Alternative liegt darin, das Informationsgefälle zwischen Kontrollerwerbern und Minderheitsaktionären frühzeitig abzubauen. Man könnte – um in der Sprache der Institutionsökonomik zu bleiben – auf eine Art „Signaling"[1051] der Agenten zurückgreifen. Zu diesem Zweck wäre es erwägenswert, sämtliche Stimmrechtsanteile nach § 30 Abs. 2 WpÜG schon im Zeitpunkt der erstmaligen Kontrollerlangung wechselseitig zuzurechnen. Wäre nämlich jeder Beteiligte einer Verhaltensabstimmung von vornherein zur Abgabe eines eigenen Angebots verpflichtet, würde sich die Informationsbasis der Minderheitsaktionäre zwangsläufig vergrößern. Die Minderheitsaktionäre wären dann gegebenenfalls eher in der Lage, potentielle Risiken ihres Verbleibs in der Gesellschaft *ex ante* einzuschätzen. Auch diese Lösungsvariante hätte allerdings den Nachteil, erhebliche Transaktionskosten zu verursachen. Die Bereitstellung einer individuellen Finanzierungsgrundlage, die gemäß § 13 Abs. 1 WpÜG für jede Angebotsunterlage vorgeschrieben ist, wäre je nach Anzahl der beteiligten Abstimmungsparteien mitunter kostspielig. Es würde regelmäßig zu einer Vielzahl von parallelen Angeboten kommen[1052], obwohl die Minderheitsaktionäre im Ergebnis nur berechtigt wären, ein einziges davon auszuwählen. Ein solches Ergebnis wäre unter Effizienzgesichtspunkten ebenfalls bedenklich.

[1050] Ebenso *Löhdefink*, Acting in Concert, S. 387, der die Missbrauchsmöglichkeiten eines späteren Kontrollinhabers („creeping in") hervorhebt; ähnlich *Pittroff*, Zurechnung, S. 298.

[1051] Als „Signaling" im eigentlichen Sinn bezeichnet man insoweit die Situation, dass der Impuls zur Übertragung von Informationen aktiv von der überlegenen Partei (dem Agenten) ausgeht. Umgekehrt bemüht sich beim sog. „Screening" die jeweils schlechter informierte Partei (der Prinzipal) um einen Informationstransfer, instruktiv dazu *Fleischer*, Informationsassymetrie, S. 140 ff.

[1052] Vgl. zur Möglichkeit eines gemeinsamen Pflichtangebots noch 4. Kap., D., III.

Will man derartige Transaktionskosten vermeiden, bleibt nur die Option, die strukturelle Informationsassymetrie auf anderem Wege zu beheben. Bevor einem solchen Ansatz nachgegangen wird, sollen die in der Literatur vorgeschlagenen Lösungsmöglichkeiten allerdings noch einmal genauer auf ihre Brauchbarkeit untersucht werden.

(1) Angebotspflicht bei nachträglichen Veränderungen einer Gruppe

Die Frage, ob ein Pflichtangebot abermals ausgelöst werden kann, wenn sich die Stimmführerschaft in einer Abstimmungskoalition i.S.d. § 30 Abs. 2 WpÜG verändert, wird im Schrifttum unterschiedlich beurteilt. Das Meinungsbild ist dabei dasselbe wie bei der parallel geführten Diskussion um die Angebotspflicht bei Wechseln von gemeinsamer Kontrolle zu alleiniger Kontrolle[1053]: Zwar besteht Einvernehmen darüber, dass die Minderheitsaktionäre der Zielgesellschaft in einem solchen Fall schutzbedürftig sind. Im Hinblick auf den Wortlaut und die Systematik der §§ 30 Abs. 2, 35 WpÜG wird jedoch häufig bestritten, dass sich eine derartige Pflicht *de lege lata* begründen lasse[1054].

Auf den ersten Blick scheinen die vorgetragenen Bedenken auch durchzugreifen. Nach § 35 Abs. 1 i.V.m. Abs. 2 WpÜG ist die Abgabe eines Pflichtangebots nur dann erforderlich, wenn die Kontrolle über die Zielgesellschaft „erlangt" wird. Das Gesetz stellt eigene und zugerechnete Stimmrechte im Rahmen der §§ 29 f. WpÜG aber grundsätzlich gleich. Der Regelungslogik zufolge müsste dies bedeuten, dass der Tatbestand des § 35 WpÜG im Falle eines Acting in Concert nur beim erstmaligen Erreichen der Kontrollschwelle ausgelöst würde. Für ein weiteres Pflichtangebot eines der Beteiligten der Abstimmung bliebe dann kein Raum mehr[1055]. Ein solches Verständnis legt – wie schon mehrfach ausgeführt – auch das Zusammenspiel zwischen § 2 Abs. 4 WpÜG und § 30 Abs. 2 WpÜG nahe: Da der Bieterbegriff, also das Subjekt der Zurechnung, konturenlos ausgestaltet ist[1056], deutet die Regelungssystematik auf eine wechselseitige Stimmrechtszurechnung hin. Wird jeder Partei aber schon im Moment der ersten Verhaltensabsprache die maßgebliche Anzahl von Stimmrechten zugerechnet,

---

[1053] Unter dieser Bezeichnung werden Fallgestaltungen erörtert, in denen eine Gruppe von Kontrollinhabern, die eine Zielgesellschaft zuvor gemeinschaftlich beherrscht hat, ihre Stimmrechtsmacht auf eines ihrer Mitglieder überträgt, vgl. etwa *Liebscher*, ZIP 2002, S. 1005, (1015 f.).

[1054] Vgl. *Löhdefink*, Acting in Concert, S. 391 f.; im Ergebnis ebenso *Liebscher*, ZIP 2002, S. 1005, (1015); *v. Bülow*, in: KK/WpÜG, § 35 Rn. 92; *Noack*, in: Schwark, Kapitalmarktrecht, § 35 WpÜG Rn. 14.

[1055] *Liebscher*, ZIP 2002, S. 1005, (1015).

[1056] Vgl. dazu schon ausführlich oben, 4. Kap., D., I., 1.

kann von einer späteren Kontroll*erlangung* keine Rede mehr sein. Eine erneute Anwendung des § 35 WpÜG würde dann vielmehr auf eine unzulässige strafbegründende Analogie hinauslaufen[1057].

Obwohl eine solche Auslegung plausibel erscheint, ist sie jedoch keineswegs zwingend. Eine gegenteilige Sichtweise ist jedenfalls möglich, wenn man das Prinzip der wechselseitigen Zurechnung im Rahmen des Acting in Concert aufgibt. Dahin geht der Vorschlag einiger Stimmen in der Literatur, die eine teleologische Interpretation des Bieterbegriffs in § 30 Abs. 2 WpÜG befürworten[1058]. Knüpft man die Stimmrechtszurechnung von vornherein nicht an die formelle Kontrolle, sondern nur an die faktische *interne* Kontrollmöglichkeit einer Partei, so gelangt man in der Tat zu sachgerechten Ergebnissen. In diesem Fall würde die Angebotspflicht zunächst allein denjenigen treffen, in dessen Interesse die jeweilige Verhaltensabstimmung erfolgt. Bei nachträglichen Verschiebungen der Stimmführerschaft läge dann ein separater Kontrollerwerb vor, der ein weiteres Pflichtangebot nach § 35 WpÜG rechtfertigen würde. Diese Auslegung widerspräche auch nicht der Systematik des Gesetzes. Wie bereits für den sachlichen Anwendungsbereich der Zurechnung aufgezeigt wurde[1059], nimmt die Vorschrift des § 30 Abs. 2 WpÜG im Regelungsgefüge des WpÜG eine Sonderstellung ein. Während der Kontrollbegriff in § 29 Abs. 2 WpÜG und die Tatbestände des § 30 Abs. 1 S. 1 WpÜG formell ausgestaltet sind, lässt sich die Zurechnungsnorm des Acting in Concert nur materiell verstehen. Es wäre daher durchaus konsequent, bei der Frage nach dem Adressaten der Stimmrechtszurechnung denselben Maßstab anzulegen[1060]. Folgt man dieser Überlegung, steht der Angebotspflicht neuer Stimmführer im Falle von internen Kontrollwechseln nichts entgegen.

Es sollte allerdings nicht übersehen werden, dass eine solche Lösung keinen lückenlosen Aktionärsschutz bieten kann. Das zentrale Problem dürfte auch hier

---

[1057] So ausdrücklich *Löhdefink*, Acting in Concert, S. 392; a.A. jedoch *Pittroff*, Zurechnung, S. 298, der anmerkt, dass „Vertrauensschutzgesichtspunkte des neuen Kontrollinhabers [...] hier zurücktreten" müssten.

[1058] Vgl. *Pentz*, ZIP 2003, S. 1478, (1487 f.); *Casper*, ZIP 2003, S. 1469, (1474); zustimmend auch *Schlitt*, in: MünchKomm/AktG, § 35 WpÜG Rn. 47; *Borges*, ZIP 2007, S. 357, (360); a.A. *Braun*, NZG 2008, S. 928, (930), der darin einen Verstoß gegen das zweistufige System der §§ 29 ff. WpÜG sieht.

[1059] Vgl. dazu schon eingangs, 3. Kap., C., V.

[1060] So auch *Pentz*, ZIP 2003, S. 1478, (1487), der dieses Ergebnis aus der Wertung in § 30 Abs. 1 S. 1 Nr. 1 und Nr. 6 WpÜG ableitet: Dort komme deutlich zum Ausdruck, dass eine Zurechnung nur bei demjenigen erfolgen solle, der im Einzelfall auch entsprechende Einflussnahmemöglichkeiten besitze. Inkonsequent dagegen *Löhdefink*, Acting in Concert, der zunächst für eine materielle Auslegung des Merkmals der Verhaltensabstimmung plädiert (S. 294 f.), bei der Frage nach dem Zurechnungsadressaten dann jedoch für ein streng formelles Verständnis des Gesetzes eintritt.

in der Nachweisbarkeit des Geschehens liegen. Fällt der Nachweis eines Acting in Concert schon im Allgemeinen schwer[1061], dürften sich die Schwierigkeiten noch zuspitzen, soweit es um einen bloßen Wechsel der internen Beherrschungsverhältnisse einer Gruppe von Abstimmungsparteien geht. Eine zuverlässige Beweisführung wird insofern nur gelingen, wenn die jeweilige Kontrollveränderung sichtbare Wirkungen in der Außenwelt hinterlässt: entweder in der Form, dass der abtretende Stimmführer seine Anteile an der Zielgesellschaft vollständig überträgt oder dass er sich erkennbar – insbesondere auf Hauptversammlungen – von der (faktischen) Leitung der Gesellschaft zurückzieht. In allen anderen Fällen werden die Chancen auf eine Entdeckung von Veränderungen der Stimmführerschaft gering sein. Hinzu tritt ein weiteres schwerwiegendes Bedenken. Zweifelhaft ist ebenfalls, ob eine Angebotspflicht in derartigen Fällen überhaupt allokationstheoretisch effiziente Ergebnisse liefert. Wenn die Parteien eine Zielgesellschaft schon im Vorfeld eines Kontrollwechsels beherrschen können, besteht stets die Gefahr, dass sie bereits zu diesem Zeitpunkt auf den Unternehmens- und Börsenwert Einfluss nehmen. Es liegt mit anderen Worten eine Ausgangssituation vor, die aus dem (Vertrags-)Konzernrecht hinlänglich bekannt ist und schon dort zu nachhaltiger Kritik geführt hat[1062]: Die Beteiligten sind in der Lage, den Wechsel der Stimmführerschaft und damit auch die bevorstehende Abfindungspflicht durch geeignete „Kurspflegemaßnahmen“ vorzubereiten. Dass die Gegenleistungsvorschriften in § 31 WpÜG, §§ 3 ff. WpÜG-AV in einem solchen Fall unterlaufen werden könnten, leuchtet unmittelbar ein. Infolgedessen wäre es ohne weiteres denkbar, dass die Abfindung der Minderheitsaktionäre letztlich unter dem Fundamentalwert ihrer Gesellschaftsanteile stattfände. Der Markt-Preis-Mechanismus, der für eine effiziente Verteilung der Unternehmensressourcen sorgt, würde somit abermals versagen.

Angesichts derartiger praktischer Unzulänglichkeiten erscheint es kaum vertretbar, Minderheitsaktionäre einer Gesellschaft bei internen Veränderungen der Kontrollverhältnisse auf die vage Möglichkeit eines vollwertigen Pflichtangebots zu verweisen. Die vorliegende Interessenlage spricht stattdessen dafür, bereits im Rahmen des ursprünglichen Kontrollerwerbs geeignete Maßnahmen zur Entschärfung des Prinzipal-Agent-Konflikts zu treffen. Dies führt zurück zu der Strategie des „Signalings“, also der präventiven Informationsbeschaffung über die Verhaltensweisen der Agenten.

[1061] Vgl. dazu 4. Kap., A., IV.

[1062] Vgl. zur Grundsatzkritik am Minderheitenschutz der Regelungen des Vertragskonzerns in §§ 291 ff. AktG etwa *Hommelhoff*, in: FS Semler, S. 455 ff.; *Herkenroth*, Konzernierungsprozesse, S. 42 ff. ; *Sura*, Fremdeinfluß, S. 40 ff.

(2) Ex ante-Offenlegung relevanter Informationen

Ein Abbau von Informationsassymetrien zwischen Prinzipalen und Agenten ist regelmäßig dadurch zu erreichen, dass letztere veranlasst werden, über ihre Absichten rechtzeitig Auskunft zu geben[1063]. Bei *ex ante* bestehenden Unsicherheiten müssen entsprechende Informationen folglich schon vor dem Vertragsschluss der Parteien übermittelt werden. Überträgt man diesen Gedanken auf die Problematik des Acting in Concert, so müsste gewährleistet werden, dass sämtliche Abstimmungsparteien bereits bei der Abgabe ihres Angebots verpflichtet sind, ihre Kontrollabsichten im Hinblick auf die Zielgesellschaft preiszugeben.

Dazu könnte man durchaus in Erwägung ziehen, die betreffenden Stimmrechte den Parteien einer Verhaltensabstimmung wechselseitig zuzurechnen[1064]. Eine wechselseitige Zurechnung der Stimmrechte würde grundsätzlich zu einer Kumulation der Angebotspflichten führen. Minderheitsaktionäre wüssten in diesem Fall zumindest, welche Personen – unabhängig von der späteren Entwicklung der internen Kräfteverhältnisse – als mögliche künftige Kontrollinhaber der Zielgesellschaft in Frage kommen. Zugleich wäre sichergestellt, dass alle Beteiligten für die Richtigkeit und Vollständigkeit ihres jeweiligen Angebots eintreten müssten.

Dennoch ist an der Forderung nach mehrfachen Angebotspflichten im Rahmen von § 35 WpÜG heftige Kritik geübt worden[1065]. Und das zu Recht: Zu bedenken ist bei einer solchen Lösung nämlich, dass sie nur allzu leicht über ihr eigenes Ziel hinausschießen könnte. Dies wird deutlich, wenn man sich in die Lage der betroffenen Minderheitsaktionäre versetzt. Aus ihrer Sicht ist im Zeitpunkt des Kontrollerwerbs keineswegs ein Maximum an Pflichtangeboten erforderlich, sondern lediglich ein Optimum an Informationen. Mehrere Angebotsunterlagen könnten den beabsichtigten Transparenzschutz gerade in sein Gegenteil verkehren. Würden die Aktionäre im Falle einer Stimmrechtszurechnung nach § 30 Abs. 2 WpÜG mit einer Vielzahl separater Angebote konfrontiert, dürfte dies im Ergebnis weniger zu ihrer sachgerechten Information als zu erheblicher Verunsicherung führen[1066]. Eine ausgewogene Entscheidung über den Verbleib in der Zielgesellschaft wäre unter diesen Umständen kaum zu erwarten. Welchen Nutzen parallele Angebotspflichten bei einem Acting in Concert haben sollten, ist daher nicht ersichtlich. Da jedes einzelne Angebot jedoch hohe Transaktions-

---

[1063] Vgl. allgemein *Richter/Furubotn*, Neue Institutionenökonomik, S. 173 ff.

[1064] Vgl. zu dieser Ansicht bereits die Nachweise in Fn. 1014.

[1065] Vgl. etwa *Riehmer/Schröder*, BB 2001, Beilage Nr. 5, S. 1, (11); *Lange*, ZBB 2004, S. 22, (25); *v. Bülow*, in: KK/WpÜG, § 35 Rn. 133; *Heinbach*, Kontrollerlangung, S. 105.

[1066] Ebenso vor allem *Lange*, ZBB 2004, S. 22, (25). Die parallele Problematik der Intransparenz von Mehrfachmeldungen ist freilich schon aus dem WpHG bekannt, vgl. dazu nur *Schneider*, in: Assmann/Schneider, WpHG, § 24 Rn. 1 ff. und noch 4. Kap., D., III.

kosten auslösen würde, wäre eine solche Handhabung der Regelung letztlich ineffizient.

Eine ökonomisch sinnvolle Lösung des Prinzipal-Agent-Konflikts bei Pflichtangeboten lässt sich indes auf anderem Wege erzielen. Hilfreich ist es insoweit, bei den Transparenzvorschriften des WpÜG anzusetzen. Das Gesetz hat das prinzipielle Problem von Informationsdefiziten der Minderheitsaktionäre freilich nicht unberücksichtigt gelassen. Bereits § 3 Abs. 2 WpÜG hebt als allgemeinen Grundsatz hervor, dass Wertpapierinhaber im Rahmen ihrer Entscheidungen über ausreichende Informationen verfügen sollen. Diese Zielsetzung wird durch eine Reihe von Vorschriften konkretisiert[1067]. Von besonderem Interesse ist im vorliegenden Kontext § 11 WpÜG, der nach § 39 WpÜG auch auf Pflichtangebote Anwendung findet. Aus § 11 WpÜG i.V.m. § 2 WpÜG-AV ergeben sich die spezifischen Anforderungen an den Inhalt der Angebotsunterlage, die Kontrollerwerber im Falle eines Pflichtangebots nach § 35 Abs. 2 S. 1 WpÜG zu übermitteln haben. Nach den bisherigen Überlegungen kommt es dabei aus Sicht der Minderheitsaktionäre vor allem auf zwei Gesichtspunkte an: einerseits auf Informationen über den gegenwärtigen Wert der Zielgesellschaft, andererseits auf Auskünfte über die Identität und voraussichtliche Unternehmenspolitik der Kontrollerwerber.

Beiden Aspekten widmet die Regelung breiten Raum. So verpflichtet § 2 Nr. 3 WpÜG-AV die Kontrollerwerber dazu, im Rahmen des Angebots zu den Bewertungsmethoden Stellung zu nehmen, mit Hilfe derer sie ihre Gegenleistung bemessen. Diese Angaben sollen den Aktionären erlauben, sich eine eigene Meinung über die Angemessenheit des Angebots i.S.d. § 31 Abs. 1 S. 1 WpÜG zu bilden[1068]. Noch entscheidender sind die Offenlegungspflichten, die sich auf die Person des Kontrollerwerbers beziehen: Um Minderheitsaktionären zumindest einen kursorischen Ausblick auf die zukünftige Entwicklung der Gesellschaft in der neuen Beherrschungssituation zu ermöglichen, verlangt § 11 Abs. 2 WpÜG zunächst Detailangaben über die Identität der Kontrollerwerber[1069]. Diese Verpflichtung erstreckt sich gemäß § 2 Nr. 1 WpÜG-AV ausdrücklich auch auf diejenigen Personen, deren Stimmrechte dem Kontrollerwerber aus § 30 WpÜG zugerechnet werden. Außerdem müssen Angebotsunterlagen nach § 2 Abs. 5

[1067] Wichtige Transparenzvorschriften, die dem Schutz der Minderheitsaktionäre in der Angebotssituation dienen, finden sich insbesondere in § 11 (Angebotsunterlage), § 23 („Wasserstandsmeldungen") und § 27 WpÜG (Stellungnahmepflicht der Leitungsorgane der Zielgesellschaft).

[1068] Vgl. Begr. RegE, BT-Drucks. 14/7034, S. 78. Freilich wird die Wirksamkeit des Schutzes von § 2 Nr. 3 WpÜG-AV mit Hinweis auf die grundlegenden Probleme einer „objektiven" Unternehmensbewertung bisweilen bezweifelt, vgl. insbesondere *Körner*, Gegenleistung, S. 197 f.; *Oechsler*, in Ehricke/Ekkenga/Oechsler, WpÜG, § 11 Rn. 36.

[1069] Vgl. zur Auslegung der Vorschrift etwa *Seydel*, in: KK/WpÜG, § 11 Rn. 49 ff., 66 ff.

WpÜG-AV nicht nur die Gesamthöhe der gehaltenen Stimmrechtsanteile, sondern auch die nach § 30 WpÜG zugerechneten Quoten im Einzelnen erkennen lassen[1070]. Die Aktionäre können dadurch gegebenenfalls einen Eindruck von den internen Kräfteverhältnissen der Erwerber erhalten. Von zentraler Bedeutung ist schließlich § 11 Abs. 2 S. 3 Nr. 2 WpÜG, der noch einen Schritt weiter geht. Demnach sind Kontrollerwerber sogar verpflichtet, über ihre Absichten „im Hinblick auf die künftige Geschäftstätigkeit der Zielgesellschaft, insbesondere [...] die Verwendung ihres Vermögens“ Auskunft zu geben. Diesem Erfordernis wird nunmehr – bereits in einem früheren Stadium – auch durch § 27a WpHG[1071] Rechnung getragen, der durch das Risikobegrenzungsgesetz neu eingeführt worden ist. Fortan müssen Meldepflichtige gemäß § 27a Abs. 1 Nr. 1-4 WpHG schon ab einer Beteiligungschwelle von 10% über etwaige mit der Investition verbundene strategische Ziele oder Einflussnahmeabsichten Auskunft geben.

All diese Regelungen belegen, dass durchaus geeignete Anknüpfungspunkte bestehen, um den Prinzipal-Agent-Konflikt in der Angebotssituation zu entschärfen. Man darf die Leistungsfähigkeit der einzelnen Vorschriften zwar nicht überbewerten: Sie werden weder jegliche Umgehungsversuche verhindern noch Kontrollerwerber dazu anhalten können, Informationen offen zu legen, über die jene möglicherweise selbst (noch) nicht verfügen[1072]. Die strukturellen Informationsdefizite der Minderheitsaktionäre lassen jedoch sich vor allem durch eine problembewusste Auslegung der §§ 11 WpÜG, 2 WpÜG-AV erheblich verringern. Dies gilt auch und gerade dann, wenn die Angebotspflicht in § 35 WpÜG durch ein abgestimmtes Verhalten i.S.d. § 30 Abs. 2 WpÜG ausgelöst wird, den Minderheitsaktionären also mehrere potentielle Agenten gegenüber stehen. In diesem Fall können die Transparenzvorschriften extensiv ausgelegt werden. Insbesondere ist § 11 Abs. 2 S. 3 Nr. 2 WpÜG insoweit dahin zu verstehen, dass die Pflicht, strategische Absichten bezüglich der Zielgesellschaft mitzuteilen, auf sämtliche Abstimmungsparteien auszudehnen ist. Bei einem solchen Verständnis des Gesetzes kann die Angebotsunterlage zukünftige Risiken antizipieren, die mit Wechseln der internen Stimmführerschaft der Gruppe verbunden sind. Der Schutz der Minderheitsaktionäre lässt sich auf diese Weise gewährleisten, ohne dass eine Mehrzahl von Pflichtangeboten erforderlich wird.

[1070] So auch *Seydel*, in: KK/WpÜG, § 11 Rn. 80; *Löhdefink*, Acting in Concert, S.164.

[1071] Vgl. insoweit BR-Drucks. 449/08, S. 1 f. zum Risikobegrenzungsgesetz.

[1072] Selbstverständlich ist nicht auszuschließen, dass Kontrollerwerber im Moment der Angebotsunterbreitung keine konkreten geschäftspolitischen Absichten verfolgen oder diese später ändern. Derartige Angaben können nur prognostischer Natur sein. Man wird ein zeitnahes (alternatives) Verhalten der Kontrollerwerber jedoch als Indiz dafür ansehen können, dass ein entsprechender Entschluss bereits im Zeitpunkt der Veröffentlichung der Angebotsunterlage vorgelegen hat. In diesem Fall sind Sanktionen möglich; in diese Richtung auch *Assmann*, AG 2002, S. 153, (156).

Grundlegende Voraussetzung dafür ist freilich, dass die maßgeblichen Informationen vollständig und wahrheitsgemäß gewährt werden. Wären die gesetzlichen Auskunftspflichten nicht ausreichend sanktioniert, liefen die genannten Schutzziele leer. Das Gesetz trifft jedoch auch in dieser Hinsicht Vorkehrungen. Die ordnungsgemäße Erstellung der Angebotsunterlage ist jedenfalls in doppelter Hinsicht haftungsrechtlich flankiert[1073]: Die Einhaltung der Informationspflichten der Kontrollerwerber ist zum einen über § 60 Abs. 1 Nr. 2 lit. a WpÜG i.V.m. § 14 Abs. 1 WpÜG bußgeldbewehrt. Zum anderen werden Verstöße gegen die Anforderungen des § 11 WpÜG gemäß § 12 WpÜG durch spezielle Schadensersatzansprüche sanktioniert. Vor allem letztere Regelung, die in Anlehnung an die Grundsätze der börsengesetzlichen Prospekthaftung konzipiert worden ist[1074], dürfte nennenswerte Disziplinierungswirkungen entfalten. Angebotsempfänger sind demnach berechtigt, entstandene Schäden zu liquidieren, die auf der Annahme einer in wesentlichen Punkten unrichtigen oder unvollständigen Angebotsunterlage beruhen. Ein solcher Fall ist zweifellos anzunehmen, wenn Kontrollerwerber falsche bzw. verkürzte Angaben über ihre unternehmenspolitischen Absichten machen[1075]. Ansprüche aus § 12 WpÜG kommen dann gegenüber allen Beteiligten eines möglichen Acting in Concert nach § 30 Abs. 2 WpÜG in Betracht. Haftungsadressaten können gemäß § 12 Abs. 1 WpÜG nämlich nicht nur der Angebotspflichtige selbst (Nr. 1), sondern als Gesamtschuldner auch diejenigen sein, „von denen der Erlass der Angebotsunterlage ausgeht“ (Nr. 2). Bei dieser Formulierung standen dem Gesetzgeber insbesondere „mit dem Bieter gemeinsam handelnde Personen“ i.S.d. § 2 Abs. 5 WpÜG vor Augen[1076]. Da er aber grundsätzlich nicht deutlich zwischen beiden Regelungen differenziert[1077], kann davon ausgegangen werden, dass auch Parteien einer Abstimmung i.S.d. § 30 Abs. 2 WpÜG als mögliche Anspruchsschuldner aus § 12 Abs. 1 WpÜG anzusehen sind. Weder der Gesetzeswortlaut noch der Schutzzweck stehen einer Anwendung der Norm in einem solchen Fall entgegen.

[1073] Nach § 12 Abs. 6 WpÜG bleiben zudem vertragliche oder deliktische Ansprüche unberührt. Ob darüber hinaus eine weitergehende Haftung nach den bürgerlich-rechtlichen Grundsätzen der Prospekthaftung aus culpa in contrahendo möglich ist, wird unterschiedlich beurteilt, vgl. dazu *Noack*, in: Schwark, Kapitalmarktrecht, § 12 WpÜG Rn. 34.

[1074] Vgl. Begr. RegE, BT-Drucks. 14/7034, S. 42, die unter anderem auf § 45 BörsG Bezug nimmt; eingehend dazu insbesondere *Assmann*, AG 2002, S. 153 ff.

[1075] So ausdrücklich auch *Assmann*, AG 2002, S. 153, (154 f.) m.w.N. zur Rspr. in Prospekthaftungsangelegenheiten.

[1076] Vgl. Begr. RegE, BT-Drucks. 14/7034, S. 42.

[1077] Vgl. nochmals 4. Kap., II., 2., b).

Insgesamt zeigt sich folglich, dass *de lege lata* bereits hinreichende Regelungsinstrumente vorhanden sind, um nachteilige Informationsassymetrien zwischen Kontroll- und Minderheitsaktionären abzubauen. Selbst in den Fällen, in denen im Rahmen eines Acting in Concert eine einseitige Stimmrechtszurechnung – und damit auch nur ein einziges Pflichtangebot – geboten erscheint, besteht ein angemessenes Schutzniveau. Denn in solchen Situationen sind gemäß § 11 WpÜG – bzw. im Vorfeld schon nach § 27a Abs. 1 Abs. 1 WpHG – sämtliche Beteiligte einer Verhaltensabstimmung verpflichtet, Informationen über ihre Identität und mögliche Unternehmensstrategien offen zu legen. Spiegelbildlich dazu richten sich dann aber auch die einschlägigen Haftungsvorschriften an alle betroffenen Parteien. Der Abgabe weiterer Pflichtangebote, gleichgültig ob parallel oder zum Zeitpunkt späterer interner Kontrollveränderungen, bedarf es daher nicht.

3. Abschließende Beurteilung

Fasst man die Erkenntnisse aus den vorangegangenen Abschnitten zusammen, so gelangt man nach alledem zu einem klaren Ergebnis. Bei der Frage nach der Reichweite der Stimmrechtszurechnung in § 30 Abs. 2 S. 1 WpÜG führt offensichtlich kein Weg daran vorbei, nach dem Innenverhältnis der Beteiligten zu unterscheiden: Soweit kein Beteiligter einer derartigen Abstimmung über die gruppeninterne Durchsetzungsmacht verfügt, ist eine wechselseitige Stimmrechtszurechnung anzunehmen. Findet dagegen eine einseitige Verhaltensausrichtung an den Interessen einzelner oder bestimmter Abstimmungsparteien statt[1078], beschränkt sich die Zurechnung sinnvollerweise auf die jeweils begünstigten Parteien. Für diese grundlegende Differenzierung sprechen sowohl rechtsvergleichende als auch rechtsökonomische Argumente:

Die Zuweisung der Angebotspflicht an einzelne Beteiligte ist nicht nur mit den Vorgaben der EU-Übernahmerichtlinie vereinbar[1079], sondern entspricht gerade dem Leitbild des britischen City Code. Auch dieser geht in Rule 9.1 CC vom Regelfall einer einseitigen und qualifizierten Stimmrechtszurechnung aus[1080]. Bereits im Interesse der Harmonisierung des europäischen Übernahmerechts ist es daher wünschenswert, im Rahmen des WpÜG ähnlich zu verfahren. Die wesentlichen Vorzüge einer solchen Lösung zeigen sich freilich erst, sobald man ökonomische Gesichtspunkte in die Betrachtung einbezieht. Wie die Analyse der Pflichtangebotssituation anhand des Prinzipal-Agent-Modells lehrt, sind Minderheitsaktionäre vor Effizienzrisiken zu schützen, die aufgrund überlegenen Wissens

---

[1078] Zu den möglichen Fallgruppen oben, 4. Kap., D., II.
[1079] Vgl. 4. Kap., D., II., 1., a).
[1080] Vgl. insoweit 4. Kap., D., II., 1., b).

der Kontrollerwerber drohen. Im Falle eines Acting in Concert spielt dabei der Schutz vor späteren Veränderungen der internen Kontrollverhältnisse eine zentrale Rolle.

Zu diesem Zweck ist eine wechselseitige Stimmrechtszurechnung in § 30 Abs. 2 S. 1 WpÜG jedoch ungeeignet. Wie dargelegt worden ist, stünde ein solches Verständnis der Zurechnungswirkung einer erneuten Angebotspflicht bei Wechseln der internen Stimmführerschaft gerade entgegen[1081]. Darüber hinaus würde es regelmäßig zu einer Vielzahl kostspieliger Angebote kommen, ohne dass ein etwaiger Nutzen ersichtlich wäre. Weitaus effizienter ist es hingegen, nur den tatsächlichen Inhaber der Kontrolle zur Abgabe einer Angebotsunterlage zu verpflichten und die erforderliche Transparenz durch eine extensive Auslegung der Regelung des § 11 WpÜG zu gewährleisten[1082]. Dies verdeutlichen auch die Konsequenzen, die eine wechselseitige Stimmrechtszurechnung bei Erweiterungen des Kreises der Abstimmungsparteien hätte. Das Paradebeispiel bildet hier der Fall eines nachträglichen Beitritts: Tritt eine neue Partei einer Abstimmungsgruppe bei, die eine Gesellschaft bereits zuvor i.S.d. § 29 Abs. 2 WpÜG kontrolliert hat, müsste nach dieser Sichtweise abermals ein Pflichtangebot erfolgen[1083]. Ein solches Ergebnis wäre aber zumindest dann unbefriedigend, wenn das beitretende Mitglied keinen maßgeblichen Einfluss auf die Willensbildung der Gruppe nehmen könnte[1084]. Gleichwohl ließe sich eine Angebotspflicht des Betroffenen in dieser Situation nur durch eine Befreiung seitens der BaFin nach § 37 WpÜG i.V.m. § 9 WpÜG-AV abwenden. Ob ein dahingehender Antrag Aussicht auf Erfolg hätte, wäre freilich schon im Hinblick auf die einschlägigen Voraussetzungen von § 9 S. 2 Nr. 1 WpÜG-AV zweifelhaft[1085]. Selbst wenn

---

[1081] Dazu 4. Kap., D., II., 2., b), (1); i.E. ebenso *Löhdefink*, Acting in Concert, S. 391 f., der eine erneute Angebotspflicht aus diesem Grund verneint.

[1082] Zu dieser Möglichkeit im Einzelnen 4. Kap., D., II., 2., b), (2).

[1083] So ausdrücklich *v. Bülow*, KK/WpÜG, § 30 Rn. 142; *Thaeter*, in: Thaeter/Brandi, Öffentliche Übernahmen, Teil 2 Rn. 586; *Lenz/Linke*, AG 2002, S. 361, (368), stellvertretend für die Rechtsauffassung der BaFin; zweifelnd dagegen *Wackerbarth*, in: MünchKomm/AktG, § 30 WpÜG Rn. 22; *Holzborn*, in: Bad Homburger Hdb. Übernahmerecht, S. 49.

[1084] Vgl. das von *Krause*, NJW 2004, S. 3681, (3685), gebildete Beispiel: Ein Aktionär, der lediglich Stimmrechte in Höhe von 1% hält, tritt einem Stimmenpool bei, der bereits 31% der Stimmrechte der Zielgesellschaft kontrolliert und dessen Innenverhältnis sich nach der Beteiligungshöhe der Parteien richtet.

[1085] Vgl. *Thaeter*, in: Thaeter/Brandi, Öffentliche Übernahmen, Teil 2 Rn. 586, der zu Recht darauf hinweist, dass § 9 S. 2 Nr. 1 WpÜG-AV eine Befreiung davon abhängig macht, dass ein Dritter über einen höheren Stimmrechtsanteil verfügt, der dem Bieter gerade nicht gemäß § 30 WpÜG zuzurechnen ist. Aufgrund dieser Wertung käme in einem solchen Fall wohl auch keine (alternative) Befreiung unmittelbar aus § 37 Abs. 1

dies der Fall wäre, würden durch das Befreiungsverfahren jedoch erhebliche Transaktionskosten entstehen, die von vornherein überflüssig gewesen wären. Der einzig überzeugende Weg, um derartige Unzulänglichkeiten zu verhindern, ist daher eine einseitige Zurechnung der Stimmrechte, soweit das Innenverhältnis der Parteien entsprechende Anhaltspunkte bietet.

Steht damit fest, dass eine differenzierende Lösung der Angebotspflicht in § 30 Abs. 2 S. 1 WpÜG geboten ist, liegt auch deren Anknüpfungskriterium auf der Hand. Grundsätzlich käme zwar in Betracht, die Zurechnung stets beim Inhaber des jeweils höchsten Stimmrechtsanteils eintreten zu lassen[1086]. Bei genauem Hinsehen erweist sich dieser Ansatz aber als unzureichend. Für eine solche Überlegung mögen zwar Praktikabilitätserwägungen sprechen, da es sich bei der Beteiligungshöhe um ein leicht zu ermittelndes Kriterium handelt: so wird die Mitteilungspflicht nach § 21 WpHG regelmäßig Aufschluss darüber geben können, welche Partei im Einzelfall über den größten Stimmanteil verfügt. Dieser Aspekt sollte jedoch nicht überschätzt werden. Hat die BaFin erst einmal Kenntnis von der Existenz eines abgestimmten Verhaltens i.S.d. § 30 Abs. 2 WpÜG erlangt, so dürfte sie aufgrund ihrer Ermittlungsbefugnisse in § 40 WpÜG[1087] auch in der Lage sein, den jeweils Begünstigen der Absprache auszumachen. Zu bedenken ist dabei, dass Schwierigkeiten bei der Identifizierung des internen Stimmführers zu Lasten der Parteien gehen würden. Gelingt der Nachweis eines Acting in Concert, ist nämlich grundsätzlich anzunehmen, dass eine einvernehmliche Interessenabstimmung erfolgt. Die Angebotspflicht trifft also zunächst alle Beteiligten. Die Beweislast für das Vorliegen einer (bloß) einseitigen Verhaltensausrichtung trägt dann diejenige Partei, die sich darauf beruft[1088].

Der eigentliche Grund, weshalb man eine Angebotspflicht des Inhabers des höchsten Stimmrechtsanteils befürworten könnte, ist daher der Indizcharakter der Anteilshöhe. Eine höhere Beteiligung einer Partei lässt *prima facie* vermuten, dass diese ein gesteigertes Interesse an der Einflussnahme auf die Zielgesellschaft besitzt. Eine zwingende Gesetzmäßigkeit liegt darin aber nicht. Es ist durchaus denkbar, dass eine Abstimmungsgruppe ausnahmsweise von Mitgliedern mit geringerem oder gar keinem Anteilsbesitz beherrscht wird. In diesen Fällen

---

WpÜG in Betracht. Anders jedoch *Braun*, NZG 2008, S. 928, (932), der insoweit sogar eine Ermessensreduzierung der BaFin auf Null annimmt.

1086 So *Krause*, NJW 2002, S. 705, (715) und *Hopt*, ZHR 166 (2002), S. 383, (416).

1087 Vgl. zu den Erweiterungen des Befugniskatalogs – die nicht zuletzt durch die Problematik des Acting in Concert veranlasst worden sind – durch das Übernahmerichtlinie-Umsetzungsgesetzes nur *Seibt/Heiser*, AG 2006, S. 301, (310).

1088 Ebenso *Borges*, ZIP 2007, S. 357, (359 f.), der darin eine positive Anreizstruktur des Gesetzes erblickt, welche die Bereitschaft von Beteiligten eines Acting in Concert fördere, Verhaltensabstimmungen offen zu legen.

dennoch der Partei mit der höchsten Stimmbeteiligung die Angebotspflicht aufzuerlegen, wäre aus ökonomischer Perspektive jedoch verhängnisvoll. Wie schon erörtert wurde[1089], sind wohlfahrtsschädigende Externalisierungsanreize gerade dort zu erwarten, wo einzelne Parteien die Gesellschaftskontrolle mit einer möglichst geringen Beteiligung am Unternehmenswert erlangen können. Liegt eine solche Situation vor, ist es dringend geboten, gerade diese Personen zur Abgabe eines Angebots zu verpflichten. Jede andere Lösung würde erhebliche Effizienzrisiken eröffnen. Die Anknüpfung der Stimmrechtszurechnung an die formale Anteilshöhe der Beteiligten beruht daher zwar auf der richtigen Prämisse, offenbart aber untragbare Schutzlücken. Interessengerechte Ergebnisse sind nur gewährleistet, wenn sich die Zurechnung – und damit letztlich auch die Angebotspflicht – an den tatsächlichen Inhaber der Kontrolle richtet.

III. Möglichkeit zur Abgabe eines gemeinsamen Pflichtangebots

Nachdem die Zuordnung der Angebotspflicht in Konstellationen, in denen Abstimmmungsgruppen intern beherrscht werden, nunmehr geklärt ist, bleibt abschließend die Frage, ob auch in sonstigen Fällen Verfahrenserleichterungen möglich sind. Die bisherigen Überlegungen haben gezeigt, dass es prinzipiell sinnvoll erscheint, die erforderliche Anzahl an Angebotsunterlagen zu begrenzen. Deshalb könnte man in Erwägung ziehen, diese Zielsetzung auf Abstimmungskoalitionen mit „freier" Willensbildung zu erstrecken. Die Ausgangslage ist hier freilich eindeutig: Soweit eine Verhaltensabstimmung in gegenseitigem Interesse erfolgt, findet eine allseitige Zurechnung der Stimmrechte statt. Daraus resultiert grundsätzlich die Pflicht eines jeden Beteiligten, eine eigene Angebotsunterlage auszulegen. Aus der Regelungssystematik des WpÜG ergibt sich nichts anderes: eine Abstimmungsgemeinschaft als solche ist kein tauglicher Bieter i.S.d. § 2 Abs. 4 WpÜG. Es handelt sich dabei vielmehr um eine reine BGB-Innengesellschaft, die mangels Rechtsfähigkeit nicht Adressat der Veröffentlichungs- und Angebotspflicht des § 35 WpÜG sein kann[1090]. Gleichwohl wird in der Literatur häufig vertreten, dass auch in diesem Fall die Option bestehen muss, ein einziges Pflichtangebot mit befreiender Wirkung für sämtliche Beteiligte abzugeben[1091].

[1089] Vgl. 4. Kap., D., I., 2.

[1090] *Pentz*, ZIP 2003, S. 1478, (1488); *Casper*, ZIP 2003, S. 1469, (1474 Fn. 50); vgl. allgemein zu derartigen Stimmenpools *Ulmer*, in: MünchKomm/BGB, Vor § 705 Rn. 48.

[1091] So etwa *Schlitt*, in: MünchKomm/AktG, § 35 WpÜG Rn. 50; *v. Bülow*, in: KK/WpÜG, § 35 Rn. 170; *Ekkenga/Hofschroer*, DStR 2002, S. 768, (775 f.); *Noack*, in: Schwark, Kapitalmarktrecht, § 35 WpÜG Rn. 23 (teilweise freilich zur parallelen Problematik der Ange-

Gegen die Zulässigkeit einer solchen Lösung könnten in zweierlei Hinsicht Bedenken bestehen. Ein erster möglicher Einwand ergibt sich aus einem systematischen Vergleich mit den Mitteilungspflichten in §§ 21 ff. WpHG. Dort findet sich mit § 24 WpHG eine Vorschrift, die einen Ausschnitt der Problematik mehrfacher Meldepflichten explizit regelt: Mitteilungspflichten aus § 21 Abs. 1 und 1a WpHG können demnach auch durch Mutterunternehmen übernommen werden, wenn der Meldepflichtige Teil des jeweiligen Konzernverbunds ist[1092]. Berücksichtigt man daneben das Ziel des Gesetzgebers, einen Gleichlauf zwischen Mitteilungs- und Angebotspflichten im Kapitalmarktrecht herzustellen[1093], ließe sich dies als stillschweigende Absage gegenüber entsprechenden Möglichkeiten bei den Pflichtangebotsvorschriften verstehen. Man könnte nämlich einen Umkehrschluss aus § 24 WpHG ziehen und argumentieren, dass eine solche Norm im Rahmen des WpÜG gerade fehle[1094]. Ganz ähnlich verhält es sich mit dem zweiten Bedenken, das aus der Entstehungsgeschichte des Gesetzes herrührt. Insoweit weisen die Materialien zum WpÜG darauf hin, dass der Gesetzgeber eine Erleichterung des Angebotsverfahrens im Falle eines Acting in Concert zwar ausdrücklich erwogen, später aber wieder verworfen hat. Namentlich § 33 Abs. 3 DiskE WpÜG sah eine Regelung vor, wonach die gesetzlichen Verpflichtungen bei einem Kontrollerwerb durch abgestimmtes Verhalten durch eine einzelne der beteiligten Personen erfüllt werden konnten[1095]. Bereits der Referentenentwurf des Gesetzes verzichtete dann jedoch auf eine Übernahme dieser Bestimmung.

Warum der Gesetzgeber dem Vorbild des WpHG nicht gefolgt ist und eine derartige Regelung im Anschluss an seine Vorarbeiten auch in das WpÜG aufgenommen hat, ist unklar. Allein daraus auf die generelle Unzulässigkeit einer einheitlichen Angebotsunterlage im Falle des § 30 Abs. 2 WpÜG zu schließen, führt jedoch zu weit. Womöglich erschien dem Gesetzgeber eine solche Klarstellung schlicht überflüssig. Sollte er davon ausgegangen sein, dass mehrere Angebote zum Schutz der Minderheitsaktionäre erforderlich seien, so hat sich diese Annahme jedenfalls als trügerisch erwiesen. Solange ihnen *ein* transparentes

---

botspflicht auf mehreren Konzernstufen des Erwerbers); a.A. wohl noch *Hommelhoff/Witt*, in: Haarmann/Rieh-mer/Schüppen, WpÜG, § 35 Rn. 34; *Steinmeyer/Häger*, WpÜG 1.Aufl., § 35 Rn. 36.

[1092] Freilich erfasst § 24 WpHG nur Konzerne, die einen Abschluß nach §§ 290, 340i HGB erfordern.

[1093] Vgl. dazu bereits oben, 4. Kap., B., II., 2., a).

[1094] So tatsächlich *Hommelhoff/Witt*, in: Haarmann/Riehmer/Schüppen, WpÜG, § 35 Rn. 34; *Heinbach*, Kontrollerlangung, S. 111; *Steinmeyer/Häger*, WpÜG 1.Aufl., § 35 Rn. 36.

[1095] Vgl. Diskussionsentwurf zum WpÜG, abgedruckt in: NZG 2000, S. 844, (850); daher skeptisch gegenüber der Möglichkeit eines einzelnen Angebots, *Braun*, NZG 2008, S. 928, (931).

Angebot zur Verfügung steht, das eine vollwertige Gegenleistung beinhaltet und haftungsrechtlich flankiert wird, ist ihrem Schutz Genüge getan[1096]. Aus diesem Grund ist es in der Tat geboten, eine gemeinsame Angebotsunterlage aller Beteiligten anzuerkennen[1097]. Entschließen sich die Parteien zu einem solchen Schritt, treten sie als BGB-Außengesellschaft auf, die Bieter i.S.d. § 2 Abs. 4 WpÜG ist. Eine allseitige Befreiungswirkung ist in diesem Fall aber nur unter bestimmten Voraussetzungen gerechtfertigt. Grundsätzlich muss für die Aktionäre das Prinzip der Meistbegünstigung gelten: Die maßgebliche Gegenleistung bemisst sich an dem vorteilhaftesten Angebot, das die Aktionäre – bei einer separaten Betrachtung – gemäß § 31 WpÜG i.V.m. §§ 3 ff. WpÜG-AV hätten verlangen können[1098]. Im Hinblick auf die Erfüllung der Gegenleistung können die allgemeinen Vorschriften über die Gesamtschuld herangezogen werden[1099]. Da die vollständige Leistung von jedem Einzelnen gleichstufig mit den übrigen Beteiligten geschuldet wird[1100], kann jede Partei nach § 421 BGB in Anspruch genommen werden. Eine überproportionale Belastung einzelner Beteiligter ist dann durch interne Ausgleichspflichten entsprechend § 426 Abs. 1 BGB zu kompensieren[1101].

Auf eine mögliche Schwierigkeit dieser Praxis hat freilich *Ulmer* aufmerksam gemacht. Das Gesetz stellt es Kontrollerwerbern nach § 31 Abs. 2 WpÜG vorbehaltlich besonderer Fallgestaltungen frei, ob sie als Gegenleistung Barmittel oder liquide Aktien anbieten wollen. Entscheiden sich die betroffenen Parteien für die Gewährung von Aktien, könnte die Möglichkeit eines gemeinsamen, gesamtschuldnerischen Angebots daher mangels Leistungsidentität entfallen[1102]. Letztlich sind derartige Bedenken jedoch unbegründet. Ungeachtet dessen, dass die Gewährung liquider Aktien im Rahmen von Pflichtangeboten bislang ohne praktische Bedeutung war[1103], führt sie zu keinem anderen Ergebnis. Zum einen werden die Anforderungen an die Identität des Leistungsinhalts einer Gesamtschuld von der Rechtsprechung traditionell großzügig gehandhabt. So soll es regelmäßig genügen,

---

1096 Vgl. insoweit oben, 4. Kap., D., II., 2., b), (2).

1097 Ein solches Bedürfnis akzeptiert auch die BaFin, vgl. *Lenz/Behnke*, BKR 2003, S. 43, (50).

1098 So zu Recht auch *Schlitt*, in: MünchKomm/AktG, § 35 WpÜG Rn. 50.

1099 *Pentz*, ZIP 2003, S. 1478, (1490); *Noack*, in: Schwark, Kapitalmarktrecht, § 35 WpÜG Rn. 23.

1100 Vgl. zu den gesetzlichen und den in Rechtsprechung und Literatur entwickelten Voraussetzungen einer Gesamtschuld statt aller nur *Bydlinski*, in: MünchKomm/BGB, § 421 Rn. 3 ff.

1101 Zutreffend *Pentz*, ZIP 2003, S. 1478, (1490) mit dem Hinweis, dass interne Vereinbarungen zwischen den Parteien auch eine abweichende Handhabung – beispielsweise eine quotale Bemessung anhand der ursprünglichen Anteilshöhe – vorsehen könnten.

1102 Vgl. den Beitrag *Ulmers* bei Markwardt, ZIP 2003, S. 1492, (1494).

1103 Vgl. dazu bereits 3. Kap., C., IV. (Fn. 233).

wenn die einzelnen Schuldner zumindest dasselbe Leistungsinteresse des Gläubigers befriedigen[1104]. Zum anderen ist an den optionalen Charakter einer gemeinsamen Angebotsunterlage zu erinnern. Die Abstimmungsteilnehmer haben im Falle einer wechselseitigen Stimmrechtszurechnung im Interesse der Verfahrensökonomie die Wahl, ein einheitliches Pflichtangebot zu unterbreiten. Alternativ können sie ihre Verpflichtungen aus § 35 WpÜG selbstverständlich getrennt voneinander erfüllen. Wollen sie aber in den Genuss eines gemeinsamen Angebots kommen, ist es ihnen auch zumutbar, auf das Privileg der Leistungsmöglichkeit durch Aktien zu verzichten und auf eine Geldleistung auszuweichen.

Im Ergebnis ist damit festzuhalten, dass die Möglichkeit zur Abgabe einer einheitlichen Pflichtangebotsunterlage *grundsätzlich* zu gewähren ist. Findet zwischen den Beteiligten eine wechselseitige Stimmrechtszurechnung statt, sind lediglich strengere Anforderungen zu stellen. In diesem Fall muss sichergestellt werden, dass Minderheitsaktionäre in den Genuss der besten Konditionen kommen, die sie gegenüber einer der beteiligten Parteien hätten durchsetzen können. Im Hinblick auf die Erfüllung der Gegenleistungpflichten finden zu ihren Gunsten darüber hinaus die Regelungen der Gesamtschuld entsprechende Anwendung.

E. **Sonderfälle**

Zum Abschluss der Arbeit sollen noch einige spezielle Fallgestaltungen beleuchtet werden, die in der bisherigen wissenschaftlichen Diskussion auf besonders breite Resonanz gestoßen sind. Dass entsprechende Konstellationen auch in der Praxis eine erhebliche Bedeutung erlangen werden, liegt auf der Hand. Teils handelt es sich um Sachverhalte, in denen eine besonders hohe Umgehungsgefahr der Zurechnungsregelung besteht, teils betrifft dies Fälle, die für die marktinstitutionellen Bedingungen in Deutschland typisch sein dürften.

I. In-Sich-Abstimmungen

Eine erste Fallgruppe, die für rege Diskussionen gesorgt hat, betrifft Sachverhalte, bei denen dieselbe Person auf beiden Seiten des Abstimmungsvorgangs auftritt. Häufig ist insofern von „In-Sich-Abstimmungen“ die Rede. Dabei lassen sich im Grundsatz zwei Konstellationen voneinander unterscheiden. Zum einen kommen Fälle in Betracht, in denen einer Partei von mehreren Aktionären zur

---

[1104] So etwa BGHZ 43, S. 227 ff.; BGH, NJW 1969, S. 653, (654); *Bydlinski*, in: MünchKomm/BGB, § 421 Rn. 5 m.w.N.

gemeinsamen Interessenvertretung Stimmrechtsvollmachten erteilt werden. Hier ist es unerheblich, ob der Bevollmächtigte seinerseits Anteilseigner der Zielgesellschaft ist: Es stellt sich jedenfalls die Frage nach der Zurechnung der Stimmrechte der vertretenen Parteien. Zum anderen liegt eine solche Ausgangslage dort vor, wo eine Person, die selbst Anteile hält, zugleich in eigenem Namen sowie im Auftrag und im Namen eines Dritten agiert. Typische Fallgestaltungen dürften insoweit das Handeln geschäftsführender Organmitglieder einer Gesellschaft, gesetzliche Vormundschaften oder die Wahrnehmung der Stimmrechte durch Kreditinstitute oder Aktionärsvereinigungen bilden[1105].

Beide Kategorien der Interessenabstimmung sollen einer verbreiteten Literaturansicht zufolge nicht ohne weiteres zu einer Stimmrechtszurechnung nach § 30 Abs. 2 WpÜG führen[1106]. Die Kritik, die gegen eine Anwendung der Vorschrift in diesen Fällen vorgetragen wird, setzt am Merkmal der Abstimmungshandlung an. So sind etwa *v. Bülow* und *Bücker* der Meinung, dass eine Zurechnung allenfalls dann denkbar sei, wenn der Bevollmächtigte gerade zur „*einheitlichen* Stimmrechtsausübung“ beauftragt worden ist[1107]. Im Übrigen scheide sie jedoch aus, da die bloße Möglichkeit des Vollmachtnehmers zur Verhaltenskoordination eine tatsächliche Abstimmung zwischen den Stimmrechtsinhabern nicht ersetzen könne[1108]. Diese Sichtweise verwundert. Nimmt man allein den Wortlaut des § 30 Abs. 2 S. 1 WpÜG zum Maßstab, mag eine derart restriktive Auslegung zwar noch verständlich sein. Es fällt jedoch auf, dass insoweit höhere Anforderungen an den notwendigen Abstimmungsvorgang der Beteiligten gestellt werden als dies regelmäßig der Fall ist.

Wie bereits erörtert[1109], besteht im Grundsatz Einvernehmen darüber, dass eine Stimmrechtszurechnung lediglich voraussetzt, dass Anteilsinhaber ihr Verhalten hinsichtlich kontrollrelevanter Fragen in Einklang bringen können. Die Regelung des § 30 Abs. 2 WpÜG enthält mit anderen Worten einen Gefährdungstatbestand. Mehr ist nach dem Schutzzweck der Norm nicht erforderlich. Dies zeigen gerade auch die Fälle einer Abstimmung in ein und derselben Person: Wird einer Partei ein Weisungsrecht gegenüber anderen Stimmrechtsinhabern eingeräumt, bezweifelt niemand das Bedürfnis nach einer Stimmrechtszurechnung[1110]. Vielmehr wird

---

[1105] *Schneider*, in: Assmann//Pötzsch/Schneider, WpÜG, § 30 Rn. 97.

[1106] Vgl. *Pittroff*, Zurechnung, S. 291 f.; *v. Bülow*, KK/WpÜG, § 30 Rn. 108 bzw. Fn. 115; sehr zurückhaltend auch *v. Bülow/Bücker*, ZGR 2004, S. 669, (717 f.); *Diekmann*, in: VGR, Gesellschaftsrecht 2005, S. 69, (91).

[1107] So *v. Bülow/Bücker*, ZGR 2004, S. 669, (717) [Hervorhebung hinzugefügt].

[1108] *v. Bülow/Bücker*, ZGR 2004, S. 669, (717 f.); ganz ähnlich auch *Diekmann*, in: VGR, Gesellschaftsrecht 2005, S. 69, (91).

[1109] Eingehend dazu bereits oben, 4. Kap., A., II. und III.

[1110] Vgl. dazu 3. Kap., C., II., 1. bzw. 4. Kap., D., II.

ganz selbstverständlich von einer Verhaltensabstimmung ausgegangen, obwohl dem Begünstigten auch hier nur die Möglichkeit – aber nicht die Pflicht – zukommt, von der gebündelten Stimmrechtsmacht Gebrauch zu machen. Nichts anderes kann dann in der Situation gelten, dass der Betreffende zur Interessenwahrnehmung bevollmächtigt wird. Der einzige Unterschied liegt darin, dass er eine Verhaltenskoordination hier bereits eigenständig herbeiführen kann, ohne auf eine Weisungsbefugnis zurückgreifen zu müssen. Bei funktionaler Betrachtung sind beide Fallgruppen aber identisch. Würde man das Verhalten von Stimmrechtsbevollmächtigten von vornherein dem Anwendungsbereich der Stimmrechtszurechnung entziehen, wären Umgehungsmöglichkeiten daher Tür und Tor geöffnet. Umgekehrt ist eine Zurechnung freilich nicht durchgehend geboten, wie der Hinweis von *v. Bülow* und *Bücker* auf das Beispiel der Depotvertretung nahe legt[1111]. Das maßgebliche Abgrenzungskriterium ist schnell einsichtig: Für eine Stimmrechtszurechnung ist nicht entscheidend, dass eine Bevollmächtigung zu einheitlichem Verhalten erfolgt ist, sondern dass dem Vertreter ein Ermessensspielraum zusteht, der eine eigenverantwortliche Interessenausrichtung ermöglicht[1112]. Daran wird es im Beispiel der Stimmrechtsvollmacht von Banken aufgrund der Regelung des § 135 Abs. 1 S. 3 AktG regelmäßig fehlen[1113]. Liegt diese Voraussetzung vor, ist eine Zurechnung kraft Acting in Concert jedoch geboten; und zwar sowohl in Fällen einer Bevollmächtigung durch mehrere Anteilseigner als auch beim gleichzeitigen Handeln im fremden und im eigenen Namen.

Dass die Möglichkeiten einer Stimmrechtszurechnung bei Verhaltensabstimmungen in einer Person gleichwohl zurückhaltend beurteilt werden, hat wohl einen anderen Hintergrund. Häufig findet sich die Bemerkung, dass die Tatsache allein, dass ein Bevollmächtigter Stimmrechte einheitlich ausübe, noch keine zwingenden Rückschlüsse auf eine tatsächliche Interessenabstimmung zulasse[1114]. Das ist natürlich richtig. Besitzt eine Person die Verfügungsgewalt über die Stimmrechte mehrerer Rechtssubjekte und bündelt diese Stimmrechtsmacht, belegt dies für sich genommen keine Verhaltensabstimmung. Ein solcher Sachverhalt entbindet

---

[1111] Vgl. *v. Bülow/Bücker*, ZGR 2004, S. 669, (717).

[1112] So auch *Schneider*, in: Assmann//Pötzsch/Schneider, WpÜG, § 30 Rn. 97; *Löhdefink*, Acting in Concert, S. 254; im Ergebnis auch LG München, BKR 2003, S. 810, (812); dezidiert a.A. *v. Bülow/Bücker*, ZGR 2004, S. 669, (718).

[1113] Vgl. zur Zielsetzung der Umstellung vom früheren Depotstimmrecht auf ein bloßes Vollmachtsstimmrecht der Banken – die Überwachungsfunktion der Aktionäre zu stärken – statt vieler nur *Hüffer*, AktG, § 135 Rn. 1, 9 ff.

[1114] *Löhdefink*, Acting in Concert, S. 253 f.; *v. Bülow/Bücker*, ZGR 2004, S. 669, (718); *Pittroff*, Zurechnung, S. 291, hält eine Stimmrechtszurechnung – kaum nachvollziehbar – sogar genau aus diesem Grund für ausgeschlossen.

jedenfalls nicht von dem konkreten Nachweis, dass eine Interessenkoordination im Einzelfall stattgefunden hat. Dieser beurteilt sich auch hier nach den allgemeinen Darlegungs- und Beweislastregeln[1115]. Bei genauem Hinsehen entpuppen sich derartige Abstimmungen deshalb weniger als eine dogmatische, sondern vielmehr als eine besondere beweisrechtliche Problematik der Regelung. Verhaltensabstimmungen können in Fällen dieser Art ein reines Internum des Betroffenen bleiben. Dies unterstreicht abermals die Erkenntnis, dass eine Bewältigung der Anwendungsprobleme des § 30 Abs. 2 WpÜG in der Praxis nur im Zusammenspiel mit einem wirkungsvollen Verfahrensrecht gelingen kann. Es verdeutlicht aber auch, dass die Regelung materiellrechtlich grundsätzlich über einen umfassenden und lückenlosen Anwendungsbereich verfügt.

II. Kettenzurechnung nach § 30 Abs. 2 S. 3 WpÜG

Eine weitere Zweifelsfrage, die sich um die Wirksamkeit des Umgehungsschutzes in § 30 Abs. 2 WpÜG rankt, bezieht sich auf Fälle einer möglichen Kettenzurechnung. Unter diesem Oberbegriff wird die Konstellation diskutiert, dass einem Zurechnungssubjekt Stimmrechte eines Dritten zugerechnet werden, die jener gar nicht selbst hält, sondern die ihm seinerseits zugeordnet werden[1116]. Einen solchen Fall regeln sowohl § 30 Abs. 1 S. 2 WpÜG[1117] als auch § 30 Abs. 2 S. 1 WpÜG[1118]. Demnach werden Kontrollerwerbern zugleich Stimmrechte zugerechnet, die ihren Tochterunternehmen einerseits nach den Tatbeständen des § 30 Abs. 1 S. 1 Nr. 2 bis 6 WpÜG, andererseits infolge abgestimmten Verhaltens zugewiesen sind. Damit steht schon einmal fest, dass eine Kettenzurechnung immer dann eingreift, wenn fremde Stimmrechtsanteile durch ein Tochterunternehmen des Kontrollerwerbers vermittelt werden. Wozu die Regelung schweigt, ist jedoch die Frage, ob darüber hinaus allgemein die Möglichkeit einer mehrstufigen Stimmrechtszurechnung vorgesehen ist.

Einen Teil dieser Frage beantwortet freilich § 30 Abs. 2 S. 3 WpÜG[1119], indem die Vorschrift anordnet, dass für die Berechnung des Stimmrechtsanteils der Beteiligten § 30 Abs. 1 WpÜG entsprechende Anwendung findet. Dies bedeutet,

---

[1115] Vgl. ausführlich dazu schon oben, 4. Kap., A., IV., 3.-5.

[1116] Die Bezeichnung „Kettenzurechnung" ist für die vorliegende Fallgestaltung geläufig, gelegentlich wird daneben synonym von „kumulierender Zurechnung" gesprochen, vgl. etwa *Burgard*, BB 1995, S. 2069, (2077).

[1117] *v. Bülow*, in: KK/WpÜG, § 30 Rn. 26; *Witt*, AG 2001, S. 233, (240).

[1118] So zu Recht *Löhdefink*, Acting in Concert, S. 311.

[1119] Bei diesem Satz handelt es sich wortgleich um § 30 Abs. 2 S. 2 WpÜG a.F., der sich durch die Veränderungen des Risikobegrenzungsgesetzes lediglich verschoben hat.

dass sämtliche Stimmrechte, die den einzelnen Parteien über die Tatbestände des § 30 Abs. 1 Nr. 1 bis 6 WpÜG zuzurechnen sind, im Falle eines Acting in Concert auch untereinander zugerechnet werden können. Wenn beispielsweise *A*, *B* und *C* dergestalt miteinander in Beziehung stehen, dass *A* und *B* den Tatbestand des § 30 Abs. 2 WpÜG erfüllen, während die Stimmrechte des *C* dem *B* i.S.d. § 30 Abs. 1 S. 1 Nr. 6 WpÜG „anvertraut" sind, findet auch bei *A* eine Zurechnung der Stimmrechte des *C* statt. Soweit besteht Klarheit. Die Bestimmung des § 30 Abs. 2 S. 3 WpÜG ist allerdings Ausgangspunkt der Kontroverse, ob auf diese Weise auch Fälle hintereinander geschalteter Abstimmungskoalitionen gelöst werden können. Zu denken ist dabei an Konstellationen, in denen mehrere, formal selbstständige Gruppen i.S.d. § 30 Abs. 2 S. 1 WpÜG durch einzelne Mitglieder miteinander verflochten sind. Auch hier ein einfaches *Beispiel*: *X* und *Y*, die Aktionäre der Zielgesellschaft sind, schließen zwecks gemeinsamer Interessenwahrnehmung einen Stimmbindungsvertrag. Ohne Mitwirkung des *X* vereinbart *Y* darüber hinaus auch eine entsprechende Stimmrechtsabrede mit *Z*, der ebenfalls an der Zielgesellschaft beteiligt ist.

1. Schutzlücken im Falle verbundener Abstimmungsgruppen?

In dieser Situation wird die Möglichkeit, Stimmrechte des X über Y gleichzeitig auch dem Z nach § 30 Abs. 2 S. 3 WpÜG zurechnen zu können, teilweise grundsätzlich bestritten[1120]. Zur Begründung wird der Wortlaut der Regelung angeführt. Aus dem dortigen Verweis auf § 30 Abs. 1 WpÜG soll im Umkehrschluss hervorgehen, dass eine Erstreckung auf § 30 Abs. 2 S. 1 WpÜG gerade nicht beabsichtigt sei[1121]. Abgesehen davon komme auch eine entsprechende Anwendung der Regelung auf § 30 Abs. 2 S. 1 WpÜG nicht in Betracht, da insofern das allgemeine Analogieverbot im WpÜG entgegenstehe[1122]. Aus diesem Grund wird angenommen, das Gesetz weise hinsichtlich der Reichweite von § 30 Abs. 2 S. 3 WpÜG empfindliche Schutzlücken auf. Anstatt mit anderen Aktionären ein Rechtsverhältnis i.S.d. § 30 Abs. 1 S. 1 WpÜG zu vereinbaren oder sich unmittelbar abzustimmen, könnten Kontrollerwerber nämlich dasselbe Ergebnis erreichen, indem sie schlicht mehrere hintereinander geschaltete Gruppen bilden würden. Ein relevantes Zurechnungsrisiko existiere in solchen Fällen nicht[1123].

[1120] Vgl. *Liebscher*, ZIP 2002, S. 1005, (1010); *Pittroff*, Zurechnung, S. 285; *Diekmann*, in: Baums/Thoma, WpÜG, § 30 Rn. 77 f.; tendenziell auch *ders.*, in: VGR, Gesellschaftsrecht 2005, S. 69, (89 f.).

[1121] *Pittroff*, Zurechnung, S. 285; *Liebscher*, ZIP 2002, S. 1005, (1009).

[1122] *Diekmann*, in: Baums/Thoma, WpÜG, § 30 Rn. 78; *Pittroff*, Zurechnung, S. 286; *Liebscher*, ZIP 2002, S. 1005, (1010).

[1123] *Lange*, ZBB 2004, S. 22, (26), meint sogar, dass der fehlende Verweis auf § 30 Abs. 2 S. 1 WpÜG geradezu einlade, die Kettenzurechnung gemäß § 30 Abs. 2 S. 3 WpÜG zu

Die Konsequenzen dieses Standpunkts werden sichtbar, wenn man das obige *Beispiel* geringfügig erweitert: Unterstellt, Aktionär *Z* – der mit *Y* eine Stimmrechtsabsprache ohne Mitwirkung des *X* geschlossen hat – ist seinerseits Mitglied eines weiteren Stimmenpools mit Z_1 und Z_2. Dabei seien alle Parteien – mithin *X*, *Y*, *Z*, Z_1 und Z_2 – mit einem Stimmrechtsanteil von jeweils 7% an der Zielgesellschaft beteiligt. Obwohl nunmehr eine Stimmrechtsmacht von insgesamt 35% miteinander verbunden wäre, würde ein Pflichtangebot gemäß §§ 30 Abs. 2, 35 WpÜG nach diesem Verständnis ausscheiden. Beiden „Kettengliedern" der drei Gruppen, *Y* und *Z*, könnten nämlich nur die Stimmrechte ihrer direkten Abstimmungspartner zugerechnet werden: *Y* käme also auf eine Anteilshöhe von 21%, weil ihm die Stimmrechtsanteile von Z_1 und Z_2 nicht zugerechnet werden könnten; die Gesamtquote von *Z* beliefe sich auf 28%, da jedenfalls der Stimmrechtsanteil des *X* unberücksichtigt bleiben müsste.

Wollte man dieser Einschätzung folgen, wäre es im Hinblick auf den erforderlichen Umgehungsschutz der Regelung geboten, geeignete Abhilfemöglichkeiten zu schaffen. Zu diesem Zweck ist in ersten Stellungnahmen bereits eine Tatbestandsänderung vorgeschlagen worden: § 30 Abs. 2 S. 3 WpÜG sei *de lege ferenda* um eine Bezugnahme auf § 30 Abs. 2 S. 1 WpÜG zu ergänzen[1124]. Alternativ wurde versucht, das Problem miteinander verflochtener Abstimmungskoalitionen mit Hilfe einer gesonderten Interpretation von § 30 Abs. 2 WpÜG zu lösen. So hat namentlich *Pentz* diskutiert, ob die Formulierung des § 30 Abs. 2 WpÜG dahingehend verstanden werden könne, dass zugerechnete Stimmrechte hier wie eigene zu behandeln seien[1125]. Wäre dies der Fall, könnten die Stimmrechte sämtlicher Beteiligter eines Acting in Concert in der Tat jedem Abstimmungspartner – unabhängig von der Struktur der einzelnen Gruppen – zugerechnet werden. Dann würde man in dem geschilderten *Beispiel* bereits auf Grundlage von § 30 Abs. 2 S. 1 WpÜG zu einem sachgerechten Ergebnis gelangen.

2. Stellungnahme

Wer derartige Lösungsansätze in Erwägung zieht, schießt bei genauer Betrachtung über sein Ziel hinaus. Bevor man Gefahr läuft, die Regelungssystematik des

---

umgehen; in diese Richtung auch *v. Bülow*, KK/WpÜG, § 30 Rn. 144; *Pittroff*, Zurechnung, S. 286.

[1124] So *v. Bülow*, KK/WpÜG, § 30 Rn. 19; zustimmend *Pittroff*, Zurechnung, S. 287.

[1125] Vgl. *Pentz*, ZIP 2003, S. 1478, (1483), der diese Überlegung im Ergebnis freilich selbst wieder verwirft, da es dem Charakter des § 30 WpÜG widerspreche, die Stimmrechtszurechnung an andere als *eigene* Eigenschaften bzw. Rechtsverhältnisse des Zurechnungssubjekts zu knüpfen.

§ 30 WpÜG durch fragwürdige Differenzierungen aufzuweichen[1126], sollte sorgfältig geprüft werden, ob die befürchteten Schutzlücken *de lege lata* tatsächlich bestehen. Hilfreich erscheint in diesem Zusammenhang ein Blick auf die methodischen Voraussetzungen, die erforderlich wären, um die (vermeintliche) Schwachstelle der Norm anhand einer Analogie zu beheben. Voraussetzung für eine Gesetzesanalogie ist neben einer planwidrigen Regelungslücke auch eine vergleichbare Interessenlage zwischen der geregelten und der ausfüllungsbedürftigen Konstellation[1127]. Genau in diesem Punkt zeigt sich aber ein entscheidender Unterschied zwischen den Fällen des § 30 Abs. 1 S. 1 WpÜG, auf die § 30 Abs. 2 S. 3 WpÜG Bezug nimmt, und jenen des § 30 Abs. 2 S. 1 WpÜG. Während im Rahmen des § 30 Abs. 1 S. 1 WpÜG – im Wege einer unwiderleglichen gesetzlichen Vermutung[1128] – unterstellt werden darf, dass der „Bieter" stets Einflussmöglichkeiten auf die relevanten Stimmrechtsanteile besitzt, liefe eine solche Annahme in § 30 Abs. 2 S. 1 WpÜG auf eine Fiktion hinaus[1129]. Folgerichtig ordnet § 30 Abs. 2 S. 3 WpÜG eine Kettenzurechnung nur dann an, wenn Abstimmungsparteien eines Acting in Concert fremde Stimmrechte aufgrund des ersten Absatzes zugewiesen werden. Hinsichtlich § 30 Abs. 2 S. 1 WpÜG ginge eine solche Rechtsfolge häufig zu weit. Deshalb muss davon ausgegangen werden, dass der Gesetzgeber bewusst auf einen entsprechenden Verweis verzichtet hat. Indes bedeutet dies keineswegs, dass Missbrauchsversuchen auf Grundlage der geltenden Regelung nicht wirksam begegnet werden kann.

Soweit in der Literatur auf das Bedürfnis hingewiesen wird, vorhandene Umgehungsmöglichkeiten zu schließen, haben die Autoren offenbar das Bild planmäßig koordinierter Abstimmungsgruppen vor Augen. Im Vordergrund stehen also Konstellationen, in denen Beteiligte mehrerer paralleler Stimmenpools bewusst als „Mittelsmänner" in Erscheinung treten, um deren Willensbildung miteinander zu koordinieren[1130]. In solchen Fällen leuchtet die Tatsache ein, dass – obwohl formal gesehen keine einheitliche Stimmenbindung vorliegen mag – ein vergleichbares Gefahrenpotential besteht. Allerdings muss diese Erkenntnis zu

---

[1126] Richtigerweise steht dem von *Pentz* skizzierten Vorschlag bereits die Existenz des § 30 Abs. 2 S. 2 WpÜG entgegen. Sollten nämlich zugerechnete fremde Stimmrechte in § 30 Abs. 2 WpÜG wie eigene zu behandeln sein, müsste dieses Verständnis konsequenterweise auch für die Zurechnungstatbestände in § 30 Abs. 1 S. 1 WpÜG gelten. In diesem Fall liefe der Anwendungsbereich des § 30 Abs. 2 S. 2 WpÜG indes völlig leer; vgl. auch *Löhdefink*, Acting in Concert, S. 317.

[1127] Vgl. statt aller nur *Larenz/Canaris*, Methodenlehre, S. 191 f.

[1128] Vgl. zur Begründung schon oben, 3. Kap., C., II., 2.

[1129] So zu Recht *v. Bülow/Bücker*, ZGR 2004, S. 669, (713); *Löhdefink*, Acting in Concert, S. 319 .

[1130] Vgl. *Lange*, ZBB 2004, S. 22, (26); *Pentz*, ZIP 2003, S. 1478, (1484); *v. Bülow/Bücker*, ZGR 2004, S. 669, (714).

der Frage führen, ob derart nahe liegende Umgehungsformen nicht bereits von der generalklauselartigen Weite des § 30 Abs. 2 S. 1 WpÜG erfasst werden. In dieser Hinsicht wird in der Literatur zu Recht auf den Anwendungsbereich der Regelungsalternative der Abstimmung „in sonstiger Weise“ verwiesen[1131]. Die offene Formulierung des Merkmals ermöglicht es ohne weiteres, Verhaltensweisen aufzugreifen, die hinter den Anforderungen an eine formale „Vereinbarung“ i.S.d. § 30 Abs. 2 S. 1, 1. Alt. WpÜG zurückbleiben. Nach Wortlaut und Teleologie handelt es sich bei dieser Alternative gerade um einen Auffangtatbestand. Ausreichend ist hier ein bewusster geistiger Kontakt der Beteiligten, der eine Abstimmung über tatbestandsmäßige Verhaltensweisen zum Gegenstand hat[1132]. Eine solche Kommunikation kann aber auch zwischen mehreren separaten Gruppen erfolgen, indem einzelne Parteien in einer Koalition gleichsam als „Stellvertreter“ der jeweils anderen auftreten. Wenn sich also *Y* im *Beispielsfall* im Einvernehmen des *X* mit *Z* auf ein kontrollrelevantes Verhalten gegenüber der Zielgesellschaft verständigt, was dieser – der *Z* – zuvor seinerseits mit Z_1 und Z_2 vereinbart hat, kann eine allseitige Zurechnung der Stimmrechte stattfinden. Dadurch würde eine Angebotspflicht nach § 35 WpÜG ausgelöst. Dies wäre keine unzulässige Analogie des § 30 Abs. 2 S. 3 WpÜG, sondern lediglich eine wortlautgetreue Anwendung von § 30 Abs. 2 S. 1, 2. Alt. WpÜG[1133]. Wie soeben dargelegt wurde[1134], stünde diesem Ergebnis auch nicht entgegen, dass Teile der Abstimmung innerhalb einer Person – der des *Y* bzw. *Z* – erfolgen würden.

Liegen die Voraussetzungen einer gezielten, allen Beteiligten bekannten Abstimmung der verschiedenen Gruppen nicht vor, scheidet eine Zurechnung aufgrund einer Abstimmung „in sonstiger Weise“ freilich aus. Insoweit dürften personelle Verflechtungen zwischen einzelnen Abstimmungsgruppen aber regelmäßig kein hinreichendes Gefährdungspotential aufweisen. Es fehlt im Hinblick auf diejenigen Beteiligten, die nicht unmittelbar miteinander in Kontakt treten, an dem für § 30 Abs. 2 WpÜG charakteristischen Abstimmungsprozess. Grauzonen sind allenfalls dort denkbar, wo sich die direkten Abstimmungspartner – im *Beispiel Y* und *Z* – in ihren jeweiligen Gruppen ohne Kenntnis der übrigen Parteien von der weitergehenden Koordination ein generelles Weisungsrecht haben einräumen lassen. Dann liegt es jedoch nahe, in Betracht zu ziehen, dass ihnen die fraglichen Stimmrechtsanteile bereits i.S.d. § 30 Abs. 1 S. 1 Nr. 6 WpÜG

[1131] So erstmals *v. Bülow*, in: KK/WpÜG § 30 Rn. 144; *ders./Bücker*, ZGR 2004, S. 669, (714); zustimmend *Pentz*, ZIP 2003, S. 1479, (1484); *Löhdefink*, Acting in Concert, S. 318.

[1132] Ausführlich bereits oben, 4. Kap., A., III.

[1133] Vgl. auch *Pentz*, ZIP 2003, S. 1478, (1484).

[1134] Vgl. insoweit 4. Kap., E., I.

„anvertraut“ worden sind[1135]. In diesem Fall würde sich eine mehrstufige Stimmrechtszurechnung wiederum aus § 30 Abs. 2 S. 3 WpÜG ergeben.

Im Ergebnis zeigt sich damit, dass die vielfach behaupteten Unzulänglichkeiten des § 30 Abs. 2 S. 3 WpÜG in Wahrheit ein Scheinproblem sind. Eine Kettenzurechnung findet im Falle mehrerer, hintereinander geschalteter Abstimmungsgruppen zwar grundsätzlich nicht statt. Interessengerechte Lösungen lassen sich jedoch in aller Regel durch eine weite Auslegung des § 30 Abs. 2 S. 1, 2. Alt. WpÜG erzielen. Nennenswertes Umgehungspotential besteht daher nicht.

III. Kontrollerwerb über Beteiligungsgesellschaften

Die größte Aufmerksamkeit im Rahmen der Diskussion um § 30 Abs. 2 WpÜG hat schließlich die Behandlung von Verhaltensabstimmungen durch mittelbare Beteiligte erfahren. Angesprochen sind damit Fälle, in denen Kontrollinhaber nicht (nur) Anteile der Zielgesellschaft halten, sondern sich an einer Zwischengesellschaft[1136] beteiligen, die ihrerseits Stimmrechte an dieser hält. Die erhebliche Praxisrelevanz solcher Vorgehensweisen liegt in einem institutionellen Umfeld wie in Deutschland auf der Hand: Bei einer hohen Dichte an verbundenen Unternehmen ist die Wahrscheinlichkeit groß, dass Zielgesellschaften im Einzelfall nicht direkt, sondern mittels entsprechender Erwerbsvehikel – das heißt vorgeschalteter (Holding-)Gesellschaften – erworben werden. Auch aus ökonomischer Sicht sind derartige Akquisitionsstrukturen von besonderem Interesse. Wenn kontrollrelevante Pakete von Stimmrechten an einer Zielgesellschaft in Beteiligungsgesellschaften „geparkt“ sind, ergeben sich freilich Möglichkeiten, die Preisvorschriften der § 31 WpÜG, 3 ff. WpÜG-AV und damit auch den Effizienzmechanismus des Pflichtangebots zu unterlaufen. Kontrollwechsel lassen sich dann nämlich nicht nur durch die Übertragung von Anteilen der Zielgesellschaft, sondern auch durch Maßnahmen auf der Ebene der Zwischengesellschaft herbeiführen. Erste Stellungnahmen aus der Praxis deuten bereits an, dass in diesem Zusammenhang im Transaktionsgeschäft Kreativität gezeigt wird[1137]. Die BaFin

---

[1135] Zu den Tatbestandsvoraussetzungen statt aller *v. Bülow*, in: KK/WpÜG, § 30 Rn. 100 ff.

[1136] Die Begriffe der Zwischen-, Beteiligungs-, Vorschalt-, oder Holdinggesellschaft werden im vorliegenden Zusammenhang häufig synonym verwendet. In der Praxis wird es sich dabei vornehmlich um die Rechtsform der GmbH handeln.

[1137] Vgl. nur *Traugott/Schaefer*, NZG 2004, S. 158, (162), die zur Umgehung des Gleichbehandlungsgebots in § 31 WpÜG ein als „Einziehungslösung“ bezeichnetes Modell entworfen haben. Danach kann sich ein beabsichtigter Kontrollwechsel folgendermaßen abspielen: In einem ersten Schritt soll der künftige Kontrollerwerber mit mehreren Aktionären, die zusammen ein kontrollvermittelndes Aktienpaket an der Zielgesellschaft halten, eine neue sollte daher gewarnt sein[1138]: Mittelbare Verhaltensabstimmungen über Beteiligungsgesellschaften sind spezielle Fallgestaltungen, an denen sich die Wirksamkeit der Pflichtangebotsregeln in §§ 29 ff. WpÜG messen lassen muss.

1. Grundtypen der mittelbaren Verhaltensabstimmung

Will man sich der Problematik annähern, gilt es im Wesentlichen zwei unterschiedliche Erscheinungsformen von mittelbaren Verhaltensabstimmungen auseinander zu halten[1139]: einerseits Fälle, in denen die jeweilige Zwischengesellschaft als Tochtergesellschaft (zumindest eines) der mittelbar Beteiligten i.S.d. § 30 Abs. 1 S. 1 Nr. WpÜG anzusehen ist; andererseits Konstellationen, in denen keine der Parteien die Zwischengesellschaft allein beherrscht. Während sich die erste Fallgruppe relativ unproblematisch anhand allgemeiner Regeln lösen lässt, wird schnell deutlich, dass es gerade letztere Sachverhalte sind, die im Hinblick auf § 30 Abs. 2 WpÜG schwierige Anwendungsprobleme aufwerfen.

2. Meinungsstand

Zur Behandlung der Problematik ist inzwischen eine Fülle von Stellungnahmen erfolgt. Der engste Standpunkt wird dabei von *Liebscher* eingenommen. *Liebscher*[1140] sieht für eine Stimmrechtszurechnung aufgrund eines abgestimmten Verhaltens auf vorgelagerten Gesellschaftsebenen generell keine Grundlage. Die Einbeziehung von Verständigungen der Gesellschafter einer Zwischengesellschaft über ihre Vorgehensweise gegenüber der Zielgesellschaft ist seiner Meinung nach schon nicht vom Wortlaut des § 30 Abs. 2 S. 1 WpÜG gedeckt. Die-

---

(Zwischen-)Gesellschaft gründen. In diese Gesellschaft seien neben Barmitteln des Erwerbers die Aktien seiner Abstimmungspartner einzubringen. Daraufhin müsse die neu entstandene Gesellschaft den übrigen Aktionären der Zielgesellschaft zwar ein Pflichtangebot unterbreiten. Die dem Angebot zugrunde zu legende (Mindest-)Gegenleistung i.S.d. § 31 WpÜG dürfte sich in diesem Fall jedoch lediglich an dem aktuellen Börsenkurs der Aktien der Zielgesellschaft orientieren. Nach Abwicklung des Pflichtangebots könnten die den Altaktionären an der Zwischengesellschaft zustehenden Gesellschaftsanteile dann durch Gesellschafterbeschluss gegen Gewährung einer individuell festgelegten – wertmäßig von der Bemessungsgrundlage des Pflichtangebots unabhängigen – Abfindung eingezogen werden. Im Ergebnis sind mit einem solchen Modell also Kontrollwechsel zu bewerkstelligen, die das Vor- bzw. Nacherwerbskriteriums in § 31 WpÜG, § 4 WpÜG-AV unterlaufen.

[1138] Wie *Krause*, NJW 2004, S. 3681, (3685) berichtet, hat sich die BaFin tatsächlich schon mit derartigen Umgehungsmöglichkeiten der Gegenleistungsregelungen beschäftigt.

[1139] Vgl. zur Illustration die Schaubilder bei *v. Bülow/Bücker*, ZGR 2004, S. 669, (709).

[1140] *Liebscher*, ZIP 2002, S. 1005, (1012); ihm folgend *Casper*, ZIP 2003, S. 1469, (1476); *v. Bülow*, in: KK/WpÜG, § 30 Rn. 120; *Diekmann*, in: Baums/Thoma, WpÜG, § 30 Rn. 74; *Pittroff*, Zurechnung, S. 295.

ser verlange eine Verhaltensabstimmung „in Bezug auf die Zielgesellschaft", während sich Absprachen in solchen Fällen lediglich auf das Verhalten eines ihrer Gesellschafter, nämlich der Beteiligungsgesellschaft, beziehen würden. Außerdem ließen sich die Folgen einer Stimmrechtszurechnung in aller Regel nicht rechtfertigen. Wenn verschiedene Anteile an einer Zielgesellschaft in eine Zwischengesellschaft eingebracht würden, sei dies häufig gerade der Versuch, die Dominanz einzelner Gesellschafter durch den Zwang zu internen Verständigungen zu neutralisieren. Wollte man an diese Praxis eine Stimmrechtszurechnung nach § 30 Abs. 2 WpÜG knüpfen, würde man das auf eine „Entherrschung" der Zielgesellschaft gerichtete Verhalten infolgedessen in sein Gegenteil verkehren[1141].

Eine moderatere Position bezieht dagegen *Pentz*. Seiner Auffassung nach scheitert eine Zurechnung in diesen Fällen nicht bereits am Wortlaut von § 30 Abs. 2 S. 1 WpÜG[1142]. Schranken seien einer Anwendung der Regelung des Acting in Concert allerdings durch die Systematik von § 30 WpÜG gezogen. So entfalte der Konzerntatbestand in § 30 Abs. 1 S. 1 Nr. 1 WpÜG, der eine Zurechnung zu Lasten des Gesellschafters nur dann zulässt, wenn die betreffende Vorschaltgesellschaft als Tochtergesellschaft i.S.d. § 2 Abs. 6 WpÜG einzuordnen ist, insofern eine Sperrwirkung[1143]. Unterhalb seiner qualifizierenden Voraussetzungen bleibe für eine Stimmrechtszurechnung aufgrund abgestimmten Verhaltens nach § 30 Abs. 2 WpÜG kein Raum. Eine Anwendung des § 30 Abs. 2 WpÜG sei daher in den vorliegenden Konstellationen allenfalls zweistufig denkbar. In einem ersten Schritt müssten (jedenfalls) einem der mittelbar Beteiligten die Stimmrechte der Zwischengesellschaft aus § 30 Abs. 1 S. 1 Nr. 1 WpÜG zugerechnet werden können, um sie sodann in einem zweiten Schritt aufgrund einer separaten Verständigung kraft Acting in Concert auch *B* und *C* zuzuordnen[1144].

Zu ganz ähnlichen Ergebnissen gelangen *v. Bülow* und *Bücker*, indem sie das Kriterium der Verfügungsgewalt über die Stimmrechte an der Zielgesellschaft hervorheben. Ihrer Auffassung nach verliert der einzelne Aktionär durch die Einbringung der Aktien in die Zwischengesellschaft grundsätzlich die Verfügungsmacht und damit das „Substrat" seiner Abstimmungshandlung – es sei denn, die Stimmrechte können ihm aufgrund alleiniger oder gemeinsamer Beherrschung nach § 30 Abs. 1 S. 1 Nr. 1 WpÜG als eigene zugerechnet werden[1145]. Im Regelfall finde zwischen den Gesellschaftern der Zwischengesellschaft nach erfolgter Einbringung jedoch keine Abstimmung mehr statt. Ihr Verhalten erschöpfe sich

---

[1141] Vgl. *Liebscher*, ZIP 2002, S. 1005, (1013).
[1142] *Pentz*, ZIP 2003, S. 1478, (1484).
[1143] Vgl. *Pentz*, ZIP 2003, S. 1478, (1485); zustimmend *v. Bülow*, in: KK/WpÜG, § 30 Rn. 120; *Pittroff*, Zurechnung, S. 296; *Diekmann*, in: Baums/Thoma, WpÜG, § 30 Rn. 74.
[1144] *Pentz*, ZIP 2003, S. 1478, (1485).
[1145] *v. Bülow/Bücker*, ZGR 2004, S. 669, (711).

vielmehr in der Ausübung ihrer Stimmrechte im Rahmen der Gesellschafterversammlung der Zwischengesellschaft. Dieses Stimmverhalten könne aber nicht den Gegenstand einer Interessenkoordination im Hinblick auf die Zielgesellschaft bilden[1146].

Andere halten den Anwendungsbereich des § 30 Abs. 2 WpÜG in den vorliegenden Fällen dagegen grundsätzlich für eröffnet[1147]. Einen differenzierten Ansatz hat dabei vor allem *Löhdefink* aufgezeigt. Seiner Meinung nach stehen die qualifizierten Anforderungen des § 30 Abs. 1 S. 1 Nr. 1 WpÜG einer darüber hinaus gehenden Zurechnung von Stimmrechten der Zwischengesellschaft zu Lasten der Gesellschafter kraft Acting in Concert nicht entgegen[1148]. Eine derartige Zurechnung setze allerdings zweierlei voraus: Zum einen müssten die Gesellschafter durch ihr abgestimmtes Verhalten jedenfalls faktisch in der Lage sein, die Zwischengesellschaft zu beherrschen. Zum anderen sei erforderlich, dass die Zwischengesellschaft im Rahmen einer umfassenden Einzelfallbetrachtung als ein zielgerichtetes Instrument der Einflussnahme auf die Zielgesellschaft erscheine. Einen zentralen Anhaltspunkt sieht *Löhdefink* dabei in der Frage, ob der Buchwert der Beteiligung an der Zielgesellschaft einen Anteil von 20% des buchmäßigen Aktivvermögens der jeweiligen Zwischengesellschaft übersteigt[1149]. Sei dies der Fall, könne regelmäßig von einer Zurechnung der Stimmrechte der Zwischengesellschaft in Richtung auf deren Gesellschafter ausgegangen werden.

3. Stellungnahme

Der Streit um die Möglichkeit einer Stimmrechtszurechnung im Falle mittelbarer Verhaltensabstimmungen veranschaulicht die Unsicherheiten, die im Umgang mit § 30 Abs. 2 WpÜG bestehen, wie kaum eine andere Frage. Seine Wurzeln liegen darin begründet, dass über grundlegende Voraussetzungen der Zurechnung noch immer Unklarheit herrscht. Eine sachgerechte Lösung dieser Fallgruppe sollte deshalb darum bemüht sein, sich nah an die gesetzliche Regelung anzulehnen.

a) Grammatische Anhaltspunkte

Eine Zurechnung von Stimmrechten setzt nach § 30 Abs. 2 S. 1 WpÜG voraus, dass eine Verhaltensabstimmung „in Bezug auf die Zielgesellschaft“ stattfindet.

[1146] Vgl. *v. Bülow/Bücker*, ZGR 2004, S. 669, (711 f.).
[1147] Vgl. etwa *Riehmer*, in: Haarmann/Riehmer/schüppen, WpÜG 1. Aufl., § 30 Rn. 65; *Löhdefink*, Acting in Concert, S. 369, 380 f.; *Steinmeyer*, in: Steinmeyer/Häger, WpÜG, § 30 Rn. 62.
[1148] *Löhdefink*, Acting in Concert, S. 369.
[1149] Vgl. *Löhdefink*, Acting in Concert, S. 380 f.

Würde man den Gesetzeswortlaut mit der Ansicht *Liebschers*[1150] dahin auslegen, dass sie nur Abstimmungen mit *unmittelbarem* Bezug erfassen soll, erwiese man dem beabsichtigten Umgehungsschutz einen denkbar schlechten Dienst. In diesem Fall wäre die Einbringung von Anteilen in eine Beiteiligungsgesellschaft geradezu der Prototyp der Umgehung eines Pflichtangebots. Es würde nämlich allein von der Art und Weise des Zusammenschlusses der Anteilseigner abhängen, ob eine Stimmrechtszurechnung gemäß § 30 Abs. 2 WpÜG erfolgen könnte. Dies zeigt folgender Vergleich: Verständigen sich *A*, *B* und *C* – die jeweils 15% der Stimmrechte an der *X-AG* halten – darauf, sich künftig hinsichtlich kontrollrelevanter Fragen abzustimmen, entsteht zunächst nur eine BGB-Innengesellschaft[1151]. Eine Stimmrechtszurechnung kraft Acting in Concert mit der Folge eines Pflichtangebots ist in diesem Fall eine reine Selbstverständlichkeit. Bringen *A*, *B* und *C* die Hälfte ihrer Anteile – also Stimmrechte in Höhe von jeweils 7,5% – jedoch in eine eigens zu diesem Zweck gegründete Holding-GmbH ein, würde eine Angebotspflicht aus §§ 30 Abs. 2, 35 WpÜG nach der genannten Auffassung entfallen. Die von ihnen gehaltenen Stimmrechte beliefen sich nur noch auf 22,5%, während die andere Hälfte der Stimmrechte der Holding-GmbH übertragen wäre, so dass sich entsprechende Verhaltensabsprachen nunmehr *unmittelbar* nur noch auf diese beziehen würden. Ausschlaggebend für die Möglichkeit, den Parteien sämtliche Stimmrechte zuzurechnen, wäre also die Wahl der Rechtsform der Zwischengesellschaft.

Dass ein solches Ergebnis nicht zu überzeugen vermag, ist offensichtlich. Der Wortlaut des Gesetzes lässt sich jedoch auch im umgekehrten Sinne verstehen: Man kann § 30 Abs. 2 S. 1 WpÜG alternativ ohne weiteres entnehmen, dass eine Zurechnung von Stimmrechten *stets* eintreten soll, solange eine Verhaltensabstimmung – wenn auch nur mittelbar – „in Bezug auf die Zielgesellschaft" stattfindet. Liest man die Vorschrift in diesem Sinne, sind die aufgeworfenen Problemstellungen sachgerecht zu lösen. Nicht jede Form einer Interessenkoordination auf der Ebene der Zwischengesellschaft rechtfertigt freilich eine Stimmrechtszurechnung an ihre Gesellschafter. Die Beteiligung an einer Gesellschaft, die ihrerseits Anteile an einer (Ziel-)Gesellschaft hält, kann auf ganz unterschiedlichen Motiven beruhen. Wenn aber feststeht, dass Anteilseigner ihre Interessen in der Gesellschafterversammlung einer Zwischenholding auch und gerade im Hinblick auf die Kontrolle der Zielgesellschaft abstimmen[1152], greift § 30 Abs. 2 S. 1 WpÜG ein. Das Merkmal des „Bezug[s] auf die Zielgesellschaft" konkretisiert damit das maßgebliche Ob-

[1150] *Liebscher*, ZIP 2002, S. 1005, (1012); ihm folgend *v. Bülow*, in: KK/WpÜG, § 30 Rn. 120.

[1151] Vgl. dazu soeben, 4. Kap., D., III.; die Anteile der Parteien werden dann typischerweise nicht in die Gesellschaft eingebracht.

[1152] Auch hier werden sich im Einzelfall freilich schwierige Beweisfragen stellen.

jekt der Einflussnahme und wirkt auf diese Weise zurechnungsbegrenzend. Der formale Einwand *v. Bülows* und *Bückers*, nach erfolgter Einbringung von Anteilen sei nicht mehr von einer relevanten Verhaltensabstimmung auszugehen[1153], ist insofern irreführend. Dass Stimmrechte in eine gemeinsame Zwischengesellschaft eingebracht werden, begründet natürlich keine Vermutung des Inhalts, dass hinsichtlich dieser und möglicher selbst gehaltener Anteile tatsächlich eine Abstimmung stattfindet. Dies ist vielmehr – wie auch in dem obigen *Beispiel* bezüglich der Anteile von *A*, *B* und *C* einerseits und derjenigen der Holding-GmbH andererseits – in erster Linie eine Tat- und Beweisfrage. Ebenso wenig steht eine solche Ausgangslage einer Stimmrechtszurechnung nach § 30 Abs. 2 WpÜG jedoch entgegen. Zumindest dann, wenn der alleinige Zweck der Zwischenholding wie im *Beispielsfall* das Halten und Verwalten der Beteiligung an der Zielgesellschaft ist, stellt diese gerade das Instrument der Verhaltensabstimmung dar[1154].

Neben der Sache liegt deshalb auch die Kritik *Liebschers*, gesellschaftsvertragliche Abreden in Zwischengesellschaften würden häufig auf eine Einflussstreuung und damit auf eine „Entherrschung" der Zielgesellschaft hinauslaufen[1155]. Richtig daran ist, dass derartige Vereinbarungen eine Beherrschung der Zielgesellschaft durch einzelne Beteiligte verhindern. Dies ändert jedoch nichts an der Tatsache, dass in einem solchen Fall sämtliche Voraussetzungen eines Acting in Concert vorliegen. Ob einzelne Parteien über eine interne Durchsetzungsmacht verfügen, ist im Rahmen von § 30 Abs. 2 WpÜG nur für die Frage der Zurechnungsrichtung von Bedeutung. Der Anwendungsbereich der Regelung ist aber schon eröffnet, wenn Entscheidungen über kontrollrelevante Fragen der Zielgesellschaft von der Hauptversammlung überhaupt in einen kleineren Kreis von Abstimmungspartnern verlagert werden. Jedenfalls unter grammatischen Gesichtspunkten sind Verhaltensabstimmungen, die mittelbar über zwischengeschaltete Gesellschaften stattfinden, deshalb ohne weiteres zurechnungsbegründend.

b) Regelungssystematik

Eine Ablehnung der Stimmrechtszurechnung trägt aber auch der von *Pentz* angeführte Hinweis auf eine vermeintliche Sperrwirkung von § 30 Abs. 1 S. 1 Nr. 1 WpÜG nicht[1156]. Wie bereits mehrfach dargelegt wurde[1157], handelt es sich bei den Regelungen in § 30 Abs. 1 S. 1 WpÜG keineswegs um Spezialtatbestände gegenüber

---

[1153] *v. Bülow/Bücker*, ZGR 2004, S. 669, (711).
[1154] So auch *Löhdefink*, Acting in Concert, S. 368 („institutionalisierte[s] Abstimmungsmedium").
[1155] *Liebscher*, ZIP 2002, S. 1005, (1013).
[1156] Vgl. *Pentz*, ZIP 2003, S. 1478, (1485).
[1157] Dazu bereits oben, 3. Kap., C., II., 2.

§ 30 Abs. 2 WpÜG. Die Tatbestandsvarianten stellen vielmehr bloße Vermutungsregeln dar, die den Anwendungsbereich des Acting in Concert unberührt lassen. Eine Stimmrechtszurechnung von Anteilen der Zwischengesellschaft setzt deshalb grundsätzlich nicht voraus, dass diese gemäß § 30 Abs. 1 S. 1 Nr. 1 i.V.m. § 2 Abs. 6 WpÜG als Tochtergesellschaft einer oder mehrerer ihrer Gesellschafter anzusehen ist. Sie kann darüber hinaus auch aufgrund abgestimmten Verhaltens eintreten. Allein diese Sichtweise wird dem Umgehungsschutzcharakter von § 30 Abs. 2 WpÜG gerecht. Wäre eine Stimmrechtszurechnung unterhalb der qualifizierenden Merkmale des § 30 Abs. 1 S. 1 Nr. 1 WpÜG ausgeschlossen, würden dagegen Schutzlücken entstehen.

Die erheblichen Unzulänglichkeiten, die in diesem Fall auftreten könnten, hat *Löhdefink* klar herausgearbeitet[1158]. Sie lassen sich an dem oben gebildeten *Beispiel* gut veranschaulichen: Sind *A*, *B* und *C* Alleingesellschafter der Holding-GmbH, in die sie die Hälfte ihrer Stimmrechtsanteile an der *X-AG* (22,5%) eingebracht haben, würden sie diese – nach den Grundsätzen der Mehrmütterherrschaft[1159] – gemeinschaftlich beherrschen. Damit käme prinzipiell eine Zurechnung der eingebrachten Stimmrechte an jeden Einzelnen nach § 30 Abs. 1 S. 1 Nr. 1 WpÜG in Betracht. Da die von *A*, *B* und *C* selbst gehaltenen Stimmrechte aufgrund ihrer Verständigung zudem nach § 30 Abs. 2 WpÜG untereinander zugerechnet würden, ergäbe sich daraus die Addition der gesamten Stimmrechtsmacht in Höhe von 45%. Grundsätzlich bestünde also eine Pflicht zur Abgabe eines Angebots nach § 35 WpÜG. Dieses Ergebnis hinge bei genauem Hinsehen jedoch entscheidend davon ab, ob es sich bei *A*, *B* und *C* auch um Unternehmen i.S.d. §§ 15 ff. AktG handeln würde. Fehlte ihnen diese Eigenschaft, entfiele die Möglichkeit, die Holding-GmbH als Tochtergesellschaft i.S.d. § 2 Abs. 6 WpÜG einzustufen, von vornherein[1160]. Eine Zurechnung gemäß § 30 Abs. 1 S. 1 Nr. 1 WpÜG müsste folglich ausscheiden. Die von *Pentz* und anderen vertretene Sperrwirkung würde also letztlich dazu führen, dass eine Angebotspflicht unter diesen Umständen insgesamt ausbliebe.

Es fällt sofort auf, dass eine solche Lösung im Rahmen des WpÜG systemwidrig wäre. Die Unternehmenseigenschaft der Beteiligten wäre im Ergebnis Voraussetzung für die Pflicht zur Abgabe eines Angebots, obwohl dieses Merkmal dem

---

[1158] Vgl. *Löhdefink*, Acting in Concert, S. 370 f.

[1159] Vgl. für Nachweise zur diesbezüglichen Rspr. nur Fn. 297.

[1160] Vgl. zu dieser Voraussetzung von § 2 Abs. 6 WpÜG, die für beide Tatbestandsalternativen der Regelung gilt, statt vieler *Seibt*, ZIP 2005, S. 729, (733 ff.). Freilich wird angesichts solcher Schutzlücken teilweise bestritten, dass die restriktiven Anforderungen der §§ 15 ff. AktG auf § 2 Abs. 6 bzw. § 30 Abs. 1 S. 1 Nr. 1 WpÜG zu übertragen seien; dies entspricht jedoch dem eindeutigen Wortlaut des Gesetzes. Vgl. zum Meinungsstand etwa *Versteegen*, in: KK/WpÜG, § 2 Rn. 188; *Löhdefink*, Acting in Concert, S. 355 ff.

Bieterbegriff des Gesetzes in § 2 Abs. 4 WpÜG gerade nicht zugrunde gelegt wurde. Eine derartige Überlagerung des übernahmerechtlichen Anlegerschutzes durch originäre Wertungen des Konzernrechts kann nicht beabsichtigt gewesen sein. Am Beispiel des § 30 Abs. 1 S. 1 Nr. 1 WpÜG zeigt sich daher abermals die Richtigkeit des hier vertretenen Verständnisses der Regelungsstruktur des § 30 WpÜG. Im Hinblick auf die vorliegende Problematik bedeutet dies, dass einer Stimmrechtszurechnung im Falle von Verhaltensabstimmungen über Zwischengesellschaften durch § 30 Abs. 1 S. 1 Nr. 1 WpÜG – mangels Sperrwirkung – keine Grenzen gesetzt sind.

c) Interessenabwägung im Einzelfall

Obwohl die in der Literatur vorgetragenen Einwände gegen eine Anwendung von § 30 Abs. 2 WpÜG fehlgehen, beruhen sie aber auf einem zutreffenden Hintergedanken. Um eine Stimmrechtszurechnung kraft Acting in Concert in Fällen dieser Art nicht ausufern zu lassen, bedarf es in der Tat einschränkender Kriterien. Anders als im „Normalfall“ des Acting in Concert, der Verhaltensabstimmung unmittelbarer Aktionäre, besteht insofern nämlich keine Gesetzmäßigkeit, dass sich Interessenabsprachen der Beteiligten tatsächlich in kontrollrelevanter Weise auf die Zielgesellschaft beziehen. Im obigen *Beispiel* etwa ist keineswegs gesagt, dass sich *A*, *B* und *C* hinsichtlich ihres Vorgehens gegenüber der *X-AG* auch über die in die Holding-GmbH eingebrachten Stimmrechte verständigen. Die Beteiligung an einer Zwischengesellschaft kann im konkreten Fall dazu dienen, die Kontrolle an einer Zielgesellschaft unter Umgehung der Angebotspflicht zu erlangen. Sie muss es aber nicht. Der Kontrollerwerb kann ebenso gut lediglich eine (unerwünschte) Nebenfolge des Investments in die Beteiligungsgesellschaft sein, das ursprünglich aus ganz anderen Motiven erfolgt.

Bei der Lösung dieser schwierigen Abgrenzungsfrage verbietet sich eine generalisierende Betrachtung, ausschlaggebend können hier vielmehr nur die Umstände des Einzelfalls sein. Es erscheint aber durchaus sinnvoll, sich an dem von *Löhdefink*[1161] entwickelten Maßstab zu orientieren: Das Bedürfnis für eine Stimmrechtszurechnung nach § 30 Abs. 2 WpÜG ist umso größer, je erheblicher die Einflussmacht der mittelbar Beteiligten auf die Zwischengesellschaft ist und je eher deren Zweck darin liegt, Kontrollmöglichkeiten über die jeweilige Zielgesellschaft zu vermitteln. Die Beweisschwierigkeiten im Bereich des Acting in Concert legen nahe, in dieser Hinsicht nicht an subjektive, sondern an rein objektive Kriterien anzuknüpfen. Deshalb ist grundsätzlich zu verlangen, dass die Abstimmungsparteien die Beteiligungsgesellschaft beherrschen können. Handelt es

[1161] Vgl. *Löhdefink*, Acting in Concert, S. 379 ff. sowie soeben, 4. Kap. E., III., 2. a.E.

sich dabei – wie in der Praxis typischerweise der Fall – um eine GmbH müssen sie also in der Lage sein, das Verhalten der Geschäftsführer weisungsbedingt zu steuern[1162].

Darüber hinaus ist erforderlich, dass ein hinreichender Bezug der Zwischengesellschaft zur Zielgesellschaft erkennbar wird. Insoweit zieht *Löhdefink* zu Recht eine Parallele zu § 9 S. 2 Nr. 3 WpÜG-AV. Dieses Regelbeispiel bestimmt, unter welchen Voraussetzungen die BaFin einen Bieter gewöhnlich von der Angebotspflicht hinsichtlich solcher Gesellschaften befreit, über die er mittelbar Kontrolle erlangt. Eine Angebotspflicht entfällt demnach in der Regel, wenn der Buchwert der Beteiligung der letztgenannten Gesellschaft weniger als 20% des buchmäßigen Aktivvermögens der unmittelbar kontrollierten (Zwischen-)Gesellschaft beträgt. Regelungsgedanke von § 9 S. 2 Nr. 3 WpÜG-AV ist es, unnötige Mehrfachpflichten in Fällen zu verhindern, in denen der mittelbare Kontrollerwerb nicht das eigentliche Ziel des Investments des Bieters ist[1163]. Diese typisierende Wertung lässt sich auf die hier interessierenden Konstellationen übertragen. Beiden Sachverhalten liegt dieselbe Interessenlage zugrunde. Der einzige Unterschied besteht darin, dass § 9 S. 2 Abs. 3 WpÜG-AV die Situation vor Augen hat, dass sich der Kontrollerwerber eine Zwischengesellschaft als Tochter i.S.d. § 2 Abs. 6 WpÜG einverleibt und eine Zurechnung ihrer Stimmrechte an der Zielgesellschaft somit aus § 30 Abs. 1 S. 1 Nr. 1 WpÜG erfolgt. Da eine Sperrwirkung gegenüber der Stimmrechtszurechnung nach § 30 Abs. 2 WpÜG gerade nicht vorliegt, ist die gesetzgeberische Überlegung jedoch verallgemeinerungsfähig. Im Interesse einer einheitlichen Verfahrenspraxis sollte dieses Kriterium daher auch in den vorliegenden Fällen zur Anwendung kommen. Eine zurechnungsbegründende Verhaltensabstimmung über eine Zwischengesellschaft ist im Regelfall also anzunehmen, wenn der Buchwert der Beteiligung an der Zielgesellschaft mehr als 20% ihres buchmäßigen Aktivvermögens ausmacht. Anderenfalls dürfte eine Stimmrechtszurechnung kraft Acting in Concert gewöhnlich ausscheiden[1164].

[1162] Sollte es sich bei der Zwischengesellschaft dagegen um eine Aktiengesellschaft handeln, wäre es ausreichend, dass die Beteiligten diese i.S.d. § 29 Abs. 2 WpÜG kontrollieren. Weitergehender Voraussetzungen bedarf es insofern nicht.

[1163] Vgl. Begr. RegE, BT-Drucks. 14/7034, S. 82.

[1164] *Löhdefink* ist freilich darin zuzustimmen, dass es sich bei dieser Schwelle letztlich nur um einen Indikator handelt. Denkbar ist auch, dass trotz einer geringeren Beteiligung der Zwischengesellschaft ein hinreichender Kontrollbezug angenommen werden kann – etwa dann, wenn diese allein dem Zweck dient, Kontrollbeteiligungen an mehreren Zielgesellschaften zu verwalten, vgl. *Löhdefink*, Acting in Concert, S. 381. Insoweit stößt eine Generalisierung jedoch endgültig an ihre Grenzen. In diesem Fall ist eine Einzelfallbetrachtung der BaFin – wie auch im Rahmen der Befreiung nach § 37 WpÜG – unumgänglich.

Zusammenfassend betrachtet, können Verhaltensabstimmungen über Zwischengesellschaften daher durchaus in hinreichender Weise im Rahmen von § 30 Abs. 2 WpÜG berücksichtigt werden. Die verschiedenen Einwände, die in der Literatur erhoben worden sind, lassen sich jedenfalls ausräumen. Um in der Praxis zu angemessenen Zurechnungsergebnissen zu gelangen, ist allerdings zu fordern, dass die Beteiligten die jeweilige Zwischengesellschaft gemeinschaftlich kontrollieren können. Im Hinblick auf das Verhältnis von Zwischen- und Zielgesellschaft ist dabei auf die Wertung des § 9 S. 2 Abs. 3 WpÜG-AV zurückzugreifen.

5. Kapitel Gesamtergebnis der Untersuchung

I. Die Pflichtangebotsvorschriften des WpÜG, zu denen die Stimmrechtszurechnung kraft Acting in Concert zählt, stehen seit Ablauf der Umsetzung der EU-Übernahmerichtlinie 2004/25 zum 20. Mai 2006 auf einem gemeinschaftsrechtlichen Fundament. Ihr Ursprung liegt im Londoner City Code on Mergers and Takeovers, in den eine solche Regelung bereits im Jahre 1972 eingefügt worden ist. Dieses britische Modell hat die Entwicklung des Übernahmerechts in Europa in entscheidendem Maße beeinflusst.

II. Da in Deutschland mit der Einführung des Konzernrechts durch das AktG 1965 schon frühzeitig ein Sonderweg beschritten wurde, bereitete die dogmatische Einordnung des Pflichtangebots hierzulande anfangs erhebliche Schwierigkeiten. Im Gegensatz zum verbandsrechtlichen Ansatz der Konzernregelungen handelt es sich dabei jedoch um ein originär kapitalmarktrechtliches Regelungsinstrument. Dieses Verständnis spiegeln sowohl die formale Ausgestaltung der Vorschriften als auch ihr materieller Funktionszusammenhang wider. Im Hinblick auf den Schutzzweck der Pflichtangebotsbestimmungen ergibt sich daraus, dass diese ein doppeltes Ziel verfolgen: einerseits den Individualschutz der Minderheitsaktionäre einer Zielgesellschaft – verstanden als Anleger am Markt –, andererseits jedoch auch den Institutionenschutz des Kapitalmarkts als solchen.

III. Weshalb gerade die Zurechnungsvorschrift des Acting in Concert gravierende Auslegungsprobleme aufwirft, wird bei der Betrachtung der Regelungssystematik des WpÜG deutlich. Im Normgefüge der §§ 29 ff. WpÜG nimmt sie eine besondere Rolle ein: Der offene, generalklauselartig formulierte Tatbestand des § 30 Abs. 2 S. 1 WpÜG steht vor allem zu der starren Kontrollschwelle in § 29 Abs. 2 WpÜG in auffälligem Kontrast. Eine praktisch verwertbare Konkretisierung seines Anwendungsbereichs ist von daher kaum möglich. Auch die separaten Zurechnungstatbestände in § 30 Abs. 1 S. 1 WpÜG helfen in dieser Hinsicht nicht weiter. Sie stellen entgegen einer verbreiteten Ansicht nur gesetzliche Vermutungen für das Vorliegen einer Verhaltenskoordination auf, enthalten aber keine *leges speciales*, die gegenüber einem Rückgriff auf § 30 Abs. 2 WpÜG Sperrwirkung entfalten könnten. Die speziell auf Pflichtangebote zugeschnittenen Ausnahme- bzw. Befreiungsvorschriften in §§ 36, 37 WpÜG, 9 WpÜG-AV bilden insoweit ebenfalls kein geeignetes Korrektiv.

IV. Eine zentrale Ursache für die Probleme, die im praktischen Umgang mit der Stimmrechtszurechnung kraft Acting in Concert auftreten, liegt zudem in den ihr immanenten Beweisschwierigkeiten. Wie das Paradebeispiel Deutsche Börse gezeigt hat, stoßen die vorhandenen aufsichtsrechtlichen bzw. prozessualen Instrumentarien bei der Ermittlung derartiger Verhaltensweisen schnell an ihre Grenzen. Die erforderliche Durchsetzbarkeit der Regelung lässt sich nur dadurch erleichtern, indem man einige wesentliche Gesichtspunkte beachtet. Von elementarer Bedeutung ist zunächst, dass der Nachweis eines Acting in Concert stets denjenigen (allgemeinen) verfahrensrechtlichen Maßstäben unterliegt, in deren Kontext sich die Frage im Einzelfall stellt. Abzulehnen ist insbesondere die vielfach vertretene Übertragung der ordnungswidrigkeitsrechtlichen Beweisrestriktionen auf gegebenenfalls einschlägige verwaltungs- oder zivilrechtliche Verfahren.

Darüber hinaus ist in letzteren beiden Verfahrensarten eine Beweislastverteilung zu befürworten: Für das Vorliegen einer Verhaltensabstimmung i.S.d. § 30 Abs. 2 S. 1, 1. Hs. WpÜG tragen zwar grundsätzlich die BaFin bzw. außenstehende Aktionäre, die sich auf eine solche Verständigung berufen, die Darlegungs- und Beweislast. Der Nachweis eines tatbestandsausschließenden Einzelfalls i.S.d. § 30 Abs. 2 S. 1, 2. Hs. WpÜG ist jedoch den Abstimmungsparteien aufzuerlegen.

Sollten sich im Bereich des Acting in Concert zukünftig weiterhin erhebliche Beweisschwierigkeiten abzeichnen, wäre *de lege ferenda* eine Ergänzung des Katalogs der Vermutungstatbestände in § 30 Abs. 1 S. 1 WpÜG um zusätzliche prototypische Fallgruppen anzuregen.

V. Materiellrechtlich stellt die Regelung des § 30 Abs. 2 WpÜG an die Existenz einer Abstimmungsgrundlage, das heißt an die Art und Weise einer Verständigung zwischen einzelnen Parteien, denkbar geringe Anforderungen. Insoweit sind lediglich zwei Voraussetzungen zu verlangen: Zum einen ist ein irgendwie gearteter – jedenfalls stillschweigender – Abstimmungs*vorgang* erforderlich. Zum anderen muss ein Mindestmaß an – materiellem oder auch nur ideellem – Sanktionspotential zwischen den Parteien vorhanden sein. Dass im konkreten Fall tatsächlich ein bindendes Abstimmungs*ergebnis* erzielt wird, setzt § 30 Abs. 2 WpÜG dagegen gerade nicht voraus. Aus diesem Grund sind etwa auch Vereinbarungen mit Durchstimmrecht bzw. Öffnungsklausel oder reine gentlemen's agreements ohne weiteres zurechnungsbegründend.

VI. Die praktisch bedeutsamste, schwierigste und zugleich umstrittenste Frage im Rahmen des § 30 Abs. 2 WpÜG lautet, welche (abgestimmten) Verhaltensformen grundsätzlich als tatbestandsmäßiges Acting in Concert zu qualifizieren sind. An ihr scheiden sich trotz der WMF-Entscheidung des BGH Ende 2006 (insbesondere) aufgrund der Überarbeitung durch das Risikobegrenzungsgesetz nach wie vor die Geister. Versucht man, den Anwendungsbereich der Zurechnung zu konturieren, erweist sich eine Auslegung anhand juristischer Methoden als wenig hilfreich. Ebenso wie die grammatische Auslegung liefert auch eine systematische Betrachtung keine näheren Erkenntnisse. Rückschlüsse auf die Reichweite der Vorschrift lassen die inhaltlich vergleichbaren Regelungen in § 22 Abs. 2 WpHG, § 2 Abs. 5 WpÜG und § 30 Abs. 1 S. 1 WpÜG nicht zu.

Die historische Interpretation der Vorschrift legt zumindest nahe, den Anwendungsbereich des § 30 Abs. 2 WpÜG über die Grenzen, die ihm vom BGH und der bislang herrschenden Meinung gezogen worden sind, auszudehnen. Während der Regelung nach jener Ansicht nur Abstimmungen über die Ausübung von Mitgliedschafts- bzw. Stimmrechten unterfallen sollen, kommen insofern auch Absprachen über faktische Einwirkungen außerhalb der Hauptversammlung in Betracht. Für ein solches Ergebnis spricht zudem die teleologische Auslegung.

VII. Zu einer Konkretisierung der Reichweite des § 30 Abs. 2 WpÜG können auch ihre gemeinschaftsrechtlichen Grundlagen nicht viel beitragen. Weder der Pflichtangebotstatbestand in Art. 5 noch das in der EU-Übernahmerichtlinie 2004/25 verankerte Konzept des Acting in Concert in Art. 2 Abs. 1 lit. d weisen greifbare Parallelen zu den Regelungen des WpÜG auf. Da die gemeinschaftsrechtlichen Vorschriften auf einem wesentlich engeren Ansatz beruhen, enthalten sie keine Vorgaben für die Auslegung der weitergehenden Regelungen der §§ 29 ff. WpÜG. Unzutreffend ist insbesondere die teilweise vertretene Ansicht, dass die Richtlinie eine Stimmrechtszurechnung im Falle von Erwerbsabsprachen zwingend gebiete.

VIII. Eine erfolgversprechende (methodische) Möglichkeit, dem Anwendungsbereich der Stimmrechtszurechnung in § 30 Abs. 2 WpÜG scharfe Konturen zu verleihen, zeigt jedoch die ökonomische Analyse der Rechts auf. Sie erlaubt es, die unterschiedlichen Anreizstrukturen der von einer Kontrolltransaktion betroffenen Parteien unter Effizienzgesichtspunkten zu bewerten und als Auslegungsmaßstab zu fungieren. Ein solcher Ansatz fördert vor allem den Institutionenschutz des Kapitalmarkts, dem die Pflichtangebotsvorschriften dienen.

Die ökonomische Analyse von Unternehmensübernahmen veranschaulicht, dass diese mit unterschiedlichen Effizienzeffekten verbunden sein können. Zahlreiche Transaktionen gehen nach den Erkenntnissen der theoretischen und empirischen Kapitalmarktforschung auf Prinzipal-Agent-Konflikte zwischen den Beteiligten zurück. Vor diesem Hintergrund dient ein Pflichtangebot i.S.d. § 35 WpÜG dazu, wohlfahrtsschädliche Externalisierungsanreize, die im Falle der Möglichkeit des Erwerbs einer bloßen Kontrollmehrheit auftreten könnten, wirksam zu vermeiden. Die Disziplinierungswirkung des Pflichtangebots schließt folglich bestimmte ineffiziente Transaktionen aus. Diese Weichenstellung kann auch als Richtschnur für die Auslegung der Zurechnungsvorschrift des Acting in Concert fruchtbar gemacht werden. Legt man die Erkenntnisse der ökonomischen Analyse zugrunde, ergibt sich für den Anwendungsbereich des § 30 Abs. 2 WpÜG folgendes Bild:

1. Zurechnungsbegründend sind erstens (nur) *qualifizierte*, nämlich kontrollrelevante Stimmrechtsabsprachen. Von der erforderlichen Kontrollrelevanz einer Absprache ist auszugehen, wenn sich diese entweder auf die Gesellschaft als solche oder jedenfalls auf zukunftsbezogene Beschlussgegenstände der Hauptversammlung bezieht. Tatbestandsmäßig sind somit etwa Abstimmungen über aktien-, konzern- und umwandlungsrechtliche Strukturmaßnahmen, Dividendenausschüttungen der Zielgesellschaft, die zukünftige Besetzung ihres Aufsichtsrats oder – in den wenigen denkbaren Ausnahmefällen – über ihre Geschäftspolitik. Verständigungen über die Ausübung sonstiger Stimmrechte – also solche, die lediglich einen Vergangenheitsbezug aufweisen und inhaltlich die Gesellschaftsorgane oder Dritte (Abschluss-, Sonderprüfer etc.) betreffen – kommen als zurechnungsbegründendes Acting in Concert von vornherein nicht in Betracht. Dies gilt erst recht für Abstimmungen über anderweitige Mitgliedschaftsrechte. Um insoweit Rechtssicherheit zu schaffen, würde es sich anbieten – wie vereinzelt schon vorgeschlagen wurde – *de lege ferenda* eine entsprechende „safe-harbor"-Regelung in § 30 Abs. 3 WpÜG n.F. zu ergänzen.

2. Die zweite zentrale Fallgruppe eines Acting in Concert i.S.d. § 30 Abs. 2 WpÜG bilden Absprachen über eine faktische Einflussnahme auf die Organe einer Zielgesellschaft. Derartige Vorgehensweisen bieten unter Effizienzgesichtspunkten das größte gesamtwirtschaftliche Schädigungspotential. Die restriktive Rechtsprechung des BGH, die sich gegen eine dahingehende Erstreckung der Regelung wendet, vermag aus verschiedenen Gründen nicht zu überzeugen. Ihre Schwachstelle besteht vor allem darin, dass sie das aktienrechtliche Leitbild autonomer Gesellschaftsorgane mit der empirischen Realität vermengt.

Auch Abstimmungen über faktische Einwirkungen auf die Zielgesellschaft sind daher zurechnungsbegründend, soweit sie die Erzielung gesellschaftsfremder Sondervorteile der Beteiligten befürchten lassen. Typischerweise ist dies z.B. bei Verständigungen über die Wahl bestimmter Vorstandsmitglieder, den Abschluss von umfangreichen (In-Sich-)Geschäften mit der Zielgesellschaft oder Einwirkungen auf deren immaterielle Vermögenswerte der Fall.

3. Ein dritter möglicher Anwendungsfall der Stimmrechtszurechnung in § 30 Abs. 2 WpÜG sind schließlich Absprachen über den Erwerb von Gesellschaftsanteilen der Zielgesellschaft. Vereinbarungen dieser Art entfalten nach dem empirischen Befund eine Indizwirkung für ein anschließendes kontrollrelevantes

Verhalten der Parteien. Eine Stimmrechtszurechnung in einem solch frühen Stadium des Übernahmeprozesses könnte – wenn sie sich auf sämtliche (gehaltenen und zu erwerbenden) Stimmrechte beziehen würde – verbleibende Umgehungsmöglichkeiten der Zurechnungsregelung schließen. Freilich sollte dabei der voranschreitende Strukturwandel in Deutschland sorgfältig beobachtet werden. Eine Anwendung des § 30 Abs. 2 WpÜG auf Erwerbsabsprachen wäre insbesondere dann geboten, wenn sich die Entwicklung, dass hohe Anteilskonzentrationen allmählich durch den Transfer kleinerer Aktienpakete abgebaut werden, hierzulande weiter fortsetzen würde. Sollte dies künftig der Fall sein, wäre es – aufgrund des bereits länger andauernden Streits um die Tatbestandsmäßigkeit dieser Fallgruppe – allerdings empfehlenswert, *de lege ferenda* einen entsprechenden ausdrücklichen Hinweis in den Wortlaut des § 30 Abs. 2 S. 2 WpÜG aufzunehmen.

IX. Der Ausnahmetatbestand des Acting in Concert – das Einzelfallkriterium in § 30 Abs. 2 S. 1, 2. Hs. WpÜG – erfüllt im System der deutschen *Corporate Governance* eine wichtige Privilegierungsfunktion. Er dient dazu, Aktionären hinreichende Handlungsspielräume zu verschaffen, um sich aus gegebenem Anlass auch hinsichtlich einzelner kontrollrelevanter Fragen abstimmen zu können, ohne Gefahr zu laufen, ein Pflichtangebot abgeben zu müssen. Diese Möglichkeit ist gerade in einem institutionellen Umfeld, in dem – wie in Deutschland – typischerweise Kontrollaktionäre vorherrschen, von entscheidender Bedeutung. Sie kann zu einer wesentlichen Verringerung von Agency-Kosten führen.

Um derartige (vorübergehende) Stimmkoalitionen bilden zu können, muss vor allem das in Publikumsgesellschaften vorherrschende Kollektivhandlungsproblem überwunden werden: ein wohlfahrtsfördernder Aktionärsaktivismus kommt nur dann zustande, wenn sich Minderheits- bzw. Kleinaktionäre ein angemessenes Kosten-Nutzen-Verhältnis versprechen. Dieses Ziel kann lediglich bei einem *formalen* Verständnis des Einzelfallbegriffs in § 30 Abs. 2 S. 1, 2. Hs. WpÜG erreicht werden. Allein in diesem Fall ist die erforderliche Rechtssicherheit für notwendige Verständigungen gewährleistet. Ausnahmen von der Stimmrechtszurechnung kraft Acting in Concert bestehen demnach dort, wo nur *punktuelle* (kontrollrelevante) Absprachen getroffen werden. Entscheidend ist insofern, dass sie sich lediglich auf *einen* einheitlichen Lebenssachverhalt beziehen. Ihre inhaltliche Tragweite spielt hingegen keine Rolle.

X. Das vorstehend entwickelte Zurechnungsmodell des Acting in Concert führt in der Praxis regelmäßig zu sachgerechten Ergebnissen. Einerseits stellt es hinreichende Freiräume für Aktionärsabsprachen sicher. So sind auch einzelne Abstimmungen über mehrstufig umzusetzende gesellschaftsrechtliche Maßnahmen – wie etwa über einen *Debt-Equity-Swap* – möglich, ohne dass eine folgenschwere

Stimmrechtszurechnung gemäß § 30 Abs. 2 WpÜG stattfindet. Andererseits lassen sich keine nennenswerten Schutzlücken erkennen. Die in der Literatur vorgetragenen Bedenken im Falle einzelner „nachhaltiger" Abstimmungen – wie beispielsweise bei der Verständigung über den Abschluss eines *Beherrschungsvertrags* – gehen bei näherer Betrachtung fehl.

Auch der praktisch wohl bedeutsamste Anwendungsfall der Vorschrift, Abstimmungen über die *Bestellung des Aufsichtsrats* der Zielgesellschaft, lässt sich bei diesem Verständnis sachgerecht handhaben. Solange eine solche Abstimmung nur punktuell erfolgt, löst sie – unabhängig von der Anzahl der jeweils zu besetzenden Mandate – keine Stimmrechtszurechnung aus. Das legitime Interesse der Anteilseigner an einer qualifizierten Überwachung des Vorstands bleibt also gewahrt. Eine Zurechnung nach § 30 Abs. 2 WpÜG erfolgt jedoch dann, wenn eine derartige Absprache im konkreten Fall mit weiteren Absprachen, etwa im Hinblick auf faktische Einwirkungen auf die Aufsichtsratskandidaten verbunden ist.

XI. Wer im Falle eines tatbestandsmäßigen Acting in Concert zur Abgabe eines Pflichtangebots verpflichtet ist, lässt sich § 30 Abs. 2 S. 1 WpÜG nicht eindeutig zu entnehmen. Aus ökonomischer Perspektive ist diese Frage deshalb von Bedeutung, weil Minderheitsaktionäre der Zielgesellschaft in der Angebotssituation unter einer für Prinzipal-Agent-Beziehungen charakteristischen Informationsassymetrie leiden. Sie müssen in Erfahrung bringen, welche Partei mit welchen Absichten die Gesellschaft zukünftig kontrollieren könnte, um ihre (De-)Investitionsentscheidung darauf abstimmen zu können. Eine zweckmäßige Lösung dieser Problematik liegt darin, anhand des Innenverhältnisses der Abstimmungsgruppe zu differenzieren: Verfügt einer der Beteiligten über die interne Durchsetzungsmacht, ist vornehmlich dieser zur Abgabe eines Angebots mit befreiender Wirkung für alle verpflichtet. Ansonsten findet grundsätzlich eine wechselseitige Zurechnung an sämtliche Parteien statt. Unerheblich ist dabei insbesondere, ob einzelne Abstimmungsparteien überhaupt (mittelbare) Anteile an der Zielgesellschaft halten. Eine Stimmrechtszurechnung kann auch an Nichtaktionäre erfolgen. Aus Effizienzgründen bleibt es den Beteiligten eines Acting in Concert allerdings vorbehalten, ein gemeinsames Angebot abzugeben. In diesem Fall haften sie für die Erfüllung der Verpflichtungen des § 35 WpÜG als Gesamtschuldner i.S.d. §§ 421 ff. BGB. Außerdem gilt für ein solches Angebot aus Sicht der Minderheitsaktionäre das Prinzip der Meistbegünstigung.

XII. Die umfassende Reichweite des Umgehungsschutzes, der durch § 30 Abs. 2 WpÜG geleistet wird, zeigt sich schließlich in verschiedenen Sonderkonstellationen. Bei einer weiten Auslegung der Vorschrift lassen sich sowohl Fälle einer *In-Sich-Abstimmung* als auch sog. *Kettenzurechnungen* in hinreichendem Maße berücksichtigen. Selbst im Falle von mittelbaren Verhaltensabstimmungen, die durch eine *zwischengeschaltete Beteiligungsgesellschaft* erfolgen, kommt eine Stimmrechtszurechnung kraft Acting in Concert in Betracht. Um zu einer interessengerechten Einschränkung des Zurechnungsumfangs zu gelangen, sind dabei jedoch zwei Voraussetzungen zu verlangen: Zum einen ist es erforderlich, dass die Abstimmungsparteien die jeweilige Zwischengesellschaft faktisch beherrschen können. Zum anderen ist im Hinblick auf das Verhältnis zwischen der Beteiligungs- und der Zielgesellschaft auf den Rechtsgedanken des § 9 S. 2 Nr. 3 WpÜG-AV zurückzugreifen.

Abkürzungsverzeichnis

a.A.	anderer Ansicht/ anderer Auffassung
a.F.	alter Fassung
Abs.	Absatz
AG	(Die) Aktiengesellschaft
AktG	Aktiengesetz
Alt.	Alternative
Art.	Artikel
Aufl.	Auflage
BaFin	Bundesanstalt für Finanzdienstleistungsaufsicht
BB	Betriebs-Berater
Bd.	Band
Begr.	Begründung
BGB	Bürgerliches Gesetzbuch
BGBl.	Bundesgesetzblatt
BGH	Bundesgerichtshof
BGHZ	Entscheidung des Bundesgerichtshofs in Zivilsachen
BKR	Zeitschrift für Bank- und Kapitalmarktrecht
BMF	Bundesministerium für Finanzen
BR	Bundesrat
BT	Bundestag
BVerfG	Bundesverfassungsgericht
BVerfGE	Entscheidung des Bundesverfassungsgerichts
bzw.	beziehungsweise
ca.	circa
CAAR	Cumulative Average Abnormal Return
CAPM	Capital Asset Pricing Model
CAR	Cumulative Average Return
CFS	Center for Financial Studies
d.h.	das heißt
DAI	Deutsches Aktieninstitut
DAV	Deutscher Anwaltverein
DAX	Deutscher Aktienindex
DB	Der Betrieb

DBW	Die Betriebswirtschaft
DiskE	Diskussionsentwurf
Drucks.	Drucksache
DStR	Deutsches Steuerrecht
Diss.	Dissertation
DSW	Deutsche Schutzvereinigung für Wertpapiere
ECGI	European Corporate Governance Institute
EGAktG	Einführungsgesetz zum Aktiengesetz
EMH	Efficient Capital Market Hypothesis
engl.	englisch
etc.	et cetera
EU	Neue Institutionenökonomik, 2. Aufl., Stuttgart 2007, (zit.: Erlei/Leschke/Sauerland, Neue Institutionenökonomik).
EU	Europäische Union
EuZW	Europäische Zeitschrift für Wirtschaftsrecht
f.	folgende
ff.	fortfolgende
Fn.	Fußnote
frz.	französisch
FS	Festschrift
GG	Grundgesetz
GmbH	Gesellschaft mit beschränkter Haftung
GS	Gedächtnisschrift
GWB	Gesetz gegen Wettbewerbsbeschränkungen
h.M.	herrschende Meinung
Habil.	Habilitation
Hrsg.	Herausgeber
Hs.	Halbsatz
i.E.	im Ergebnis
i.H.v.	in Höhe von
i.R.d.	im Rahmen des
i.S.d.	im Sinne des/ der
i.V.m.	in Verbindung mit
InvG	Investmentgesetz
IPO	Initial Public Offer
Jura	Juristische Ausbildung
JZ	Juristenzeitung
Kap.	Kapitel
KK	Kölner Kommentar
Komm.	Kommentar

KonTrag	Gesetz zur Kontrolle und Transparenz im Unternehmensbereich
lit.	Litera
LMK	Kommentierte BGH-Rechtsprechung Lindenmaier-Möhring
LSE	London Stock Exchange
m.w.N.	mit weiteren Nachweisen
MDAX	Mid-Cap-DAX
Mio.	Million(en)
n.F.	neuer Fassung
NBER	National Bureau of Economic Research
NJW	Neue Juristische Wochenschrift
Nr.	Nummer
NZG	Neue Zeitschrift für Gesellschaftsrecht
OECD	Organisation for Economic Co-operation and Development
OLG	Oberlandesgericht
P&P	Papers and Proceedings
RegE	Regierungsentwurf
RIW	Recht der Internationalen Wirtschaft
RL	Richtlinie
Rn.	Randnummer
Rspr.	Rechtsprechung
S.	Satz/ Seite
SDAX	Small-Cap-DAX
SEA	Securities and Exchange Act
SEC	Securities and Exchange Commission
Slg.	Sammlung
sog.	sogenannte/ sogenannter
SSRN	Social Science Research Network
st.	ständige
SZ	Süddeutsche Zeitung
TCI	The Children's Investment Fund
u.a.	unter anderem/ und andere
ÜbK	Übernahmekodex
UMAG	Gesetz zur Unternehmensintegrität und Modernisierung des Anfechtungsrechts
UmwG	Umwandlungsgesetz
ÜRL	Übernahmerichtlinie
v.	von/ vom
Var.	Variante
vgl.	vergleiche

VGR	Gesellschaftsrechtliche Vereinigung
VorstOG	Vorstandsvergütungs-Offenlegungsgesetz
vs.	versus
WM	Wertpapier Mitteilungen
WMF	Württembergische Metallwarenfabrik
WpHG	Wertpapierhandelsgesetz
WpÜG	Wertpapiererwerbs- und Übernahmegesetz
WpÜG-AV	Wertpapiererwerbs- und Übernahmegesetz-Ausführungsverordnung
z.B.	zum Beispiel
ZBB	Zeitschrift für das Bankrecht und Bankwirtschaft
ZEW	Zentrum für Europäische Wirtschaftsforschung
ZfB	Zeitschrift für Betriebswirtschaft
ZfbF	Zeitschrift für betriebswirtschaftliche Forschung
ZGR	Zeitschrift für Unternehmens- und Gesellschaftsrecht
ZHR	Zeitschrift für das gesamte Handelsrecht und Wirtschaftsrecht
Ziff.	Ziffer
ZIP	Zeitschrift für Wirtschaftsrecht
zit.	zitiert
zugl.	zugleich

Literaturverzeichnis

Ackermann, Carl/ McEnally, Richard/ Ravenscraft, David: The Permance of Hedge Funds, in: 54 Journal of Finance (1999), S.833-874.

Adams, Michael: Was spricht gegen eine ungehinderte Übertragbarkeit der in Unternehmen gebundenen Ressourcen durch ihre Eigentümer?, in: AG 1990, S. 243-252.

Adams, Michael: Höchststimmrechte, Mehrfachstimmrechte und sonstige wundersame Hindernisse auf dem Markt für Unternehmenskontrolle, in: AG 1990, S. 63-78.

Adolff, Johannes: Unternehmensbewertung im Recht der börsennotierten Aktiengesellschaft, München 2007, zugl. Habil. München 2004, (zit.: Adolff, Unternehmensbewertung).

Adolff, Johannes/ Meister, Burkhard/ Randell, Charles/ Stephan, Klaus-Dieter: Public Company Takeovers in Germany, München 2002, (zit.: Adolff/Meister/ Randell/Stephan, Takeovers).

Adolff, Johannes/ Tieve Johannes: Über den rechten Umgang mit einem entschlusslosen Gesetzgeber: Die aktienrechtliche Lösung des BGH für den Rückzug von der Börse, in: BB 2003, S. 797-805.

Akerlof, George A.: The Market for "Lemons": Qualitative Uncertainty and the Market Mechanism, in: 84 Quarterly Journal of Economics (1970), S. 488-500.

Alchian, Armen/ Demsetz, Harold: Production, information costs, and economic organization, in: 62 American Economic Review (1972), S. 777-795.

Altmeppen, Holger: Neutralitätspflicht und Pflichtangebot nach dem neuen Übernahmerecht, in: ZIP 2001, S. 1073-1085.

Andrade, Gregor/ Mitchel, Mark/ Stafford Erik: New Evidence and Perspectives on Mergers, in: 15 Journal of Economic Perspectives (2001), S. 103-130.

Andres, Christian/ Theissen, Erik: Eine empirische Untersuchung der individualisierten Veröffentlichung von der Vorstandsvergütung, in: DBW 67, (2007), S. 167-178.

Arnold, Michael: Die neue konzernweite Stimmrechtszurechnung gemäß § 30 Abs. 1 Satz 1 Nr. 1 WpÜG – eine neue Dimension der Zurechnung im Konzern, in: AG 2006, S. 567-571.

Assmann, Heinz-Dieter: Verhaltensregeln für öffentliche Übernahmeangebote: Der Übernahmekodex der Börsensachverständigenkommission, in: AG 1995, S. 563-571.

Assmann, Heinz-Dieter: Die Haftung für die Richtigkeit der Angebotsunterlage nach § 12 WpÜG, in: AG 2002, S. 153-160.

Assmann, Heinz-Dieter: Konzeptionelle Grundlagen des Anlegerschutzes, in: ZBB 1989, S. 49-63.

Assmann, Heinz-Dieter/ Basaldua, Natalie/ Bozenhardt, Friedrich/ Peltzer, Martin: Übernahmeangebote, ZGR-Sonderheft, Berlin u.a. 1990, (zit.: *Autor*, in: Assmann/Basaldua/Bozenhardt/Peltzer, Übernahmeangebote).

Assmann, Heinz-Dieter/ Kirchner, Christian/ Schanze, Erich: Ökonomische Analyse des Rechts, Tübingen 1993, (zit.: *Autor*, in: Assmann/Kirchner/ Schanze, Ökonomische Analyse des Rechts).

Assmann, Heinz-Dieter/ Pötzsch, Thorsten/ Schneider, Uwe H.: Wertpapiererwerbs- und Übernahmegesetz, 2. Aufl., Köln 2005, (zit.: Bearbeiter, in: Assmann/Pötzsch/Schneider, WpÜG).

Assmann, Heinz-Dieter/ Schneider Uwe H.: Wertpapierhandelsgesetz, 2. Aufl., Köln 1999, (zit.: Assmann/Schneider, WpHG, 2. Aufl.).

Assmann, Heinz-Dieter/ Schneider Uwe H.: Wertpapierhandelsgesetz, 5. Aufl., Köln 2009, (zit.: Assmann/Schneider, WpHG).

Barca, Frank/ Becht, Marco: The Control of Corporate Europe, Oxford 2001, (zit.: Barca/Becht, The Control of Corporate Europe).

Barclay, Michael/ Holderness, Clifford: Private Benefits from Control of Public Corporations, in: 25 Journal of Financial Economics (1985), S. 371-395.

Barclay, Michael/ Holderness, Clifford: Negotiated Block Trades and Corporate Control, in: 46 Journal of Finance (1991), S. 861-878.

Baum, Harald: Funktionale Elemente und Komplementaritäten des britischen Übernahmerechts, in: RIW 2003, S. 421-433.

Baumann, Horst/ Reiß, Wilhelm: Satzungsändernde Vereinbarungen – Nebenverträge im Gesellschaftsrecht, in: ZGR 1989, S.157-215.

Baums, Theodor: Übernahmeregeln in der Europäischen Gemeinschaft, in: ZIP 1989, S. 1376-1381.

Baums, Theodor: Notwendigkeit und Grundzüge einer gesetzlichen Übernahmeregelung, in: Die Übernahme börsennotierter Unternehmen, [Hrsg.] Rüdiger von Rosen und Werner G. Seifert, 1999, S. 165-186.

Baums, Theodor/ Keinath, Astrid/ Gajek, Daniel: Fortschritte bei Klagen gegen Hauptversammlungsbeschlüsse? Eine empirische Studie, in: ZIP 2007, S. 1629-1649.

Baums, Theodor/ Sauter, Maike: Anschleichen an Übernahmeziele mittels Cash Settled Equity Derivaten – ein Regelungsvorschlag, Institute for Law and Finance Working Paper Nr. 97, 2009, (zit.: Baums/Sauter, ILF Working Paper Nr. 97).

Baums, Theodor/ Thoma, Georg F.: Wertpapiererwerbs- und Übernahmegesetz – Kommentar (Loseblatt), Thoma, Georg F. Köln 2004, (zit.: Bearbeiter, in: Baums/Thoma, WpÜG).

Bebchuk, Lucian A.: Efficient and inefficient sales of corporate control, in: 109 Quarterly Journal of Economics (1994), S. 957-993.

Bebchuk, Lucian A.: A Rent-Protection Theory of Corporate Ownership and Control, NBER Working Paper 7203/1999, (abrufbar unter: www.ssrn.com).

Bebchuk, Lucian A.: Toward Undistorted and Equal Treatmant in Corporate Takeovers, in: 98 Harvard Law Review (1985), S: 1695-1808.

Bebchuk, Lucian A./ Fried, Jesse M.: Executive Compensation as an Agency Problem, in: 17 Journal of Economic Perspectives (2003), S. 71-92.

Becht, Marco/ Böhmer, Ekkehard: Voting control in German corporations, in: 23 International Review of Law and Economics (2003), S. 1-29.

Bechtold, Rainer: Kartellgesetz, Gesetz gegen Wettbewerbsbeschränkungen, 4. Aufl., München 2006, (zit.: Bechtold, GWB).

Behrens, Peter: Die ökonomischen Grundlagen des Rechts – Politische Ökonomie als rationale Jurisprudenz, Tübingen 1986, zugl. Habil., (zit.: Behrens, Ökonomische Grundlagen).

Behrens, Peter: Rechtspolitische Grundsatzfragen einer Europäischen Regelung für Übernahmeangebote, in: ZGR 1975, S. 433-458.

Berding, Benjamin: Anlegerschutz im deutschen, europäischen und US-amerikanischem Übernahmerecht, Köln 2006, zugl. Diss. Köln 2006, (zit.: Berding, Anlegerschutz).

Berger, Christian/ Filgut, Esther: „Acting in concert" nach § 30 Abs. 2 WpÜG, in: AG 2004, S. 592-603.

Berglöf, Erik/ Burkart, Mike: European takeover regulation, in: 18 Economic Policy (2003), S. 173-213.

Berle, Adolf Augustus/ Means, Gardiner C.: The Modern Corporation and Private Property, New York 1932, (zit.: Berle/Means, Modern Corporation).

Besau, Sachsa Heinz-Josef: Das Pflichtangebot nach §§ 35 ff. WpÜG als Rechtsfolge von Verschmelzungen und Spaltungen, Paderborn 2006, zugl. Diss. Köln 2006, (zit.: Besau, Pflichtangebot).

Birke, Kai: Neutralitätspflicht der Hauptversammlung im Übernahmeprozess, Baden-Baden 2006, zugl. Diss. Hamburg 2005, (zit.: Birke, Neutralitätspflicht).

Black, Bernhard S.: Agents watching agents: The promise of institutional investor choice, in: 39 University of California Law Review (1992), S. 811-893.

Black, Bernhard S.: Shareholder activsm and Corporate Governance in the United Staates, in: The new Palgrave dictionary of Economics and Law, 1. ed., 1998, Peter Newman (ed.); (zit.:Black, in: Newman,).

Böhmer, Ekkehart: Business groups, bank control, and large shareholders: An analysis of German takeovers, in: 9 Journal of Financial Intermediation (2000), S. 117-148.

Böhmer, Ekkehart/ Löffler, Yvonne: Kursrelevante Ereignisse bei Unternehmensübernahmen: Eine empirische Analyse des deutschen Kapitalmarkts, in: ZfbF 51 (1999), S. 299-324.

Böhmer, Till: Der Schutz der Minderheitsaktionäre bei Übernahmen in Europa, München 2004, zugl. Diss. Berlin 2004, (zit.: Böhmer, Übernahmen in Europa).

Borges, Georg: Acting in Concert: Vom Schreckgespenst zur praxistauglichen Zurechnungsnorm, in: ZIP 2007, S. 357-365.

Bott, Claudia: Aktionärsstruktur, Kontrolle und Erfolg von Unternehmen, Wiesbaden 2002, zugl. Diss. Hamburg 2002, (zit.: Bott, Aktionärsstruktur).

Bradley, Michael: Interfirm tender offers and the market for corporate control, in: 53 Journal of Business (1980), S. 345-376.

Brandt, Ulrich: Transparenz nach dem RisikobegrenzungsG – und darüber hinaus?, in: BKR 2008, S. 441-452.

Braun, Hendrik: Das einflusslose Mitglied im Stimmrechtspool – Bieter i.S. des § 35 II WpÜG, in: NZG 2008, S. 928-933.

Brav, Alon/ Wei, Jiang/ Partnoy, Frank/ Thomas, Randell: Hedge Fund activism, Corporate Governance, and Firm Performance, ECGI Working Paper 139/2006, (zit.: Brav et al., ECGI Working Paper 139/2006).

Breid, Volker: Aussagefähigkeit agencytheoretischer Ansätze im Hinblick auf die Verhaltenssteuerung von Entscheidungsträgern, in: ZfbF 47 (1995), S. 821-854.

Brennedsen, Morten/ Nielsen, Kasper: The Impact of a Break-Through-Rule on European Firms, in: 17 European Journal of Law and Economics (2003), S. 259-283.

Brüggemeier, Gert: Die Einflussnahme auf die Verwaltung einer Aktiengesellschaft, in: AG 1988, S. 93-103.

Bühner, Rolf: Reaktionen des Aktienmarktes auf Unternehmenszusammenschlüsse, in: ZfbF 42 (1990), S. 295-316.

Burgard, Ulrich: Die Berechnung des Stimmrechtsanteils nach §§ 21-23 Wertpapierhandelsgesetz, in: BB 1995, S. 2069-2078.

Burkart, Mike/ Gromb, Denis/ Panunzi, Fausto: Why higher takeover premia protect minority shareholders, in: 106 Journal of Political Economy (1998), S. 172-204.

Button, Maurice/ Bulton, Sarah: A Practitioner's Guide to The City Code on Takeovers and Mergers, 2006 ed., London, (zit.: *Bearbeiter*, in: Button, Practitioner's Guide).

Cahn, Andreas: Grenzen des Markt- und Anlegerschutzes im WpHG, in: ZHR 162 (1998), S. 1-50.

Cahn, Andreas: Verwaltungsbefugnisse der Bundesanstalt für Finanzdienstleistungsaufsicht und Rechtsschutz Betroffener, ZHR 167 (2003), S. 262-300.

Canaris, Claus-Wilhelm: Die richtlinienkonforme Auslegung und Rechtsfortbildung im System der juristischen Methodenlehre, in: FS für Franz Bydlinski, [Hrsg.] Peter Rummel, Wien 2002, (zit.: Canaris, in: FS Bydlinski).

Carvell, Steven/ Strebel, Paul: Is there a neglected firm effect, in: 14 Journal of Business, Finance and Accounting (1987), S. 279-290.

Casper, Matthias: Acting in concert – Grundlagen eines neuen kapitalmarktrechtlichen Zurechnungstatbestandes, in: ZIP 2003 S. 1469-1477.

Casper, Matthias/ Bracht, Hannes: Abstimmung bei der Wahl des Aufsichtsrats: Ein Fall für das Pflichtangebot?, in: NZG 2005, S. 839-841.

Clifford, Christopher: Value creation or Destruction? Hedge Funds as Shareholder Activists, 2007 (abrufbar unter: www.ssrn.com).

Coase, Ronald: The Problem of Social Cost, in: 3 Journal of Law and Economics (1960), S. 1-44.

Coase, Ronald: The Nature of the Firm, in: 4 Economica (1937), S. 386-404.

Coenenberg, A.G./ Sauter, M.T.: Strategische und finanzielle Bewertung von Unternehmensakquisitionen, DBW 48 (1988), S. 691-710.

Coffee, John C.: Regulating the Market for Corporate Control: A Critical Assessment of the Ten-der Offer's Role in Corporate Governance, in: 84 Columbia Law Review (1984), S. 1145 -

Coffee, John C.: Regulating the market for corporate control, in: 84 Columbia Law Review (1984), S. 1145-1296.

Coffee, John C.: The mandatory/enabling balance in Corporate law: An essay of the judical rule, in: 89 Columbia Law Review (1989), S. 1618-1691.

Coffee, John C.: Racing towards the top? The impact of cross-listings and stock market competition on international corporate governance, in: 102 Columbia Law Review (2002), S. 1757-1831.

Coffee, John C./ Loewenstein, Louis/ Rose-Ackerman, Susan: Knights, Raiders and Targets: The Impact of Hostile Takeover, New York 1988, (zit.: Autor, in: Coffee/Loewenstein/Rose-Ackerman, Knights, Raiders and Targets).

Daske, Stefan/ Ehrhardt, Olaf: Kursunterschiede und Renditen deutscher Stamm- und Vorzugsaktien, in: 16 Financial Markets and Portofolio Management (2002), S. 179-207.

Dauner-Lieb, Barbara/ Lamandini, Marco: Der neue Kommissionsvorschlag einer Übernahmerichtlinie und das Europäische Parlament, in: Der Konzern 2003, S. 168-183.

DAV: Handelsrechtsausschuss des Deutschen Anwaltsvereins: Stellungnahme zum Regierungsentwurf eines Gesetzes zur Begrenzung der mit Finanzinvestitionen verbundenen Risiken (Risikobegrenzungsgesetz), in: NZG 2008, S. 60-63.

Davies, Paul L.: Gower and Davies` principles of modern company law, 7. edt., London 2003, (zit.: Davies, in: Company Law).

De Angelo, Harry/ De Angelo, Linda: Managerial ownership of voting rights, in: 14 Journal of Financial Economics (1985), S. 33-69.

Decher, Christian E.: Personelle Verflechtungen im Aktienkonzern, Heidelberg 1990, zugl. Diss. Köln 1989, (zit.: Decher, Personelle Verflechtungen).

Demsetz, Harold: Toward a Theory of Property Rights, in: 57 American Economic Review (1967), S. 347-359.

Diekmann, Hans: Acting in Concert, in: Gesellschaftsrecht in der Diskussion 2005, Gesellschaftsrechtliche Vereinigung [Hrsg.], Köln 2006, (zit.: Diekmann, in: VGR, Gesellschaftsrecht 2005).

Diekmann, Hans: Änderungen im Wertpapiererwerbs- und Übernahmegesetz anlässlich der Umsetzung der EU-Übernahmerichlinie in das deutsche Recht, in: NJW 2007, S. 17-21.

Diekmann, Hans: Acting in Concert: Absprachen zur Besetzung des Aufsichtsrats – Besprechung des Urteils vom 18.9.2006, in: DStR 2007, S. 445-448.

Diekmann, Hans/ Merkner Andreas: Erhöhte Transparenzanforderungen im Aktien- und Kapitalmarktrecht – ein Überblick über den Regierungsentwurf zum Risikobegrenzungsgesetz, in: NZG 2007, S. 921-927.

Diregger, Christoph/ Winner, Martin: Deutsches und österreichisches Übernahmerecht aus Anlegersicht, in: WM 2002, S. 1583-1592.

Djankov, Simeon/ La Porta, Rafael/ Lopez-de-Silanes, Florencio/ Shleifer, Andrei: The Law and Economics of Self-Dealing, NBER Working Paper No. 11883, (abrufbar unter www.ssrn.com).

Doidge, Craig: U.S. cross-listings and the private benefits of control: Evidence from dual-class firms, in: 72 Journal of Financial Economics (2004), S. 519-553.

Drinkuth, Henrik: Gegen den Gleichlauf des Acting in concert nach § 22 WpHG und § 30 WpÜG, in: ZIP 2008, S. 676-679.

Dyck, Alexander/ Zingales, Luigi: Private benefits of control: An international comparison, in: Journal of Finance 59 (2004), S. 537-600.

Easterbrook, Frank H./ Fischel, Daniel R.: Corporate Control Transactions, in: 91 Yale Law Journal (1982), S. 698-737.

Easterbrook, Frank H./ Fischel, Daniel R.: The proper Role of a Target's Management in Responding a Tender Offer, in: 94 Harvard Law Review (1981), S. 1161-1204.

Easterbrook, Frank H./ Fischel, Daniel R.: Auctions and Sunk Costs in Tender Offers, in: 35 Stanford Law Review (1982), S. 1-17.

Easterbrook, Frank H./ Fischel, Daniel R.: The Economic structure of Corporate Law, Cambridge 1991, (zit.: Easterbrook/Fischel, Economic Structure of Corporate law).

Edwards, Jeremy S./ Weichenrieder, Alfons: Ownership concentration and share valuation, in: 5 German Economic Review (2005), S. 143-171.

Ehrhardt, Olaf/ Nowak, Eric: Private Kontrollrenten in deutschen Familienunternehmen, in: DBW 63 (2003), S. 363-377.

Ehrhardt, Olaf/ Nowak, Eric: Private Benefits and Minority Shareholder Expropriation – Empirical Evidence from IPOs of German Family-Owned Firms, CFS Working paper 2001/10 (abrufbar unter www.ssrn.com).

Ehricke, Ulrich/ Ekkenga, Jens/ Oechsler, Jürgen: Wertpapiererwerbs- und Übernahmegesetz, Kommentar, 1. Auflage, München 2003, (zit.: *Berarbeiter*, in: Ehricke/Ekkenga/Oechsler, WpÜG).

Eidenmüller, Horst: Effizienz als Rechtsprinzip, 2. unveränderte Aufl., Tübingen 1998, zugl. Diss. München 1995, (zit.: Eidenmüller, Effizienz).

Eidenmüller, Horst: Kapitalgesellschaften im Spiegel der ökonomischen Theorie, in: JZ 2001, S. 1041-1051.

Eidenmüller, Horst: Forschungsperspektiven im Unternehmensrecht, in: JZ 2007, S. 487-494.

Eidenmüller, Horst: Regulierung von Finanzinvestoren, in: DStR 2007, S. 2116-2121.

Eidenmüller, Horst: Der homo oeconomicus und das Schuldrecht: Herausforderungen durch Behavioural Law and Economics, in: JZ 2005, S. 216-224.

Eilers, Stephan: Gefährliche Halbwahrheiten – eine differenzierte Betrachtung von Finanzinvestoren in Not, in: AG 2006, S. 792-793.

Ekkenga, Jens/ Hofschroer, Josef: Das Wertpapiererwerbs- und Übernahmegesetz (Teil II), in: DStR 2002, S. 768-777.

Emmerich, Volker/ Habersack, Matthias: Konzernrecht, 8. Aufl., München 2005, (zit.: Emmerich/Habersack, Konzernrecht)

Emmerich, Volker/ Habersack, Matthias: GmbH- und Aktienkonzernrecht, 5. Aufl., München 2008, (*Bearbeiter*, in: Emmerich/Habersack, Aktienkonzernrecht).

Engert, Andreas: Hedgefonds als aktivistische Aktionäre, in: ZIP 2006, S. 2105-2113.

Engert, Andreas: Anm. zum Urt. des BGH vom 18.09.2006, in: JZ 2007, S. 314-316.

Erlei, Mathias/ Leschke, Martin/ Sauerland, Martin: Neue Institutionenökonomik, 2. Aufl., Stuttgart 2007, (zit.: Erlei/ Leschke/Sauerland, Neue Institutionenökonomik).

Faccio, Mara/ Lang, Larry: The ultimate ownership of Western European companies, in: 65 Journal of Financial Economics (2002), S. 365-395.

Fischer zu Cramburg, Ralf: Definitionen des „acting in concert“ auf dem Prüfstand, in: NZG 2009, S. 100.

Fleischer, Holger: Informationsassymetrie im Vertragsrecht, München 2001, zugl. Habil. Köln 1999, (zit.: Fleischer, Informationsassymetrie).

Fleischer, Holger: Grundfragen der ökonomischen Theorie im Gesellschafts- und Kapitalmarktrecht, in: ZGR 2001, S. 1-32.

Fleischer, Holger: Schnittmengen des WpÜG mit benachbarten Rechtsmaterien – eine Problemskizze, in: NZG 2002, S. 545-551.

Fleischer, Holger: Gelöste und ungelöste Probleme der gesellschaftsrechtlichen Geschäftschancenlehre, in: NZG 2003, S. 985-992.

Fleischer, Holger: Zur Kompetenzverteilung zwischen Verwaltung und Hauptversammlung im englischen und deutschen Aktienrecht, in: FS für Andreas Heldrich, (Hrsg.) Stephan Lorenz u.a., München 2005, (zit.: Fleischer, in: FS Heldrich).

Fleischer, Holger: Finanzinvestoren im ordnungspolitischen Gefüge von Aktien-, Bankaufsichts- und Kapitalmarktrecht, in: ZGR 2008, S. 185-224.

Fleischer, Holger: Zur Zukunft der gesellschafts- und kapitalmarktrechtlichen Forschung, in: ZGR 2007, S. 500-510.

Fleischer, Holger/ Schmolke, Ulrich: Das Anschleichen an eine börsennotierter Aktiengesellschaft – Überlegungen zur Beteiligungstransparenz de lege lata imd de lege ferenda, in: NZG 2009, S. 401-409

Fleischer, Holger/ Kalss, Susanne: Das neue Wertpapiererwerbs- und Übernahmegesetz, München 2002, (zit.: Fleischer/Kalss, WpÜG).

Franck, Jens-Uwe: Die Stimmrechtszurechnung nach § 22 WpHG und § 30 WpÜG, in: BKR 2002, S. 709-716.

Franks, Colin/ Mayer, Julian: Ownership and control of German corporations, in: 14 Review of Financial Studies (2001), S. 943-977.

Geibel, Stephan/ Süßmann, Rainer: Wertpapiererwerbs- und Übernahmegesetz, Kommentar, München 2002, (zit.: *Bearbeiter*, in: Geibel/Süßmann, WpÜG).

Geibel, Stephan/ Süßmann, Rainer: Wertpapiererwerbs- und Übernahmegesetz, Kommentar, aktualisierte Kommentierung zu § 30 WpÜG, 2. Aufl., München 2008, (zit.: *Bearbeiter*, in: Geibel/Süßmann, § 30 Abs. 2 WpÜG).

Gerke, Wolfgang/ Arneth, Stefan/ Fleischer, Jörg: Kursgewinne bei Aufnahmen in den DAX 100, Verluste bei Entnahmen: Indexeffekt am deutschen Kapitalmarkt, in: ZfB 71 (2001), S. 45-66.

Gätsch, Andreas/ Schäfer Frank A.: Abgestimmtes Verhalten nach § 22 II WpHG und § 30 II WpÜG in der Fassung des Risikobegrenzungsgesetzes, in: NZG 2008, S. 846-852.

Gerke, Wolfgang/ Garz, Hendrik/ Oerke, Marc: Die Bewertung von Unternehmensübernahmen auf dem deutschen Aktienmarkt, in: ZfbF 47 (1995), S. 805-820.

Gilson, Ronald C.: The Law and Finance of Corporate Acquisitions, New York 1986, (zit.: Gilson, Corporate Acquisitions).

Goergen, Marc/ Manjon, Miguel C. Renneboog, Luc: Recent Developments in German Corporate Governance, ECGI Working Paper 41/2004, (abrufbar unter: www.ssrn.com).

Goette, Wulf: Aktuelle Rechtssprechung des II. Zivilsenats zum Aktienrecht, in: DStR 2006, S. 2132-2139.

Gort, Michael: An economic disturbance theory of mergers, in: 83 Quarterly Journal of Economics (1969), S. 624-642.

Gorton, Gary/ Schmid, Frank A.: Universal Banking and the Performance of German Firms, in: 58 Journal of Financial Economics (2000), S. 29-80.

Grossmann, Sanford/ Hart, Oliver: Takeover-Bids, the Free-Raider-Problem, and the Theory of the Corporation, in: 11 Bell Journal of Economics (1980), S. 42-64.

Grossmann, Sanford/ Hart, Oliver: One Share-One Vote and the Market for Corporate Control, in: 20 Journal of Financial Economics (1988), S. 175-202.

Grunewald, Barbara: Der geänderte Vorschlag einer 13. EG-Richtlinie, WM 1991, S. 1361-1366.

Gugler, Klaus/ Yurtoglu Burcin: Corporate governance and dividend pay-out policy in Germany, in: 47 European Economic Review (2003), S. 731-758.

Haarmann, Wilhelm/ Riehmer, Klaus/ Schüppen, Matthias: Öffentliche Übernahmeangebote, Kommentar zum WpÜG, Heidelberg 2002, (zit.: *Bearbeiter*, in: Haarmann/Riehmer/Schüppen, Öffentliche Übernahmeangebote).

Haarmann, Wilhelm/ Schüppen, Matthias: Frankfurter Kommentar zum Wertpapiererwerbs- und Übernahmegesetz, 2. Aufl., Frankfurt a.M. 2005, (zit.: *Bearbeiter*, in: Frankfurter Komm/WpÜG).

Habersack, Matthias: Reformbedarf im Übernahmerecht!, in: ZHR 166 (2002), S. 619-624.

Habersack, Matthias: Grenzen der Mehrheitsherrschaft in Stimmrechtskonsortien, in: ZHR 164 (2000), S. 1-22.

Halász, Christian/ Kloster, Lars: Abgestimmtes Verhalten im Sinne des § 30 Abs. 2 WpÜG im Zusammenhang mit einem Debt-Equity Swap, in: WM 2006, 2152-2160.

Hamann, Hanjo: In concert or not in concert?, in: ZIP 2007, S. 1088-1095.

Harbarth, Stephan: Kontrollerlangung und Pflichtangebot, ZIP 2002, S. 321-332.

Hecker, Renate: Regulierung von Unternehmensübernahmen und Konzernrecht, Wiesbaden 2000, zugl. Habil. Würzburg 2000, Band 1, (zit.: Hecker, Regulierung von Unternehmensübernahmen).

Heinbach, Nadine: Kontrollerlangung und Pflichtangebot nach dem Wertpapiererwerbs- und Übernahmegesetz unter besonderer Berücksichtigung des Spannungsverhältnisses zum Umwandlungsrecht, Frankfurt a. M. 2005, zugl. Diss. Bochum 2005, (zit.: Heinbach, Kontrollerlangung).

Heiser, Kristian J.: Interessenkonflikte in der Aktiengesellschaft und ihre Lösung am Beispiel des Zwangsangebots, Hamburg 1999, zugl. Diss. Hamburg 1999, (zit.: Heiser, Zwangsangebot)

Helmis, Sven: Ökonomische Analyse des Übernahmerechts vor dem Hintergrund des deutschen Corporate Governance- und Finanzsystems, Köln 2003, zugl. Diss. Witten/Herdecke 2003, (zit.: Helmis, Ökonomische Analyse).

Herkenroth, Klaus E.: Konzernierungsprozesse im Schnittfeld von Konzernrecht und Übernahmerecht, Berlin 1994, zugl. Diss. Hannover 1993, (zit.: Herkenroth, Konzernierungsprozesse).

Heuber, Martin P.: Die Befreiung vom Pflichtangebot nach dem Wertpapiererwerbs- und Übernahmegesetz, Göttingen 2006, zugl. Diss. Hannover 2006, (zit.: Heuber, Befreiung).

Hilmer, Karsten: Die Übernahmerichtlinie und ihre Umsetzung in das deutsche Recht, Frankfurt a.M. 2007, zugl. Diss. Saarbrücken 2006, (zit.: Hilmer, Die Übernahmerichtlinie).

Hirschmann, Albert Otto: Abwanderung und Widerspruch, Tübingen 1974, (zit.: Hirschmann, Abwanderung und Widerspruch).

Hirte, Heribert: Kapitalgesellschaftsrecht, 5. Aufl., Köln 2006, (zit.: Hirte, Kapitalgesellschaftsrecht).

Hirte, Heribertl v. Bülow, Christoph [Hrsg.]: Kölner Kommentar zum WpÜG, Köln u.a. 2003, (zit.: *Bearbeiter*, in: KK/WpÜG).

Holderness, Clifford: A survey of blockholders and corporate governance, in: Federal Reserve Bank of New York (FRBNY) Economic Policy Review 8 (2003), S. 51-64.

Holzborn, Timol Zschocke, Christian [Hrsg.]: Bad Homburger Handbuch zum Übernahmerecht, Heidelberg 2003, (zit.: *Bearbeiter*, in: Holzborn/Zschocke, Bad Homburger Hdb.).

Hommelhoff, Peter: Konzerneingangsschutz durch Takeover-Recht? – Eine Betrachtung zur europäischen Rechtspolitik, in: Unternehmen und Unternehmensführung im Recht, Festschrift für Johannes Semler, [Hrsg.] Marcus Bierich, Peter Hommelhoff und Bruno Kropff, Berlin u.a. 1993, S. 455-471 (zit.: Hommelhoff, in: FS Semler).

Höpner, Martinl Jackson, Gregory: An Emerging Market for Corporate Conctrol? The Mannesmann Takeover and German Corporate Governance, MPIfG Discussion paper 2001/4, (abrufbar unter: www.ssrn.com).

Hopt, Klaus J.: Kapitalanlegerschutz im Recht der Banken, München 1975, zugl Habil. München 1973, (zit.: Hopt, Kapitalanlegerschutz).

Hopt, Klaus J.: Europäisches und deutsches Übernahmerecht, in: ZHR 161 (1997), S. 368-420.

Hopt, Klaus J.: Grundsatz- und Praxisprobleme nach dem Wertpapiererwerbs- und Übernahmegesetz, in: ZHR 166, (2002), S. 383-432.

Hopt, Klaus J.: Feindliche Übernahmen, Protektionismus, One share one vote?, in: EuZW 2007, S. 257.

Hopt, Klaus J./ Mülbert, Peter O./ Kumpan, Christoph: Reformbedarf im Übernahmerecht, in: AG 2005, S. 109-119.

Hopt, Klaus J./ Wymeersch, Eddy [Hrsg.]: European Takeovers, Law and Practice, London u.a. 1992, (zit.: *Autor*, in: Hopt/Wymeersch, European Takeovers).

Houben, Eike: Die Gestaltung des Pflichtangebots unter dem Aspekt des Minderheitenschutzes und der effizienten Allokation der Unternehmenskontrolle, in: WM 2000, S. 1873-1883.

Hüffer, Uwe: Aktiengesetz, 8. Aufl., München 2007, (zit.: Hüffer, AktG).

Jahn, Joachim: Rechts-Report Finanzmarktaufsicht: BaFin kann Hedge Fonds kein „acting in concert" nachweisen, in: AG 2005 Beilage, S. 507.

Jenkinson, Tim/ Ljungqvist, Alexander: The role of hostile stakes in German Corporate Governance, in: 7 Journal of Corporate Governance (2001), S. 397-446.

Jensen, Michael C.: Takeovers: Their Causes and Consequences, 2 Journal of Economic Perspectives (1988), S. 21-48.

Jensen, Michael C.: Agency costs of free cash flow, corporate finance and takeovers, in: 76 American Economic Review (1986), S. 323-329.

Jensen, Michael C.: Some anomalous evidence regarding market efficiency, in: 6 Journal of Financial Economics (1978), S. 95-101.

Jensen, Michael C./
Meckling, William: Theory of the firm: Managerial behaviour, agency costs, and ownership struture, in: 3 Journal of Financial Economics (1976), S. 305-360.

Jensen, Michael C./ Ruback Richard S.: The market for corporate control: the scientific evidence, in: 11 Journal of Financial Economics (1983), S. 5-50.

Johnson, Simon/ La Porta, Rafael/ Lopez-de-Silanes, Florencio/ Shleifer, Andrei: Tunneling, in: 90 American Economic Review P&P (2000), S. 22-27.

Johnston, Alexander: The City Take-Over Code, Oxford 1980, (zit.: Johnston, City Code).

Kahan, Marcel/ Rock, Edward B.: Hedge Funds in Corporate Governance and Corporate Control, in: Pennsylvania Law Review, 155 (2007), S. 1021-1093.

Kallmeyer, Harald: Die Mängel des Übernahmekodex der Börsensachverständigenkomission, ZHR 161 (1997), S. 435-472.

Karpoff, Jonathan/ Malatesta, Paul/ Walker, Ralph: Corporate Governance and Shareholder Initiatives: Empirical Evidence, in: 42 Journal of Financial Economics (1996), S. 365-395.

Klein, April/ Zur, Emanuel: Hedge Fund activism, ECGI Working Paper 140/2006, (zit.: Klein/Zur, ECGI Working Paper 140/2006), (abrufbar unter: www.ssrn.com).

Kleindiek, Detlef: Funktion und Geltungsanspruch des Pflichtangebots nach dem WpÜG, in: ZGR 2002, S. 546-578.

Klöhn, Lars: Kapitalmarkt, Spekulation und Behavioural Finance, Berlin 2006, zugl. Diss. Göttingen 2005, (zit.: Klöhn, Kapitalmarkt, Spekulation und Behavioural Finance).

Kocher, Dirk: BB-Kommentar zu BGH, Urt. v. 18.09.2006, in: BB 2006, S. 2436-2437.

Köke, Jens: Control transfers in corporate Germany: Their frequency, causes, and consequences, ZEW Discussion Paper 2000/67 (abrufbar unter: www.ssrn.com).

Kopp, Ferdinand/ Schenke, Wolf-Rüdiger: Verwaltungsgerichtsordnung, Kommentar, 14. Aufl., München 2005, (zit.: Kopp/Schenke, VwGO).

Koppensteiner, Hans-Georg: Über wirtschaftliche Abhängigkeit, in: Festschrift für Walter Stimpel, [Hrsg.] Marcus Lutter und Hans-Joachim Mertens, Berlin 1985.

Körner, Adrian: Die angemessene Gegenleistung für Vorzugs- und Stammaktien nach dem WpÜG, Frankfurt 2006, zugl. Diss. Frankfurt 2006, (zit.: Körner, Gegenleistung).

Kraakman, Reinier/ Davies, Paul u.a.: The Anatomy of Corporate Law, A Comparative and Functional Approach, Oxford 2004, (zit.: Autor, in: Kraakman/ Davies, Anatomy of Corporate Law).

Krause, Hartmut: Das obligatorische Übernahmeangebot – Eine juristische und ökonomische Analyse, Baden-Baden 1996, zugl. Diss. München 1995, (zit.: Krause, Übernahmeangebot).

Krause, Hartmut: Das neue Übernahmerecht, in: NJW 2002, S. 705-712.

Krause, Hartmut: Zwei Jahre Praxis mit dem Wertpapiererwerbs- und Übernahmegesetz, in: NJW 2004, S. 3681-3688.

Kropff, Bruno: Aktiengesetz, Textausgabe mit Begründung, Düsseldorf 1965, (zit.: Begr. RegE bei Kropff).

Kropff, Bruno/ Semler, Johannes [Hrsg.]: Münchener Kommentar zum Aktienrecht, Band 9/1, §§ 327a-327 f AktG - WpÜG - Kommentar SpruchG, 2. Auflage, München 2004, (zit.: *Bearbeiter*, in: MünchKomm/AktG).

Kürsten, Wolfgang: Synergetische Merger, Co-Insurance und Shareholder Value, in: DBW 63 (2003), S. 239-255.

Kuthe, Thorsten/ Brockhause Guido: Anm. zu OLG München, Urt. v. 27.04.2005, in: DB 2005, S. 1266-1267.

La Porta, Rafael/ Lopez-de-Silanes, Florencio/ Shleifer, Andrei/ Vishny, Robert W.: Investor protection and corporate governance, in: 58 Journal of Financial Economics (2000), S. 3-27.

La Porta, Rafael/ Lopez-de-Silanes, Florencio/ Shleifer, Andrei/ Vishny, Robert W.: Agency problems and dividend policies around the world, in: 55 Journal of Finance (2000), S. 1-33.

Lange, Oliver: Aktuelle Rechtsfragen der kapitalmarktrechtlichen Zurechnung, in: ZBB 2004, S. 22-28.

Langenbucher, Katja: Wettbewerbsverbote, Unabhängigkeit und die Stellung des Aufsichtsratsmitglieds, in: ZGR 2007, S. 571-601.

Langenbucher, Katja: Einführung in das Recht der Aktiengesellschaft, in: Jura 2004, S. 577-584.

Langenbucher, Katja [Hrsg.]: Europarechtliche Bezüge des Privatrechts, 2. Aufl., Baden-Baden 2008, (zit.: Autor, in: Langenbucher, Europarechtliche Bezüge).

Larenz, Karl: Methodenlehre der Rechtswissenschaft, 6. Aufl., München u.a. 1991, (zit.: Larenz, Methodenlehre).

Larenz, Karl/ Canaris, Claus-Wilhelm: Methodenlehre der Rechtswissenschaft, 3. Auflage, Berlin u.a. 1995, (zit.: Larenz/Canaris, Methodenlehre).

Lee, Peter: Takeover Regulation in the United Kingdom, in: EWS 1990, S. 241-245.

Lenz, Jürgen/ Behnke, Thorsten: Das WpÜG im Praxistest – Ein Jahr Angebotsverfahren unter der Regie des neuen Gesetzes, in: BKR 2003, S. 43-51.

Lenz, Jürgen/ Linke, Ulf: Die Handhabung des WpÜG in der aufsichtsrechtlichen Praxis, in: AG 2002, S. 361-369.

Letzel, Hans-Joachim: Das Pflichtangebot nach dem WpÜG, in: BKR 2002, S. 293-304.

Liebscher, Thomas: Die Zurechnungstatbestände des WpHG und WpÜG, in: ZIP 2002, S. 1005-1017.

Liekefett, Kai Haakon: Die EU-Übernahmerichtlinie aus ökonomischer Perspektive, in: RIW 2004, S. 824-836.

Löhdefink, Andreas: Acting in Concert und Kontrolle im Übernahmerecht, Köln 2007, zugl. Diss. Düsseldorf 2006, (zit.: Löhdefink, Acting in Concert).

Louven, Christoph: Anmerkung zu OLG München, Urt. v. 27.4.2005, in: BB 2005, S. 1414-1415.

Lutter, Marcus/ Timm, Wolfram: Konzernrechtlicher Präventivschutz im GmbH-Recht, in: NJW 1982, S. 409-420.

Lüttmann, Ruth: Kontrollwechsel in Kapitalgesellschaften – Eine vergleichende Untersuchung des engl., US-amerikanischen und deutschen Rechts, Baden-Baden 1992, zugl. Diss. Osnabrück 1992, (zit.: Lüttmann, Kontrollwechsel).

Mai, Johannes: Aktionärsschutz und Minderheitenschutz bei der Abwehr unkoordinierter Übernahmen börsennotierter Aktiengesellschaften, Baden-Baden 2003, zugl. Diss. Regensburg 2002, (zit.: Mai, Aktionärsschutz).

Malmendier, Ulrike/ Tate, Geoffre: CEO Overconfidence and Corporate Investment, in: 55 Journal of Finance (2005), S. 2661-2700.

Manne, Henry G.: Megers and the Market for Corporate Control, in: 73 Journal of Political Economy (1965), S. 110-120.

Markwardt, Karsten: Diskussionsbericht zu den Referaten „Acting in concert" von Casper und Pentz, in: ZIP 2003, S.1492-1494.

Martynova, Marina/ Renneboog, Luc: A Century of Corporate Takeovers: What have we learned and where do we stand?, ECGI Working paper 2005/97, (abrufbar unter: www.ssrn.com).

Maul, Silja: Die EU-Übernahmerichtlinie – ausgewählte Fragen, in: NZG 2005, S. 151-158.

Maul, Silja/ Muffat-Jeandet, Danièle: Die EU-Übernahmerichtlinie – Inhalt und Umsetzung in das nationales Recht (Teil 1), in: AG 2004, S. 221-234.

Meckl, Reinhard/ Hoffmann, Thomas: Ökonomische Implikationen der neuen europäischen Übernahmericht-linie, in BFuP 58 (2006), S. 519-538.

Meier-Schatz, Christian J.: Managermacht und Marktkontrolle, in: ZHR 149 (1985), S. 76-108.

Meister, Burkhardt W.: Zur Umsetzung der europäischen Übernahmerichtlinie in das deutsche Übernahmerecht, in: Kapitalmarkt – Recht und Praxis, Gedächtnisschrift für Ulrich Bosch, Recklinghausen 2006, Kohler, Klaus [Hrsg.], S. 115-125.

Merkt, Hanno: Unternehmenspublizität, Tübingen 2001, zugl. Habil. 2000, (zit.: Merkt, Unternehmenspublizität).

Mertens, Hans-Joachim: Förderung von, Schutz vor, Zwang zu Übernahmeangeboten?, in: AG 1990, S. 252-259.

Meyer, Oliver: Die Übernahme börsennotierter Unternehmen nach der EU-Übernahmerichtlinie, Hamburg 2006, zugl. Diss. Hamburg 2006, (zit.: Meyer, EU-Übernahmerichtlinie).

Meyer-Goßner, Lutz: Strafprozeßordnung, 49. Aufl., München 2006, (zit.: Meyer-Goßner, StPO).

Mietzner, Mark/ Schweizer, Denis: Hedge Funds vs. Private Equity Funds as shareholder activists – differences in value creation, Working Paper Sep. 2007, (abrufbar unter www.ssrn.com), (zit.: Mietzner/Schweizer, Hedge Funds vs. Private Equity Funds (2007)).

Mikkelson, Wayne H./ Ruback, Richard S.: An empirical analysis of the interfirm equity investment process, in: 14 Journal of Financial Economics (1985), S. 523-553.

Mühle, Sabine: Das Wettbewerbs- und Übernahmegesetz im Schnittfeld zwischen Gesellschafts- und Kapitalmarktrecht unter besonderer Berücksichtigung des ökonomischen Rahmenbezugs, Baden-Baden 2002, zugl. Diss. Hamburg 2001, (zit.: Mühle, WpÜG).

Mülbert, Peter O.: Übernahmerecht zwischen Kapitalmarktrecht und Aktien(konzern)recht – die konzeptionelle Schwachstelle des RegE WpÜG, in: ZIP 2001, S. 1221-1229.

Mülbert, Peter O.: Aktienrecht, Unternehmensgruppe und Kapitalmarkt, München 1995, zugl. Habil. München 1994, (zit.: Mülbert, Aktiengesellschaft).

Mülbert, Peter O.: Umsetzungsfragen der Übernahmerichtlinie – erheblicher Änderungsbedarf bei den heutigen Vorschriften des WpÜG, in: NZG 2004, S. 633-642.

Mülbert, Peter O./ Birke, Max: Das übernahmerechtliche Behinderungsverbot, WM 2001, S. 705-717.

Nelle, Andreas: Stimmrechtszurechnung und Pflichtangebot nach Umsetzung der Übernahmerichtlinie, in: ZIP 2006, S. 2057-2063.

Nenova, Tatiana: The value of corporate voting rights and control: A cross-country analysis, in: 68 Journal of Financial Economics (2003), S. 325-351.

Noack, Ulrich: Gesellschaftervereinbarungen bei Kapitalgesellschaften, Tübingen 1994, zugl. Habil. Tübingen 1993, (zit.: Noack, Gesellschaftervereinbarungen).

Noack, Ulrich: BGH: Zurechnung von Stimmrechten nach § 30 II WpÜG auf Grund von Vereinbarungen, in: LMK 2006, 204721.

Nobel, Peter/ Drenckhan, Helke: Ein deutscher und europäischer Blick auf Unternehmensübernahmen in der Schweiz, in: WM 2006, S: 1129-1134.

Oechsler, Jürgen: Der RegE zum Wertpapiererwerbs- und Übernahmegesetz – Regelungsbedarf auf der Zielgeraden!, in: NZG 2001, S. 817-826.

Olson, Mancur: Die Logik des kollektiven Handelns, 5. Aufl. Tübingen 2004, (zit.: Olson, Die Logik des kollektiven Handelns).

Ott, Claus/ Schäfer, Hans-Bernd: Lehrbuch der ökonomischen Analyse des Zivilrechts, 4. Aufl., Berlin 2005, (zit.: Ott/Schäfer, Ökonomische Analyse des Zivilrechts).

Park, Tido: Kapitalmarktstrafrecht und Anlegerschutz, in: NStZ 2007, S. 369-377.

Pellens, Bernhard/ Hillebrandt, Franca: Vorzugsaktien vor dem Hintergrund der Corporate Governance-Diskus-sion, in: AG 2001, S. 57-67.

Peltzer, Martin: Corporate Governance Codices als zusätzliche Pflichtenbestimmung für den Aufsichtsrat, in: NZG 2002, S. 10-16.

Pentz, Andreas: Acting in concert – Ausgewählte Einzelprobleme der Zurechnung und zu den Rechtsfolgen, in: ZIP 2003, S. 1478-1492.

Pfannschmidt, Arno: Mehrfachmandate in deutschen Unternehmen, in: Zeitschrift für Betriebswirtschaft, 65 (1995), S. 177-204.

Pittroff, Holger: Die Zurechnung von Stimmrechten gemäß § 30 WpÜG, Frankfurt 2004, zugl. Diss. Bayreuth 2003, (zit.: Pittroff, Zurechnung).

Pluskat, Sorika: „Das kalte Delisting“, in: BKR 2007, S. 54-60.

Pluskat, Sorika: Acting in Concert in der Fassung des Risikobegrenzungsgesetzes – jetzt aller anders?, in: DB 2009, S. 383-387.

Pohlmann, Petra: Rechtsschutz der Aktionäre der Zielgesellschaft im Wertpapiererwerbs- und Übernahmeverfahren, in: ZGR 2007, S. 1-35.

Posner, Richard: Economic Analysis of Law, (zit.: Posner, Economic Analysis of Law).

Pötzsch, Thorsten/ Möller, Andreas: Das künftige Übernahmerecht – Der Diskussionsentwurf des Bundesministeriums für Finanzen zu einem Gesetz zur Regelung von Unternehmensübernahmen und der Gemeinsame Standpunkt des Rates zur europäischen Übernahmerichtlinie, in: WM 2000 Sonderbeilage 2, S. 3-32.

Raiser, Thomas/ Veil, Rüdiger: Recht der Kapitalgesellschaften, 4. Aufl., München 2006, (zit.: Raiser/ Veil, Recht der Kapitalgesellschaften).

Rau-Bredow, Hans: Ökonomische Analyse obligatorischer Übernahmeangebote, in: DBW 59 (1999), S. 763-777.

Rebmann, Kurt/ Säcker, Franz Jürgen/ Rixecker, Roland [Hrsg.]: Münchener Kommentar zum Bürgerlichen Gesetzbuch, Band 5, Schuldrecht Besonderer Teil III, 4. Aufl., München 2004, (zit.: *Bearbeiter*, in: MünchKomm/BGB).

Redeker, Rouven: Kontrollerwerb an Krisengesellschaften: Chancen und Risiken des Debt-Equity-Swap, in: BB 2007, S. 673-680.

Reul, Jürgen: Die Pflicht zur Gleichbehandlung der Aktionäre bei privaten Kontrolltransaktionen, Tübingen 1991, zugl. Diss. Tübingen 1990, (zit.: Reul, Gleichbehandlung).

Richter, Rudolf/ Furubotn Eirik G.: Neue Institutionenökonomik, 3. Aufl., Tübingen 2003, (zit.: Richter/Furubotn, Neue Institutionenökonomik).

Ricke, Markus: Stichwort: Hedge Fonds, in: BKR 2004, S. 60-65.

Riehmer, Klaus/ Schröder, Oliver: Praktische Aspekte bei der Planung, Durchführung und Abwicklung eines Übernahmeangebots, in: BB 2001, Beilage Nr. 5, S. 1-16.

Ripka, Bernd: Poolverträge und die neueren Entwicklungen des Gesellschaftsrechts, Herdecke 2000, zugl. Diss. Tübingen 1999, (zit.: Ripka, Poolverträge).

Rock, Edward B.: The Logic and (Uncertain) Significance of Institutional Shareholder Activism, in: 79 Georgia Law Journal (1991), S. 455-506.

Röhrich, Martina: Gleichbehandlungspflicht bei Kontrolltransaktionen: Eine Analyse der dreizehnten EG-Richtlinie aus ökonomischer Sicht, in: RIW 1993, S. 93-98.

Roll, Richard: The Hubris Hypothesis of Corporate Takeovers, 59 Journal of Business (1986), S. 197-216.

Romano, Roberta: A Guide to Takeovers: Theory, Evidence, and Regulation, 9 Yale Journal of Regulation (1992), S. 119-180.

Romano, Roberta: Less is more: Making shareholder activism a valued mechanism of Corporate Governance, in: 18 Yale Journal on Regulation (2001), S.174-251.

Ruffner, Markus: Die ökonomischen Grundlagen eines Rechts der Publikumsgesellschaft: Ein Beitrag zur Theorie der Corporate Governance, Zürich 2000, (zit.: Ruffner, Ökonomische Grundlagen).

Saenger, Ingo/ Kessler, Nicholas: Abgestimmtes Verhalten i.S.d. § 30 Abs. 2 WpÜG bei der Aufsichtsratswahl, in: ZIP 2006, S. 837- 842.

Schindler, Hendrik: Das Austrittsrecht in Kapitalgesellschaften, München 1999, zugl. Diss. Köln 1999, (zit.: Schindler, Austrittsrecht).

Schlitt, Michael: Die gesellschaftsrechtlichen Voraussetzungen des regulären Delisting – Macrotron und die Folgen, in: ZIP 2004, S. 533-544.

Schmidt, Dominique: Das obligatorische öffentliche Übernahmeangebot von Unternehmensteilen im französischen Recht, in: AG 1994, S. 12-15.

Schmidt, Karsten: Gesellschaftsrecht, 4. Aufl., Köln 2002, (zit.: K. Schmidt, Gesellschaftsrecht).

Schmidtbleicher, Rolan: Das „neue" acting in concert – ein Fall für den EUGH?, in: AG 2008, S. 73-75.

Schmitt, Hartmut/ Prigge, Stefa: Übernahmekonzeption und Übernahmegesetz, in: DWB 62 (2002), S. 225-241.

Schmolke, Klaus Ulrich: Institutionelle Anleger und Corporate Governance – Traditionelle institutionelle Investoren vs. Hedgefonds, in: ZGR 2007, S. 701-744.

Schneider, Uwe H: Acting in Concert: Vereinbarung oder Abstimmung über die Ausübung von Stimmrechten, in: ZGR 2007, S. 440- 455.

Schneider, Uwe H.: Acting in Concert – ein kapitalmarktrechtlicher Zurechnungstatbestand, in: WM 2006, S. 1321-1327.

Schneider, Uwe H.: Alternative Geldgeber oder Eigenkapitalräuber?, in: AG 2006, S. 577-580.

Schneider, Uwe H.: Acting in Concert: Vereinbarung oder Abstimmung über Ausübung von Stimmrechten? – Zugleich Besprechung der Entscheidung BGH AG 2006, 883, in: ZGR 2007, S. 440-453.

Schneider, Uwe H.: Missbräuchliches Verhalten durch Private Equity, in: NZG 2007, S. 888-893.

Schneider, Uwe H./ Anzinger, Heribert: Institutionelle Stimmrechtsberatung und Stimmrechtsvertretung – A quiet guru's enormous clout", in: NZG 2007, S. 88-96.

Schockenhoff, Martin/ Schumann, Alexander: Acting in concert – geklärte und ungeklärte Rechtsfragen, in: ZGR 2005, S. 568-610.

Schockenhoff, Martin/ Wagner, Eric: Zum Begriff des „acting in concert" – Das Verhältnis zwischen denn §§ 2 V und 30 II WpÜG und die Auswirkungen der geplanten Änderungen durch das Risikobegrenzungsgesetz, in: NZG 2008, S. 361-365.

Schulze, Reiner: Auslegung des europäischen Privatrechts und angeglichenen Rechts, Baden-Baden 1999, (zit.: *Autor*, in: Schulze, Auslegung des europäischen Privatrechts).

Schüppen, Matthias: WpÜG-Reform: Alles Europa, oder was?, in: BB 2006, S. 165-171.

Schwark, Eberhard: Kapitalmarktrechtskommentar, 3. Auflage, München 2004, (zit.: *Bearbeiter*, in; Schwark, Kapitalmarktrecht).

Schwark, Eberhard: Gesellschaftsrecht und Kapitalmarktrecht, in: FS für Walter Stimpel, Berlin 1985, [Hrsg.] Marcus Lutter und Hans-Joachim Mertens, S. 1087-1111.

Schwarte, Philipp: Das Pflichtangebot im Anschluss an Verschmelzung und Spaltung, Hamburg 2006, zugl. Diss. Köln 2005, (zit.: Schwarte, Pflichtangebot).

Schwartze, Andreas: Europäische Regelungen für Unternehmensübernahmen – eine kapitalmarktorientierte Betrachtung, in: Claus Ott/Hans-Bernd Schäfer [Hrsg.], Ökonomische Analyse des Übernahmerechts, S. 264-284.

Seibert, Ulrich: Aktionärsforum und Aktionärsverordnung nach § 127 a AktG, in: AG 2006, S. 16-22.

Seibt, Christoph H.: Stimmrechtszurechnung nach § 30 WpÜG zum AGGF einer GmbH?, in: ZIP 2005, S. 729-740.

Seibt, Christoph H.: Grenzen des übernahmerechtlichen Zurechnungstatbestandes in § 30 Abs. 2 WpÜG (Acting in concert), in: ZIP 2004, S. 1829-1837.

Seibt, Christoph H./ *Heiser, Kristian*: Analyse des Übernahmerichtlinie-Umsetzungsgesetzes (Regierungsentwurf), in: AG 2006, S. 301-320.

Seibt, Christoph H./ *Heiser, Kristian*: Regelungskonkurrenz zwischen neuem Übernahmerecht und Umwandlungsrecht, in: ZHR 165 (2001), S. 466-494.

Seibt, Christoph H./ *Heiser, Kristian*: Analyse der EU-Übernahmerichtlinie und Hinweise für eine Reform des deutschen Übernahmerechts, in: ZGR 2005, S. 200-251.

Semler, Johannes/ *Volhard, Rüdiger* [Hrsg.]: Arbeitshandbuch für Unternehmensübernahmen, Band 1: Unternehmens-übernahme, Vorbereitung, Durchführung, Folgen, München 2001, (zit.: *Autor*, in: Semler/Volhard, Hdb. Unternehmensübernahmen).

Seydel, Eberhard: Konzernbildung bei der Aktiengesellschaft, Baden-Baden 1995, zugl. Diss. München 1995, (zit.: Seydel, Konzernbildung).

Shleifer, Andrei: Inefficient Markets, 3. Aufl., Oxford 2003, (zit.: Shleifer, Inefficient Markets).

Shleifer, Andrei/ *Vishny, Robert W.*: A survey of corporate governance, in: 52 Journal of Finance (1997), S. 737-783.

Shleifer, Andrei/ *Vishny, Robert W.*: Value Maximation and the Acquisition Process, in: 2 Journal of Economic Perspectives (1988), S. 7-20.

Simon, Björn: Rechtsschutz im Hinblick auf ein Pflichtangebot nach § 35 WpÜG, Baden-Baden 2005, zugl. Diss. (zit.: Simon, Rechtsschutz).

Smith, Michael: Shareholder Activism by Institutional Investors: Evidence from CalPERS, in: 51 Journal of Finance (1996), S. 227-252.

Spindler, Gerald: Stimmrechte und Teilnahme an der Hauptversammlung – Entwicklungen und Perspektiven in der EU und in Deutschland, in: Gesellschaftsrecht in der Diskussion 2005, [Hrsg.] Gesellschaftsrechtliche Vereinigung, Köln 2006, S. 31-64, (zit.: Spindler, in: VGR, Gesellschaftsrecht 2005).

Steinmeyer, Roland/ Häger, kMichael: Wertpapiererwerbs- und Übernahmegesetz, Kommentar, 2. Aufl., Berlin, 2007, (zit.: Steinmeyer/Häger, WpÜG).

Stille, Simone: Abstimmungsvereinbarungen im Konzern- und Kapitalmarktrecht, Frankfurt a.M. 2005, zugl. Diss. Frankfurt a.M. 2005, (zit.: Stille, Abstimmungsvereinbarungen).

Stützel, Wolfgang: Aktienrechtsreform und Konzentration, in: Arndt [Hrsg.], Die Konzentration in der Wirtschaft, 1. Aufl., Berlin 1960, 2. Band, S. 907-987, (zit.: Stützel, in: Arndt, Konzentration in der Wirtschaft).

Sura, Achim: Fremdeinfluß und Abhängigkeit im Aktienrecht, Konstanz 1980, zugl. Diss. Konstanz 1980, (zit.: Sura, Fremdeinfluß).

Teichmann, Christoph: Austrittsrecht und Pflichtangebot bei der Gründung einer Europäischen Aktiengesellschaft, in: AG 2004, S. 69-83.

Teichmann, Christoph: Corporate Governance in Europa, in: ZGR 2001, S. 645-679.

Thaeter, Ralf/ Brandi, Tim Oliver: Öffentliche Übernahmen – Recht und Praxis der Übernahme börsennotierter Unternehmen, München 2003, (zit.: Thaeter/ Brandi, Öffentliche Übernahmen).

Thaeter, Ralf/ Guski, Roman: Shareholder Activism: Gesellschaftsrechtliche Schranken aktiven Aktionärsverhaltens, in: AG 2007, S. 301-308.

Thoma, Georg F.: Das Wertpapiererwerbs- und Übernahmegesetz im Überblick, in: NZG 2002, S. 105-112.

Tominski, Georg/ Kuthe, Thorsten: Ermittlung der Mindesthöhe der Gegenleistung bei Übernahmeangeboten im Zusammenhang mit Vorerwerben, BKR 2004, S. 10-17.

Traugott, Rainer/ Schaefer, Franz W.: Zulässigkeit von Paketzuschlägen – Rechtsvergleichende Untersuchung und raktische Konsequenzen für die Auslegung des deutschen WpÜG, in: NZG 2004, S. 158-163.

Uhlendorf, Jens: Anmerkung zu BGH, Urt. v. 18.10.2006, in: DB 2006, S. 2454-2455.

Veil, Rüdiger/ Drinkuth, Henrik: Reformbedarf im Übernahmerecht, Band I/2, Köln u.a. 2005, (zit.: *Autor*, in: Veil/Drinkuth, Reformbedarf).

von Bülow, Christoph/ Bücker, Thomas: Abgestimmtes Verhalten im Kapitalmarkt- und Gesellschaftsrecht, in: ZGR 2004, S. 669-720.

von Bülow, Christoph/ Stephanblome, Markus: Acting in Concert und neue Offenlegungspflichten nach dem Risikobegrenzungsgesetz, in: ZIP 2008, S. 1797-1806.

von Rüden, Jens: Das französische Übernahmerecht – System, Praxis und Anregungen für Deutschland, Baden-Baden 2005, zugl. Diss. Hamburg 2005, (zit.: v. Rüden, Französisches Übernahmerecht).

von Sydow, Christian/ Beyer, Oliver: Erwerb von notleidenden Krediten und anschließende Kapitalerhöhung durch Sacheinlage, in: AG 2005, S. 635-644

Wackerbarth, Ulrich: Die Zurechnung nach § 30 WpÜG zum Alleingesellschaftergeschäftsführer einer GmbH, in: ZIP 2005, S. 1217-1221.

Wackerbarth, Ulrich: Investorvertrauen und Corporate Governance, in: ZGR 2005, S. 686-725.

Wand, Peter/ Tillmann, Tobias: EU-Richtlinienvorschlag zur Erleichterung der Ausübung von Aktionärsrechten, in: AG 2006, S. 443-450.

Wax, Peter u.a. [Hrsg.]: Münchener Kommentar zur Zivilprozessordnung, Band 1, §§ 1-510c ZPO, 3. Aufl., München 2008, (zit.: *Bearbeiter*, in: MünchKomm/ZPO).

Weiler, Lothar/ Meyer, Ingo: „Abgestimmtes Verhalten" gemäß § 30 WpÜG: Neue Ansätze der Bundesanstalt für Finanzdienstleistungsaufsicht?, in: NZG 2003, S. 909-911.

Weinberg, M. A./
Blank, M. V.: Weinberg and Blank on Take-overs and Mergers, 4. edt., London 1979, (zit.: Weinberg/Blank, Take-overs).

Wenger, Ekkehard/ Hecker, Renate/ Knoesel, J.: Abfindungsregeln und Minderheitenschutz bei börsennotierten Gesellschaften, in: Finanzmärkte, [Hrsg.] Bernhard Gahlen, Helmut Hesse und Hans Jürgen Ramser, Tübingen 1997, S. 93-145.

Wiedemann, Herbert: Gesellschaftsrecht Band 1, Grundlagen, München 1980, (zit.: Wiedemann, Gesellschaftsrecht I).

Wiesner, Peter: Die neue Übernahmerichtlinie und die Folgen, in: ZIP 2004, S. 343-350.

Williamson, Oliver E.: Markets and hierarchies, analysis and antitrust implications: A study in the economics of internal organization, New York 1975, (zit.: Williamson, Markets and Hierarchies).

Witt, Carl-Heinz: in: AG 2001, S. 2333-2339.

Wojcik, Dariusz: Change in the model of German corporate governance: Evidence from blockholdings 1997-2001, University of Oxford Working Paper (2001) (abrufbar unter: www.ssrn.com).

Wymeersch, Eddy: Übernahmeangebote und Pflichtangebote, in: ZGR 2002, S. 520-545.

Zeckhauser, R.J./ Pound, J.: Are large shareholder effective monitors?, in: Hubbard, R.G. [ed.], Asymmetric Information, Corporate Finance and Investment, Chicago 1990, S. 149-190, (zit.: Zeckhauser/Pound, in: Hubbard, Corporate Finance).

Zingales, Luigi: The value of the voting right: a study of Milan Stock Exchange, in: 7 Review of Financial Studies (1994), S. 125-148.

Zinser, Alexander: Großbritannien: Der City on Takeovers and Mergers, in: RIW 2001, S. 481-493.

Zöllner, Wolfgang: Zu Schranken und Wirkungen von Stimmbindungsverträgen, insbesondere bei der GmbH, in: ZHR 155 (1991), S. 168-189.

Zöllner, Wolfgang [Hrsg.]: Kölner Kommentar zum AktG, Bd. 6, 4. Aufl. Köln u.a. 2004, (zit.: *Bearbeiter*, in: KK/AktG).

Zschoke, Christian O. /Berresheiner, Daniel S.: Schadensersatzhaftung des Bieters wegen unterlassener Angebotsunterbreitung im Übernahmerecht, in: BKR 2004, S. 301-308.

Zutt, Jürg: Einstweiliger Rechtsschutz bei Stimmbindungen, in: ZHR 155 (1991), S. 190-208.

Schriften zum Unternehmensrecht

Herausgegeben von Katja Langenbucher

Band 1 Isabella Bernt: Der Überweisungsvertrag im deutschen und im französischen Recht. Eine Untersuchung zur Stellung des Kunden gegenüber der überweisenden Bank nach Umsetzung der Richtlinie 97/5/EG. 2007.

Band 2 Marcus Andreas Klie: Die Zulässigkeit einer Due Diligence im Rahmen des Erwerbs von börsennotierten Gesellschaften nach Inkrafttreten des Anlegerschutzverbesserungsgesetzes (AnSVG). 2008.

Band 3 Hendrik Röhricht: Die Anwendung der gesellschaftsrechtlichen Gründungsvorschriften bei Umwandlungen. Dargestellt am Beispiel der GmbH und AG. 2009.

Band 4 Holger Düchting: Acting in Concert. Stimmrechtszurechnung im Übernahmerecht – eine juristische und ökonomische Analyse. 2009.

www.peterlang.de

Sonstige Quellen

BaFin: Kein Acting Acting in Concert bei der Deutschen Börse, Pressemitteilung v. 19.10.2005, (abrufbar unter: www.bafin.de).

Becker, Walther: Misstöne im Konzert, in: Börsen-Zeitung Nr. 181 v. 20.09.2006, S. 12.

DAI: Direktanlage in Aktien wieder rückläufig, DAI-Kurzstudie 1/2008, (abrufbar unter: www.dai.de).

DSW: Hauptversammlungs-Präsenzen der DAX-30 Unternehmen (1998-2007), DSW-Info 2007, (abrufbar unter: www.dsw-info.de).

Englisch, Peter: Private Equity: Finanzinvestiren nehmen mittelständische Unternehmen in den Fokus, in: Handelsblatt Nr. 65, v. 2.4.2007, Beilage S. 13.

Fromm, Thomas/ Hesse, Martin: Finanzinvestor setzt Münchener Rück unter Druck, in: SZ Nr. 283 v. 8./9.12.2007, S. 29.

Hesse, Martin: Die Macht der Aktivisten, in: SZ v. 5./6.5.2007, S. 28.

Hesse, Martin: Übernahme von ABN Amro durch Barclays stockt, SZ v. 4.5.2007, S. 32.

N.N.: Kaufofferte setzt VW-Aktie zu, in: Handelblatt Nr. 61 v. 27.3.2007, S. 12.

N.N.: VW-Übernahme rückt näher, in: Handelsblatt Nr. 174 v. 10.9.2007, S. 16.

N.N.: „Es ist schlicht irrational, was hier an der Börse geschieht" – Interview mit Hypo-Real-Estate-Vorstandschef Georg Funke über das Aktienkurs-Debakel, in: SZ Nr. 16 v. 19.20.2008, S. 21.

OECD: OECD-Principles of Corporate Governance 2004, (abrufbar unter: www.oecd.org).

Panel: Shareholder Activism and Acting in Concert, Consultation paper 10/2002, (abrufbar unter: www.thetakeoverpanel.org.uk).

Piper, Nikolaus: Feindliches Angebot – Aluminiumkonzern Alcoa will Konkurrenten Alcan übernehmen, in: SZ v. 8.5.2007, S. 25.

Santoli, Michael: Im Fieber – Unternehmen und Finanzinvestoren wagen immer riskantere Übernahmen. Droht eine Überhitzung?, in: WirtschaftsWoche Nr. 22 v. 26.5.2007, S. 124.

Süßmann, Rainer: Das „Risikobegrenzungsgesetz" schafft neue Risiken, in: FAZ v. 10.10.2007, S. 3.

Thaeter, Ralf: Firmen müssen auf Aktionärsaktivismus vorbereitet sein, in: Börsen-Zeitung Nr. 2 v. 3.1.2007, S. 2.

v. Bülow, Christoph/ Bücker, Thomas: Möglichkeiten und Grenzen für ein Acting in Concert, in: Börsen-Zeitung Nr. 215 v. 8.11.2006, S. 2.